제3판

경찰학

신현기

Police Science

法 文 社

Police Science

3rd Edition

by

Univ.- Prof. Dr. phil. Hyun Ki Shin

2022

Bobmun Sa
Paju Bookcity, Korea

Mein ganz besonderer Dank gilt meinem verehrten Doktorvater Herrn Prof. Dr. Peter J. Opitz, der nicht nur zu meiner Doktorarbeit anregte, sondern sie mit fachlichem Rat unterstützte und mich außerdem mit viel Verständnis und Geduld betreute.

1999년 2월 저자에게 철학박사 학위(Dr. phil. / 정책학 전공 / 사회학, 일본학 부전공)를 수여해 주시고 오늘날 경찰학계에서 학문의 길을 걸어갈 수 있도록 항상 염려를 아끼지 않으시는 독일 바이에른(Bayern)주립 루드비히 막시밀리안스 뮌헨대학교(Ludwig-Maximilians-Universität München)의 페터 요하임 오피츠(Prof. Dr. Peter J. Opitz) 지도교수님에게 본 저서를 바친다.

Am 27. Juli 2016 im Untersuchungsbüro von Herrn Univ.- Prof. Dr. Peter J. Opitz an der Universität München Deutschland/ Germany

제3판 머리말

문재인 정부의 100대 국정과제 중 13번째 숙원사업이었던 검경수사권 조정과 자치경찰제의 도입은 그 기본토대가 되는 관련 법률이 마련되었다. 기존의 형사소송법은 물론이고 경찰법과 경찰공무원법을 전부 개정해 국회를 통과하고 2021년 1월부터 시행에 들어갔다. 2020년 12월 9일 자치경찰제 도입의 기본이 되는 "국가경찰과 자치경찰의 조직 및 운영에 관한 법률(일명, 경찰법)"이 국회 본회의를 통과하였다. 본 법률에 따라 2021년 7월 1일 전국 17개 광역시도에서 18개 시도자치경찰위원회(경기도 2개)가 전격 출범하였다. 본 위원회는 위원장을 포함하여 7명으로 구성되었다. 새로 출범한 시도자치경찰위원회는 이번에 자치경찰업무로 분류된 생활안전, 여성청소년, 교통 분야를 직접 수행하는 것이 아니라 법률에 따라 시도경찰청장을 지휘·감독하는 방식으로 운영하게 된 것이다. 국가경찰은 경무, 정보, 보안, 외사 업무를 맡았으며 역시 새로 출범한 국가수사본부는 경찰기관과 조직에 흩어져 있던 모든 수사업무를 전적으로 모아서 지휘하게 된 것이다. 다만 아쉽게도 자치경찰의 업무는 새로 분류되었지만 정작 자치경찰공무원이 없고 새로 분류된 자치경찰업무를 기존의 국가경찰공무원이 그대로 수행하는 방식인 일원화 자치경찰모델로 출범하게 되었다. 일단 자치경찰제가 완벽한 이원화 모델은 아니지만 자치경찰제를 도입했다는 그 자체만으로도 의미는 매우 크다고 본다.

이번에 전면 개정한 경찰학(제3판)은 그동안 새롭게 변경된 영역들이 많았기 때문에 많은 영역을 보완하였다. 본 저서의 책명을 기존의 경찰학개론에서 경찰학으로 개명했다. 특히 2022년부터는 경찰학 시험과목의 출제 비중도 기존의 20문제에서 40문제로 확대되었다. 참고로 2022년 제1차 순경공개채용에서 출제된 40문제의 영역은 다음과 같다. 즉 2번문제는 경찰의 관할, 3번문제는 경찰개념의 역사적 변천과정, 4번문제는 경찰의 임무 및 위험방지, 5번문제는 경찰과 윤리부패문제, 6번문제는 경찰과 윤리법령, 9번과 22번문제는 경찰과 인권법령 문제, 11번과 12번 및 13번문제는 경찰과 범죄이론, 1번문제는 한국의 역사와 제도, 36번문제는 경찰행정법의 기초, 15번과 16번문제는 경찰공무원과 법, 20번과 27번문제는 경찰조직과 법, 13번, 32번, 33번, 34번, 37번, 38번문제는 경찰작용과 법, 30번과 39번문제는 경찰구제와 법, 7번문제는 경찰홍보관리, 8번, 10번, 29번, 35번문제는 경찰통제관리, 14번문제는 경찰조직관리, 17번문제는 경찰장비관리, 18번문제는 경찰예산관리, 19번문제는 경찰보안관리, 28번문제는 경찰문서관리, 21번과 23번문제는 생활안전경찰활동(수사경찰활동은 미출제), 24번문제는 경비경찰활동, 25번문제는 교통경찰활동(공공안녕경찰활동·보안경찰활동은 미출제), 26번문제는 외사경찰활동, 40번문제는 트렌드 분석문제 등이었다(서진호의 분석자료/법률저널 2022. 3. 28. 참조). 이번부터 40문제가 출제되다보니 경찰학 저서의 전 분야에서 골고루 출제되었다.

이번 개정3판에서는 "국가경찰과 자치경찰의 조직 및 운영에 관한 법률", "경찰공무원법", "경찰관직무집행법", "형사소송법", "범죄수사규칙", "경찰청과 그 소속기관 직제" 등을 중심으로 담긴 경찰조직과 수사조직의 개편 내용을 모두 담아내었다. 그리고 새로 창설된 국가수사본부와 새로 도입된 국가경찰과 자치경찰의 조직 및 운영에 대한 모든 법조문을 체계적으로 정리하여 소개하였다. 또한 2022년 초에 시행된 경찰채용시험의 출제 트렌드 및 경찰정책의 변화 등을 적극 반영하였다. 이어서 경찰학의 학문적 정의를 명확하게 하고 경찰제도의 역사적 변천을 재정리하였다. 경찰조직관리와 경찰인사관리 부분도 보완·설명하였다. 그리고 경찰행정법 분야에서도 2022년 개편 경찰시험 문제를 검토한 후 출제범위가 어디까지인지에 대해 설명하였다. 최근 경찰의 관련 법률과 조직개편을 통해 정보경찰이 공공안녕정보경찰로 개편된 내용들을 재정리하였다. 그리고 2022년 1월 본격 시행에 들어간 경찰청 범죄수사규칙과 검사와 사법경찰관 간의 협력 관련 일반 수사준칙 등도 함께 다루었다. 특히 각론 분야에서도 경찰청의 조직개편에 따라 적지 않은 변화들이 있었으며 그에 맞추어 새롭게 보완작업을 진행하였다. 본 저서가 경찰학을 심층 연구하는 학부생과 대학원생 그리고 경찰학자들에게 조금이라도 도움이 되기를 기대한다. 향후에도 변경되는 내용들을 끊임없이 보완하고 발전시켜 나갈 것을 약속한다.

또한 2009년 3월 저자가 주도하여 경찰학 박사과정을 개설하고 모집하여 95명의 경찰학 박사들을 배출하였다. 그들 중에 대학으로 진출하여 후진을 양성하는 경운대 박승훈 교수, 오산대 곽영걸 교수, 대원대 김주한 교수와 윤호연 교수, 한국영상대 김정환 교수, 오산대 신동선 초빙교수, 단국대 조동택 초빙교수, 동서대 황정용 교수, 서강전문학교 황재규 교수, 경찰대 박종철 교수, 계명문화대 양경민 겸임교수, 서울벤처대학원대 유병태 교수에게 광활한 학문세계가 펼쳐지기를 진심으로 기원한다.

지난 긴 시간을 함께 한세대 경찰행정학과에서 700여명(학부 300명, 석사 300여명, 박사 100여명) 이상의 경찰공무원을 배출 및 학위수여하는 데 많은 수고를 함께하신 박선영 교수, 신관우 교수, 이성대 교수, 이무선 동료 교수님들께 감사를 전한다. 그리고 한세대 특별사법경찰연구소에서 우리나라 특사경 발전을 위해 심혈을 기울이고 있는 백윤욱 교수, 박억종 교수, 박미영 교수, 양현호 교수, 양재열 교수, 안영훈 교수, 최미옥 교수, 이유준 박사, 정현정 박사 등 모든 선임연구위원님들에게도 감사를 전한다. 또한 한세대 평교원 범죄수사학과의 장기현 교수, 양현호 교수, 김환권 교수, 장승수 교수, 현세준 교수, 진병동 교수, 김창준 교수, 류은희 교수, 최홍만 교수, 이종필 교수, 배근석 교수, 박해주 교수, 임경호 교수, 강문봉 교수에게도 감사를 전한다. 지난 수십년간 경찰학 분야의 발전을 위해 함께 고민하며 토론해 온 미국 메릴랜드대 최진욱 교수, 충북대 최선웅 교수, 극동대 이종복 교수, 중원대 김택 교수, 한형서 교수, 이상열 교수, 대전대 이상훈 교수, 충남도립대 곽영길 교수, 원주한라대 남재성 교수, 전북대 김용섭 교수, 동의대 이대성 교수, 중부대 황문규 교수, 대구한의대 박동균 교수, 오산대 곽태석 교수, 신한대 이현정 교수, 조상현 교수, 경복대 유주희 교수에게도 감사를 전한다. 그리고 늘 함께 호흡하는 경기도북부자치경찰위원회 정용환 상임위원님, 강현석 기획조정과장님, 이재성 자치경찰협력과장님을 비롯한 모든 팀장님과 직원들에게도 감사를 전한다.

끝으로 어려운 여건임에도 불구하고 본 저서의 개정판을 흔쾌히 결정해 준 법문사에 이 지면을 빌려 심심한 감사를 표한다. 특히 본 저서가 제3판으로 세상의 빛을 볼 수 있도록 꼼꼼한 교정작업에 수고가 많았던 김용석 과장님과 힘든 일로 어려움이 많음에도 불구하고 늘 많은 수고를 해주시는 정해찬 과장님에게 이 자리를 빌려 진심으로 감사를 전한다.

2022년 6월 여름
신산본 한세대학교에서
신 현 기

개정판에 즈음하여

우리가 세계화 혹은 글로벌화라는 화두를 던지며 맞이했던 21세기도 어느덧 14년이라는 시간을 보내고 있다. 세계는 하나의 울타리가 되었으며 국제 테러, 마약, 총기 등을 비롯한 범죄환경 또한 날로 복잡하게 전개되어 나가고 있다. 이에 따라 경찰의 과제가 증가하고 업무 영역 또한 날로 복잡해지고 있다. 경찰행정학에서도 연구영역이 증가하게 되었으며 새로운 경찰 연구과제들을 부여받고 있다. 우리나라에 경찰행정학과가 처음 설치된 후 52주년이 되었고 그 학문적 기본 연구의 토대도 상당히 구축된 것으로 평가된다. 그동안 경찰학개론 과목은 각종 경찰시험에서 필수과목이었으나 2013년부터 순경채용시험의 경우 선택 과목으로 변경되었다. 하지만 경찰행정학과가 존재하고 그 학문적 뿌리를 구축하는 데 있어서 여전히 가장 중요한 필수영역임에 틀림없고, 모든 경찰공무원과 관련 학자들이 충분히 기본지식을 숙지하고 있어야한다는 점에서 이론이 있을 수 없다. 본 저서를 2009년 21세기사를 통해 출판했던 지도 벌써 6년의 시간이 지났다. 이번에 새롭게 변경된 내용들을 충분히 보완하여 개정판을 법문사를 통해 세상에 내놓게 되었다. 본 개정판은 초판의 목차를 그대로 유지하였다.

본 저서에서 다루는 영역은 경찰행정학을 공부하는 학부생, 대학원생, 경찰공무원, 경찰행정학자들이 기본적으로 익히고 있어야 할 내용들이라고 생각된다. 앞으로 새롭게 개정되거나 추가로 소개해야 할 내용들이 나올 때마다 신속하게 보완하고 개정하여 좋은 저서가 되도록 연구를 게을리 하지 않을 것이다. 본 저서의 개정판이 법문사를 통해 세상의 빛을 보는 데 있어 수고가 많았던 김용석 과장과 권혁기 대리에게 진심으로 감사한다. 그리고 어려운 여건에서도 본 저서를 흔쾌히 출판해 준 법문사에 심심한 감사를 드린다.

2015년 봄학기를 맞이하면서
신산본 한세대학교에서
신 현 기

머 리 말

21세기에 접어든 이후 세계는 이제 하나의 울타리 속에 놓이게 되었고 국경없는 범죄는 날로 흉포화되고 있다. 이에 따라서 경찰의 역할과 위상은 더욱 중요하게 되었으며 경찰을 전문적으로 연구하는 경찰행정학과도 1962년 동국대에서 설치된 이래 현재까지 매년 120여개 대학에서 지속적으로 설치됨과 동시에 한국 경찰학 발전에 지대한 공헌을 해왔다. 2001년부터는 경찰학개론이 순경공개채용시험에 수사 I, 형법, 형사소송법, 영어와 함께 정식 시험과목으로 채택되어 오늘에 이르고 있다. 또한 경찰학개론은 경찰간부후보생 시험에서도 필수과목으로 채택되어 있다. 특히 경찰학개론이 경찰채용시험에 채택되기 전까지는 『경찰행정학』이라는 저서들이 출판되어 활용되었으며 『경찰학개론』이라는 이름의 저서도 2001년을 시작으로 지금까지 10여권 이상이 출판되어 우리나라 경찰학 발전에 크게 기여하고 있다. 저자는 2004년 법문사를 통해 『경찰학개론(공저)』을 출판한 바 있고, 이번에는 경찰학을 강의하며 추가로 쌓은 지식과 경험을 바탕으로 단독저서를 21세기사를 통해 세상에 내놓게 되었다. 본서는 크게 4편으로 이루어졌다. 제1편 경찰학의 개관 영역에서는 제1장 경찰학의 이론적 배경, 제2장 한국경찰의 역사, 제3장 경찰활동과 법적 근거, 제2편 경찰의 행정관리 영역에서는 제4장 경찰기획과 홍보, 제5장 경찰조직관리, 제6장 경찰인사관리, 제7장 경찰의 예산관리, 그리고 제3편 경찰의 활동과 통제 부분에서는 제8장 경찰의 윤리, 제9장 경찰과 인권, 제10장 경찰의 통제, 제11장 비교경찰제도론, 제4편 분야별 경찰실무 영역에서는 제12장 생활안전경찰, 제13장 경비경찰, 제14장 정보경찰, 제15장 교통경찰, 제16장 수사경찰, 제17장 보안경찰, 제18장 외사경찰, 제19장 사이버경찰, 제20장 한국경찰의 과제와 발전방향을 다루었다. 본 저서가 학부생, 대학원생, 그리고 경찰행정학자들이 경찰행정학개론을 이해하는 데 있어서 조금이라도 도움이 되기를 바란다. 그리고 이 자리를 빌려 저자의 박사학위지도교수였으며 경찰행정학자의 길을 가는데 있어서 항상 조언과 지도를 아끼지 않으시는 독일국립 뮌헨대학교 페터 요하임 오피츠 교수님에게 진심으로 감사를 전한다. 그리고 본서에서 부족한 부분은 향후 지속적으로 연구하며 보완해 나갈 것이다. 특히 본서의 교정작업에 수고가 많았던 한세대학교 경찰행정학과 윤상호 강사(경찰학 박사과정)에게 고마움을 전한다. 끝으

로 본서의 출판을 흔쾌히 결정해 주신 21세기사의 이범만 사장님께 진심으로 감사를
표한다.

2009년 겨울

신산본 한세대학교에서

신 현 기

차 례

제1편 경찰학의 개관

제 2 편　경찰의 행정관리

제 4 장　경찰기획과 홍보

제 5 장　경찰조직관리

제 6 장 경찰인사관리

제 7 장 경찰의 예산관리

제3편 경찰의 활동과 통제

제8장 경찰의 윤리

제9장 경찰과 인권

제10장 경찰의 통제

제4편 분야별 경찰실무

제13장　경비경찰

제16장　수사경찰

제 1 편

경찰학의 개관

제 1 장 경찰학의 이론적 배경

제 1 절 경찰의 개념

1. 경찰개념의 형성과 변천

경찰의 개념은 시대성과 역사성을 띠는 개념으로서 국가마다 자기 고유의 전통과 사상을 지니고 발달되었기 때문에 일률적으로 정의를 내리는 것은 쉽지 않다. 그럼에도 불구하고 우리가 경찰개념의 변천사를 살펴보는 이유는 과거의 경찰개념을 통해 경찰의 존재이유와 목적을 설정하는 데 필요하기 때문이다. 경찰의 개념은 크게 대륙법계국가의 경찰개념과 영·미법계 국가의 경찰개념으로 나누어 볼 수 있다.

(1) 대륙법계 국가의 경찰개념

1) 고대와 중세의 경찰개념

경찰(警察/Police)이라는 용어는 고대 라틴 어의 폴리테이아politeia에서 유래되어 나왔다. 이 politeia라는 용어는 옛 그리스의 도시국가city에서 근무하던 정부와 공무원(폴리스/polis)을 의미했던 데에 그 기원을 두고 있다.[1] 특히 고대국가시대에 이 용어는 도시국가에 대한 일체의 정치, 그중에서도 특별히 국가 혹은 헌법(국헌) 또는 국가활동을 의미하는 등 상당히 다의적인 용어로 사용되었음을 알 수 있다. 이미 14세기 말 프랑스에서 경찰이라는 개념은 국가목적, 국가작용, 국가의 평온한 질서 있는

---

1) 김창윤 외 24인 공저, 『경찰학』(서울: 박영사, 2014), p. 9(원저는 James J. Fyfe, Jack R. Greene, William F. Walsh, O. W. Wilson, Roy Clinton McLaren, Police Administration(5th edition)(New York: The McGraw-Hill Companies, Inc., 1997), p. 2.

상태를 의미하기도 했다. 특히 폴리테이아politeia라는 단어는 14세기 프랑스에서 폴리시아policia, 폴리스police, 폴리시테Policite 혹은 오늘날 라 폴리스la police라는 단어로 발전되었다. 고대 로마에서도 폴리티아Politia라는 단어는 공화국의 헌법과 이를 수행하는 통상적인 행정활동으로 사용되었다. 이 당시의 폭넓은 의미로 사용되던 경찰개념은 오늘날의 경찰개념과 다소 다르다는 것을 알 수 있다. 이처럼 폴리테이아politeia라는 단어는 고대부터 중세시대까지는 국가, 국헌, 국가활동 전반을 의미하는 것으로 사용되었다. 실제로 이 당시 정부와 공무원Polis들은 시민들을 위해 공공질서, 안전, 도덕, 식량제공, 복지 등 일체의 도시업무를 총괄하였으며, 이것이 당시의 경찰활동이었다는 좋은 근거가 된다.

한편 프랑스에서 군주는 공동체의 질서를 보호할 권리와 의무를 가지고 있었는데, 이 목적 달성을 위해 경찰권ius politia이 주어져 있었고 이를 행사하였다. 특히 이 경찰권의 개념은 프랑스 어 라 폴리스la police라는 단어에 의해 대표되었다. 오늘날 프랑스에 가보면 경찰관들이 제복 등뒤에 라 폴리스라는 견장을 붙이고 있음을 볼 수 있다. 이 단어의 뜻이 초창기에는 국가목적 내지는 국가작용의 의미로 사용되었으며 나중에는 공동체의 질서 있는 상태를 의미했다. 결국 14세기 말 이후 프랑스의 수도인 파리Paris 시에서는 위의 라 폴리스를 대신하는 파리경찰la police de paris인 경찰대police force가 설립되었는데, 이 경찰대는 파리 시의 치안조직을 뜻하는 것이었다.[2] 결국 14세기 말 이후 이러한 프랑스에서 경찰개념인 국가목적 혹은 국가작용을 의미하는 라 폴리스la police라는 용어는 독일을 비롯해 각 유럽국가들로 계수되었다. 특히 15세기 말 프랑스에서 독일로 경찰권이론이 계수되었고, 나아가서 이는 독일에서 국민의 공공복리를 위해 강제력을 동원할 수 있는 통치자의 권한으로 공인되었으며 이른바 절대적 국가권력의 기초를 제공하는 계기가 되었다.[3]

한편 프랑스 경찰개념의 영향을 받은 독일에서는 15세기 후반 경찰(폴리짜이/Polizei)이라는 용어가 탄생했다. 즉 1476년 뷔츠부르크Würzburg 시 주교령과 1492년 뉘른베르크Nürnberg법에 경찰개념이 처음으로 등장하게 되었다.[4]

결국 고대시대에 폴리테이아politeia가 가지고 있던 다의적인 경찰개념은 15세기와 16세기에 이르러 교회행정을 제외한 일체의 국가작용을 의미하게 되었다. 독일의 경우 16세기인 1530년, 1548년, 1577년 아우구스부르크 제국회의(아우구스부르거 라이히스탁/Augusburger Reichstag)에서 성립된 제국경찰법(라이히스폴리짜이오르드눙/Reichspoli-

---

2) 김창윤 외 24인 공저, 앞의 책, p. 12.
3) 김창윤 외 24인 공저, 앞의 책, p. 12.
4) 서정범, "경찰개념의 역사적 발전에 관한 고찰," 중앙대학교, 「중앙법학」, 9(3), 2007, p. 132; 김창윤 외 24인 공저, 앞의 책, p. 12.

zeiordnung)과 기타의 법령들에 의해 경찰개념이 교회행정 권한을 제외한 일체의 국가행정을 경찰Polizei이라고 정의하고 그 경찰권은 절대주의적 국가권력의 기초가 됐다.5)

2) 경찰국가 시대의 경찰개념

17세기부터는 경찰개념이 국가작용의 분화로 인해 축소되기 시작했다. 독일의 경우 경찰이라는 용어는 외정, 군정, 재정, 사법 분야가 분리됨으로써 내무행정에만 국한되었다. 이 당시 경찰개념이 양적으로는 범위가 줄어들었지만 반대로 질적으로는 강화되어 질서유지뿐 아니라 적극적인 복리증진까지도 경찰권을 행사함으로써 이 시기를 경찰국가시대라고 불렀다. 그러나 17세기에 사회환경이 복잡해지고 중상주의 정책을 활성화하기 위해 외무행정, 군사행정, 재무행정, 사법행정이라고 하는 영역들을 분리시키게 되었다. 즉 17세기 초에 외무행정을, 그리고 17세기 말부터 18세기 초에 군사, 재정, 사법 분야가 경찰Polizei에서 독립하고 각각 새로운 행정Verwaltung과 사법 분야가 개척되었다. 이처럼 경찰국가시대에는 공공의 복지와 국민의 행복까지도 국가가 간섭하는 것을 기본으로 하고 있었다. 여기에서 경찰학(폴리짜이비쎈샤프트/Polizeiwissenschaft)이 나타나게 되었다.

결국 경찰로부터 외무행정, 재무행정, 군사행정, 사법행정 등의 국가작용의 분화가 이루어지고 종래의 경찰개념에서 외무, 군사, 사법, 재정 등이 분리되는 동시에 사회공공질서와 공공복리를 위한 내무행정의 개념으로 축소되었지만 반대로 질적으로는 강화되는 결과를 보여주었다. 더욱이 1648년 독일 베스트팔렌Westfalen조약에 의해 사법행정이 경찰로부터 독립되었다. 비록 경찰개념이 양적으로는 약화되었지만 질적으로는 오히려 강화되어 국가의 활동이 공공복리의 증진에까지 다시 확대되었다. 결국 소극적 질서유지뿐만 아니라 적극적인 공공복리를 위해서도 경찰권 발동이 가능하게 되는 현상이 나타났다.

독일의 관방학(Kameralwissenschaft)/경찰학(Polizeiwissenschaft/Police Science)

관방학은 16세기 중엽부터 18세기 말에 이르는 동안 프러시아(독일과 오스트리아)에서 발달한 행정사상인데, 일단의 학자들은 관방학을 행정학의 기원으로 보기도 한다. 그 이유를 관방학이 국가의 목적 혹은 이념을 실현하기 위한 합목적적인 국가활동에 관한 이론이었다는 점에서

---

5) 김상호·김형만·신현기·이영남·이종화·이진권·임준태·전돈수·표창원, 『경찰학개론』(파주: 법문사, 2006), p. 3(이하 김상호·신현기 외로 표기함); 이운주, 『경찰학개론』(용인, 경찰대학, 2003), p. 3; 허경미, 『경찰학개론』(서울: 박영사, 2008), p. 8; 경찰공제회, 『경찰실무종합』, 2008, p. 7; Haberfeld, M. R., Critical Issues in Police Training, N. Y.: Pearson Education Inc., 2002, pp. 18~19; 김도창, 『일반행정법』(서울: 청운사, 1998), p. 296.

찾고 있다. 관방학은 정치적으로는 당시 경찰국가와 절대국가 하에서 절대군주의 지배를 위한 통치술이었고, 국력배양을 위한 부국강병책을 탐구할 목적에서 발달했다. 그리고 사회적으로는 영국의 중상주의와 프랑스의 영농주의에 대응하는 프러시아(독일과 오스트리아)의 국가부흥이었던 것이다. 관방학의 근본사상은 국가가 모든 복지와 행복을 가져다 주는 행복주의적 복지국가관에 기초하고 있으며, 토목·건축·농업·상공업·교육·화폐·인구증가 등에 관한 지식과 기술을 그 핵심 내용으로 한다. 그러나 실질적으로 관방학이 국민의 복지를 증진시키는 데 크게 기여하지는 못했다. 이러한 관방학은 독일 빌헬름F. Wilhelm 1세에 의해 1727년에 프랑크푸르트Frankfurt대학과 할레Halle대학에 관방학 강좌가 개설된 때를 기준으로 하여 폰 오제M. von Osse를 중심으로 하는 전기 관방학과 유스티J. H. G. Justi를 중심으로 하는 후기 관방학으로 구분된다. 독일 경찰학자인 유스티는 경찰학 원리 Grundsatz der Polizeiwissenschaft라는 저서에서 경찰학이라는 용어를 등장시켰다. 한편 공공복지에 대한 사상적 기초를 전기 관방학에서는 신학과 왕권신수설에 근거를 두었지만, 후기 관방학은 계몽사상과 자연법사상에 그 뿌리를 두었다. 전기 관방학에서는 학문상의 분화가 이루어지지 않았으나, 후기 관방학에서는 재정학과 구별되는 독자적인 경찰학Polizeiwissenschaft으로 분화되기 시작했다. 후기에는 왕실재정도 점차 분화되기 시작했다. 이러한 관방학은 절대국가와 경찰국가의 성립에 기여한 측면도 있지만, 다음과 같은 측면에서 비판받고 있다. 첫째, 관방학은 절대군주를 위한 통치술의 연구라는 한계를 벗어나지 못했다. 둘째, 관방학은 절대군주를 위해 효과적인 통치 수단을 제공하는 정치적 시녀에 불과했다. 셋째, 관방학은 정치학과 구별되는 독자적인 행정학으로 전개되지 못함으로써 정치와는 미분화 상태의 관계를 가졌다(신현기 외, 『현대행정의 이해』(서울: 대영문화사, 2009), p. 56).

3) 법치국가 시대의 경찰개념

① 독 일 18세기에 군주가 권력을 휘두르는 경찰국가 시대에 대한 반발로 계몽주의 사상과 자연법적 자유주의 사상에 바탕을 두고 법치국가 시대가 대두되었다.6) 이에 따라 독일에서 자유주의와 개인주의적 성향을 가진 계몽사상가들이 나타나 무제한적인 경찰권을 행사하는 군주에 반론을 제기하게 되었다. 이처럼 독일에서 자유주의적 법치국가 관념이 나타나고 이때 경찰의 개념은 적극적인 복리증진을 위한 분야가 서서히 제외되고 소극적인 질서유지를 위한 위험방지에 국한되는 변화가 나타났다. 이러한 독일 경찰의 기본적 사상은 "복지의 증진은 원래 경찰의 임무가 아니다"라고 주장한 1776년 괴팅엔Göttingen의 국법학자 요한 스테판 퓌터J. S. Pütter로부터 나왔다. 이러한 논리는 독일 요한 스테판 퓌터의 제자였던 슈바레츠의 1794년 프로이센(독일과 오스트리아) 일반주법(란트/ Land/一般州法) 제2장 제17절 제10조 규정을 통해 더욱 명백해졌다. 본 조문에는 "공공의 안녕, 질서유지와 공동체 또는 개별 시민들이 직면하는 위험의 방지를 위해 필요한 공공의 조직은 경찰관청이다"라고 규정한 데서 경찰작용은 소극적인 위험방지분야에 국한된다는 것을 명문화 하게 되었다.7) 그 밖에 1795년 프랑스 죄와형법법전(경죄처벌법전/輕罪處罰法典)에서도 재천명

---

6) 18세기 중엽에 계몽기가 있었고 자연법적 자연주의 사상의 영향으로 1776년 미국이 독립을 선언하고 프랑스에서는 1789년 시민혁명이 발생하는 대변혁이 나타났다.
7) 김창윤 외 24인 공저, 앞의 책, p. 16.

되었다.8) 이는 1884년 프랑스 지방자치법에도 크게 영향을 미쳤다. 독일의 경우 경찰 관념이 다시 확대되었는데, 1850년 프로이센9) 경찰행정법에서 소극적인 질서유지작 용뿐 아니라 복지증진작용도 경찰업무로 다루었다. 하지만 이와 같은 경찰국가적 경찰개념이 종언을 고하게 된 계기는 1882년 6월 14일 독일 프로이센 고등행정법원의 베를린Berlin 크로이츠베르크 판결Kreuzberg-Urteil을 통해서이다.10) 본 판결의 핵심내용은 경찰관청이 일반수권규정에 근거하여 법규명령을 발할 수 있는 분야는 적극적 복지경찰 요소를 배제하고 오직 소극적인 위험방지 분야에 한정한다는 내용이었다. 이것을 계기로 19세기 말에 가서 경찰국가 시대의 경찰개념은 다시 소극목적의 위험방지에 국한되었다. 이를 계기로 드디어 법치국가의 원리가 작동하게 되었음은 물론, 1794년의 프로이센 일반주법의 규정에 맞는 경찰권을 행사하게 된 것이다. 이와 같은 크로이츠베르크 판결의 정신이 담긴 소극적인 경찰개념은 1931년 프로이센 경찰행정법에도 잘 반영되어 소극적 경찰개념을 재확인하는 계기가 되었다. 이 법의 제14조 1항에 그 내용이 잘 나타나 있다.11) 그러나 독일의 경우 여전히 위험방지라는 이름하에 복지증진을 위한 행정, 즉 영업경찰, 건축경찰, 보건경찰에 의해 수행되기도 했다. 특히 독일의 경우 1933년 루돌프 히틀러R. Hitler/1933-1945가 집권해 나치(Nazi/민족사회주의독일노동자당)시대가 본격적으로 도래했고, 나치 정권하의 독일경찰은 독일민족공동체의 보호를 빌미로 1936년 각 주(州)에 속해 있던 경찰권을 국가경찰화했다. 1937년에는 형사경찰과 비밀국가경찰을 포함하는 보안경찰, 질서경찰, 돌격대 등을 합쳐 국가치안본부를 설치했다. 히틀러는 1945년 2차대전에서 패망했고 연합국은 독일 경찰의 탈나치화, 탈군사화, 비정치화, 민주화, 지방분권화를 통해 국가경찰을 다시 주경찰(州警察)로 회복시키고 영업경찰, 건축경찰, 보건경찰, 위생경찰 등과 같은 협의의 행정사무를 다른 행정관청으로 이관시키는 비경찰화 작업을 단행함으로써 독일 경찰의 임무를 보안경찰분야에 한정시키게 되었다. 독일의 이러한 축소된 경찰개념은 1986년 독일연방 및 주의 통일경찰법 표준안의 제1조 1항에도 잘 나타나 있다.12)

---

8) 1795년 프랑스 죄와형법법전은 일본 행정경찰규칙의 모범이 된 중요한 역할을 했다. 그리고 행정경찰(行政警察)이라는 용어는 프랑스의 3권분립 사상에 기초하여 구분된 것이다. 1795년 프랑스 죄와형법법전의 제18조에는 "행정경찰은 공공의 질서유지와 범죄예방을 목적으로 하는데 반해, 사법경찰은 범죄의 수사와 체포(형법범)를 목적으로 한다"고 규정하고 있다. 우리나라에서 행정경찰은 특별사법경찰로도 불리우고 있다. 이는 행정범(행정법 위반)을 처벌하는 데 목적을 두고 있다.

9) 호헨촐레른 가문이 지배, 독일 북부의 왕국(1701~1918)으로 9명의 왕이 즉위함.

10) 베를린 크로이츠베르크에 있는 전승기념탑의 전망을 위해 일정한 지역에서 건축고도제한을 정하는 경찰법규명령에 대해 법원은 경찰이 결코 그러한 명령을 내릴 수 없는 것이라는 판결이었다. 즉 경찰이 전망을 가리는 건축물에 대해 고도제한까지 강제 명령할 수 없다는 판결이었다.

11) 이운주, 앞의 책, p. 6; 허경미, 앞의 책, p. 9.

12) 제1조 1항은 "경찰은 공공의 안녕 또는 질서에 대한 위험방지를 그 임무로 한다"라고 되어 있다.

그림 1-1 독일에서의 경찰개념 변천과정

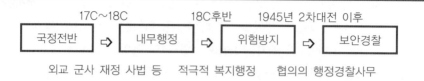

출처: 김상호·신현기 외 7인, 『경찰학개론』(파주: 법문사, 2006), p. 6에서 재인용.

한편 우리나라의 경우 시청과 군청, 도청의 행정공무원 중에서 관할 지방검찰청장의 지명에 의해 일반 행정직 공무원들 중 일부가 특별사법경찰로 지명된다. 이러한 영업경찰, 건축경찰, 보건경찰, 위생경찰, 경제경찰, 환경경찰, 산림경찰 등을 행정경찰 혹은 특별사법경찰이라고 부른다.13) 아래의 크로이츠베르크 판결Kreuzberg-Urteil의 원인이 되었던 베를린 크로이츠베르크 빅토리아공원에 있는 전승기념탑은 세계적으로 매우 중요한 의미를 갖고 있다. 본 승전탑의 소송 결과가 바로 경찰의 개념이 소극적 의미로 국한되는 중요한 계기가 되었기 때문이다.

그림 1-2 크로이츠베르크 판결(Kreuzberg-Urteil)의 원인이 되었던 베를린 전승기념탑

신현기ⓒ, 베를린 크로이츠베르크 구역 빅토리아공원(Viktoriapark) 승전탑 현장(2015. 7. 28.).

---

13) 신현기, "서울특별시 특별사법경찰제의 실태분석과 개선방안에 관한 연구," 한국민간경비학회, 「한국민간경비학회보」, 제11권 제21호, 2012, pp. 117~142.

그림 1-3 독일 베를린 크로이츠베르크 전승탑 정상(Berlin-Kreuzberg)

신현기ⓒ, 베를린 크로이츠베르크 구역 빅토리아공원(Viktoriapark) 승전탑 현장(2015. 7. 28.).

그림 1-4 독일 베를린 크로이츠베르크 전승탑 입구(Berlin-Kreuzberg)

신현기ⓒ, 독일 베를린 크로이츠베르크 구역 빅토리아공원(Viktoriapark) 승전탑 현장(2015. 7. 28).

② **프랑스**　　1795년 죄와형법법전(경죄처벌법전/輕罪處罰法典) 제16조에서 "경찰은 공공질서를 유지하고 개인의 자유와 재산 및 안전을 유지하기 위한 기관이다"라고 규정했다. 이것이 1884년의 지방자치법전에 계승되었다. 본 법의 제97조에는 "자치체경찰은 공공의 질서, 안전, 위생을 확보함을 목적으로 한다"고 규정하여 경찰의 직무를 소극목적에 한정하고 있다. 그러나 위생사무의 경우는 여전히 협의의 행정경찰적 사무(특별사법경찰사무)가 포함되어 있기도 했다.

③ **우리나라에서의 경찰개념**　　대륙법계뿐만 아니라 영·미법계 경찰개념은 우리나라 경찰개념에 많은 영향을 끼친 모습이 녹아 있다. 프랑스의 죄와형법법전이 일본의 1875년 행정경찰규칙에 모범이 되었고 그것이 1894년 우리나라 갑오개혁 때 행정경찰장정을 통해 온전히 이식되었다. 우리나라는 1945년 일본으로부터 해방된 후 미군정이 실시되었고 영미법계의 민주주의에 바탕을 둔 경찰개념이 정착되었다. 특히 경찰이 수행하던 위생, 영업, 건축, 환경 등의 사무가 다른 행정관청으로 이관되어 비경찰화 작업도 이루어졌다. 우리나라 경찰은 공공의 안녕과 질서유지를 목적으로 하면서 대륙법계와 영·미법계의 경찰개념을 조화·정착시켜 나가고 있다.

(2) 영·미의 경찰개념

영미법계 경찰개념은 이른바 분권화와 자치치안을 중심으로 경찰이 주권자인 시민을 통치하는 대상이 아니라 공공의 안녕과 질서유지라는 목적을 위해 계약당사자로서 임무를 다하는 경찰조직으로 자리매김되었다. 특히 영·미법계 국가의 경찰개념은 주권자인 시민으로부터 자치권을 부여받은 조직체로서 경찰이 시민의 생명·신체 및 재산에 대한 안전을 위해 수행하는 역할이 강조되었다.

표 1-1　대륙법계와 영미법계의 경찰제도 비교

구 분	대륙법계	영미법계
경찰권의 기초	• 일반통치권	• 자치권
경찰개념	▶경찰권의 성질 내지 발동범위를 기준으로 형성 ▶공권력을 통한 사회공공의 안녕·질서유지 중심	▶경찰의 역할·기능 기준으로 형성 ▶법집행 및 다양한 서비스 제공을 통한 시민개개인의 생명·재산보호 중심
경찰과 시민의 관계	▶경찰권(규제)과 시민권(자유)의 대립 ▶시민은 경찰권의 객체(수직적·대립관계)	▶시민으로부터 위임받은 경찰권 ▶상호협력·동반자 관계(수평적 관계)
발전과정	▶경찰권 발동범위 축소·제한의 역사 ▶경찰권 발동의 조리상 한계이론형성 　(일반조항에 의한 경찰권발동 억제 목적)	▶경찰활동 범위 확대경향 : 적극적인 공공서비스제공(Community Policing)
양자의 종합 (현대적 입장)	▶경찰이란 공공의 안녕과 질서를 유지하기 위한 조직체로서, 주권자인 시민을 위하여 때로는 명령·강제 등 권력적 수단이나 수사권한을 동원하여 법을 집행하고, 때로는 서비스를 통하여 적극적으로 봉사하는 임무를 수행하는 활동	

출처: 신현기·남재성 외, 『새경찰학개론』(서울: 우공출판사, 2022), p. 24.

2. 경찰의 개념 구분

(1) 형식적 의미의 경찰

이는 작용의 성질과는 무관하게 담당기관을 기준하여 법적·제도적으로 파악한 개념이다. 일반적으로 형식적 의미의 경찰은 정부조직법이나 경찰법 등과 같은 보통경찰기관에 부여되어 있는 임무나 과제 등을 달성하기 위해 행하여지는 일련의 경찰활동을 지칭하는 것이다. 그 범위는 나라마다 전통이나 환경에 따라 각기 다르다. 즉 실질적인 성질 여하를 불문하고 실정제도상 경찰기관(경찰청, 시·도경찰청, 경찰서, 파출소 등)의 권한에 속하는 모든 작용을 뜻한다.14) 예를 들어 순경에서 치안총감까지 보통경찰집행기관이 일반통치권을 기초로 국민에게 명령하고 강제하는 권력작용뿐만 아니라 범죄수사와 범인검거를 위한 사법경찰권에 의한 일련의 형사작용도 형식적 의미의 경찰에 해당하는 것이다.15) 다시 말해 실정법상(정부조직법, 경찰법, 경찰관직무집행법 등) 보통경찰기관에 분배되어 있는 임무를 달성하기 위하여 행하여지는 경찰활동을 의미한다. 즉 실정제도상 보통경찰기관(경찰청장, 시·도경찰청장, 해양경찰청장, 경찰서장, 해양경찰서장)의 권한에 속하는 모든 작용을 말한다. 그리고 경찰의 범위를 실정법상 어떻게 규정할 것인가의 문제는 각 국가의 전통이나 현실적 환경에 따라 다르다(입법정책상의 문제). 즉 형식적 의미의 경찰개념에 입각한 경찰활동의 범위는 나라마다 차이가 있을 수 있다. 한편 형식적 의미의 경찰개념에만 속하는 작용은 정보경찰활동, 보안경찰활동, 범죄의 수사 등 사법경찰활동, 경찰의 서비스적 활동 등이다.

(2) 실질적 의미의 경찰

이는 담당기관을 불문하고, 작용의 성질을 기준하여 이론적·학문적으로 파악한 개념이다. 보통경찰기관의 소관에 속하거나 다른 행정기관의 소관에 속하거나 간에 일정한 성질의 작용을 경찰이라고 한다. 즉 '사회공공의 안녕과 질서를 유지하기 위하여 일반통치권에 의거해서 일반 국민에게 명령·강제하는 권력적 작용'을 모두 의미한다. 특히 학문상 정립된 개념으로 이른바 '일반조항'의 존재를 전제로 경찰관청에 대한 권한의 포괄적 수권과 법치국가적 요청을 조화시키기 위하여 구성된 도구개념이다. 경찰권발동의 한계론도 이와 같은 배경하에 형성된 것이다. 실질적 의미의 경

---

14) 김상호·신현기 외 7인, 앞의 책, p. 8.
15) 조철옥, 『경찰학개론』(서울: 대영문화사, 2007), p. 28.

찰개념에만 속하는 작용은 건축허가와 같은 건축경찰활동, 위생 또는 영업경찰 활동, 산림, 경제, 풍속 활동 등이다.16) 주로 특별사법경찰의 업무영역들이다.

정리해 보면 실질적 의미의 경찰은 사회공공의 안녕과 질서를 유지하기 위해 일반통치권에 의거해 국민에게 명령하고 강제하는 권력적 작용을 의미한다. 실질적 의미의 경찰은 실정법상 경찰기관의 종류에 관계없이 경찰작용을 기준으로 규정되고 학문적으로 정립된 개념이며, 특히 행정경찰과 업무영역이 같고 위생경찰, 건축경찰, 영업경찰, 산림경찰의 경우같이 기타 일반 행정기관에 속하는 행정작용 중에서도 실질적 의미의 경찰작용에 포함되는 것도 있다.17)

3. 경찰의 종류

(1) 행정경찰과 사법경찰

경찰이 수행하는 그 목적에 따라서 행정경찰과 사법경찰로 구분된다. 이러한 구분은 1795년 프랑스 죄와형법법전(경죄처벌법전/輕罪處罰法典) 제18조에서 "행정경찰은 공공질서유지 및 범죄예방을 목적으로 하고 사법경찰은 범죄의 수사 및 체포를 목적으로 한다"고 정의한 데서 유래하여 대륙법계 국가에 전수되었다. 따라서 행정경찰은 공공의 안녕과 질서를 유지하는 권력작용으로 실질적 의미의 경찰을 의미한다. 이에 반해 사법경찰은 범죄를 수사하며 범인을 체포하는 권력작용을 뜻한다. 하지만 영미법계 국가에서는 위의 양자를 구별하지 않고 사법경찰사무를 일반경찰기관의 기본업무로 파악하고 있다. 한국의 경우는 이론상으로는 행정경찰과 사법경찰을 구분하고 있다. 그러나 조직상으로는 양자를 구별하지 않고 일반경찰기관이 이를 모두 관장하고 있다. 행정경찰은 경찰작용이기 때문에 행정법규의 적용을 받는다. 그러나 사법경찰은 형벌권의 작용이기 때문에 형사소송법 제197조 제1항에 따라 검사의 지휘를 받고 있다.18)

(2) 보안경찰과 협의의 행정경찰

보안경찰이란 보통경찰기관이 기능별로 소관업무를 독립하여 행하는 일련의 경찰작용을 의미한다. 예를 들어 기능별로 교통기능은 교통단속업무를, 생활안전기능은

---

16) 신현기·남재성 외, 『새경찰학개론』(서울: 우공출판사, 2022), p. 25.

17) 김동희, 『행정법 II』(서울: 박영사, 2005), p. 175; 조철옥, 앞의 책, p. 30.

18) 제197조(사법경찰관리) ① 경무관, 총경, 경정, 경감, 경위는 사법경찰관으로서 범죄의 혐의가 있다고 사료하는 때에는 범인, 범죄사실과 증거를 수사한다.

② 경사, 경장, 순경은 사법경찰리로서 수사의 보조를 하여야 한다<개정 2020. 2. 4.>.

범죄예방업무를 수행하는 것처럼 경찰청 분장사무를 수행하는 경찰작용을 말한다. 이에 반해 협의의 행정경찰(한국의 경우 특별사법경찰)은 19세기 독일이나 일본에서 비경찰화 작업의 결과에서 생겨난 개념이다. 즉 이는 다른 행정 작용에 부수하여 그 행정작용의 영역에서 생길 수 있는 공공의 안녕 및 질서에 대한 위해(危害)를 예방하고 실제로 발생한 위해를 제거하기 위해 행하여지는 경찰작용을 의미한다.19) 협의의 행정경찰(특별사법경찰)은 고유의 행정업무를 수행하는 일반행정기관이 그들이 관장하는 행정영역에서 위해를 방지하는 작용을 한다. 즉 행정법을 위반하는 소위 행정범을 처벌하는 일을 수행한다. 우리나라 외무부, 통일부, 교육부를 제외하고 대부분의 모든 부처가 협의의 행정경찰(특별사법경찰)을 운영하고 있다. 우리나라 18개 광역시·도와 226개 기초자치단체에도 협의의 행정경찰(특별사법경찰)을 운영 중이다. 예를 들어 서울시청에 특별사법경찰이 운영 중인데 관할 지방검찰청장이 환경과, 식품위생과, 건축과, 산림과 등의 일정 행정공무원에게 경찰권을 준다. 이 권한을 부여받은 공무원으로서 특별사법경찰은 행정법 위반자를 형사소송법에 따라 수사한 후 검찰에 송치하는 제도이다. 이들을 영업경찰, 위생경찰, 건축경찰, 경제경찰, 산림경찰 등으로도 부른다. 즉 이들은 지방자치단체의 인·허가업무에 부수되어 발생하는 위해업소에 대한 단속이나 감독 등을 하는데 협의의 행정경찰 혹은 특별사법경찰이라고 불린다.20)

(3) 예방경찰과 진압경찰

이는 경찰권발동의 시점을 기준으로 분류한 것인데 예방경찰은 경찰상의 위해가 발생하기 전에 미리 방지하기 위한 작용이다. 정신착란자, 주취자의 보호조치 등이 좋은 예이다. 이들을 방치하면 범죄가 발생할 수 있기 때문이다. 진압경찰은 이미 발생한 경찰상의 위해를 신속하게 제거하기 위한 경찰작용으로 진압, 수사, 범인에 대한 체포 등이다.

(4) 평시경찰과 비상경찰

일반경찰법규에 의하여 행하여지는 경찰작용을 평시경찰이라고 하며 계엄령하에서 군대에 의해 치안질서가 유지되는 경우를 비상경찰이라고 한다. 천재지변, 전쟁, 사변과 같은 비상사태하에서 군대가 치안질서를 유지하는 경우가 바로 이에 해당한다.

---

19) 이운주, 앞의 책, p. 12; 조철옥, 앞의 책, p. 32.
20) 신현기, "제주자치경찰단 특별사법경찰제의 실태분석과 개선방안에 관한 연구," 한국경찰연구학회, 「한국경찰연구」, 제11권 제3호(2012 가을), pp. 143~170.

(5) 국가경찰과 자치경찰

국가경찰은 경찰조직권, 경찰인사권, 경찰예산권 등을 국가가 소유하고 있다. 이에 반해 자치경찰은 그 주체가 지방자치단체이며 위의 권한을 행사하는 경우이다. 영·미법계에서는 자치경찰이 주류를 이루며 대륙법계에서는 국가경찰체제가 주류를 이룬다.21) 한국은 1945년 10월 이후 국가경찰체제를 유지해 오고 있으며, 제주특별자치도에서만 국가경찰제도를 유지하면서 예외적으로 2006년 7월 1일부터 자치경찰제를 실시하고 있다. 2022년 기준으로 제주특별자치경찰단에서는 자치순경부터 자치경무관(단장)까지 169명이 근무하고 있다. 마침내 2021년 7월 17개 광역시·도에 자치경찰제가 도입되었다.

(6) 청원경찰

청원경찰은 국가기관, 공공단체, 국내 외국기관 등의 주요시설 등에 경영자가 운영비용을 부담하는 조건으로 배치되는 경찰을 말한다. 청원경찰은 세계적으로 한국에서만 유지되는 제도이다. 청원경찰의 임용권자는 청원주이며 시·도경찰청장이 임용승인권을 가지고 있고 직무감독권은 청원주와 관할 경찰서장에게 있다.22) 청원경찰은 원래 공무원은 아니다. 그러나 임용권자가 국가기관, 지방자치단체인 경우는 예외로 퇴직 후에 공무원에 준해 연금을 받고 있다. 필요한 경우에는 경찰관직무집행법에 의한 경찰관의 직무를 행한다. 하지만 청원경찰에게 사법경찰사무는 인정되지 않고 직무수행 중 경찰장구, 무기, 분사기 등을 휴대하고 사용할 수 있는 권한을 가지고

---

21) 대륙법계의 독일과 프랑스도 국가경찰과 자치경찰을 함께 활용하고 있다. 프랑스에는 국가경찰, 군인경찰, 자치경찰제를 활용하고 있다. 독일의 경우 슐레스비히-홀슈타인 주, 함부르크 도시주, 니더작센 주, 노르트라인-베스트팔렌 주, 베를린 도시주, 라인라트-팔츠 주는 국가경찰제를 유지하고 있다. 그러나 국가경찰제에다가 자치경찰제를 가미하고 있는 주도 있는데 헤센 주, 바덴-뷔르템베르크 주, 자를란트 주, 브레멘 도시주 등이다. 그리고 바이에른 주의 경우는 국가경찰·자치경찰의 이원조직을 보여주고 있다.

22) 제2조 (정의) 이 법에서 "청원경찰"이란 다음 각 호의 어느 하나에 해당하는 기관의 장 또는 시설·사업장 등의 경영자가 경비를 부담할 것을 조건으로 경찰의 배치를 신청하는 경우 그 기관·시설 또는 사업장 등의 경비(警備)를 담당하게 하기 위하여 배치하는 경찰을 말한다.
　1. 국가기관 또는 공공단체와 그 관리하에 있는 중요 시설 또는 사업장
　2. 국내 주재(駐在) 외국기관
　3. 그 밖에 행정안전부령으로 정하는 중요 시설, 사업장 또는 장소
제3조 (청원경찰의 직무) 청원경찰은 제4조제2항에 따라 청원경찰의 배치 결정을 받은 자와 배치된 기관·시설 또는 사업장 등의 구역을 관할하는 경찰서장의 감독을 받아 그 경비구역만의 경비를 목적으로 필요한 범위에서 「경찰관 직무집행법」에 따른 경찰관의 직무를 수행한다.
제4조 (청원경찰의 배치) ① 청원경찰을 배치받으려는 자는 대통령령으로 정하는 바에 따라 관할 지방경찰청장에게 청원경찰 배치를 신청하여야 한다.
② 시·도경찰청장은 제1항의 청원경찰 배치 신청을 받으면 지체 없이 그 배치 여부를 결정하여 신청인에게 알려야 한다.
③ 시·도경찰청장은 청원경찰 배치가 필요하다고 인정하는 기관의 장 또는 시설·사업장의 경영자에게 청원경찰을 배치할 것을 요청할 수 있다.

있다.23)

제 2 절　경찰의 기본이념(경찰철학)

경찰이념은 경찰이 추구하고자 하는 기본가치, 방향, 규범, 정신을 의미한다. 경찰의 기본이념의 내용과 관련해서는 민주주의, 법치주의, 인권존중주의, 정치적 중립주의, 경영주의가 대표적이다. 그리고 본질적 이념으로는 정의와 자유를 들 수 있다. 수단적 이념으로는 민주성, 능률성, 합법성, 인권존중주의, 정치적 중립성 등이 대표적이다.24) 물론 여기서 어느 것이 우선하느냐 하는 문제에 있어서는 학자마다 다르다. 그러나 이는 간단히 정의할 문제가 아니고 국가적 상황에 따라 다르다고 보아야 할

---

23) 제5조 (청원경찰의 임용 등) ① 청원경찰은 청원주가 임용하되, 임용을 할 때에는 미리 시·도경찰청장의 승인을 받아야 한다.

② 「국가공무원법」 제33조 각 호의 어느 하나의 결격사유에 해당하는 사람은 청원경찰로 임용될 수 없다.

③ 청원경찰의 임용자격·임용방법·교육 및 보수에 관하여는 대통령령으로 정한다.

④ 청원경찰의 복무에 관하여는 「국가공무원법」 제57조,제58조제1항, 제60조, 제66조제1항 및 「경찰공무원법」 제18조를 준용한다.

제5조의2 (청원경찰의 징계) ① 청원주는 청원경찰이 다음 각 호의 어느 하나에 해당하는 때에는 대통령령으로 정하는 징계절차를 거쳐 징계처분을 하여야 한다.

1. 직무상의 의무를 위반하거나 직무를 태만히 한 때

2. 품위를 손상하는 행위를 한 때

② 청원경찰에 대한 징계의 종류는 파면, 해임, 정직, 감봉 및 견책으로 구분한다.

③ 청원경찰의 징계에 관하여 그 밖에 필요한 사항은 대통령령으로 정한다.

제6조 (청원경찰경비) ① 청원주는 다음 각 호의 청원경찰경비를 부담하여야 한다.

1. 청원경찰에게 지급할 봉급과 각종 수당

2. 청원경찰의 피복비

3. 청원경찰의 교육비

4. 제7조에 따른 보상금 및 제7조의2에 따른 퇴직금

② 국가기관 또는 지방자치단체에 근무하는 청원경찰의 보수는 다음 각 호의 구분에 따라 같은 재직기간에 해당하는 경찰공무원의 보수를 감안하여 대통령령으로 정한다.

1. 재직기간 15년 미만: 순경

2. 재직기간 15년 이상 30년 미만: 경장

3. 재직기간 30년 이상: 경사

③ 청원주의 제1항제1호에 따른 봉급·수당의 최저부담기준액(국가기관 또는 지방자치단체에 근무하는 청원경찰의 봉급·수당은 제외한다)과 같은 항 제2호 및 제3호에 따른 비용의 부담기준액은 경찰청장이 정하여 고시(告示)한다.

제7조의2 (퇴직금) 청원주는 청원경찰이 퇴직할 때에는 「근로자퇴직급여 보장법」에 따른 퇴직금을 지급하여야 한다. 다만, 국가기관이나 지방자치단체에 근무하는 청원경찰의 퇴직금에 관하여는 따로 대통령령으로 정한다.

제8조 (제복 착용과 무기 휴대) ① 청원경찰은 근무 중 제복을 착용하여야 한다.

② 시·도경찰청장은 청원경찰이 직무를 수행하기 위하여 필요하다고 인정하면 청원주의 신청을 받아 관할 경찰서장으로 하여금 청원경찰에게 무기를 대여하여 지니게 할 수 있다.

③ 청원경찰의 복제(服制)와 무기 휴대에 필요한 사항은 대통령령으로 정한다.

24) 김상호·신현기 외 7인, p. 10.

것이다.

1. 민주주의

경찰행정은 국가사회와 국민생활존립의 기본적 사항에 관한 것을 의미한다. 흔히 경찰의 활동들은 국민의 생활과 국민인권에 대해 바로 직접적인 영향을 미칠 수 있다. 이 때문에 경찰의 조직과 제도 및 활동들이 민주성에 입각하여 행해져야 하는 것이다.25) 경찰의 기본정신은 인간의 존엄에 바탕을 둔 자유의 토대 위에 두고 행해져야 하며 개인의 권리가 중요시되는 동시에 공공의 안녕과 질서가 유지되도록 함은 너무나 중요한 일이다. 원래 경찰의 국민에 대한 통치권은 국민으로부터 나온 것이기 때문에 민주성의 토대 위에서 경찰은 국민에 대해 책임을 다해야 한다.

2. 법치주의

경찰이념으로서 법치주의는 경찰권의 자의적인 발동을 억제하고 국민의 권리와 자유를 보장하기 위해 경제활동과정이 법률에 적합하고 법의 지배를 받아야 함을 뜻한다. 경찰이 국민의 권리를 제한하는 활동이나 의무를 부과하는 경우 언제나 국민의 대표기구인 의회가 제정한 법률에 의하여 행해져야 한다는 원리를 의미한다.26) 흔히 경찰의 이념으로서 합법성은 경찰이 주어진 권한을 자의적으로 행사하는 것을 방지하며 국민의 자유와 권리를 보장하는 역할을 해 준다. 경찰이 합법성의 토대 위에서 직무를 수행해 나가는 것은 매우 중요한 일이다.

3. 인권존중주의

경찰이념으로서 인권존중주의는 경찰의 활동과정에서 국민들의 존엄성과 행복추구권 등 기본적 권리가 존중되어야 한다는 것을 의미한다. 무엇보다 경찰의 범죄수사 활동과정에서 인권존중주의는 매우 중요한 요소가 된다. 경찰이 범인을 검거하는 과정에서 경찰봉으로 해결해도 되는 일을 권총을 활용해 검거하는 것은 인권존중주의에 어긋난다고 볼 수 있다.27) 그리고 경찰은 국민의 인권존중 못지않게 경찰 개개인

---

25) 김충남, 『경찰학개론』(서울: 박영사, 2008), p. 28.
26) 이황우·조병인·최응렬, 『경찰학개론』(서울: 형사정책연구원, 2001), p. 35; 김충남, 앞의 책, p. 30.
27) 김충남, 앞의 책, p. 33.

및 자신들의 인권도 존중해 나가는 제도를 구축해야 한다.

4. 경영주의

경찰이념으로서 경영주의는 능률성이나 효과성의 차원을 넘어 경찰조직의 경영차원에서 조직을 관리 및 운용하는 것을 의미한다. 일반적으로 경찰의 이념으로서 경영주의에서 가장 중요시되는 것이 효율성과 효과성이다. 즉 효율성이란 효과성과 능률성을 동시에 포함하고 있는 것이다. 효과성은 경찰조직이 내세운 경찰목표의 달성도를 의미한다. 1년 동안 경찰조직이 내건 목표가 98%였다면 12월 31일 기준으로 그 달성도가 100%가 달성되었느냐 아니냐가 기준이 된다. 즉 효과성은 투입(input)과 산출(output)의 비율을 중요시하지 않고 소위 경찰목표의 성취도만을 강조하는 것이다. 이에 반해 능률성은 경찰조직이 내건 목표를 달성하는 과정에서 경제성을 의미한다. 다시 말해 투입input에 대한 산출output의 비율을 의미한다. 경찰이 목표의 달성을 위해 100원을 투입했다면 100원 이상의 산출을 이끌어 내야 능률성이 크게 나타난 것이다. 국가적으로 경제상황이 악화되면서 경찰의 경우도 업무량이 증가하고 있음에도 불구하고 예산절감 및 긴축재정 차원에서 효율성을 날로 강조하고 있는 추세다.

5. 중립주의

경찰의 정치적 중립성이란 경찰이 특정한 집단이나 이익단체를 위해 일하는 것이 아니라 오직 주권자인 전체 국민의 이익을 위해서만 직무해야 한다는 것이다. 특히 상관이 정치적 중립성을 해치는 부당한 지시를 해도 부하경찰관은 이에 복종할 필요가 없는 것이다.

제3절 경찰활동의 준칙(경찰윤리)

1. 경찰윤리의 필요성

경찰의 기본이념이 각 경찰관 개개인의 신념체계로서 윤리의 바탕이 되어 바람직한 경찰상으로 나타날 때 국민으로부터 신뢰를 받을 수 있다. 나아가서 국가사회 내

에서 경찰의 존재이유를 찾을 수 있게 된다.[28]

(1) 일반적 행정윤리확립의 필요성

① 행정권의 강화에 대응   국민의 생명과 재산의 보호임무에만 국한되던 야경국가 대신 국민의 복지문제에까지 국가가 개입하는 행정국가화됨으로써 행정기능 및 행정권의 강화에 대응하여 윤리에 바탕을 둔 행정이 요구되고 있다.

② 현대 관료제의 부정적 기능 억제   권위주의, 형식주의, 번문욕례red tape 등 현대 관료제의 역기능을 억제하고 국민에게 봉사하는 관료제상의 정립을 위해 행정윤리의 확립이 요청된다.

③ 일반사회의 바람직하지 않은 윤리의식의 극복   공직사회는 전체사회의 일부분을 구성하고 있으므로 이기주의, 금전만능주의, 불신풍조 등 바람직하지 못한 일반사회의 윤리의식을 극복하기 위하여 행정윤리확립이 요청된다.

(2) 경찰윤리확립의 필요성

경찰도 행정을 수행하므로 행정윤리확립이 매우 중요시되고 있다. 그러나 경찰업무의 특수성으로 인해 경찰윤리를 별도로 논의할 필요성이 있는데 존 클라이니히John Kleinig는 경찰업무의 특수성을 다음과 같이 지적하였다.

첫째, 강력한 권한행사 및 재량권의 확대이다. 경찰관에게는 각종 물리력의 사용권 등 상당히 강력한 권한이 주어져 있다. 그 사용에 있어서는 상당한 재량이 주어져 있다. 경찰관의 재량행사에 있어서 의사결정은 시민들에게 심각한 영향을 미치게 된다.

둘째, 비정상적인 상황하에서의 업무처리이다. 경찰업무의 상당 부분은 정상적이지 않은 상황과 관련되어 있으며 그러한 상황에서 의사결정을 합리적으로 수행하기 위해서는 일상적인 도덕적 대응만으로는 불충분하며 보다 확고한 윤리의식이 필요하다.

셋째, 위기상황하의 신속한 대처능력이 필요하다. 경찰관은 종종 위기상황하에서 업무를 수행해야 한다. 위기상황에의 경찰개입은 선택적인 것이 아닌 법과 경찰조직에 의해 명령된 것이다. 경찰관이 위기상황에 현명하게 대처하기 위해서는 잘 준비되고 적절히 발달된 도덕적 능력을 갖춘 상태에서 접근하는 것이 중요하다.

넷째, 유혹에의 노출이다. 경찰관은 대부분의 다른 사람보다 더 많은 일탈행위로의 유혹에 노출되어 있다. 경찰의 의무불이행의 유혹은 외부로부터뿐만 아니라 경찰조직의 내부로부터도 초래된다. 경찰은 배타적인 집단을 형성하고 있다. 비윤리적인 집단규범에의 동조압력을 동료들로부터 받는 경우 이의 극복을 위해서는 구성원 개

---

28) 신현기 · 남재성 외, 『새경찰학개론』(서울: 우공출판사, 2022), pp. 63~67.

개인들로부터 고도의 도덕적 용기가 요구된다.[29]

다섯째, 배타적 집단형성이다. 경찰조직의 집단규범에 동조하라는 동료들로부터 고도의 압력을 받을 수밖에 없는데, 이를 극복하기 위해서는 구성원 개개인의 높은 도덕적 결단이나 용기가 필요하다.

2. 경찰의 일탈

(1) 시민들의 작은 호의

시민이 경찰에 대해 사적으로 선물이나 식사 등의 사례와 호의를 표시하는 행위를 말한다. 이에 대한 인정여부는 허용론과 금지론으로 나누어진다.

첫째 허용론에서는 당연성(고마움을 표시하는 것은 당연), 자발성(작은 호의는 강제가 아니라 자발적임), 형성재 이론(순찰지역에서 작은 호의를 받아도 경찰관은 편파적으로 업무처리 안 함), 관행성(공짜 커피는 뿌리 깊은 관행으로 완전 불식 곤란함) 등이 있다.

둘째, 금지론에서는 전면 거부하는 입장이다. 작은 선물도 그것이 정례화되면 신세나 의무감으로 인해 경찰이 그에게 이익을 주는 등 불공정하게 일을 처리할 가능성이 있다. 작은 호의를 받아들이는 사람은 점점 멈추기 어려운 부패로서, 즉 미끄러지기 쉬운 경사로 위에 있는 사람들이다. 이는 바늘 도둑이 소도둑 된다는 논리이다. 대부분의 경찰은 법을 집행하는 권력을 가졌다고 생각하기 쉽기 때문에 어떤 뇌물과 작은 호의를 구별하지 못하고 이른바 특권의식에 빠질 수도 있다. 특히 공짜 커피 제공자는 경찰에게 어떤 특별한 대우 받기를 기대하고 있다는 것이다. 경찰은 국가로부터 보수를 받기 때문에 일반인으로부터 작은 호의를 받는 것은 비윤리적이며 문제가 될 수 있다.

(2) 셔먼의 미끄러지기 쉬운 경사로 이론Slippery slope theory

공짜커피나 작은 선물 등의 사소한 호의가 나중에는 엄청난 부패로 이어진다는 이론이다. 예를 들어 지구대에 근무하는 어느 경찰관이 슈퍼주인에게 음료수를 자주 얻어 먹다가 나중에는 슈퍼 주인이 개인적인 폭행사건 처리 부탁을 해오는 경우 무마해 주고 돈도 받는 경우로 이어질 수 있다는 것이다.

이에 반해 펠드버그는 대부분의 경찰들은 작은 호의와 뇌물을 구별할 수 있다고 보고 비록 작은 호의를 받았다고 해서 반드시 큰 부패로 이어지는 것은 아니라고 주장했다. 나아가서 미끄러지기 쉬운 경사로 이론은 비현실적으로 관념적 가설에 불과

---

29) 이황우, 『경찰행정학』(서울: 법문사, 2002), pp. 417~424.

하다고 비판하였다. 반대로 델라트르는 작은 호의조차도 아예 금지해야 한다고 주장하였다.

(3) 경찰의 부정부패

첫째, 전체사회가설이다. 미국의 윌슨은 부패가 만연해 있던 시카고 시민이 경찰을 부패시켰다고 주장하면서 시민사회의 부패를 경찰부패의 주원인으로 보았다. 사회 전체가 경찰부패를 묵인하거나 조장할 때 경찰은 부패하며 작은 호의에 길들여져서 부패에 빠진다고 주장하였다(미끄러지기 쉬운 경사로 이론과 유사). 지역주민과 기존의 경찰들이 도박을 즐겼는데, 그 후에 부임해 온 신임경찰들도 역시 주민과 접근해 도박을 하게 되는 경우가 좋은 예이다.

둘째, 구조원인가설이다. 신임경찰관들이 선배경찰들에 의해 조직의 부패 전통 내에서 사회화되어 신임경찰도 기존경찰처럼 부패에 물들게 된다는 이론이다. 이는 니더호퍼, 로벅, 바커가 주장하였다. 예를 들어 정직하고 청렴했던 경찰관이 동네 유흥업소에서 업자들로부터 월정금을 받는 것을 보고 후임경찰들이 이를 답습하는 경우이다. 즉 경찰부패 관행이 경찰조직 내에서 침묵의 규범으로 받아들여진다는 것이다. 예를 들어 기소중지자 신병인수차 출장을 가면서 1명이 갔지만 2명이 간 것처럼 출장비를 수령하는 경우도 좋은 예이다. 즉 구조원인가설은 부패의 원인을 개인적 결함이 아니라 조직의 체계적 원인으로 보고 있는 입장이다.

셋째, 썩은 사과가설이다. 이는 경찰의 부패원인은 전체경찰 중 일부 부패할 가능성이 있는 경찰을 모집단계에서 배제하지 못하여 들어온 경찰 일부가 전체경찰을 부패하게 한다는 이론으로 부패 경찰은 신속히 제거해야 한다는 입장이다.

3. 경찰활동의 사상적 기초

(1) 사회계약설

경찰활동의 사상적 토대는 사회계약설에서 찾을 수 있다. 홉스Hobbes, 로크Locke, 루소Rousseau에 의해 주장된 근대의 사회계약설은 계약이라는 개념을 통해서 경찰제도를 포함한 제도나 정부형태, 법체계 등이 조직되는 원리를 도출하고 있다.

표 1-2	홉스, 로크, 루소의 사회계약설 비교		
구분	홉스	로크	루소
저서	리바이어던(Leviathan)	시민정부 2론	사회계약론
자연상태	- 만인에 대한 만인의 투쟁 - 양육강식의 투쟁상태 - 인간의 본성에 대한 성악설적 입장	- 초기에는 자유롭고 평등하며 정의가 지배함. 인간관계가 확대됨에 따라 자연권의 유지가 불안 - 공통의 정치권력 결여지만 자연법이 존재하므로 완전히 무질서한 사회는 아님 - 인간의 본성에 대한 성선설적 입장	- 초기에는 자유평등이 보장되는 목가적 상태, 점점 강자와 약자의 구별이 생기고 불평등관계가 성립 - 자연상태에서 인간을 지배하는 것은 이성이 아니라 감성
사회계약	- 자기보존을 위해 폭력보다는 평화와 협력강조, 즉 개인투쟁을 종식하고 평화를 이루는 계약형성 - 시민은 자연권의 전부를 국가에 신탁 - 개인의 자연권 포기	- 시민은 자연권의 일부를 국가 또는 국왕에 신탁, 자연권의 보장	- 모든 사람의 의지의 통합인 일반의지를 통한 직접민주정치 - 일반의지에 충실한 정부가 바른 정부 - 자연적 자유 대신에 사회적 자유를 얻게 됨 - 모든 사람들에게 원시적 자유를 되찾아줌
특징	- 국왕의 통치의지에 절대복종 - 절대군주 정치를 통한 평화와 안전의 기대 - 혁명은 절대불가 - 저항권 불인정	- 제한군주 정치 - 시민권의 확보 - 반항권(혁명권)의 유보 - 입법권과 집행권의 2권분립(입법권 우위) - 저항권 인정	- 국민주권의 발동으로 불평등관계 시정 - 일반의지의 표현인 법을 통하여 인간의 자연권 및 정의실현 - 저항권 인정

출처: 장정훈, 『경찰학개론』(서울: 웅비, 2013), p. 49.

(2) 로크의 사회계약론

로크는 '시민과 정부에 관한 제2논문'에서 시민사회 이전의 자연상태에서 사람들은 자유를 누렸으나 안전을 결여하고 있었다. 이러한 자연상태의 결함을 극복하기 위해 개인들은 자연상태를 떠나 시민사회를 결성하게 되며, 이러한 정치적 사회를 결성하는 개인들의 결정을 '계약'이라고 한다.

사회계약을 통해 개인들은 자신들의 생명·재산의 더 큰 안전을 보장하기 위해 자신의 권리를 힘을 사용하여 보호할 수 있는 자유·권리를 포기하는 대신 정치기구가 자신들을 위해서 권력을 행사할 것이라는 믿음하에 이를 정치기구(정부)에 신탁한 것으로 봄으로써 경찰활동의 민주성의 토대를 제시하였다. 즉 경찰조직은 정치기구 중의 하나이므로 경찰은 개인의 생명과 재산을 보호할 개인의 업무를 위탁받고 있다고 볼 수 있게 되어 경찰의 존재이유 및 목적과 역할이 분명하게 규정된다.[30]

---

30) 조철옥, 『경찰학개론』(서울: 대영문화사, 2000), p. 88.

4. 경찰활동의 기준

사회계약설로부터 도출되는 경찰활동의 사상적 기준을 보면 다음과 같다. 즉 코엔Cohen과 필드버그Feldberg는 사회계약설로부터 도출된 경찰활동의 기준을 다음과 같이 5가지로 제시하였다.

(1) 공정한 접근Fair Access의 보장

경찰은 사회 전체의 필요에 의해서 생겨난 기구이므로 경찰 서비스에 대한 공정한 접근을 허용해야 한다. 이는 경찰서비스에 대한 동등한 필요를 가진 사람들이 그것을 받을 동등한 기회를 가져야 함을 의미한다. 그리고 경찰관은 필요 이외의 다른 기준들, 예컨대 성·연령·재산 및 전과의 유무에 의해 서비스 제공을 거부하여서는 안 된다. 또한 시민들은 경찰의 서비스에 동등하게 협조해야 할 의무를 가진다.

(2) 공공의 신뢰Public Trust확보

사회계약에 의해 시민들은 자력구제, 즉 자신들의 권리를 스스로의 힘으로 보호할 권리를 포기하는 대신 이를 국가에 위임하여 국가기관이 그러한 권한을 대신 행사하게 하였다. 따라서 경찰은 시민을 대신하여 그 권한을 행사할 임무를 부여받고 있으므로 시민들의 신뢰에 합당한 방식으로 권한을 행사하여야 한다. 그리고 자의적인 권한행사나 경찰관의 사적인 이익을 위한 권한행사는 허용되지 않으며 강제력의 행사는 필요최소한에 그쳐야 한다. 예를 들어 시민 A가 자기집 TV를 도둑맞고 옆집에 사는 사람이 의심스럽다고 생각하였으나, 자신이 직접 물건을 찾지 않고 경찰에 신고하여 범인을 체포한 경우가 이에 해당한다.

(3) 생명과 재산의 안전보호Safety

국민의 생명과 재산의 안전이 사회계약의 목적이고, 법은 하나의 수단이다. 경찰의 역할은 국민의 생명·재산의 안전을 위하여 법집행을 하는 것이다. 그리고 개인들이 사회계약에 의하여 시민사회를 만든 궁극적 목적은 자신들의 생명·재산의 안전을 보장받기 위해서이다. 국가의 법은 이러한 생명·자유·재산의 안전을 도모하기 위한 하나의 수단이며 법 자체가 국가의 목적은 아니다. 따라서 법집행이라는 것도 생명과 재산의 안전이라는 궁극목적을 위해 사용되는 기법들 중의 하나라는 점을 인식하고, 법집행 자체가 궁극적인 목적이 되는 일이 없도록 주의하여야 한다.

(4) 협동Teamwork

사회계약에 의해 구성된 정부기구는 국가기관 상호간, 조직내부구성원간 상호 협력하여야 한다.

첫째, 권력상호간의 협력이다. 권력분립의 원리는 국민의 자유와 권리를 확보하기 위한 제도적 장치이다. 국가권력을 그 성질에 따라 분리하여 각각 별개의 기관에 분산시키는 것은 권력이 특정 개인이나 기관에 집중되면 권력의 남용 또는 권력의 자의적 행사로 국민의 자유와 권리가 침해될 위험성이 크기 때문이다. 그러나 권력의 분리는 그 자체가 목적이 아니고 국민의 자유와 권리를 보장하기 위한 수단에 불과하다. 따라서 국가존립의 궁극적 목적인 국민의 자유와 권리보호를 위해 필요한 때에는 각 국가기관은 서로 협력하여야 한다.

둘째, 경찰 내부에 있어서의 협력이다. 경찰도 국민의 재산과 생명을 보호하고 질서를 유지하기 위해서 다른 국가기관과는 물론이고 경찰 내부적으로 협력할 의무를 진다. 경찰기관간, 과·계간 그리고 경찰조직단위의 협력이 필수적이다.

(5) 냉정하고 객관적인 자세Objectivity

경찰은 사회의 일부분이 아닌 사회전체의 이익을 염두에 두고 업무를 수행하여야 한다. 시민들은 경찰관이 냉정하고 객관적인 방식으로 업무를 처리하기를 기대한다.

따라서 업무처리에 있어서 과도한 개입이나 무관심한 태도는 냉정함을 잃는 것으로 금지된다.

① 과도한 개입   지나치게 감정적으로 사태에 깊숙이 개입해서 평정을 잃고 제대로 판단하지 못하거나 어느 한쪽 편을 드는 경우이다.

② 무관심한 태도   당사자들의 말을 주의해서 듣지 않는 경우이다. 냉정하고 객관적인 자세의 좋은 예는 다음과 같다. 즉 A순경은 경찰에 들어오기 전에 집에 도둑을 맞은 경험이 있다. 그런데 경찰에 채용되어 절도범을 검거하였는데, 과거 도둑맞은 경험이 생각나서 피의자에게 욕설과 가혹행위를 하였다. 이는 냉정하고 객관적인 자세에 위배되는 것이다.

5. 현대경찰에게 요구되는 윤리(실천과제)

(1) 자   율

경찰의 활동에는 광범위한 재량이 인정되고 현장에서의 신속한 판단과 대응이 요구되므로 경찰관 개인은 업무에 대한 법률지식 등 전문지식과 직업윤리를 바탕으로 합리적인 판단능력을 배양하도록 노력해야 한다. 경찰목표달성을 위해서는 경찰관 개인에 대한 신뢰와 이를 바탕으로 한 자율적 임무수행이 요구된다. 자율은 책임과 고도의 윤리성이 전제되지 않으면 방종으로 흐를 위험이 있다.

(2) 책　임

경찰은 직업인으로서 자율에 바탕을 둔 임무수행이 요구되지만 경찰관이 이에 따르지 아니할 때 책임을 묻게 된다. 책임에는 위법이나 비위에 대한 민사·형사·행정적 책임도 있으나 여기서 강조하는 것은 직업인으로서의 자발적인 책임감이다.

(3) 창　의

창의성은 여러 가지 사안에 대하여 기존의 틀에 구속되지 않고 새롭게 독창적으로 사고하는 것을 의미하며 경찰목표를 달성하기 위해서는 다양한 방법을 개발하고 그중에서 가장 생산성이 높으면서도 국민들의 지지를 받을 수 있는 방법을 선택하는 등 창의적인 자세가 요구된다.

(4) 양　심

양심이란 직업인으로서의 경찰관에게 요구되는 기본적인 마음가짐으로서 정직, 책임의식, 사명감 등을 포함하는 것이다. 우리 경찰윤리헌장은 경찰이 '오직 양심에 따라 법을 집행'하는 공정한 경찰을 천명하고 있다.

제4절　경찰학의 학문성과 체계

1. 경찰학의 의의

흔히 경찰학이란 영어로 Police Science 혹은 Police Studies라고 표기하며 경찰에 관한 학문적 총체를 의미하고 있다. 미국에서는 경찰학이라고 표기하기보다는 경찰행정학Police Administration에서 경찰학 전반을 폭넓게 연구하고 있는 것으로 보인다. 경찰학은 이론에 바탕을 두고 실무를 동시에 겸비한 차원에서 이루어질 때 최대의 이상적인 학문의 빛을 볼 수 있을 것이다.

2. 경찰학의 학문적 영역

흔히 경찰학은 경찰철학, 경찰사학, 경찰법학, 경찰행정학, 경찰과학 등으로 구성되고 있다.

(1) 경찰철학

경찰철학은 경찰이 나아갈 방향을 논의하는 경찰이념론의 분야와 경찰공무원에게 요구되는 올바른 경찰상을 논의하는 경찰윤리학 분야로 구분할 수 있다.

(2) 경찰사학

경찰의 조직과 일련의 제도 및 경찰활동 등에 대한 역사와 경찰사상에 관한 역사 이외에도 우리나라 경찰사뿐만 아니라 외국의 경찰사까지 전반적인 근원을 연결시켜 연구할 필요가 있다.[31]

(3) 경찰법학

이는 경찰조직법학과 경찰작용법학의 두 개 분야를 연구하는 것이 필요하다.

(4) 경찰행정학

우리나라에서는 경찰학과 관련해 대학에서 주로 경찰행정학과로 많이 표현·사용하고 있다. 경찰의 조직관리와 인사관리 및 예산관리를 비롯해 주로 경찰관리론 분야를 연구하는 추세다.

(5) 경찰과학

경찰과학은 범죄학, 사회학, 심리학, 범죄예방학, 수사학, 교통공학, 정보학 등의 사회과학을 의미한다.

이를 종합해 볼 때 경찰학의 기초분야에는 경찰철학, 경찰이념론, 경찰윤리론, 경찰학역사, 비교경찰론, 경찰환경론 등이 속한다. 경찰의 체제분야에는 경찰기획론, 경찰조직론, 경찰인사관리론, 경찰예산론, 경찰장비론, 경찰통제론, 경찰개혁론, 경찰정보체계론, 경찰지식관리체계론 등이 포함된다. 그리고 경찰수단 분야에서는 생활안전경찰론, 수사경찰론, 교통경찰론, 경비경찰론, 정보경찰론, 보안경찰론, 외사경찰론 등

---

31) 이운주, 앞의 책, p. 51.

의 분과들이 포함되고 있다.32)

3. 경찰학의 학문적 구성

(1) 우리나라의 현황

우리나라에서는 1963년 최초로 동국대에 경찰행정학과가 설치되었다. 1981년에는 정규 4년제 대학으로 용인에 국립경찰대학이 설립되었다. 이는 정규 일반대학이 아니고 경찰간부(경위)를 전문적으로 길러내기 위한 별도의 목적을 지니고 이루어진 것이다. 그 후 국립경찰대학에서는 1982년부터 경찰학개론을 비롯해 수많은 경찰학 관련 개론서들을 집필해 내었으며 많은 학문적 발전을 시도했다. 1992년 관동대, 1995년 원광대, 1996년 계명대, 1998년 한세대 등 다수의 대학교와 대학에 수많은 경찰행학과가 지속적으로 설치되었다.

(2) 미국의 현황

미국에서는 이미 60년대 이후 경찰학Police Science 혹은 Police Studies에 대한 연구가 활발했으며 주로 형사사법학Criminal Justice Studies 혹은 경찰행정학Police Administration의 일부분으로 경찰학이 연구되어 왔다. 미국에서 경찰학 연구로 우리나라에 많이 알려진 곳은 미시간 주립대학교, 뉴욕 존제이 사법대학원, 플로리다 주립대학교, 샘 휴스턴 대학교 등이다.

(3) 영국의 현황

영국의 엑시터Exeter대학에서 경찰 및 형사사법학과가 개설되었으며 10여개의 대학에서 경찰관련학이 연구되고 있는 것으로 알려졌다. 그러나 19세기 초반부터 범죄학의 한 분야로서 경찰학 연구가 본격화되었다. 영국에서 경찰학 연구는 엑시터대학(행정학 분야), 캠브리지대학원(법학 분야), 런던경제대학(사회학 분야), 사우스햄턴(Southampton/ 범죄학 분야)대학, 포츠머스 대학(형사학 분야) 등이 우리나라에 알려져 있다.

(4) 독일의 현황

독일의 관방학자 유스티Justi의 1756년 저서인 경찰학원리Grundsätz der Polizeiwissenschaft에서 경찰학이라는 용어를 찾을 수 있지만 오늘날의 경찰학 개념과는 어느

---

32) 김충남, 앞의 책, p. 17.

정도 거리가 있다. 오늘날 독일대학에서 독자적인 경찰학 연구가 아직 이루어지고 있지 않다. 독일에서 경찰학은 법학, 사회학, 심리학 분야 등과 맞물려 연구되어야 한다는 관념에서 쉽게 벗어나지 못하고 있다. 그러나 최근에는 경찰학Polizeiwissenschaft에 관한 관심이 급속히 커지고 있으며 경찰학이 독자적으로 학부에 설치 가능한 학문인가에 대한 토론이 활발하다.

오늘날 독일에서 경찰학 관련 학문연구는 독일경찰대학원Deutsche Hochschule der Polizei,33) 프라이부르크Freiburg대학, 보쿰Bochum대학34) 등에서 가능한 것으로 알려져 있다.

---

33) 독일경찰대학원에 대한 자세한 소개는 신현기, "독일경찰대학원의 교육과 연구기능," 한국치안행정학회, 「한국치안행정논집」, 제9권 제1호, 2012, pp. 137~159를 참조 바람. 본 대학원에서는행정학 석사, 행정학 박사, 법학박사, 경제학 박사, 사회학 박사 학위를 수여하고 있다.
34) 이 대학에서는 사회학과에서 범죄심리학을 공부할 수 있다고 알려져 있다.

제 2 장 한국경찰의 역사

우리나라의 경찰제도는 갑오경장 이전까지는 집권세력들의 지배하에서 일방적으로 유지되어 나왔다.[1] 그 후 갑오경장(1894)을 계기로 현대적 의미를 띤 경찰제도의 모습을 가지게 되었다. 35년간 일본 식민지 시대의 헌병경찰제를 혹독하게 경험하고 해방 후 미군정하에서 대략 3년간 통치를 받다가 1948년 이후 대한민국의 수립과 동시에 일본의 경찰잔재를 정리하며 발전하여 1991년에는 내무부 치안본부 체제에서 행정자치부의 외청으로 독립한 경찰청시대가 본격화되었다. 1948년 이승만 정부, 장면 내각, 박정희 정부, 전두환 정부, 노태우 정부, 김영삼 문민정부, 김대중 국민의 정부, 노무현 참여정부를 거쳐 발전해 오는 동안 경찰의 수사권 독립과 자치경찰제를 도입해야 한다는 논의가 오늘날 활발하게 진행된 바 있으나 2008년 2월 이후 이명박 정부에서는 경제위기 상황 등에 가려져 논의만 무성했고, 역시 2013년 2월에 출범한 박근혜 정부에서도 큰 진전은 없었다. 본 장에서는 부족국가시대부터 2022년 문재인 정부까지 우리나라 경찰의 모습이 어떠한 단계를 밟아 나왔는가에 대한 역사적 맥락을 시대별로 살펴본다.

---

1) 본 원고는 신현기·김상호 외 7인의 공저였던 『경찰학개론』(파주: 법문사, 2006)에 실렸던 것인데 본 저서가 절판된 이후 본인의 원고였던 부분을 수정 및 가필한 것임을 밝힌다.

1. 부족국가시대

(1) 고 조 선

이 당시에는 지배세력이 통치하기에 유리하도록 살인이나 절도 및 상해, 간음, 투기 문제에 대해 비교적 강력하게 다스렸다는 점을 문헌을 통해 찾아 볼 수 있다.

고조선 시대의 경찰제도에서 형벌법과 관련되는 대표적인 것은 팔조금법(八條禁法)으로 알려져 있다. 오늘날까지 이른바 삼조목(三條目)이 전해져 내려오고 있다. 제1조목은 살인자는 바로 사형에 처한다는 것이었고 제2조목은 타인에게 상해를 입힌 자는 곡물을 통해 갚아야 한다는 것이다. 그리고 제3조목은 남의 물건을 훔쳤을 경우 남자는 노(奴)가 되어야 하고 여자의 경우는 비(婢)가 되어야 한다는 것이다.[2] 그러나 이 경우 50만전의 돈을 내고 죄를 용서받을 수도 있었다. 비록 당시에는 기능이 분화되어 있지 않고 다만 지배세력들이 일방적으로 권한을 행사하며 민주성을 결여하고는 있으나 이는 고조선 당시에도 살인죄와 상해죄 및 절도죄에 해당하는 법률적 기능이 있었다는 데서 의미를 찾을 수 있다.[3]

(2) 한 사 군

이 당시 한(漢)의 행정체제는 군현경정리(郡縣卿亭里)를 중심으로 이루어졌었다. 군(郡) 지역에는 문관과 무관을 설치하여 운영하였으며 현(縣)에는 현령과 현장이 위치하고 그 아래에 장리(長吏)인 승(丞)과 위(尉), 그리고 소리(小吏)인 두식(斗食)과 좌사(佐史)를 설치해 문치의 보좌와 도적을 잡도록 했다. 특히 현(縣) 아래의 경에는 삼로(三老)가 있었는데 이는 교화의 기능을 담당했다. 또한 유요가 있었는데 이는 순찰과 도적을 막는 임무를 담당했다. 그리고 정(亭)에는 정장을 두고 도적을 잡는 임무를 맡겼으며 리(里)에는 소위 이괴(里魁)를 설치해 지역의 풍속을 담당했다. 무엇보다 이 중에서 오늘날의 경찰기능을 담당한 것은 활, 창, 방패, 검, 갑옷을 지급받은 위와 유요 그리고 정장이다.[4]

---

2) 이운주, 『경찰학개론』(용인: 경찰대학, 2001), p. 61.
3) 자세한 내용은 임준태, 『경찰학 개론』(서울: 도서출판 좋은세상, 2002), pp. 84~85를 참조 바람.
4) 이운주, 앞의 책, p. 62.

(3) 부   여

부여에는 왕과 마가, 우가, 저가, 구가 등의 관직이 있었는데, 이들이 국방과 경찰의 기능을 동시에 수행하였다. 고조선 시대와 비슷하게 부여에서도 살인자는 사형에 처했다. 물론 가족도 노비로 삼았으며 타인의 물건을 훔친 자의 경우도 12배로 갚도록 하는 배상제도를 실시했다.5) 그리고 부인으로 남편에게 투기한 사람도 사형에 처하고, 간음을 범한 자도 역시 사형에 처하는 엄격한 형벌제도를 가지고 있었다. 부여에서 눈에 띄는 제도는 영고(迎鼓)라는 제천행사였는데 이 시기에는 죄수들을 석방하는 행사를 치렀다.

(4) 고 구 려

이 당시 범죄를 저지른 자는 소위 제가평의(諸加評議)라는 기관의 결정에 따라 사형을 집행하였으며, 동시에 그의 처자도 노비로 삼고 절도범의 경우는 이른바 일책십이법(一責十二法)에 의해 무려 12배로 배상을 하는 제도를 가지고 있었다.6)

(5) 옥저와 동예

이 때에도 살인자는 사형에 처하는 제도를 가지고 있었다. 옥저와 동예는 고구려에 예속되어 거수(渠帥)들이 읍락을 지배했다. 이 당시에는 책화제도(責禍制度)가 있었는데 이는 읍락의 경계를 침범한 경우 노예나 우마를 통해 배상하도록 했던 제도를 말한다.

(6) 삼   한

모두 78개의 부족국가로 이루어졌었다. 이 당시에는 천관이라는 신관이 소도(蘇塗)라는 지역을 다스렸는데 이곳으로 범죄자가 도망하는 경우에는 잡지 않았다고 한다.

2. 삼국시대

고구려와 백제 및 신라가 등장했던 삼국시대에는 왕을 중심으로 해서 중앙집권적인 국가가 제 모습을 갖추고 법령도 마련하면서 경찰기능도 어느 정도 나타났다. 그러나 경찰기능의 분화는 이루어지지 않았고 행정, 군사, 경찰이 일체를 이루고 있었던 것으로 보인다.7) 특히 국가나 왕권에 도전하는 경우는 상당히 엄히 다루었음을

---

5) 앞의 책, p. 63.
6) 앞의 책, p. 63.

역사적 사료는 보여주고 있다. 이 때는 비록 중앙집권적 국가체제가 갖추어지는 시기이기는 했으나 경찰기능이 뚜렷하게 이루어지지는 않았다. 또한 경찰과 행정 및 군사가 일체를 이루고 있었다는 특징을 가지고 있다.

(1) 고 구 려

이 당시의 수상은 대대로(大對盧)였다. 전체 14관등으로 이루어지는 신분관계를 이루고 지배되었다. 지방의 경우는 5부로 나누어 다스려졌는데 지방장관은 욕살(褥薩)이라고 불렸다. 물론 이들의 지배계급이 경찰권도 행사했을 것으로 보인다. 특히 고구려에는 외환죄와 내란죄에 해당하는 반역죄, 그리고 전쟁에서 패배 및 항복한 죄, 살인행겁죄(殺人行刧罪), 절도죄, 가축살상죄 등이 있었다.

(2) 백   제

이 시대에는 수도에 5부를 설치하고 달솔(達率)이라는 벼슬이 다스렸고 지방에서는 5방제를 두고 방령(方領)이 통치했다. 이들이 치안책임을 담당했다. 이 벼슬아치들이 치안책임을 담당했으며 반역죄, 절도죄, 간음죄, 관인수재죄(官人受財罪)를 두고 치안질서를 엄격하게 유지했다.8)

(3) 신   라

중앙에는 엄격한 골품제도와 이벌찬 등 17관등제를 통해 지배체제를 유지했다. 지방에는 주(州)로 나누어 군주(軍主)를 통해 다스리게 하였으며 이들이 군사와 경찰 업무도 담당하였던 것으로 보인다.

3. 통일신라

이 시대의 병부, 사정부 그리고 이방부 등은 경찰과 관련되는 조직들이었다. 이방부의 경우는 좌이방부와 우이방부로 나누어져 범죄의 수사와 집행을 담당하였다.9) 주, 군, 현제도가 이 당시의 지방통치조직을 유지하기 위한 토대를 이루고 있었다. 지방의 경우는 9주 5소경으로 나누어져 각기 기능을 했다. 지방장관은 총관(摠管)이라고 불렸다. 소경에는 사신(使臣)이 맡아서 임무를 수행했다. 주(州) 아래에는 군(태수),

---

7) 임준태, 앞의 책, p. 87.
8) 이운주, 앞의 책, p. 65.
9) 김형중, 『한국중세경찰사』(서울: 수서원, 1998), p. 35.

현(령), 촌, 향, 소, 부곡으로 구성되어 다스려졌다. 주의 총관이라는 직책과 하부의 현령에 이르기까지 중앙의 귀족들이 임명되어 이른바 9서당 10정의 군사조직이 주류가 되어 경찰기능까지도 담당한 것으로 짐작해 볼 수 있다. 특히 통일신라시대의 범죄 유형으로는 통상적인 범죄로 부모를 살해하는 등의 오역죄, 절도죄를 비롯해 왕권보호 차원의 모반죄, 모대역죄, 지역사불고언죄(知逆事不告言罪), 그리고 관리들의 업무와 관련된 불휼국사죄(不恤國事罪) 및 배공영사죄(背公營私罪) 등이 새로이 생겨나기도 했다.10)

4. 고   려

고려시대의 중앙조직은 3성 6부체제로 이루어져 있었다. 경찰기능은 형부와 병부가 담당하고 있었다. 이 당시 경찰기능은 법률과 소송을 다루었던 형부(刑部)와 군사 등을 다룬 병부(兵部)가 담당한 것으로 보인다. 수도의 경찰업무는 금오위(金吾衛)가 담당했다. 금오위는 수도 개경의 순찰과 비위예방도 담당했다. 지방의 경우는 그 지방의 장이 행정, 사법, 군사, 경찰 등의 사무를 담당했다. 이 당시 삼별초는 경찰과 전투 등 공적인 임무도 수행했다.11) 이 시대에는 모반, 대역죄, 살인죄, 절도죄, 공무원 범죄, 문서훼손에 관한 범죄, 무고죄, 도주죄, 방화죄, 성범죄, 도박죄, 유기죄, 장물죄, 인신매매와 관련된 죄 등의 죄목도 새로이 등장했다.12)

한편 순마소는 개경의 경찰서격으로 순찰과 경비를 주로 하는 사실상의 경찰서였으며 동시에 왕실의 경비도 담당했다. 또한 어사대의 경우는 3성 6부와 독립하여 시정을 논하고 백관들을 감찰하며 그 밖에 풍속경찰의 임무도 수행하는 특수경찰기관의 형태를 가지고 있었다.13)

5. 조선(갑오경장 이전)

조선시대의 경찰기관은 각기 국가행정기관이 그 소관업무들을 직접 단속하고 처벌하는 역할을 수행했기 때문에 관가들이 모두가 일종의 경찰기관이었다고 볼 수 있다.14) 중앙행정기관에 속하는 형조에서는 법률, 소송, 노비의정 등을 관장하는 일반

---

10) 임준태, 앞의 책, p. 88.
11) 이기백, 『한국사신론』(서울: 일조각, 1986), p. 141.
12) 임준태, 앞의 책, p. 89.
13) 김충남, 앞의 책, p. 68.
14) 김충남, 앞의 책, p. 69.

표 2-1		갑오경장 이전의 경찰제도	
구 분		**경찰제도**	**특 징**
부족국가시대	고조선	팔조금법	·군사, 형집행 기능과 통합수행 ·가부장적 사회질서 유지
	부 여	일책십이법	
	한사군	지방의 위, 유요, 정장	
	고구려	일책십이법	
	동 예	책화제도	
삼국시대	고구려	지방장관 - 욕살	·중앙집권적 국가체제 ·행정, 군사와 일체 ·반역죄 엄벌
	백 제	수도 - 달솔, 지방 - 방령	
	신 라	지방 - 군주	
통일신라시대	·중앙 - 형부, 병부		·형의 종류 세분
고려시대	·군 - 금오위 ·현 - 위아(현재의 경찰서)		·순군만호부 - 정치경찰적 활동
조선시대	·중앙 - 의금부 ·지방 - 관찰사 ·포도청 창설		·중앙의 각 기관이 경찰기능 수행

출처: 임준태, 『경찰학개론』(서울: 도서출판 좋은세상, 2002), p. 90; 경찰공제회, 『경찰실무종합』(서울: 경찰공제회, 2008), p. 75; 신현기·김상호 외 7인, 『경찰학개론』(파주: 법문사, 2006), p. 37.

사법경찰업무를 수행하였다. 사헌부에서는 시정을 논의하고 관료들을 규율하는 등 일반 풍속경찰업무와 행정경찰의 업무도 주관했다. 지방에서는 관찰사와 수령들이 경찰기능을 지방행정과 함께 수행했다.

성종 2년인 1471년 포도장제에서 포도청이 유래했으며 도적의 횡포를 막는 목적으로 설립되었다. 포도청은 중종 24년인 1529년 처음으로 생겨났다. 포도청의 임무는 도적을 체포하고 야간순찰을 담당했다. 이러한 중요한 역할을 담당하던 포도청은 1894년 갑오경장과 함께 경무청관제직장(警務廳官制職掌)이 제정되고 한성부에 이른바 경무청이 설치됨과 동시에 없어지게 되었다.[15] 이 당시에는 양반집의 수색과 여자도적의 체포를 위해 다모(茶母)라는 여자관비도 존재했었다. 갑오경장 이전 경찰의 특징을 다음과 같이 정리할 수 있다.

첫째, 이 당시에는 경찰기능과 다른 행정작용 및 군사작용이 미분화되어 있었다.

둘째, 경찰기능은 치안질서를 유지함으로써 전제왕권의 공고화를 도모하는 데 있었다.

셋째, 전제적(專制的)인 경찰권이 행사되었다. 법적 근거나 재판과정 없이 관청이나 지배권력이 자의적으로 행하였다.

넷째, 갑오경장 이전에 중국으로부터 법령과 관제에 관한 많은 영향을 받았다.

---

15) 이운주, 앞의 책, p. 70.

1. 의   의

1894년 갑오경장 이후 우리나라에 처음으로 근대경찰의 모습이 나타나 경찰이라는 용어가 등장하게 되었다. 동시에 갑오경장을 통해 우리나라 경찰에 관한 조직법적 및 작용법적 근거가 마련되고 근대 국가적 경찰체제의 모습이 나타나게 되었다. 일본은 식민지로 삼은 한국에 프랑스와 독일 등 대륙법계 경찰체제를 이식시키는 작업을 본격화했다.

2. 갑오경장과 한국경찰의 효시

(1) 일본의 한국경찰 창설

일본은 한국에 식민지를 개척하고 1894년 6월 27일(양력) 일본각의를 통해 조선에 경찰체제를 구축하겠다고 결정했다. 이어서 김홍집 내각은 소위 각아문관제를 통해 경찰이라는 용어를 사용하고 법무아문하에서 경찰창설을 결정했다. 이어서 경찰을 내무아문으로 변경한 후 같은 해 7월 14일(음력)에 경무청관제직장과 행정경찰장정을 제정하는 발전을 가져 왔다.

(2) 한성부에 경찰 창설

위에서 소개한 경무청관제직장에 근거해 포도청이 폐지되고 한성부에 경찰이 창설되었는데, 이는 당시의 좌우포도청을 통합해 경무청을 신설한 것이다. 드디어 행정경찰장정의 법적 토대 위에서 경찰업무를 수행할 수 있게 되었다. 경무청관제직장과 행정경찰장정은 일종의 경찰조직과 작용에 관한 법이라고 볼 수 있다. 그리고 갑오년에 처음으로 제정되었다는 점에서 이 시기의 경찰이 우리나라 최초의 근대적 경찰이라고 불리게 되었다.[16] 내무아문의 책임자로는 경무사를 두어 경찰사무와 감옥사무를 관장하는 동시에 범죄인을 체포하고 이송하는 임무도 담당했다. 경무관이 서장이었으며 오부자내(五部字內)에는 경찰지서도 설치되었다.[17]

---

16) 김충남, 앞의 책, p. 70에서 재인용.
17) 임준태, 앞의 책, p. 91.

(3) 경찰작용법의 제정

한국경찰의 최초의 작용법으로 알려진 행정경찰장정은 1875년 일본의 행정경찰규칙과 1885년 위경죄즉결례를 혼합하여 옮기어 놓은 것이다. 내용으로는 영업, 시장, 회사, 소방, 위생, 결사, 집회, 신문잡지, 도서에 대한 사무까지도 포함되어 있다.

(4) 경찰고문관 제도

일본의 무구극조(武久克造)가 조선 경무청의 고문관으로 초빙되어 일본식으로 경찰제도를 개편했다. 내부대신이 경찰에 대한 지휘·감독권을 가지게 되었는데 바로 내부관제(1895)의 제정을 통해서였다. 다음해인 1896년에는 지방경찰규칙의 제정을 통해 지방경찰의 작용법적 토대를 마련하게 되었다.18)

3. 을사조약에 따른 한국경찰권의 상실

1905년 일본 통감부에 의한 통치가 시작되었고 경무청이 한성부 내의 경찰로 축소되었다. 1908년 10월 29일 한국의 총리대신 이완용과 통감인 이등박문이 「경찰사무에관한취극서」를 통해 한국경찰권을 일본관헌에 위양하고 1909년 3월 15일에는 「재한국외국인민에대한경찰에관한한일협정」을 통해 외사권을 역시 일본관헌에 위양했다.19) 같은 해 7월 12일 진행된 「한국사법및감옥사무위탁에관한각서」에 따라 한국의 사법경찰권과 사법사무가 일본으로 넘어 가고 1910년 6월 24일 「한국경찰사무위탁에관한각서」의 체결을 통해 한국의 경찰사무가 완전히 일본에 위탁되었다.

제3절　일본식민지 시대

1. 헌병경찰의 통치시대

1910년 「조선주답헌병조령」에 의해 일본헌병이 조선에서 일반치안을 담당할 법적 근거를 마련했다. 헌병이면서 경찰업무를 담당하게 된 것이다. 의병활동 지역에 주로 배치되어 첩보의 수집, 의병의 토벌, 민사소송의 조정, 집달리 업무, 국경세관 업무,

---

18) 앞의 책, p. 91.
19) 이운주, 앞의 책, p. 79.

일본어의 보급, 부업의 장려 등과 관련된 업무를 담당했다. 그러나 1919년 3·1운동을 계기로 일본의 무단통치는 막을 내리고 보통경찰체제로 바뀌게 되었다.[20]

2. 보통경찰의 통치시대

3·1운동을 계기로 보통경찰제도로 전환되었으며 총독부 직속의 경무총감부는 폐지되었다. 경무국이 경찰사무와 위생사무를 감독하였다. 하지만 경찰업무의 영역과 범위는 이전과 대동소이했다. 특히 정치범처벌법(제령7호)이 제정되고 탄압을 강화했으며 일본이 1925년 일본에서 제정한 자기네 치안유지법도 한국에 가져다가 적용하기도 했다.[21]

3. 일제 강점기 경찰의 특징

강점기의 경찰은 일본의 식민지배의 중추기관이었다. 총독에게 주어진 제령권과 경무총장, 경무부장 등의 명령권 등을 통해 각종 전제주의적, 제국주의적 경찰권의 행사가 가능했었다. 이 당시 경찰이념은 한국 국민을 억압하고 탄압하는 존재로서 제국주의 일본의 식민지배를 공고히 하는 데 있었다. 그리고 경찰의 대상영역이 특고(特高)경찰활동을 통해서 사상이나 이념까지 확대되었으며 중일전쟁 발발 후부터 경제경찰의 영역까지 미치게 됐다.[22]

제4절   **해방 후 미군정기(1945~1948)**

1. 의 의

한국의 경찰은 1945년 일제로부터 해방과 더불어 미군정이 설치한 경무국(警務局)에서부터 출발하게 되었다.[23] 미군정경찰의 특징은 기구가 독립되었다는 점이다. 특

---

20) 앞의 책, p. 84.
21) 임준태, 앞의 책, p. 94.
22) 경찰공제회, 앞의 책, p. 89.
23) 우리나라 경찰은 1945년 10월 21일 미군정청 창설일을 한국경찰의 창설일로 설정해 지금까지 경찰출범의 기원으로 인정하고 있다.

히 우리나라 경찰체제나 운영면에서 능률성보다는 민주성이 강조되었을 뿐만 아니라 영·미법계 경찰제도의 장점들을 다수 도입하게 되었다. 한국경찰은 초창기인 1945년 10월 21일 미국 군정청 산하에서 기타의 행정부서와 마찬가지로 이른바 경찰부(警察部)를 설치하게 되었다. 실제로 이 경찰부는 완전히 독립된 중앙부처 중의 하나로 새 출발을 하게 된 셈이다. 1946년 4월 미군정청은 법령 제46호로 모든 국(局)을 흡수해 부(部)로 승격시켰다. 즉 경찰조직을 13부 6처 3위원회 중의 하나인 경무부(警務部)로 격상시키게 된 것이다.[24]

2. 기구의 개편과 발전

1946년 5월 15일 우리나라 최초로 여자경찰관을 채용했다. 동년 7월 1일 경무부 공안국에 여자경찰과가 신설되었다. 1946년 9월 18일부터 서울, 대구, 전주의 3개소에 경무총감부를 설치했다. 그 아래에 11개의 관구경찰청을 두게 되었다. 1947년 2월 17일에는 수도관구경찰청에 여자경찰서가 창설되었다. 동년 5월에는 민정장관 안재홍을 위원장으로 하는 경찰위원회를 설치하고 9명의 위원을 위촉하였으며, 경무부의 주요 정책과 실천계획들을 심의·의결하였다. 9명의 위원은 경무부장 조병옥, 사법부장 김병로, 인사행정처장 정일형, 운수부장 민관식 등이 임명되었다. 동년 11월 25일에는 중앙경찰위원회가 만들어지고 6명의 경찰위원이 임명되기도 했다.[25]

미군정청은 일본에 협조한 경찰관들을 해임하고 새로이 경찰관들을 채용하였다. 문제는 경찰관들을 채용하면서 경위 이상의 간부 1,157명 중 949명을 일제경찰 출신 자들로 다시 뽑았다는 사실이다. 이는 82%에 해당하는 수치다. 그동안의 경찰경력을 인정하여 하급자들도 간부로 채용하고 난 후 나머지 부족한 하급직경찰들만 신규채용함으로써 우리경찰 역사에 오류를 남겼다. 무엇보다 이승만 정권의 측근들이 경찰 고위직에 앉아 1946년 11월 과도입법의원 선거와 1948년 5월 총선에서 경찰이 부정 선거를 저지르는 데 앞장을 서는 나쁜 역사가 연출되기도 했다.[26]

미군정경찰 기간 동안의 특징을 김충남은 다음과 같이 정리했다.

첫째, 미군정경찰은 한국 국민을 해방하기 위한 경찰이었다.

둘째, 영구성을 가진 것이 아니며 임시적 경찰이었다.

셋째, 민주주의에 입각한 경찰이었다.

---

24) 최회승, "경찰조직체계의 법적 고찰," 경희대학교 대학원 석사학위 논문, 1999, p. 18; 경찰청, 『경찰50년사』(서울: 경찰청, 1995), p. 136.

25) 이황우·조병인·최응렬, 『경찰학개론』(서울: 한국형사정책연구원, 2001), p. 75.

26) 앞의 책, p. 76.

넷째, 대륙법계에서 벗어나 영·미법계로 전환하는 계기가 되었다.

제5절 해방 후 초창기(1948~1953)

1. 의　　의

1948년 대한민국 정부가 수립되면서 경찰기구는 내무부의 치안국(治安局)으로 개편되고 한국전쟁(1950~1953)을 계기로 기구와 인력의 확대를 가져왔다. 특히 정치행정의 경찰의존성이 두드러지게 커졌다는 평가가 설득력을 얻었다.27)

특히 국내·외적인 국제정치적 소용돌이 속에서 이승만정부와 함께 새로이 출범한 한국의 경찰은 1948년 일본제국주의 식민지시대 일본의 하수인이었던 한국인 경찰인사들까지도 대부분 그대로 재임용하게 되었다. 동시에 우리나라는 중앙집권적 국가경찰제도28)를 수용·운용하게 되었다. 이러한 역사적 결과는 이승만 정부가 자신의 정권을 유지하기 위해서 당시에 어찌할 수 없는 상황이었다고 알려져 있다. 1948년 7월 2일 당시의 내무부 훈령 제1호로 소위 경찰총감부(警察摠監部) 관할의 경찰서제도가 폐지되는 동시에 경찰계급 중 감찰관 자리를 폐지하고 경무관(警務官), 총경(摠警), 총감(摠監), 경사(警査), 순경(巡警)제도로 일제히 개편하기에 이르렀다. 이러한 일련의 개편 속에서 경찰이 내무부와 도지사의 관할하에 놓였고, 결국에는 경찰기구가 대폭적으로 축소되었으며 이 당시 설치되어 있던 관구경찰청(管區警察廳)이 도의 명칭으로 환원되었다. 이에 따라 각지역의 경찰서도 관할하고 있는 지방의 명칭으로 개칭하게 되었다.

이 당시에 경제과, 소방과, 그리고 여자경찰과(女子警察課)가 치안국에 소속되어 있었는데 여자경찰과의 경우는 대통령령 제304호로 1950년 3월 31일 폐지되기에 이르렀다. 이에 반해 대통령관저인 경무대와 중앙청의 경비를 담당하게 될 경찰부대가 새로이 설치되었다.29)

---

27) 정진환, "한국경찰조직개편에 관한 연구," 인천대학교 논문집, 제13집, 1988, p. 12.
28) 경찰행정학자들은 흔히 경찰제도를 세 가지 유형으로 분류하고 있다. 즉 중앙집권적 국가경찰제도, 지방분권적 자치체경찰제도, 그리고 통합형 경찰제도가 바로 그것이다.
29) 정정호, "한국경찰제도의 개선방안," 부산대학교 행정대학원, 행정학석사학위논문, 1998, p. 46.

2. 6·25 한국전쟁 이후 변화

1953년 한국전쟁이 종료된 다음 한국의 경찰제도는 기구상의 큰 변혁을 가져왔는데 경찰제도가 전투경찰체제로 변경되어 비상사태에 대처하게 되었다. 말하자면 경찰조직이 봉사분야보다는 전후질서구축을 위해 이른바 질서기능 분야에 더 큰 중점이 두어지게 된 것이다. 당시 특이한 점은 한국의 국립경찰이 정치에 이용되는 과오를 남기기 시작했다는 점이다. 그 대표적인 예가 1952년 발췌개헌과 1954년 11월 사사오입개헌에 경찰력이 동원된 사례이다.30)

한편 1946년 9월 17일에는 경무총감이, 1966년에는 치안감계급이, 그리고 1969년 1월에는 경장계급과 경정계급이 신설되었다. 이어서 1979년 12월에는 치안정감 계급이 새로 설치되어 오늘에 이르고 있다. 2015년 현재 치안정감에는 경찰청 차장, 서울지방경찰청장, 부산지방경찰청장, 경기지방경찰청장, 인천지방경찰청장, 경찰대학장 등 6명이다.31)

제 6 절　**한국전쟁부터 군사혁명정부까지(1953~1963)**

1. 의　　의

3년여의 한국전쟁(1950~1953)에서 경찰은 전투경찰체제로 개편되어 수많은 희생을 감수해야만 했다. 또한 정치와 사회적으로도 한국경찰은 정치적 중립화나 민주화, 그리고 더 나아가서 능률화의 측면에서도 별다른 발전을 가져올 수 없었다. 따라서 이 당시의 한국경찰은 이승만 자유당 정부의 정권유지 전략에 맞추어 북한에 대한 대공투쟁과 야당에 대한 억압에 관여하는 등 역사적으로 큰 과오를 남기게 되었다. 이러한 모습은 결국 경찰 자신 스스로 경찰행정의 민주성을 상실하고 동시에 사기가 극도로 위축되는 결과를 가져왔을 뿐32) 아니라 연일 시위에 휘말리게 되었다. 한편

---

30) 서철, "한국경찰조직 발전방안에 관한 연구," 동국대학교 행정대학원 석사학위논문, 1986, p. 40.
31) 법원의 경우 부장판사 경우도 차관급이다. 더욱이 100여명의 직원을 유지하는 국정원의 경기지부장의 경우도 차관급으로 알려져 있는데 하물며 150,000명의 경찰을 진두지휘하는 경찰청장의 직급이 차관에 그치는 현실은 한번쯤 생각해 볼 일이다.
32) 그럼에도 불구하고 경찰에서는 기획계를 신설하는 등 발전하고자 하는 몸부림도 다소 보여 주었다.

1953년에는 국립과학수사연구소와 해양경찰대가 설치되기도 하였다.

2. 군사혁명정부와 경찰

위와 같은 일련의 과오들은 마침내 1961년 박정희 소장에 의한 소위 5·16 군사혁명을 불러오는 빌미를 주게 되었다. 박정희 군사혁명 정부는 행정개혁의 일환으로 경찰행정 분야에도 대폭적인 수술을 가해 한국경찰의 새로운 모습도 보여 주었다. 그 좋은 예는 날로 증가되어 가는 경찰수요에 적극적으로 대처하기 위해 경찰제도를 확립해야 하며 경찰이 정치적으로 중립화되어야 한다는 목표를 세우고 정실인사제도를 배격한 과학적 인사관리, 반공체제의 재정비강화, 사회질서의 확립을 위한 정부기구의 개편 등에 적극적으로 노력한 점이다.

제 7 절 **군사혁명정부부터 박정희 공화당정부 말기까지(1963~1979)**

1. 의 의

박정희 군사혁명정부는 1961년 제1차 경제개발 5개년 계획을 시작으로 이른바 한강의 기적으로 불리는 눈부신 국가경제의 향상을 이끌어 냈다. 1966년 7월에는 경찰관에게 요구되는 소위 경찰윤리헌장이 공포되기도 했다. 1967년 9월 대간첩작전을 위해 전투경찰대가 37개 중대 4,100여명의 일반경찰관으로 구성되었는데 평균 나이가 30세였다.[33] 1969년 1월에는 처음으로 경찰공무원법이 제정·공포되어 그동안 국가공무원법에 의거해 운영되던 경찰공무원을 특별법으로 규율하게 되었다.[34] 이로 인해 경찰관의 계급이 기존의 8계급에서 10계급으로 정비되었다.[35] 1970년 12월에는 우리나라에 전투경찰대설치법이 제정·공포되어 일반경찰관이 중심이 되어 기능하던 전투경찰대를 전투경찰순경으로 대체하여 운용하도록 했다. 2년 후인 1972년 2월에는 경찰전문학교의 후신인 경찰대학이 만들어졌다.[36]

---

33) 이는 1970년대 초 전투경찰대설치법이 제정되고 1971년 3차에 걸쳐 1,552명을 확보한 후 37개 전경대를 신설해 일반경찰로 구성되었던 전투경찰순경제도를 전면 개선했다.

34) 이운주, 앞의 책, p. 91.

35) 이동과, 『새경찰법』, 법정학회, 1983, p. 136. 한편 2009년 현재 경찰관의 계급은 11등급으로 되어 있다. 순경, 경장, 경사, 경위, 경감, 경정, 총경, 경무관, 치안감, 치안정감, 치안총감이 바로 그것이다.

2. 경찰행정의 변화

이와 동시에 경찰행정분야에서도 많은 발전을 가져오게 되었는데, 특히 경찰장비를 개선하고 관련 법제도들을 정비하는 문제를 비롯해 근무평점제도를 도입한 것이 그 대표적이다. 이 당시 경찰조직의 개편도 단행하여 1972년 10월 유신 이후 내무부의 치안국을 치안본부(治安本部) 체제로 격상시켰으며 치안본부장의 직급이 차관급으로 격상되고37) 정부위원 중의 하나인 부장제도(部長制度)가 신설되는 경찰조직상의 개선이 이루어지기도 했다.

1974년에는 22경찰경호대38)가 설치되었다. 1976년에는 청와대를 경비하는 101 경비단(소위 101단)이 증설되었다. 특히 한국에만 유일하게 존재하는 청원경찰법이 1973년에, 그리고 용역경비업법이 1976년에 각각 제정되어 오늘에 이르고 있다. 1974년 치안국이 치안본부로 승격되면서 치안본부장이 차관급인 치안총감(治安總監) 체제로 변경되었으며 1975년 5월에는 각지방경찰학교가 경찰대학 부설 종합학교로 통합되기도 했다. 또한 1975년 1월 1일 경찰의 지위와 직권향상이라는 취지하에 정부조직법과 내무부직제를 개정해 내무부 소속의 치안국을 치안본부로 승격시키게 되었다. 같은 시기인 1978년 치안본부 해경과(海警課)가 해상보안과(海上保安課)로 개명되고 해상에서 경찰업무를 본격적으로 담당하게 되었다.

제 8 절 **제5공화국 전두환 정부(1979~1988)**

---

1. 의   의

이 당시 획기적인 것은 1979년 12월 경찰대학 설치법이 제정되어 종래의 경찰대학을 4년제 대학으로 개편했다는 점이다. 정규 국립경찰대학은 경기도 용인시 언남리에 문을 열고 1981년 3월 경찰대학 제1기생을 모집했다. 당시 120명 모집에 2만6천4

---

36) 김충남, 앞의 책, p. 76. 오늘날의 정규 4년제 경찰대학은 1981년 3월 당시 내무부 경찰대학설치법에 따라 120명(법학과 60, 행정학과 60)으로 개교해 4년 후 경위로 임용하고 있다.

37) 정정호, 앞의 논문, p. 48.

38) 101경비단이 정식 경찰복장으로 청와대를 경비(2년 후 경장 또 2년 후 경사가 됨)하는 데 반해 22경찰경호대는 사복경찰관으로 경호실에 소속되어 근무하고 있는 경찰이다.

백64명이 응시했으며,39) 220 대 1의 경쟁률을 보였다. 내적으로 미래의 경찰수사권 독립에 대비하고 전반적으로 경찰조직의 발전을 위하며 국민의 경찰 및 민주봉사경찰의 이념을 실현하자는 취지40)에서 설치되었다. 1989년에는 여학생에게도 문호가 개방되어 처음에는 5명의 여학생이 선발되다가 약 3년 후부터는 매년 10%인 12명의 여학생이 입학하고 있다. 경찰대학은 2003년 입학생부터는 기존의 법학과와 행정학과 전공을 경찰법학, 범죄수사, 경찰행정학, 공공질서 등 4개의 전공체제로 분화하는 등 전문성을 강화했다.41) 그러나 2015년부터 경찰대 입학생은 100명으로 축소되고 20명은 로스쿨 출신 변호사 중에서 선발하여 일선 경찰서 수사경과에 경감으로 임명해 배치하게 되었다.

2. 5공화국과 경찰의 변화

한편 공화당 박정희 정부(1961~1979)는 1979년 소위 10 · 26 대통령 시해사건42)으로 인해 약 18년 간의 군사통치가 종말을 맞이했고, 새로운 세력이 민정당을 창당하고 전두환 정부를 탄생시켰다. 제5공화국을 탄생시킨 전두환 정부는 이전의 치안본부체제를 전면적으로 개편해 내무부의 직제도 개편하고 경찰의 직급도 상향조정하는 노력도 보여주었다. 1980년에는 대구와 인천 지역에 인구가 급속히 증가하여 직할시로 승격되어 지방경찰국이 신설되었다. 또한 이 당시에 전투경찰대설치법을 개정하여 전투경찰대순경에게 치안보조업무까지도 부여하는 발전을 거듭했다. 그리고 날로 증가하는 범죄에 적극적으로 대처하기 위한 일환으로 1983년 2월부터 새로이 의무경찰제도를 도입하게 되었다. 이들은 대간첩작전이라든가 범죄의 진압이나 예방, 그리고 주민보호에 앞장서는 임무를 띠게 되었다. 또한 정부조직의 개편을 통해 서울특별시 경찰국장과 해양경찰대장의 권한이나 책임도 강화되는 결과도 가져왔다. 1982년 4월에는 우순경 사건이 발생해 세상을 놀라게 했다.43)

1982년 12월에는 경찰공무원법도 개정됨에 따라 계급정년(階級停年)이 조정되기도

---

39) 이영남 · 신현기, 『경찰조직관리론』(서울: 법문사, 2003), p. 325.

40) 최응렬, "경찰행정학 전공자의 활용방안", 한국경찰학회 동계학술세미나(2002. 11. 29) 발표자료, p. 17.

41) 조선일보, 2003. 1. 25, p. 23.

42) 1979년 10월 26일 당시 김재규 중앙정보부장이 박정희 대통령을 권총으로 시해하는 사건이 발생함으로써 군사혁명으로 1961년 집권했던 박정희 대통령의 군사정부는 18년 만에 막을 내리게 되었다.

43) 101경비단 소속이었던 우범곤 순경이 경남 의령경찰서 궁유지서에서 근무 중 내연의 처와 말다툼 후 지서 무기고에서 CAR 2정과 실탄 144발, 수류탄 8발을 꺼내 궁유면 주민 55명을 살해하고 35명을 부상시킨 후 자신도 폭사했다. 이러한 배경으로 경찰행정 개선방안이 나오고 경찰공무원법이 1982년 대대적으로 수정되어 국가공무원법의 특례를 규정하는 단일법으로 경찰공무원법이 개정되었다.

했다. 또한 특수업무를 수행하고 있는 경찰공무원에게는 계급정년을 연장해 주는 길도 열렸다.44) 이에 반해 경찰공무원에게 규제대상이라든가 벌칙도 강화되는 변화가 있었다. 1986년 1월 전두환 정부는 경찰청의 조직을 4부 19과에서 4조정관 9부 4관 26과 5담당관으로 조직을 정비하고 5조정관을 신설하여 11부 4관 32과 5담당관으로 확장했으며 신설된 5조정관실은 대공업무를 전담했다.45)

이 밖에도 1987년에는 충북 충주시 수안보면 수회리에 경찰중앙학교를 세웠는데 이곳에서는 비간부인 신임순경과 의무경찰, 그리고 여자경찰과 전투경찰의 훈련이 이루어지고 있다.

제9절 제6공화국 노태우 정부(1988~1993)

1. 의   의

민정당 노태우 대통령 후보의 이른바 6 · 29선언46)을 계기로 헌법의 개정이 있었고 기존의 간선제에서 직접선거제로 바꾸어 노태우 후보가 대통령에 당선되었다. 이 때까지도 한국의 경찰제도는 국가경찰제도를 그대로 답습해 운용되고 있었다. 특히 이 당시 한국의 중앙집권적 국가경찰제도는 대한민국이 창설된 후 목하 64년여가 지나는 동안 법적 · 정치적 · 문화적, 그리고 여러 가지 한반도의 특수한 상황적 요인들에 기인해 오늘날까지 그대로 유지해 오고 있다. 비교경찰제도적 차원에서 볼 때, 중앙집권적 국가경찰제도를 취하고 있는 나라들은 한국과 프랑스를 비롯해 많은 수에 이른다.47)

---

44) 김충남, 앞의 책, p. 77.

45) 손봉선, 『경찰학개론』(서울: 형설출판사, 2001), p. 115.

46) 제5공화국의 전두환 대통령은 기존의 헌법에 따라 대통령 선거를 치를 것이라는 호헌조치를 발표함으로써 국민들로부터 엄청난 저항에 부딪치게 되었다. 급기야 노태우 민정당 대통령 후보는 6월 29일 이른바 6 · 29선언을 발표하고 국민직접선거에 의해 대통령을 뽑는 데 합의하게 되었다. 이에 따라 헌법을 개정하고 김영삼, 김대중 후보에게 승리함으로써 대통령에 당선되었다. 그는 1993년 2월 25일 차기 대통령당선자인 김영삼에게 정권을 넘길 때까지 통치하게 되었다.

47) 이윤근, 『비교경찰제도론』(서울: 법문사, 2001), p. 36.

2. 경찰청 시대의 개막

1991년에는 경찰청시대가 개막되어 8월 1일을 기해 치안본부 명칭이 경찰청으로 변경되었고 지방경찰국이 지방경찰청으로 변경되고 해양경찰대가 해양경찰청이 되었다.

우리나라는 1991년 지방자치제가 전격적으로 실시되었음에도 불구하고 자치경찰제도는 제주도를 제외하고는 여전히 인정되지 않고 있다.[48] 이 당시 지방의 경찰행정은 서울특별시장, 직할시장, 도지사와 같은 지방자치단체장에게 위임되어 운용되고 있었다. 중앙의 국가경찰체제하에서는 경찰력이 항상 국가권력자에 의해 악용될 수 있는 여지를 남겨두고 있는 것이다. 그러나 한국의 경우 경찰법에서 찾아볼 수 있듯이 남북한이 극한 대치를 하고 있는 특수상황을 감안해 지방경찰보다는 국가경찰체제를 유지해야 한다는 차원에서 자치경찰제 도입은 시기상조임이 강조돼 왔다. 최소한 절충제라도 도입해야 한다는 의견도 설득력을 얻고 있으나 그 결과 여부는 적지 않은 시간을 필요로 할 것으로 보인다.

마침내 1990년 12월 27일 노태우 정부는 개정 정부조직법 제31조(법률 제4268호)를 통해 획기적인 개혁을 단행했다. 또한 한국의 경찰은 그동안 한국적 중앙집권적 국가경찰제도에서 존재하는 단점들을 부단히 제거해 나가고자 하는 노력을 지속적으로 펼쳐 나왔다. 이러한 모습들을 한국경찰제도의 여러 분야에서 발견할 수 있다. 특히 대표적인 것이 지방분권적 자치경찰제도(自治警察制度)의 장점을 부분적으로나마 받아들이고자 노력했다는 사실이다. 그 노력의 대표적인 결과로는 노태우 정부 말기인 1991년 5월 경찰법안이 국회의 의결을 통과하여 같은해 8월 1일 경찰청이 내무부(현 행정안전부)의 외청(外廳)으로 독립된 것을 꼽을 수 있다. 말하자면 시대적 요청에 의해 민생치안역량의 강화 및 경찰행정에 있어서 중립적 보장을 위해 내무부의 보조기관이었던 치안본부를 외청인 경찰청으로 전격 개편한 점이다.

정리해 보면 그간 국립경찰제도를 실시하여 오다가 법률 제4369호로 1991년 5월 10일 경찰법이 제정되고 5월 31일 공포되었다.[49] 무엇보다 1991년 경찰법의 제정은 조직법의 분야에 한정된 것이기는 하지만, 우리나라 경찰창설 43년 만에 기본법을 제정한 것이라는 점에 큰 의의가 있다. 특히 경찰법에서는 중앙경찰기관으로 내무부장관(현 행정안전부장관) 소속하에 경찰청을 창설하고 경찰의 임무를 소극적인 작용에

---

48) 1991년에는 기초의회만 국민의 직선으로 뽑아 기초의회의 자치제는 이루어졌으나 단체장은 관선으로 유지하다가 1995년에 가서야 주민(시민)이 직접 단체장을 선출하기에 이르렀다.
49) 최회승, 앞의 논문, p. 18.

한정하고 있다는 점을 입법으로 명시하게 되었다. 또한 경찰체제상의 민주성을 확보하기 위해 민간인의 신분을 가진 자로 구성되는 경찰위원회를 설치한다고 규정하기도 했다. 이 법은 1996년 8월 8일 법률 제5153호로 개정되기도 했다. 이 법에는 경찰의 임무라든가 경찰위원회, 경찰청, 지방경찰청, 경찰서 및 파출소 등에 관하여 상세히 규정하고 있다.

3. 경찰법의 제정

주목할 것은 이 당시 경찰법이 제정되어 경찰행정의 기본법적 토대를 마련하게 되었다는 사실이다. 이 경찰법의 정신과 관련해 중요한 사실은 치안본부장의 독임제(獨任制)에 따른 단점을 보완하기 위해 경찰청장을 견제할 수 있도록 내무부 소속하에 경찰위원회를 설치한 점이다. 이는 형식적이기는 하지만 한국의 경찰사에 처음으로 정치적 중립화를 위한 하나의 제도적 기반을 마련했다는 데서 큰 의의를 찾을 수 있다.

경찰법을 마련하는 등 이러한 일련의 개편으로 인해 지방 시·도지사의 보조기관으로 기능하던 경찰국이 당연히 지방경찰청으로 개편되는 동시에 치안행정협의회가 설치되어 행정과 지방경찰이 치안유지에 협조하는 토대도 마련되었다. 물론 경찰청장은 당시 내무부장관이 경찰위원회의 동의를 얻어 제청하며 국무총리를 거쳐 대통령이 임명하도록 했다. 완벽하다고 할 수는 없을지라도 과거에 비해 어느 정도는 정치로부터 독자성을 발휘할 수 있는 최소한의 토대가 구축된 셈이었다. 여기서 경찰법의 기본정신은 말할 것도 없이 경찰은 국민의 생명과 재산의 보호 및 공공의 안녕과 질서유지에 충실하며 직권을 남용함이 없이 국민의 자유와 권리를 보장하는 동시에 경찰이 국민의 신뢰를 획득하고 민주경찰로 거듭나는 것을 핵심으로 하고 있다.

제6공화국 김영삼 문민정부(1993~1998)

1. 의   의

1993년 2월 25일 김영삼 문민정부가 출범하고 경찰청 내에 경찰행정쇄신기획단이 설치되었다. 이 기획단에서는 경찰의 조직, 인사, 기타 관행이나 행태, 그리고 제도 등 3대 분야에서 일련의 개혁방안을 내놓게 되었다.

2. 조직의 발전

1995년부터는 향후 5년간 3단계로 나누어 전국의 경찰관청에 컴퓨터 Lan선을 구축하며 행정업무의 전산화 및 초고속전송장비를 설치하는 등 지속적인 발전을 거듭했다.50) 1995년 1월 1일을 기해 지서와 파출소 명칭을 파출소로 단일화했다. 같은 해 12월 7일에는 인천, 강원, 충북, 전북, 경북 등 5개 지방청의 청장 직급을 격상시켰다. 그리고 1998년 2월 28일 경기도경찰청에는 차장제를 폐지하고 제1, 2, 3부(경무관)로 나누어 부장제를 실시했다. 그 후 차장(치안감)제도가 2004년 1월에 부활되었으며 제4부를 신설하여 의정부 청사에서 직무했다.51)

제6공화국 김대중 국민의 정부(1998~2003)

1. 의   의

1998년 2월에는 김대중 정부의 탄생과 더불어 내무부와 총무처가 통합되어 행정자치부로 바뀌었다. 경찰청은 행정자치부의 외청으로 전환되었고 업무내용은 변경이

---

50) 김충남, 앞의 책, p. 79.

51) 그러나 2010년 이후 경기지방경찰청의 직제는 지방청장 밑에 1차장(치안감)과 2차장(치안감)으로 구성되는데 1차장 밑에는 1부, 2부, 3부장이 있고 2차장 밑에는 경무과, 생활안전과, 수사과, 경비교통과, 정보보안과가 있다. 제2차장은 의정부에 위치한 경기경찰청 제2청에 나가 있다. 여기에서는 한강 이북의 경기경찰청 소속 경찰서들을 관리한다.

없다.

무엇보다 1997년 12월 대선에서 당시 국민회의의 김대중 대통령 후보는 경찰개혁에 대한 많은 노력을 시도했다. 이 당시 가장 뜨거웠던 테마 중 하나는 바로 '자치경찰제도의 도입'과 검찰로부터 경찰의 '수사권독립' 문제였다. 이러한 테마는 김대중 대통령 후보의 선거공약 중에 포함되어 정당과 경찰차원에서 활발하게 논의되고 많은 연구물들도 쏟아져 나왔다. 대선에서 승리한 김대중 후보는 1998년 2월 25일 국민의 정부라는 슬로건을 내걸고 취임하게 되었고 '자치경찰제'의 도입과 '수사권독립' 문제에 있어서 그 수용에 관한 논의가 어느 때보다 더 한층 달아올랐다. 특히 국민회의는 지난 1997년 대선이 치러지던 당시 이른바 경찰의 정치적 중립화, 자치경찰제의 도입 그리고 수사권의 독립이라는 3대 경찰의 현안을 추진하겠다고 공약했다. 또한 3대 경찰현안으로 경찰민주화, 지방자치의 정착 및 대국민치안서비스 강화를 동시에 적극적으로 추진해 나가겠다고 밝힌 바 있다.[52] 같은 시기 김대중 대통령 당선자는 선거 다음날 당선소감으로 지방분권화는 물론이고 자치경찰제의 도입·실시를 강력히 천명하기도 했다. 이어서 현직경찰간부와 대학의 경찰전문가들을 중심으로 경찰개혁위원회를 설치해 위의 테마들을 해결하기 위한 논의를 본격화하는 듯했으나 이 위원회는 2003년 4월 경찰혁신위원회가 설치되기 전까지 종이호랑이로 남아 있었다. 결론적으로 그 공약은 목하 임기 5년이 지나도록 아무런 진전 없이 그저 상징적인 공약으로만 나타났다가 역사의 뒤안길로 사라졌다.[53] 이 밖에도 한국의 민주경찰제도의 발전을 위한 학계의 노력도 활발하게 전개되고 있다. 한국공안행정학회, 한국경찰학회,[54] 한국경찰연구학회,[55] 한국자치경찰학회,[56] 한국자치경찰연구학회[57] 등이 활

---

52) 이상환, "새정치국민회의 경찰정책," 조창현(편), 『지방자치시대의 경찰의 위상과 역할』, 한양대 지방자치연구소, 연구논문집 96/01, pp. 49~61.

53) 경찰위원회심의회보에 따르면 경찰개혁위원회운영규칙제정안은 다음과 같다. 안 제1조는 경찰운영 전반에 걸친 개혁방안을 마련하여 경찰행정의 민주성 및 생산성을 제고하기 위하여 경찰청장 소속하에 경찰개혁위원회를 둔다. 안 제2조는 경찰개혁위원회는 경찰개혁 기본계획의 수립, 자치체경찰제도입에 따른 관련제도 개선에 관한 사항 등을 연구·심의하여 경찰청장을 자문하도록 한다. 안 제3조는 위원회는 학식과 경험이 풍부한 자 중에서 경찰청장이 임명 또는 위촉하도록 하고 경찰청 차장을 부위원장, 경찰청 기획관리관을 간사로 한다. 위원장은 위원회를 대표하고 위원회의 업무를 통할하며 위원장이 부득이한 사유로 그 직무를 수행할 수 없을 때에는 부위원장, 분과위원회위원장, 연장자 순으로 그 직무를 대행하도록 한다 등으로 되어 있다. 그리고 당시에 이른바 '경찰개혁위원회'를 설치해 최인기 위원장 하에서 활발한 활동을 벌이기도 했다. 그 후 2003년에 경찰혁신위원회가 만들어져 활동하게 되었다.

54) 1998년 동국대 이황우 교수가 중심이 되어 창설되었다. 현재 정기 학술세미나와 『한국경찰학회보』를 발행하고 있다.

55) 2009년 1월부터 학회명칭의 '발전'을 삭제하여 한국경찰연구학회로 공식 변경되었다.

56) 2007년 신현기, 이영남, 이만종, 이상열, 박억종, 조성택, 박동균, 신인봉, 곽영길, 강혁신, 안영훈, 신승균, 김태민, 배철효, 박성원, 이승철, 임종헌, 이정덕, 채한태, 이석화, 함우식, 김남욱, 이종복, 한철희, 이선엽 교수 등이 창설했으며 봄과 가을에 연2회 정기학술세미나와 『자치경찰연구』라는 학술논문집을 역시 연2회 발행해 오고 있다. 한세대 경찰행정학과 신현기 교수가 초대회장을 맡았다.

57) 이는 한세대 신현기 교수가 2022년 1월 1일 창설하였다.

발하게 연구활동을 펼치고 있다.

2. 자치경찰제도의 논의

한편 역사적인 맥락에서 볼 때 한국의 현행 경찰제도는 독일 프로이센 제국의 경찰제도를 계수했던 일본의 경찰제도를 수용했다. 독일의 경찰제도는 원래 대륙법계 국가의 독임제인 중앙국가경찰제도에 뿌리를 두고 있다. 일제식민시대의 경찰제도가 그대로 착근하게 된 것이다. 이는 1948년 한국정부가 수립된 이후 오늘날까지 그대로 수용되어 운용되고 있는 것이다. 이 때문에 1991년 30년 만에 부활된 지방자치제도에 부응하는 자치경찰제도를 수용하는 문제가 집중적으로 논의되기도 했다.[58] 1991년에 제정된 경찰법은 경찰의 조직과 작용 등을 규정하고 있다. 그리고 경찰공무원법과 경찰관직무집행법은 경찰의 임무에 관하여 규정하고 있다.[59]

그리고 세계 국가들 중에 한국의 경찰은 중앙집권적 경찰제도를 취하고 있는 나라들 중에 매우 독특한 모습을 보여주고 있다. 그 대표적인 특징들을 살펴보면 정보경찰, 보안경찰 등이다. 이 제도들은 세계 어느 나라에서도 그 유래를 찾아보기 어려운 한국만의 경찰제도들이다. 이와 더불어 광역수사대, 경찰기동대, 여경기동대는 한국의 전국 18개 시·도경찰청 산하에 설치된 독특한 제도이다. 또한 그 아래 경찰서 단위의 차원에서 설치·운영되고 있는 방범순찰대의 경우도 외국의 중앙집권적 국가 경찰제도를 취하는 국가들 중에 어느 곳에서도 존재하지 않는 한국에서만의 독특한 경찰제도Police System라고 알려져 있다.[60]

3. 청문관제도의 도입

1999년 5월 24일 청문관제도를 도입했다. 1등급 경찰서의 청문관은 경정이나 경감으로 하고 부청문관은 경위로 했다. 2등급 경찰서에는 경감이 청문관이고 부청문관은 경위나 경사가 맡았다. 그리고 3등급 경찰서는 경위가 청문관을 맡도록 했다.

2000년 9월 29일에는 제주해안경비단이 2개 대대, 8개 중대가 153명으로 신설되었고 경기 용인, 화성 경찰서는 2급지에서 1급지 경찰서로 조정되기도 했다. 또한 기

---

58) 자치경찰제는 2006년 7월 1일 제주특별법에 따라 제주도에서만 도입되었다. 그리고 2021년 7월 1일 전국 17개 광역시도에서 18개 시·도자치경찰위원회가 시도지사 산하에 만들어져 본격 자치경찰시대가 열렸으나 자치경찰 업무만 구분되었고 자치경찰은 없으며 국가경찰이 자치경찰업무를 수행하는 일원화 자치경찰제로 운영되고 있다.

59) 김두현, 『경호학』(서울: 엑스퍼트, 2002), p. 60.

60) 자세한 내용은 이황우·조병인·최응렬, 앞의 책, p. 45.

존의 법 제17조(경찰서장)에는 경찰서장의 계급을 총경으로 명시하고 있었는데 이무영 경찰청장 당시인 2000년 12월 20일자로 동법을 개정하여 경정도 경찰서장을 맡을 수 있도록 개정함으로써 경정에게도 사기가 상승되는 기회로 작용하게 되었다. 따라서 비록 적은 수이기는 하지만 우리나라 군(郡) 단위에 경정이 경찰서장을 하는 곳이 생겨나게 되었다. 그 후 본 제도는 현저히 줄어들었다. 이들은 총경계급장을 달고 서장으로 나가 약 1년 후 퇴임하되 경정의 계급으로 연금을 적용 받았다.61)

2002년 2월 25일에는 파출소 3교대 정착을 위한 경찰서 인력 320명이 증원되고 인천, 강원, 충북, 제주지방경찰청에 여성청소년계가 신설되기도 하였다.

제12절 | 제6공화국 노무현 참여정부(2003~2008)

1. 의   의

최기문이 노무현정부의 초대 경찰청장에 임명되어 최초로 국회 청문회를 거쳤다. 2003년부터 경찰청장의 2년 임기제의 채택으로 경찰의 정치적 중립성을 확보하게 됐다.62)

2. 자치경찰제도의 실현계획

노무현 참여정부는 2005년부터 자치경찰제를 실현하겠다고 선언했다. 특히 2003년부터 2004년까지 지방자치경찰제도의 도입을 위한 개정안을 마련하고 2005년 말까지는 법제화 및 실시준비를 마무리하고 2006년부터는 실시와 보완작업을 벌여 나가겠다고 밝히고 현재의 문제점으로는 지역치안수요에의 효율적 대응미흡, 치안행정에 대한 주민참여 부족, 지방행정의 종합성 미흡, 지역치안에 대한 자기 책임성 부족을 지적하고 있다. 이에 대한 개선방안으로는 지역특성에 부응하는 치안행정 실현(국가경찰, 자치경찰 역할분담에 따른 조직, 기구개편 등), 치안행정에 대한 주민참여 확보(주

---

61) 우리나라 경정 서장은 2000년 33명, 2004년 12월 9명, 2007년 3월 4명, 그리고 2015년 1월 현재 전국 유일하게 울릉도 경찰서장만 경정 서장이다. 그러나 2010년부터는 총경이 다시 맡고 있다.
62) 그러나 최기문청장의 경우 2년을 다 채우지 못했고, 역시 허준영 청장과 어청수 청장도 임기를 다 채우지 못하고 자의반 타의반으로 물러나는 역사를 기록했다. 2009년 3월 초에 강희락 청장이 뒤를 이었다.

그림 2-1　지방자치경찰제도 실시 시기

	2003	2004	2005	2006
지역특성적 치안행정	개정안 마련		법제화 및 실시준비	2006년 7월 1일 제주특별자치도에서만 실시
주민참여 확보				
치안행정의 종합적 수행				
지역치안에 대한 자기책임성 확보				

출처: 정부혁신지방분권위원회 김병준 위원장이 2004년 7월 4일 청와대 춘추관에서 발표한 지방분권 로드맵의 전문.

민친화적 서비스 제공), 치안행정의 종합적 수행, 지역치안에 대한 자기 책임성 확보 등을 들었다.

이 작업은 2003년 4월에 경찰청에 설치된 경찰혁신기획단과 경찰혁신위원회에서 본격적인 논의와 모델을 연구했다. 경찰혁신위원회는 한완상 위원장을 포함해 총 19명으로 구성·운영되었다. 그럼에도 불구하고 우리나라 자치경찰제는 2006년 7월 1일을 기해 제주특별자치도에서만 실시되었다.

제13절　제6공화국 이명박 정부(2008~2013)

1. 의　의

이명박 정부에서 경찰행정과 관련해 크게 변화된 것은 별로 없다. 특히 눈에 띄는 대목은 경찰기동대의 창설이다. 그리고 초대 어청수 경찰청장 후임으로 강희락 해양경찰청장(치안총감)이 경찰청장으로 2009년 3월 수평 이동했다. 이명박 정부도 자치경찰제는 시행하되 기초단위일지 광역단위에 관해 논의만 무성하였다.

2. 경찰기관의 이전

2009년 하반기에 충남 아산 초사동 소재 50만평 규모의 경찰종합타운이 마련되었다.63) 수도권에 위치한 경찰기관이 이전하는 것인데 인천부평의 경찰종합학교(오늘날 경찰인재개발원)와 용인시의 국립경찰대학 및 치안정책연구소만 이전되게 됐다. 중앙경찰학교는 충주 수안보면의 현 위치에 그대로 머물기로 했다.

3. 자치경찰제 현황

자치경찰제실무추진단에 따르면 이명박 정부 인수위에서 자치경찰을 기초단체에서 도입하되, 광역단위 기능 보강 및 주민참여 확대 방안이 포함된 자치경찰제 도입방안이 잠정 확정되었고('08. 1. 25), 새 정부 '5대 국정지표, 193개 국정과제'에 포함('08. 2. 5)되었으며, 청와대 주관 관계기관(행안부·경찰청) 조정회의를 거쳐, '자치경찰제 도입방안이 확정('08. 5. 27)되었고, 관련단체 등 사전 의견수렴 후 「자치경찰법」정부안이 입안('08. 7. 4)되었으며, 경찰위원회 심의·의결 및 관계기관 의견조회('08. 7. 18~7. 29)를 거쳐 「자치경찰법안」에 대한 당정협의를 진행하였다.

4. 경찰기동대 신설

2008년 7월 정식경찰관으로 구성된 경찰관 기동대가 출범해 시위현장에 투입됐다. 경찰관 기동대는 17개 부대 1,700여명으로 13개 중대는 전·의경 감축에 따라 신설되는 부대이고 4개는 기존의 경찰관 기동대(여경기동대 포함)를 재편한 부대다. 2007년 말에 조건부 인력으로 선발된 신임순경 990명이 투입됐다. 이들은 2년간 조건부 기동대에서 근무하며 그 후에 일선 경찰서로 배치되었으며 시위진압, 방범순찰, 교통정리와 단속, 재난재해시 구호 및 복구, 실종자 수색 등을 한다. 경찰관 기동대에는 여경기동대 숫자도 종전 58명에서 109명으로 늘렸다.

제14절 **제6공화국 박근혜 정부(2013~2017. 5. 9)**

1. 의 의

박근혜 정부는 국민이 안심하고 생활할 수 있도록 하는 데 최대 역점을 두고 탄

---

63) 경찰종합타운은 1,983,480m²로 1,754억원이 소요된다.

생되었다. 즉 사회안전을 최고의 캐치플레이로 내걸고 4대악(가정폭력, 학교폭력, 성폭력, 불량식품 척결)을 반드시 막아내겠다는 것이 바로 그것이다.

2. 박근혜 정부의 경찰공무원 20,000명 증원

박근혜 정부는 4대악을 척결하기 위한 인프라 구축 차원에서 그동안 부족했던 경찰관의 숫자를 매년 4,000여명씩 선발하여 2018년 2월 25일 임기 말까지 총 20,000여명을 증원하겠다는 목표를 세우고 지속적으로 실천에 옮겨 나가고 있다.

3. 박근혜 정부의 해양경찰청 폐지 개편

2014년 4월 16일 서해 진도 앞바다에서 세월호 침몰 사건이 발생했고, 이로 인해 2014년 11월 박근혜 정부는 해양수산부 소속의 해양경찰청을 해체하고 나머지 정보와 수사 기능은 경찰청으로 이관하는 조치를 취하게 되었으며 기존의 구조기능은 새로이 국민안전처를 신설하여 이관시켰다. 박근혜 정부에서는 경찰공무원을 약16,000여명 정도 증원하는 성과를 보여주었다.

제15절 **제6공화국 문재인 정부(2017. 5. 10∼2022. 5. 9)**

문재인 정부는 자치경찰제를 전격 도입하였다. 문재인 정부는 2017년 5월 10일 출범하여 자치경찰제 도입을 100대 국정과제 중 13번째로 제시하였다. 검찰로부터 경찰의 수사종결권을 나누기 위한 노력에 심혈을 기울였다. 마침내 형사소송법을 개정하여 2021년부터 시행에 들어갔으며 검찰이 담당하게 될 6대 사무를 제외하고 나머지 사건들은 경찰이 수사하되 가벼운 사건에 대해서는 종결 권한도 부여받았다.[64] 이전에는 모든 수사종결권을 검찰이 100% 가지고 있었다.

처음에는 국가경찰과 자치경찰을 완전 분리하는 이원화 자치경찰제를 도입하기로 정하고 노력에 심혈을 기울였지만 이것을 급회전시켜서 일원화 자치경찰제를 시행하게 되었다. 국가경찰이 분리된 자치경찰 업무를 담당하는 방식으로 만들어진 일원화

---

64) 검찰이 직접 수사하는 '6대 범죄'란 부패·경제·공직자·선거·방위사업범죄와 대형참사 등 6가지이다. 그 외에는 경찰이 수사할 수 있다. 혐의 없는 사건에 대해서는 경찰도 직접 수사종결할 수 있다.

그림 2-2 문재인 정부의 자치경찰제 모델(경기도 사례)

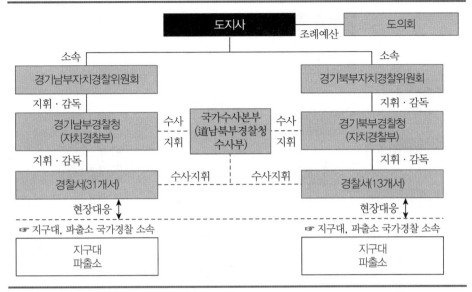

출처: http://www.gipress.com/sub_read.html?uid=125718

자치경찰제를 도입한 것이다. 정부의 자치경찰 모델은 국회가 2020년 12월 9일 "국가경찰과 자치경찰의 조직 및 운영에 관한 법률"을 의결하였으며, 이 법률이 2021년 1월 1일 시행에 들어갔다. 이에 따라 2021년 7월 1일 전국 17개 광역시도에서 시·도지사 산하에 18개의 시·도자치경찰위원회(경기도는 남북에 각각 1개씩 2개)가 창설되었고, 본 위원회가 분리된 자치경찰 업무인 생활안전, 여성청소년, 교통 업무에 관한 시·도경찰청장을 지휘·감독하는 방식으로 운영하게 되었다.

2019년 발생한 코로나 19로 인해 예산도 부족하고 경찰의 수사권 조정 등으로 시급하게 경찰의 권역 분할 필요성에 따라 국가경찰(경무, 정보, 보안, 외사), 자치경찰(생활안전, 여성청소년, 교통), 국가수사본부(수사, 형사)로 분리되어 창설되었다. 시·도자치경찰위원회는 시·도지사 산하에 만들어진 합의제 행정기관이다. 위원 7명의 합의에 따라 시·도경찰청장을 지휘·감독하는 안건들이 심의·의결된다. 시·도자치경찰위원회의 심의·의결 안건은 부지사에게 결재가 올라가지 않고 자체적으로 마무리되며, 예산은 도예산실이 짜고 도의회 예결위의 심의·의결을 거쳐 이루어지므로 도의회에 업무를 보고하며 행정감사 등을 받고 있다.

2006년 7월 1일 제주특별법에 의해 출범한 제주자치경찰단은 그대로 남아서 존속하게 되었다. 즉 2021년 7월 1일 "국가경찰과 자치경찰의 조직 및 운영에 관한 법률"

그림 2-3 제주자치경찰의 이원적 모델

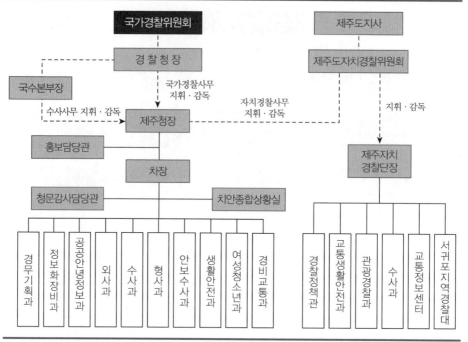

출처: 뉴시스 신문(2021).

에 의하여 출범한 제주자치경찰위원회에서 제주자치경찰단도 함께 지휘·감독하게 되었다. 따라서 우리나라에서 유일하게 제주도에서만은 "이중적 자치경찰제"가 2021년 7월 1일부터 시행되고 있는 중이다.

제16절 **제6공화국 윤석열 정부(2022. 5. 10~)**

2022년 5월 10일 윤석열 대통령당선인이 제20대 대통령에 취임하였다. 문재인 정부에서 자치경찰제가 법적으로 국가경찰공무원이 자치경찰업무를 수행하는 일원화 모델로 만들어짐으로써 자치경찰제의 실질화가 필요하다는 의견이 다수 제기되고 있다. 향후 이에 대한 미비점들을 지속적으로 개선해 나갈 것으로 보인다. 일단은 우리나라 국가경찰 창설 76년 만에 전국 17개 광역시도지사 산하에 합의제 행정기관으로 자치경찰위원회가 시·도경찰청장을 지휘·감독하는 방식으로 자치경찰제를 시행하게 되었다는 그 자체만으로도 큰 의미를 지닌다. 우리나라 자치경찰제의 미비점이 발견되고 있는 만큼 향후 윤석열 정부에서는 이에 대해 지속적으로 개선해 나가는 노력이 뒤따를 것으로 기대된다.

윤석열 대통령당선인의 대통령직인수위원회 지역균형발전특별위원회(위원장 김병준)는 「지역균형발전 비전 대국민 발표」에서 제1대 국정과제로 지방분권 강화를 선언하였으며, 그 실행방안으로 「자치경찰권 강화」를 제시하였다. 우선 「지역균형발전 비전 대국민 발표」의 핵심 내용은 "어디에 살든 균등한 기회를 누리는 지방시대"를 위한 3대 약속, 15대 국정과제, 76개 실천과제를 제시하였다. 그리고 「자치경찰권 강화」에서는 "국가로부터 이원화된 자치경찰제를 통해 자치경찰사무 집행, 기초단위 자치경찰 시범사업 실시 검토" 등을 제시하였다. 무엇보다 문재인 정부에서 시행한 자치경찰제 모델은 국가 중심의 일원적 자치경찰제로서 이른바 자치사무는 있으나 자치경찰은 없다는 비판에 직면해 있어서 향후 윤석열 정부에서는 이원화 자치경찰제로 개편될 가능성이 크다.65)

한편 문재인 정부 말기와 국민의힘 윤석열 정부 출범 직전에 검수완박이라는 주제를 놓고 양당의 갈등이 심각했다. 이미 문재인 정부에서 2020년 형사소송법이 개정되어 경찰도 수사종결권을 가지는 등 검경수사권 조정이 있었다. 즉 검경수사권 조정을 통해 검찰이 직접적으로 수사할 수 있는 범죄가 부패·경제·공직자·선거·방위사업·대형참사와 같은 6대 범죄로 국한되고 나머지 모든 수사는 경찰이 하도록 했다. 2022년 3월 9일 대통령 선거 이후 더불어민주당은 일명 '검수완박'(검찰의 수사권 완전 박탈) 법안이라고 불렸던 이른바 검찰청법·형사소송법 개정안을 제출한 후 이를 국회 본회의에서 통과시켜 국무회의에 보냈으며, 국무회의는 이를 2022년 5월 3일 의결 공포하였다.66)

따라서 향후 검사(검찰)를 국가 수사의 중심 선상에 두어왔던 이전의 형사사법체계는 앞으로 그야말로 큰 변화를 맞이하게 되었다. 검사는 기존의 6대 범죄에서 향후에는 부패·경제 등 2개만 수사할 수 있게 되었고 4개는 추가로 경찰에게 넘어가게 되었다. 더불어민주당은 향후 국회 사법개혁특별위원회가 새로 설치되어 이에 관한 논의를 통해 가칭 '중대범죄수사청'(한국형 FBI)을 출범시킬 계획이다. 특히 1년 6개월 이내 검찰이 현재 가지고 있는 수사권을 완전히 넘긴다는 계획을 가지고 있다. 이처럼 형사소송법 개정과 검찰청법 개정이 있었고 검사는 재판에서 공소만 유지하게 한다는 게 그 핵심 내용이다. 이게 검찰청법 개정안의 핵심내용이다. 하지만 이런 원

---

65) https://www.seoul.co.kr/news/newsView.php?id=(검색일: 2022. 5. 10).
66) https://www.ytn.co.kr/_ln/0101_202205031621151447(검색일: 2022. 5. 10).

칙을 제대로 세우기 위해서는 이번에 검찰에서 떼어낸 4대범죄 관련 수사권을 넘겨받을 새로운 수사기관의 설립이 필요하다. 그것이 바로 한국형 FBI라고 부르는 가칭 중대범죄수사청이다. 더불어민주당은 국민의힘이 국회 사법개혁특별위원회에 참여하지 않을 경우 단독으로라도 진행 및 처리할 가능성이 있어 보인다.

|3장 경찰활동과 법적 근거

제1절 경찰법의 개념과 종류

1. 경찰법의 개념

경찰법의 개념은 경찰개념에 의해 좌우되는데 경찰의 개념은 위험방지에 기여하는 일련의 국가활동이다. 다시 말해 위험방지에 타당한 법원칙과 법규범의 총체로 정의할 수 있다. 특히 경찰이라 불리는 국가작용의 내용, 형식 그리고 범위에 관한 성문과 불문 법규의 전체가 경찰법에 해당한다.[1]

2. 경찰법의 필요성

헌법에 따라 국민 개개인은 자신이 원하는 대로 권리를 행사할 수 있는 권한이 주어져 있다. 그렇지만 국민 모두가 무제한의 기본권을 행사한다면 타인과의 관계에서 많은 충돌이 발생할 것이므로 경찰이 개입하지 않을 수 없는 것이다. 우리 헌법 제37조 2항에 따르면 질서유지를 위해 기본권을 제한할 수 있다. 그렇다고 경찰작용이 위험 극복을 위해 무한대로 인정되는 것은 결코 아니다. 즉 국민의 기본권, 비례의 원칙 그리고 성문법규에 의해 제한을 받고 있다.[2]

---

1) 홍정선, 『경찰행정법』(서울: 박영사, 2007), p. 38.
2) 홍정선, 앞의 책, p. 34.

3. 경찰법의 종류

경찰법은 일반경찰법과 특별경찰법으로 나누어지는데 일반경찰법은 위험방지에 관한 일반규정과 일반법원칙을 총괄하는 개념을 의미한다.3) 이에 반해 특별경찰법은 특별법상으로 규정된 실질적 경찰관련법을 의미한다. 특별경찰법은 일반경찰법보다 우선하는데 특별경찰법이 없는 경우에 적용되는 것이 일반경찰법(예: 보안경찰에 관한 법)이다. 일반경찰법의 기본적인 법은 경찰법과 경찰관직무집행법이다. 특별경찰법에는 건축법상의 경찰규정, 영업법상의 경찰규정, 환경보호법상의 경찰규정, 집회 및 시위에 관한 법률상의 경찰규정 등이 해당된다.4)

제 2 절 경찰법의 법원

1. 경찰법 법원의 의의

경찰법의 법원이라 함은 경찰행정권이 지켜야 할 경찰법의 인식근거를 의미하는데 예를 들어 헌법, 법률, 행정입법 등이 해당된다. 특히 제주도에서 시행 중인 자치경찰제에서 자치입법인 조례와 규칙도 경찰법의 법원에 해당한다. 경찰법은 성문법주의를 택하는데 그 이유는 경찰권이란 국민의 자유와 권리를 제한하는 국가작용이기 때문에 미래의 예측성과 법적 안정성의 보장을 필요로 하기 때문이다. 동시에 개인의 권리를 침해당한 경우 그 구제를 돕기 위한 것이기 때문이다.5) 특히 경찰행정은 그 영역이 매우 광범위하기 때문에 모두 성문화하기가 곤란한 관계로 이를 보충하기 위해 불문법원의 영역도 인정되고 있다.

---

3) 국회는 2020년 12월 9일 본회의에서 기존의 경찰법과 경찰공무원법을 전부 개정하여 새로운 경찰법을 제정하였는데, 그 법률의 공식 명칭이 바로 "국가경찰과 자치경찰의 조직과 운영에 관한 법률"이다. 경우에 따라서는 본 법률이 너무 길어서 개정 경찰법 혹은 경찰법이라고 부르고 있음을 밝혀둔다.
4) 실질적 경찰관련법은 예를 들어 협의의 행정경찰법을 의미한다.
5) 허경미, 『경찰학개론』(서울: 박영사, 2008), p. 121; 홍정선, 앞의 책, p. 37.

2. 성문법원의 내용

(1) 헌 법

헌법은 국가의 기본적인 통치구조를 정한 기본법이다. 행정의 조직이나 작용의 기본원칙을 정한 부분은 그 한도 내에서 경찰행정법의 법원이 되고 있다. 예를 들어 행정조직법정주의를 정한 헌법 제96조, 국가안전보장과 질서유지를 위한 국민의 자유와 권리의 법정주의를 정한 헌법 제37조 제2항 규정,[6] 헌법 제76조 제2항의 긴급명령, 헌법 제77조의 계엄,[7] 신체구속의 영장주의와 무죄추정의 원칙, 행정조직법정주의(제96조), 국가안전보장과 질서유지를 위한 국민의 자유와 권리제한의 법정주의(제37조), 대통령의 형사소추면제(제84조), 국회의원의 회기 중 불체포(제44조) 등이 이에 해당한다.[8]

(2) 법 률

기본적으로 국회가 제정하는 법형식을 법률이라고 한다. 경찰권 발동의 모든 근거는 모두 다 법률에 근거하고 있다. 법률유보의 원칙에 따라 법률의 수권 없이 경찰관청은 국민에 대해 명령이나 강제할 수 없다. 그리고 법률 우위의 원칙에 따라 법률은 경찰행정상의 법률관계에 있어서 가장 중심적인 법원이 되며 또한 경찰행정상의 조직이나 작용에 관한 기본적 사항은 전부 법률에 의해 정해지고 있다.[9]

일반경찰법의 법원과 특별경찰법의 법원으로 구분해서 보면 우선 전자의 경우에는 경찰의 조직과 관련해서 국가경찰과 자치경찰의 조직 및 운영에 관한 법률(약칭, 경찰법), 경찰공무원법이 있다. 경찰의 작용과 관련하여 경찰관직무집행법, 경찰직무응원법이 있다. 자치경찰과 관련하여 2006년 제주특별자치도설치및국제자유도시조성을위한특별법(일명, 제주특별법)이 있다. 그리고 특별법의 법원으로 집회및시위에관한법률, 경범죄처벌법, 경비업법, 공중위생관리법, 폐기물관리법, 소방법, 조수보호및수렵에관한법률, 수난구호법, 건축법, 산림법, 출·입국관리법, 항공법, 사법경찰관리의직무를행할자와그직무범위에관한법률, 식품위생법, 도로교통법, 도로법 등이 대표적이다.[10]

---

6) 이운주, 앞의 책, p. 131.
7) 홍정선, 앞의 책, p. 37.
8) 허경미, 앞의 책, p. 122.
9) 이운주, 앞의 책, p. 131; 허경미, 앞의 책, p. 122.
10) 홍정선, 앞의 책, p. 38.

이 중에서 경찰에게 가장 중요한 법률은 경찰과 관련된 중요한 법률로서 경찰법, 경찰공무원법, 경찰관직무집행법, 행정절차법, 행정대집행법, 도로교통법, 국가배상법, 행정심판법, 행정소송법, 형사소송법 등이 있다.

(3) 조약·국제법규

헌법에 의하여 체결·공포된 조약과 통상적으로 승인된 국제법규는 국내법과 같은 효력을 가진다(제6조). 그 내용이 우리의 경찰활동에 관하여 구체적인 규정을 포함하고 있다면, 그것은 경찰활동을 위한 법원이 된다. 그 좋은 예가 한·미행정협정, 외교특권과 관련된 비엔나 조약, 국제연합UN의 특권과 면제에 관한 협약 등이 이에 속한다.

(4) 행정입법(법규명령, 행정규칙)

행정입법이란 행정기관에 의해 정립되는 법을 말한다. 이에는 법률 등의 위임에 의하여 정해지는 법규명령과 상급행정기관이 직권으로 소속행정기관 등에 대하여 가하는 규율인 행정규칙이 있다.

(5) 자치법규

자치법규라 함은 헌법과 법령의 범위 내에서 지방자치단체가 자치입법권에 의거하여 정립하는 위험방지에 관한 법규를 의미한다. 자치법규에는 지방의회가 정하는 조례, 지방자치단체의 장이 정하는 규칙이 있다.[11] 조례란 지방의회가 법령의 범위 안에서 지방자치권에 의거해 제정하는 법규를 의미한다. 규칙이란 지방자치단체의 장이 법령이나 조례가 위임한 범위 안에서 그 권한의 사무에 관해 제정하는 법규를 의미한다.

---

11) 강용길 외 7인, 『경찰학개론』(서울: 경찰공제회, 2009), p. 124; 홍정선, 앞의 책, p. 38.

1. 관 습 법

관습법은 국민들 사이에 오랜 기간에 걸쳐 반복적으로 행해진 관행이 국민일반의 법적 확신을 얻어서 법규범으로 승인된 규범을 말한다. 특히 관행이 없어지거나 내용이 관행에 반하는 성문법이 만들어지면 관습법은 소멸하게 된다. 관습법의 효력은 성문법의 결여시에 성문법을 보충하는 범위에서만 효력이 인정된다.

2. 판 례 법

판례법이란 행정소송에 관한 법원의 심리과정에 행정법규의 내용이 구체화되어 행정법규의 해석이나 운용의 기준으로 작용하게 되며 이것이 대법원에 의해 지지됨으로써 하나의 법규범과 같이 다른 행정사건의 해결을 위한 기준으로 작용하는 것을 의미한다.12)

3. 법의 일반원칙(조리)

반드시 법령상 명시되어 있지는 않지만, 일반적으로 정의에 합치되는 보편적 원리로서 인정되고 있는 원칙을 법의 일반원칙 혹은 조리라고 부르며 이는 법으로 인정되고 있다. 조리에는 평등의 원칙, 비례의 원칙, 신의성실의 원칙 등이 있다. 경찰관직무집행법상의 비례의 원칙이나 행정절차법상의 신의성실 및 신뢰보호의 원칙과 같이 오늘날 법의 일반원칙은 성문화되어 가는 추세에 있다.13)

---

12) 허경미, 앞의 책, p. 125.
13) 이운주, 앞의 책, p. 133; 허경미, 앞의 책, p. 126.

1. 경찰조직법의 의의와 기본원리

(1) 경찰조직법의 의의

경찰조직법이란 경찰조직이 존립할 수 있도록 근거를 부여하는 것을 말한다. 경찰이 설치할 기관의 명령이나 권한, 경찰관청 상호간의 관계, 경찰관청의 임면, 신분, 직무 등에 대해 규정하는 법을 뜻한다. 정부조직법 제33조 제3항은 치안에 관한 사무를 관장하기 위하여 행정안전부 장관 소속하에 경찰청을 둔다고 규정하고 있고, 경찰청의 조직, 직무범위 기타 필요한 사항을 따로 법률로 정한다고 했는데 그 법률이 바로 경찰법이다.

(2) 경찰조직법의 기본원리

일반적으로 경찰조직법의 기본원리는 집권성(국가경찰제도, 경찰조직의 독임제를 채택), 민주성(국민에 대한 봉사자 및 책임, 경찰기관의 법률주의, 공개경쟁에 의한 신규 채용 등), 능률성(계층제 행정조직, 경찰기동대의 운영 등), 중립성(공무원의 신분, 정치적 중립의 보장, 정치운동금지 의무, 국가경찰위원회, 시·도자치경찰위원회 등)을 대표적인 예로 들 수 있다.[14]

2. 국가경찰조직과 자치경찰조직

"국가경찰과 자치경찰의 조직 및 운영에 관한 법률(일명, 경찰법)" 제7조에는 국가경찰행정에 관하여 제10조제1항 각 호의 사항을 심의·의결하기 위하여 행정안전부에 국가경찰위원회를 둔다고 규정하고 있다. 그리고 동법 제16조(국가수사본부장)에서는 경찰청에 국가수사본부를 두며, 국가수사본부장은 치안정감으로 보한다라고 명시하고 있다. 또한 동법 제18조(시·도자치경찰위원회의 설치)에서 ① 자치경찰사무를 관장하게 하기 위하여 특별시장·광역시장·특별자치시장·도지사·특별자치도지사(이하 "시·도지사"라 한다) 소속으로 시·도자치경찰위원회를 둔다. 다만, 제13조 후

---

14) 강용길 외 7인, 앞의 책, p. 130에서 재인용; 이운주, 앞의 책, p. 135.

단에 따라 시·도에 2개의 시·도경찰청을 두는 경우 시·도지사 소속으로 2개의 시·도자치경찰위원회를 둘 수 있다고 규정하고 있다<개정 2021. 3. 30. 경기도 남부와 북부에 적용>. 특히 시·도자치경찰위원회는 합의제 행정기관으로서 그 권한에 속하는 업무를 독립적으로 수행한다.

한편 자치경찰과 관련해서 보면 다음과 같다. 즉 자치경찰조직에 관한 법적 근거로 제주특별자치도설치및국제자유도시조성을위한특별법(일명, 제주특별법)이 있다. 이 법에는 자치경찰단을 규정하고 있다. 자치경찰단에 자치경찰단장을 두고 자치경찰단 자치경찰사무의 집행을 담당하기 위하여 도조례가 정하는 바에 따라 행정시에 그 업무를 담당할 보조기관인 자치경찰대를 설치한다고 규정하고 있다.15)

3. 경찰조직의 유형

경찰조직의 유형에는 크게 3가지가 있다. 첫째, 경찰행정기관으로서 경찰에 관한 국가의사를 결정하여 표시할 수 있는 경찰행정관청이 있다. 둘째, 그 의사를 구체적으로 실현하는 기관인 경찰집행기관이 있다. 셋째, 경찰행정에 관한 의결 및 협의기관으로서 행정안전부에 국가경찰위원회가 있다.16)

(1) 경찰행정관청

경찰행정관청의 종류에는 경찰청장, 시·도경찰청장, 경찰서장이 있다. 이들은 권한의 범위 내에서 행정주체의 경찰에 관한 의사를 결정하고 외부에 그것을 표시하는 권한을 소유하고 있다.

표 3-1 우리나라 경찰행정 관청의 종류

경찰행정관청의 종류	관청 급수	중앙 및 지방 소속
경찰청장	상급경찰관청	중앙보통경찰관청
시·도경찰청장	중급경찰관청	시·도상급보통경찰관청
경찰서장	하급경찰관청	시·군하급보통경찰관청

경찰행정관청으로서 경찰청장, 시·도경찰청장, 경찰서장은 대통령이나 각부 장관들처럼 독임제 행정관청에 속한다. 이에 반해 소청심사위원회, 행정심판위원회, 감사원, 중앙선거관리위원회 등은 합의제 행정관청에 속한다. 이 밖에 2021년 7월 1일 전

---

15) 홍정선, 앞의 책, p. 52.
16) 김충남, 『경찰학개론』(서울: 박영사, 2008), p. 155.

국 17개 광역시도지사 산하에 발족된 18개 시·도자치경찰위원회(7명 위원)는 합의제 행정기관이라고 불린다. 이는 시·도지사의 직접 지휘로부터 독립되어 있으며 다만 의회로부터 예산을 심의·의결 받기 때문에 업무보고와 행정감사 관련 통제를 받고 있다.

(2) 경찰의결기관

국가경찰위원회가 대표적인 경찰의결기관과 자문기관의 중간쯤에 속하는데 이는 외부에 의견을 표시할 권한은 주어지지 않고, 다만 경찰청의 의사를 구속하는 의결을 행하는 정도에 그친다.

(3) 경찰자문기관

경찰청 소속의 경찰공무원인사위원회, 역시 경찰청 소속의 시민단체·경찰협력 위원회 그리고 경찰서 소속의 행정발전위원회가 그 대표적인 경찰자문기관이다.

(4) 경찰집행기관

순경에서부터 치안총감까지 전 경찰공무원이 바로 경찰집행기관이다. 이들은 법에 따라 제복착용권, 무기휴대권 및 무기 사용권을 부여받고 있으며 강제집행과 즉시 강제를 행할 수 있다.17)

(5) 보조기관

경찰의 경우 차장, 국장, 부장, 과장, 계장, 반장 등이 이에 해당하는데 계선라인을 의미하는 것으로 이해하면 된다. 지역경찰인 순찰지구대장이나 파출소장의 경우도 경찰서장의 보조기관에 해당한다.

(6) 부속기관

경찰청은 그 부속기관으로 경찰대학, 경찰인재개발원, 중앙경찰학교, 경찰수사연수원, 경찰병원 등을 가지고 있다.

---

17) 강용길 외 7인, 앞의 책, p. 132.

1. 경찰공무원법의 의의

경찰공무원들은 모두 국가공무원이다. 따라서 국가공무원법의 적용을 받는다. 하지만 국가경찰공무원의 책임 및 직무의 중요성과 신분 및 근무조건의 특수성에 비추어 그 임용·교육훈련·복무·신분보장 등에 관하여 「국가공무원법」에 대한 특례를 규정하고 있다.18)

2. 경찰공무원의 개념

국가경찰공무원은 치안총감, 치안정감, 치안감, 경무관, 총경, 경정, 경감, 경위, 경사, 경장, 순경의 11개 계급으로 이루어져 있다. 우리나라는 국가경찰제를 취하고 있어서 전국에 국가경찰공무원으로 이루어져 있다. 그러나 제주특별자치도에는 도청 소속으로 2006년 7월부터 자치경찰제를 도입해 운영 중이다. 이 자치경찰관들은 제주특별자치도의 지방공무원이다. 한편 아직 소규모 조직으로 남아 있는 의무경찰은 경찰공무원에 속하지 않는다. 그러나 이들도 형법상 공무집행방해죄의 대상이 되는 공무원에 해당되며 국가배상법상의 공무원에 해당된다.19)

3. 경찰임용 자격

경찰공무원 임용에 있어서 다음과 같은 자격을 갖추어야 한다. 경찰공무원법 제8조(임용자격 및 결격사유)에 따라 ① 경찰공무원은 신체 및 사상이 건전하고 품행이 방정(方正)한 사람 중에서 임용한다. 그리고 ② 다음 각 호의 어느 하나에 해당하는 사람은 경찰공무원으로 임용될 수 없다. 즉 대한민국 국적을 가지지 아니한 사람, 「국적법」 제11조의2제1항에 따른 복수국적자, 피성년후견인 또는 피한정후견인, 파산선고를 받고 복권되지 아니한 사람, 자격정지 이상의 형(刑)을 선고받은 사람, 자격정지 이상의 형의 선고유예를 선고받고 그 유예기간 중에 있는 사람, 공무원으로 재직기간

---

18) 경찰공무원법 제1조.
19) 강용길, 앞의 책, p. 156.

중 직무와 관련하여 「형법」 제355조 및 제356조에 규정된 죄를 범한 자로서 300만원 이상의 벌금형을 선고받고 그 형이 확정된 후 2년이 지나지 아니한 사람, 「성폭력범죄의 처벌 등에 관한 특례법」 제2조에 규정된 죄를 범한 사람으로서 100만원 이상의 벌금형을 선고받고 그 형이 확정된 후 3년이 지나지 아니한 사람, 미성년자에 대한 다음 각 목의 어느 하나에 해당하는 죄를 저질러 형 또는 치료감호가 확정된 사람(집행유예를 선고받은 후 그 집행유예기간이 경과한 사람을 포함한다). 가. 「성폭력범죄의 처벌 등에 관한 특례법」 제2조에 따른 성폭력범죄, 나. 「아동·청소년의 성보호에 관한 법률」 제2조제2호에 따른 아동·청소년대상 성범죄, 징계에 의하여 파면 또는 해임처분을 받은 사람 등은 경찰공무원으로 임용될 수 없다고 규정하고 있다.

4. 경찰공무원의 임용

경찰공무원법 제10조(신규채용)에 따르면 "① 경정 및 순경의 신규채용은 공개경쟁시험으로 한다. ② 경위의 신규채용은 경찰대학을 졸업한 사람 및 대통령령으로 정하는 자격을 갖추고 공개경쟁시험으로 선발된 사람(이하 "경찰간부후보생"이라 한다)으로서 교육훈련을 마치고 정하여진 시험에 합격한 사람 중에서 한다. ③ 다음 각 호의 어느 하나에 해당하는 경우에는 경력 등 응시요건을 정하여 같은 사유에 해당하는 다수인을 대상으로 경쟁의 방법으로 채용하는 시험(이하 "경력경쟁채용시험"이라 한다)으로 경찰공무원을 신규채용할 수 있다. 다만, 다수인을 대상으로 시험을 실시하는 것이 적당하지 아니하여 대통령령으로 정하는 경우에는 다수인을 대상으로 하지 아니한 시험으로 경찰공무원을 채용할 수 있다. 즉, 「국가공무원법」 제70조제1항제3호의 사유로 퇴직하거나 같은 법 제71조제1항제1호의 휴직 기간 만료로 퇴직한 경찰공무원을 퇴직한 날부터 3년(「공무원 재해보상법」에 따른 공무상 질병 또는 부상으로 인한 휴직의 경우에는 5년) 이내에 퇴직 시에 재직한 계급의 경찰공무원으로 재임용하는 경우, 공개경쟁시험으로 임용하는 것이 부적당한 경우에 임용예정 직무에 관련된 자격증 소지자를 임용하는 경우, 임용예정직에 상응하는 근무실적 또는 연구실적이 있거나 전문지식을 가진 사람을 임용하는 경우, 「국가공무원법」에 따른 5급 공무원의 공개경쟁채용시험이나 「사법시험법」(2009년 5월 28일 법률 제9747호로 폐지되기 전의 것을 말한다)에 따른 사법시험에 합격한 사람을 경정 이하의 경찰공무원으로 임용하는 경우, 섬, 외딴곳 등 특수지역에서 근무할 사람을 임용하는 경우, 외국어에 능통한 사람을 임용하는 경우, 제주특별자치도의 자치경찰공무원(이하 "자치경찰공무원"이라 한다)을 그 계급에 상응하는 경찰공무원으로 임용하는 경우,

「국가경찰과 자치경찰의 조직 및 운영에 관한 법률」 제16조에 따라 경찰청 외부를 대상으로 모집하여 국가수사본부장을 임용하는 경우, ④ 제2항에 따른 경찰간부후보생의 교육훈련, 경력경쟁채용시험 및 제3항 각 호 외의 부분 단서에 따른 채용시험(이하 "경력경쟁채용시험등"이라 한다)을 통하여 채용할 수 있는 경찰공무원의 계급, 임용예정직에 관련된 자격증의 구분, 근무실적 또는 연구실적, 전보 제한 등에 관한 사항은 대통령령으로 정한다"라고 규정하고 있다.

5. 경찰공무원의 임용권자

경찰공무원법 제7조(임용권자)에 따르면 "① 총경 이상 경찰공무원은 경찰청장 또는 해양경찰청장의 추천을 받아 행정안전부장관 또는 해양수산부장관의 제청으로 국무총리를 거쳐 대통령이 임용한다. 다만, 총경의 전보, 휴직, 직위해제, 강등, 정직 및 복직은 경찰청장 또는 해양경찰청장이 한다. ② 경정 이하의 경찰공무원은 경찰청장 또는 해양경찰청장이 임용한다. 다만, 경정으로의 신규채용, 승진임용 및 면직은 경찰청장 또는 해양경찰청장의 제청으로 국무총리를 거쳐 대통령이 한다. ③ 경찰청장은 대통령령으로 정하는 바에 따라 경찰공무원의 임용에 관한 권한의 일부를 특별시장·광역시장·도지사·특별자치시장 또는 특별자치도지사(이하 "시·도지사"라 한다), 국가수사본부장, 소속 기관의 장, 시·도경찰청장에게 위임할 수 있다. 이 경우 시·도지사는 위임받은 권한의 일부를 대통령령으로 정하는 바에 따라 「국가경찰과 자치경찰의 조직 및 운영에 관한 법률」 제18조에 따른 시·도자치경찰위원회(이하 "시·도자치경찰위원회"라 한다), 시·도경찰청장에게 다시 위임할 수 있다. ④ 해양경찰청장은 대통령령으로 정하는 바에 따라 경찰공무원의 임용에 관한 권한의 일부를 소속 기관의 장, 지방해양경찰관서의 장에게 위임할 수 있다. ⑤ 경찰청장, 해양경찰청장 또는 제3항 및 제4항에 따라 임용권을 위임받은 자는 행정안전부령 또는 해양수산부령으로 정하는 바에 따라 소속 경찰공무원의 인사기록을 작성·보관하여야 한다"라고 규정하고 있다.

6. 경찰공무원의 시보임용

경찰공무원법 제13조(시보임용)에 따라 ① 경정 이하의 경찰공무원을 신규 채용할 때에는 1년간 시보(試補)로 임용하고, 그 기간이 만료된 다음 날에 정규 경찰공무원으로 임용한다. ② 휴직기간, 직위해제기간 및 징계에 의한 정직처분 또는 감봉처분을 받은 기간은 제1항에 따른 시보임용기간에 산입하지 아니한다. ③ 시보임용기간 중에 있는 경찰공무원이 근무성적 또는 교육훈련성적이 불량할 때에는 「국가공무원법」 제68조 및 이 법 제28조에도 불구하고 면직시키거나 면직을 제청할 수 있다. ④ 다음 각 호의 어느 하나에 해당하는 경우에는 시보임용을 거치지 아니한다. 즉 경찰대학을 졸업한 사람 또는 경찰간부후보생으로서 정하여진 교육을 마친 사람을 경위로 임용하는 경우, 경찰공무원으로서 대통령령으로 정하는 상위계급으로의 승진에 필요한 자격 요건을 갖추고 임용예정 계급에 상응하는 공개경쟁 채용시험에 합격한 사람을 해당 계급의 경찰공무원으로 임용하는 경우, 퇴직한 경찰공무원으로서 퇴직 시에 재직하였던 계급의 채용시험에 합격한 사람을 재임용하는 경우, 자치경찰공무원을 그 계급에 상응하는 경찰공무원으로 임용하는 경우 등이다.

7. 경찰공무원 관련 위원회

(1) 인사혁신처의 소청심사위원회

소청심사위원회는 행정부뿐만 아니라 사법부와 입법부에도 따로 설치되어 운영되고 있다. 특히 행정안전부의 소청심사위원회는 경찰공무원이 징계처분이나 기타 그의 의사에 반하는 불리한 처분을 받았다고 소청이 있는 경우에 그 사항을 심사·결정하는 합의제 행정기관이다. 특히 경찰공무원은 인사혁신처에 설치되어 있는 소청심사위원회에 소청심사를 청구하도록 규정하고 있다. 하지만 의무경찰의 소청에 대하여는 그 경찰관의 소속에 따라 경찰청, 각 시·도경찰청의 경찰관 보통징계위원회에서 심사한다.[20]

(2) 경찰공무원 인사위원회

경찰공무원법 제5조에 따르면 「경찰공무원의 인사에 관한 중요사항에 대해 경찰청장의 자문에 응하기 위하여 경찰청에 경찰공무원 인사위원회를 둔다. 인사위원회의 구성 및 운영에 관하여 필요한 사항은 대통령령으로 정한다. 경찰공무원의 인사에 관한 중요사항에 관하여 경찰청장의 인사행정에 관한 방침과 기준 및 기본계획, 경찰공무원의 인사에 관한 법령의 제정 또는 개폐에 관한 사항, 기타 경찰청장이 부의하는 사항 등을 심의한다.

경찰인사위원회는 통상 5인 이상 7인 이하로 구성된다고 규정하고 있다. 물론 인사위원장은 경찰청의 경무인사기획관(치안감)이 된다. 기타 위원은 경찰청 소속 총경

20) 구 전투경찰대설치법 제6조 참조. 전용린·박영대, 앞의 책, p. 152.

이상의 경찰공무원 중에서 경찰청장이 임명하는 것으로 되어 있다. 기타 위원회들처럼 경찰인사위원회 위원장도 회의를 통할한다. 역시 그는 인사위원회를 대표한다. 위원장은 경찰청에 소속된 경찰공무원들 중에서 약간명을 임명하여 간사의 직함을 주고 그로 하여금 인사위원회의 제반 사무를 담당하게 할 수 있다. 위원장의 유고시에는 위원 중에서 최상위계급 또는 선임경찰관이 그의 직무를 대신 수행하도록 규정하고 있다.」라고 규정하고 있다.21)

(3) 승진심사위원회

경찰공무원의 승진심사를 위하여 경찰청에 중앙승진심사위원회를, 경찰청·시도경찰청 및 대통령이 정하는 경찰기관에 보통승진심사위원회를 둔다. 승진심사위원회는 경찰공무원법 제17조(승진심사위원회) "① 제15조제2항에 따른 승진심사를 위하여 경찰청과 해양경찰청에 중앙승진심사위원회를 두고, 경찰청·해양경찰청·시·도경찰청과 대통령령으로 정하는 경찰기관·지방해양경찰관서에 보통승진심사위원회를 둔다. ② 제1항에 따라 설치된 승진심사위원회는 제15조제3항에 따라 작성된 승진대상자 명부의 선순위자(같은 조 제2항 단서에 따른 승진시험에 합격된 승진후보자는 제외한다) 순으로 승진시키려는 결원의 5배수의 범위에 있는 사람 중에서 승진후보자를 심사·선발한다. ③ 승진심사위원회의 구성·관할 및 운영에 필요한 사항은 대통령령으로 정한다"라고 규정하고 있다.

(4) 고충심사위원회

경찰공무원법 제31조(고충심사위원회)에 따라 "① 경찰공무원의 인사상담 및 고충을 심사하기 위하여 경찰청, 해양경찰청, 시·도자치경찰위원회, 시·도경찰청, 대통령령으로 정하는 경찰기관 및 지방해양경찰관서에 경찰공무원 고충심사위원회를 둔다. ② 경찰공무원 고충심사위원회의 심사를 거친 재심청구와 경정 이상의 경찰공무원의 인사상담 및 고충심사는 「국가공무원법」에 따라 설치된 중앙고충심사위원회에서 한다. ③ 경찰공무원 고충심사위원회의 구성, 심사 절차 및 운영에 필요한 사항은 대통령령으로 정한다."라고 규정하고 있다.

고충심사제도는 소청심사의 대상이 되지는 않지만 공무원의 근무여건에 애로사항으로 작용하는 여러 문제점을 살피는 데 목적이 있다. 고충의 대상은 근무조건, 인사관리, 신상문제 등이다.

---

21) 강용길 외 8인, p. 151.

표 3-2	고충심사의 대상
구분	심사 내용
근무조건	○ 봉급, 수당 등 보수에 관한 사항 ○ 근무시간, 휴식, 휴가에 관한 사항 ○ 업무량, 작업도구, 시설안전, 보건위생 등 근무환경에 관한 사항 ○ 주거, 교통 및 식사편의 제공 등 후생복지에 관한 사항
인사관리	○ 승진, 전직, 전보 등 임용에 관한 사항으로 재량권자의 재량행위에 속하는 사항 ○ 근무성적평정, 경력평정, 교육훈련, 복무 등 인사행정의 기준에 관한 사항 ○ 상훈, 제안 등 업적성취에 관한 사항
신상문제	○ 성별, 종교별, 연령별 등에 관한 차별 대우 ○ 기타 개인의 정신적, 심리적, 신체적 장애로 인하여 발생되는 직무수행과 관련된 사항

출처: 강용길 외 7인, 앞의 책, p. 274.

한편 경찰 관련 고충심사 설치기관에 관한 위원회별, 설치기관, 관할 내용을 살펴보면 다음과 같다.

표 3-3	고충심사 설치기관
위원회별	설치기관	관할내용
중앙고충심사위원회	중앙인사관장기관(행정안전부 소청심사위원회에서 기능을 관장)	○ 보통 고충심사위원회의 심사를 거친 재심청구 ○ 경정 이상의 경찰공무원
경찰공무원 고충심사위원회	경찰청, 시·도경찰청 및 대통령령이 정하는 경찰기관	○ 경감 이하의 경찰공무원 불복 경우: 중앙고충심사위원회에 재심 청구

출처: 강용길, 앞의 책, p. 274.

고충심사절차는 다음과 같다. 즉

① 고충심사위원회가 청구서를 접수한 때에는 30일 이내에 고충심사에 대한 결정을 하여야 한다. 다만, 부득이하다고 인정되는 경우에는 설치기관의 장의 승인을 얻어 30일을 연장할 수 있다.

② 고충심사의 결정은 고충심사위원회 재적위원 과반수의 합의에 의한다.

③ 고충심사위원회가 고충심사청구에 대하여 결정을 한 때에는 결정서를 작성하고, 지체 없이 이를 설치기관의 장에게 송부하여야 한다.

④ 결정서를 송부받은 설치기관의 장은 심사결과를 청구인에게 통보하는 외에 스스로 고충의 해소를 위한 조치를 하거나 관계기관의 장에게 필요한 조치를 요청하여야 한다(동규정 제12조). 요청받은 처분청이나 관계기관의 장은 특별한 사유가 없으면 이를 이행하고, 그 처리결과를 알려야 한다. 다만, 부득이한 사유로 이행하지 못하면

그 사유를 알려야 한다(국가공무원법 제76조의2 제6항).

⑤ 처리결과에 대한 강제성은 없어 실효성이 떨어진다는 점이 문제이다.

그리고 경찰공무원고충심사위원회의 고충심사에 대하여 불복이 있어 중앙고충심사위원회에 재심을 청구하는 경우 그 심사결과를 통보받은 날로부터 30일 이내에 청구서를 제출하여야 한다(공무원고충처리규정 제13조).

한편 소청심사제도와 고충처리제도를 비교해 보면 다음과 같은 차이점을 보여주고 있다.

① **심사대상** 소청은 공무원이 받은 신분상 불이익이 주요대상이 되는데 반해, 고충처리는 근무조건·처우 등 일상의 모든 신상문제가 대상이 될 수 있다.

② **법적 성격** 소청은 행정소송의 전심절차적 성격을 가지는 데 대하여, 고충처리는 행정소송과는 무관한 제도라 할 수 있다.

③ **기속력** 행정청은 소청심사위원회의 결정에 기속되는 데 대하여, 고충처리위원회의 결정에는 법적 기속력이 인정되지 않는다.

④ **관 할** 소청은 소청심사위원회가 전담하나, 고충심사는 복수의 기관이 분담한다.

(5) 징계위원회

1) 의   의

경찰공무원에 대한 징계의 의결을 행하기 위하여 경찰징계위원회를 설치·운영한다. 다만 경무관 이상의 경찰공무원에 대한 징계의 의결은 국가공무원법에 의하여 국무총리 소속하에 설치된 징계위원회에서 행한다.[22]

총경 이하의 경찰공무원에 대한 징계의 의결을 행하기 위하여 대통령령이 정하는 경찰기관 및 해양경찰관서에 경찰공무원징계위원회를 둔다. 본 위원회의 구성·관할·운영 및 징계의결의 요구절차 기타 필요한 사항은 대통령령으로 정한다.

표 3-4 징계위원회 설치기관 및 관할

위원회별	설치기관	관할
중앙징계위원회	국무총리실	경무관 이상 경찰공무원
경찰공무원 중앙징계위원회	경찰청	총경 및 경무관
경찰공무원 보통징계위원회	경찰청, 시·도경찰청 및 경찰기관	당해 징계위원회가 설치된 경찰기관 소속 경감 이하 경찰공무원(단, 경찰청장이 징계의결을 요구하는 경찰공무원)

---

22) 동법 제26조.

한편 징계권자는 다음과 같다.

표 3-5 징계권자

대통령	• 경무관 이상의 파면, 해임, 강등, 정직 • 총경과 경정의 파면, 해임
경찰청장	• 총경과 경정의 강등, 정직 • 경감 이하의 파면, 해임, 강등, 정직
소속기관장	모든 경찰공무원의 감봉, 견책

2) 징계벌과 형벌의 구분

구 분	징계벌	형벌
권력의 기초	국가와 공무원간의 특별권력관계	국가의 일반통치권
목 적	공무원 조직 내 질서유지	국가사회의 일반적 법질서유지
내 용	경찰공무원의 신분상의 불이익이 주된 내용	생명, 자유, 재산적 이익의 박탈이 주된 내용
피침해 이익	공무원법상의 의무위반	반사회적 법익침해
구성요건	고의・과실이 없더라도 처벌가능	고의범만 처벌함이 원칙이고 과실범은 예외적으로만 처벌
양자의 관계	징계벌과 형벌은 그 성질을 달리하기 때문에 병과할 수 있으며, 병과하더라도 일사부재리의 원칙에 위배되지 않는다.

3) 징계시효

징계의결의 요구는 원칙적으로 징계사유가 발생한 때부터 2년(금품 및 향응수수, 공금의 횡령・유용의 경우는 5년)을 경과한 때에는 행하지 못한다(국가공무원법 제83조의2).

4) 징계의 종류

국가공무원법상의 징계는 다음과 같다.

① 파면・해임은 배제징계(공무원 관계소멸)이고, 강등・정직・감봉・견책은 교정징계(공무원관계 유지)이다.

② 교정징계에 있어서 강등・정직의 경우에는 직무에 종사할 수 없고, 감봉・견책인 경우에는 직무종사가 가능하다.

③ 파면・해임・강등・정직은 중징계이고, 감봉・견책은 경징계이다.

④ 징계사유가 금품 및 향응수수, 공금횡령・유용인 경우 그 액의 5배 내의 징계부가금 부과의결을 요구하여야 한다(동법 제78조의2).

표 3-6 징계의 종류

종류		내용	비고
중징계	파면	① 신분 박탈 ② 연금지급제한(탄핵 또는 징계에 의하여 파면된 자의 퇴직 급여는 재직기간이 5년 미만인 경우 1/4을, 5년 이상인 경우 1/2을 감액하여 지급) 즉 5년 미만 근무: 3/4 지급, 5년 이상: 1/2지급, 퇴직 수당은 1/2을 감액하여 지급 ③ 5년간 공무원 결격사유	향후 경찰공무원으로 임용되지 못함
	해임	① 신분박탈 ② 연금 전액 지급. 다만 금품 및 향응수수, 공금의 횡령·유용으로 징계 해임된 자의 퇴직급여는 재직기간이 5년 미만인 경우 1/8을, 5년 이상인 경우 1/4을 감액하여 지급하고, 퇴직수당은 1/4을 감액하여 지급 ③ 3년간 공무원 결격 사유	향후 경찰공무원 결격사유
	강등	① 1계급 아래로 직급을 내리고 ② 3개월간 직무에 종사하지 못하며 그 기간 중 보수의 2/3를 감한다. ③ 직무에 종사하지 못하는 3개월 종료일로부터 18개월간 승진·승급제한 ④ 직무에 종사하지 못하는 3개월간은 승진 소요 최저 연수 및 경력평정 기간에서 제외됨	경찰공무원관계 변경 * 기간 추가x * 징계감경 또는 가중 시 현격한 효력 차이로 징계목적을 효과적으로 달성하기 어려운 점이 있어 해임과 정직 사이에 강등을 신설하여 징계처분의 실효성을 확보하도록 함.
	정직	① 1~3월 직무정지 ② 정직기간 중 보수의 2/3 감액 ③ 정직기간 종료일로부터 18개월간 승진·승급제한 정직기간만큼은 승진 소요 최저 연수 및 경력평정 기간에서 제외됨	
경징계	감봉	① 1~3월 보수 1/3 감액 ② 감봉기간종료일로부터 12개월간 승급 및 승진 제한 ③ 감봉기간만큼은 승진 소요 최저 연수 기간에서 제외됨	
	견책	① 과실에 대하여 훈계하고 회개하게 하는 처분 ② 집행일로부터 6개월간 승급 및 승진 제한	

5) 관련사건의 관할

상·하계급의 경찰공무원이 관련된 징계사건은 상위계급의 경찰공무원을 관할하는 징계위원회에서 심의·의결하고, 상·하급의 경찰기관에 소속한 경찰공무원이 관련된 징계사건은 상급경찰기관에 설치된 징계위원회에서 심의·의결한다. 그리고 소속을 달리하는 2명 이상의 경찰공무원이 관련된 징계사건으로서 관할 징계위원회가 서로 다른 경우에는 그 직근상급의 경찰기관에 설치된 징계위원회에서 심의·의결한다. 또한 관련자에 대한 징계를 분리하여 심의·의결하는 것이 타당하다고 인정되는 경우에는 해당 징계위원회의 의결로 관련자에 대한 징계사건을 경찰공무원징계령 제4조에 따른 관할 징계위원회로 이송할 수 있다.

6) 징계위원회의 구성

경찰청에 두는 중앙징계위원회는 위원장을 포함한 5인 이상 7인 이하로 구성되며, 보통징계위원회는 위원장을 포함 3인 이상 7인 이하로 구성한다. 그리고 경찰서, 경찰기동대, 경찰청장이 지정하는 총경 이상의 경찰공무원을 장으로 하는 기관에 설치된 보통징계위원회는 해당 경찰기관 소속 경위 이하의 경찰공무원에 대한 징계사건을 심의·의결하고, 경찰청장이 지정하는 경감 이상의 경찰공무원을 장으로 하는 경찰기관에 설치된 보통징계위원회는 해당 기관 소속 경사 이하의 경찰공무원에 대한 징계사건을 심의·의결한다. 경찰청에 설치된 보통징계위원회는 경찰청장이 징계의결을 요구하는 경찰공무원에 대한 징계사건을 심의·의결하고, 해당 보통징계위원회의 징계 관할에서 제외되는 경찰공무원의 징계사건은 직근 상급경찰기관에 설치된 보통징계위원회에 설치된 보통징계위원회에서 심의·의결한다(경찰공무원징계령 제4조, 제6조).

한편 징계위원회가 설치된 경찰기관의 장은 징계위원회의 공정하고 효율적인 운영을 위하여 위원장을 포함한 위원 수의 30퍼센트를 넘지 아니하는 범위에서 법조인과 관련 대학교수 등 외부인사를 징계위원회 위원으로 위촉할 수 있다.[23]

7) 징계절차

경찰공무원의 징계는 징계의결요구권자의 요구에 의하여 징계위원회의 의결을 거쳐 징계권자가 행한다. 징계를 행할 때에는 징계권자가 징계처분사유설명서를 상대방에게 교부해야 한다. 감사원에서 조사중인 사건에 대하여는 조사개시의 통보를 받은 날부터 징계의결의 요구 기타 징계절차를 진행하지 못한다(국가공무원법 제83조 제1항). 한편 징계와 형벌과의 관계에서 형사소추선행의 원칙이 채택되지 않아 검찰·경찰, 그 밖의 수사기관에서 수사중인 사건에 대하여 징계절차를 진행시킬 수 있다(동법 제83조 제2항, 대법원 1986. 11. 11. 선고 86누59 판결).[24]

8) 징계의 양정

징계사유가 발생하면 징계권자는 반드시 징계위원회에 징계를 요구하여야 하므로(동법 제78조 제1항), 징계를 요구할 것인가(징계의 요건 자체)에 관하여 결정재량은 인정되지 않는다. 반면 징계의 종류 중 어느 것을 선택할 수 있는지에 대해서는 징계권자에게 선택재량이 인정된다. 그리고 일반적으로 징계정도는 의무위반행위의 유형·정도, 과실의 경중, 평소소행, 근무성적, 공적, 개전의 정, 또는 그 밖의 정상을

---

23) 신현기 외 29인, 앞의 책, p. 215.
24) 신현기 외 29인, 앞의 책, p. 216.

참작하여 징계양정기준에 따라 정한다. 다만 징계 사유의 시효가 5년인 비위 및 「성폭력범죄의 처벌 및 피해자보호 등에 관한 법률」에 따른 성폭력범죄에 대한 징계는 감경할 수 없다. 징계처분이 사회통념상 현저하게 타당성을 잃은 경우에는 재량권 남용으로 위법이다.25)

8. 소청제도

(1) 의   의

경찰공무원이 징계위원회에서 징계를 받은 후 국가공무원법에 따른 소청심사를 통해 구제받을 수 있다. 소청은 징계처분 그 밖에 그의 의사에 반하는 불이익한 처분이나 부작위에 대하여 경찰공무원이 관할 소청심사위원회에 심사를 청구하는 제도로 행정심판의 일종이다.

행정소송과의 관계를 보면, 즉 징계처분, 강임·휴직·직위해제 또는 면직처분, 그 밖에 본인의 의사에 반한 불리한 처분이나 부작위에 관한 행정소송은 소청심사위원회의 심사·결정을 거치지 아니하면 제기할 수 없다(국가공무원법 제9조).

표 3-7 소청심사의 대상

국가공무원법상 소청심사의 대상에는 징계처분, 기타 의사에 반하는 불리한 처분, 부작위 등이 있으며 구체적으로 어떠한 것이 포함되는지 여부는 사안의 성격과 내용에 따라 결정될 수 있다.

징계처분	파면, 해임, 강등, 정직, 감봉, 견책
기타 의사에 반하는 불리한 처분	강임, 휴직, 직위해제, 면직, 전보 등
부작위	당사자의 신청에 대해 행정청이 상당한 기간 내 일정한 처분을 해야 할 법률적 의무가 있음에도 처분을 하지 않은 경우(복직 청구 따위)

(2) 소청심사위원회의 설치 및 구성

국가공무원법 제9조에 따라 경찰공무원은 행정기관 소속 공무원의 징계처분, 그 밖에 그 의사에 반하는 불리한 처분이나 부작위에 대한 소청을 심사·결정하게 하기 위하여 인사혁신처 소청심사위원회에 소청을 제기한다. 즉 "① 행정기관 소속 공무원의 징계처분, 그 밖에 그 의사에 반하는 불리한 처분이나 부작위에 대한 소청을 심사·결정하게 하기 위하여 인사혁신처에 소청심사위원회를 둔다. ② 국회, 법원, 헌법재판소 및 선거관리위원회 소속 공무원의 소청에 관한 사항을 심사·결정하게 하기

---

25) 신현기 외 29인, 앞의 책, p. 217.

위하여 국회사무처, 법원행정처, 헌법재판소사무처 및 중앙선거관리위원회사무처에 각각 해당 소청심사위원회를 둔다. ③ 국회사무처, 법원행정처, 헌법재판소사무처 및 중앙선거관리위원회사무처에 설치된 소청심사위원회는 위원장 1명을 포함한 위원 5명 이상 7명 이하의 비상임위원으로 구성하고, 인사혁신처에 설치된 소청심사위원회는 위원장 1명을 포함한 5명 이상 7명 이하의 상임위원과 상임위원 수의 2분의 1 이상인 비상임위원으로 구성하되, 위원장은 정무직으로 보한다"라고 국가공무원법 제9조에 규정되어 있다. 그리고 "④ 제1항에 따라 설치된 소청심사위원회는 다른 법률로 정하는 바에 따라 특정직공무원의 소청을 심사·결정할 수 있다. ⑤ 소청심사위원회의 조직에 관하여 필요한 사항은 대통령령등으로 정한다" 등이다.

국가공무원법 제10조(소청심사위원회위원의 자격과 임명)를 보면 소청심사위원회의 위원(위원장을 포함한다. 이하 같다)은 다음 각 호의 어느 하나에 해당하고 인사행정에 관한 식견이 풍부한 자 중에서 국회사무총장, 법원행정처장, 헌법재판소사무처장, 중앙선거관리위원회사무총장 또는 인사혁신처장의 제청으로 국회의장, 대법원장, 헌법재판소장, 중앙선거관리위원회위원장 또는 대통령이 임명한다. 이 경우 인사혁신처장이 위원을 임명제청하는 때에는 국무총리를 거쳐야 하고, 인사혁신처에 설치된 소청심사위원회의 위원 중 비상임위원은 제1호 및 제2호의 어느 하나에 해당하는 자 중에서 임명하여야 한다.

  1. 법관·검사 또는 변호사의 직에 5년 이상 근무한 자

  2. 대학에서 행정학·정치학 또는 법률학을 담당한 부교수 이상의 직에 5년 이상 근무한 자

  3. 3급 이상 공무원 또는 고위공무원단에 속하는 공무원으로 3년 이상 근무한 자

소청심사위원회의 상임위원의 임기는 3년으로 하며, 한 번만 연임할 수 있다. 소청심사위원회의 상임위원은 다른 직무를 겸할 수 없다. 소청심사위원회의 공무원이 아닌 위원은 「형법」이나 그 밖의 법률에 따른 벌칙을 적용할 때 공무원으로 본다.

제10조의2(소청심사위원회위원의 결격사유) ① 다음 각 호의 어느 하나에 해당하는 자는 소청심사위원회의 위원이 될 수 없다고 명시하고 있는데

  1. 제33조 각 호의 어느 하나에 해당하는 자

  2. 「정당법」에 따른 정당의 당원

  3. 「공직선거법」에 따라 실시하는 선거에 후보자로 등록한 자

그리고 소청심사위원회위원이 제1항 각 호의 어느 하나에 해당하게 된 때에는 당연히 퇴직한다 등이다.

그림 3-1 소청의 절차

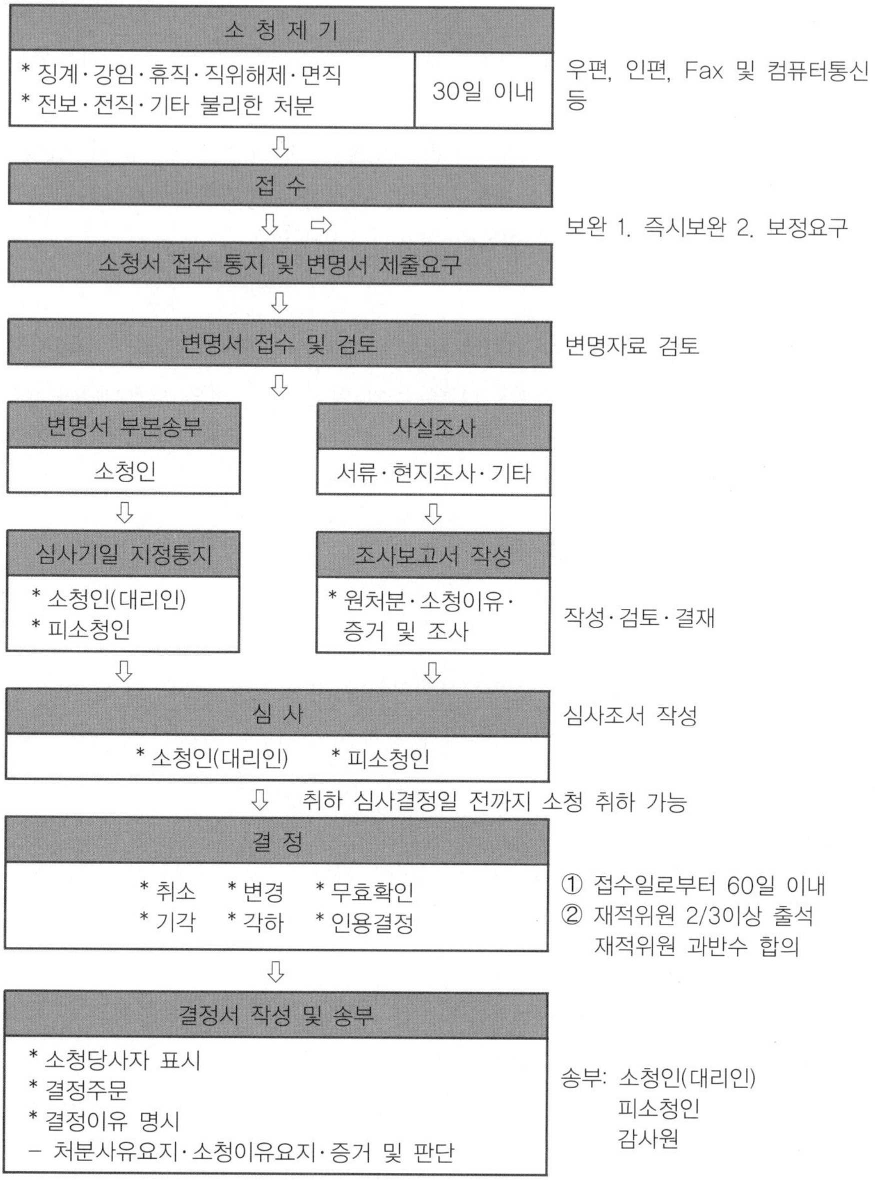

소 청 제 기	
* 징계·강임·휴직·직위해제·면직 * 전보·전직·기타 불리한 처분	30일 이내

우편, 인편, Fax 및 컴퓨터통신 등

⇩

접 수

⇩ ⇨ 보완 1. 즉시보완 2. 보정요구

소청서 접수 통지 및 변명서 제출요구

⇩

변명서 접수 및 검토 — 변명자료 검토

⇩

변명서 부본송부	사실조사
소청인	서류·현지조사·기타

⇩ ⇩

심사기일 지정통지	조사보고서 작성
* 소청인(대리인) * 피소청인	* 원처분·소청이유· 　증거 및 조사

작성·검토·결재

⇩ ⇩

심 사
* 소청인(대리인)　* 피소청인

심사조서 작성

⇩ 취하 심사결정일 전까지 소청 취하 가능

결 정
* 취소　* 변경　* 무효확인 * 기각　* 각하　* 인용결정

① 접수일로부터 60일 이내
② 재적위원 2/3이상 출석
　재적위원 과반수 합의

⇩

결정서 작성 및 송부
* 소청당사자 표시 * 결정주문 * 결정이유 명시 　– 처분사유요지·소청이유요지·증거 및 판단

송부: 소청인(대리인)
　　　피소청인
　　　감사원

출처: 신현기 외 4인, 앞의 책, p. 221.

(3) 소청심사

1) 소청심사의 청구

소청은 징계처분, 강임, 휴직, 직위해제 또는 면직처분의 경우에는 처분사유설명서를 교부받은 날로부터, 기타의 불리한 처분으로 인한 소청심사청구는 그 처분이 있은 것을 안 날로부터 각각 30일 이내에 소청심사위원회에 청구할 수 있다.

소청심사위원회의 심리에는 이 제도에 의한 적정성 보장이라는 차원에서 공익성을 고려하여 불고불리(不告不理)의 원칙이 적용되지 않는다.

2) 소청인의 진술권

소청심사위원회가 소청사건을 심사할 때에는 반드시 소청인 또는 그 대리인에게 진술의 기회를 주어야 하며, 진술의 기회를 주지 않고 한 결정은 무효이다(국가공무원법 제13조).

3) 결　정

국가공무원법 제14조에 따라 소청심사위원회는 소청사건을 원칙적으로 접수 후 60일 이내에 결정을 해야 하며, 결정에는 각하, 기각, 취소 또는 변경, 무효(부존재)확인 및 의무이행결정 등이 있다.

① **불이익변경금지의 원칙**　　소청심사위원회가 징계처분을 받은 자의 청구에 따라 소청을 심사할 경우에는 원징계처분에서 부과한 징계보다 무거운 징계를 부과하는 결정을 하지 못한다.

② 소청사건의 결정은 재적위원 2/3이상의 출석과 출석위원 과반수의 합의에 의하고, 이유를 구체적으로 밝힌 결정서로 하여야 한다. 소청심사결정서는 그 정본을 작성하여 지체없이 소청당사자에게 교부하여야 한다.

③ **결정의 효력(기속력)**

㉠ 소청심사위원회의 결정은 처분행정청을 기속한다. 따라서 처분청은 위원회의 결정내용에 따른 작위·부작위의 의무가 발생하게 된다.

㉡ 소청심사위원회의 취소 또는 변경명령 결정은 그에 따른 징계 기타 처분이 있을 때까지는 종전에 행한 징계처분 또는 징계부가금 부과처분에 영향을 미치지 아니한다(동법 제14조 제4항).

4) 각　하

소청제기기간의 경과 등 소청의 제기가 부적법한 때에는 위원회는 특별한 사정이 있는 경우를 제외하고는 당사자를 출석시키지 아니하고 각하결정을 할 수 있다. 이 경우 서면에 의한 진술기회를 주어야 한다(소청절차규정 제7조의2).

5) 불　복
소청인은 소청결정서 정본을 송달받은 날로부터 90일 이내에 관할 행정법원(행정법원이 설치되지 아니한 지역에서는 지방법원 합의부)에 행정소송을 제기할 수 있다.

9. 행정소송

① 소청을 제기한 자가 소청심사위원회의 결정에 불복이 있을 때에는 결정서의 정본을 송달 받은 날로부터 90일 이내에, 또는 위원회가 60일이 지나도 결정을 하지 않는 때에는 처분사유설명서를 받은 날로부터 90일 이내에 행정소송을 제기할 수 있다.

② **원처분주의**　　이 경우 행정소송의 대상은 원칙적으로 소청심사위원회의 결정이 아니라 원처분(징계처분 등)이다.

③ **소청심사전치주의**　　위의 행정소송은 소청심사위원회의 심사·결정을 거치지 아니하면 제기할 수 없다(국가공무원법 제16조 제1항).

④ 징계처분이나 휴직·면직처분 기타 의사에 반한 불리한 처분에 대한 행정소송의 피고는 경찰청장 또는 해양경찰청장이 됨이 원칙이나, 임용권을 위임한 경우에는 그 위임을 받은 자를 피고로 한다(동조 제2항, 경찰공무원법 제28조).

10. 경찰공무원의 권리

통상 공무원이 가지는 권리는 크게 헌법이 보장하는 기본권과 개별법상의 권리로 대별되는데 이는 다시 신분상의 권리와 재산상의 권리로 나누어진다.

(1) 신분상의 권리
이는 경찰공무원의 신분과 직접 관계되는 권리인데 신분보유권, 직위보유권, 직무수행권을 들 수 있다.26)

1) 신분보유권
이는 경찰공무원의 경우 국가공무원법 제68조에 따라 경찰공무원은 형의 선고·징계처분 또는 법에 정하는 사유에 의하지 아니하고는 그 의사에 반하여 면직당하지

---

26) 김남진, 『경찰행정법』(서울: 경세원, 2002), p. 89.

아니한다는 것을 의미한다. 하지만 시보임용 중의 경찰공무원과 치안총감 및 치안정감에게는 이 권리가 인정되지 아니한다.

2) 직위보유권

경찰공무원은 국가공무원법 제32조의5 제1항에 따라 계급에 상응하는 일정한 직위를 부여받을 권리를 가지며, 동법 제73조의2에 따라 법에 정한 사유가 있는 경우가 아니고서는 직위를 해제당하지 아니하는 동시에 직위해제된 경우에도 그 해제사유가 소멸된 때에는 지체 없이 직위를 부여받을 권리를 갖는다.

3) 직무수행권

경찰공무원은 자기가 담당하는 직무를 방해받지 아니하고 수행할 권리를 가진다. 이를 방해하는 자는 형법 제136조와 제137조에 따라 공무집행방해죄에 의거해 처벌받게 된다.

4) 무기휴대권과 제복착용

경찰공무원법 제20조에 따라 직무수행을 위해 무기를 휴대할 수 있으며 제복을 착용할 권리를 가진다.

5) 교육훈련권과 능률증진권

경찰공무원법 제17조에 따라 법이 정한 훈련을 받으며 근무능률을 위한 조치를 받을 권리를 지닌다.

6) 고충심사청구권과 행정구제청구권

위법부당하게 신분상의 불이익을 받는 경우 소청 및 행정소송 등을 통해 그 시정을 구할 수 있는 권리를 가진다.

(2) 재산상의 권리

이는 보수청구권, 연금청구권, 실비변상·실물지급 등을 받을 권리, 보상을 받을 권리, 보훈에 관한 권리 등을 의미한다.

1) 보수청구권

경찰공무원은 직무를 통해 보수와 수당을 받을 재산상의 권리를 가진다. 공무원 보수 규정에 따라 기본급여, 계급별 및 호봉별로 기본급여를 받는다. 한편 이들이 받는 수당에는 직무수당, 상여수당, 가계보전수당, 특수지근무수당, 초과근무수당에 속하는 제수당과 기말수당, 가족수당, 겸임수당, 명예퇴직수당 등이 있다. 특히 공무원 보수청구권의 소멸시효는 3년으로 되어 있다.

2) 연금청구권

경찰공무원은 공무원연금법 제1조에 따라 경찰공무원의 퇴직, 사망, 공무로 인한 부상, 질병, 폐질의 경우 공무원 및 그 유족의 생활안정과 복리향상에 기여함을 목적으로 지급하는 급여를 받는데 이것이 연금이다.

한편 급여의 종류를 보면 단기급여로서 보건급여, 재해급여, 사망위로금이 있고 장기급여로는 퇴직급여, 장해급여 및 유족급여 등이 있다(공무원연금법 제34조).

3) 실비변상·실물지급 등을 받을 권리

공무원은 국가공무원법 제48조 제1항에 따라 직무수행과 관련해 소요되는 실비(여비 등)를 받을 권리를 가진다. 또한 제복이나 물품을 지급받을 권리도 가진다.

4) 보상을 받을 권리

경찰공무원은 국가공무원법 제48조 제2항에 따라 본래 업무에 지장을 받지 않는 한도 내에서 담당직무 외의 특수한 연구과제를 위탁받아 처리한 경우에는 그 보상을 지급받을 권리를 가진다.

5) 보훈에 관한 권리

경찰공무원법 제16조에 따라 경찰공무원으로서 전투 및 기타 직무수행이나 훈련 등으로 사망한 자 및 상이를 입고 퇴직한 자와 유족이나 가족은 국가유공자등예우및 지원에관한법률이 정하는 바에 의하여 예우를 받을 권리를 가진다.[27]

11. 경찰공무원의 의무

공무원은 국민전체에 대한 봉사자이며, 국민에 대하여 책임을 진다(헌법 제7조 제1항). 따라서 공공의 이익을 위하여 근무하며, 직무를 수행함에 있어서는 전력을 다하여 전념하여야 한다. 국가공무원법 제1조는 국가공무원에게 국민전체의 봉사자로서 행정의 민주적이며 능률적인 운영을 기하게 할 것을 규정하고 있다. 경찰공무원의 의무는 대체로 다음과 같이 분류할 수 있다.

ㄱ 선서의무

ㄴ 성실의무

ㄷ 직무상의 의무

ⓐ 국가공무원법상 의무 - 법령준수의무, 명령복종의무, 영리업무 및 겸직금지의무(직무전념), 친절공정의무, 종교중립의 의무

---

27) 김남진, 앞의 책, p. 95.

ⓑ 경찰공무원법상 의무 - 허위보고 등의 금지의무, 지휘권남용 등의 금지의무, 제복착용의무

ⓒ 경찰공무원복무규정상 의무 - 지정장소 외에서의 직무수행금지, 근무시간 중 음주금지, 민사분쟁에의 부당개입금지

ⓓ 신분상의 의무 　 정치활동금지의무, 집단행위금지의무, 비밀엄수의무, 품위유지의무, 청렴의무, 영예 등의 제한 등이다.

(1) 선서의 의무

경찰공무원은 국가공무원법 제55조에 따라 소속기관장 앞에서 선서를 하게 할 수 있다. 그 선서의 내용은 본인은 법령을 준수하고 상사의 직무상 명령에 복종한다. 본인은 국민의 편에 서서 정직과 성실로 직무에 전념한다. 본인은 창의적인 노력과 능동적인 자세로 소임을 완수한다. 본인은 재직 중은 물론 퇴직 후에라도 업무상 알게 된 기밀을 절대로 누설하지 아니한다. 본인은 정의의 실천자로서 부정의 발본에 앞장선다.

(2) 성실의 의무

모든 공무원은 국가공무원법 제56조에 따라 성실히 직무를 수행할 의무를 진다. 특히 성실의 의무를 위배하면 징계의 사유가 된다.

(3) 직무상의 의무

경찰공무원의 복무상 의무에는 다음과 같이 허위보고 등의 금지의무, 지휘권남용 등의 금지, 제복 및 무기휴대의 의무, 친절 및 공정의 의무, 직무전념의 의무, 법률준수의 의무, 복종의 의무, 성실의 의무 등이 있다.[28]

1) 허위보고 등의 금지의무

경찰공무원법 제18조에 따라 경찰공무원은 직무와 관련해서 허위로 보고하거나 통보를 하는 것을 금지하고 있으며 동시에 직무를 태만히 하거나 유기하는 것을 허용하지 않고 있다.

2) 지휘권남용 등의 금지

경찰공무원을 지휘·감독하는 자는 경찰공무원법 제19조에 따라 특별한 이유 없이 그 직무수행을 거부하거나 유기하는 것을 금지한다. 또한 경찰공무원을 지정된 근

---

28) 허경미, 앞의 책, pp. 95~100.

무지에서 진출이나 퇴각 및 이탈하게 하는 명령을 해서는 안 된다.

3) 제복 및 무기휴대의 의무

경찰공무원법에 따라 경찰공무원은 항상 제복을 착용해야 한다. 그러나 특수한 경우는 물론 예외로 하고 있다. 동법에 따라 필요한 경우에는 직무수행을 위해 무기를 휴대하는 것이 허용되고 있다.

4) 친절 및 공정의 의무

국가공무원법 제59조에 따라 경찰공무원에게는 국민에 대해 친절하고 공정하게 대해야 하는 의무가 부과된다. 국민을 위한 봉사자로서 신속하며 정확하게 업무를 처리해야 한다. 이 의무는 법적인 의무이기 때문에 위반한 경우에는 처벌의 대상이 되기도 한다. 이러한 내용은 공무원복무규정 제4조에도 잘 나타나 있다.

5) 직무전념의 의무

경찰공무원은 직장을 이탈하거나 영리업무를 해서는 안 된다. 국가공무원법 제58조와 경찰공무원복무규정 제8조에 따라 소속상관의 허가 없이 직장을 이탈해서는 안 되고 직무와 무관한 장소에서 직무를 해서도 안 된다. 업무 이외에 영리를 위한 활동은 경찰공무에 반하기 때문에 금지하고 있다.

6) 법령준수의 의무

국가공무원법 제56조에 따라 경찰공무원은 법령을 준수함은 물론이고 직무를 성실히 수행할 의무를 진다.

7) 복종의 의무

경찰공무원은 역시 국가공무원법 제57조에 따라 자기 상관의 직무상 명령에 복종해야 한다는 의무를 진다.

8) 성실의 의무

공무원은 국가와 국민을 위해서 업무를 수행한다. 성실히 직무를 수행해야 하는 일은 국가의 이익과 직결되는 만큼 어느 것보다 중요시된다.

9) 경찰공무원의 신분상 의무

① 비밀엄수의 의무 경찰공무원은 국가공무원법 제60조에 따라 재직 중은 물론 퇴직 후에도 직무상 지득한 비밀을 엄수하여야 한다. 특히 비밀사항으로 분류해 놓은 것들은 물론이고 직무와 관련해 알게 된 모든 사항들이 여기에 해당된다고 볼 수 있다. 물론 경찰공무원의 비밀엄수의무는 행정정보공개요구권과 같은 국민의 알권

리에 의해 일부 제한될 수도 있다. 국회에서의증언과감정등에관한법률 제4조가 그 좋은 예이다.

② **청렴의무**　　경찰공무원은 국가공무원법 제61조에 따라 직무와 관련하여 직접이든 간접이든 불문하고 사례·증여 또는 향응을 수수하여서는 안 되고 동시에 소속상관에 대해 증여를 하거나 증여를 받아서도 안 된다.

③ **품위유지에 대한 의무**　　경찰공무원법 제7조 및 국가공무원법 제63조와 제78조에 따르면 경찰공무원은 어떠한 경우라도 직무상에 있어서 품위를 손상하는 행위를 해서는 안 된다고 규정하고 있다. 여기서 말하는 경찰공무원의 품위라 함은 대법원 판결(1998. 2. 27, 97누18172)에 따를 때 공무원이 국가의 권위나 위신 및 체면에 해가 되지 않아야 함을 의미한다.

④ **개인영예추구의 금지의무**　　국가공무원법 제62조에 따라 경찰공무원은 대통령의 허가를 얻어서만 외국정부로부터 영예나 증여를 받을 수 있다. 기타의 경우는 위법에 해당한다.

⑤ **선서에 따른 의무**　　모든 경찰공무원은 국가와 국민을 위해 성실하게 근무할 것을 맹세하기 위해 자기가 소속된 기관장 앞에서 선서를 하게 된다.

⑥ **정치운동의 금지의무**　　정당법 제6조 제1호에 따라 경찰공무원은 정당이나 정치단체의 결성에 관여하거나 이에 가입하는 것을 금지하고 있다. 역시 동료 경찰공무원에게 일체의 정치행위와 관련해 권유하는 것도 금지하고 있다.29)

⑦ **집단행동의 금지의무**　　우리나라 경찰공무원은 노동운동을 비롯해 기타 공무 이외의 일을 위한 집단적 행위를 해서는 안 된다고 규정하고 있다. 물론 노무에 종사하는 경우는 예외로 하고 있으며 집단행동의 금지를 위반한 때에는 국가공무원법 제84조에 따라 1년 이하의 징역이나 300만원 이하의 벌금이 부과될 수 있다.30)

12. 경찰공무원의 책임

경찰공무원의 책임이란 경찰공무원이 자기의 행위로 인해 받게 되는 법률상의 제재 또는 불이익을 의미하는 것이다. 우선 경찰공무원의 책임은 경찰공무원이 공무원으로서의 의무를 위반하므로 인해 지게 되는 징계책임과 변상책임이 있고, 공무원의 행위가 형사상의 범죄를 구성함으로써 처벌을 받게 되는 형사책임, 그리고 공무원의 직무상 불법행위가 타인에게 손해를 가함으로써 지게 되는 민사책임으로 크게 구분

---

29) 허경미, 앞의 책, p. 93.
30) 자세한 내용은 앞의 책, p. 94.

된다.

(1) 변상책임

경찰공무원이 국가 또는 지방자치단체에 대해 재산상의 손해를 발생시킨 경우에 배상책임을 공무원의 변상책임이라고 한다. 여기에는 국가배상법에 의한 변상책임과 회계관계직원등의책임에관한법률에 의한 책임으로 크게 나누어진다.

경찰공무원이 그 직무를 집행하는데 있어서 고의 또는 과실로 법령을 위반하여 타인에게 손해를 가한 경우에 국가는 그 가한 경찰공무원에게 구상권을 행사할 수 있다. 구상권 행사는 우선 그 손해에 대해 국가가 배상을 해주고 차후에 해당경찰관에게 손해를 배상하게 하는 제도를 의미한다.

(2) 형사상의 책임

1) 협의의 형사책임

여기서 말하는 협의의 형사책임은 경찰공무원이 형법 제122조 내지 제135조에 따른 형법상 공무원의 직무에 관한 죄를 범한 경우에 받게 되는 책임을 의미한다. 우선 직무와 직결되는 직무범으로 직무유기죄(형법 제122조), 직권남용죄(형법 제123조), 불법체포·감금죄(동법 제124조), 폭행·가혹행위죄(동법 제125조), 피의사실공표죄(동법 제126조), 공무상 비밀누설죄(동법 제127조), 선거방해죄(동법 제128조) 등이다. 그리고 준직무범은 직무행위 자체가 범죄를 구성하는 것이 아니라 행위자가 공무원 신분을 가졌기 때문에 일어나는 행위가 형사상의 범죄를 구성하는 경우를 말한다. 이에는 수뢰죄(형법 제129조), 제3자 뇌물제공죄(동법 제130조), 사후수뢰죄(동법 제131조), 알선수뢰죄(동법 제132조), 뇌물공여죄(동법 제133조) 등이 해당된다.[31] 이 경우 공무원이 심하게 수뢰한 경우 등은 가중처벌할 수 있다.

2) 행정형벌책임

이는 경찰공무원이 행정법규를 위반한 경우 형법이 정한 벌을 받게 되는 것을 의미한다. 즉 시험 또는 임용의 방해행위 금지(국가공무원법 제44조), 인사에 관한 부정행위의 금지(동법 제45조), 정치운동의 금지(동법 제65조), 집단행위의 금지(동법 제66조), 집단행위의 금지를 위반하여 1년 이하의 징역 또는 300만원 이하의 벌금에 처해지는 경우(동법 제84조) 등이 해당된다.[32]

---

31) 김남진, 앞의 책, p. 127.
32) 김남진, 앞의 책, p. 128.

(3) 민사상 책임

경찰공무원이 직무상 불법행위로 타인에게 손해를 입힌 경우 그것을 국가가 배상 책임을 지는 것 이외에 개인도 배상책임을 지느냐 아니 지느냐 하는 문제는 학설이 대립하고 있다. 고의나 중과실인 경우는 책임을 지고 경과실인 경우는 책임을 지지 않는다는 것이 다수설이다. 하지만 공무원이 직무상 경과실로 인한 불법행위인 경우 피해자에 대한 손해배상책임은 면제되지 않는다는 해석도 있다.33)

제6절 경찰작용법

1. 개   념

경찰작용법은 경찰행정의 내용을 규율하는 법규이다. 즉 경찰행정상 법률관계의 성립, 변경, 소멸에 관련된 모든 법규를 의미한다. 경찰작용법은 경찰의 임무, 경찰권 발동의 근거와 한계, 경찰행정의 유형, 경찰상 처분의 법적 효력, 경찰강제 등에 관한 규율을 내용으로 하는 것을 말한다.34) 무엇보다 경찰작용은 국민에 대해 명령, 강제 하는 대표적인 침해적, 권력적 행정작용으로 국민의 자유와 권리에 긴장관계를 발생 시킬 가능성이 크기 때문에 법률에 의한 행정의 원칙이 중요시된다(법률유보의 원칙).

2. 경찰작용과 법적 토대

현재 경찰작용에 관한 법으로 경찰관직무집행법이 있고 생활안전에 관련된 법으로는 사격및사격장단속법, 총포・도검・화약류등 단속법, 신용정보의이용및보호에관한법률, 사행행위등규제및처벌특례법, 청소년보호법, 경범죄처벌법, 경비업법 등이 있다. 교통에 관한 경찰작용법으로는 도로교통법, 교통사고처리특례법, 도로법 등이 있다. 그리고 경비에 관한 것으로는 경찰직무응원법, 수난구호법, 청원경찰법 등이 시행되고 있다. 하지만 위의 경찰관직무집행법과 단행법 등 경찰작용법 전체가 체계적 통합성과 법적 명확성을 가지고 있지 못하다는 비판을 받고 있다. 그 이유는 각 단행법

---

33) 허경미, 앞의 책, p. 117.

34) 홍준형, 「경찰통합법에 관한 연구」, 치안연구소, 1997, p. 7; 이운주, 앞의 책, p. 164; 강용길 외 7인, 앞의 책 p. 182.

들도 개별목적의 개별 입법에 의하여 존재하고 있기 때문이다.[35] 그리고 경찰관직무집행법은 제2조에서 단지 직무범위를 열거하는 데 그치고 있으며 경찰의 임무와 권한을 명료하게 구분하지 못하고 있는 입법적 결함을 지니고 있다.

3. 경찰권 발동의 한계─조리상의 한계: 경찰공공의 원칙 (사생활 자유의 원칙)

공공의 안녕과 질서유지에 직접적인 관계가 없는 개인의 사생활 영역은 경찰권 발동의 대상이 아니라는 원칙을 의미한다. 그 구체적인 내용으로는 사생활 불가침의 원칙이 있다.

1) 사생활 불가침의 원칙

공공의 안녕과 질서에 관계 없는 개인의 사생활 영역은 경찰이 개입할 수 없는 것을 의미한다. 하지만 개인의 사생활이라 할지라도 공공의 안녕과 질서가 침해되는 경우에는 경찰의 개입이 허용되는바, 전염병 환자의 격리, 신체의 과도한 노출, 고성방가 등이 이에 해당한다.

2) 사주소불가침의 원칙

사주소 내에서 일어나는 행위는 경찰이 침해할 수 없다는 원칙인데 사주소 내에서라도 공공의 안녕과 질서에 관련되면 개입이 허용된다. 피아노 연주의 과도한 소음, 악취나 음향의 발생은 개입이 가능하다. 그리고 사주소인 흥행장, 여관, 음식점 등은 공개된 사주소이므로 경찰권 발동의 대상이다.

3) 민사관계 불간섭의 원칙

경찰이 민사상의 법률관계에 개입할 수 없다는 원칙인데 매매, 임대차, 불법행위, 채무불이행 등이 이에 해당한다. 그러나 암표의 매매, 총포, 도검류의 매매 등은 공공의 안녕과 질서에 관련되어 경찰개입이 허용된다.

4) 사경제 불간섭의 원칙

경찰은 상품의 가격, 품질, 영업의 종류와 방법 등 사경제 활동에 개입할 수 없다는 원칙을 의미한다.[36]

---

35) 이운주, 앞의 책, p. 165.
36) 강용길 외 7인, 앞의 책, p. 187.

4. 경찰작용의 형태

(1) 경찰하명

경찰하명이란 경찰기관이 사회공공의 안녕질서유지라는 경찰목적을 달성하기 위하여 국민에게 작위·부작위·급부 등의 의무를 명하는 일련의 경찰처분을 의미한다. 작위하명은 어떤 행위를 할 것을 명하는 것으로 불특정다수의 일반인에 대한 것(신호기에 따를 것)도 있으며, 특정인(신고를 명하는 것)에 대한 것도 있다. 부작위하명은 소극적으로 어떤 행위를 행하지 아니 할 것을 명하는 하명인데 절대적 금지(죽은 동물을 식품으로 판매하지 못하도록 하는 것)와 상대적 금지(허가권을 유포한 총포, 도검의 소지허가)로 구분된다. 급부하명은 금전이나 물품의 급부를 명하는 하명(수수료 납부의 의무)이다. 그리고 수인하명은 경찰강제에 대하여 저항하지 아니하고 이것을 참아야 하는 의무를 의미한다.[37]

(2) 경찰허가

경찰허가란 법규상 예방적 통제의 목적으로 규정된 일반적·상대적·잠정적 금지를 개별적이며 특정한 경우에 해제하는 경찰처분(음식점 영업허가, 운전면허, 특수경비업허가 등)을 의미한다. 경찰허가는 면허·인가·승인 등의 용어로도 사용되고 있다.[38]

(3) 경찰면제

경찰면제란 법령에 의해 일반적으로 부과되어 있는 경찰상의 작위·수인·급부의무를 특정한 경우에 해제하여 주는 경찰상의 행정행위를 의미한다. 예를 들어 시험의 면제, 수수료의 면제, 납기의 연기 등이 이에 해당한다.[39]

5. 경찰작용의 유형

(1) 경찰강제

경찰강제란 경찰기관이 경찰목적을 달성하기 위해 개인의 신체와 재산에 직접 실

---

37) 중앙경찰학교, 『경찰작용법』, 2009(상), p. 59.
38) 허경미, 전게서, p. 145; 중앙경찰학교, 앞의 책, p. 65.
39) 강용길 외 7인, 앞의 책, p. 204.

력을 행사하여 경찰상 필요한 특정의 상태를 실현시키는 일련의 작용을 경찰강제라고 한다.

(2) 경찰강제의 종류

1) 경찰상의 강제집행

이는 경찰하명에 따른 경찰의무의 불이행이 있는 경우에 상대방의 신체 및 재산의 주거 등에 실력을 행사하여 경찰상 필요한 상태를 실현시키는 작용을 말한다.[40]

2) 경찰상 즉시강제

경찰상 위험이 존재하거나 목전에 급박한 경찰상 장애를 제거해야 할 경우 경찰기관이 성질상 개인에게 의무를 명해서는 경찰행정목적을 달성할 수 없거나 혹은 미리 의무를 명할 시간적 여유가 없는 경우 경찰행정기관이 직접 개인의 신체나 재산에 실력을 가하여 경찰상 필요한 상태의 실현을 목적으로 하는 작용을 의미한다.[41] 대인적 강제 수단으로는 보호조치, 위험발생의 방지, 범죄의 예방과 제지, 장구의 사용, 무기의 사용이 있으며 대물적 강제수단으로는 무기 등 물건의 임시영치, 위험방지조치, 경찰장비·장구·분사기 최루탄 사용 등이 있다.

6. 경 찰 벌

(1) 경찰벌의 개념

경찰벌이란 경찰법상의 의무위반에 대해 일반통치권에 기하여 과하는 제재로서의 벌을 의미한다. 경찰벌은 과거의 의무위반에 대해 가해지는 것을 말한다.

(2) 경찰벌의 종류

1) 경찰형벌

경찰형벌은 경찰법상의 의무위반에 대해 사형·징역·금고·자격상실·자격정지·벌금·구류·과료·몰수처럼 형법상의 형을 과하는 경찰벌을 의미한다.

2) 경찰질서벌

이는 경찰법상의 의무위반에 대한 제재로서 과해지는 과태료를 의미한다.[42]

---

40) 이운주, 앞의 책, p. 181.
41) 홍정선, 앞의 책, p. 414; 중앙경찰학교, 앞의 책, p. 80.
42) 김남진, 『경찰행정법』(서울: 경세원, 2002), p. 243.

1. 제정목적과 연혁

경찰관직무집행법은 경찰관의 직무수행에 필요한 사항을 규정하기 위해 제정된 법을 말한다. 본 법은 1953년 12월 14일 법률 제299호로 제정되었다. 1981년 4월 13일 제1차개정(법률 제3427호)에서는 경찰관직무범위를 구체화 하고 범죄예방을 위한 가택방문, 사실의 확인, 유치장, 장구의 사용 등이 신설되었다. 1988년 12월 31일 제2차 개정(법률 제4048호)에서는 임의동행시 동행요구거절권(동행시간 3시간 이내)을 명시하고 동행인에게 연락기회부여와 변호인 조력권을 명시했다. 방범방문 조항을 삭제하고 보호조치와 무기사용의 요건을 엄격히 규정했다. 1989년 6월 16일 제3차 개정(법률 제4130)에서 최루탄의 사용요건을 엄격히 하였다. 1991년 3월 8일 제4차 개정(법률 제4336호)에서는 임의동행시 동행을 거부할 자유와 동행 후 언제나 퇴거할 자유가 있음을 사전고지토록 한 규정을 삭제했다. 임의동행을 6시간으로 늘렸다. 1996년 8월 8일 5차개정(법률 제5153호), 1999년 5월 24일 제6차개정(법률 제5988호)은 경찰장구, 무기 등을 포괄하는 경찰장비규정을 신설했다. 1999년 11월 27일에는 경찰장비의 사용기준 등에 관한 규정이 제정되었다. 2004년 12월 23일 제7차 개정(법률 제7247호), 2006년 7월 1일 제주도가 특별자치도로 변경됨에 따라 2006년 2월 21일 제8차 개정(법률 제7849호)이 이루어졌다.43)

1차 개정 (1981. 4. 13)	• 경찰장구사용, 사실조회 등을 명문으로 규정 • 직무규정 신설: 경호, 작전, 정보업무 등의 수행 근거 명시 • 유치장 설치근거 마련
2차 개정 (1988. 12. 31)	• 임의동행의 요건과 절차 강화: 경찰서 유치시한을 3시간으로 규정 • 임시영치 기간: 30일→10일로 단축 • 경찰관의 직권남용에 대한 벌칙 : 6월 이하에서 1년 이하의 징역, 금고로 강화
3차 개정 (1989. 6. 16)	• 최루탄 사용 조항의 추가
4차 개정 (1991. 3. 8)	• 임의동행시 경찰관서 유치시한을 3시간→6시간 이내로 함 • 경찰장구 사용대상에 현행범인 추가
5차 개정 (1996. 8. 8)	• 해양경찰이 해양수산부로 이관됨에 따라 해양경찰에게도 경직법 적용근거를 마련 하기 위한 개정

---

43) 중앙경찰학교, 『경찰관직무집행법』, 2009, p. 15.

6차 개정 (1999. 5. 24)	• 경찰장구·무기 등을 포괄하여 장비에 관한 정의 규정 신설, 장비의 종류, 사용기준, 안전교육, 안전검사의 기준→분사기, 최루탄, 무기의 사용기록 보관, 경찰장비의 임의개조금지 규정 마련
7차 개정 (2004. 12. 23)	• 기존 3-4개의 파출소를 통합하여 지구대를 설치 • 경찰위원회규정에 의하여 정무직 공무원으로 되어 있던 경찰위원회 상임위원에 대한 법적 근거 마련(경찰법 제5조 제3항)
8차 개정 (2006. 2. 21)	• 제주도를 폐지하고 제주특별자치도를 설치, 제주특별자치도에 한정된 자치경찰제도 도입(제주특별자치도 설치 및 국제자유도시 조성을 위한 특별법)
9차 개정 (2011. 8. 4)	제2조 (직무의 범위) 경찰관은 다음 각호의 직무를 행한다. ① 국민의 생명·신체 및 재산의 보호, ② 범죄의 예방·진압 및 수사, ③ 경비·요인경호 및 대간첩작전수행, ④ 치안정보의 수집·작성 및 배포, ⑤ 교통의 단속과 위해의 방지, ⑥ 기타 공공의 안녕과 질서유지
10차 개정 (2013. 4. 5)	경찰관의 적법한 직무집행으로 인하여 재산상 손실이 발생한 경우 국가가 그 손실을 보상하도록 손실보상 규정을 신설(제11조의2)함으로써 국민의 권익을 보호하고 경찰관의 안정적인 직무집행을 도모
11차 개정 (2014. 5. 20)	가. 대테러 작전 수행 및 국제협력 관련 규정을 경찰관의 직무 범위에 추가함(제2조). 나. 경찰청장 또는 해양경찰청장은 경찰관의 직무수행을 위하여 외국 정부기관, 국제기구 등과의 자료 교환, 국제협력 활동을 할 수 있도록 함(제8조의2 신설). 다. 경찰장비의 종류에 살수차를 명시하고, 살수차 사용 시 사용일시 등을 기록하여 보관하도록 함(제10조제2항 및 제11조). 라. 인명 또는 신체에 위해를 끼칠 수 있는 위해성 경찰장비는 필요한 최소한도에서 사용하도록 명시함(제10조제4항 신설). 마. 위해성 경찰장비를 새로 도입하는 경우 안전성 검사를 실시하도록 하고 그 안전성 검사의 결과 보고서를 국회 소관 상임위원회에 제출하도록 함(제10조제5항 신설). 바. 또한, 법 문장의 표기를 한글화하고, 어려운 용어를 쉬운 우리말로 풀어쓰며 복잡한 문장은 체계를 정비하려는 것임.

경찰관직무집행법은 2011년 8월 4일 일부개정이 있었다. 그 개정이유 및 주요내용은 「경찰관직무집행법」 제2조에 따른 경찰의 직무에는 「경찰법」 제3조에서 규정하고 있는 국가경찰의 임무 중 "국민의 생명, 신체 및 재산의 보호"가 빠져 있고, 반대로 「경찰법」 제3조에 따른 국가경찰의 임무에는 「경찰관직무집행법」 제2조에서 규정하고 있는 경찰의 직무 중 "경비, 요인경호 및 대간첩작전 수행"이 빠져 있어, 경찰의 임무에 관한 두 법의 규정을 상호 일치시키려는 개정작업이었다.44) 그리고 2021년 1월까지 모두 23차례나 개정되는 등 많은 변화들이 있었다.

2. 경찰관직무의 범위

경찰관직무집행법 제2조에서 명시한 경찰관직무의 범위는 다음 각 호의 직무를

---

44) 신현기 외 29인, 『새경찰학개론(제3판)』(서울: 우공출판사, 2013), p. 264.

수행한다.

① 국민의 생명·신체 및 재산의 보호, ② 범죄의 예방·진압 및 수사, ②의2. 범죄피해자 보호, ③ 경비, 주요 인사(人士) 경호 및 대간첩·대테러 작전 수행, ④ 공공안녕에 대한 위험의 예방과 대응을 위한 정보의 수집·작성 및 배포, ⑤ 교통 단속과 교통 위해(危害)의 방지, ⑥ 외국 정부기관 및 국제기구와의 국제협력, ⑦ 그 밖에 공공의 안녕과 질서 유지 등이다.

3. 경찰관직무집행법상의 기본원칙

경찰관직무집행법상 중요한 4가지 기본원칙이 부여되어 있는데, 그 구체적인 내용은 다음과 같다.

① **협의의 비례의 원칙**　경찰관직무집행법에 규정된 경찰관의 직권은 그 직무수행에 필요한 최소한도의 범위 내에서 행사하여야 한다.

② **상당성의 원칙**　보호조치, 경찰장구의 사용, 무기사용 등의 경우 그러한 조치를 취할 상당한 이유가 있어야 즉시강제가 가능하다.

③ **필요성의 원칙**　사실의 확인, 분사기 등의 사용, 경찰장구의 사용, 무기의 사용 등의 경우 그러한 조치를 취해야 할 필요 또는 부득이한 경우에 한하여 직권의 행사가 가능하다.

④ **보충성의 원칙**　무기의 사용은 무기 이외 다른 수단이 없을 때에 한하여 사용이 가능하다. 다만 대간첩작전 수행시 무장간첩이 경찰관의 투항명령을 받고도 이에 불응하는 경우에는 보충성을 요하지 아니한다.[45]

4. 불심검문

불심검문은 경찰관직무집행법 제3조에 근거를 두고 있다. 즉 경찰관은 수상한 거동 기타 주위의 사정을 합리적으로 판단하여 어떠한 죄를 범하였거나 범하려 하고 있다고 의심할 만한 상당한 이유가 있는 자 또는 이미 행하여진 범죄나 행하여지려고 하는 범죄행위에 관해 그 사실을 안다고 인정되는 자를 정지시켜 질문할 수 있다고 명시되어 있다. 특히 불심검문의 수단으로는 정지, 질문, 임의동행, 흉기조사 등이 있다.

---

45) 신현기 외 29인, 앞의 책, p. 265.

정지와 질문	경찰관은 수상한 거동 기타 주위의 사정을 합리적으로 판단하여 거동불심자나 참고인이라고 인정되는 때에는 그를 정지시켜 질문할 수 있다. 질문은 어디까지나 임의수단이므로 질문에 대하여 상대방은 답변을 강요당하지 않는다. 질문시 당해인에게 자신의 신분을 표시하는 증표(경찰공무원증)를 제시하면서 소속과 성명을 밝히고, 그 목적과 이유를 설명하여야 한다. 또한 질문은 수사의 단서를 얻기 위한 것이고 피의자신문이 아니므로 수사를 개시하는 단계 이전에는 진술거부권을 고지할 필요는 없다(미란다원칙).
동행요구 (임의동행)	ⓐ 그 장소에서 질문하는 것이 본인에게 불리하거나 교통에 방해가 된다고 인정되는 때에는 질문하기 위하여 부근의 경찰서·지구대·파출소 또는 출장소에 동행할 것을 요구할 수 있다. 이 경우 동행은 임의적인 것이므로 당해인은 경찰관의 동행요구를 거절할 수 있고 경찰관은 강요해서는 안 된다. ⓑ 동행을 요구할 경우 경찰관은 당해인에게 자신의 신분을 표시하는 증표를 제시하면서 소속과 성명을 밝히고, 그 목적과 이유를 설명하여야 하며, 동행장소를 밝혀야 한다. ⓒ 동행을 한 경우 경찰관은 당해인의 가족 또는 친지 등에게 동행한 경찰관의 신분, 동행장소, 동행목적과 이유를 고지하거나 본인에게 즉시 연락기회를 부여하여야 하며, 변호인의 조력을 받을 권리가 있음을 고지하여야 한다. ⓓ 질문, 동행, 흉기조사의 경우에 당해인은 형사소송에 관한 법률에 의하지 아니하고는 신체를 구속당하지 아니하며, 그 의사에 반하여 답변을 강요당하지 않는다. ⓔ 동행을 한 경우 경찰관은 당해인을 6시간을 초과하여 경찰관서에 머물게 할 수 없다.
흉기조사	질문을 할 때에 흉기의 소지여부를 밝히기 위하여 거동이 수상한 자의 옷이나 휴대품을 조사할 수 있다. 그러나 경찰은 상대방의 동의없이 호주머니, 가방, 핸드백을 열어보면 위법이다.

5. 보호조치(제4조)

보호조치의 대상자는 강제보호대상자와 임의보호대상자로 크게 대별된다. 본법 제4조에 따라 경찰관은 정신착란 혹은 주취자로 인하여 자기 또는 타인의 생명·신체와 재산에 위해를 미칠 우려가 있는 자와 자살을 기도하는 자는 본인의 의사와 관계없이 강제보호할 수 있다. 그리고 미아, 병자, 부상자 등으로서 적당한 보호자가 없으며 응급의 구호를 요한다고 인정되는 자는 임의보호대상자이다. 다만 이 경우는 당해인이 구호를 거절하는 경우에는 보호할 수 없다.

한편 보호조치의 방법은 긴급구호의 요청과 경찰관서에서의 일시보호라는 2가지 방법이 활용되고 있다.

긴급구호의 요청	경찰관이 응급의 구호를 요한다고 믿을 만한 상당한 이유가 있는 사람을 발견한 때에는 보건의료기관 또는 공공구호기관에 긴급구호를 요청할 수 있다. 경찰관의 긴급구호요청을 받은 보건의료기관이나 공공구호기관은 정당한 이유 없이 긴급구호를 거절할 수 없다.
경찰관서에서의 일시보호	피구호자를 보호자나 관계기관에 인계할 때까지 일시 보호하거나 보호조치사유가 해제될 때까지 일시보호하는 것을 말한다. 경찰관서에서의 보호는 24시간을 초과할 수 없다.

흉기 등의 임시영치는 피구호자의 보호조치시 피구호자가 휴대하고 있는 무기·흉기 등 위험을 야기할 수 있는 것으로 인정되는 물건은 경찰관서에 임시영치할 수 있는데, 임시영치는 10일을 초과할 수 없다. 그리고 사후조치는 경찰관이 보호조치를 한 때에는 지체 없이 이를 피구호자의 가족, 친지, 기타의 연고자에게 통지하여야 한다. 가족 등이 없을 경우 피구호자를 적당한 공중보건의료기관(보건소 등)이나 공공구호기관에 즉시 인계하여야 한다. 이 경우 즉시 그 사실을 소속경찰서장에게 보고해야 한다.

6. 위험발생의 방지(제5조)

경찰관직무집행법 제5조에 따른 위험발생방지란 경찰관이 인명 또는 신체에 위해를 미치거나 재산에 중대한 손해를 끼칠 우려가 있는 천재사변, 공작물의 손괴, 교통사고, 위험물의 폭발, 광견·분마류(위험한 동물들/멧돼지 등) 등의 출현, 극단의 혼잡 등의 경우에 경고, 억류, 피난, 통행금지 등의 경찰권을 발동할 수 있는 권한을 의미한다. 위험발생의 방지조치(제5조)는 대인적·대물적·대가택적 강제수단의 방법이 열려있다.[46)]

그 구체적 수단은 다음과 같다.

경고	그 장소에 집합한 자, 사물의 관리자 기타 관계인에게 필요한 경고를 발하는 작용
억류 또는 피난조치	경찰관은 특히 긴급을 요할 때에는 위해를 받을 우려가 있는 자를 필요한 한도 내에서 억류하거나 피난시키는 조치
위험방지조치	경찰관은 위험사태의 발생장소에 있는 자, 사물의 관리자, 기타 관계인에게 위해방지상 필요하다고 인정되는 조치를 하게 하거나 스스로 그 조치를 취하는 활동
접근 또는 통행의 제한·금지	경찰관서의 장은 대간첩작전 수행 또는 소요사태의 진압을 위하여 필요하다고 인정되는 상당한 이유가 있을 때에는 대간첩작전지역 또는 경찰관서·무기고 등 국가중요시설에 대한 접근 또는 통행을 제한하거나 금지할 수 있다.

그리고 사후조치도 중요한데, 경찰관이 위험발생의 방지조치를 한 때에는 지체 없이 이를 소속경찰관서의 장에게 보고하여야 한다.

7. 범죄의 예방과 제지조치(제6조)

범죄행위가 목전에 행하여지려고 하고 있다고 인정될 때 이를 예방하기 위하여 관

---

46) 신현기 외 29인, 앞의 책, p. 267.

계인에게 필요한 경고를 발하고 긴급을 요할 때 그 행위를 제지하는 것을 의미한다.

(1) 요   건

하나는 범죄행위가 목전에 행하여지려고 하고 있다고 인정될 때이다.

다른 하나는 그 행위로 인하여 생명·신체에 위해를 미치거나 재산에 중대한 손해를 끼칠 우려가 있어 긴급을 요하는 경우이다.

(2) 수   단

수단은 경고와 제지가 있다. 경고는 범죄행위로 진행되는 것을 중지하도록 상대방에게 고지하는 것을 말한다. 제지는 범죄행위를 경찰관이 강제로 중지시키거나 중지하도록 실력을 행사하는 것을 의미한다.

(3) 참조판례

형사처벌의 대상이 되는 위법한 집회·시위가 장차 특정지역에서 개최될 것이 예상된다고 하더라도, 이와 시간적·장소적으로 근접하지 않은 다른 지역에서 그 집회·시위에 참가하기 위하여 출발 또는 이동하는 행위를 함부로 제지하는 것은 경찰관직무집행법 제6조 제1항의 행정상 즉시강제인 경찰관의 제지의 범위를 명백히 넘어 허용될 수 없다. 따라서 이러한 제지 행위는 공무집행방해죄의 보호대상이 되는 공무원의 적법한 직무집행이 아니다(대법원 2008. 11. 13. 선고 2007도9794 판결).47)

8. 위험방지를 위한 출입(제7조)

경찰관은 위험한 사태가 발생하여 인명, 신체, 재산에 대한 위해가 절박한 때에 그 위해를 방지하거나 피해자를 구제하기 위해 필요한 한도 내에서 타인의 토지, 건물 내에 출입할 권한이 있다(경찰관직무집행법 제7조).

의의	위험한 사태가 발생하여 인명, 신체 또는 재산에 대한 위해가 절박한 때에 그 위해를 방지하거나 피해자를 구조하기 위하여 부득이하다고 인정되는 경우 경찰관이 타인의 건물 등에 출입하는 조치를 말한다.	
일반위험 방지를 위한 출입	⑦ 위험사태 의 발생	• 위험사태의 발생 　ⓐ 인명 또는 신체에 위해를 미치거나 재산에 중대한 손해를 끼칠 수 있는 　　천재·사변·공작물의 손괴·교통사고·위험물의 폭발·광견 등의 출현

47) 신현기 외 29인, 앞의 책, p. 268.

		및 극단의 혼잡, 기타 위험한 사태가 있을 때(제5조 제1항의 사태)
(긴급출입)		ⓑ 대간첩작전 수행중이거나 소요사태가 발생한 경우(제5조 제2항의 사태) ⓒ 범죄행위가 목전에 행하여지려 하고 있다고 인정될 때(제6조 제1항의 사태) • 위해의 절박: 인명·신체 또는 재산에 대한 위해가 절박할 것 • 위해방지나 피해자를 구조하기 위하여 부득이하다고 인정될 것. 위해를 방지하거나 피해자를 구조하기 위한 수단으로서 긴급출입 외에 달리 방법이 없는 경우에 할 수 있고, 긴급출입의 목적은 위해방지와 피해자구조에 있으므로 범죄수사를 목적으로 이용될 수는 없다. • 합리적으로 판단하여 필요한 한도 내에서 출입할 수 있다.
	ⓒ 출입의 객체	타인의 토지·건물 또는 선차(배, 자동차) 내이다. 그 이외의 장소, 예컨대 항공기, 광갱 등도 이에 포함된다고 볼 것이다.
공개된 장소에 대한 출입		• 예방출입: 흥행장·여관·음식점·역 기타 다수인이 출입하는 장소의 관리자 또는 이에 준하는 관계인은 그 영업 또는 공개시간 내에 경찰관이 범죄의 예방 또는 인명·신체와 재산에 대한 위해예방을 목적으로 그 장소에 출입할 것을 요구할 수 있고, 이 경우 상대방은 정당한 이유 없이 출입을 거절할 수 없다. • 대간첩작전지역 안의 검색: 경찰관은 대간첩작전수행에 필요한 때에는 작전지역 안에 있어서의 위의 장소 안을 검색할 수 있다.
출입시의 주의할 사항		경찰관이 위험방지를 위해 필요한 장소에 출입할 때에는 그 신분을 표시하는 증표를 제시하여야 하며, 함부로 관계인의 정당한 업무를 방해하여서는 아니 된다.
사후조치		위험방지를 위한 출입시에는 출입보고서를 작성하여 소속 경찰서장에게 보고해야 한다.

9. 사실의 확인(제8조)

경찰관직무집행법 제8조에 따른 사실확인이란 경찰관서의 장이 직무수행에 필요하다고 인정되는 상당한 이유가 있을 때에는 국가기관 또는 공사단체 등에 대하여 직무수행에 관련된 사실을 조회할 수 있다(본법 제8조). 또한 경찰관은 출석을 요구할수 있는데, 즉 ① 미아를 인수할 보호자의 여부 확인, ② 유실물을 인수할 권리자의 여부 확인, ③ 사고로 인한 사상자의 확인, ④ 행정처분을 위한 교통사고조사상의 사실 확인을 위하여 필요한 때에는 관계인에게 경찰관서에 출석할 것을 요구할 수 있다. 관계인의 출석을 요구하는 경우에는 출석을 요하는 사유·일시 및 장소를 명확히한 출석요구서에 의한다. 이 경우 출석을 강제할 수는 없다.[48]

10. 유치장 인치(제9조)

유치장이란 경찰서 및 지방해양경찰관서에 법률이 정한 절차에 따라 체포·구속되거나 신체의 자유를 제한하는 판결 또는 처분을 받은 자를 수용하기 위해 경찰서에만 유치장을 둔다(본법 제9조).

---

48) 신현기 외 29인, 앞의 책, p. 271.

11. 장비의 사용(제10조)

경찰공무원은 경찰관직무집행법 제10조에 따라 경찰장비를 사용한다. 즉 "① 경찰관은 직무수행 중 경찰장비를 사용할 수 있다. 다만, 사람의 생명이나 신체에 위해를 끼칠 수 있는 경찰장비(이하 이 조에서 "위해성 경찰장비"라 한다)를 사용할 때에는 필요한 안전교육과 안전검사를 받은 후 사용하여야 한다. ② 제1항 본문에서 "경찰장비"란 무기, 경찰장구(警察裝具), 최루제(催淚劑)와 그 발사장치, 살수차, 감식기구(鑑識機具), 해안 감시기구, 통신기기, 차량·선박·항공기 등 경찰이 직무를 수행할 때 필요한 장치와 기구를 말한다. ③ 경찰관은 경찰장비를 함부로 개조하거나 경찰장비에 임의의 장비를 부착하여 일반적인 사용법과 달리 사용함으로써 다른 사람의 생명·신체에 위해를 끼쳐서는 아니 된다. ④ 위해성 경찰장비는 필요한 최소한도에서 사용하여야 한다. ⑤ 경찰청장은 위해성 경찰장비를 새로 도입하려는 경우에는 대통령령으로 정하는 바에 따라 안전성 검사를 실시하여 그 안전성 검사의 결과보고서를 국회 소관 상임위원회에 제출하여야 한다. 이 경우 안전성 검사에는 외부 전문가를 참여시켜야 한다. ⑥ 위해성 경찰장비의 종류 및 그 사용기준, 안전교육·안전검사의 기준 등은 대통령령으로 정한다"라고 규정되어 있다.

경찰장비의 사용	경찰관은 직무수행중 경찰장비를 사용할 수 있다. 다만 인명 또는 신체에 위해를 가할 수 있는 경찰장비에 대하여는 필요한 안전교육과 안전검사를 실시하여야 한다.
경찰장비의 개념	경찰장비란 무기, 경찰장구, 최루제 및 그 발사장치, 감식기구, 해안감시기구, 통신기기, 차량, 선박, 항공기 등 경찰의 직무수행을 위하여 필요한 장치와 기구를 말한다. 경찰장구, 무기, 분사기·최루탄 등과 기타장비로 나누인다.
경찰장비의 일반적 사용기준	경찰장비는 통상의 용법에 따라 필요한 최소한의 범위 안에서 이를 사용하여야 한다(경찰장비의 사용기준등에 관한 규정 제3조).
장비의 임의개조 금지	경찰장비는 임의로 개조하거나 임의의 장비를 부착하여 통상의 용법과 달리 사용함으로써 타인의 생명·신체에 위해를 주어서는 아니된다.

12. 장구의 사용(제10조의2)

경찰장구란 수갑, 포승, 경찰봉, 방패 등을 말한다. 경찰관은 현행범인의 경우와 사형, 무기, 3년 이상 징역에 해당하는 범인의 체포, 도주방지를 위해 위의 장구를 사용할 수 있다.

경찰장구의 사용	• 경찰관은 현행범인인 경우와 사형·무기 또는 장기 3년 이상의 징역이나 금고에 해당되는 죄를 범한 범인의 체포·도주의 방지, 자기 또는 타인의 생명·신체에 대한 방호, 공무집행에 대한 항거의 억제를 위하여 필요하다고 인정되는 상당한 이유가 있을 때에는 그 사태를 합리적으로 판단하여 필요한 한도 내에서 경찰장구를 사용할 수 있다. • 경찰장구의 사용은 무기사용 다음으로 인명·신체에 실력을 가하는 수단이다.
경찰장구의 개념	• '경찰장구'라 함은 경찰관이 휴대하여 범인검거와 범죄 진압 등 직무수행에 사용하는 수갑·포승·경찰봉·방패 등과 전자충격기·전자방패 등을 말한다.
전자충격기등의 사용제한	• 경찰관은 14세미만의 자 또는 임산부에 대하여 전자충격기 또는 전자방패를 사용하여서는 아니된다. • 경찰관은 전극침(電極針) 발사장치가 있는 전자충격기를 사용하는 경우 상대방의 얼굴을 향하여 전극침을 발사하여서는 아니된다.

13. 분사기의 사용(제10조의3)

경찰은 경찰관직무집행법 제10조의3에 의해 범인의 체포, 도주의 방지, 불법집회 및 시위로 인해 현저한 위해가 발생할 가능성이 있는 경우 분사기나 최루탄을 사용할 수 있다.

의의	경찰관이 범인의 체포·도주의 방지 또는 불법집회·시위로 인한 현저한 위해발생을 억제하기 위해 분사기(물감이나 고추가루) 또는 최루탄을 사용하는 조치를 말한다.
요건과 한계	• 경찰관은 범인의 체포·도주의 방지 또는 불법집회·시위로 인하여 자기 또는 타인의 생명·신체와 재산 및 공공시설안전에 대한 현저한 위해의 발생을 억제하기 위하여 부득이한 경우 현장책임자의 판단으로 필요한 최소한의 범위 안에서 분사기(총포·도검·화약류 등 단속법의 규정에 의한 분사기와 최루 등의 작용제) 또는 최루탄을 사용할 수 있다. • '부득이한 경우'란 분사기 등을 사용하지 않고서는 위해발생을 억제할 수 없는 경우로서 보충성의 원리를 말하며, '현장책임자의 합리적인 판단'이란 경찰관 개개인의 개인적 판단이 아니라 현장지휘자의 판단 하에 사용되어야 한다는 의미이다.
분사기·최루탄 등의 개념	분사기·최루탄 등이라 함은 근접분사기·가스분사기·가스발사총(고무탄발사 겸용을 포함한다) 및 최루탄(그 발사장치를 포함한다) 등을 말한다
기록보관	분사기나 최루탄의 사용시 그 책임자는 사용일시·장소·대상·현장책임자·종류·수량 등을 기록하여 보관하여야 한다.

14. 무기의 사용(제10조의4)

경찰관은 경찰관직무집행법 제10조의 4에 따라 필요하다고 인정되는 경우 무기를 사용할 수 있다. 무기란 권총, 소총, 도검 등을 의미한다. 정당방위, 긴급피난, 중범인의 체포시에 사용할 수 있으나 필요 최소한도에 그쳐야 한다. 특히 합리성, 비례성, 보충성의 원칙에 따라 사용해야 한다.

의의	경찰관은 범인의 체포·도주의 방지, 자기 또는 타인의 생명·신체에 대한 방호, 공무집행에 대한 항거의 억제를 위하여 필요하다고 인정되는 범위 내에서 무기를 사용할 수 있다.
무기의 개념	• 무기란 인명 또는 신체에 위해를 가할 수 있도록 제작된 권총, 소총, 도검 등을 말한다. • 사람을 살상할 용도로 제작된 것이나 병기나 흉기와는 구별된다. • 수갑·경찰봉 등과 같은 경찰장구는 사람을 살상하는 용도로 제작된 것이 아니라는 점에서 무기와 구별된다. • 대간첩·대테러 작전 등 국가안전에 관련되는 작전을 수행할 때에는 개인화기 외에 공용화기(탱크, 전투기, 로켓트)를 사용할 수 있다.

무기사용의 요건	• 위해를 수반하지 않는 무기의 사용(무기를 위협적 수단으로만 사용)
	  ⓐ 범인의 체포, 도주의 방지를 위해 필요한 때
	  ⓑ 자기 또는 타인의 생명, 신체에 대한 방호를 위해 필요한 때
	  ⓒ 공무집행에 대한 항거를 억제하기 위해 필요한 때
	• 위해를 수반하는 무기의 사용
	  ⓐ 형법에 규정한 정당방위와 긴급피난에 해당하는 때
	  ⓑ 사형·무기 또는 장기3년 이상의 징역이나 금고에 해당하는 죄를 범하거나 범하였다고 의심할 만한 충분한 이유가 있는 자의 항거·도주방지를 위해 필요한 때
	  ⓒ 체포·구속영장과 압수·수색영장 집행시 항거·도주의 방지를 위해 필요한 때
	  ⓓ 무기·흉기 등 위험한 물건을 소지한 범인 또는 소요행위자가 경찰관으로부터 3회 이상(칼버려! 칼버려! 칼버려!)의 투기명령·투항명령을 받고도 불응하면서 계속 항거할 때
	  ⓔ 대간첩작전수행에 있어 무장간첩이 경찰관의 투항명령을 받고도 이에 불응할 때

무기사용의 방법	• 상대방에게 경고하여야 한다. 부득이한 때에는 경고하지 아니할 수 있다. • 총기 또는 폭발물을 가지고 대항하는 경우를 제외하고는 14세 미만의 자 또는 임산부에 대하여 권총 또는 소총을 발사하여서는 아니 된다. • 경찰관은 공공의 안전을 위협하는 동물을 사살하기 위하여 부득이한 때에는 권총 또는 소총을 사용할 수 있다(멧돼지 공격시).
무기사용의 한계	• 필요성, 합리성, 경찰비례의 원칙: 사태를 합리적으로 판단하여 무기사용이 필요하다고 인정되는 상당한 이유가 있을 때 필요한 한도 내에서 사용하여야한다. • 보충성의 원칙(위해를 수반하는 무기의 사용): 무기를 사용하지 아니하고는 다른 수단이 없다고 인정되는 상당한 이유가 있을 때에 사용하여야 한다. 단, 정당방위의 경우, 대간첩작전 수행의 경우는 보호법익의 중대성·사회적 급박성에 비추어 보충성의 원리가 적용되지 않는다.
법적 근거	무기의 휴대: 경찰공무원법 제20조, 무기의 사용: 경찰관직무집행법 제10조의4

경찰관직무집행법 제11조의4(소송 지원)에 따라 경찰청장과 해양경찰청장은 경찰관이 제2조 각 호에 따른 직무의 수행으로 인하여 민·형사상 책임과 관련된 소송을 수행할 경우 변호인 선임 등 소송 수행에 필요한 지원을 할 수 있다.

15. 손실보상

국가는 경찰관의 적법한 직무집행으로 인하여 다음 각 호의 어느 하나에 해당하는 손실을 입은 자에 대하여 정당한 보상을 하여야 한다(제11조의2 손실보상).

- 손실발생의 원인에 대하여 책임이 없는 자가 생명·신체 또는 재산상의 손실을

입은 경우(손실발생의 원인에 대하여 책임이 없는 자가 경찰관의 직무집행에 자발적으로 협조하거나 물건을 제공하여 생명·신체 또는 재산상의 손실을 입은 경우를 포함한다)

- 손실발생의 원인에 대하여 책임이 있는 자가 자신의 책임에 상응하는 정도를 초과하는 생명·신체 또는 재산상의 손실을 입은 경우

제1항에 따른 보상을 청구할 수 있는 권리는 손실이 있음을 안 날부터 3년, 손실이 발생한 날부터 5년간 행사하지 아니하면 시효의 완성으로 소멸한다. 제1항에 따른 손실보상신청 사건을 심의하기 위하여 손실보상심의위원회를 둔다. 경찰청장 또는 시·도경찰청장은 제3항의 손실보상심의위원회의 심의·의결에 따라 보상금을 지급하고, 거짓 또는 부정한 방법으로 보상금을 받은 사람에 대하여는 해당 보상금을 환수하여야 한다<개정 2018. 12. 24., 2020. 12. 22.>. 보상금이 지급된 경우 손실보상심의위원회는 대통령령으로 정하는 바에 따라 국가경찰위원회에 심사자료와 결과를 보고하여야 한다. 이 경우 국가경찰위원회는 손실보상의 적법성 및 적정성 확인을 위하여 필요한 자료의 제출을 요구할 수 있다<신설 2018. 12. 24., 2020. 12. 22.> 경찰청장 또는 시·도경찰청장은 제4항에 따라 보상금을 반환하여야 할 사람이 대통령령으로 정한 기한까지 그 금액을 납부하지 아니한 때에는 국세 체납처분의 예에 따라 징수할 수 있다<신설 2018. 12. 24., 2020. 12. 22.>. 제1항에 따른 손실보상의 기준, 보상금액, 지급 절차 및 방법, 제3항에 따른 손실보상심의위원회의 구성 및 운영, 제4항 및 제6항에 따른 환수절차, 그 밖에 손실보상에 관하여 필요한 사항은 대통령령으로 정한다<신설 2018. 12. 24.>.

16. 경찰관의 직권남용금지와 직권남용시의 처벌(제12조)

이 법에 규정된 경찰관의 직권은 그 직무수행에 필요한 최소한도 내에서 행사되어야 하며 이를 남용하여서는 아니 된다. 그리고 경찰관이 직권을 남용하여 다른 사람에게 해를 끼친 경우에는 1년 이하의 징역이나 금고(교도소에 넣어둘 뿐 노동은 시키지 않는 형벌)에 처한다. 또한 경찰관의 직권남용은 형법상의 법령에 의한 정당행위(형법 제20조)에 포함되지 않아 위법성이 조각되지 아니하고, 이에 대한 상대방의 저항은 정당방위에 해당되므로 공무집행방해죄를 구성하지 아니하고, 오히려 당해 경찰관의 징계책임 또는 형사책임과 국가배상책임의 문제를 발생시킨다.

1. 목적과 정의

이 법은 아동·청소년대상 성범죄의 처벌과 절차에 관한 특례를 규정하고 피해아동·청소년을 위한 구제 및 지원절차를 마련하며 아동·청소년 대상 성범죄자를 체계적으로 관리함으로써 아동·청소년을 성범죄로부터 보호하고 아동·청소년이 건강한 사회구성원으로 성장할 수 있도록 함을 목적으로 한다.

2. 용어의 정의

제2조(정의) 이 법에서 사용하는 용어의 뜻은 다음과 같다<개정 2012. 12. 18., 2014. 1. 28., 2018. 1. 16., 2020. 5. 19., 2020. 6. 2., 2021. 3. 23.>.

① "아동·청소년"이란 19세 미만의 자를 말한다. 다만, 19세에 도달하는 연도의 1월 1일을 맞이한 자는 제외한다.

② "아동·청소년대상 성범죄"란 다음 각 목의 어느 하나에 해당하는 죄를 말한다.

가. 제7조, 제7조의2, 제8조, 제8조의2, 제9조부터 제15조까지 및 제15조의2의 죄

나. 아동·청소년에 대한 「성폭력범죄의 처벌 등에 관한 특례법」 제3조부터 제15조까지의 죄

다. 아동·청소년에 대한 「형법」 제297조, 제297조의2 및 제298조부터 제301조까지, 제301조의2, 제302조, 제303조, 제305조, 제339조 및 제342조(제339조의 미수범에 한정한다)의 죄

라. 아동·청소년에 대한 「아동복지법」 제17조제2호의 죄

③ "아동·청소년대상 성폭력범죄"란 아동·청소년대상 성범죄에서 제11조부터 제15조까지 및 제15조의2의 죄를 제외한 죄를 말한다.

③의2. "성인대상 성범죄"란 「성폭력범죄의 처벌 등에 관한 특례법」 제2조에 따른 성폭력범죄를 말한다. 다만, 아동·청소년에 대한 「형법」 제302조 및 제305조의 죄는 제외한다.

④ "아동·청소년의 성을 사는 행위"란 아동·청소년, 아동·청소년의 성(性)을 사

는 행위를 알선한 자 또는 아동·청소년을 실질적으로 보호·감독하는 자 등에게 금품이나 그 밖의 재산상 이익, 직무·편의제공 등 대가를 제공하거나 약속하고 다음 각 목의 어느 하나에 해당하는 행위를 아동·청소년을 대상으로 하거나 아동·청소년으로 하여금 하게 하는 것을 말한다.

가. 성교 행위

나. 구강·항문 등 신체의 일부나 도구를 이용한 유사 성교 행위

다. 신체의 전부 또는 일부를 접촉·노출하는 행위로서 일반인의 성적 수치심이나 혐오감을 일으키는 행위

라. 자위 행위

⑤ "아동·청소년성착취물"이란 아동·청소년 또는 아동·청소년으로 명백하게 인식될 수 있는 사람이나 표현물이 등장하여 제4호 각 목의 어느 하나에 해당하는 행위를 하거나 그 밖의 성적 행위를 하는 내용을 표현하는 것으로서 필름·비디오물·게임물 또는 컴퓨터나 그 밖의 통신매체를 통한 화상·영상 등의 형태로 된 것을 말한다.

⑥ "피해아동·청소년"이란 제2호나목부터 라목까지, 제7조, 제7조의2, 제8조, 제8조의2, 제9조부터 제15조까지 및 제15조의2의 죄의 피해자가 된 아동·청소년(제13조제1항의 죄의 상대방이 된 아동·청소년을 포함한다)을 말한다.

⑥의2. "성매매 피해아동·청소년"이란 피해아동·청소년 중 제13조제1항의 죄의 상대방 또는 제13조제2항·제14조·제15조의 죄의 피해자가 된 아동·청소년을 말한다.

⑦ 삭제 <2020. 5. 19.>

⑧ 삭제 <2020. 6. 9.>

⑨ "등록정보"란 법무부장관이 「성폭력범죄의 처벌 등에 관한 특례법」 제42조제1항의 등록대상자에 대하여 같은 법 제44조제1항에 따라 등록한 정보를 말한다.

1. 목 적

이 법은 실종아동등의 발생을 예방하고 조속한 발견과 복귀를 도모하며 복귀 후의 사회 적응을 지원함으로써 실종아동등과 가정의 복지증진에 이바지함을 목적으로 한다(제1조). 본 법은 총19조로 이루어져 있다.

2. 정 의

"아동등"이란 다음의 어느 하나에 해당하는 사람을 말한다. 즉 실종 당시 18세 미만인 아동, 「장애인복지법」 제2조의 장애인 중 지적장애인, 자폐성장애인 또는 정신장애인, 「치매관리법」 제2조 2호의 치매환자 등이다. "실종아동등"이란 약취(略取)·유인(誘引) 또는 유기(遺棄)되거나 사고를 당하거나 가출하거나 길을 잃는 등의 사유로 인하여 보호자로부터 이탈(離脫)된 아동등을 말한다. 그리고 "보호자"란 친권자, 후견인이나 그 밖에 다른 법률에 따라 아동등을 보호하거나 부양할 의무가 있는 사람을 말한다. 다만, 제4호의 보호시설의 장 또는 종사자는 제외한다. "보호시설"이란 「사회복지사업법」 제2조 4호에 따른 사회복지시설 및 인가·신고 등이 없이 아동등을 보호하는 시설로서 사회복지시설에 준하는 시설을 말한다. "유전자검사"란 개인식별(識別)을 목적으로 혈액·머리카락·침 등의 검사대상물로부터 유전자를 분석하는 행위를 말한다. "유전정보"란 유전자검사의 결과로 얻어진 정보를 의미하며 "신상정보"란 이름·나이·사진 등 특정인(特定人)임을 식별하기 위한 정보를 말한다(제2조).

한편 본법 제3조(국가의 책무)에서는 보건복지부장관은 실종아동등의 발생예방, 조속한 발견·복귀와 복귀 후 사회 적응을 위하여 다음의 사항을 시행하여야 한다고 명시하고 있다. 즉 실종아동등을 위한 정책 수립 및 시행, 실종아동등과 관련한 실태조사 및 연구, 실종아동등의 발생예방을 위한 연구·교육 및 홍보, 제8조에 따른 정보연계시스템 및 데이터베이스의 구축·운영, 실종아동등의 가족지원, 실종아동등의 복귀 후 사회 적응을 위한 상담 및 치료서비스 제공, 그 밖에 실종아동등의 보호 및 지원에 필요한 사항 등이 바로 그것이다. 이 밖에 경찰청장은 실종아동등의 조속한 발견과 복귀를 위하여 다음의 사항을 시행하여야 한다. 즉 실종아동등에 대한 신고체계의 구축 및 운영, 실종아동등의 발견을 위한 수색 및 수사, 제11조에 따른 유전자 검사대상물의 채취, 그 밖에 실종아동등의 발견을 위하여 필요한 사항 등이다.

제 2 편

경찰의 행정관리

4 장 경찰기획과 홍보

제1절 경찰기획의 의의[1]

뉴만William H. Newman은 기획이란 무엇을 할 것인가를 사전에 결정하는 것이며 계획은 설계된 행동노선이라고 보았다.[2] 굴릭Luther Gulick은 기획이란 사업을 위해 설정된 목적을 달성하기 위하여 수행되어야 할 방법을 짜내는 것으로 정의했고, 쿤츠 H. Koontz와 오 도넬Cyril O Donnell은 기획이란 여러 가지 대안 중에서 목표·예산·절차·사업계획 등을 선택하는 관리자의 기능으로 보았다.[3]

1. 경찰기획의 개념

경찰조직이 복잡한 사회구조 속에서 끊임 없이 성장하고 발전해 나가기 위해서는 어느 때보다 경찰기획(警察企劃)이 중요시되고 있다.[4] 전용린·박영대·손봉선의 연구에 따르면 경찰의 기획활동은 통상적으로 경찰의 경무분야에서 통합하고 조정하는 역할을 하는 관계로 경무(警務)의 한 가지 기능으로 생각하기 쉬우나 사실은 생활안전, 수사, 형사, 교통, 통신을 비롯해 제반 경찰기능에서 기획과 정책결정이 지속적으로 이루어지고 있다는 것이다. 결국 경찰에서의 기획planning이란 경무영역에서 주로 이루어지며 모든 기능을 통합하여 우선 순위에 따라서 수행하는데 이 경우에는 기관

---

1) 경찰기획에 관한 원고는 신현기·김상호 외 7인의 공저였던 『경찰학개론』(파주: 법문사, 2006)에 실렸던 것인데 본 저서가 절판된 이후 본인의 원고를 수정 및 가필한 것임을 알린다.
2) William H. Newman, *Administrative Action: The Techniques of Organization and Management*(N.J: Prentice-Hall, 1963), p. 15.
3) 강태룡·정규서, 『기획론』(서울: 대왕사, 1999), pp. 23~24.
4) 김충남, 앞의 책, p. 211.

장의 결심에 따라 필수적인 것을 우선적으로 결정하게 된다.5) 이러한 맥락에서 경찰기획은 경찰계획을 수립하고 집행하는 과정이며 계획은 경찰계획을 통해 산출Output되는 일련의 결과라고 볼 수 있다.

2. 기획의 본질

경찰기획이란 경찰조직의 발전을 위해 가능한 정보능력을 동원하여 예측, 계획 그리고 방침에 대한 올바른 결정을 내림으로써 목표달성을 위한 수단을 강구하고 그에 따른 어떤 한계를 설정하는 일련의 행위라고 볼 수 있다. 따라서 경찰기획은 어떤 목표를 설정하여 설계하고 그에 따른 목표를 성취할 수 있는 최후의 수단을 찾아내는 것으로 이해된다. 여기서는 기획에 대한 개념을 7가지로 정리한 드로어Dror의 주장을 정리해 본다.6) 드로어는 기획에 관해 다음과 같이 주장하고 있다.

첫째, 기획은 하나의 과정으로 지속적인 활동이라는 것이다. 즉 기획은 계획을 수립하여 결정, 집행, 평가하고 때로는 환류(還流)시켜 지속적으로 유지시켜 나가는 동시에 차기계획에도 반영시키는 일련의 과정process이다.

둘째, 기획이란 하나의 준비과정이다. 즉 더 좋은 결정을 하기 위한 하나의 시안을 작성하는 과정이다. 따라서 그것을 채택하고 집행하는 일은 별개의 기능에 속하는 문제이다. 이러한 이유 때문에 기획기능은 대표적인 참모기능staff function에 속한다.

셋째, 기획은 일단의 복합적인 결정을 대상으로 한다. 기획은 사실상 의사결정이나 정책결정과 같은 부류에 속하는 것이기는 하지만 단일의 결정을 하는 것이 아니고 유사성을 갖는 한 묶음a set의 결정을 취급한다는 점이 특징이다. 이런 점에서 기획은 오직 단일의 결정만을 상대로 하는 의사결정과 차이를 보여준다.

넷째, 기획은 일련의 행동지향적인 활동이다. 원래 기획이란 실천이나 행동을 통해서 현실적인 문제의 해결과 개선에 목적을 두고 있다. 이러한 차원에서 기획은 순수연구나 교육훈련활동과는 근본적으로 구별되어야 한다. 말하자면 기획은 미래의 바람직한 목표를 달성하기 위해 좋은 행동대안을 설계하고 실현해 나가고자 하는 노력을 의미한다.

다섯째, 기획은 미래지향적 활동이다. 기획은 지나간 과거의 경험과 현실분석을

---

5) 손봉선, 『경찰학 개론』(서울: 형설출판사, 2001), p. 762; 전용린·박영대, 『경찰경무론』(용인: 경찰대학, 2002), p. 15.

6) Yehezkel Dror, *Ventures in policy Science: Concepts and Applications*, N. Y.: American Elsevier Publishing Company, 1971, pp. 106~108; 김충남, 앞의 책, pp. 213~215; 손봉선, 앞의 책, pp. 765~766; 김신복, 『발전기획론』(서울: 박영사, 1999), pp. 106~108.

토대로 하며 미래에 취하게 될 행동방안을 강구하는 것을 핵심으로 한다. 특히 기획은 불확실한 미래를 그 대상으로 하기 때문에 예측하고 판단하는 데 있어서 고도의 전문성을 필요로 한다.

여섯째, 기획은 목표를 실현하기 위한 일련의 활동이다. 장래에 달성하고자 하는 목표가 어느 정도 구체화되고 명료화되면 이것이 곧 기획의 첫단계에 해당한다.

일곱째, 기획은 자료의 수집과 체계적·종합적인 분석 등 합리적인 과정을 통해서 소망하는 목표를 효율적으로 달성할 수 있는 수단을 제시하려는 활동이다.

3. 경찰기획의 종류

크게 경찰기획의 종류에는 다음과 같은 것들이 있다.

경찰기획에서 지역수준별 분류를 보면 경찰서 단위의 기획, 시·도경찰청 단위의 기획, 경찰청 단위의 기획 등으로 분류된다.

표 4-1   경찰기획의 종류 현황

구분	기간	지역수준	기능	고정성 여부	이용빈도	계층별	실무사례집	보고형태별
기획의 종류	단기 중기 장기	경찰서 시·도청 경찰청	경무기획 생활안전기획 경비계획 보안기획 교통계획 정보기획	고정연동	단용상용	정책기획 전략기획 운영기획	업무보고 업무계획 행사기획 동향보고	1페이지보고서 상세보고서 OHP PPT

출처: 임재강, 『경찰기획론』(파주: 21세기사, 2009), p. 36 참조.

4. 기획의 유형

기획planning의 유형에는 여러 가지가 존재하며 이는 학자마다 각기 다르게 분류하고 있다. 여기서는 시카고대학의 디목Marshall E. Dimock이 분류한 기획의 유형을 중심으로 살펴보고자 한다.[7]

디목은 기획을 기능별로 노동기획, 후생기획, 경찰기획, 통신기획 등으로 구분한 바 있다. 그리고 지역별로는 중앙기획, 지방기획, 광역기획, 도시기획 등으로 분류했다. 또한 통치기능에 따라 치안기획, 국방기획, 조세기획으로 분류하기도 했다.

---

7) 이종수 외, 『새행정학』(서울: 대영문화사, 2000), p. 112.

표 4-2	기획의 종류별 구분
구 분	**종 류**
기 능 별	경찰기획, 노동기획, 후생기획, 통신기획
지 역 별	중앙기획, 지방기획, 광역기획, 도시기획
통치기능별	치안기획, 국방기획, 조세기획

(1) 기획의 대상기간별 유형

기획은 기간을 기준으로 단기, 중기, 장기기획으로 나누어진다.[8]

1) 단기기획

통상적으로 단기기획short-term planning은 3년 이하의 기획을 의미하는데 기획과 현실과의 차이가 비교적 적은 관계로 실현성이 높다는 장점을 지니고 있다. 그러나 구조적인 변동이나 획기적인 발전을 기대하기는 어렵다는 단점도 지니고 있다.[9]

2) 중기기획

중기기획medium-term planning은 일반적으로 3~7년을 대상으로 하는 기획인데 주로 5개년 기획이 일반화되어 행해지고 있다. 경찰기획에 있어서도 중기기획이 가장 효율성을 기할 수 있을 것으로 보인다. 경찰의 경우는 급변하는 사회적 구조로 인해 장기기획은 변동의 빈번함이 예상되어 실현성이 약해질 수도 있기 때문이다.

3) 장기기획

장기기획long-term planning은 주로 10~20년을 기준으로 하는데 오히려 기획이라기 보다는 미래를 전망perspective해보는 성격이 강하다고 볼 수 있다. 이런 문제 때문에 장기기획은 주로 단기와 중기기획으로 나누어 집행되는 게 통례이다.

(2) 기획의 대상분야별 유형

겔로웨이Galloway는 기획을 대상분야별로 자원기획, 경제기획, 사회기획, 지역기획, 방위기획 등으로 구분한 바 있다.[10]

1) 경제기획

주로 개발도상국이나 선진국을 막론하고 흔히 활용하는 기획으로 경제개발5개년 계획이 바로 여기에 해당하는 좋은 예이다. 박정희 대통령이 60년대 초에 실시했던

---

8) 강태룡 · 정규서, 앞의 책, p. 67.
9) 김신복, 앞의 책, p. 65.
10) George B. Galloway and Associates, *Planning for America*(N.Y.: Henry Holt and Co., 1941), pp. 87~93.

우리나라의 경제개발5개년계획도 좋은 예이다.

2) 사회기획

경제개발이 급격히 진행됨으로써 부작용과 역기능이 다수 나타나게 된다. 예를 들어 빈부의 격차, 계층간의 갈등, 환경오염, 비인간화, 가치관의 갈등 등이 그것이다. 이러한 문제를 해결하기 위하여 세우게 되는 것이 사회기획인 것이다. 사회보장, 치안, 주택, 보건, 인력, 교육, 환경, 여가 등이 바로 사회기획에서 다루어야 할 핵심대상이다.

3) 목적기획

목적기획이란 도로, 공원, 주거환경, 공공시설, 항만, 공항, 그리고 토지이용의 극대화, 국토의 균형개발, 지하자원과 수자원의 개발 등을 대상으로 하는 기획을 의미한다.11)

4) 방위기획

평화상태에서도 어느 국가를 막론하고 방위기획은 지속적으로 진행되고 있다. 방위기획에서는 군사훈련, 경계, 무기개발, 예비군과 민방위훈련, 외부가상침략방위비상계획 등이 포함된다.

5. 경찰의 재정기획

경찰청이 15만 경찰공무원을 운영하는 데 있어서 필요한 재원은 경찰청 예산담당부서와 기획재정부 및 국회를 통해 필요한 예산을 확보해 집행하고 있다.12) 경찰의 충분한 예산확보는 경찰기획을 수립하여 집행하는 데 가장 핵심적인 내용이 된다. 예를 들어 경찰관서를 건설하는 데 예산이 없으면 그 기획은 어렵게 된다.

---

11) 김신복, 앞의 책, p. 71.
12) 임재강, 『경찰기획론』(파주: 21세기사, 2009), p. 43.

1. 의　의

전체적인 큰 그림에서 볼 때 경찰공무원의 인력기획이 형성되고 결정되며 집행되고 평가 및 환류되는 일련의 과정들은 행정학에서 다루는 인력기획과 거의 같다고 할 수 있다. 이는 보다 구체적으로 말해 경찰기획이 순수행정학 속의 인사행정이론에 그 토대를 두고 이루어지는 것이지 독단적인 이론적 토대나 배경을 가지고 수행되어 나가는 것이 아니라는 점을 잘 입증해 주는 대목이다. 일반 공공행정에서 인력기획이 매우 중요한 요소 중의 하나이듯이 국가경찰행정분야에서 경찰기획 분야도 얼마나 중요한 것인가 하는 문제는 재언을 요하지 않는다. 경찰기획을 얼마나 잘 짜고 정확히 미래의 인력을 예측하고 대비하느냐는 경찰조직과 경찰인사관리면에서 성공과 실패를 좌우하는 중요한 일이다. 하지만 경찰기획은 일반행정공무원의 인력기획과 비교할 때 어느 정도는 중요성이 고려된 상황에서 이루어져야 한다는 하나의 당위성을 인정하지 않으면 안 된다.

경찰인력기획이라 함은 경찰인사관리에 있어서 가장 시초이면서 동시에 기본토대를 이루는 것이다. 왜냐하면 경찰인력기획은 경찰조직이라고 하는 큰 범위 내에서 사전에 제반 경찰활동의 수요와 공급에 관한 미래예측을 통해서 최적의 경찰인력을 확보하여 그 차질의 문제를 해소하고자 하는 중요한 노력 중의 하나이기 때문이다. 예를 들어 향후 인구는 얼마만큼 증가할 것인가? 이에 따라 경찰관이 늘어나게 될 업무가 얼마나 될 것인가? 장래에 필요한 경찰활동의 내용은 어느 정도인가 등을 예측하면서 경찰의 인력기획이 세워지게 될 것이다.

우리나라 경찰인력의 일반적인 계획을 수행하는 기관은 경찰인사위원회가 대표적이다. 본 위원회는 경찰공무원의 인사관리에 대한 방침이나 기준 및 기본계획에 대해 심의하며, 경찰공무원의 인사에 대한 법령의 제정이나 개폐에 대한 일련의 사항들을 다룬다. 또한 기타 경찰청장이 부의하는 제반사항에 관해서도 심의하는 기능을 담당하고 있다. 경찰인사위원회의 구성과 의결방법을 보면 5인 이상 7인 이하의 위원으로 구성됨이 원칙이다. 위원장은 경찰청 경무인사기획관(치안감)이 맡는다. 위원은 경찰청장(치안총감)이 경찰청 소속의 총경 이상인 경찰관 중에서 임명하는 방식을 취하고 있다. 경찰청 경무인사기획관인 위원장은 회의를 통할하면서 경찰인사위원회를 대표하는 것으로 운영된다. 이 밖에도 위원장은 경찰청 소속의 경찰공무원 중에서 경찰인사위원회의 업무를 담당하도록 하기 위해 약간명의 간사를 임명한다. 다른 위원회처럼 위원장의 유고시에는 위원 중에서 최상위계급이나 선임경찰관이 그의 직무를 대행하는 방식으로 운영된다.13)

경찰청장은 경정 이하의 경찰공무원을 임용하고 총경 이상의 경찰공무원인 경우는 대통령이 임명한다. 또한 경찰청장은 총경의 전보, 휴직, 직위해제, 정직, 복직을 수행하는 권한을 행사한다. 한편 대통령령으로 규정된 내용에 따라 경찰청장은 경찰공무원에 대한 임용권을 그 소속기관의 장(長)에게 위임하는 것이 통례이다. 예를 들어 경찰청, 서울경찰청의 경무부 기타 시·도경찰청과 경찰서의 경무과(警務課)가 그 대표적이다. 경찰청 경무인사기획관실의 인사담당관은 경찰공무원의 전국적인 규모의 인사조치를 담당한다. 서울경찰청 경무인사교육과와 기타 시·도경찰청의 경무과는 각 시·도경찰청 단위의 인사조치를 담당하고 있다.

한편 경찰서 단위의 인사조치의 보좌는 경찰서의 경무과에서 담당하고 있으며 경찰공무원의 정원관리는 경찰청 경무인사기획관실의 기획과에서 담당한다. 그 밖에 전투경찰에 대한 인사관리는 경찰청 경비국의 경비 2과에서 담당하고 있다.14)

경찰인력은 경찰공무원법, 행정기관의조직과정원에관한통칙(대통령령), 경찰기관의조직및정원관리규칙(경찰청훈령)에 그 법적 토대를 두고 있다. 무엇보다 경찰기관의조직및정원관리규칙에 의해 경찰인력을 조정할 수 있다. 경정 이상의 경우는 해당 시·도 경찰청장이 경찰청장의 사전 승인을 받아 조정할 수 있다. 경감 이하의 경우는 해당 시·도경찰청장이 자유롭게 조정이 가능하다. 그리고 경찰서장은 경사 이하의 정원을 조정할 수 있는 권한을 부여받고 있다. 그러나 이 경우 경찰서장은 해당 시·도경찰청장에게 보고하여야 한다. 물론 아무 때나 이러한 자체 조정권이 부여되는 것은 아니고 그 사유가 분명해야 한다. 구체적인 사유로는 부서 자체적으로 새로운 업무조직을 필요로 하게 되어 그것을 신설하는 경우와 특정분야에 정원의 보강이 급히 필요하게 되는 경우 등이다.15)

---

13) 경찰대학, 앞의 책, p. 51.
14) 경찰대학, 앞의 책, p. 150.
15) 이상현·한상암·조호대, "향후 치안수요 변화에 따른 적정 경찰인력규모에 관한 연구," 치안연구소, 연구보고서 2002-05, 2002, p. 22.

2. 경찰인력기획의 문제점

일본에서는 1969년 5월 16일 이른바 '행정기관의적정정원에관한법률(총정원법)'이 공포되었다. 우리나라에서도 김대중 국민의 정부시절인 1998년 12월 31일 소위 '국가공무원총정원령'이 대통령령으로 공포됨으로써 그 법적인 토대를 마련하게 되었다. 이 법령에 따라서 우리나라 국가공무원의 수는 총정원 273,982명으로 묶여 버리게 되었다.16) 이 국가공무원총정원제(대통령령 제15995호)를 실시하게 된 근본적인 이유는 과거 역대정권마다 공무원의 수가 지속적으로 증가되었는바, 이를 가급적이면 억제함은 물론이고 보다 합리적인 국가공무원을 법령의 범위 내에서 융통성 있게 조정함으로써 결국에는 국가공무원의 분야별 정원을 효율적으로 운영하여 국비도 절약하고자 하는 일련의 국가정책적 수단을 제도화한 데서 큰 의의를 찾을 수 있다.17) 그러나 국가공무원 인력수의 상한선을 정해 놓음으로써 문제점도 발생할 수 있다. 즉 불필요한 국가공무원 인력을 대폭 감축해 국가조직에서 큰 효율성을 얻을 수 있기는 하지만 새로운 행정수요의 증대에 대응해 인력이 필요한 경우 적지 않은 인력공급상의 문제가 발생하기 쉽다. 특히 경찰공무원의 인력관리와 기획측면에서 국가공무원총정원제 실시는 난제로 등장하게 되었다. 말하자면 우리나라 인구의 증가로 인해 시민(주민)의 수 대비 경찰관의 수는 점차 증가하지 않으면 안 되는 과제에 직면하게 된다. 즉 경찰인력이 경찰행정수요의 지속적인 증가에 따라 늘어나는 것이 아니라는 점이다. 이렇게 되면 경찰청에서는 그때그때마다 필요로 하게 되는 경찰인력을 확보하는 데 있어서 어려움에 처하게 될 수도 있다. 수도권에 새로운 신도시가 지속적으로 생겨나고 있고 늘어나는 인구증가에 따라 범죄의 증가율도 높아질 가능성이 있으며, 이에 따라 치안수요가 증가하고 새로운 경찰관서 설치의 필요성이 제기된다. 즉 수도권지역의 경찰서 신설은 기타 기존의 지역에 있는 경찰관서의 경찰인력을 축소해야 하는 문제가 발생하고 늘어나는 경찰서의 방범인력을 채우기 위해서도 시·도경찰청이나 다른 파출소의 인력을 감축해야 하는 문제도 발생하게 되었다.18)

---

16) 진재구·최응렬, "공무원 총정원제 도입에 따른 경찰인력의 효율적 운용방안에 관한 연구," 치안연구소, 보고서 2000-03, p. 5.
17) 그러나 노무현 참여정부에서 공무원의 증가수는 6만명이 넘었다. 특히 교사, 경찰관, 집배원 등 대국민서비스 분야에서 공무원 수가 많이 증원되었다. 2007년까지 공무원 수는 933,663명이었다. 이러한 추세가 계속되면 2011년에 우리나라 공무원 수는 100만명이 넘었다.
18) 이상현·한상암·조호대, 앞의 논문, p. 24.

3. 경찰의 인력기획 수립시 제약요인

경찰기획은 여러 가지 측면에서 국가사회의 치안질서유지를 발전시키는 데 지대한 공헌을 하고 있다. 그러나 경찰이 기획을 수립하고 추진해 나가는 데 있어서 여러 가지 제약들이 따른다. 특히 경찰기획의 경우 정치적·경제적·사회적·문화적인 복합요인들이 결부되는 경우가 많기 때문에 적지 않은 한계성을 느끼게 된다. 그동안 이 문제에 대해 꾸준히 연구해 온 학자들의 연구성과들을 중심으로 대표적인 한계점들을 살펴보면 다음과 같다.19)

첫째, 미래예측에 대한 한계이다.

시대적 상황이 하루가 다르게 급변하고 있는 상황에서 우리가 미래의 상태를 정확하게 예측한다는 것은 사실상 어려운 일이다. 이러한 원리는 일반공공행정에서뿐만 아니라 특수분야인 경찰행정에서도 그대로 적용된다. 예를 들어 경찰이 미래를 예측하는 경우 컴퓨터 등을 활용해 과거보다는 계량적 예측기법이 눈부시게 발달하기는 했으나 정확한 예측을 해내는 데에는 미래라는 변수와 변인들로 인해 적지 않은 한계에 직면하게 될 수밖에 없다.20)

둘째, 자료와 정보의 부족이다.

지금까지 경찰업무에 관한 자료나 정보가 체계적으로 정리되어 발표된 것이 상당히 미비한 편이다. 그나마 나와 있는 자료도 비교적 신뢰성이 낮은 편이기 때문에 경찰공무원들이 경찰업무를 기획하는 경우 자신들의 직관에 바탕을 둔 입장에서 예측 내지는 기획결정을 내리는 경우가 허다한 것으로 알려져 있다.21) 오늘날 경찰기획 분야와 관련하여 볼 때 경찰업무에 대한 정보들이 합리적으로 정리된 것이 부족한 게 현실이며 그나마 있는 자료도 현실성이 떨어진다는 것이 일반적인 상황이다. 그리고 그나마 경찰기획에서 사용된 자료들도 미공개되어 일반 경찰전문가들이 접할 수 없도록 비밀에 부쳐져 있다.22)

셋째, 정치적 인식과 행정적 지원의 부족이다.

경찰조직에서 기획 부분이 크게 성공을 거두기 위해서는 우선 경찰최고관리층의 행정 및 재정적 지원이 충족되어야 한다.23) 따라서 관련 행정부처(예: 행정안전부와

---

19) 경찰대학, 『경찰경무론』(용인: 경찰대학, 2002), pp. 26~28; 김충남, 앞의 책, pp. 228~231; 김신복, 『발전기획론』(서울: 박영사, 1991), pp. 56~59; 이상안, 『신경찰행정학』(서울: 대한문화사, 1995), p. 347.

20) 김신복, 앞의 책, p. 32.

21) 경찰대학, 앞의 책, p. 27.

22) 전용린·박영대, 앞의 책, p. 27.

기획재정부)에서는 경찰행정의 발전을 위해 일련의 목표를 세운 경우 경찰기획활동에 적극적으로 지원하는 일이 무엇보다 중요하다.24)

넷째, 기획가의 능력부족이다.

Albert Waterston에 따르면 일반행정기관에서 사람들이 기획의 중요성에 대한 인식이 비교적 낮으며 동시에 기획가를 교육·양성해 내는 문제도 등한시되어 왔고 그나마 훈련을 받은 사람도 기획업무에 종사하기를 꺼리는 경우가 비일비재하다는 것이다. 이러한 문제는 같은 맥락에서 경찰행정분야에도 그대로 적용되고 있다. 말하자면 경찰조직에서 경찰기획에 대한 보다 체계적인 계획·수립을 위해 유능한 경찰기획가가 다수 확보되어야 하는데 현실은 그러하지 못하다는 것이다. 설사 있다고 하더라도 이들을 우대해 주는 인사관리시스템이 아직 마련되어 있지 않은 관계로 기획분야의 훈련을 받는 사람도 기획업무를 담당하는 것을 꺼리는 현상까지도 발생하고 있다.

다섯째, 예산과 관리제도면에서 비효용성의 문제이다.

경찰기획의 집행이나 평가 및 통제를 관리하는 측면에서조차도 기술이나 경영관리인력이 부족하고 절차도 복잡하며, 부서간의 갈등 등으로 인해 기획이 제대로 이루어지지 못하는 경우가 많다는 것이다. 이러한 비효율성의 문제는 효과적인 경찰기획을 위해 시급히 해결되어야 할 과제인 것이다.25) 예를 들어서 날로 높아가는 범죄율의 점증에 비례해 경찰관의 수를 늘려야 하는 현실적 문제가 심각한 데도 불구하고 공무원총정원제로 인해 행정안전부가 난색을 표한다거나 기획재정부가 예산의 부족을 앞세워 거절하는 경우에는 경찰청기획부서에서 아무리 훌륭한 관련 기획을 내놓아도 그 실현이 불가능한 것이다.26)

여섯째, 시간과 비용에 대한 전략문제이다.

좋은 경찰기획이 수립되기 위해서는 넉넉한 시간이 주어진 상황하에서 충분한 예산지원이 따라주어야 함은 재언을 요하지 않는다. 경찰기획에서도 일반행정부처에서와 마찬가지로 경찰지도자가 빈번하게 교체되는 경우가 많아 제한된 상황하에서 졸속 기획을 만들어 내는 문제도 발생하는 사례가 적지 않다는 것이다. 이러한 상황하에서는 좋은 경찰기획이 나올 수 없을 것이다. 그리고 비용이 불충분하다면 좋은 기

---

23) 김충남, 앞의 책, p. 229.

24) Dennis A. Rondinelli, "National Investment Planning and Equity policy in Developing Countries," policy Science, Vol. 10(1978), pp. 45~74.

25) Albert Waterston, *Development Planning: Lessons of Experience*, Baltimore Md.: The Johns Hopkins Press, 1969, p. 9.

26) 2008년 2월에 출범한 이명박 정부에서 공무원의 수를 1차조정에서 3,427명 줄였으나 줄어든 공무원은 1명도 없었다. 국과 과장 자리는 43곳이나 줄였으나 부이사관과 서기관 등의 직급은 그대로 유지되어 비판받았다(신현기 외 3인, 앞의 책, p. 403).

획을 수립해 내는 데 있어서 큰 걸림돌이 될 것이다.

제3절 경찰홍보

1. 경찰 홍보의 개념

(1) 협의의 경찰홍보

경찰에서 행하고 있는 일련의 활동이나 업무 등과 관련된 사항들을 유인물, 팜플렛, 언론매체 등을 통해 경찰목적 달성에 유리한 환경을 조성하는 행위를 말한다. 프랑스 파리권역에 위치한 뇌이시 경찰서의 경우는 매달 지역에 어떤 범죄가 발생했었는지, 시민이 신종범죄에 어떻게 대처해야 하는지 등에 관한 경찰정책을 알려주고 있다. 이는 협의의 경찰홍보 차원으로 이해되며 생활안전 영역에서 큰 효과를 거두고 있다.[27]

(2) 광의의 개념

경찰활동에 있어서 주민의 참여를 확대시키는 것은 물론이고 경찰이 수행하는 모든 활동을 각종 기관, 단체, 언론 등과 밀접하게 연계시켜 지역사회에 널리 알리는 종합적인 경찰홍보를 광의의 경찰홍보활동이라고 한다. 이에는 지역공동체 관계, 언론관계, 대중매체관계, 기업이미지식 경찰홍보 등이 있다.

첫째, 지역공동체 관계CR이다. 이는 영어로 Community Relation으로 표현된다. 지역공동체 관계는 경찰관이 지역사회의 각종 기관, 단체, 주민들과 밀접하게 연락을 취하고 협조체제하에 지역사회 구성원들이 요구하는 경찰활동을 펼치면서 주민과 직접 소통하는 경찰홍보 수단이라고 볼 수 있다.

둘째, 언론관계PR이다. 영어로는 Press Relation으로 표기된다. 이는 여러 언론매체의 보도에 적극 대응하는 방식인데 즉 기자들의 질문에 답하는 대응적이며 소극적인 경찰홍보활동에 속한다.

셋째, 대중매체관계MR이다. 영어로는 Media Relation으로 표기된다. 이는 대중매체의 관계자와 긴밀한 협조체제를 유지하는 경찰홍보활동으로 전직 언론이나 전문가

---

27) 신현기, 『자치경찰론(제3판)』(서울: 웅보출판사, 2007), pp. 89~93.

를 경찰에 채용하여 업무를 맡기는 일련의 활동을 말한다.28)

넷째, 기업이미지식 경찰홍보이다. 이는 영·미국가에서 발달한 방식이다. 특히 친근한 캐릭터를 활용해 경찰 이미지를 고양시키는 계획적 홍보활동을 중요시하는 것이다. 우리 경찰의 포돌이 경우처럼 상징물을 개발하여 이미지를 고양시키고 향상된 주민의 지지도를 토대로 예산획득, 형사사법환경하의 협력을 확보하는 계획적인 경찰홍보활동을 의미한다.29)

2. 경찰홍보의 목적과 중요성

(1) 경찰홍보의 목적

경찰청에서 경찰의 시책이나 경찰활동의 상황을 정확하게 전달하고자 하는 것이다. 그리고 동시에 국민의 경찰에 대한 의견이나 희망사항을 정확히 파악해 경찰활동에 적극 반영시키는 데 경찰홍보의 목적을 두고 있다.

(2) 경찰홍보의 중요성

오늘날의 경찰업무는 국민의 이해와 협력 없이는 목적 달성이 쉽지 않다. 이런 의미에서 경찰홍보는 경찰과 국민의 접점이며 교량으로서 역할을 수행하는 것이기 때문에 경찰홍보는 매우 중요한 것이다. 경찰관 개개인이 모두 경찰홍보맨이 되어 적극적으로 경찰조직을 홍보해 나가는 주인의식을 갖는 것도 매우 중요한 일이다.

3. 경찰홍보의 특성

경찰홍보의 활동은 여러 가지 특성을 지니고 있다.30)

첫째, 경찰홍보는 경찰과 국민이 평등하고 수평적인 관계로 인식될 때에 홍보가 능률적일 수 있다.

둘째, 오늘날 민주주의가 고도로 발달된 상황하에서는 국민이 경찰정책과 경찰업무의 전반에 걸쳐 알권리가 보장되어야 하며 경찰 스스로도 이것을 공개할 것은 공개해야 할 의무가 있는 것이다. 이러한 상황하에서 경찰홍보는 국민과 경찰의 관계에 있어서 좋은 역할을 해 줄 수 있는 수단이 된다.

---

28) 조철옥, 앞의 책, p. 274.
29) 경찰공제회, 『경찰실무종합』, 2008, p. 834; 경찰대학, 『경찰학개론』(서울: 경찰공제회, 2003), p. 402.
30) 조철옥, 앞의 책, p. 275

셋째, 국민과 경찰과의 관계에 있어서 경찰홍보는 동등한 쌍방향적 역할을 해 주어야 한다.

넷째, 경찰홍보는 국민들의 생각이 경찰을 지지하는 방향으로 이동하도록 유도하는 계몽적이며 교육적인 특성을 지니고 있다.

다섯째, 경찰홍보는 경찰관련 정보를 국민에게 알리고 그 판단을 기다리는 특성을 가지고 있다. 경찰이 진실을 숨기고 경찰에게 유리한 정보만을 알리는 선전에 그치면 절대로 안 된다.

4. 경찰과 대중매체와의 관계

이제 우리는 인터넷 없는 상황에서 생활한다는 것은 상상하기조차 어렵게 되었다. 경찰 역시 이러한 대중매체를 통해서 홍보해 나가지 않으면 안 되는 시대가 되었다. 국민들은 대중매체를 그대로 믿는 경향이 있기 때문에 경찰이 홍보하는 데 있어서 진실된 정보만을 알리는 일이 더욱 중요하게 됐다. 영국의 수도경찰청장으로 1970년대 경찰개혁의 주도자 역할을 수행한 로버트 마크 경Sir Robert Mark은 경찰과 대중매체의 관계를 비록 '단란하고 행복스럽지 않더라도 오래 지속되는 결혼생활'에 비유했다. 라이너Robert Reiner와 크랜던Garth Crandon은 '경찰과 대중매체가 서로를 필요로 하는 공생관계'에 있음을 강조한 바 있다. 에릭슨Richard V. Erickson은 '경찰과 대중매체는 상호 얽혀서 범죄와 정의 및 사회질서의 현실을 해석하고 규정짓는 사회기구의 역할을 수행한다는 것'을 강조했다.31)

5. 경찰홍보의 원칙

헌법에서 국민에게 알권리를 부여하고 있다. 알권리의 중요성에 반해 개인의 비밀자유 및 사생활의 자유가 보장되어야 한다. 이 양자는 항상 충돌할 가능성을 가지고 있다. 따라서 어떻게 조화롭게 이 문제를 해결하느냐는 우리 모두의 과제이다. 이런 의미에서 경찰홍보도 개인의 사생활과 인권보호를 위해 항상 주의해야 한다. 경찰도 공공의 이익을 위한 것이 아니라면 개인의 범죄사실을 외부에 절대로 공표해서는

---

31) 조철옥, 앞의 책, p. 276; 경찰공제회, 『경찰실무종합』, 2008, p. 834; 경찰대학, 『경찰학개론』(서울: 경찰공제회, 2003), pp. 403~404; Robert Reiner, The Politics of the Police, Harvester Wheatsheaf, 1992, p. 173; Garth Crandon, The Media View of the Police, Policing, Vol. 6, No. 3, Autumn 1990, p. 575; Richard V. Erickson, Mass Media Crime, Law and Justice-an institutional approach, British Journal of Criminology, Vol. 31, No, 3, Summer, 1991, p. 223.

안 된다는 원칙을 가지고 있다. 피의자의 초상권도 재판에서 확정판결 이전까지는 존중해 주는게 우리나라에서 정설이다. 그러나 국민의 관심대상으로서 그 중요성이 더 큰 연예인이나 정치가의 경우는 일반인들보다 공개할 필요성이 더 요구되고 있고 어느 정도 용인되고 있는게 사실이다. 흔히 경찰에서는 중요사건의 경우 현장 사건 담당 경찰간부와 시·도경찰청 공보담당부서 사이에 상호연락체계를 이루어야 하며 보도자료 발표의 경우도 경찰서장이나 형사, 수사과장이 행하고 있다. 청장이 초반부터 직접 나서는 것은 바람직하지 않으며 마지막 카드를 저축해 두는 것이 원칙으로 되어 있다.

6. 경찰홍보 전략

(1) 소극적 홍보전략

1) 공보실과 기자실의 활용

경찰청과 시·도경찰청에 공보실을 통해 보도자료를 배포하고 있다. 동시에 기자실을 운영 및 관리해 나가고 있다.

2) 비밀주의와 공개최소화

경찰은 경찰의 중요 정보, 기록, 제반자료 등에 대해 기자들에게 가능한 비밀로 함을 원칙으로 한다. 기자들의 접근을 철저히 차단하고 있는데 이는 중요자료가 유출되어 보도됨으로써 많은 문제점이 야기될 수 있기 때문이다. 그러나 영국의 경우는 필요 최소한의 자료를 제외하고는 모두 공개하는 공개정책을 천명한 바 있다. 이러한 적극적인 경찰정책은 국민들로 하여금 경찰에 대한 신뢰를 높이는 계기가 될 것이다. 그리고 이는 경찰조직과 지역사회가 더 한층 연결되는 공격적 홍보전략에 해당된다고 볼 수 있다.

3) 언론접촉의 규제

경찰의 비밀이나 정보가 유출되지 않도록 청장이나 서장의 허락 없이 경찰공무원이 언론과 개별적으로 접촉하는 것을 금하고 있다. 경찰관이 어떤 사건에 관련된 사람에 대해 알고 있는 내용을 자의로 인터뷰 등을 통해 공개했을 경우 그 해당자가 사생활 노출이나 인권침해를 당할 수도 있기 때문이다.32)

---

32) 조철옥, 앞의 책, p. 278; 경찰공제회, 앞의 책, p. 835; 경찰대학, 『경찰학개론』(서울: 경찰공제회, 2003), p. 405.

4) 경찰홍보와 타기능의 분리

우리 경찰의 홍보기능은 기관별로 협조체제가 아직 미약한 편이다. 이는 경찰홍보전략이 종합되어 있지 못하기 때문이다. 경찰에서 공보관실이 있으나 기자들은 공보관실보다는 사건담당 경찰을 직접 방문하거나 경찰간부에게 직접 전화를 걸어서 기사자료를 입수하고자 시도하는 경향이 강한 편이다. 이는 경찰업무수행에 있어서 많은 지장을 주는 행위이므로 경찰청에서 그 대책을 강구해야 한다.

5) 총체적 경찰홍보전략

이는 영국 등지에서 활용하는 홍보전략으로 경찰의 업무처리를 실시간에 언론홍보실에 설치된 컴퓨터의 모니터에 나타나게 하는 일련의 전산체계를 구축하는 일이다.

(2) 적극적 경찰홍보 전략

경찰의 적극적인 홍보전략은 국민과 경찰과의 관계를 원만하게 하는 것이며 지역사회 국민의 협력을 이끌어 내는 좋은 방법이다.[33)

1) 홍보전문가의 경찰채용

언론이나 홍보전문가를 경찰에 채용하여 대중매체 업무를 담당하도록 하는 방식으로서 상당한 효과를 나타낼 가능성이 있다.

2) 공개주의와 비밀최소화 원칙

앞에서 소개했듯이 영국은 필요최소한의 경찰자료를 제외하고는 모두 공개하는 경찰홍보정책을 시행하고 있다.[34) 이는 경찰의 적극적인 대언론 정책에 기인하고 있다. 비록 국민과 언론으로부터 비판을 받는 상황이 더 많이 발생할지라도 다른 한편에서는 경찰과 언론이 상호 신뢰할 수 있는 우호관계가 형성되고 나아가서 국민들로부터 경찰이 신임을 얻는 계기로 작용하게 될 것으로 본다.

3) 전체 경찰의 홍보요원화

우리나라의 경우는 경찰개인이 사적으로 언론과 접촉하여 인터뷰하는 것이 금지되어 있다. 그러나 영국·미국과 같은 경우는 신임순경부터 경찰간부에 이르기까지 경찰교육과정에서 실습을 통해 대언론 훈련을 실시하여 전체 경찰관의 홍보요원화에 성공을 거두고 있다. 이는 우리경찰에게도 시사하는 바가 크다.

---

33) 임준태, "경찰과 지역사회경찰활동", 김상호·신현기 외 7인, 『경찰행정학』(파주: 법문사, 2005), p. 535.

34) 표창원, The Police and Crimewatch U.K: A Study of Use of Crime Reconstruction and Witness Appeal Programmes in Britain, 한국문화사 학위논문 시리즈, 1998, pp. 95~96; 조철옥, 앞의 책, p. 279.

4) 실시간 알리는 경찰홍보제도

영국·미국과 같은 경우는 상황실, 순찰차, 형사, 생활안전, 경비교통 기능 등에서 경찰의 업무를 실시간별로 홍보실의 모니터를 통해 알리고 있다. 문제가 나타나면 실시간 홍보실에서 곧바로 해명이나 수정할 수 있고 국민에 대해 경찰의 신뢰성을 향상시킬 수 있다.

7. 언론 피해 구제방법

(1) 의   의

언론에 의해 피해가 발생한 경우 정정보도, 반론보도, 언론중재위원회 제소 등의 방법이 열려 있다.

(2) 피해 구제방안

우선 행정상 구제, 민사상 구제, 형사상 구제 등이 있다. 행정상 구제는 '언론중재 및피해구제등에관한법률'상의 정정보도청구권, 반론보도청구권, 추후보도청구권이 있다. 민사상구제는 정정보도청구권과 손해배상청구권 등이 있다. 그리고 형사상 구제는 출판물에 의한 명예훼손죄로 고소나 고발이 있다.35)

---

35) 조철옥, 앞의 책, p. 280; 이용성, "언론피해 구제방안에 관한 연구," 한서대학교 인문사회과학연구원, 2003, p. 95.

5장 경찰조직관리

제1절 경찰조직의 본질

1. 조직의 개념

　독일이 낳은 유명한 사회학자이자 정치학자인 막스 베버Max Weber는 조직을 다음과 같이 정의했다. 조직에는 경계가 있으며 조직구성원의 교호작용은 조직에 의해서 유형지어진다. 조직 내에는 권한의 계층이 있으며 동시에 분업이 있다는 것이다. 조직내의 질서는 이것을 관리할 기능을 맡은 특정한 구성원들로부터 유지된다는 것이다. 특히 조직 내의 교호작용은 어디까지나 연합적인 것이지 공생적인 것은 아니다. 조직은 특정한 종류의 목적 내지는 지향적인 활동을 지속적으로 수행한다. 따라

그림 5-1 　막스 베버(Max Weber 1864. 4. 21~1920. 6. 14)[1]

서 조직에는 목표가 있으며 조직은 소속원의 생애를 초월하는 존재로 보았다. 즉 조
직은 구성원이 죽은 뒤에도 계속 살아남을 수 있다는 것이다. 이를 정리해 보면 막스
베버는 조직이란 일련의 특정한 목적을 가지고 그 목적을 달성하기 위해 조직 구성
원간에 상호교호작용을 하는 인간들의 협동작업임을 강조했다. 특히 막스 베버는 그
의 조직에 대한 정의에서 조직과 환경과의 관계를 등한시한 채 조직의 경계, 조직의
목표, 조직구성원의 상호작용, 공식적인 구조와 과정을 중요시하는 이른바 폐쇄체제
적 관점에서 조직을 이해는 경향이 강했다.[2]

2. 경찰조직의 개념

흔히 경찰조직이란 경찰업무를 집행하는 행정기관의 구성, 관할, 경찰관청 상호간
의 관계, 경찰행정의 감독 등이 어떠한 메커니즘으로 운영되어야 하는가에 대해 이론
적으로 탐구하거나 모색하는 것이다.[3] 그리고 경찰조직의 권한과 책임은 경찰업무
수행을 돕기 위한 수단으로 경찰목적달성에 효율적으로 공헌할 수 있도록 짜여져야
한다.[4]

경찰조직이란 경찰의 설립목적을 달성하기 위해 구성된 구조적 배열인 동시에 관
리의 도구라고 할 수 있다.[5] 어느 나라든 간에 전체 국민을 상대로 하기 때문에 경
찰조직의 규모는 비교적 큰 편이다.[6] 경찰은 대규모 조직을 갖추고 국민의 생명과
재산을 보호하며 사회의 공공질서와 안녕을 추구하는 경찰목표를 달성하고자 한다.
다시 말해 경찰조직은 국민에게 적합한 질 좋은 서비스를 최대한 제공하기 위해 일
정한 경계를 가지고 의도적으로 정립되어 기능하는 체계화된 거대 조직이라고 정의
할 수 있다.

3. 경찰조직의 본질

경찰조직은 공공의 안녕과 사회의 질서를 유지함을 목적으로 한다. 국가에 따라
서 조금씩 차이는 있지만 어느 나라 경찰조직이든지 간에 거의 비슷한 형태를 취하
고 있다. 그러나 크게 국가경찰제 혹은 자치경찰제 그리고 혼합형을 취하는 국가도

---

2) 이영남·신현기, 『경찰조직관리론』(서울: 법문사, 2003), p. 5.
3) 신현기, 『경찰조직론』(파주: 법문사, 2007), p. 25.
4) 박영대, 『경찰경무론』(용인: 경찰대학, 2003), p. 97.
5) 김충남, 앞의 책, p. 249.
6) 우리나라 경찰조직만 예를 들어 보아도 순수 경찰관이 11만여명에 이르고 있고 여기에 전·의경까
지 합하면 거의 15만여명의 경찰관이 거대조직을 이루고 있다.

있다. 우리나라 경찰조직의 경우는 경찰청, 시·도경찰청 18개,[7] 경찰서 258개, 지구대 616개, 파출소 1,418개를 운영하고 있다. 여기에서 근무하는 경찰조직의 구성원은 경찰청이 일괄적으로 모집하여 교육시키고 발령을 내었으며 각기 경찰관들은 개개인이 법집행기관인 것이다. 그리고 경찰조직은 국가로부터 권력을 위임 받아 사회질서를 유지해 나가는 공식집단인 것이다. 특히 정부조직법에 의하여 운영권한이 공식화되어 있을 뿐 아니라 분명한 규칙과 절차에 따라 움직인다. 특히 경찰조직은 그 조직이 목적하는 기능에 따라 살아 숨쉬고 있으며 추구하는 목적이 잘 실행될 수 있도록 끊임 없이 노력하고 있다.[8]

4. 경찰조직의 특성

경찰조직은 전문성, 법규, 계층제, 실적주의를 중요시하는 전형적인 관료조직으로 구성되어 있으며 다음과 같은 특징을 지니고 있다.

(1) 위 험 성

경찰의 직무는 어느 국가사회에서나 매우 위험한 일이다. 원래 경찰의 기능은 사회 속에서 끊임 없이 발생하는 수많은 위험들을 제거해야 하는 일로 채워져 있다고 해도 과언이 아니다. 이러한 이유 때문에 경찰은 무기를 휴대하고 업무를 수행할 수 있는 권한도 부여받고 있으며 동시에 경찰명령과 경찰강제를 업무의 수단으로 활용하고 있다. 경찰은 국민이 안심하고 경제생활을 영위할 수 있도록 24시간 위험 속에 노출되어 있다.

(2) 돌 발 성

사회속에서 시민들이 삶을 영위하는 동안 사건이란 불시에 언제 어디서 어떻게 나타날지 예측하기가 곤란하다. 즉 사건이란 예고 없이 돌발적으로 나타나는 것이기 때문에 경찰은 항상 긴장해야 하며 동시에 사건이 발생하는 경우 기다릴 여유 없이 신속히 대책을 강구해야 하는 과제를 부여받고 있다. 이런 의미에서 경찰관들은 항상 범죄가 일어나기 전에 예방의 중요성을 강조하고 있다. 경찰이 항상 순찰을 돌며 범죄를 예방하고자 노력하지만 돌발적으로 사건이 발생할 경우 신속히 대처하는 훈련

---

7) 2007년 7월 1일을 기해 대전광역시와 광주광역시에 각각 2개의 지방경찰청이 새로 탄생했다. 그리고 2009년 전반기에 의왕경찰서, 하남경찰서, 동두천경찰서가 새로 개서했다.

8) 손봉선·송재복, 『경찰조직관리론』(서울: 대왕사, 2002), p. 26.

을 평상시에 잘 해두어야 한다.9)

(3) 시 급 성

우리 사회의 복잡한 상황 속에서 돌발적으로 발생하는 각종 범죄에 대항해야 하는 경찰의 업무는 항상 시급성과 맞물려 돌아가고 있다. 범죄나 사건이 발생하면 신속히 해결해야지 조금이라도 늦으면 범인을 놓치거나 발생한 사건에 대한 중요한 단서 내지는 해결기회를 영영 상실할 가능성이 높다. 특히 각종 증거자료를 확보할 수 있는 범죄현장에 대한 보존 문제, 범죄를 경찰이 인지한 경우 범인을 시급히 체포하지 않으면 사건이 미궁으로 빠질 수도 있다. 따라서 대부분의 경찰업무는 시급성을 따지는 과제들로 꽉 차있다고 해도 과언이 아니다. 시민이 범죄를 당했을 때 경찰이 신속한 조치를 취해야 하며 동시에 법질서도 유지해야 하는 시급성을 그 특징으로 한다.

(4) 권력성, 강제성 및 직접성

지구상의 모든 나라에서 그 나라의 경찰은 법이 허용하는 범위 내에서 권력과 강제성을 보장 받고 있다. 비록 경찰이 행하는 업무 범위가 법이 허용하는 범위 내에서라고 할지라도 시민은 항상 경찰이 권력을 남용하지는 않는지에 대해 경계를 늦추지 않는 특성이 있다. 직접성이란 경찰이 국민의 생명과 재산을 보호하는 데 1차적 목적을 두고 있음을 의미한다. 반대로 경찰은 국민의 자유와 재산권을 제한하는 직접성의 특성을 발생시키는 경우도 있다.

이러한 의미에서 볼 때 경찰의 권력행사는 그 업무수행이 범죄의 진압과 체포를 위한 것이든, 법익의 보호를 위한 것이든 간에 그 결과가 시민의 손해와 이익과 직접적으로 관계되는 것이다. 따라서 경찰과 시민과의 관계는 매우 민감하고 직접적인 것이다.

(5) 정치성과 고립성

경찰은 항상 권력을 행사하고 동시에 봉사도 해야 하는 특성을 가지고 있기 때문에 언제나 국가의 정치적 영향력과 밀접하게 연계된다. 경찰이 중립성을 아무리 표방하고 유지하려는 노력을 다할지라도 정치적 영향력을 완전히 배제하고 자유롭기에는 일정한 한계점도 지니고 있다. 어느 국가를 막론하고 정치가 불안한 경우 직접적으로 영향을 받을 확률이 높아질 가능성이 크다. 얼마만큼의 정치적 영향을 받느냐에 따라

---

9) 이영남 · 신현기, 『경찰조직관리론』(서울: 법문사, 2003), p. 37.

경찰 본래의 목적과 기능을 수행하는 데 나쁜 영향을 받게 된다. 만약 정치적 영향으로 인해 경찰이 자기의 권한과 임무 이상의 영역에 개입하게 되는 경우 누구도 예상하기 어려운 나쁜 결과들이 초래된다는 사실을 지난 역사들이 잘 보여주고 있다. 또한 경찰은 고립성과 밀접한 관계를 가지고 있다. 경찰은 강제성을 띤 업무를 수행해야 하기 때문에 국민으로부터 비난의 대상이 되고 거리감이 형성되기도 한다. 그리고 국민의 안정을 위해 국민이 쉴 때 근무해야 하고 국민이 일할 때 경찰은 휴식을 취해야 하는 등 반대의 생활이 연속되고 있다. 그 결과 경찰이 국민으로부터 고립되는 현상이 나타날 수 있는 특징을 가지고 있다.

(6) 보수성, 불신감, 가시성 및 논리성

경찰이 공공의 안녕과 질서를 유지하고 국민의 안위를 위해 봉사하는 일을 생명으로 하고 있음은 재언을 요하지 않는다. 이러한 이유로 인해 경찰은 환경이 변화하기보다는 현상태가 지속되기를 내심 원하는 보수적인 경향을 가진다. 이뿐만 아니라 경찰은 경찰관직무집행법에 따라 필요한 경우 시민을 대상으로 항상 불심검문을 행하며 범죄피의자들을 찾아내려는 직무를 행하게 된다. 이러한 이유들로 인해 시민들은 경찰을 불신의 눈으로 바라 볼 수 있다. 반대로 경찰은 범죄피의자에 대해 항상 의심하게 되는 특수성을 가지고 있다.[10]

경찰은 어항 속의 금붕어에 비유되곤 한다. 그만큼 경찰이라는 직업은 투명성으로 상징되고 있다는 이야기다. 경찰은 조금만 잘못하여도 시민들로부터 심한 질타의 대상이 된다. 시민은 투명한 유리관 속에서 일하는 경찰을 항상 관심의 대상으로 생각한다. 그 때문에 경찰은 고도의 윤리성을 유지하지 않으면 안 된다. 경찰은 권력성을 유지하고 있기 때문에 최대한 투명한 근무상태를 유지해야 하고 항상 합리적인 패러다임 내에서 국가와 국민을 위해 충성하고 봉사해야 한다.

(7) 경직된 계층구조

군대는 상하간의 명령복종을 생명으로 한다. 군대라는 체제가 제대로 기능하고 유지되기 위해서는 필수 불가결한 사안이다. 역시 경찰도 엄격한 상하간의 명령통일성을 유지해야만 하는 계층구조를 이루고 있다. 경찰의 경직된 계층구조는 경찰행정을 집행하는 데 있어서 최대의 능률을 높일 수 있다는 장점을 지니고 있지만 다른 한편에서는 경찰조직 내에서 개인의 역할이 축소될 우려도 있다. 이러한 구조하에서 경찰은 조직목표 달성을 위한 부속품이 될 수 있다. 경찰조직의 경우 비록 상관의 부

---

10) 이영남 · 신현기, 앞의 책, p. 40.

당한 지시에는 거부권이 인정된다 할지라도 정상적인 상황하에서는 항상 상관의 명령에 복종하고 지시에 따라 업무를 처리하는 의무를 진다. 물론 이처럼 경찰은 상·하간에 권한과 책임이 분명한 지배와 피지배 관계를 이룬다. 경찰조직에서 이러한 관계가 잘 지켜지지 않는다면 경찰조직의 목표달성은 어려워지고 사건의 처리 등에서 위법적, 탈법적 문제도 야기될 수 있다.

(8) 경찰조직의 전문성

조직의 업무처리에서 경찰에게 고도의 전문적 지식과 정보가 요구된다. 업무를 처리하며 범죄의 예방 및 치안을 유지하는 기능 속에서 전문적 지식과 최신 정보들을 입수하는 일은 매우 중요한 과제이다. 오늘날 고도로 산업화가 진전되고 복잡한 사회구조로 변화됨에 따라 경찰은 정확한 정보를 신속히 입수하고 범죄에 적극 대처하기 위해 더 한층 진전된 경찰조직의 전문성을 필요로 한다.[11] 이러한 문제를 풀기 위해서는 유능한 전문지식을 소유한 인력들을 경찰조직으로 흡수해야 한다. 그리고 충원된 전문경찰인력을 위해 교육과 훈련 및 능력향상을 위한 기회를 확대하고 여러 가지 프로그램을 지속적으로 개발해야 한다.

(9) 경찰규칙성의 경직화

경찰조직은 전형적인 관료구조를 유지한 채 업무를 수행하기 때문에 마치 군대처럼 엄격한 규칙성을 필요로 한다. 경찰도 규칙과 문서에 의한 규칙성을 유지하고 있다. 무엇보다 경찰조직은 국민의 자유와 권리 그리고 기본권을 제약하는 업무를 수행하는 경우도 있다. 그러므로 이러한 업무처리 과정에서 경찰이 오류를 범하지 않기 위해 철저한 규칙성이 요구된다.[12] 그러나 이처럼 경찰이 엄격하게 규칙성에 바탕을 두고 업무를 수행하다보면 원래 경찰이 의도한 경찰목적 달성이 불충분해지고 불가능해지는 경우가 발생하여 이른바 규칙성의 경직화 문제가 나타나게 된다.[13]

---

11) 손봉선·송재복, 앞의 책, p. 28.
12) 손봉선·송재복, 앞의 책, p. 29.
13) 신현기, 앞의 책, p. 30.

경찰의 동기부여 이론

1. 맥그리거의 XY이론

맥그리거Douglas McGregor는 상반되는 인간본질에 대한 가정을 중심으로 이론을 제기하였다. X이론은 조직구성원에 대한 전통적 관리전략을 제시하는 이론이다. 이에 반해 Y이론은 개인목표와 조직목표 간의 통합을 추구하는 새로운 이론이다.14)

(1) X이론: 통제중심의 전통적 이론

1) X이론의 가정

X이론의 원리를 직접 경찰관에게 적용해서 설명해 보면 다음과 같다. X이론에 따르면 보통 경찰관은 ① 본래 일하기를 싫어하고 가능하면 일을 하지 않으려고 한다. ② 야망이 없고 책임지기를 싫어하고 명령에 따라가는 것을 원한다. ③ 안전을 원하고 변화에는 저항적이다. ④ 자기중심적으로 타고나고 조직의 요구에 무관심하다. ⑤ 속기 쉽고 영리하지 못하며 사기극에 잘 넘어간다고 가정해 볼 수 있다.

X이론에서 관리자의 관리전략은 직원들의 행동을 감독·통제하고 시정하는 책임을 지며 처벌·통제·위협 등을 비교적 선호한다.

2) X이론의 관리전략

X이론에 따르면 ① 경찰관리자는 직원에게 동기를 부여하고 직원의 행동을 감독·통제·시정하는 책임을 지게 된다. ② 경찰관리층의 적극적 지지·간섭이 없으면 구성원의 행동은 피동화되고 저항·책임회피로 나가게 되므로 처벌·통제 등 강압적 조치를 취해야 한다는 관리전략을 추구한다.

3) 비   판

X이론에 대해서는 ① 인간의 미성숙성이 계속된다고만 인식할 뿐 인간이 계속 성장·발전하고 있다는 것을 과소평가하고 있다. ② 인간의 하위욕구 충족에만 중점을 두고 상위 욕구는 경시하는 관리전략을 제시하고 있다. ③ 생리적 욕구·안전욕구

---

14) D. McGregor, The Human Side of Enterprise, (1960) in Milstein and J.A. Belasco, (ed.), Educatioal Administration and the Behavior Sciences: A System Perspectives, Boston: Allyn and Bacon, 1972, pp. 277~290; 조철옥, 앞의 책, p. 252..

등 하위욕구는 일단 충족되면 동기부여를 할 수 없게 되고 보다 상위욕구가 충족되어야 행동을 자극할 수 있으며, ④ 조직구성원의 자발적인 근무의욕을 고취하는 데는 적절하지 않다는 등의 비판이 제기된다.

(2) Y이론: 조직목표와 개인목표의 조화

1) Y이론의 가정

Y이론은 다음과 같이 X이론과 반대로 하며 경찰관을 적용시켜 설명해 보면 다음과 같다. ① 경찰의 본성은 일을 싫어하지 않고 정신적·육체적 노력을 일에 바치는 것은 놀이나 휴식처럼 자연스럽다. ② 경찰은 외부통제나 처벌의 위협만이 상책이 아니고 사람은 조직의 목표달성을 위하여 자기규제를 자율적으로 할 수 있다. ③ 경찰이 조직목표에 헌신적으로 기여하려는 동기는 업적과 결부된 보상이고 자기실현욕구나 존경욕구의 충족이 가장 중요한 보상이다. ④ 보통 사람은 여건만 적절하면 책임을 받아들일 뿐만 아니라 책임을 맡기를 원한다. ⑤ 인간은 대체로 조직문제를 해결하는 데 있어서 비교적 높은 수준의 상상력과 창의력을 발휘할 수 있다. ⑥ 보통사람의 지적 잠재력은 일부만이 활용되고 있을 뿐이라고 가정한다.

2) Y이론의 관리전략

Y이론에 따르면 ① 경찰관리자는 인간에 대한 전통적인 가정·사고 방식을 바꾸고 조직목표와 개인목표가 조화될 수 있도록 해야 한다. ② 경찰관리자는 직무를 통하여 욕구가 충족되고 개인이 발전할 수 있는 조직의 운영방침을 채택해야 한다는 관리전략을 추구한다.

3) 비   판

Y이론에 대해서는 ① 인간의 욕구충족은 상대적·복합적인데도 인간욕구의 체계를 너무 양극화·단순화시키고 있다. ② 너무 이상적·비현실적 이론으로서 상황에 따라서는 관리자의 명령과 지시가 훨씬 더 효과적일 수 있다. ③ 직무수행을 통한 자기실현욕구의 충족을 강조하고 있으나 직장 밖에서 이러한 욕구를 추구하는 사람이 많다는 비판이 제기된다.

2. 경찰과 동기부여 이론

(1) 정   의

1) 동기부여의 개념

동기부여motivation란 조직구성원이 개인욕구의 충족능력을 가지면서 조직목표의 달성을 위하여 높은 수준의 자발적 노력을 기울이는 것을 의미한다. 즉 노력·조직목표·욕구를 핵심요인으로 하는 동기부여는 조직목표를 지향하고 조직목표와 모순되지 않는 높은 수준의 질과 강도를 가진 노력을 기울이며 욕구를 충족시키는 과정이다. 개인이 경험하는 결핍deficiency을 의미하는 욕구는 긴장을 유발하게 되며 개인은 긴장의 해소에 노력하여 욕구충족에 주력하게 된다.

2) 동기부여의 중요성과 유형

동기부여는 i) 개인의 관점에서는 개인의 생산적인 생활을 좌우하고, ii) 조직의 관점에서는 조직의 존속과 생산성의 관건이 되며, iii) 사회의 관점에서는 인적 자원의 효과적 이용에 직결된다는 점에서 중요성을 가진다.

이러한 동기부여는 i) 1차 동기(학습을 통하지 않는 거의 본능적인 생리적 욕구), ii) 2차 동기(학습된 권력·성취·친교동기), iii) 일반적 동기(학습되지도 않고 생리적인 것도 아닌 호기심·조작·활동의 동기) 등의 유형으로 나눌 수 있다.

(2) 동기부여이론

1) 이론의 구분

동기부여이론은 인적 자원의 적극적 개발, 생산성의 향상과 동기유발방법의 처방 등을 위하여 여러 가지 관점에서 다양하게 전개되어 왔으나 내용이론과 과정이론으로 대별할 수 있다. 동기부여이론은 인간관에 관한 이론과 명확하게 구분되기 어렵다는 점에 유의해야 한다. 내용이론과 과정이론은 상호보완적이며 정도의 차이가 있을 뿐 양이론의 내용을 내포하고 있다. 어떻든 동기부여이론은 미국 편향적이며 각국의 국민문화에 수반되는 제약이 불가피하다는 점을 인정하면서도 문화횡단적 일관성도 있다는 점을 인정해야 할 것이다.[15)

---

15) 이영남·신현기, p. 350.

2) 내용이론

내용이론content theories은 사람의 동기를 유발하는 요인에 초점을 두는 이론으로서 인간의 어떤 욕구가 동기를 부여할 수 있는가와 관련하여 욕구의 유형·성격·강도 등을 규명하려는 욕구이론이며 비교적 고전적 이론이라 할 수 있다. 특히 동기유발의 개념 내지는 이론의 발전이 눈에 띄게 두드러졌던 시기는 1950년대였다.16)

대표적 이론으로서 ① 매슬로우의 욕구5단계이론, ② 맥그리거의 XY이론, ③ 허즈버그Herzberg의 욕구 충족 2요인이론, ④ McClleland의 성취동기이론, ⑤ 앨더퍼Alderfer의 ERG이론 등을 들 수 있다.

3) 과정이론

과정이론process theory은 동기부여의 내용보다 어떤 과정을 거쳐서 동기가 유발되는가에 초점을 두는 이론이며 동기유발에 관한 다양한 변수들이 어떻게 상호작용하여 행동을 일으키게 되는가에 중점을 둔다. 과정이론의 대표적 이론으로서는 ① 기대이론, ② 형평성이론(공평성이론), ③ 강화(보강)이론, ④ 목표설정이론을 들 수 있으며 기대이론에는 브룸Vroom의 선호·기대이론, 포터와 롤러Porter & Lawler의 성과만족이론, 조고플로스Georgopoulos의 통로목표이론 등이 있다.

3. 매슬로우의 욕구5단계 이론

(1) 욕구5단계이론의 의의

매슬로우Abraham H. Maslow는 욕구5단계이론을 제창하면서 인간의 욕구17)는 다섯 계층으로 이루어지며 하위욕구부터 상위욕구로 발달된다고 보았다.18) 욕구5단계이론은 ① 인간은 다섯 가지 기본욕구가 서로 연관되어 우선 순위의 계층을 이루고 있으며, ② 욕구는 한 단계의 욕구가 충족되어야 다음 단계로 순차적·상향적으로 표출되고, ③ 일단 욕구가 충족되면 동기유발요인으로서의 의미가 없어진다고 전제하였다.

매슬로우는 인간 욕구의 단계needs hierarchy를 다섯 단계로 나누고 이 욕구의 단계가 순차적으로 발생한다고 보았다. 매슬로우의 인간 욕구5단계는 다음과 같다.

① 제1단계가 생리적 욕구physiological needs인데 이는 가장 기본적 욕구를 의미한다. 이에는 의식주 및 휴식, 성적 욕구 등이다.

---

16) 조철옥, 『경찰행정학』(서울: 대영문화사, 2000), p. 257.
17) 욕구란 자극(stimuli)에 의해 충족될 수 있는 모든 감정을 포함하는 것으로 이해할 수 있다.
18) A.H. Maslow, Motivation and Personality, 2nd ed., New York: Harper & Row 1970, pp. 35∼40.

그림 5-2 　매슬로우의 욕구5단계

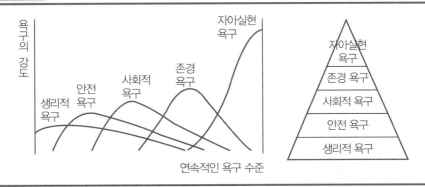

출처: 신현기, 『경찰학개론』(파주: 법문사, 2015), p. 161.

② 제2단계는 안전욕구safety needs로서 안전과 보호, 경제적 안정, 질서 등에 대한 것으로 일종의 자기보전의 욕구를 말한다.

③ 제3단계는 사회적 욕구social needs인데 인간은 사회적 동물로서 여러 집단에 소속되고 싶고 그러한 집단으로부터 받아들여지기를 원하는 욕구로 이른바 소속욕구, 애정욕구 등이 이에 해당한다.

④ 제4단계는 존경욕구esteem needs이다. 본인 스스로 자신을 중요하다고 느낄 뿐만 아니라 이 감정이 다른 사람들로부터도 부여되고 인정되어야 한다. 즉 지위, 존경, 인정, 명예, 위신, 자존심, 성공 등에 대한 욕구를 말한다.

⑤ 제5단계는 자아실현 욕구self-actualization needs로 성장, 자아실현 등을 통해 자신의 잠재가능성을 실현하려는 욕구이다.[19] 만일 인간이 이 욕구의 단계에 머물러 있으면 있을수록 조직과 개인 간의 갈등은 더욱 심화될 가능성이 매우 높다.

매슬로우는 인간의 욕구는 우선 순위가 있고 가장 먼저 충족되어 할 욕구는 제1단계의 생리적 욕구라고 보았다. 낮은 단계의 욕구가 충족되고 나면 그 다음 단계의 욕구가 강하게 대두된다는 것이다. 그러나 욕구의 단계적 순차적 발현을 강조하는 매슬로우 이론은 많은 비판을 받고 있다.

(2) 평　　가

매슬로우의 이론은 복합적인 인간욕구를 체계적으로 분석하였다는 점에서는 높게 평가되고 있으나 지나친 획일성으로 개인의 차이 내지 상황의 특징을 고려하지 못하였다는 비판을 받고 있다. 즉 ① 욕구의 계층은 고정되어 있지 않고 하위욕구와 상위

19) 최미옥·신현기, 앞의 책, pp. 182~183.

욕구 간의 경계도 애매하고 중복되어 있다. ② 인간은 욕구에 자극을 받아 행동하지만 욕구 이외의 사회규범·의무·이념에 따라서 행동할 수 있다. ③ 하나의 행동은 단일 욕구가 아니라 복합적 욕구에 의하여 동기가 부여될 수도 있다. ④ 동일한 욕구라도 모든 사람에게 동일한 반응을 일으키는 것은 아니다. ⑤ 욕구가 완전히 충족될 수 없고 주기적으로 반복된다는 점 등이다. 경찰공무원의 경우 기본적인 욕구들이 해결되어야 국민을 위해 더 질 좋은 서비스 제공을 시도하고자 하는 욕구가 생성될 수 있는 것이다.

4. 브룸의 기대이론[20]

1932년에 출생한 빅토르 브룸Victor Vroom은 동기이론 및 리더십이론 분야에 권위 있는 사회심리학자다. 그의 주요 저작으로는 기대이론을 다룬 Work and Motivation(1964)이 유명하다. 동기부여의 내용적 차원에 중점에 두었던 매슬로우의 이론과 달리 동기부여의 과정적 차원을 중시한 브룸[21]은 기대이론을 주장했다. 기대이론은 사람이 다르면 반응도 다르다는 입장을 취하고 있으며 욕구가 충족되면 동기가 곧 부여된다고 보지 않고 기대요인이 개재되고 있다는 점을 중시하고 있다. 브룸은 통로-목표 접근법path-goal approach을 이용하여 동기-기대이론을 구성하였다. 브룸은 동기를 정의하여 사람이 자발적으로 자기 행동을 취할 수 있는 통로는 다양하고 그중의 하나를 선택하는 과정이라고 하였다.[22]

브룸 이론의 구성요소 및 특징은 다음과 같다. 즉 ① 사람은 어떤 일에서 발생하는 결과가 여럿일 경우 그 결과들 중 특정한 어떤 것에 더욱 더 매력을 느끼고 선호하며 거기에 더 많은 상대적 가치를 부여한다는 유인가valence 개념과, ② 사람이 어떤 행위를 할 경우 어떤 결과를 초래할 것이라고 믿는 가능성, 혹은 그렇게 생각하는 주관적 확률을 말하는 기대expectancy, ③ 직접적으로 사람이 어떤 일을 한 결과를 말하는 제1차 수준의 결과와, 제1차 수준의 결과에 의해서 초래되는 사상 혹은 결과를 말한다는 제2차 수준의 결과, ④ 제1차 수준의 결과와 제2차 수준의 결과의 관계를 말하는 수단성instrumentality의 개념, ⑤ 사람이 인지하고 판단한 여러 가지 행동방안이 있을 때 그중에서 선택방향을 정하는 역할을 하는 것을 말하는 힘force의 개념 등

---

20) 신현기, 『경찰조직관리론』(파주: 법문사, 2014), pp. 229~231.
21) Victor H. Vroom & G. Jago Arthur, "On the Validity of the Vroom- Yetton Model"(1978), in D. Katz, *et al.*, The Study of Organizations(San Francisco: Jossey-Bass, 1980), pp. 384~396; 조철옥, 앞의 책, p. 252.
22) 최미옥·신현기, 앞의 책, pp. 188~189.

을 그 구성요소로 한다. 브룸은 동기유발과 관련된 기대를 두 가지 형태로 나누었다. 기대 1은 목표달성의 확률에 대한 기대이고 기대 2는 업무목표를 달성한 결과로 보상을 받을 확률에 대한 기대이다. 결과 1은 개인이 가지고 있는 여러 가지 욕구의 충족을 의미한다. 조직이 제공하는 보상은 개인 욕구의 충족을 위해 사용되는 수단의 성격을 띠고 있으므로 결과 1과 결과 2는 수단성의 관계에 놓여 있다.[23]

동기부여motivation란 어떤 사람이 선호하고 가치를 부여하는 결과를 의미하는 유인가와 자신의 어떤 행위가 향후 어떤 결과를 가져 올 것이라고 믿는 주관적 확률인 기대를 곱한 총계이다. 이 공식의 배후에는 수단성의 개념, 즉 결과와 결과 간의 관계를 주관적으로 생각하는 논리가 있으며 특정한 행위를 하도록 방향을 부여하는 힘이 존재하는 것이다.[24]

매슬로우의 욕구5단계이론과 브룸의 기대이론을 비교해 보면 다음과 같다.

① 동기부여상의 강도연구에서 매슬로우 이론은 욕구의 결핍을 어느 정도 지각하고 있기 때문에 사람들은 특정한 형태의 행동을 취하도록 충동을 받는다는 관점에서 동기부여를 연구한 반면, 기대이론은 이러한 욕구의 결핍을 경감시켜 주는 데 기여하는 외적 목표에 중점을 두는 것이다.

② 매슬로우 이론은 동기부여의 내용적 차원에 중점을 둔 반면 기대이론은 과정적 차원을 중시하였다.

③ 욕구5단계이론은 사람에게 동기를 부여하는 데에는 최선의 방법이 있다는 가정에 입각하고 있으나 기대이론은 사람이 다르면 반응도 다르다는 입장을 취하고 있다.

④ 기대이론은 욕구가 충족되면 곧 동기가 부여된다고 보지 않고 기대요인이 개재되고 있다는 점을 중시했다.

한마디로 브룸의 기대이론의 특징을 정리하면 행동을 하는 데는 욕구보다는 기대가 중요한 역할을 하며 인간은 자기의 노력이 좋은 성과를 달성함으로써 적절한 보상을 받고 있다고 믿으면 더욱 열심히 일한다는 것이다.[25]

23) 최미옥·신현기, 앞의 책, p. 189.
24) 최미옥·신현기, 앞의 책, p. 189.
25) 김중규, 앞의 책, p. 396.

통상적으로 경찰조직의 구조를 편성하기 위해서는 어떻게 하는 것이 다수의 경찰구성원이 효율적으로 협조하여 범죄예방과 대응을 제대로 행할 것인가에서 출발해야 하는 것이다. 이러한 토대 위에서 경찰조직과 관련된 내용을 살펴보면 바로 분업, 계층제, 통솔범위, 명령통일, 조정과 통합의 원리 등이다.26) 따라서 관리자로서 경찰간부들은 조직구성의 원리와 실제운용에서 내용을 잘 파악하고 통달해 있어야 하는 것이다.

1. 경찰분업의 원리

흔히 경찰조직에서 경찰업무를 종류와 성질별로 나누어 경찰공무원들에게 적성에 따라 경과(警科)를 분담시키는 제도를 경찰분업의 원리라고 한다. 이는 경찰조직이 업무의 능률화를 위해 행하는 하나의 제도로 이해된다.27) 예를 들어 경찰이 경무과, 경비교통과, 생활안전과, 수사과, 형사과, 정보과, 보안과, 외사과 등으로 조직이 구성되어 기능하는 것이 바로 경찰분업의 대표적인 사례이다.

2. 경찰계층제의 원리

일반적으로 계층제란 권한과 책임의 정도에 따라 직무를 등급화하여 상·하조직단위 간에 직무상 지휘 및 감독관계가 잘 이루어지도록 하는 것을 말한다.28)
경찰계층제의 원리란 경찰의 권한, 의무 및 책임의 정도에 따라 그리고 경찰직무를 정도에 따라 상·하로 등급화시키고 등급간에 명령복종과 지휘·감독체계를 확립하는 조직의 원리를 의미한다.29)
계층제에 의해 조직을 편성하고 배치한 경찰조직은 상명하복을 기본적 원리로 수용하고 있다. 그러나 이 원리는 상하계층간의 상명하복과 함께 수평적으로 움직이는

---

26) 이상안, 『신경찰행정』(서울: 대영문화사, 1999), pp. 208~216; 이운주, 앞의 책, p. 202.
27) 이운주, 앞의 책, p. 202.
28) 김충남, 앞의 책, p. 254; Victor A. Thompson, Modern Organization, Alfred A. Knopf, 1961, p. 58.
29) 조철옥, 앞의 책, p. 235.

표 5-1	계층제 기능의 장·단점

장 점(순기능)	단 점(역기능)
㉠ 명령·지시·권한의 위임이나 의사소통의 경로	㉠ 계층수가 많아지면 의사소통의 단계가 기하급수적으로 늘어나 업무처리가 지연
㉡ 권한과 책임 한계의 설정기준	㉡ 조직의 경직화 초래
㉢ 내부통제의 경로	㉢ 동태적인 인간관계 형성 저해
㉣ 조직 내의 분쟁 및 갈등의 조절 수단	㉣ 의사소통 왜곡
㉤ 승진의 경로가 되어 사기앙양	㉤ 자율성이 강한 전문가와 계층제의 권위간 대립·갈등
㉥ 조직의 통일성·일체감 유지	㉥ 계층제를 비합리적인 인간지배의 수단으로 인식할 우려
㉦ 행정의 능률성 보장	㉦ 창의적·쇄신적 활동곤란
㉧ 조직의 안정성	㉧ 환경변동에 대한 조직의 신축적 대응 불능
㉨ 신중한 업무처리	㉨ 인간의 자아실현욕구나 성취욕구의 추구와 조화 곤란

출처: 신현기·남재성 외, 『새경찰학개론』(서울: 우공출판사, 2022), p. 306.

부서들도 존재하고 있기 때문에 물론 모든 경찰부서에 적용되는 것은 아니다.

특히 경찰의 계층제는 경찰업무에서 질서와 통일성을 기할 수 있다. 그러나 계층제원리에 의한 경찰조직은 문제점도 많이 지니고 있다. 계층을 통한 업무수행 중에 시간이 오래 걸리고 업무처리비용이 많이 소요되며 계층간에 갈등을 유발시킬 수 있는 단점이 있다.[30)]

3. 경찰 통솔범위의 원리

도대체 경찰은 몇 명의 부하경찰관을 가장 잘 통솔할 수 있을 것인가. 경찰 통솔범위란 1인의 상관이나 감독자가 직접 효과적으로 관리·감독할 수 있는 부하경찰관의 수를 말한다. 즉 1명의 경찰상관이 직접적으로 몇 명의 부하경찰관을 통솔할 때 가장 이상적인가를 따지는 원리를 말한다. 경찰통솔의 범위를 결정하는 요인은 경찰통솔자의 지식과 능력 및 시간적·공간적 범위의 한계에 따라 결정된다고 한다. 이른바 경찰통솔범위는 심리학적 개념인 인간의 주의력 한계와 범위를 관리에 적용시킨 것으로 보면 된다. 경찰통솔범위의 원리는 인간의 능력으로 일정한 한계가 있기 때문에 경찰상관은 일정한 수의 경찰부하를 통솔해야 효과가 크다는 원리이다.[31)]

그레이쿠나스V. A. Graicunas는 조직 속에서 상관이 통솔하기 가장 좋은 적정 인원은 6명이라고 평가한 적이 있다.[32)] 그러나 이러한 평가는 정보통신이 급속히 발달하기 이전 사람이 사람만을 통해 조직생활을 영위하던 시대의 이야기로 보인다. 오늘날

---

30) 이운주, 앞의 책, p. 203; 신현기, 앞의 책, p. 254.
31) 박영대, 앞의 책, p. 102.
32) 조철옥, 앞의 책, p. 236.

의 상황은 완전히 달라졌으며 특히 교통, 통신 및 정보기술의 발달로 인해 상관이 부하직원을 통솔 가능한 범위의 원리는 무의미해졌다.

4. 경찰명령통일의 원리

경찰명령통일의 원리란 경찰조직의 어떤 구성원도 한 사람의 직속상관으로부터만 명령을 받아야 한다는 것을 의미한다. 만일 경찰공무원이 2명 이상의 상관으로부터 명령을 받으면 예상치 않은 부작용의 결과가 발생할 것이다. 따라서 경찰의 명령통일은 한 사람의 경찰상관으로부터 명령을 받아야 명령이 왜곡되지 않고 통일될 수 있다.33)

하지만 경찰명령통일의 원리는 경찰행정기능의 전문화가 고도화될수록 그 타당성은 약화될 수밖에 없을 것이다. 그러나 명령통일의 원리를 너무 철저하게 지킨다면 실제 경찰업무수행에 더 큰 지체나 혼란을 야기할 수 있다.34)

그러므로 경찰관리자는 대리나 위임제도를 잘 활용하여 계층제의 통솔범위나 명령통일의 원리를 적절하게 적용해 경찰업무의 공백이나 지휘 및 업무수행에 혼란이 발생되지 않게 해야 한다.

표 5-2 명령통일 원리의 장·단점

장 점(순기능)	단 점(역기능)
㉠ 책임의 소재를 명확히 한다. ㉡ 조직적·능률적·책임 있는 업무처리가 이루어진다. ㉢ 조직 내 혼란을 방지한다. ㉣ 경찰조직의 구성원으로 하여금 누구에게 보고하여야 하며 누구로부터 보고를 받는가를 명시해 줌으로써 지위의 안정감을 갖게 한다.	㉠ 비상사태 또는 직접적인 감독자가 감독을 할 수 없을 때에는 업무가 마비될 수 있다. ㉡ 한 사람의 상관을 통한 의사전달을 강조하면 행정능률과 횡적인 조정을 저해한다. ㉢ 직접 감독하지 않는 참모 및 계선조직이 부하들에게 유익한 자문을 하도록 허용치 않는다.

출처: 신현기·남재성 외, 『새경찰학개론』(서울: 우공출판사, 2022), p. 307.

5. 경찰조정과 통합의 원리

경찰조직편성의 원리에서 경찰조정과 통합의 원리도 중요한 요소 중에 하나다. 일반적으로 경찰조정과 통합의 원리란 어떻게 하면 경찰목표를 보다 효율적으로 달성하기 위해 경찰조직의 각 단위와 경찰구성원의 집단적 노력과 행동을 질서 있게

---

33) 박영대, 앞의 책, p. 103; 신현기, 앞의 책, p. 253.
34) 이운주, 앞의 책, p. 205.

배열하고 통일시킬 것인가 하는 일련의 작용을 의미한다.

6. 경찰부서편성의 원리

경찰조직이 경찰행정의 목적을 효과적이고 합리적으로 편성하는 일은 대단히 중요하다. 이러한 의미에서 조직편성의 원리가 매우 중요시되는 것이다. 경찰부서편성의 원리란 경찰행정의 목적을 효과적으로 추구하기 위해 합리적으로 경찰조직의 구조를 편성하는 것을 의미한다. 오늘날 경찰조직에서 경찰행정의 기능이 확대 및 강화되고 경찰행정활동이 다변화됨에 따라 행정조직의 확장 및 재편성의 변화가 불가피하게 되었다. 경찰조직이 추구하는 목적을 보다 효과적으로 달성하기 위해서는 보다 합리적인 경찰부처조직이 요구된다. 즉 경찰부처조직의 원리란 경찰부처의 조직편성을 어떤 기준에 입각해서 하는 것이 가장 합리적이고 바람직한 것이냐 하는 것이다. 실질적으로 오늘날 경찰조직의 경우를 보면 경찰청, 시·도경찰청, 그리고 경찰서 별로 부서편성의 원리에 입각해 경찰조직 체계가 편성되어 있다.35)

제4절 **국가경찰제도와 자치경찰제도**

1. 국가경찰과 자치경찰의 탄생

한국은 1910년 한일합방이 되어 1945년 일본의 식민지 체제에서 35년간 어려움을 겪다가 1945년 8월 15일 해방되었다. 한국의 경찰은 1945년 10월 21일 미군정하에서 국가경찰로 출범하게 되었다. 그러나 대한민국 초대정부는 3년 후인 1948년 8월에 가서야 수립되었다. 우리나라 경찰기구는 이승만 초대정부보다 3년이나 앞서 설치된 역사를 보여준다. 특히 우리가 주목할 점은 우리나라 경찰조직이 1945년 해방 이후 줄곧 국가경찰체제만을 고집해 왔다는 사실이다. 그러나 노무현 참여정부 시절인 2006년 2월 21일 <제주특별자치도 설치 및 국제자유도시 조성을 위한 특별법(이하 제주특별법)>이 통과되어 우리나라 최초로 2006년 7월 1일 자치경찰제가 출범했다. 2017년 2월 출범한 문재인 정부에서 2020년 국가경찰과 자치경찰의 조직 및 운영에 관한 법

---

35) 손봉선·송재복, 앞의 책, p. 127; 신현기 앞의 책, p. 255.

률의 제정에 따라 2021년 7월 1일 전국 17개 전국 광역시도의 시도지사 산하에 18개의 시·도자치경찰위원회가 창설되었다. 본 위원회는 자치경찰업무로 나뉘어진 생활안전, 여성청소년, 교통 분야를 시·도경찰청장을 지휘·감독하는 방식으로 자치경찰제가 실시되었다. 다만 자치경찰 업무는 있고 자치경찰공무원은 없이 기존의 국가경찰공무원이 담당해 주는 일원화 방안 모델로 실시되었다.

2. 제주자치경찰의 뿌리

제주자치경찰제는 2006년 7월 1일 제주특별법에 따라 시행되었다. 여기에다가 2021년 7월 1일 제주특별자치도에도 도지사 산하에 합의제 행정기구로 제주자치경찰위원회가 발족됨으로써 제주도에는 전국 유일하게 이중적 자치경찰제가 존재하게 되었다. 물론 이 양자는 제주자치경찰위원회가 관리 감독하고 있으며 우리나라 전국 모든 광역자치단체에 자치경찰제가 실시되었다는데 큰 의미가 있다.

제 5 절 **한국의 경찰행정기관**

1. 국가경찰위원회

(1) 의   의

우리나라 경찰제도는 경찰정책을 심의·의결하는 기관인 경찰위원회와 집행기관인 경찰청으로 구성되어 있다. 국가경찰위원회는 경찰의 중립성 보장과 민주성, 공정성 확보를 핵심 업무로 하고 있다.[36] 경찰행정에 관하여 경찰법에 정한 사항을 심의·의결하기 위하여 행정안전부 산하에 국가경찰위원회를 설치·운영한다(국가경찰위원회규정/제정 1991.7.23 대통령령 제13432호 내무부). 부분적이기는 하지만 경찰정책에 대한 심의·의결을 통하여 경찰행정의 합리성과 공정성을 확보하고 경찰행정의 대국민신뢰를 강화시키고자 하는 것이 국가경찰위원회의 가장 큰 설치목적이다.[37]

---

36) 1991년 8월 1일 경찰청의 발족과 더불어 적지 않은 의미를 지니는 것은 내무부 소속으로 1991년 7월 31일 발족된 경찰위원회의 신설이었다. 경찰위원회는 비록 제한적인 업무에 대한 심의·의결기관으로서 성격을 가지고 있어 그 성과에 대해서는 큰 기대를 할 수 없다. 하지만 경찰의 독선을 방지하고 신중한 정책결정으로 시민에 의한 경찰통제의 기틀을 마련했다는 점에서 적지 않은 의의가 있다고 본다.

37) 경찰청, 『경찰백서』, 2021, pp. 352~353.

국가경찰위원회는 합의제 심의의결기관 중의 하나로서 우리나라 경찰에 관한 중요한 제도나 기타 경찰행정에 대한 업무의 발전을 위한 제반 사항들을 심의·의결한다.

(2) 국가경찰위원회의 조직구성

국가경찰과 자치경찰의 조직 및 운영에 관한 법률(경찰법) 제7조에 근거해 국가경찰위원회가 구성된다. 경찰위원회는 위원장 1인을 포함한 7인의 위원으로 구성하되, 위원장 및 5인의 위원은 비상임, 1인의 위원은 상임으로 한다. 경찰위원은 학식과 사회적으로 덕망을 갖춘 민간인사로 한다. 그리고 경찰위원은 행정안전부장관의 제청으로 국무총리를 거쳐 대통령이 임명한다. 행정안전부장관은 위원을 제청함에 있어서 경찰의 정치적 중립이 보장되도록 하여야 한다. 위원 중 2인은 법관의 자격이 있는 자이어야 한다. 국가경찰위원회는 경찰청장에 대한 임명제청 전에 동의권과 주요 경찰정책 및 계획에 대한 심의와 의결권을 행사한다. 그래서 경찰행정에 국민의 의사를 반영하고 업무수행의 책임성과 독자성을 확보하는 기능을 수행해 나가고 있다.38)

그러나 다음 각 호의 1에 해당하는 자는 위원이 될 수 없다.

① 당적을 이탈한 날부터 3년이 경과되지 아니한 자

② 선거에 의하여 취임하는 공직에서 퇴직한 날부터 3년이 경과되지 아니한 자

③ 경찰·검찰·국가정보원직원 또는 군인의 직에서 퇴직한 날부터 3년이 경과되지 아니한 자

④ 국가공무원법 제33조 각 호의 1에 해당하는 자

경찰법 제9조에서 규정하는 위원의 임기 및 신분보장을 보면 위원의 임기는 3년으로 하며, 연임할 수 없다. 이 경우 보궐위원의 임기는 전임자의 잔임기간으로 한다. 위원은 정당에 가입하거나 제6조 제4항 제2호 또는 제3호의 직에 취임 또는 임용되거나 제4호에 해당하게 된 때에는 당연히 퇴직된다. 또한 위원은 중대한 심신상의 장애로 직무를 수행할 수 없게 된 경우를 제외하고는 그 의사에 반하여 면직(免職)되지 아니한다.39)

그리고 경찰법 제8조 국가공무원법의 준용에 따라 위원에 대하여는 국가공무원법 제60조(비밀엄수의 의무) 및 제65조(정치운동의 금지)의 규정을 준용해야 하는 의무를 지고 있다.

또한 경찰위원회에 간사40) 1인을 두되, 간사는 경찰청 기획조정담당관이 된다.

---

38) 경찰청, 『경찰백서』(서울: 경찰청, 2008), p. 352.

39) 신현기, 『경찰조직론』(파주: 법문사, 2007), p. 134.

40) 경찰위원회 간사는 통상 경찰청기획조정담당관이지만 실질적으로는 계장(경정급)이 파견되어 업무를 수행하고 있다.

그림 5-3   경찰위원회의 조직표

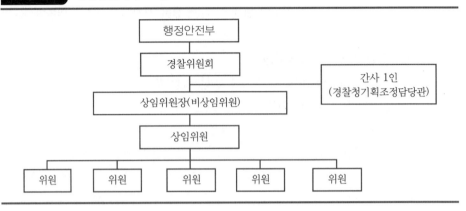

간사는 위원장의 명을 받아 다음 사항을 처리한다.

① 의안의 작성

② 회의진행에 필요한 준비

③ 회의록 작성과 보관

④ 기타 위원회의 사무

(3) 위원회의 심의·의결사항

경찰위원회의 경찰업무에 관한 심의·의결사항은 다음과 같다.

표 5-3	경찰위원회 심의·의결사항
경찰법 제9조 제1항	1. 경찰인사·예산·장비·통신 등에 관한 주요정책 및 업무발전에 관한 사항 2. 인권보호와 관련되는 경찰의 운영개선에 관한 사항 3. 경찰임무 외의 다른 국가기관으로부터의 업무협조 요청에 관한 사항 4. 기타 행정안전부 장관 및 경찰청장이 중요하다고 인정하여 부의한 사항
경찰 위원회 규정 제5조	1. 경찰인사에 관계되는 법규·훈령·예규 및 운영기준에 관한 사항 2. 경찰교육 기본계획 3. 경찰장비와 통신의 개발·보강 및 운영에 관한 기본계획 4. 경찰예산편성기본계획 5. 경찰의 중·장기발전 계획에 관한 사항 6. 국민의 권리·의무와 직접 관계되는 경찰행정 및 수사절차 7. 경찰행정과 관련되는 과태료·범칙금 기타 벌칙에 관한 사항 8. 경찰행정과 관련되는 국민의 부담에 관한 사항

출처: 신현기, 『경찰인사관리론』(파주: 법문사, 2018), pp. 22~24.

(4) 재의요구

행정안전부 장관은 법 제10조의 규정에 의하여 행정안전부 장관이 재의를 요구하는 경우에는 의결한 날로부터 10일 이내에 재의요구서를 위원회에 제출하여야 한다(제6조, 재의요구). 그리고 국가경찰위원회 위원장은 재의요구가 있는 경우에는 그 요구를 받은 날로부터 7일 이내에 회의를 소집하여 다시 재의결하여야 한다.41)

(5) 국가경찰위원회 회의

위원회의 회의는 정기회의와 임시회의로 구분한다. 정기회의는 특별한 사유가 있는 경우를 제외하고는 매월 1회 위원장이 소집한다. 그리고 위원장은 필요한 경우 임시회의를 소집할 수 있으며, 위원 3인 이상과 행정안전부 장관 또는 경찰청장은 위원장에게 임시회의의 소집을 요구할 수 있다. 임시회의 소집요구가 있는 경우 위원장은 특별한 사유가 없는 한 회의를 소집하여야 한다.42)

(6) 의견청취 등에 관한 규정

위원장은 위원회의 심의를 위하여 필요한 경우에는 관계공무원 또는 관계전문가의 출석·발언이나 자료의 제출을 요구할 수 있다(제10조, 의견청취 등). 위원회에 출석한 관계공무원 또는 관계전문가에 대하여는 예산의 범위 안에서 수당과 여비를 지급할 수 있다. 다만, 공무원이 그 소관업무와 직접적으로 관련되어 출석하는 경우에는 그러하지 아니한다.

(7) 위원회의 운영 등

경찰법 제10조에 따라 위원회의 사무는 경찰청에서 수행한다. 위원회의 회의는 재적위원 과반수의 출석과 출석위원 과반수의 찬성으로 의결한다. 이 법에 규정된 것 외에 위원회의 운영 및 제9조 제1항 각 호에 정한 심의·의결사항의 구체적 범위, 재의요구 등에 관하여 필요한 사항은 대통령령으로 정한다.

2. 치안행정협의회에서 자치경찰위원회

국가경찰시대에는 치안행정협의회가 운영되었으나 18개 자치경찰위원회가 전국 17개 광역시도에 출범함으로써 치안행정협의회가 폐지되었다. 더 이상 존재할 필요성

---

41) 신현기, 앞의 책, p. 137.
42) 신현기, 앞의 책, p. 136.

이 사라진 것이다.

- 시·도자치경찰위원회
- 시·도자치경찰위원회의 설치

① 자치경찰사무를 관장하게 하기 위하여 특별시장·광역시장·특별자치시장·도지사·특별자치도지사(이하 "시·도지사"라 한다) 소속으로 시·도자치경찰위원회를 둔다(제18조).

② 시·도자치경찰위원회는 합의제 행정기관으로서 그 권한에 속하는 업무를 독립적으로 수행한다.

- 시·도자치경찰위원회의 구성

시·도자치경찰위원회는 위원장 1명을 포함한 7명의 위원으로 구성하되, 위원장과 1명의 위원은 상임으로 하고, 5명의 위원은 비상임으로 한다(제19조). 위원은 특정 성(性)이 10분의 6을 초과하지 아니하도록 노력하여야 한다. 위원 중 1명은 인권문제에 관하여 전문적인 지식과 경험이 있는 사람이 임명될 수 있도록 노력하여야 한다.

- 시·도자치경찰위원회 위원의 임명 및 결격사유

시·도자치경찰위원회 위원은 다음 각 호의 사람을 시·도지사가 임명한다(제20조).

- 시·도의회가 추천하는 2명
- 국가경찰위원회가 추천하는 1명
- 해당 시·도 교육감이 추천하는 1명
- 시·도자치경찰위원회 위원추천위원회가 추천하는 2명
- 시·도지사가 지명하는 1명

시·도자치경찰위원회 위원은 다음 각 호의 어느 하나에 해당하는 자격을 갖추어야 한다.

- 판사·검사·변호사 또는 경찰의 직에 5년 이상 있었던 사람
- 변호사 자격이 있는 사람으로서 국가기관등에서 법률에 관한 사무에 5년 이상 종사한 경력이 있는 사람
- 대학이나 공인된 연구기관에서 법률학·행정학 또는 경찰학 분야의 조교수 이상의 직이나 이에 상당하는 직에 5년 이상 있었던 사람
- 그 밖에 관할 지역주민 중에서 지방자치행정 또는 경찰행정 등의 분야에 경험이 풍부하고 학식과 덕망을 갖춘 사람

시·도자치경찰위원회 위원장은 위원 중에서 시·도지사가 임명하고, 상임위원은 시·도자치경찰위원회의 의결을 거쳐 위원 중에서 위원장의 제청으로 시·도지사가

임명한다. 이 경우 위원장과 상임위원은 지방자치단체의 공무원으로 한다. 위원은 정치적 중립을 지켜야 하며, 권한을 남용하여서는 아니 된다. 공무원이 아닌 위원에 대해서는 「지방공무원법」 제52조 및 제57조를 준용한다. 공무원이 아닌 위원은 그 소관 사무와 관련하여 형법이나 그 밖의 법률에 따른 벌칙을 적용할 때에는 공무원으로 본다. 다음 각 호의 어느 하나에 해당하는 사람은 위원이 될 수 없다. 위원이 각 호의 어느 하나에 해당한 경우에는 당연퇴직한다.

- 정당의 당원이거나 당적을 이탈한 날부터 3년이 지나지 아니한 사람
- 선거에 의하여 취임하는 공직에 있거나 그 공직에서 퇴직한 날부터 3년이 지나지 아니한 사람
- 경찰, 검찰, 국가정보원 직원 또는 군인의 직에 있거나 그 직에서 퇴직한 날부터 3년이 지나지 아니한 사람
- 국가 및 지방자치단체의 공무원(국립 또는 공립대학의 조교수 이상의 직에 있는 사람은 제외한다. 이하 이 조에서 같다)이거나 공무원이었던 사람으로서 퇴직한 날부터 3년이 지나지 아니한 사람. 다만, 제20조제3항 후단에 따라 위원장과 상임위원이 지방자치단체의 공무원이 된 경우에는 당연퇴직하지 아니한다.
- 「지방공무원법」 제31조 각 호의 어느 하나에 해당하는 사람. 다만, 「지방공무원법」 제31조제2호 및 제5호에 해당하는 경우에는 같은 법 제61조제1호 단서에 따른다.

그 밖에 위원의 임명방법 등에 관하여 필요한 사항은 대통령령으로 정하는 기준에 따라 시·도조례로 정한다.

- •시·도자치경찰위원회 위원추천위원회

시·도자치경찰위원회 위원 추천을 위하여 시·도지사 소속으로 시·도자치경찰위원회 위원추천위원회를 둔다(제21조). 시·도지사는 시·도자치경찰위원회 위원추천위원회에 각계각층의 관할 지역주민의 의견이 수렴될 수 있도록 위원을 구성하여야 한다. 시·도자치경찰위원회 위원추천위원회 위원의 수, 자격, 구성, 위원회 운영 등에 관하여 필요한 사항은 대통령령으로 정한다.

- •시·도자치경찰위원회 위원장의 직무

시·도자치경찰위원회 위원장은 시·도자치경찰위원회를 대표하고 회의를 주재하며 시·도자치경찰위원회의 의결을 거쳐 업무를 수행한다(제22조). 시·도자치경찰위원회 위원장이 부득이한 사유로 직무를 수행할 수 없을 때에는 상임위원, 시·도자치경찰위원회 위원 중 연장자순으로 그 직무를 대행한다.

- •시·도자치경찰위원회 위원의 임기 및 신분보장

시·도자치경찰위원회 위원장과 위원의 임기는 3년으로 하며, 연임할 수 없다(제23조). 보궐위원의 임기는 전임자 임기의 남은 기간으로 하되, 전임자의 남은 임기가 1년 미만인 경우 그 보궐위원은 제1항에도 불구하고 한 차례만 연임할 수 있다. 위원은 중대한 신체상 또는 정신상의 장애로 직무를 수행할 수 없게 된 경우를 제외하고는 그 의사에 반하여 면직되지 아니한다.

- 시·도자치경찰위원회의 소관 사무

시·도자치경찰위원회의 소관 사무는 다음 각 호로 한다(제24조).

- 자치경찰사무에 관한 목표의 수립 및 평가
- 자치경찰사무에 관한 인사, 예산, 장비, 통신 등에 관한 주요정책 및 그 운영지원
- 자치경찰사무 담당 공무원의 임용, 평가 및 인사위원회 운영
- 자치경찰사무 담당 공무원의 부패 방지와 청렴도 향상에 관한 주요 정책 및 인권침해 또는 권한남용 소지가 있는 규칙, 제도, 정책, 관행 등의 개선
- 제2조에 따른 시책 수립
- 제28조제2항에 따른 시·도경찰청장의 임용과 관련한 경찰청장과의 협의, 제30조제4항에 따른 평가 및 결과 통보
- 자치경찰사무 감사 및 감사의뢰
- 자치경찰사무 담당 공무원의 주요 비위사건에 대한 감찰요구
- 자치경찰사무 담당 공무원에 대한 징계요구
- 자치경찰사무 담당 공무원의 고충심사 및 사기진작
- 자치경찰사무와 관련된 중요사건·사고 및 현안의 점검
- 자치경찰사무에 관한 규칙의 제정·개정 또는 폐지
- 지방행정과 치안행정의 업무조정과 그 밖에 필요한 협의·조정
- 제32조에 따른 비상사태 등 전국적 치안유지를 위한 경찰청장의 지휘·명령에 관한 사무
- 국가경찰사무·자치경찰사무의 협력·조정과 관련하여 경찰청장과 협의
- 국가경찰위원회에 대한 심의·조정 요청
- 그 밖에 시·도지사, 시·도경찰청장이 중요하다고 인정하여 시·도자치경찰위원회의 회의에 부친 사항에 대한 심의·의결

시·도자치경찰위원회의 업무와 관련하여 시·도지사는 정치적 목적이나 개인적 이익을 위해 관여하여서는 아니 된다.

- 시·도자치경찰위원회의 심의·의결사항 등

시·도자치경찰위원회는 제24조의 사무에 대하여 심의·의결한다(제25조). 시·도

자치경찰위원회의 회의는 재적위원 과반수의 출석과 출석위원 과반수의 찬성으로 의결한다. 시·도지사는 제1항에 관한 시·도자치경찰위원회의 의결이 적정하지 아니하다고 판단할 때에는 재의를 요구할 수 있다. 위원회의 의결이 법령에 위반되거나 공익을 현저히 해친다고 판단되면 행정안전부장관은 미리 경찰청장의 의견을 들어 국가경찰위원회를 거쳐 시·도지사에게 제3항의 재의를 요구하게 할 수 있고, 경찰청장은 국가경찰위원회와 행정안전부장관을 거쳐 시·도지사에게 재의를 요구하게 할 수 있다. 시·도자치경찰위원회의 위원장은 재의요구를 받은 날부터 7일 이내에 회의를 소집하여 재의결하여야 한다. 이 경우 재적위원 과반수의 출석과 출석위원 3분의 2 이상의 찬성으로 전과 같은 의결을 하면 그 의결사항은 확정된다.

· 시·도자치경찰위원회의 운영 등

시·도자치경찰위원회의 회의는 정기적으로 개최하여야 한다. 다만 위원장이 필요하다고 인정하는 경우, 위원 2명 이상이 요구하는 경우 및 시·도지사가 필요하다고 인정하는 경우에는 임시회의를 개최할 수 있다(제26조). 시·도자치경찰위원회는 회의 안건과 관련된 이해관계인이 있는 경우 그 의견을 듣거나 회의에 참석하게 할 수 있다. 시·도자치경찰위원회의 위원 중 공무원이 아닌 위원에게는 예산의 범위에서 직무활동에 필요한 비용 등을 지급할 수 있다. 그 밖에 시·도자치경찰위원회의 운영 등에 필요한 사항은 대통령령으로 정하는 기준에 따라 시·도조례로 정한다.

· 사무기구

시·도자치경찰위원회의 사무를 처리하기 위하여 시·도자치경찰위원회에 필요한 사무기구를 둔다(제27조). 사무기구에는 「지방자치단체에 두는 국가공무원의 정원에 관한 법률」에도 불구하고 대통령령으로 정하는 바에 따라 경찰공무원을 두어야 한다. 제주특별자치도에는 「제주특별자치도 설치 및 국제자유도시 조성을 위한 특별법」 제44조제3항에도 불구하고 같은 법 제6조제1항 단서에 따라 이 법 제27조제2항을 우선하여 적용한다. 사무기구의 조직·정원·운영 등에 관하여 필요한 사항은 경찰청장의 의견을 들어 대통령령으로 정하는 기준에 따라 시·도조례로 정한다.

제 6 절   경찰행정기관과 경찰행정관청

경찰행정기관은 행정경찰작용을 주된 관장업무로 하는 경찰기관을 말한다. 행정경찰작용이란 다른 행정작용과 직접적인 관련 없이 그 자체로써 공공의 안녕과 질서

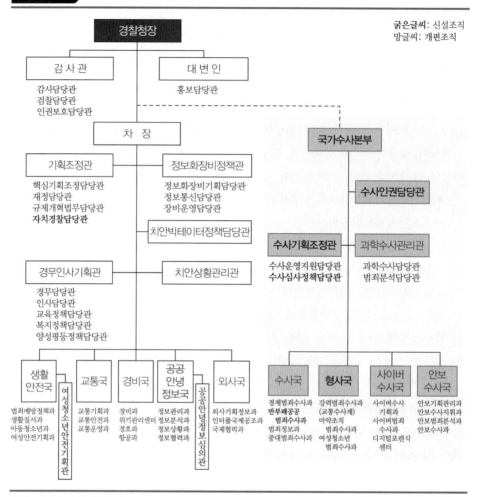

그림 5-4 우리나라 경찰조직 및 기구

굵은글씨: 신설조직
망글씨: 개편조직

경찰청장

감사관
감사담당관
검찰담당관
인권보호담당관

대변인
홍보담당관

차장

기획조정관
핵심기획조정담당관
재정담당관
규제개혁법무담당관
자치경찰담당관

정보화장비정책관
정보화장비기획담당관
정보통신담당관
장비운영담당관

치안빅테이터정책담당관

경무인사기획관
경무담당관
인사담당관
교육정책담당관
복지정책담당관
양성평등정책담당관

치안상황관리관

생활안전국
법죄예방정책과
생활질서과
아동청소년과
여성안전기획과

여성청소년안전기획관

교통국
교통기획과
교통안전과
교통운영과

경비국
경비과
위기관리센터
경호과
항공과

공공안녕정보국
정보관리과
정보분석과
정보상황과
정보협력과

공공안녕정보심의관

외사국
외사기획정보과
인터폴국제공조과
국제협력과

국가수사본부

수사인권담당관

수사기획조정관
수사운영지원담당관
수사심사정책담당관

과학수사관리관
과학수사담당관
범죄분석담당관

수사국
경제범죄수사과
반부패공공범죄수사과
범죄정보과
중대범죄수사과

형사국
강력범죄수사과
(교통수사계)
마약조직범죄수사과
여성청소년범죄수사과

사이버수사국
사이버수사기획과
사이버범죄수사과
디지털포렌식센터

안보수사국
안보기획관리과
안보수사지휘과
안보범죄분석과
안보수사과

출처: 경찰청 홈페이지(2022. 5. 6).
※ 시・도경찰청 18개, 부속기관 5개, 경찰서 258개.

유지를 위한 경찰작용을 말한다. 이는 다시 그 기능에 따라 경찰행정관청과 경찰집행기관으로 나누어진다. 경찰행정관청이란 경찰에 관한 국가의 의사를 결정하고 표시하는 권한을 가진 경찰행정기관을 말한다. 경찰은 국가행정작용의 일부인 까닭에 경찰권은 대통령을 수반으로 하는 정부에 속한다. 이에 따라 정부조직법은 경찰청장을 중앙보통경찰관청으로 하고, 시・도경찰관청은 전국을 통하여 계층적 구조를 이루고 있다.

한국의 경찰조직은 1991년 외청으로 독립한 경찰청을 정점으로 2022년 5월 기준으로 경찰은 청장을 중심으로 1차장 1본부 9국 10관 33과 23담당관 1팀으로 구성되어 있다. 구체적으로 생활안전국·교통국이 민생치안을, 수사기획조정관·과학수사관리관·수사국·형사국·사이버수사국·안보수사국이 소속된 국가수사본부가 수사를 담당하고, 경비국·공공안녕정보국·외사국이 사회질서 유지를, 대변인·감사관·기획조정관·경무인사기획관·정보화장비정책관이 행정지원을 각각 담당하고 있다. 부속기관으로는 국립경찰대학·경찰인재개발원·중앙경찰학교·경찰수사연수원 등 4개의 교육기관과 책임운영기관인 경찰병원이 있다. 또한 치안사무를 지역적으로 분담 수행하기 위하여 전국 특별시·광역시·도에 18개 시·도경찰청을 두고 있으며 시·도경찰청장 소속하에 경찰서 258개, 지구대 616개, 파출소 1,418개를 운영하고 있다.43)

2021년 1월 1일 시행에 들어간 국가경찰과 자치경찰의 조직 및 운영에 관한 법률에 따라서 경찰청의 조직은 3개 분야로 나누어졌다. 국가수사본부와 시·도자치경찰위원회가 설치되어 국가경찰 업무와 함께 한지붕 3가족 체제로 경찰조직에 있어서 큰 변화가 온 것이다.

1. 경찰청장과 경찰청

(1) 경찰청장

한국 경찰조직의 구조는 지역적 혹은 기능별로 분화되어 있는 계층구조 형태로 이루어져 있는 조직이다.44) 따라서 경찰청장은 중앙경찰관청이며 최상급 경찰관청으로서 다른 행정업무와 함께 일반경찰업무를 주관하고 있다. 경찰청장은 일반경찰관청인 18개 시·도경찰청을 모두 지휘·감독한다. 물론 각부 장관도 그 주관업무와 직접 관련 있는 범위 내에서 광의의 행정경찰권을 갖고 있지만, 경찰청장은 일반적인 경찰권을 갖고 있으며, 경찰공무원 신분상의 최고상관인 점에서 크게 차이가 있다.

경찰업무에 관한 실질적인 주무기관으로서 청장은 독임제를 택하고 있다. 그리고 대통령이 임면권을 갖고 치안총감으로 보한다.45) 위 경찰업무의 주무기관인 경찰청 외에 청장소속하에 여러 가지 부속기관이 있다. 즉 경찰교육기관인 경찰대학과 경찰인재개발원, 중앙경찰학교, 경찰수사연수원, 경찰공무원과 그 가족 그리고 피교육자의 질병치료를 담당하는 경찰병원 등이다.46)

---

43) 경찰청 홈페이지, https://www.police.go.kr/www/agency/orginfo/orginfo01.jsp.
44) 송명순, 『경찰경무론』(서울: 수사연구사, 2004), p. 83.
45) 2022년 5월 10일 출범한 윤석열 대통령 당선인은 2022년 초 대선후보자 선거공약에서 경찰청장의 직급을 현재 차관급에서 장관급으로 승격시키기로 했다. 이렇게 되면 경찰은 공안직으로 변경되면서 동시에 승격에 따라 모든 전체 경찰공무원의 인건비도 대폭 오르게 되어 있다.
46) 경찰청, 『경찰백서』, 2008, p. 415.

(2) 차   장

경찰청 차장은 경찰청장을 보좌한다. 경찰청장의 유고시에는 경찰청장의 직무를 대행한다. 경찰청 차장은 치안정감의 신분을 유지하고 있다.

(3) 대 변 인

경찰청의 대변인은 경무관으로 보한다. 2008년에 홍보관리관에서 대변인으로 명칭이 변경되었다. 그는 청장의 홍보사무에 관하여 보좌한다(경찰청과그소속기관등직제 제5조). 즉 경찰홍보에 관한 계획의 조정, 보도자료의 수집 및 배포, 경찰악대 및 의장대의 운영지도, 방송모니터실의 운영, 경찰관련 신문과 방송 및 간행물의 분석, 주요 공보업무에 관련한 기획 및 분석, 경찰 홍보간행물의 발간 및 관리, 치안행정모니터운영에 관한 사항 등을 담당한다.47)

(4) 감 사 관

경찰청은 2011년 중반에 기존의 경무관으로 보하던 감사관을 외부의 민간인에게 개방하여 운영하고 있다. 초대 감사관은 전직 감사원에서 감사위원을 담당하던 인사가 경찰청 감사관에 임명되었다. 약 12년째 경찰청 감사관은 계속해서 감사원 현직 공무원이 선발되어 근무하다가 다시 감사원으로 복귀함을 반복하고 있다는 점이 특이하고 독특한 현상이다. 경찰청의 감사관(監査官)은 다음의 사항을 관장한다. 즉 감사관은 다음 사항에 관하여 차장을 보좌하며 감사관 밑에 감찰담당총경, 감사담당총경 및 인권보호담당총경 등 각 1인을 둔다.48)

경찰청의 감사관이 담당하는 업무는 다음과 같다.

① 경찰청 및 그 소속기관과 지방경찰기관에 대한 감사

② 산하단체에 대한 감사

③ 다른 기관에 의한 경찰청 및 그 소속기관과 지방경찰기관에 대한 감사결과 처리에 관한 사항

④ 사정업무

⑤ 경찰기관 공무원(전투경찰순경을 포함한다)에 대한 진정 및 비위사항의 조사처리

⑥ 인권보호업무 및 기타 청장이 감사에 관하여 지시한 사항의 처리 등

---

47) 박영대, 앞의 책, p. 117.
48) 이영남·신현기, 전게서, p. 299.

(5) 기획조정관

기획조정관은 치안감으로, 각 과장은 총경으로 보한다. 그리고 다음의 사항을 분장한다(제10조). 기획과 조정에 관한 사항을 관장하는 부서로 2009년 5월 29일 조직개편에 의해 경무기획국에서 분리되었다. 기획조정관실에는 3개의 과를 둔다. 과장은 총경으로 보한다. 즉 기획조정(총경), 재정(총경), 규제개혁법무과(총경)를 둔다.

1) 기획조정과

기존에 경무기획국에서 담당하던 업무가 분류되면서 경찰청의 전체 기획을 세우게 되며 집행될 수 있도록 조정한다.

2) 예산과 분장사무

경찰청의 경우 2012년 예산은 8조 103억원이었다.[49] 2013년에는 8조 2784억원, 그리고 2014년에는 8조 8346억원을 신청했다. 2015년 예산은 9조 3,856억원이다. 2020년 경찰예산은 11조 3,754억원이었으며 2021년에는 12조 3000억원 정도였고 2022년에는 12조 5,789억원을 기록했다. 엄청난 예산을 확보하는 일을 수행하며 기획예산처로부터 배정받아 행정안전부로부터 전달 받은 위의 예산을 경찰청에서 사용할 예산을 제외하고 각 18개 시·도경찰청별로 배분하여 15만 경찰이 집행할 수 있도록 하는 역할을 해준다.

① 예산의 편성 및 집행의 조정
② 국유재산관리계획의 수립 및 집행 등

3) 규제개혁법무 분장에 관한 사무

규제개혁 및 경찰처의 대내외적 각종 법무에 관한 업무를 담당하고 있다.

① 법령안의 심사
② 행정심판 업무 및 소송사무의 총괄
③ 법규집의 편찬 및 발간
④ 법령질의회신의 총괄 등

---

49) 2014년 1월 3일 민주당 박남춘 의원에 따르면 정부는 '공공부문 비정규직 종합대책'에 따라 2008년부터 무기계약직 보수를 매년 5%씩 인상해 2012년까지 기능직 10급 수준으로 맞추는 방안을 추진해왔다. 경찰청의 경우 사무보조 기능을 담당하는 무기계약직 2000여명의 보수를 2008년부터 매년 5%씩 올리기 위해 관련 예산을 기획재정부에 요청하고 있다. 경찰청은 지난해 말 2014년 보수인상 관련 예산 423억원을 신청했으나 기재부에서 297억원만 배정해 125억원이 부족하게 됐다. 이에 국회 안전행정위에서 인건비 증액안을 예결특위로 올렸으나, 예산 증액심사에서 최종 반영되지 않아 결국 올해도 무기계약직 인건비 부족분은 다른 예산을 전용해 충당할 수밖에 없게 됐다. 기재부는 '처우 개선' 시행 첫 해인 2008년에 17억원, 2009년 51억원, 2010년 57억원, 2011년 88억원, 2012년 103억원, 2013년에도 113억원이 부족하게 배정했다. 경찰청은 매년 부족분을 다른 사업비나 인건비에서 전용해 집행했다(경찰신문, 2014. 1. 4, 김진우 기자).

(6) 정보화장비정책관(구 정보통신관리관)

정보화장비정책관은 경무관으로 보한다고 되어 있었으나 개편되었다. 즉 2009년 11월 23일을 기해 정보통신 분야의 외부전문가를 영입할 수 있도록 개방형 직위로 변경되었다. 정보화장비정책관은 다음 사항에 관하여 차장을 보좌하며 정보화장비정책관 밑에 통신기획담당, 통신관리담당 및 전산담당 각 1인을 두되 통신기획담당 및 통신관리담당은 총경으로, 전산담당은 부이사관, 정보관리부이사관, 서기관 또는 전산서기관으로 보한다. 그리고 다음의 업무를 담당한다(제7조).

① 전산자료의 종합관리 및 운영
② 행정전산화 및 사무자동화 계획의 수립조정
③ 전산 및 통신업무에 관한 지도·감독
④ 전산처리 및 프로그램 개발·운영
⑤ 전산 및 통신시설 장비의 운영 및 개발
⑥ 통신보안에 관한 업무
⑦ 전산 및 통신교육계획의 수립 및 운영
이 밖에 장비와 분장사무 등을 담당한다.[50]
① 경찰장비의 운영 및 발전에 관한 사항
② 경찰복제에 관한 계획의 수립 및 연구 등
③ 장비 사무 등

(7) 경무인사기획관

기획관은 치안감으로, 각 과장은 총경으로 보한다. 그리고 다음의 사항을 분장한다(제10조). 또한 경무인사기획관은 경찰위원회의 서무에 관한 사항을 관장하는 부서이다. 경무인사기획관에 경무담당관, 인사담당관, 교육정책담당관, 복지정책담당관을 둔다.[51]

① 주요정책과 제도개선계획의 수립 및 종합 그리고 조정
② 주요업무계획의 지침 수립, 종합 및 조정
③ 조직과 정원의 관리(전투경찰순경은 제외)
④ 경찰위원회 서무에 관한 사항
⑤ 주요사업의 진도파악 및 그 결과의 심사분석 등
⑥ 소속공무원의 임용 및 상훈 기타 인사업무

---

50) 신현기, 『경찰조직관리론』(파주: 법문사, 2018), p. 148.
51) 박영대, 앞의 책, p. 120.

⑦ 경찰공무원의 채용 및 승진시험과 교육훈련의 관리

⑧ 경찰교육기관의 운영에 관한 감독 및 복지정책 사무 등

(8) 치안상황관리관

경찰청과 그 소속기관 직제 제10조(치안상황관리관)에 따라 경찰청에 치안상황관리관을 둔다. 이는 기존에 생활안전국에서 112상황을 관리하던 것을 2020년 12월 말 국무회의를 거쳐 이른바 <경찰청과 그 소속기관 직제>를 개편하여 2021년 1월 국가경찰과 자치경찰의 조직 및 운영에 관한 법률(개정 경찰법)의 시행과 함께 개편되었다. 이에 따라 기존에 생활안전국에 소속되어 있던 지구대와 파출소가 치안상황관리관실로 소속이 변경되었다.52) 치안상황관리관은 치안감 또는 경무관으로 보한다. 치안상황관리관은 다음 사항에 관하여 경찰청 차장을 보좌한다.

- 치안 상황의 접수·상황판단, 전파 및 초동조치 등에 관한 사항
- 치안상황실 운영에 관한 사항
- 112신고제도의 기획·운영 및 112치안종합상황실 운영 총괄
- 지구대·파출소 상황관리업무의 기획
- 안전관리·재난상황 및 위기상황 관리기관과의 연계체계 구축·운영 등이다.

(9) 생활안전국

생활안전국의 국장은 치안감 또는 경무관으로 보하며 산하에 여성청소년안전기획관을 둔다.53) 그리고 범죄예방정책과, 생활질서과, 아동청소년과, 여성안전기획과 등을 운영 중이다. 여기서는 다음의 사항을 분장하고 있다. 생활안전국의 분장사무는 생활안전과(경찰청사무분장규칙 제18조)에서 생활안전업무, 지역경찰업무, 협력방범업무 등을 담당하고 있다. 그리고 범죄예방정책과, 생활질서과, 아동청소년과, 여성안전기획과 등이 관련업무 등을 담당하고 있다.

범죄예방정책과장은 다음의 업무를 분장한다.

---

52) 국가경찰과 자치경찰의 조직 및 운영에 관한 법률(개정 경찰법)은 2021년 1월 1일 시행되었다. 이에 따라 자치경찰제가 2021년 7월 1일 전국 17개 광역시도에 시·도자치경찰위원회 18개가 설치되어 자치경찰업무로 분리된 생안, 여청, 교통업무를 시·도경찰청장을 지휘·감독하는 방식의 자치경찰시대가 열렸다. 하지만 경찰청은 갑자기 그 직제를 개편해 자치경찰제의 손과 발이 되어야 할 지구대와 파출소를 고유 국가경찰업무인 경찰청 치안상황관리관실을 만들고 이곳으로 소속을 전격 변경하는 조치를 취했다. 이는 매우 놀라운 조치로 평가되며 국가경찰 창설 76년 만에 도입된 자치경찰제가 실질적으로 정착되도록 지구대 파출소가 하루 속히 생활안전국으로 원래처럼 되돌려져야 함이 당연하다고 본다.

53) 지역경찰인 지구대/파출소는 기존에 생활안전국 소속이었지만 경찰청 생활안전국 주관으로 경찰청과 그 소속기관 직제를 변경하여 새로 만든 조직인 치안상황관리관(치안감 또는 경무관)실로 그 소속을 전격 변경시킨 것으로 보여진다.

① 범죄예방에 관한 연구 및 계획의 수립

② 범죄예방 관련 법령 제도의 연구 개선 및 지침 수립

③ 범죄예방진단 및 범죄예방순찰에 관한 기획 운영

④ 환경설계를 통한 범죄예방(CPTED) 기획 운영

⑤ 협력범죄에 관한 기획 연구 및 협업

⑥ 경비업에 관한 연구 및 지도

⑦ 기타 국내 다른 과의 주관에 속하지 아니하는 사항

생활질서과장은 다음의 사항을 분장한다.

① 풍속, 성매매(아동, 청소년 대상 성매매는 제외) 사범에 관한 지도 및 단속

② 총포, 도검, 화약류 등의 지도 단속

③ 즉결심판 청구업무의 지도

④ 각종 안전사고의 예방에 관한 사항

아동청소년과장은 다음의 사항을 분장한다.

① 청소년에 대한 범죄의 예방에 관한 업무

② 청소년비행 방지에 관한 업무

③ 비행소년의 보호지도에 관한 업무

④ 아동학대의 수사 및 예방과 피해자 보호에 관한 업무

⑤ 아동학대 및 소년범죄 수사의 기획 지도와 관련 정보의 처리

⑥ 가출인 및 <실종아동등의 보호 및 지원에 관한 법률>상 실종아동등과 관련된 정책수립 및 관리

⑦ 실종사건 수사의 기획 지도와 관련 정보의 처리 등이다.

여성안전기획과장은 다음의 사항을 분장한다.

① 여성대상범죄의 연구 및 예방에 관한 업무

② 여성 대상 범죄 유관기관과의 교류협력

③ 성폭력, 가정폭력 및 스토킹 예방 및 피해자 보호에 관한 업무

④ 성매매 예방 및 피해자 보호에 관한 업무

⑤ 성폭력범죄자(신상정보 등록대상자 포함)의 재범방지에 관한 업무 등이다.

한편 2020년 12월 30일 기존에 지구대와 파출소는 고유 국가경찰사무인 112상황실로 그 소속이 넘어갔다. 따라서 기존에 생활안전과에 소속되어 있던 지구대와 파출소는 2021년 1월 1일을 기해 국가경찰인 112상황실로 그 소속이 전격 변경되었다. 이에 따라 지구대와 파출소는 더 이상 생활안전과 소속이 아니다.

(10) 교 통 국

교통국장은 치안감 또는 경무관으로 보한다. 차장을 보좌한다(제8조의 2). 다음의 사항을 관장한다. 교통관리관으로 운영하다가 2013년 하반기 교통국으로 승격되었다. 우리나라의 경우 전체 15만 경찰 중 교통경찰이 차지하는 비중은 약10%이상이다. 비교적 큰 영역이며 각종 교통사고로 인한 업무관리 등 형사사건도 늘어남으로써 전체 업무가 증가하고 있다. 그 핵심담당업무는 다음과 같다.

① 도로교통에 관련되는 종합기획 및 심사분석
② 도로교통에 관련되는 법령의 정비 및 행정제도의 연구
③ 교통경찰공무원에 대한 교육 및 지도
④ 도로교통시설의 관리
⑤ 자동차운전면허의 관리
⑥ 도로교통의 지도, 단속
⑦ 도로교통 사고에 관한 사항
⑧ 고속도로순찰대의 운영 및 지도

(11) 경 비 국

경비국에 경비과, 대테러센터, 경호과, 항공과를 두고, 국장은 치안감 또는 경무관으로, 각 과장은 총경으로 보한다.

1) 경비과
① 행사경비, 혼합경비, 선거경비에 관한 계획의 수립 및 지도
② 비상경비 실시에 관한 계획수립 및 지도, 경찰기동대와 진압부대의 운영·지도, 감독, 청원경찰의 운영에 관한 연구 및 지도, 다중범죄 진압에 관한 계획 및 지도, 그리고 다중범죄 상황유지 및 전파
③ 경찰작전과 경찰전시훈련에 관한 계획의 수립, 진압장비의 연구개발
④ 전투경찰의 소요판단 및 획득
⑤ 전투경찰순경의 교육훈련 및 인사관리와 정원관리
⑥ 전투경찰순경의 복무 및 기율단속
⑦ 전투경찰순경의 사기관리

2) 위기관리센터
① 대테러관련 법령의 연구·개정 및 지침 수립
② 대테러 종합대책 연구·기획 및 지도

③ 테러대책기구 및 대응조직 운영 업무

④ 대테러 종합훈련 및 교육

⑤ 테러예방 및 진압대책의 수립 및 지도에 관한 사항

⑥ 비상계획에 관한 계획의 수립 및 지도

⑦ 중요시설의 방호 및 지도

⑧ 향토예비군의 무기 탄약관리의 지도

⑨ 치안상황실 운영에 관한 사항

3) 경호과

① 경호계획의 수립 및 지도

② 요인의 보호에 관한 사항

4) 항공과

① 경찰항공기의 관리 및 운영

② 경찰항공요원에 관한 교육훈련

③ 경찰업무수행에 관련된 항공지원업무

(12) 공공안녕정보국

국장은 치안감 또는 경무관으로 보하며 기획정보 심의관은 경무관으로 보한다. 정보국에 정보1과·정보2과·정보3과·정보4과를 두며 총경으로 보한다. 각 과장은 총경으로,

1) 정보관리과

① 정보경찰업무에 관한 기획, 조정 및 지도

② 신원조사 및 기록관리

③ 기타 국내(局內) 다른 과의 주관에 속하지 아니하는 사항

2) 정보분석과

① 치안정보업무에 관한 기획·지도 및 조정

② 정책정보의 수집, 종합, 분석, 작성, 배포 및 조정

3) 정보상황과

① 정치·경제·노동분야에 관련되는 치안정보의 수집, 종합, 분석, 작성, 배포

② 정치·경제·노동분야에 관련되는 집회·시위 등 집단사태의 관리에 관한 지도 및 조정

4) 정보협력과

① 학원·종교·사회·문화분야에 관련되는 치안정보의 수집, 종합, 분석, 작성 및 배포

② 학원·종교·사회·문화분야에 관련되는 집회·시위 등 집단사태의 관리에의 관한 지도 및 조정 등으로 이루어져 있다.

그리고 기획정보심의관은 치안정보 업무의 조정에 관하여 국장을 보좌한다.

(13) 외사국

외사국장은 치안감 또는 경무관으로 보한다. 외사국장은 다음 사항에 관하여 차장을 보좌하며, 외사국장 밑에 외사기획과, 외사정보과, 외사수사과를 두고 과장은 총경으로 3인을 둔다.

1) 외사기획정보과

① 외사경찰업무에 관한 기획 및 지도

② 재외국민, 외국인과 관련되는 신원조사

③ 외국경찰기관의 협력 및 교류

2) 인터폴국제공조과

① 국제형사경찰기구에 관련되는 업무

② 외국인 또는 외국인과 관련된 범죄수사에 대한 기획 및 지도

③ 외국인 또는 외국인과 관련된 중요범죄수사

3) 국제협력과

① 외사치안정보업무에 관한 기획·지도 및 조정

② 외사치안정보의 수집·종합·분석 및 관리

③ 외국인 또는 외국인과 관련된 간첩의 검거 및 수사지도

(14) 사이버수사국과 수사국 및 안보수사국

사이버수사국은 사이버수사기획과, 사이버범죄수사과, 사이버테러대응과, 디지털포렌식센터로 운영 중이다. 이들 국은 2021년 1월 1일을 기해 시행된 국가수사본부로 전격 이동하였다. 기존에 경찰청, 18개 시·도경찰청, 경찰서에 존재하던 모든 수사기능은 국가수사본부가 창설되어 그곳으로 모여서 하나로 묶었다. 즉 경찰청에 몇 개의 층을 확보해 국가수사본부가 운영 중인데 수사국, 형사국, 사이버수사국, 안보수사국 등이 설치되어 2021년 1월 1일부터 운영 중에 있다.

수사국에는 경제범죄수사과, 반부패공공범죄수사과, 범죄정보과, 중대범죄수사과 등으로 이루어져 있다.

안보수사국은 안보기획관리과, 안보수사지휘과, 안보범죄분석과, 안보수사과로 이루어져 있다.

(15) 행정안전부의 위임규정

경찰청은 경찰청의 국장 및 담당관 하부에 두는 과 그리고 이에 상당하는 담당관 33개 과(담당관)를 행정안전부령의 범위 내에서 정할 수 있다(제16조).

(16) 부속기관

1) 경찰대학

경찰대학은 경찰간부를 양성하기 위해 설치된 4년제 국립경찰대학이고 1979년 내무부가 발의해 경찰대학설치법에 의해 만들어진 것이다. 교육대상은 경찰대학생, 경찰고급간부, 수사지휘 관련 전문화 교육을 맡고 있으며 경찰대학 소속으로 치안정책연구소를 두고 있다.

2) 경찰인재개발원

간부후보생 양성을 위해 매년 경찰간부후보생 50명을 선발해 1년과정으로 직무교육을 담당한다. 이들은 1년 교육 후 경위로 임명된다.

3) 중앙경찰학교

이곳은 비간부 경찰관을 교육시키는 기관으로 프로그램은 34주간(8개월 2주일)으로 짜여 있다. 남자순경, 여자순경, 기동대 순경, 101경비단, 의경 및 전투경찰의 교육을 담당한다.

4) 경찰병원

경찰기관에 근무하는 경찰공무원과 그 가족 및 전투경찰순경들의 질병을 진료한다.

5) 국립과학수사연구원

행정안전부 소속으로 경찰의 실질적인 지도와 감독을 받으면서 범죄수사와 형사재판에서 증거물이 될 법의학 및 교통공학적 차원의 과학적 검증 자료를 제공해 준다.

2. 시·도경찰청장과 시·도경찰청

1개의 서울특별시, 6개의 광역시, 9개 도(道)에 소속된 18명의 시·도경찰청장은 지방의 상급 일반경찰관청으로서 경찰청장의 지휘·감독을 받아 일반경찰업무를 처리하며, 소속 경찰공무원과 하급경찰기관을 지휘·감독한다.54) 시·도경찰청은 규모는 작지만 경찰청의 구조와 비슷한 조직을 가지고 소관업무의 내용도 경찰청의 업무와 유사한 업무를 관장하고 있다. 시·도경찰청장의 보조기관으로는 차장과 과장이 있다. 시·도경찰청장은 지방하급 보통경찰행정관청인 경찰서장을 지휘하고 감독하며 관내경찰업무를 관장한다.

시·도경찰청장은 치안정감 및 치안감으로 보한다. 서울특별시경찰청장과 경기도남부경찰청장은 치안정감이 그리고 경기도북부경찰청장은 치안감이,55) 그리고 기타 시·도경찰청장은 치안감이 맡고 있다. 제주경찰청장도 2006년 12월 말부터 치안감으로 승격되었다. 그리고 시·도경찰청은 시·도지사의 소속하에 운영되지만 그렇다고 시·도지사의 지휘나 감독을 받지는 않았다.56) 이처럼 지방자치단체장의 명령이나 지휘를 받지 않고 지방치안을 직접 관장하는 것은 국가경찰제를 취하고 있는 결과이다. 그리고 비록 시·도지사의 지휘나 감독을 받지 않으면서도 시·도경찰청장을 시·도지사의 소속하에 둔 것은 시·도경찰사무도 일종의 지방행정사무의 일부이기 때문이며 지방행정과 치안행정이 협의하고 조정을 통해 해결되어야 한다는 것을 동시에 의미함을 내포하고 있었다. 이제 2021년 7월 1일부터는 시도지사 산하에 합의제 행정기관으로 시·도자치경찰위원회가 설치되어 자치경찰 업무에 대해서는 시·도자치경찰위원회가 시·도경찰청장을 지휘·감독하여 행하고 있다.

1) 서울특별시경찰청

2021년 1월 1일부터 변경된 서울특별시경찰청의 조직도는 다음과 같다. 이처럼 국가경찰과 자치경찰의 조직 및 운영에 관한 법률에 따라서 기존의 지방경찰청 17개는 지방이라는 용어를 삭제하기로 했다. 예를 들어 서울특별시경찰청, 경기남부경찰청, 경기북부경찰청, 인천광역시경찰청 등으로 공식명칭이 변경되어 사용하기로 했다. 특히 서울특별시경찰청의 청장 산하에는 3명의 치안감이 포진하게 되었다. 공공안전차장, 수사차장, 자치경찰차장이 바로 그것이다.

---

54) 이영남·신현기, 앞의 책, p. 307.
55) 이 밖에 경찰대학장과 경찰청 차장도 치안정감으로 임명한다.
56) 손봉선·송재복, 앞의 책, p. 68.

그림 5-5 서울특별시경찰청의 경찰조직 및 기구

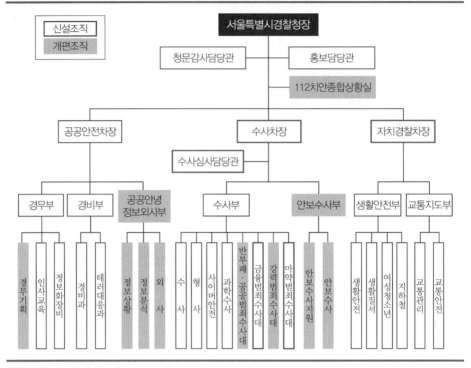

출처: 서울경찰청 홈페이지(2022. 5. 6).

2) 기타 시·도경찰청

경기남부경찰청의 경우 청장은 치안정감이고 차장은 치안감이다. 차장 밑에 경무관이 제1부, 제2부, 제3부장으로 있다. 즉 조직구성은 차장·3부·16과·담당관·2대이며 산하에 경찰서 31개서(지구대 91, 파출소 152, 기동순찰대 3)로 운영하고 있다. 그리고 기동단 산하 기동부대(경찰관기동대 8, 의경중대 8)를 두고 있다. 경무과, 생활안전과, 수사과, 경비교통과, 정보보안과를 두고 있었다. 총경이 과장이다. 과나 담당관은 15개의 영역 내에서 행정안전부령으로 정하고 있다. 경기남부경찰청장은 경찰서도 31개[57]나 된다. 부산지방경찰청의 경우 1부, 2부, 3부장(경무관) 밑에 직할대로 기동대, 전경대, 김해공항경찰대(부산 강서구), 경찰특공대가 설치·운영 중이다. 인천경찰청은 치안정감을 청장으로 하고 그 밑에 1부장과 2부장(경무관)을 두고 7개의 과장(총경)으로 치안업무를 수행하고 있다. 경남경찰청의 경우도 인천경찰청의 조직도와

---

[57] 2009년 4월 20일 의왕경찰서, 동두천경찰서, 하남경찰서가 개서해서 38개의 경찰서가 되고 경기도의 모든 시·군·구에 경찰서를 가지게 됐다. 2010에는 경기도 안양에 만안경찰서, 용인에 수지경찰서, 부천 오정경찰서가 개서했다. 2016년에는 경기지방경찰청이 경기남부지방경찰청과 경기북부지방경찰청으로 나누어졌다.

동일하다. 제주특별자치도경찰청장은 치안감이 맡고 있다. 그러나 제주의 경우는 차장이 없고 바로 총경급 6개 과장이 청장 밑에서 조직도를 구성하고 있다. 6명의 과장은 경무과, 생활안전과, 수사과, 경비교통과, 정보과, 보안과를 맡고 있다. 기타 지방경찰청에는 행정안전부령에 따라 6개의 과나 담당관제를 취하고 있다.

3. 경찰서장과 경찰서[58]

경찰서장은 지방 하급 일반경찰관청으로서 지역경찰청장의 지휘·감독을 받아 관할구역 내의 치안에 관한 업무를 처리하며, 소속 경찰공무원을 지휘·감독한다. 경찰서의 하부 조직, 명칭, 위치, 관할구역 기타 필요한 사항은 행정안전부령으로 정한다.[59]

1) 경찰서의 구조

우리나라 일선 경찰서에는 청문감사관과 9~11개과를 설치하고 있다. 경찰서에 따라서 약간 다르기는 하며 종로경찰서의 경우를 보면 청문감사인권관, 112치안종합상황실, 경무과, 생활안전과, 여성청소년과, 수사과, 형사과, 교통과, 경비과, 공공안녕정보외사과, 안보과 등으로 설치·운영하는 차별화도 보여준다. 여기서 각 책임자들은 모두 경정들이다.

한편 경찰서 각 과의 하부조직과 분장사무는 경찰청장이 정하는 기준에 따라 지방경찰청장이 정한다.[60] 그리고 각 경찰서에는 100여명부터 1,000여명(송파경찰서)이 넘는 경찰관들이 근무하고 있다.

새로운 신도시가 생겨난 결과 전국의 경찰서도 꾸준히 증가하고 있는 추세를 보여주고 있다. 2009년 4월에 의왕, 하남, 동두천경찰서가 개서함으로써 전국의 경찰서는 244개가 되었고 2010년에 추가로 안양만안, 용인수지, 부천오정경찰서가 신설되었다. 2013년 대구 강북경찰서가 개서함으로써 전국경찰서는 250개로 증가하였다. 2020년 2월 현재는 255개의 경찰서가 운영되고 있다. 2020년 하반기에 남양주북부경찰서와 2020년 12월 23일 울산북부경찰서가 개서함으로써 2022년 5월 현재 258개 경찰서가 운영 중이다.

---

58) 경찰서는 1991년 개정을 본 정부조직법에 따라 경찰법 제2조 제2항에 그 법적 근거를 두고 있다.
59) 송명순, 앞의 책, p. 90.
60) 송명순, 앞의 책, p. 90.

그림 5-6 서울 종로경찰서의 조직도

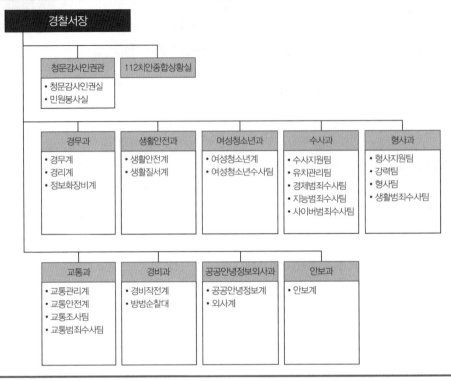

출처: 서울종로경찰서 홈페이지(2022. 4. 20. 검색).

표 5-4 경찰서의 하부조직 설치기준

	과 설치 기준	과별 팀 설치기준	
1·2급지 (대·중도시)	기본 6과	청문감사관, 경무, 생활안전, 수사, 경비교통, 정보보안	- 경무과: 경무, 경리(정보통신) - 생활안전과: 생활안전, 순찰지구대, 생활질 서(여성/청소년), (방범순찰대) - 수사과: 수사(수사 1, 수사 2, 조사), 형사 (형사, 강력) - 형사과: 형사관리, 형사(형사, 강력) - 경비(교통)과: 경비작전(교통사고조사, 교통 지도) - 교통과: 교통사고조사, 교통지도 - 정보(보안)과: 정보1, 정보2(외사) - 생활안전교통과: 생활안전, 순찰지구대, 교 통(교통사고조사, 교통지도) - 생활안전수사과: 생활안전, 순찰지구대, 수 사, 형사, 교통
	부가 3과	형사, 교통, 보안	
3급지 (농어촌형)	6과	청문감사관, 경무, 생활안전, 수사, 경비교통, 정보보안	
	5과	청문감사관, 경무, 생활안전, 수사, 정보보안	
	4과	청문감사관, 경무, 생활안전, 수사, 정보보안	

출처: 경찰기관의 조직 및 정원관리규칙 제9조 관련; 송명순, 『경찰경무론』(서울: 수사연구사, 2004), p.91;
박영대, 앞의 책, p.128; 신현기, 『경찰조직론』(파주: 법문사, 2018), p.159에서 재인용.

2) 청문감사인권관 제도

경찰청은 1999년 5월 경찰의 감사, 감찰, 민원사무를 담당하기 위해 청문감사인권관제도를 전격 도입했다. 청문감사인권관은 다음의 사항을 관리한다.

① 고소, 고발, 교통사고 등 관련 민원인 불편, 불만사항에 대한 상담 및 해소

② 대민친절봉사 이행실태 점검 및 지도

③ 수사관련 인권보장 및 신장에 관한 사항

④ 감찰첩보수집 및 내부고발처리

⑤ 경찰행정 감사에 관한 사항

⑥ 경찰공무원과 전투경찰순경 비위에 관한 조사 및 민원처리

⑦ 경찰공무원과 전투경찰순경의 징계위원회 운영

⑧ 경찰공무원과 전투경찰순경의 소청업무

⑨ 유치장, 형사계 등 구속 또는 조사장소 인권보호상황 확인지도, 감찰과 감사업무 감독 그리고 첩보수집과 내부고발 등이다.[61]

3) 경찰서의 등급제도

경찰서는 시·도경찰청장의 소속하에 제3급의 경찰관청으로 설치되어 있다. 즉 경찰청과그소속기관직제시행규칙 제50조에 따라 경찰서는 1급지, 2급지, 3급지로 구분된다. 경찰서는 전국의 시·군·구에 두는 것을 원칙으로 하되, 지방의 필요에 따라 대통령령으로 따로 구역을 정하여 증감할 수 있다.

표 5-5　　우리나라 경찰서의 등급기준

등 급	등급결정 기준
1급지(대도시형)	- 특별시, 광역시, 도청소재지 경찰서 - 인구 25만명 이상 시에 소재한 경찰서 - 인구 25만명 이상 관할 경찰서
2급지(중·소도시형)	- 인구 25만명 미만 시에 소재한 경찰서 - 인구 15만명 이상 25만 미만 관할 경찰서
3급지(농어촌형)	- 인구 15만명 미만 군에 소재한 경찰서

출처: 송명순, 『경찰경무론』(서울: 수사연구사, 2004), p.91; 신현기, 『경찰조직론』(파주: 법문사, 2018), p.165 에서 재인용.

4. 지구대·파출소

우리나라 시·도경찰청장은 경찰청장의 승인을 얻어 지구대, 파출소를 설치할 수

---

61) 박영대, 앞의 책, p. 129.

있다. 그리고 임시로 출장소도 설치할 수 있다. 시·도경찰청장은 파출소 및 출장소의 명칭, 위치, 관할구역과 필요한 사항을 정할 수 있다.[62]

2004년 9월 15일부터 3~4개의 파출소를 묶어 하나의 순찰지구대를 만드는 소위 순찰지구대체제로 전격 개편되어 오늘에 이르고 있다. 지구대장은 경감 또는 경정이 맡고 그 아래에 경위, 경감들이 팀장을 맡고 있다. 기존의 아주 작은 파출소는 치안센터로 바꾸어 민원을 담당하기도 한다.

5. 기 동 대

경찰청은 2017년도에 의경감축계획에 따라 의경을 줄이되 그 대신 제복 경찰관증원 계획을 수립했다. 다음의 표와 같이 2023년 의경제도는 완전히 폐지된다.[63]

서울경찰청 경찰관기동대 소속의 의경부대는 점차적으로 폐지되는데 반해 경찰관기동대는 지속적으로 창설되고 있다. 지난 2019년 하반기에 총 8개의 부대가 창설됨

표 5-6 의무경찰 감축 및 경찰관증원 계획

구분		'17년	'18년	'19년	'20년	'21년	'22년	'23. 9월
의무경찰	정원	25,911	20,729 (−5,182)	15,547 (−5,182)	10,365 (−5,182)	5182 (−5,183)	1570 (−3,612)	폐지 (−1,570)
	배정	14,806	9,624	8,328	4,118	2,094	−	
대체 경찰관		0	2,000 (+2,000)	4,000 (+2,000)	6,000 (+2,000)	8,000 (+2,000)	10,000 (+2,000)	

출처: 경찰청, 「국회제출자료(이용호 의원)」, 2017 인용; 김세진, "서울지역 경찰관기동대 직원의 직무만족에 영향을 미치는 요인에 관한 연구", 한세대학교 경찰학박사학위논문, 2020, p.20.

표 5-7 서울경찰청 경찰관기동대 현황(2020년 하반기)

연번	관서	기동대 현황
1	1기동단	11,12,13,14,15,16,17,18기(8개)
2	2기동단	21,22,23,24(여경),25,26,27,28기(8개)
3	3기동단	31,32,33,34,35,36(여경),37,38,39기(9개)
4	4기동단	41,42,43,44,45,46,47,48기(8개)
5	5기동단	51,52,53,54,55,56,57기(7개)

출처: 경찰청, 「내부자료」, 2020 재구성; 김세진, "서울지역 경찰관기동대 직원의 직무만족에 영향을 미치는 요인에 관한 연구", 한세대학교 경찰학박사학위논문, 2020, p. 21.

---

62) 박영대, 앞의 책, p. 131.
63) 김세진, "서울지역 경찰관기동대 직원의 직무만족에 영향을 미치는 요인에 관한 연구," 한세대학교 경찰학박사학위논문, 2020, p. 20.

으로써 28개 부대(여경기동대 2개 포함)로 운영되었다. 2020년 상반기에 추가로 8개의 부대가 창설되었다. 그리고 36개 부대(여경기동대 2개 포함), 2020년 하반기에 4개 부대가 추가로 창설되었다. 그래서 2021년 초에 총 40개 부대(여경기동대 2개 부대 포함)로 운영 중이다.

이상과 같이 위의 기동대는 2023년에 의경제도가 폐지됨에도 불구하고 지속적으로 유지될 것이다.

제 6 장　경찰인사관리

1. 경찰인사관리의 의의

경찰인사관리란 경찰관의 모집, 채용, 특기분리, 교육훈련, 승진, 배치전환, 경찰관에 대한 재교육 및 훈련, 동기부여, 행동통제 등 사후관리를 합법적이고 합리적인 규칙에 근거를 두고 효율적이며 공정하게 추진해 나가는 동태적인 과정이다.[1]

2. 경찰인사관리의 접근방법

(1) 엽 관 제

미국의 제퍼슨Jefferson 대통령이 부분적으로 시행한 바 있는 엽관제spoils system는 미국에서 공직의 임기를 4년으로 한정하는 각 주(州)의 「임기4년법」Four Years Law의 제정과 Marcy 의원의 소위 '전리품은 승리자에 속한다'는 슬로건에 크게 영향을 받은 데서 발전했다.[2] 이는 정권이 바뀔 때마다 공무원이 역시 바뀌는 것을 전제로 하는데 능력이나 자격이 좋든 나쁘든 간에 승리한 정당에 충성하고 공헌이 많은 사람이 공직에 새로이 임명된다는 원리이다. 이것은 무엇보다 정당의 책임정치를 활성화할 수 있다는 장점이 있고 민주정치의 이념에도 도움이 된다는 장점을 가지고 있다.

---

1) 전용린·박영대, 『경찰경무론』(용인: 경찰대학, 2002), pp. 141~143; 임준태, 앞의 책, p. 255; 신현기, 앞의 책, 2006), pp. 1~330.
2) 이종수·윤영진, 『새행정학』(서울: 대영문화사, 2008), p. 430; 김충남, 앞의 책, p. 267; Nigro, F. A & Nigro, L. G. Modern Public Administration(6th ed.), N. Y. : Harper & Row, 1984, p. 20.

그러나 엽관제(獵官制)는 다음과 같은 단점들로 인해 비판받게 되었다.

첫째, 무능하고 전문지식이 부족한 인물이 공직에 들어옴으로써 공공행정에 대해 비능률을 초래할 위험이 있다는 것이다.

둘째, 정권이 교체될 때마다 공무원이 대폭 바뀌게 되어 행정의 안정성과 계속성이 불안하게 된다는 것이다.

셋째, 신분이 불안해지고 경력직을 중심으로 하는 직업공무원의 발전에 발목을 잡게 된다는 것이다. 이러한 신분불안은 한탕하고 말자는 공무원부패를 조장할 수 있다는 것이다.

넷째, 정당에 기여할 기회가 없었던 능력 있는 사람들에게 공직에 취임할 기회를 사전에 박탈하는 문제를 안고 있다.

다섯째, 공공업무에 대한 무책임성과 능력의 부족으로 인해 예산을 낭비할 수 있다.3)

한편 영국의 경우 국왕이 자신의 정치세력을 확대하거나 반대세력을 포섭하거나 개인적으로 신임할 수 있는 의원들에게 국왕의 특권으로 고위관직이나 고액연금을 주는 수단으로 공직이 남용되었다. 이러한 영국형 엽관주의를 「정실주의」라고 부른다.4)

(2) 실 적 제

엽관제의 폐단이 심각해지고 19세기에 접어들면서 실적제로 전환되기 시작했다. 엽관주의는 1881년 가필드J. A. Garfield 대통령이 엽관주의 추종자에 의해 암살당하면서 쇠퇴하게 되었다. 엽관주의에 대한 폐해를 줄이려고 하는 개혁운동이 영국에서 1870년에, 그리고 미국에서는 1883년에 나타나게 되었다.5) 그러나 그렇다고 해서 엽관제가 완전히 사라진 것은 결코 아니다. 한국의 경우 청와대의 일부 인사, 국무총리, 장관, 공기업체 간부, 각종 국가위원회 임원 등 주변에서 엽관제의 성격을 지닌 사례들을 어렵지 않게 찾아 볼 수 있다. O. Glenn Stahl에 따르면 실적제는 공직에 사람을 임용하는 데 있어서 정실이나, 혈연, 지연, 선배, 후배와 무관하게 오로지 실력이나 자격, 성적 및 능력에 따라서만 공무원으로 임용되는 것을 의미한다.6)

---

3) 신현기, 앞의 책, p. 13.

4) 이상안, 『경찰행정학』(서울: 대명출판사, 2005), p. 365.

5) 임창호, 『경찰학의 이해』(서울: 대왕사, 2004), p. 251.

6) O. Glenn Stahl, *Public Personnel Administration*(7th ed.), N. Y.: Harper & Row, 1976, pp. 41~42.

| 표 6-1 | 엽관주의와 실적주의의 발전과정 |

엽관주의	· 1829년(잭슨 대통령의 연두교서) · 1820년(4년 임기법) · 1774년(워싱턴·제퍼슨의 내각 구성)
실적주의	· 1978년(공무원제도개혁법) · 1947년, 1953년(후버위원회) · 1939년(해치법) · 1938년(브라온로위원회) · 1883년(펜들턴법) · 1871년(그랜트위원회) · 1868년(젠크스법안) ※영국·1870년(제2차 추밀원령) ※1855년(제1차 추밀원령) ※1853년(노스코트-트레벨리언 보고서)

출처: 이종수·윤영진 외, 앞의 책, p. 395.

(3) 직업공무원제

국가는 공공의 안녕과 치안질서를 유지하기 위해 유능한 직업경찰공무원을 필요로 한다. 이러한 과정 속에서 국가가 경찰관에게 일생을 국가에 봉사하는 것을 최대의 영예로 생각하고 긍지를 가지도록 공직관을 확고하게 심어주는 일련의 제도를 직업경찰공무원제도라고 한다.7)

| 표 6-2 | 실적제와 직업공무원제의 관계 |

구 분	실적제	직업공무원제
채택국가	미국·캐나다	영국·독일·프랑스·일본
사회적 배경	산업사회	농업사회
공직분류	직위분류제, 개방형	계급제, 폐쇄형
중점	직무중심: 업적성	사람중심: 생애성
보수관	직무급	생활급
연령 제한	없음	연령 제한이 필수적
인사 배치	비신축적	신축적
행정가	전문행정가(specialist)	일반행정가(generalist)

---

7) 신현기, 앞의 책, p. 14.

1. 개　념

경찰공무원법에 근거해 우리나라 경찰의 인사권자는 크게 대통령과 경찰청장으로 나누어진다. 우선 대통령은 총경 계급 이상의 경찰공무원을 임명하는 권한을 가지고 있다.[8] 물론 경찰청장도 이에 해당된다. 그리고 경찰청장은 경정 이하의 경찰공무원들을 임용하도록 하고 있다. 이 밖에도 경찰청장은 소위 대통령령의 규정에 따라 자신의 경찰공무원에 대한 임용권을 그 소속기관의 장에게 위임할 수 있도록 규정하고 있다. 이는 18개 시·도경찰청장 및 경찰인재개발원장 등을 의미한다.[9] 위의 인사권자는 경무과를 통해 보좌를 받고 있다.[10] 경찰청의 경우는 전국의 경찰을 총괄하는바, 경무인사기획관(치안감) 산하 경무담당관, 인사담당관, 교육정책담당관, 복지정책담당관에서 보좌해 주며 전체 우리나라 경찰에 관한 정원의 관리는 경찰청 인사담당관실에서 맡는다. 의무경찰에 관한 제반 인사관리의 문제는 경비국 산하 경비과에서 맡는다.[11]

표 6-3	경찰청 소속 경찰공무원의 인사권자
인사권자	내용
대통령	○총경 이상의 임용 ○경정에의 신규채용, 승진임용 및 면직
경찰청장	○경정 이하 임용 ○총경의 전보, 휴직, 직위해제, 정직, 복직
시·도경찰청장(18명) 경찰대학장 경찰인재개발원장 중앙경찰학교장 경찰수사연수원장 경찰병원장	경찰청장의 권한을 위임받아 소속경찰관 중 ○경정의 전보, 파견, 휴직, 직위해제 및 복직에 대한 권한 ○경감 이하의 임용권
경찰서장	시·도경찰청장의 권한을 위임받아 소속경찰관 중 경감 이하의 승급, 전보

---

8) 신현기, 앞의 책, p. 19.

9) 2007년을 기해 대전광역시와 광주광역시에 각각 지방경찰청이 개청되어 16개 지방경찰청 시대를 열었다. 그 이전에는 충남지방경찰청과 전남지방경찰청이 각각 나누어 담당했었다.

10) 임준태, 앞의 책, p. 258.

11) 우리나라 전투경찰은 병무청을 통해 입대한 후 논산훈련소에서 기본교육을 받은 후 컴퓨터 추첨을 통해 강제로 차출되어 중앙경찰학교에서 교육훈련을 받고 경찰청으로 인계되어 각 기동대와 경찰서 방범순찰대 등에서 국방의 의무를 마치고 병적기록부에 병장으로 제대하는 제도로 운영한 바 있다. 이는 그동안 많은 문제를 낳았기 때문에 기동대순경을 임용해 대체해 나왔으며 2013년 말에 완전히 중단 종료되었다. 그러나 의무경찰제도는 계속 유지해 나가고 있다.

경찰에 대한 인사관리는 경찰청의 경우 경무인사기획관(치안감) 산하의 인사담당 관실에서, 그리고 시·도경찰청의 경우 경무과(서울청은 인사교육과)에서 그리고 각 경찰서의 경우 경무과에서 담당하고 있다.

표 6-4	경찰청 관서별 담당부서	
경찰청	지방청	경찰서
경무기획국 인사교육과	○경무부 인사교육(서울경찰청) ○경무과(기타 시·도경찰청)	경무과

2. 경찰인사관리 부서로서 경찰청 경무인사기획관(치안감)

우리 경찰의 인사관리기관은 경찰청 경무인사기획관(경무담당관, 인사담당관, 교육 정책담당관, 복지정책담당관)이다. 경무인사기획관(치안감)은 경찰청장의 막료기관staff agency으로서 인사관계법규와 중앙인사기관의 계획과 방침에 따라 경찰청장의 인사권 행사를 보좌하고 기관 내의 각종 인사관리를 책임진다.[12]

(1) 경찰청 경무인사기획관(치안감) 산하에는 경무담당관, 인사담당관, 교육정책담 당관, 복지정책담당관을 둔다(경찰청과그소속기관등직제 제10조 제1항).

1) 인사담당관(총경)은 다음 사항을 분장한다(동 제5항)
① 공무원의 임용 및 상훈
② 공무원의 충원에 관한 계획의 수립
③ 근무성적 평정과 승진심사
④ 인사위원회의 운영

2) 교육정책담당관(총경)은 다음 사항을 분장한다(동 제6항)
① 경찰공무원의 교육 훈련
② 경찰공무원의 채용 및 승진시험의 관리
③ 경찰교육기관의 운영감독

(2) 서울경찰청 경무부(경무관)에 경무과, 인사교육과 및 전산통신과를 둔다(동 제65조 제1항). 인사교육과는 다음 사항을 분장한다(동 제4항).

1) 소속공무원의 인사, 교육훈련 및 상훈에 관한 사항

---

12) 신현기, 앞의 책, p. 20.

2) 소속공무원의 근무성적 평정, 승진심사 및 승진시험에 관한 사항

(3) 광역시 및 도의 시·도경찰청 경무과는 다음 사항을 분장한다(동 제76조).

① 보안, ② 관인 및 관인대장의 관수, ③ 문서의 분류·수발·통제·편찬·보존 및 관리, ④ 인사·교육·훈련 및 상훈, ⑤ 예산의 집행, 회계, 물품 및 국유재산의 관리, ⑥ 소속공무원의 복무 및 후생에 관한 사항, ⑦ 소속기관의 조직 및 정원관리(전투경찰순경은 제외), ⑧ 법제업무, ⑨ 장비의 수급계획 및 보급관리, ⑩ 민원업무의 운영·감독, ⑪ 관청내 다른 과 및 담당관의 주관에 속하지 아니하는 사항 등이다.

제3절 경찰공무원의 계급제

1. 계급제

경찰공무원의 분류는 계급, 경과, 특기 등 세 가지로 나누어져 운영되고 있다.

통상적으로 국가공무원 중 경력직공무원은 1급에서 9급까지 계층을 이루고 운영되는 데 반해 경찰공무원의 경우는 순경에서부터 치안총감까지 11개 계급으로 계층을 이루고 있다. 경찰공무원의 계급체계를 살펴보면 다음과 같다.

그림 6-1 우리나라 경찰의 계급체계

```
1. 순경(巡警): Policeman
2. 경장(警長): Senior Policeman
3. 경사(警査): Assistent Inspector
4. 경위(警衛): Inspector
5. 경감(警監): Senior Inspector
6. 경정(警正): Superintendent
7. 총경(總警): Senior Superintendent
8. 경무관(警務官): Superintendent General
9. 치안감(治安監): Senior Superintendent General
10. 치안정감(治安正監): Chief Superintendent General
11. 치안총감(治安總監): Commissioner General
```

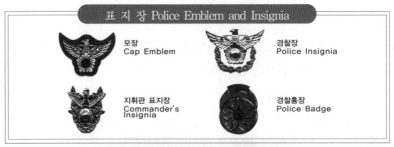

출처: 신현기, 『경찰인사관리론(제4판)』(파주: 법문사, 2018), pp. 52~53.

2. 경   과

경찰공무원법 제3조와 경찰공무원임용령 및 경찰공무원임용령시행규칙에 따라 순경, 경장, 경사, 경위, 경감, 경정, 총경까지의 경찰공무원을 신규로 임용할 때에는 이른바 경과(警科)를 부여한다. 일반경과, 수사경과, 보안경과, 그리고 특수경과(항공경과, 정보통신경과)가 바로 그것이다. 여기서 수사경과와 보안경과의 경우는 경정계급 이하에 국한한다.[13]

① **일반경과**   기획, 감사, 경무, 방범, 형사, 수사, 교통, 작전, 정보, 외사 등인데 보안경과와 특수경과에 속하지 않는 직무들이다.

② **수사경과**   범죄수사에 관한 업무[14]

③ **안보수사경과**   보안경찰에 대한 업무(보안유지, 간첩체포 등)

그리고 특수경과로서 다음의 3가지가 있다.

---

13) 김상호·신현기 외 7인, 『경찰행정학』(파주: 법문사, 2005), p. 217; 경찰공무원임용령, 제3조 제1항; 경찰공무원임용령시행규칙 제19조.

14) 수사경과제는 2005년 1월부터 시행되었고 수사경찰의 선발, 승진, 인사를 별도로 관리하며 수사부서에서 전문성을 살리는 제도로 정착되었다.

④ **항공경과**   경찰항공기의 운영 및 관리에 관한 사무

⑤ **통신경과**   경비통신의 운영과 관리에 관한 직무

위의 경과에 대한 구분은 경찰공무원임용령 제3조 제1항에 근거하고 있으며 경과의 구분에 관하여 필요한 사항은 대통령령으로 정한다.

3. 경찰공무원의 특기

경찰공무원임용령 제3조 제3항에 따르면 경찰공무원의 특기는 경위 이상 경정 이하의 모든 경찰공무원에게 주어진다. 일반경과에는 12개의 특기가 주어진다. 특히 경찰공무원임용령시행규칙 제20조에 따라 일반특기의 종류를 살펴보면 기획, 감사, 경무, 생활안전, 교통, 경비, 작전, 형사, 수사, 정보, 보안, 외사 등이다. 이 중에서도 전문특기에는 형사, 조사, 감식, 정보관리, 정보분석, 보안수사공작, 보안수사신문, 외사 및 기술 등이 해당된다. 특히 기술에는 통신, 항공, 운전 등 12가지가 있다.15)

전문특기별 직무의 내용을 살펴보면 다음과 같다.16)

표 6-5 경찰의 전문특기별 직무의 종류 현황

특기	내용
・형사	범죄수사에 따른 범죄수법, 수사에 관한 기획 및 외근에 관한 직무
・조사	범죄조사에 관한 직무
・과학수사	화재, 지문, 발자국, 기타의 흔적 또는 사진의 감식기술, 컴퓨터 및 거짓말 탐지기의 작동에 관한 직무
・정보관리	정보기획, 정보수집, 정보자료관리에 관한 직무
・정보분석	정보의 분석 및 판단에 관한 직무
・안보수사공작	보안수사기획, 보안수사공작, 보안수사분석에 관한 직무
・안보수사신문	보안수사신문에 관한 직무
・외사	외사정보의 수집・분석・판단・외사공작 및 수사・외국어번역에 관한 직무
・통신기술	유선 및 무선, 장거리통신, 레이더에 관한 특기

4. 경찰계급의 생성과 변천

우리나라 경찰계급을 해방 후부터 현재까지의 과정을 도표를 통해 살펴보면 다음과 같다.

---

15) 신현기・이영남, 앞의 책, p. 208.
16) 경찰공무원임용령 시행규칙 제21조.

표 6-6 우리나라 경찰계급의 변천과정17)

45.10.21	46.1.16	46.4.11	46.9.17	49.1.7	50.7.27	66	69.1.7	74.8.22	79.12.28	83	91.7.31 이후
										의경18)	의경
순사	순경	순경	순경	순경	순경	순경	순경	순경	순경	순경	순경
							경장	경장	경장	경장	경장
순사부장	경사	경사	경사	경사	경사	경사	경사	경사	경사	경사	경사
경부보	경위	경위	경위	경위	경위	경위	경위	경위	경위	경위	경위
경부	경감	경감	경감	경감	경감	경감	경감	경감	경감	경감	경감
경시	감찰관	감찰관	감찰관				경정	경정	경정	경정	경정
	총경	총경	총경	총경	총경	총경	총경	총경	총경	총경	총경
도경찰부장	도경찰부차장	(관구)경찰부청장	(관구)경찰부청장	경무관	경무관	경무관	경무관	경무관	경무관	경무관	경무관
		(관구)경찰청장	(관구)경찰청장								
			경무총감19)			치안감	치안감	치안감	치안감	치안감	치안감
	경무부차장	경무부차장	경무부차장		치안부국장20)				치안정감21)	치안정감	치안정감
경무부장(장관)	경무부장(장관)	경무부장(장관)	경무부장(장관)	치안국장(치안이사관)22)	치안국장(치안이사관)	치안국장(치안이사관)	치안총감(차관급)23)	치안총감(차관급)	치안본부장(치안총감/차관급)	치안본부장(치안총감/차관급)	경찰청장(차관급)24)

출처: 신현기, 『경찰인사관리론(제4판)』(파주: 법문사, 2014), p. 53; 신현기, "경찰계급단계의 개선방안에 관한 연구," 한·독사회과학회, 『한·독사회과학논총』, 제14권 제1호, 2004, p. 253; 경찰청, 박물관 역사자료 참고, 2003.

---

17) 본 도표는 저자 신현기가 경찰박물관 등지에서 각종 경찰사 자료들을 수집하여 2003년 도서출판 법문사를 통해 출판된 경찰인사관리론 저서에서 국내 최초로 발표된 독창적인 자료임을 밝혀둔다.

18) 83년에 의무경찰이 신설되어 기존의 순경이 달고 있던 계급장을 이어 받고 순경은 기존에 경장이 달고 있던 무궁화 꽃봉오리 2개를 달게 되는 제도의 변화가 있었다. 의무경찰은 군필자를 위한 병역제도의 일환으로 실시되는 것이며 순경부터가 정식경찰관에 해당하고 여기서는 편의상 의무경찰의 신설을 표기하기 위해 단순 소개하는 것이다.

19) 경무총감은 협의의 행정기관이 아니므로 경무부장의 명령이 없는 한 일반경찰업무에 관해 명령할 권한이 없고 감독만 수행한다.

20) 부국장제도는 1955년도에 4년 만에 폐지되었다.

21) 1980년 9월 치안정감 계급을 신설하여 송제근 치안정감이 경찰대학장으로 취임했고, 같은해 11월 김상희 치안정감이 취임해 경찰대학 1기생을 모집하였다.

22) 치안국장제도로 변경되어 부(部)에서 국(局)으로 한 등급 낮아졌다.

23) 치안본부체제로 정부조직법이 변경되어 국장이 치안본부장으로 변경되었다.

24) 지방자치제와 더불어 치안본부가 외청으로 독립되어 경찰청시대가 열리고 경찰청장(차관급)이 15만 경찰을 지휘하게 되었다.

표 6-7 경찰계급별 인력구성		
치안총감	1	
치안정감	6	
치안감	25	0.5%
경무관	49	
총 경	507	
경 정	2,171	
경 감	6,429	
경 위	13,795	99.5%
경 사	23,274	
경 장	29,725	
순 경	38,382	

(위의 내용은 경찰청, 내부자료, 2021).

5. 국가경찰공무원과 자치경찰공무원

(1) 국가경찰공무원

2006년 7월 1일 우리나라 제주특별자치도에는 제주자치경찰이 출범하게 된 것을 계기로 2006년 7월 19일을 기해 경찰법을 새로 개정했다. 경찰법을 주체로 하는 경찰을 국가경찰이라고 한다. 경찰공무원법의 대상이 되는 경찰만을 국가경찰공무원이라고 하기 때문에 경찰기관에 근무하는 일반직이나 기능직 등의 공무원은 경찰공무원이 아니며 전투경찰순경이나 의무경찰순경도 경찰공무원이 아니다. 하지만 의무경찰순경도 형법상의 공무집행방해죄의 공무원에 해당되며 국가배상법상의 공무원 개념에는 엄연히 포함시키고 있다. 경찰공무원법 제14조에 따르면 경찰공무원의 경우 경찰공무원의 책임 및 임무의 중요성과 신분 및 근무조건의 특수성에 비추어 그 임용, 교육훈련, 복무, 신분보장 등에 관하여 국가공무원법과는 별도로 경찰공무원법을 두어 국가공무원에 관한 특례를 규정하고 있다.

(2) 자치경찰공무원

제주자치경찰법을 주체로 하는 것을 자치경찰로 명확히 규정한 것이다. 제주특별자치도 설치 및 국제자유도시 조성을 위한 특별법 제105조에서 지방자치법, 지방공무원법을 준용한다고 규정한 근거에 따라 제주특별도지사 산하에 제주자치경찰단(단장: 자치총경)이 설치되었다. 도지사가 시장을 임명하는 체제인 행정시로서 제주시와 서귀포시에 각각 자치경찰대(대장: 자치경정)를 설치했다. 2014년 초 2개의 자치경찰대는 제주행정시장과 서귀포행정시장 소속에서 제주자치경찰단 소속으로 이관됨으로써 도지사 직속기구로 2022년 현재는 제주자치경찰위원회의 지휘하에 단장이 운영하고 있다. 자치순경 합격자는 국가경찰기관인 중앙경찰학교에서 16주 교육 후 제주특별자치도에서 1개월간 교양교육을 받고 자치경찰대 현장에 각각 배치되고 있다.[25]

제 4 절 경찰공무원의 외부임용

1. 임용의 개념

흔히 경찰임용은 모집, 채용시험, 교육훈련, 시보임용의 과정에 따라 이루어진다. 크게 경찰관의 채용은 공개채용과 특별채용의 방식에 따라 이루어지고 있다. 그리고 경찰공무원 임용의 3대원칙으로는 적격자 임용의 원칙, 실적주의 원칙, 평등주의 원칙을 들고 있다.[26]

한편 경찰공무원법 제7조에서 명시하고 있는 임용자격과 결격사유를 살펴보면 제1항과 제2항으로 나누어 명시하고 있다. 제1항은 경찰공무원은 신체 및 사상이 건전하고, 품행이 방정한 자 중에서 임용한다. 그리고 제2항은 다음의 각호에 해당하는 자는 경찰공무원으로 임용될 수 없다고 명시하고 있다. 즉 ① 대한민국 국적을 가지지 아니한 자, ② 금치산자 또는 한정치산자, ③ 파산자로서 복권되지 아니한 자, ④ 자격정지 이상의 형의 선고를 받은 자, ⑤ 자격정지 이상의 형의 선고유예를 받고 그 선고유예기간중에 있는 자, ⑥ 징계에 의하여 파면 또는 해임의 처분을 받은 자 등이다.[27]

2. 경찰채용시험

우리나라에서는 필기시험, 신체검사, 체력검사, 종합적성검사, 면접시험 또는 실기시험과 서류전형의 방법을 채택하고 있는데, 이는 경찰직무의 특수성 때문이다. 경찰관을 선발하는 과정에서 사용할 수 있는 시험의 종류는 매우 다양하며 이러한 시험들을 분류하여 범주화하는 데에는 여러 가지 기준이 있다.

---

25) 신현기, "제주자치경찰의 인력확보 대책에 관한 연구", 한국경찰발전연구학회, 『한국경찰연구』, 제7권 제1호(2008년 봄), pp. 12~15.
26) 임창호, 앞의 책, p. 254.
27) 경찰공무원법 제7조 참조.

3. 경찰채용 현황

경찰공무원의 채용시험은 계급별로 실시하며, 다만 결원보충을 원활히 하기 위하여 필요하다고 인정할 때에는 직무분야별, 근무예정지역별 또는 근무예정기관별로 구분하여 실시할 수 있다.28)

경찰채용에는 공개채용과 특별채용이 있는데, 공개채용에는 순경공채(일반순경, 101경비단, 여경)와 간부후보생채용 그리고 경찰특공대요원(순경)이 있으며, 특별채용은 임용예정직에 상응한 전문지식, 연구실적, 학위 등 자격요건을 갖춘 사람을 대상으로 선발하는 것을 말하는데 고시출신자인 경정특채,29) 학사경장(조사·외사요원), 경찰행정학과 출신의 순경특채, 사이버범죄수사전문요원, 대테러 여경특공대원(20세 이상 35세 미만으로 경사로 채용) 등이 있다. 또한 국립경찰대학 졸업자의 경위임용제도가 있다.

4. 경찰공무원의 특별채용

경찰공무원법 제8조 제3항에 따라 특별채용은 서류전형 및 면접시험의 방법에 따라 행하되, 실기시험이나 필기시험을 병과할 수 있도록 한다. 신체검사는 경찰청장 또는 해양경찰청장이 지정하는 기관에서 발부하는 신체검사서에 따라 행하고 필기시험은 선택형을 원칙으로 하되, 경우에 따라서는 기입형 및 논문형을 병행하고 있다. 특히 특별채용시험은 신체검사 및 체력검사와 서류전형 및 시험을 실시하는 방법에 따르고 있다. 하지만 경무관 이상의 경찰공무원을 특별채용하는 경우는 서류전형의 방법으로 행하고 있다. 그리고 총경 이하의 경찰공무원을 특별채용하는 경우 시험실시권자는 업무내용의 특수성과 기타 사유로 인해 필요하다고 인정하는 경우에는 체력검사를 생략할 수도 있다.30)

5. 경찰채용의 절차

경찰청은 2007년 8월 6일에 가서야 경찰관을 채용할 때 적용해 오던 키와 몸무게

---

28) 경찰공무원임용령 제32조.
29) 본 제도는 법에는 존재하지만 수년전부터 시행은 보류 중에 있다.
30) 경찰공무원법 제8조 3항.

표 6-8 이전의 경찰공무원의 채용시험 절차

제1차 시험	필기시험
제2차 시험	신체검사
제3차 시험	체력검사
제4차 시험	적성검사
제5차 시험	면접시험

에 관한 제한을 폐지하기로 결정·발표했다. 경찰은 이에 따라 범인제압이나 사격 등과 직결되는 좌우악력(손으로 쥐는 힘) 측정을 체력검사에 추가하기로 했으며 현행 종목인 100m 달리기, 윗몸일으키기, 제자리멀리뛰기의 평가기준을 상향조정키로 했다. 다만 그 적용 시기는 유예기간을 거쳐 2008년 하반기부터였다.[31] 최종합격자는 신원조사 및 면접시험을 거쳐 결정된다. 최종합격자의 결정은 필기(실기)성적 50%, 체력검사 25%, 적성검사는 면접자료로 활용하고, 면접 20%(1단계 집단면접 10%, 2단계 집단면접 10%), 가산점 5%의 점수를 합하여 100%를 만점으로 고득점자 순서에 의해 최종합격자를 결정하고 있다.

남자의 경우 제대군인지원에관한법률 제8조 제1항의 규정에 따라서 최대 3세의 범위 안에서 응시상한 연령이 연장될 수 있도록 규정하고 있었으나 이와 무관하게 2013년부터는 남녀 모두에게 만 40세까지 응시연령을 허용하게 되었다.

이제는 군필자의 경우 만 43세도 경찰공무원이 될 수 있다. 군복무한 기간 동안을 경찰채용 연령제한에서 빼주는 것이다.

표 6-9 경찰공무원의 응시연령 기준[32]

계급별	공개경쟁채용시험	특별채용시험
경정 이상	25~40세 이하	27~40세 이하
경감·경위		23세~40세 이하(통신·항공분야는 23세~45세 이하)
경사·경장		20세~40세 이하
계급별	공개경쟁 채용시험	특별채용시험
순경	남녀 공히 18세~40세 이하 (2013년부터 개정됨)	20세~40세 이하(함정요원은 18세 이상 40세 이하, 전투경찰순경으로 임용되어 소정의 복무를 마친 것을 요건으로 특별채용하는 경우에는 21세 이상 30세 이하)
간부후보생	21세~30세 이하	

출처: 신현기, 앞의 책, p. 102; 김형만·신현기 외, 앞의 책, p. 80.

---

31) Focus, 2007. 8. 7, p. 6.
32) 이전에 경찰공무원 순경 공개채용시험 응시연령을 남자는 21세 이상 30세 이하, 여자는 18세 이상 27세 이하로 각각 다르게 규정하여 응시하게 했으나 남녀간 응시기회의 균등을 보장하고, 발전가능성을 갖춘 젊은 혁신적인 경찰관을 유치하기 위하여 2005년 5월 이후부터 응시연령을 남녀 동일하게 18세 이상 30세 이하로 경찰공무원임용령 중 응시연령을 개정하였다. 이는 2013년부터 공히 만 40세로 다시 개정 및 연장되었다.

1) 필기시험

필기시험은 공무원의 채용과정에서 가장 오래되고 널리 쓰이는 시험방법이다. 그동안 경찰시험과목이 변경되어 온 과정을 보면 다음과 같다.

표 6-10 순경 경찰공무원의 시험과목 변경과정

연 도	과목변경
1999년	국어, 국사, 사회, 윤리, 영어
2000년	국어, 국사, 형법, 형사소송법, 영어
2001년 이후	경찰학개론, 수사 I, 형법, 형사소송법, 영어
2013년 초 이후	일반순경의 경우 필수: 영어, 한국사 선택: 경찰학개론, 형법, 형사소송법, 국어, 수학, 사회, 과학 중 3개
	경찰행정 전공자 특채의 경우: 행정법, 수사, 경찰학개론, 형법, 형사소송법 등 5개

한편 현재 순경공채의 경우에는 위에서 보는 바와 같이 응시생이 선택 응시하여 5개 과목(과목당 20문항)을 평가하고 있다.

표 6-11 순경공채의 시험과목

분야별			일반(보안)경찰	해양경찰		항공경찰	전산·정보·통신경찰
				일반	해양		
순경공개 경쟁시험	제3차	필수	영어, 한국사	국사, 영어, 행정학개론, 형법, 형사소송법	국사, 행정학개론, 형사법, 해사법규	국사, 영어, 사회	국어, 국사, 영어
		선택	경찰학개론, 형법, 형사소송법, 국어, 수학, 사회, 과학 중 택 3 - 다만 경찰행정학과 특채 경우는 영어, 한국사 대신에 수사와 행정법이 대체됨	-	항해술, 기관술 중 1과목	항공법규, 비행이론 중 1과목	전자계산 일반, 유선공학, 무선공학 중 1과목

출처: 경찰공무원임용령 별표 2를 참조.

■ 2022년 순경공채 시험제도의 변화

2021년 12월 31일까지는 고등학교 졸업자들이 졸업 후 바로 학습한 국, 영, 수 등 관련 과목을 선택하여 순경공채시험에 응시할 수 있었다. 그러나 2021년 1월부터는 2년간의 유예기간을 두고 전면 순경공채 시험과목이 다음과 같이 변경 적용되게 되었

다. 시험제도가 변경되는 것은 벌써 2년 전에 준비할 유예기간을 예고한 것이라서 충분한 시간적 여유가 있었던 제도변경이기 때문에 혼란은 일체 없을 것으로 본다.

표 6-12 순경공채과목 신구 기준표

2021년까지		2022년부터
필수 2과목＋선택 3과목		필수 5과목
영어(필수) 한국사(필수) 형법(선택) 형사소송법(선택) 경찰학개론 국어, 수학, 사회, 과학(선택)	→	영어 검정제로 대체(토익기준 550점↑) 한국사검정제로 대체(한능검 3급 이상) 형사법(형법＋형사소송법/ 100점 만점) 경찰학개론(100점 만점) 헌법(인권가치, 헌법정신 함양범위)

▪ 경찰채용에서 변화되는 필기시험

2년 전인 2020년 정부는 경찰공무원임용령을 개정하여 2년 후인 2022년 1월 1일부터 경찰시험과목을 변경하여 시행하기로 했다. 2022년 경찰시험이 변경되어 적용되는 첫해가 된다. 순경공채에서 기존에 선택과목이 폐지되었으며 헌법, 형사법, 경찰학 등 3개 과목을 보며 나머지 영어와 한국사는 검정시험으로 대체된다. 이 때문에 시험시간도 단축되어 오전 10:00~11:40분까지 100분이다. 특히 2022년 순경공채에 응시하기 위해서는 한국사능력검정시험 성적표를 2018년 1월 이후 시행된 3급 이상 합격증명을 제시해야 한다. 역시 영어는 토익 550점 이상, IBT 52점 이상이나 텝스 241점 이상 또는 토플 PBT 470점 이상 점수를 2019년 1월 이후 취득한 성적을 제시해야 한다.

표 6-13 순경공채의 시험과목과 배점 및 문항수

시험과목	배점	문항수	시험시간
헌법	50점	20문항	10:00~11:40 (100분) 한국사와 영어는 검정시험으로 대체
형사법	100점	40문항	
경찰학	100점	40문항	

▪ 경찰행정 경채의 시험과목 변경

그리고 경찰행정학과 출신으로 45학점 이상 취득자에게 주어지는 이른바 경찰행정학과 제한경쟁 특채는 변경되는 과목이 경찰학, 형사법, 범죄학이다. 영어와 한국사도 검정제로 치루어진다. 그리고 기타 경채의 경우는 기존처럼 필기시험의 과목변경 없이 동일하게 치루어진다.

표 6-14 경찰행정 경채의 시험과목과 배점 및 문항수

시험과목	배점	문항수	시험시간
경찰학	100점	40문항	10:00~11:40 (100분) 한국사와 영어는 검정시험으로 대체
형사법	100점	40문항	
범죄학	50점	20문항	

위에서 언급했듯이 경찰경채는 전의경 출신과 경찰행정학과 출신이 일정 학점을 취득한 자에게 제한경쟁 채용기회를 주는 시험이다. 이 시험의 과목도 2022년부터 변경되었는데, 전의경 경채의 필기시험 과목은 경찰학, 형법, 형사소송법이며 영어와 한국사 시험은 역시 사전에 준비해 놓아야 하는 검정시험으로 대체하게 된다. 각 과목별 문제들은 문제당 5점씩 20문항으로 총 100점 만점으로 하는데 다음과 같다.

표 6-15 전의경 경채의 시험과목과 배점 및 문항수

시험과목	배점	문항수	시험시간
경찰학	100점	20문항	10:00~11:00 (60분) 한국사와 영어는 검정시험으로 대체
형법	100점	20문항	
형사소송법	100점	20문항	

한편 경찰간부후보생(경찰간부후보생의 명칭은 "경위 공채 합격자"로 개명될 예정이다)의 경우에는 객관식 5과목(경찰학개론, 수사Ⅰ·Ⅱ, 영어, 형법, 행정학)과 주관식 2과목(필수: 형사소송법; 선택: 행정법, 경제학, 민법총칙, 형사정책 중 택 1)을 평가하고 있다. 필기시험 합격자는 공채의 경우 매과목 40점 이상, 특채의 경우 전 과목 총점의 60점 이상의 득점자 중에서 선발예정인원의 300% 범위 내에서 결정하고 있다.

표 6-16 경찰간부후보생 공개경쟁시험의 필기시험과목

시험별	분야 과목	일반경찰			전산·정보 통신경찰
		일반(보안)	세무·회계	외사	
제3차 시험	필수	(한국사, 영어= 검정제 실시 중), 형법, 행정학, 경찰학개론	한국사, 영어, 형법, 형사소송법, 세법개론	한국사, 형법, 형사소송법, 국제법	한국사, 영어, 형법, 형사소송법, 디지털공학
	선택	-	-	영어, 일어, 중국어, 불어, 독어, 러시아어, 스페인어, 아랍어 중 1과목 (읽기, 듣기)	-

시험별	분야	일반경찰			전산·정보 통신경찰
	과목	일반(보안)	세무·회계	외사	
제4차 시험	필수	형사소송법	회계학	영어, 일어, 중국어, 불어, 독어, 러시아어, 스페인어, 아랍어 중 1과목 (쓰기, 말하기)	통신이론
	선택	행정법, 경제학, 민법총칙, 형사정책 중 1과목	상법총칙, 경제학, 통계학, 재정학 중 1과목		데이터베이스론, 자료구조론, 소프트웨어공학 중 1과목

출처: 신현기, 『경찰인사관리론』(파주: 법문사, 2018), p.125; 경찰청, 『경찰백서』, 2013, p. 332.

2) 신체검사

신체검사는 직무수행에 필요한 신체조건 및 건강상태를 검정하는 것으로서 경찰 공무원 모집시에 미리 공고한 신체조건을 갖춘 사람이 지원했는지 여부를 확인하는 것이다. 이와 같은 신체검사에는 의학적 검사(일반내과, X-Ray, 혈압 등), 형태적 검사 (신장, 체중 등), 기능적 검사(시력, 청력 등)가 포함된다. 경찰공무원 채용시의 신체검 사 규정이 2008년부터 다음과 같이 개정되었다.33)

표 6-17 변경된 경찰공무원 채용시험 신체조건표

(제34조제7항 관련-2008년 7월 1일 적용)

항목	내용 및 기준	
체격	국·공립병원 또는 종합병원에서 실시한 경찰공무원 채용 신체검사 및 약물검사 결과 건강상태가 양호하고 사지가 완전하며 가슴, 배, 입, 구강, 내장의 질환이 없 어야 한다.	남여동일
시력	시력(교정시력을 포함한다)은 양쪽 눈이 각각 0.8 이상이어야 한다.	남여동일
색신 (色神)	색신이상(약도 색신이상을 제외한다)이 아니어야 한다(단, 종합병원·국공립병원의 검사결과 약도색신이상으로 판정된 경우 응시자격 인정)	남여동일
청력	청력이 정상이어야 한다(20dB이하)	남여동일
혈압	고혈압(수축기혈압이 145mmHg를 초과하거나 확장기혈압이 90mmHg를 초과하는 경우를 말한다) 또는 저혈압(수축기혈압이 90mmHg 미만이거나 확장기혈압이 60mmHg 미만인 경우를 말한다)이 아니어야 한다. 즉 고혈압·저혈압이 아니어야 함.(확장기: 90-60mmHg, 수축기: 145-90mmHg)	남여동일

출처: 신현기, 『경찰인사관리론』(파주: 법문사, 2018), p. 126.

3) 체력검사

체력검사는 경찰관이 직무수행에 필요한 민첩성·지구력 등 체력을 평가하는 것 이다. 범죄자와 맞부딪쳐야 하는 경찰관에게는 고도의 민첩성과 지구력이 요구된다. 특히 직무수행에 필요한 민첩성·지구력 등 체력을 검정하는 것이다. 경찰의 직무는 범죄와의 투쟁과 같은 업무를 수행하기 때문에 신체적 민첩성과 인내력이 요구된다.

---

33) 신현기, 앞의 책, p. 106.

표 6-18 경찰공무원의 체력검사 평가 기준표(제34조의2 관련)

구 분		10점	9점	8점	7점	6점	5점	4점	3점	2점	1점
남자	100m달리기 (초)	13.0 이내	13.1 ~13.5	13.6 ~14.0	14.1 ~14.5	14.6 ~15.0	15.1 ~15.5	15.6 ~16.0	16.1 ~16.5	16.6 ~16.9	17.0 이후
	1,000m 달리기(초)	230 이내	231~ 236	237~ 242	243~ 248	249~ 254	255~ 260	261~ 266	267~ 272	273~ 279	280 이후
	윗몸일으키기 (회/60초)	58 이상	57~55	54~51	50~46	45~40	39~36	35~31	30~25	24~22	21 이하
	좌우악력 (kg)	61 이상	60~59	58~56	55~54	53~51	50~48	47~45	44~42	41~38	37 이하
	팔굽혀펴기 (회/1분)	58 이상	57~52	51~46	45~40	39~34	33~28	27~23	22~18	17~13	12 이하
여자	100m달리기 (초)	15.5m 이내	15.6 ~16.3	16.4 ~17.1	17.2 ~17.9	18.0 ~18.7	18.8 ~19.4	19.5 ~20.1	20.2 ~20.8	20.0 ~21.5	21.6 이후
	1,000m 달리기(초)	290 이내	291~ 297	298~ 304	305~ 311	312~ 318	319~ 325	326~ 332	333~ 339	340~ 347	348 이후
	윗몸일으키기 (회/60초)	55 이상	54~50	49~45	44~40	39~35	34~30	29~25	24~19	18~13	12 이하
	좌우악력 (kg)	40 이상	39~38	37~36	35~34	33~31	30~29	28~27	26~25	24~22	21 이하
	팔굽혀펴기 (회/1분)	50 이상	49~45	44~40	39~35	34~30	29~26	25~21	20~16	15~11	10 이하

※ 체력검사의 평가종목 중 1종목 이상 1점을 받은 경우에는 불합격으로 한다.
체력검사의 평가종목에 대한 구체적인 측정방법은 경찰청장이 정한다.
100미터 달리기의 경우에는 측정된 수치 중 소수점 둘째자리 이하는 버리고,
1,000미터 달리기의 경우에는 소수점 첫째자리 이하는 버리며, 좌우 악력의 경우에는 소수점 첫째자리에서 반올림한다.

경찰관을 선발하는 과정에서 종래에는 신장과 체중이 강인성의 최저수준의 척도로 사용되어 왔으나 오늘날에는 기민성검사가 이를 대신하게 되었으며, 이 검사는 신체적 소질과 능력을 평가하는 유효한 변수가 되고 있다. 체력검사의 종목은 100m달리기, 제자리멀리뛰기, 윗몸일으키기, 좌·우 악력 등 4종목을 실시하고 있다.34)

4) 종합적성검사

종합적성검사는 앞으로 적합한 훈련을 받고 경험을 쌓으면 일정한 직무를 잘 수행할 수 있는 소질 또는 잠재적 능력을 측정하려는 시험이다.35)

---

34) 경찰청 공고 제2009-23호, 2009년 경찰공무원(순경) 채용시험 공고, -일반(2차)·기동경찰·정보통신 경찰-2009년 7월 2일 참조; 신현기, 앞의 책, p. 107.

35) 2009년 8월 28일 경찰청의 발표에 따르면 새로이 경찰관 채용 적성검사가 개선되었다. 먼저「인성심리 측정 프로그램」을 추가로 신규 도입하였으며, 이를 현행 적성검사와 병행해서 실시할 예정이다. 이런 조치로 검사시간이 1시간정도 늘어났다. 수험생이 갖고 있는 경찰관으로서의 인·적성을 보다 정확히 평가하여 선의의 피해가 없도록 하기 위해 인성검사 항목을 보강한 것이다. 새로 도입되는 인성검사

표 6-19 경찰채용시험 적성검사 내용

연번	구분	검사방법	문항수	검사시간
1	간이성격검사	- 허구성, 정서성, 충동성, 사회성 검사 - 정신건강(신체화, 강박증, 공포불안, 편집증, 정신증) 검사	261	50분
2	U-K 정신작업검사	일정시간 동안 연속적인 숫자 가산작업 결과 얻어지는 작업량, 작업곡선, 작업특성을 토대로 수검자의 성격 및 적응 경향을 진단		50분
3	일반능력검사	언어능력, 추리능력, 수리능력 및 지각능력 측정	220	110분
4	간이흥미검사	직업, 학교교육과목, 직업활동, 여가활동, 사람유형, 두 활동사이의 선호도 등 검사	64	30분
5	전기적자료검사	과거의 경험과 활동에 대한 응답을 바탕으로 개인의 특성을 측정	114	30분

출처: 경찰청 인사교육과 내부자료; 신현기, 『경찰인사관리론』(파주: 법문사, 2014), p. 131.

경찰관의 직무가 심리적 긴장상태와 사람과의 접촉은 물론 직권남용과 유혹의 기회를 많이 가지기 때문에 심리적 부적응자나 유혹에 약한 자를 선별하기 위해서 심리검사를 하는 것은 무엇보다 중요하다.36)

그리고 1993년 8월부터 지금까지 적성검사 결과를 경찰면접시험에 반영하고 있다.

5) 면접시험

최근 경찰공무원 면접시험에서는 준법성·성실성·창의성·가치관 등 능력 및 인성 검정을 핵심으로 한다. 즉 면접시험은 필기시험이나 배경조사를 통하여 평가할 수 없는 지원자의 직무수행에 필요한 능력·발전성 및 적격성을 검정하는 것이다. 우리나라 경찰에서 실시하고 있는 면접시험의 평정요소로는 ① 경찰공무원으로서의 적성 ② 의사발표의 정확성과 논리성 및 전문지식 ③ 용모, 품행, 예의, 봉사성, 정직성, 성실성, 발전가능성 ④ 무도·운전 기타 경찰업무관련 특수기술능력 등이 있으며, 각 평정요소마다 1점부터 5점까지 점수로 평정한다.37)

경찰공무원 모집에서 면접시험의 평정요소는 경찰공무원으로서의 적성, 전문지식과 그 응용능력, 의사발표의 정확성과 논리성, 용모·예의·품행 및 성실성, 창의력·의지력 기타 발전가능성을 집중적으로 평가하고 있다.38)

는 이번 2차 순경공채 적성검사부터 시행되며 총 344문항으로 60분이 소요되어 22개분야 인성심리를 측정한다. 또한 앞으로는 적성검사의 등급별 점수제를 폐지하고 인·적성검사 결과를 면접시험 참고자료로만 활용할 것이다. 시행시기는 관계법령이 개정되는대로 시행할 것이다. 또한 인·적성검사 결과를 최초 수검시부터 최종 수검시까지 체계적으로 관리하여 결과 변동이 심한 수험생에 대하여는 면접시험에서 소명의 기회를 준다. 앞으로도 경찰청에서는 수험생 여러분들의 인·적성이 정확히 평가되어 질 수 있도록 매 3년 주기로 적성검사의 타당도·신뢰도 조사를 실시하는 등 많은 개선 노력을 한다고 한다(2009. 08. 29: 경찰청 홈 페이지 참조).

36) 신현기, 앞의 책, p. 107.

37) 경찰청 공고 제2009-23호, 2009년 경찰공무원(순경) 채용시험 공고, -일반(2차)·기동경찰·정보통신 경찰-2009년 7월 2일 참조; 신현기, 앞의 책, p. 108.

표 6-20 　경찰면접시험 평가항목

구분	평가항목
1단계(집단면접)	○ 신원조사, 범죄경력 등 수험생의 기본사항 자료제공 ○ 평가항목 : 의사발표의 정확성과 논리성 및 전문지식 　1. 경찰에 대한 기본 인식 　2. 상황판단 및 문제해결 능력 　3. 의사소통능력 　4. 정보수집 분석능력 　5. 조정 및 통합능력
2단계(개별면접)	○ 신원조사, 범죄경력 등 수험생 전반적인 사항 자료제공 ○ 평가항목 : 예의, 품행, 봉사, 정직, 성실, 발전가능성 　1. 경찰관으로서 윤리의식(도덕성, 청렴성, 준법성) 　2. 국민의 경찰로서 봉사정신과 사명감 　3. 조직구성원으로서 협동심과 공동체 의식 　4. 자기통제 및 적응력 　5. 자신감과 적극성

한편 면접평가 배분방식은 다음과 같다.

표 6-21 　각 면접위원별 배점 분포비율 준수(2:3:4:1)

점수	10-9	8-7	6-5	4점이하
분포비율	20%	30%	40%	10%

■ 면접강화 방안

- 경찰공무원으로 임용하기에 부적절한 수험생에 대한 심층면접을 통하여 부적격한 입직 원천 차단

표 6-22 　심층면접 대상자

항목	대상자
신원조사	세평 불량 등 특이 동향자, 신원조사서상의 부적격자
학생기록부	무단 장기 결석자(10일 이상), 품행불량자(교사의견)
적성검사	적성검사 5등급 및 특이성향자
채무관계	신용정보조회상 신용불량 또는 과다채무자(1000만원)
전과관계	•강도, 절도, 성범죄, 방화, 체포/감금, 사기 등 고비난성 범법행위자 •교특법, 도교법(음주, 무면허, 뺑소니), 사행업소운영, 성매매 알선, 공무집행방해 등 경찰관으로서 근무가 부적절한 자 •유해화학물질관리법(환각물질흡입), 도박 등 상습성이 큰 범죄 •기간에 상관없이 범법행위 사실이 2회 이상 상습성이 있는 자
인성검사	PAI검사 결과<반사회성/공격성/우울/불안/자살관념/정신분열/알콜척도>분야에서 위험 판정 및 특이성향자

---

38) 신현기, 『경찰학개론』(파주: 법문사, 2015), p. 232.

- 면접관의 엄격한 판단에 따른 점수부여와 관대화 경향 차단
- 심층면접대상자와 부적격 징후자에 대해서는 면접시간을 10분 이상 확대, 부적 격징후의 사항에 대하여 정밀면접 실시

2004년 12월 18일 이전에는 경찰공무원의 지적 능력을 채용의 가장 중요한 판단 기준으로 삼았다. 따라서 체력과 인성은 매우 낮게 평가되었다. 그러나 2004년 12월 18일 「경찰공무원임용령및동시시행규칙」의 개정을 통해 경찰관 채용의 목표를 지성 및 체력과 인성의 검증으로 변경하였다. 즉 체력과 면접시험의 배점비율을 상향조정 하였다.39) 최종합격자를 결정하는 기준은 다음과 같다.40)

표 6-23　경찰공무원의 채용시험 배점비율의 결정기준표

구분	개정 전	개정 후
필기성적 점수	75%	50%
체력검사	5%	25%
면접시험	20%	20%(1단계 집단면접 10%, 2단계 집단면접 10%)
	(적성검사 5%, 자격증 가산점 5%, 주관평가 10%)	(적성검사는 참고사항, 자격증 가산점 5%)

6) 가산점 부여

경찰지원자가 자격증을 소지한 경우에 가산점이 부여되는데 평가점수는 5점을 만 점으로 하고 있다. 다음과 같은 자격증을 소지한 자는 각기 3점, 2점, 그리고 1점의 가산점을 인정받아 총 5점까지의 가산 혜택을 받을 수 있다.41)

표 6-24　경찰공무원의 임용시 가산점 부여 기준표　　　　　　　　　(2022년 현재)

분야	관련 자격증 및 가산점		
	5점	4점	2점
학위	- 박사학위	-석사학위	
정보처리	-정보관리기술사 -전자계산기조직응용기술사	-정보처리기사 -전자계산기조직응용기사	-정보처리산업기사 -전자계산기산업기사 -사무자동화산업기사 -컴퓨터활용능력1·2급 -워드프로세서1급

39) 경찰청, 「2020 경찰백서」, 2020, p. 394.
40) 신현기, 『경찰학개론』(파주: 법문사, 2015), p. 234.
41) 신현기, 『경찰학개론』(파주: 법문사, 2015), p. 236.

분 야	관련 자격증 및 가산점		
	5점	4점	2점
전자통신	-정보통신기술사 -전자계산기기술사	-무선설비·전파통신·전파전 자·정보통신·전자·전자계 산기기사 -통신설비기능장	-무선설비·전파통신·전파전 자·정보통신·통신선로·전 자·전자계산기산업기사
국어	-한국실용글쓰기검정 750 점 이상 -한국어능력시험 770점 이상 -국어능력인증시험 162점 이상	-한국실용글쓰기검정 630점 이 상 -한국어능력시험 670점 이상 -국어능력인증시험 147점 이상	-한국실용글쓰기검정 550점 이 상 -한국어능력시험 570점 이상 -국어능력인증시험 130점 이상
외국어 / 영어	-TOEIC 900 이상 -TEPS 850이상 -IBT 102 이상 -PBT 608 이상 -TOSEL(advanced) 880 이상 -FLEX 790 이상 -PELT(main)446이상	-TOEIC 800 이상 -TEPS 720이상 -IBT 88 이상 -PBT 570 이상 -TOSEL(advanced) 780 이상 -FLEX 714 이상 -PELT(main) 304 이상	-TOEIC 600 이상 -TEPS 500이상 -IBT 57 이상 -PBT 489 이상 -TOSEL(advanced) 580이상 -FLEX 480 이상 -PELT(main) 242 이상
외국어 / 일어	-JLPT 1급(N1) -JPT 850 이상	-JLPT 2급(N2) -JPT 650 이상	-JLPT 3급(N3, N4) -JPT 550 이상
외국어 / 중국어	-HSK 9급	-HSK 8급	-HSK 7급(新 HSK 4급-195점 이상)
노동	-공인노무사		
무도		-무도4단 이상(태권도,유도,검도, 합기도)	-무도2·3단(태권도,유도,검도, 합기도)
부동산	-감정평가사		-공인중개사
교육	-청소년상담사1급	-정교사 2급 이상 -청소년지도사1급 -청소년상담사 2급	-청소년지도사 2·3급 -청소년상담사 3급
재난· 안전관리	-건설안전·전기안전·소 방·가스기술사	-건설안전·산업안전·소방설 비·가스·원자력기사 -위험물기능장 -핵연료물질취급감독자면허 -방사선취급감독자면허 -경비지도사	-산업안전·건설안전·소방설 비·가스·위험물산업기사 - 1종 대형면허 -특수면허(트레일러,레커) -조종면허(기중기,불도우저) -응급구조사 -핵연료물질취급자면허 -방사성동위원소취급자면허
화약	-화약류관리기술사	-화약류제조기사 -화약류관리기사	-화약류제조산업기사 -화약류관리산업기사
교통	-교통기술사 -도시계획기술사	-교통기사 -도시계획기사 -교통사고분석사 -도로교통사고감정사	-교통산업기사

분야	관련 자격증 및 가산점		
	5점	4점	2점
토목	-토목시공기술사 -토목구조기술사 -토목품질시험기술사	-토목기사	-토목산업기사
법무	-변호사	-법무사	
세무회계	-공인회계사	-세무사 -관세사	-전산세무 1·2급 -전산회계 1급
의료	-의사 -상담심리사1급	-약사 -정신보건임상심리사 1급 -임상심리사 1급 -상담심리사 2급	-임상병리사, 물리치료사, 방사선사, 간호사, 의무기록사, 치과기공사 -정신보건임상심리사2급 -임상심리사2급 -작업치료사
특허	-변리사		
건축	-건축구조·건축기계설 비·건축시공·건축품질 시험기술사	-건축, 건축설비기사	-건축·건축설비·건축일반시공 산업기사
전기	-건축전기설비·전기응용 기술사	-전기·전기공사기사	-전기·전기기기·전기공사산업 기사
식품위생	-식품기술사	-식품기사	-식품산업기사
환경	-폐기물처리기술사 -화공기술사 -수질관리기술사 -농화학기술사 -대기관리기술사	-폐기물처리기사 -화공기사 -수질환경기사 -농화학기사 -대기환경기사	-폐기물처리산업기사 -화공산업기사 -수질환경산업기사 -대기환경산업기사

※ 무도분야 자격증은 유도·검도·태권도의 경우 대한체육회에 가맹한 경기단체가 인정하는 것, 합기도
 의 경우 법인으로서 중앙본부 포함 8개 이상 광역지방자치단체에 지부(지부당 소속도장 10개 이상)를
 등록하고 3년 이상 활동중인 단체에서 인정하는 것을 말함. 어학능력자격증은 면접시험일 기준으로 2
 년 이내의 것만을 인정함. 자격증 제출기한은 당해 시험이 있는 적성검사 실시일까지로 한다.

7) 경찰공무원의 내부임용

흔히 내부임용하면 경찰조직 내에서 유능하고 적합한 자를 선발하는 일련의 절차
인데 전직, 전보, 파견, 겸임 같이 수평으로 이동하는 수평방식이 있고 승진이나 강임
과 같은 수직적 이동도 있다.

표 6-25 경찰내부임용의 종류

신규채용의 종류	신규로 경찰임용 행위
승진	경찰관이 상위계급으로 올라가는 행위
전보	동일계급에서 보직을 변경하는 행위
파견	경찰관이 다른 유관기관에서 일시적으로 근무하는 행위
휴직	경찰관 신분유지 상태로 담당직무를 떠남

신규채용의 종류	신규로 경찰임용 행위
직위해제	경찰관에게 직위를 부여하지 않음-사유 소멸 후 직위부여
복직	휴직, 정직, 직위해제 중인 경찰관을 직위에 복직
면직	경찰관의 신분을 상실함-의원면직/직권면직
정직	경찰관의 신분유지-직무담당이 정지-봉급 2/3감함(3개월 이하)
강등	더 낮은 계급으로 내림
해임	경찰관의 신분을 박탈함-향후 경찰관으로 임용불가
파면	경찰관의 신분을 박탈함-향후 경찰관으로 임용불가-퇴직금의 1/2 감액함

출처: 신현기, 『경찰학개론』(파주: 21세기사, 2010), p. 228을 참고하여 재작성.

(1) 경찰공무원의 승진

경찰관이 승진하기 위해서는 일정기간 기다려야 자격이 주어진다. 이를 최저근무연수라고 한다.

표 6-26 경찰관 승진을 위한 최저근무연수(2009년 2월 개정)42)

총경	경정, 경감	경위, 경사	경장, 순경
4년	3년	2년	1년

1) 시험승진

시험으로 승진하는 경우는 경정계급까지만 가능하다. 경정계급에서 총경계급으로 승진하는 경우는 시험승진이 없고 오직 심사승진으로만 가능하다.

2) 심사승진

총경부터는 심사승진을 통해서만 가능하다. 특히 경찰공무원의 순수한 심사승진은 순경부터 경무관까지 해당된다. 따라서 치안감 이상은 사실상 대통령의 지명승진에 해당한다고 보는것이 타당하다.

3) 특별승진

특별승진의 경우는 경장부터 경감까지만 가능하다.

4) 근속승진(자동승진)

근속승진(자동승진)은 2006년 4월부터 시행되었는데 순경출신 경사들에게만 가능하다. 순경에서 6년후 경장, 경장에서 7년 후 경사, 경사에서 8년 후 경위로 근속승진할 수 있다(소위 6·7·8제도/21년 소요). 이것이 개정되어 순경, 경장, 경사 경위가 4

---

42) 경찰공무원승진임용규정 제5조 참조.

년, 5년, 6년으로 변경 및 단축되었으며 경위에서 경감도 10년에서 8년으로 하향되는 법안이 2020년에 국회 본회의를 통과했다.

표 6-27	경찰공무원 승진의 구분			
구분	심사승진	시험승진	특별승진	근속승진
대상	경무관 이하	경정 이하	경감 이하	경감 이하(2012년 이후)

(2) 경찰공무원의 징계

한국의 경찰공무원징계령에는 파면, 해임, 강등, 정직, 감봉, 견책 등 5가지 징계처분을 규정하고 있는데 파면, 해임, 강등, 정직은 중징계에 해당하고 감봉과 견책은 경징계에 속한다.

1) 파면과 해임

파면과 해임은 공무원을 강제로 퇴직시키는 중징계 처분 중의 하나다. 파면과 해임은 배제징계라고도 하고 정직, 감봉, 견책은 교정징계라고도 불린다. 그리고 그 효과는 강제퇴직에 그치지 않는다. 법에 따라 파면된 사람은 5년 동안 공무원으로 임용될 수 없다. 해임은 파면보다는 가벼운 처분이나 강제퇴직시키는 것은 동일하다. 해임의 경우에는 3년 동안 공무원으로 임용될 수 없다. 해임의 경우 연금법상의 불이익은 없으나, 파면의 경우에는 퇴직급여액의 1/2이 삭감(5년 미만 근무자에게는 퇴직급여액의 1/4이 삭감)되는 불이익을 받는다. 해임은 파면보다는 약하다. 그러나 해임의 경우에도 향후 경찰관 임용이 불가능하며 3년간 공직재임용이 제한되는 효력이 발생하고 퇴직급여 전액을 지급하고 있다. 원칙적으로 징계종류의 선택은 징계권자의 재량에 속한다. 그러나 징계사유나 징계벌 사이에 반드시 비례의 원칙이 적용되어야 하는데 위반시는 재량권의 남용으로 위법이다.[43]

2) 강 등

2010년 6월에는 경찰공무원의 징계에서 『강등』 제도가 새로이 생겨났다. 경찰공무원이 강등이라는 징계를 받으면 그 기간 동안에 봉급이 2/3나 감액된다. 그러나 공무원의 직은 그대로 유지된다. 1개월 이상 3개월 이하의 기간 동안 직무정지되며 그 정직기간 동안은 보수의 2/3를 감액한다.

3) 정 직

경찰공무원에게 흔히 내려지는 징계조치 중 하나이다. 이는 경찰직무수행을 정지

---

43) 신현기, 『경찰학개론』(파주: 법문사, 2015), p. 262.

시키는 제도이다. 정직 기간은 통상 1~3개월이 보통이다. 이 기간 동안에 경찰공무원은 신분은 보장되지만 직무에 종사하지는 못하는 것이다. 아쉽게도 이 기간 동안에는 보수의 2/3와 각종수당을 감하는 불이익을 받는다. 또한 정직기간 이후 18개월 동안은 승진과 호봉승급이 제한된다. 그 밖에 정직기간만큼 최저년 수 및 경력평정기간에서 제외하고 있다(국가공무원법 제80조 1항).

4) 감 봉

감봉은 정직과는 달리 직무수행은 가능하나 1개월 이상 3개월 이하의 기간 동안 보수의 1/3과 각종수당을 감액하는 조치가 내려진다(국가공무원법 제80조 2항). 감봉기간 이후 12개월은 승진과 호봉승급이 제한된다. 물론 직무에는 종사하게 되고 경력평정기간에도 산입된다(국가공무원법 제80조 2항).

5) 견 책

견책은 공식적 징계절차를 거쳐 전과에 대하여 징계하고, 그 사실을 인사기록에 남기는 징계처분 가운데서 가장 가벼운 처분이며, 사용빈도가 가장 높은 징계처분의 형태이다.[44] 이는 교정의 차원에서 행해지는 처분이다. 즉 6개월간 승진 및 호봉승급이 제한되는 초치를 받게 된다(국가공무원법 제80조 5항).

6) 경 고

만일 경찰공무원이 비위를 저지른 경우 징계령이 규정하고 있는 경징계사유에 미치지 못하는 경미한 사안인 경우 각급 경찰기관의 장이 주의를 환기시키고 훈계하는 매우 가벼운 징계 중 하나이다.

표 6-28 국가공무원법상의 징계종류

구분	종류	주요 내용
중징계	파면	○ 경찰공무원 신분 박탈, ○ 파면경찰관은 임용불가, ○ 5년이상 근무경찰관 퇴직급여액의 1/2 감액지급, ○ 5년 미만 근무자 : 퇴직급여액의 3/4 지급, ○ 보수: 일할계산, ○ 기말수당은 지급 불가
	해임	○ 경찰공무원 신분관계의 종료, ○ 경찰공무원으로 임용불가, ○ 퇴직급여는 전액지급, ○ 보수: 일할계산, ○ 기말수당은 지급불가
	강등	○ 직급을 하나 낮춤<2010년 6월 신설됨>
	정직	○ 신분보유하나 1~3개월 동안 직무 집행정지, ○ 기간 중 보수의 2/3 감액지급, ○ 집행이 종료한 날로부터 18개월이 지나야 승진과 승급할 수 있음, ○ 각종 수당지급제한(정근수당 1/9 감액, 장기근속수당·가족수당·자녀학비보조수당의 2/3 감액)

---

44) 이영남, 『경찰행정학』(서울: 대영문화사, 2008), pp. 153~188.

구분	종류	주요 내용
경징계	감봉	○ 1~3개월 동안 보수의 1/3 감액지급, ○ 집행이 종료한 날로부터12개월이 지나야 승진·승급할 수 있음. ○ 감봉 1월에 대하여 정근수당의 1/18 감액, 기간 중 장기근속수당·가족수당·자녀학비보조수당의 1/3 감액
	견책	○ 전과에 대한 훈계 및 회개, ○ 집행이 종료한 날로부터 6개월이 지나야 승진, 습급할 수 있음

출처: 중앙경찰학교, 『경무』(충주: 중앙경찰학교, 2020), p.113.

표 6-29 경찰공무원의 징계벌과 형사벌에 관한 비교

구 분	징계벌	형사법
권력적 기초	특별권력	일반통치권
목적	공무원관계의 내부질서유지	일반의 질서유지
내용	공무원의 신분적 이익의 박탈	신분적 이익과 재산적 이익 및 개인의 자유와 생명까지
대상	공무원법상 의무위반	형사법상의 의무위반
주관적 요건	• 고의와 과실 필요 없음 • 부하의 감독책임까지 문책가능	고의 및 과실
퇴직후의 가벌성	퇴직후 불가	퇴직후도 가능

표 6-30 경찰공무원 징계의 양정기준

	비위의 정도가 크고 고의가 있는 경우	비위의 정도가 크고 중과실 또는 비위의 정도가 작고 고의가 있는 경우	비위의 정도가 크고 경과실이거나 비위가 경과실인 경우	비위의 정도가 작고 경과실인 경우
성실의 의무위반: ○ 직무태만 혹은 질서문란 ○ 기타	파면 파면-해임	해임 정직	정직-감봉 감봉	견책 견책
복종의무위반	파면	해임	정직-감봉	견책
직장이탈금지 위반	파면-해임	정직	감봉	견책
친절공정의무 위반	파면-해임	정직	감봉	견책
비밀엄수의무 위반	파면	해임	정직	감봉-견책
청렴의무 위반	파면	해임	정직	감봉-견책
품위유지의무 위반	파면-해임	정직	감봉	견책
영리업무 및 겸직금지의무 위반	파면-해임	정직	감봉	견책
집단행위금지 위반	파면-해임	정직	감봉	견책

| 7 장 | 경찰의 예산관리 |

1. 경찰예산의 의의

경찰예산은 국가가 국민을 위해 수행하는 여러 가지 행정서비스 중에서 국민의 생명과 재산을 보호하는 치안활동에 소요되는 경비라는 점에서 다른 행정예산보다도 중요하다고 할 수 있다.[1] 특히 최근 국민의 생활안전에 대한 국민의 요구가 향상됨에 따라 치안서비스의 질을 높이기 위해 경찰예산의 지속적인 투자가 요청되고 있다.[2] 경찰예산은 인건비를 비롯한 대부분의 경비가 일반회계로 편성되어 있다. 2007년 1월부터 국유재산관리 특별회계와 자동차교통관리개선 특별회계가 폐지되면서 관서 증·개축 등 시설 예산과 교통사고예방 관련예산이 일반회계로 통합편성되었다. 특히 제주자치경찰 이전 경비와 도시지역 광역교통정보 시스템의 구축 경비가 국가균형발전 특별회계로 신설되었고, 운전면허 관리단과 경찰병원 경비는 계속해서 책임운영기관 특별회계로 편성하고 있다.[3]

(1) 경찰예산의 개념

예산이란 헌법과 예산회계법상의 규정에 따라 편성되어 의회의 심의·의결을 거쳐 확정된 차기회계연도 국가재정의 일반적인 계획서를 의미한다. 따라서 경찰예산은

---

1) 본 원고는 김상호·신현기 외 7인, 『경찰행정학』(파주: 법문사, 2005), pp. 269~307까지의 원고를 대폭 수정·보완하여 재활용하고 있음을 밝혀둔다.
2) 경찰청, 『2021 경찰백서』(서울: 경찰청, 2008), p. 355.
3) 경찰청, 『2021 경찰백서』(서울: 경찰청, 2008), p. 355.

경찰청이 다음 회계연도에서 해야 할 사업과 활동을 위하여 기획재정부에 요청해 국회의 심의와 의결을 거쳐 배정받은 계수적으로 표시된 예산액을 의미한다. 또한 경찰예산은 실질적으로 경찰활동 계획의 기준이 되는 동시에 이것을 실현하는 지침이 되는 것이다.[4]

(2) 경찰예산의 기능

경찰예산의 기능도 일반 예산의 기능에 준한다. 즉 경찰예산은 경찰재정의 통제기능과, 법적 기능, 관리적 기능을 하며 간접적인 경제적 기능까지도 한다. 즉 경찰예산은 인건비 등 경상적 지출예산과 더불어 범죄예방과 수사활동, 질서유지, 경찰의 보수, 경찰교육훈련, 경찰근무환경개선 등 경찰활동에 관한 예산으로 궁극적으로 사회질서와 범죄로부터 안정이 없이는 경제적 안정을 이룰 수 없다는 점에서 간접적인 경제안정기능이 있다고 하겠다.[5]

2. 경찰예산의 종류[6]

(1) 일반회계예산

일반회계예산이란 일반적인 국가활동에 사용되는 예산을 말하며, 조세수입을 재원으로 하여 국가의 존립과 유지 및 경제개발을 위하여 지출된다. 치안업무는 국가의 고유업무로서 치안의 확보 및 질서유지는 전형적인 공공재이기 때문에 경찰업무와 관련된 예산은 기본적으로 일반회계예산에서 다루어지는 것이 원칙이다. 따라서 우리나라의 경우 치안 및 경찰업무와 관련된 예산의 대부분은 일반회계에서 다루어지고 있다.

(2) 특별회계예산

특별회계예산이란 특정한 세입으로 특정한 목적에 충당하기 위한 예산을 말한다. 국가예산이란 재정상태를 명확히 하기 위하여 단일화(통일화)되어야 하지만 예외적으로 국가가 특별히 필요한 경우에는 일반적인 세입·세출과 구분하여 특별회계를 설치할 수 있도록 하였다.[7]

---

4) 이영남, "경찰의 재무관리", 김상호·신현기 외 7인, 『경찰학개론』(파주: 법문사, 2006), p. 256; 조철옥, 앞의 책, p. 341.
5) 김상호·신현기 외 7인, 앞의 책, p. 257.
6) 김상호·신현기 외 7인, 앞의 책, p. 280.
7) 예산회계법상 특별회계를 설치할 수 있는 경우는 ① 국가에서 특정한 사업을 운영할 때, ② 특정한 자금을 보유하여 운영할 때, ③ 기타 특정한 세입으로 특정한 세출에 충당함으로써 일반적인 세입·

경찰의 특별회계예산으로는 경찰관서의 증·개축 등 시설관련경비는 국유재산관리특별회계, 자동차교통관리개선 등 교통관련경비는 자동차교통관리개선 특별회계, 책임운영기관특별회계, 국유재산관리 특별회계 등에 따른다.[8]

3. 경찰예산원칙

예산은 국민의 세금으로 이루어지기 때문에 그 사용에 있어서 엄격한 원칙의 적용이 요구되고 있다. 이 원칙들이란 예산과정, 특히 집행과정에 있어 지켜야 할 준칙들이라고 할 수 있다.[9] 경찰예산원칙도 일반예산 원칙에 준한다.

4. 경찰예산분류

예산분류budget classification란 정부의 세입과 세출을 보다 정확하게 파악하고, 비교를 쉽게 할 수 있도록 일정한 기준에 따라 체계적으로 배열하는 것을 말한다. 예산분류의 기준은 유일한 최선의 기준이 존재하는 것은 아니며, 여러 가지 다양한 기준에 의하여 복합적으로 분류되는 것이 일반적이다.[10]

경찰예산의 분류는 선량한 관리를 목적으로 하고 세출에 있어서는 경찰사업계속의 성질 또는 기능에 따라 효과적인 경비지출을 하는 것을 근본 목적으로 한다. 경찰예산의 분류 또한 일반 예산분류에 준한다.

5. 경찰예산의 과정

예산은 매년 정부에 의하여 편성되고 의회의 심의·의결을 거쳐 확정되어 각 관계 부서에 의하여 집행되며, 감사원의 검사를 받아 그 결산이 국회에 제출되어 국회의 결산승인이 나면 정부의 예산집행책임이 해제되고 당해 예산의 기능은 완결된다. 이렇게 예산편성에서 그 책임해제에 이르는 일련의 과정을 예산과정이라고 한다.[11]

세출과 구분하여 계리할 필요가 있을 때 등이다. 예산회계법 제9조 제2항.

8) 경찰대학, 앞의 책, p. 219.

9) Jesse Burkhead, *Government Budgeting*(N.Y.: John Wiley & Sons, 1955); 박영희, 『재무행정론』(서울: 다산출판사, 1983), p. 101.

10) 박연호, 앞의 책, pp. 732~736; 이종익·강창구, 앞의 책, pp. 152~172; 백완기, 앞의 책, pp. 552~555.

11) Jess Burkhead, op. cit., pp. 83~87; 김완정, 『재정학』(서울: 법문사, 1978), pp. 77; 이종익·강창구, 앞의 책, pp. 196~197.

예산과정은 통상 3년의 기간을 요구하는데 예산이 집행되는 것이 1회계연도에서 끝나는 것이지만 예산집행의 전·후년에 걸쳐 예산이 편성·심의·결산되어야 하기 때문이다.12)

경찰예산과정도 하나의 정부 중앙관서로서 정부예산의 과정 속에서 함께 이루어지고 있다.

(1) 예산편성

일반적으로 예산편성의 의의는 정부의 재정정책을 수립하며, 사업을 분석·조정·확정하며, 예산관계 기관과의 정보교환을 촉진하며 세입·세출의 규모를 확정하는 데 있다.

따라서 경찰예산편성이란 다음 회계연도 또는 장래 몇 년 동안 경찰청이 수행할 치안정책이나 사업계획을 재정적 용어나 예산액을 산정하는 행위로서 경찰청장의 사업계획서 제출로부터 예산안의 확정에 이르는 일련의 과정을 말한다.13)

(2) 예산편성의 과정

1) 사업계획서제출

경찰청장은 매년 전년도 2월 말일까지 신규사업 및 기획재정부 장관이 정하는 주요 사업에 대한 사업계획서를 기획재정부에 제출하여야 한다. 기획재정부는 예산실을 중심으로 이를 매년 3~5월까지 사업의 타당성과 연차별 예산소요를 예비사정하여 매년 6월부터 본격화되는 예산편성작업에 활용한다.

2) 예산편성지침

기획재정부 장관은 매년 전년도 3월 31일까지 국무회의의 심의를 거쳐 대통령의 승인을 얻은 예산편성지침을 경찰청장에게 시달하여야 한다.14) 예산편성지침에는 국가예산운용의 기본방향, 예산편성총칙 및 세부지침, 세입·세출과목해소, 공무원급여기준, 예산산정의 기초가 되는 단위, 단가 및 예산편성상의 기술적인 문제 등이 포함된다.

---

12) David J. Ott & Attiat F. Ott, *Federal Budget Policy*, revised ed.(Washington, D.C.: Brookings Institution, 1969), p. 22; 심정근, 『현대재무행정론』(서울: 진명문화사, 1979), p. 203.
13) 김상호·신현기 외 7인, 앞의 책, p. 287.
14) 예산회계법 제25조 제2항.

3) 예산요구서작성

경찰청장은 예산편성지침에 따라 매 회계연도 소관에 속하는 세입·세출예산, 계속비, 명시이월비 및 국고채무부담 행위의 요구서를 작성하여 매년 전년도 5월 31일까지 기획재정부 장관에게 제출하여야 한다. 이러한 예산요구서에는 대통령령이 정하는 바에 의하여 예산의 편성 및 예산관리기법의 적용에 필요한 서류를 첨부하여야 한다.15)

4) 예산요구서 사정(査定) 및 예산안편성

① 예산요구서 사정　　　각 부처로부터 예산요구서가 제출되면, 기획재정부는 여러 가지 경제적 여건에 관련되는 세입·세출요인의 분석에 의한 다음해 예산규모의 전망과 표준사정을 고려하여 사정하게 된다.

② 예산안작성 및 조정　　　예산요구의 사정작업을 마친 후에 예산실은 먼저 예산안시안을 작성하며, 다시 수차에 걸친 장·차관의 조정을 받아 기획재정부안을 작성한다. 그 후 정부·여당과 협의하여 최종예산안을 작성한다. 즉, 기획재정부안은 청와대 경제수석비서관·국무총리실의 조정 및 여당·경제과학심의회의·예산자문위원회·당정연석회의 조정을 거쳐 이루어진다.

경찰청에서는 이 시기에 예산에 필요한 자료와 정보를 적극적으로 제출하면서 예산확보를 위하여 총력을 기울여야 한다.

(3) 정부예산안확정 및 국회제출

종합적인 조정과 검토를 거쳐 작성된 예산안은 기본운영계획과 함께 차관회의와 국무회의의 심의를 거쳐 대통령의 승인을 얻음으로써 정부예산안이 확정되고 따라서 경찰예산도 확정된다. 정부예산안은 회계연도개시 90일 전까지 국회의 심의에 필요한 예산심의자료 및 부속서류를 첨부하여 제출되어야 한다.16)

6. 예산심의

정부에 의해서 편성된 예산안은 국회의 심의를 거쳐 확정된다. 국회가 예산심의권을 가진다는 것은 국민의 대표기관으로서 행정부에 대해 견제와 균형의 원리에서 정부를 통제한다는 의미와 국민주권의 원리를 실현한다는 의미이다. 따라서 예산심의는 민주국가가 민주이념을 실현하는 중요한 과정으로 볼 수 있다.17) 예산심의 절차

---

15) 예산회계법 제25조 제3·4항.
16) 예산회계법 제28·30·31조.

는 다음과 같다.

(1) 대통령의 시정연설

예산안이 국회에 제출되면 본회의에 상정되면 대통령은 다음 회계연도 예산과 관련하여 정부 전체의 사업계획과 기본적인 시정방침을 밝히는 시정연설을 한다. 시정연설이 끝나면 예산안은 각 상임위원회에 회부된다.[18]

(2) 예비심사

각 상임위원회는 소관부처별로 예산안을 예비심사 하게 된다. 예비심사는 각 소관부처의 중앙관서장, 즉 경찰청장으로부터 정책연설을 듣는 절차가 시작된다. 상임위원회는 예산안심사에 앞서 이해관계자·전문가 등의 의견을 들을 수 있고 공청회를 열 수 있다. 정책질의 및 토론이 끝나면 부별심사, 검토 및 계수조정을 하게 된다. 이 단계에서는 소위원회를 구성하는 것이 일반적이다.

(3) 종합심사

예비심사가 끝난 예산안은 예산결산특별위원회[19]에 회부되고, 예산결산특별위원회에서는 먼저 국무총리의 인사말과 기획재정부 장관의 예산안제안설명을 들은 다음 예산에 관계되는 사항뿐만 아니라 국정 전반에 걸쳐 종합정책질의를 하고 이것이 끝나면 부별심의에 들어간다. 부별심의는 각 상임위원장으로부터 예비심사의 결과를 보고받은 다음 부처별로 질의응답을 하는 것으로 진행된다. 부별심사가 끝나면 소위원회에서 계수조정을 하며, 이것이 끝나면 예산결산위원회 전체회의를 열어 찬반토론을 거쳐 채택여부를 결정한다.[20]

(4) 본회의의결

예산결산특별위원회의 종합심사가 끝나면 예산안은 국회본회의에 상정된다. 본회의에서는 예결위원장의 예결위안에 대한 보고를 받고 찬반토론을 거쳐 예산안이 의결·확정된다. 예결위안은 본회의의 심사과정에서 수정될 수도 있으나, 거의 대부분의 경우에 예결위안이 받아들여진다. 예산안의 심의는 회계연도개시 30일 전까지 종

---

17) 김상호·신현기 외 7인, 앞의 책, p. 289.
18) 이영남, "경찰의 재무관리", 김상호·신현기 외 7인, 『경찰학개론』(파주: 법문사, 2006), p. 271.
19) 예산결산특별위원회의 위원은 교섭단체 소속의원 수의 비율과 상임위원회의 위원 수에 비례하여 선임하되 50인 이상을 초과할 수 없도록 하고 있다. 또, 위원장은 위원회에서 호선하고 본회의에 보고하도록 규정하고 있다. 국회법 제47조~제48조 참조.
20) 김상호·신현기 외 7인, 앞의 책, p. 290.

결되어야 하며, 확정된 예산안은 행정부에 이송된다.[21]

7. 예산집행

(1) 의   의

예산의 집행이란 국가의 수입·지출을 실행·관리하는 모든 행위를 의미한다. 따라서 예산집행은 예산에 정해진 금액을 국고에 수납하고 국고로부터 지불하는 것뿐만 아니라, 국고채무부담행위의 실행·지출원인행위의 실행도 포함된다.

(2) 예산집행에 있어서의 재정통제

1) 예산의 배정

예산의 배정이란 중앙예산기관이 경찰청장에게 일정기간(예컨대 분기별) 별로 자금을 분할해서 할당·사용할 수 있게 하는 절차를 말한다. 따라서 예산배정은 자금할당, 자금계획 또는 예산집행을 위한 실행계획이라고도 한다.[22]

예산이 국회에서 성립되면 경찰청장은 사업운영계획 및 이에 의한 세입·세출예산, 계속비와 국고채무부담행위를 포함한 예산배정요구서를 기획재정부장관에게 제출하여야 한다. 기획재정부장관은 예산배정요구서와 월별자금계획에 의하여 4분기별 예산배정을 작성하고 이를 국무회의의 심의를 거쳐 대통령의 승인을 얻어 경찰청장에게 예산배정을 한다.[23]

2) 예산의 재배정

예산의 재배정이란 경찰청장이 예산배정계획에 의거하여 기획재정부 장관으로부터 배정받은 예산액의 범위 내에서 산하 각 기관에게 월별 또는 분기별로 재배정해 주는 제도이다. 예산재배정제도의 목적은 경찰청장으로 하여금 산하 각 기관의 예산집행상황을 감독·통제하고 재정적 한도를 엄수하게 하려는 데에 있다.[24]

3) 지출원인행위 및 지출과 그 특례

① 지출원인행위 및 지출   예산이 배정되면 경찰청은 예산의 범위 내에서 계약 등 지출원인행위를 하게 된다. 모든 예산은 지출원인행위를 한 때로부터 예산을 지출

---

21) 이영남, "경찰의 재무관리", 김상호·신현기 외 7인, 『경찰학개론』(파주: 법문사, 2006), p. 271.
22) F. C. Mosher, *Program Budgeting: Theory and Practice with Particular Reference to U.S. Dept. of the Army*(Chicago: Public Administration Service, 1954), pp. 185~186; 백완기, 앞의 책, p. 584.
23) 이영남, "경찰의 재무관리", 김상호·신현기 외 7인, 『경찰학개론』(파주: 법문사, 2006), p. 272.
24) 김상호·신현기 외 7인, 앞의 책, p. 292.

할 수 있는 근거가 생기게 되는데, 경찰의 경우 경찰청장 또는 위임을 받은 자가 지출원인행위를 할 수 있다. 계약체결 등 지출원인행위를 한 후 사업계획에 의한 공사가 사업시행 진도에 따라 자금배정을 받은 범위 내에서 국고를 지출하게 되는데, 이를 지출행위라고 한다.25)

  ② 지출의 특례   지출은 그 요건 구비가 선행되어야 하나, 경리운용상 불편이 적지 않기 때문에 특례를 인정하고 있으며, 경찰과 관련한 지출의 특례로는 관서의 일상경비와 도급경비의 교부 등이 있다.26)

  첫째, 관서의 일상경비이다. 관서의 일상경비제도는 특정경비에 대하여 지출관이 일상경비출납공무원에게 필요한 자금을 교부하여 그 자금을 가지고 일상경비출납공무원으로 하여금 현금을 지급하도록 하는 것으로, 경찰관서 운영비는 관서의 일상경비의 범위에 속한다.27)

  둘째, 도급경비이다. 도급경비라 함은 지출관이나 지출업무를 담당하는 출납공무원을 두기 곤란한 관서 또는 재외관서의 경비를 그 관서의 장의 책임하에 사용하도록 도급으로 지급되는 공금(도급사무처리규칙 제2조)을 말하는데, 파출소, 출장소, 전투경찰중대 등이 도급경비 지급관서에 해당된다.28)

(3) 보고 및 내부통제

  경찰청장은 지출원인행위보고서, 기타 회계에 관한 보고서 등을 월별로 기획재정부 장관에게 보고한다. 또한 경찰청장은 분기마다 사업집행보고서 및 기타 예산에 관한 보고서를 기획재정부장관에게 제출한다.

  한편 경찰청장은 효과적인 재정관리·재원사용의 적법성 여부 및 집행과정에서 보고된 자료의 신빙성을 분석·평가하기 위하여 필요한 사항에 관하여 강력한 내부통제를 한다.

(4) 예산집행의 신축성

1) 예산의 이용(移用)과 전용(轉用)

  예산의 이용이란 각 기관간·장·관·항, 즉 입법과목간의 예산의 융통을 말하며, 예산의 전용이란 동일기관 내에서 행정과목간, 즉 세항(細項)과 목(目)간의 예산의 융

---

25) 이무영, 『경찰학개론』(용인: 경찰대학, 1998), p. 251.
26) 예산회계법 제65조, 제69조.
27) 예산회계법시행령 제51조.
28) 예산회계법 제69조와 동법시행령 제58조.

통을 말한다. 예산의 이용은 원칙적으로 금지되어 있으나, 예산집행상의 필요에 의하여 미리 국회의 승인을 얻은 것에 한하여 기획재정부장관의 승인을 얻어 이용할 수 있다. 예산의 전용은 행정과목간의 예산의 융통이기 때문에 국회의 사전승인 없이 기획재정부장관의 승인만으로 가능하다. 그러나 공무원봉급, 공공요금, 시설비 등은 목간의 전용이 금지된다.29)

2) 예산의 이체(移替)와 이월(移越)

예산의 이체란 정부조직법의 개정으로 인하여 그 직무권한의 변동이 있을 때, 예산도 이에 따라 변경시키는 것을 의미하며, 예산의 이월이란 예산을 다음 회계연도로 이월하여 그 회계연도의 예산으로 사용하는 것을 말한다.

예산의 이월에는 명시이월과 사고이월이 있다. 명시이월이란 연도 내에 지출하지 못할 것이 예측되는 경우에 미리 국회의 승인을 받아 다음 연도로 이월시키는 것을 말하며, 사고이월이란 연도 내에 지출하려고 하였으나 불가피한 사유로 다음 회계연도로 이월시키는 것을 말한다.30)

3) 계속비와 예비비

계속비란 완성에 있어서 수년도를 요하는 사업에 필요한 연부액을 정하여 미리 국회의 승인을 얻어 수년도에 걸쳐 지출되는 경비를 말한다. 따라서 계속비는 회계연도독립의 원칙에 예외로 지출되는 경비이나 당해년도로부터 5년 이내로 한정된다.

예비비란 예측할 수 없는 예산외의 지출이나 예산초과지출에 충당하기 위한 경비를 말하며,31) 일반회계에 있어서는 상당하다고 인정되는 금액을 예비비로 세입·세출예산에 계상할 수 있다.32)

(5) 회계검사

회계검사란 경찰청을 포함한 행정부가 예산을 합법적으로 집행했는가를 확인·검증하는 행위를 말하며, 나아가서 그 결과를 보고하기 위하여 회계장부 및 기타의 기록을 체계적으로 검사하는 것을 말한다. 우리나라의 회계검사기관은 행정부형으로 헌법기관인 감사원이 그 기능을 하고 있다. 회계검사의 목적은 ① 공금이 법률에 규정

---

29) 박연호, 앞의 책, p. 743.
30) 예산회계법 제38조, 박영희, 앞의 책, p. 257.
31) 예산회계법 제21조 법조문상의 제한규정은 없으나 예비비설치의 목적이나 그 특성으로 미루어 볼 때 ① 국회에서 부결된 용도, ② 예산이 성립되기 이전에 발생한 사태, ③ 국가가 개회중인 때(그러나 이 경우 경미한 경비는 사용할 수 있다)와 같은 경우에는 예비비의 사용이 허용되지 않는다.
32) 1989년 3월 이전에는 세출예산의 100분의 1 이상을 예비비로 계상토록 규정하였으나 1989년 3월 예산회계법 개정시 국회의 예산심의권 강화, 행정부의 자의성 방지 및 예산의 효율성 제고 측면에서 예비비의 설정의 하한규정을 폐지하였다. 이종익·강창구, 앞의 책, p. 279.

된 조건에 합치되고 법률이 정한 목적에 따라서 지출되었는가를 검토하고, ② 공금의 횡령 또는 망실을 방지하기 위하여 회계와 명세목록이 정확하게 기입되었는가를 확인하며, ③ 그러한 결과를 소정의 기관에 보고하는 데 있다.33)

8. 결 산34)

(1) 의 의

결산이란 1회계연도 중에 있어서 국가의 수입과 지출의 실적을 계수로 표시하는 행위를 말한다. 이는 정부의 사후적 재정보고이며, 예산집행의 결과 입법부의 의도가 충실히 구현되고 재정적 한계가 지켜졌느냐 하는 것은 이 결산과정에 의하여 확인될 수 있다.35) 결국 재정에 관한 국회의 감독은 예산심의와 결산심사에 의해 비로소 완결된다.

(2) 결산의 효과

결산은 회계검사기관의 검사·확인과 국회의 심의·의결에 의하여 확정되며, 이러한 확정을 통하여 예산집행에 대한 정부의 책임이 해제된다. 결산은 예산과 같이 다음 회계연도에 있어서 세출에 관한 재정적 한계를 명시하는 것은 아니며, 정부의 위법·부당한 지출이 있는 경우에도 그 지출행위를 무효로 하거나 취소하는 효과를 가질 수는 없다.36)

이런 의미에서 결산의 의의는 법률적이라기보다는 다분히 정치적·역사적이다. 국회가 결산을 승인함으로써 정부의 책임이 해제되었다 할지라도 그것은 정치적 책임의 해제를 의미하는 것이며, 관계공무원의 부당행위에 따르는 변상책임이나 형사책임까지 해제되는 것은 아니다.37) 따라서 회계관계 경찰공무원이 고의 또는 중대한 과실로 직무상 업무에 위배하여 국가에 손해를 끼친 경우에 그 손해를 배상하는 변상책임은 물론 형사책임도 져야 한다.

(3) 결산의 절차

우리나라에서 결산은 출납정리 → 결산보고서의 작성·제출 → 감사원의 결산 확인

---

33) 이영남, "경찰의 재무관리", 김상호·신현기 외 7인, 『경찰학개론』(파주: 법문사, 2006), p. 275.
34) 김상호·신현기 외 7인, 앞의 책, p. 294.
35) 성조환·신현기, 앞의 책, p. 271.
36) 이영남, "경찰의 재무관리", 김상호·신현기 외 7인, 『경찰학개론』(파주: 법문사, 2006), p. 276.
37) 박연호, 앞의 책, pp. 748~750; 이종익·강창구, 앞의 책, pp. 292~297.

→국회의 결산 심의·의결의 순서에 의해 확정된다.38)

1) 출납정리

결산은 수입·지출의 출납사무가 완결되어야 비로소 그 내용을 확정할 수가 있다. 따라서 1회계연도에 속하는 세입·세출의 출납에 관한 사무는 다음해 3월 31일까지 완결하도록 되어 있다. 이 기한을 출납정리 기한이라고 한다.

2) 결산보고서등의 제출

결산심의의 기초자료로서 각 중앙관서의 장은 매 회계연도에 그 소관에 속하는 세입세출의 결산보고서, 계속비 결산보고서, 국가의 채무에 관한 계산서를 작성해 다음 연도 2월 말까지 기획재정부장관에게 제출한다. 기획재정부장관은 이들 결산보고서를 종합하여 세입·세출 전체의 계산서를 작성해 다음 연도 6월 10일까지 감사원에 송부해 검사를 받는다.

3) 감사원의 결산 확인

감사원은 정부의 결산을 검사하고 확인한 후 8월 20일까지 기획재정부장관에게 다시 송부한다. 감사원에 의한 결산 확인의 의의는 결산이 합법성과 정확성에 관한 최종적인 판정에 있다. 그렇다고 이미 수입·지출한 행위가 비록 위법적이었거나 부당한 행위였을지라도 무효로 하거나 취소할 수 있는 것은 아니다. 다만 검사 중에 발견된 비위에 대한 처벌·시정의 조치는 할 수 있다.39)

4) 국회의 결산 심의·의결

정부는 감사원에서 검사를 마친 전년도의 세입·세출 결산서를 국회의 정기회기 초에 제출한다. 국회에서는 예산·결산특별위원회에 회부해 심사하게 하고, 이를 본회의에 상정해 의결함으로써 결산이 확정된다. 이러한 일련의 예산과정은 [그림 7-1]과 같다.40)

---

38) 성조환·신현기, 앞의 책, p. 272.
39) 성조환·신현기, 앞의 책, p. 271.
40) 성조환·신현기, 앞의 책, p. 274.

그림 7-1 우리나라 예산과정의 절차

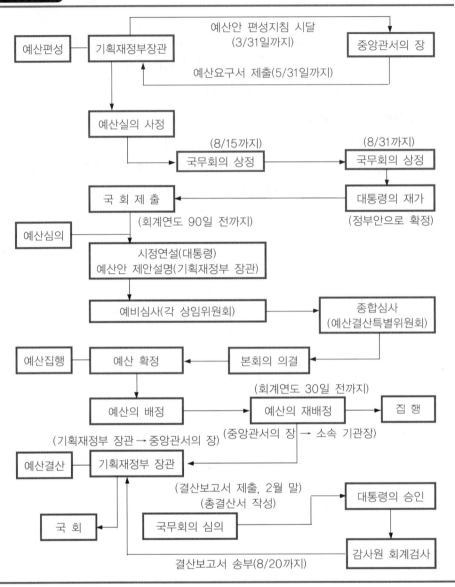

출처: 성조환·신현기, 『현대행정의 이해(2판)』(서울: 대영문화사, 2012), p. 312.

1. 경찰예산의 변화추이

경찰예산은 국가와 국민을 위해 수행하는 여러 가지 행정서비스 중에서 국민의 안전한 사회생활을 보장하는 치안활동의 예산이란 점에서 어느 행정서비스의 예산보다도 중요하다고 할 수 있으며, 특히 최근 국민의 '삶의 질'을 중시하는 경향에 따라 치안서비스의 질을 높이기 위한 경찰예산의 지속적 투자가 요청되고 있다.[41]

2. 경찰예산의 내용

경찰예산은 기본적으로 일반회계로 편성되며 경찰관서의 증·개축 등 시설관련경비는 국유재산관리특별회계, 교통안전활동 등 교통관련경비는 자동차교통관리개선특별회계, 운전면허관련경비는 책임운영기관특별회계에 의하도록 되어 있다.

3. 경찰예산의 문제점과 해결방안

(1) 경찰예산의 문제점

2009년도 경찰예산의 경우 2008년보다 3.2% 정도 증가했지만 인건비 5조 1,067억원과 기본 사업비 등에 3,376억원이 소요되고 있어 매우 큰 비중을 차지하고 있다. 2009년 경찰예산 중 인건비가 5조 1,067억원이라는 사실은 그 비중이 너무 크다고 하겠다.[42] 2014년의 경찰예산은 8조 6,800억원에 육박하였으며 2015년의 경우는 9조 3,856억원인데, 이는 2014년에 비해 5,492억(6.2%)원이 증액된 것이다. 그리고 2022년도 경찰예산은 12조 5,789억원으로 매년 증가하고 있다.

이 밖에 경찰관들의 자질을 높일 수 있는 교육시스템의 개발 및 운영, 경찰공무원들의 봉급은 일반직 국가공무원 봉급체계와 다르게 특별히 높게 책정할 수 없다 하더라도 격무와 위험에 노출되고 있는 업무의 특성이 고려된 수당체계를 합리적으

---

41) 이황우, 『경찰행정학』(서울: 법문사, 2002), p. 454; 경찰청, "서비스와 성과중심의 경찰역량강화활동 편: 경찰예산," 『2003년 경찰백서』, 경찰청홈페이지 참조.
42) 경찰위원회, 「심의회보」, 제53호, 2009, p. 17.

로 조정하는 문제, 관서 운영비의 현실화, 수사요원의 활동비 및 수사비 현실화 문제, 경찰장비의 현대화 문제 등이 경찰예산에서 항상 지적되고 있는 문제점들이다.

(2) 경찰예산의 문제해결방안

경찰예산의 문제는 경찰예산을 충분히 늘릴 수 있다면 문제는 간단하다. 그러나 그것이 불가능하다고 본다면 가용한 예산을 어떻게 사용하느냐의 기획문제가 대두된다. 특히 인건비, 기준경비, 관서운영비 등 기본적 경비가 예산의 70% 가까이 차지하는 현실에서 나머지 30%의 예산을 가지고 경찰조직발전을 위하여 사용하여야 하는 애로점이 있다.43)

이러한 현실에서 가장 우선적으로 해야 할 일은 기존 70%의 기준경비를 줄이는 방안이다. 즉 기준경비에 대한 사용처에 대한 재평가를 통해서 사회환경의 변화에 따라 불필요한 곳에 비합리적 또는 관행적으로 사용하고 있는 것은 아닌지를 파악해야 한다. 예를 들면 사회는 급변하는데 구태의연한 교육방법을 사용함으로 인한 낭비가 없는지, 장비를 현대화시키면 인력이나 효과면에서 더욱 좋아지는 것은 없는지 등 능률과 효과면에서 재평가해야 한다.

둘째로 장기발전계획과 단기계획을 세워서 30%의 예산을 장기와 단기에 적절한 수준으로 배정하여 사용하여야 한다. 장기계획은 비용이 막대하게 들기 때문에 1회계 연도에 할 수 없는 사업이나 치안환경의 변화에 따른 대응능력을 부단히 함양시키는 데 사용될 수 있다. 따라서 기획입안자는 이러한 장·단기 사업을 구별하여 합목적적인 차원에서 예산을 편성하도록 한다면 정부를 상대로 경찰예산을 적극적으로 확보하는 데도 큰 역할을 할 수 있다고 본다.

제3절 경찰장비관리

1. 장비관리의 개념

경찰장비관리규칙 제2조에 따르면 장비(裝備)란 무기, 경찰장구, 최루제와 그 발사장치, 과학수사기구, 해안감시기구, 정보통신기기, 차량·선박·항공기 등 경찰의 직

---

43) 김상호·신현기 외 7인, 앞의 책, p. 305.

무수행을 위해 필요한 장치와 기구로서 기동, 피복, 총포, 범죄수사, 행정공용장비 등을 총칭하는 것을 말한다. 또한 여기서 말하는 경찰장구란 경찰공무원이 휴대하여 범인검거와 범죄진압 등 직무수행에 사용하는 것 중 무기를 제외한 물건을 총칭하는 개념을 말한다.

2. 장비의 종류

경찰장비관리규칙 제4조에 따르면 경찰장비는 다음과 같이 총13종을 규정하고 있다. 즉 작전·해안감시장비, 경호장비, 대테러장비, 진압장비, 생활안전장비, 교통장비, 수사, 과학수사장비, 기동장비, 무기·탄약·최루장비, 정보화장비, 정보통신장비, 항공장비, 의료장비 등을 말한다.

3. 경찰기능별 장비관련 규정

경찰장비관리규칙 이외의 규정으로서 다음과 같은 규정이 있다.
- 기동장비: 공용차량관리규정
- 무기·탄약 및 화학장비: 화학장비관리규정
- 일반장비: 경찰공무원급여품 및 대여품규칙, 경찰복제에관한규칙
- 진압장비: 경찰기동대운영규칙
- 대테러장비: 국가대테러활동지침, 국가대테러활동세부운영규칙
- 경호장비: 경호편람규칙
- 교통장비: 무인속도측정기관리운영및사무처리지침
- 수사·감식장비: 수사및감식장비관리규칙, 거짓말탐지기운영규칙
- 전산·통신장비: 경찰컴퓨터온라인운영규칙
- 방범장비: 경찰순찰정관리운영규칙
- 항공장비: 경찰항공운영규칙 등이다.44)

---

44) 중앙경찰학교, 『경무』(충주: 중앙경찰학교, 2009), p. 147.

1. 개 념

경찰급여품 및 대여품은 경찰공무원에게 업무수행을 완수하기 위해 급여하는 물품과 대여하는 물품을 의미하며 급여품과 대여품 규정에 의한다.

2. 경찰급여품 및 대여품의 기준

첫째, 급여품에는 경찰모, 경찰제복, 경찰화, 부속물 등이다. 급여품의 종류, 수량, 사용기간 등 급여품 지급기준은 경찰공무원 급여품과 대여품 규정에 의한다. 둘째, 경찰청장은 필요하다고 인정할 때에는 급여품의 수량과 사용기간을 변경할 수 있다. 셋째, 급여품은 현품으로 하지만 특별한 직무에 종사하는 자로서 제복을 착용하지 않은 자에 대해 현금으로 지급할 수 있다.

한편 표지창, 장구류, 전투장구, 안전장구, 진압장구 등으로 종류, 수량, 사용기간 등 대여품 지급기준은 경찰공무원 급여품 및 대여품 규정에 따른다.

3. 경찰급여품 및 대여품의 재급여 및 변상

경찰급여품 및 대여품을 분실하거나 훼손하였을 경우에는 대품을 지급하고 있다. 이 경우에 경찰관의 고의, 또는 중대한 과실인 경우 그것을 변상 및 자변(自辯)해야 한다고 규정하고 있다.[45]

---

45) 중앙경찰학교, 『경무』, p. 148.

1. 무기고의 관리

(1) 책임자의 열쇠관리

- 경찰서 집중 무기고의 경우는 주간→경무과장이고 야간→상황실장(부실장)이 책임자다.
- 지구대 간이무기고의 경우는 지구대장→부소장→소내 근무자 등이다.

(2) 무기고 점검확인 및 감독순서 강화

경찰서와 파출소의 경우 무기고에 대한 관리와 감독을 철저히 해야 할 의무를 지니고 있다.

표 7-1 무기고에 대한 감독의 순서

구분	관서장	주무 과장	주무 계장	기타
경찰서	분기 1회	월 1회	주 1회	담당 1일 1회
파출소	분기 1회	월 1회	주 1회	지구대장 1일 2회

(3) 점검과 감독은 본인이 실시

경찰은 무기고에 대한 입고와 출고의 상황 일일점검 그리고 대장에 기록유지하고 출고와 입고, 인수인계시 감독확인을 철저히 해야 한다.

(4) 경찰무기고의 보안시설 강화

무기고의 철책, CCTV, 경보보안장치 등 보안시설을 보강하고 비상벨은 상황실, 숙직실과 동시에 취명할 수 있도록 해 주어야 한다.[46]

---

46) 중앙경찰학교, 『경무』, 2009, p. 153.

2. 경찰무기 취급자와 지급자의 신상관리

1) 경찰 무기취급자의 엄선

항상 사전에 경찰관의 신상을 파악한 후 배치해야 하며 혹시 배치 후에라도 배제 사유가 발생할 경우는 즉시 교체해야 한다.

2) 경찰 무기 지급시 적격여부

부적격자에게는 무기를 지급하지 않는다. 혹시 지급 후라도 부적격자로 판명될 경우는 즉시 경찰무기를 회수하거나 보관조치를 취해야 한다.

3. 경찰기동장비관리

1) 차량의 구분

첫째, 경찰차종은 승용, 승합, 화물, 특수용 등이 있다.
둘째, 경찰차형은 대형, 중형, 소형, 경형, 지프형 등이 있다.
셋째, 용도는 전용, 업무용, 순찰용, 특수용도 차량으로 종류가 다양하다.

2) 경찰차형의 배정기준

경찰청장, 시·도경찰청장, 서장용, 교통순찰차, 수사업무용 등 그 지위에 따라서 경찰차량이 모두 다르다. 그 배정대상을 살펴보면 다음과 같다.

표 7-2   경찰차형 배정기준

차형	배정대상	비고
2000cc(대형)	경찰청장, 상임위원장	경호, 의전, 고속도로 순찰용 등 특수업무용 차량은 차형제한을 받지 않을 수 있음
2000cc(중형)	시·도경찰청장, 고속순찰용	
1800cc(중형)	서장, 대장용	
1500cc(소형)	교통, 112, 강사초빙	
1300cc(소형)	수사업무용	

3) 경찰차량의 교체연한

경찰차량은 규정에 따라 일정한 기간 동안 사용한 후에는 교체해야 한다. 노후 차량으로 인해 사고가 나는 것을 미연에 방지하기 위한 것이다.
첫째, 112순찰차는 등록일로부터 3년이다.

둘째, 교통순찰차는 등록일로부터 4년이다.

셋째, 2000cc이상 대형승용차와 고속도로 순찰용 및 1340cc의 교통 하레이 싸이카는 등록일로부터 5년이다.

넷째, 경호용, 서장, 대장용, 수사업무 등 기타 승용차량 그리고 35인승 이하 중·소형 승합차, 화물, 지프형 등은 등록일로부터 6년이 지나면 교체해야 한다.[47]

제 6 절 **경찰의 보안관리**

1. 경찰보안의 의의

(1) 경찰보안의 개념

보안이란 국가의 안전보장을 위해 국가가 보호를 필요로 하는 비밀이나 인원, 문서, 자재, 시설 및 지역 등을 보호하는 소극적 예방활동과 국가안전보장을 해치고자 하는 간첩, 태업이나 전복으로 국가를 위태롭게 하는 불순분자에 대해 탐지, 조사, 체포하는 등의 적극적인 예방활동을 말한다.[48]

(2) 보안관련 법적 근거

1) 국가정보원법

국가정보원은 중앙정보부, 국가안전기획부 등의 명칭을 사용하다가 오늘에 이르고 있다. 국가정보원의 조직과 직무범위 및 국가안전보장 업무의 효율적인 수행을 위해 필요한 사항을 규정하고 있는 법이다. 특히 우리나라 전국에 설치되어 있는 경찰서의 경우 정보과 혹은 정보보안과는 국가정보원과 정보공유 차원에서 아주 밀접한 협력관계를 맺고 있다.

2) 정보, 보안업무기획 및 조정규정

이 규정은 국가기밀에 속하는 보안업무의 수행을 위해 업무의 기획, 조정에 필요한 사항을 규정하고 있다.[49]

---

47) 중앙경찰학교, 『경무』, 2009, p. 155.
48) 경찰대학, 앞의 책, p. 227; 이진권, "경찰보안관리", 김상호·신현기 외 7인, 『경찰학개론』(파주: 법문사, 2006), p. 425.
49) 중앙경찰학교, 『경무』(충주: 중앙경찰학교, 2009), p. 261.

3) 보안업무 규정

보안업무규정 제3조는 「국가안전보장에 관련되는 인원, 문서, 자재, 시설 및 지역을 관리하는 자와 관계기관의 장은 이에 대한 보안의 책임을 진다」라고 규정함으로써 특히 국가기밀에 속하는 보안업무의 수행에 필요한 사항을 규정하고 있다.[50]

이와 관련해서는 행정책임과 형사책임이 뒤따른다. 첫째, 행정책임이란 보안업무를 담당하는 공무원과 관계기관의 장이 고의와 관계 없이 보안누설이나 보안사고 등에 대해 또는 보안업무처리상 하자로 인해 부담하는 징계책임을 의미한다. 둘째, 여기서 행정책임은 공무상비밀누설죄로 처벌받게 되는 것을 말한다.[51] 공무원이 자기가 취급하는 비밀이나 업무상 들었거나 취득한 비밀을 누설하여 실제로 국가정책에 차질을 초래할 수도 있다.[52] 따라서 관련자들은 항상 주의해야 한다.

4) 보안업무규정시행세부규칙

본 규정은 보안업무 규정 및 보안업무규정시행규칙의 세부시행에 관하여 필요한 사항을 규정하고 있다.

2. 경찰보안의 주체와 대상

보안의 주체는 국가이다. 그 이유는 보안이 근본적으로 국가안전보장을 담보로 하기 때문이다. 경찰보안의 대상은 국가안전보장상 보호를 요하는 인원, 문서, 자재, 시설, 지역 등을 말한다. 또 하나의 대상은 보호를 요하는 대상에 대하여 위해 행위를 하게 되는 인원, 행위, 단체 및 각종 사회운동을 의미한다.

3. 보안의 원칙

경찰보안의 원칙에는 다음과 같은 원칙들이 있다. 첫째, 알 사람만 알아야 하는 원칙이다. 즉 보안의 기본원칙으로 보안사항을 전파할 때 꼭 필요한가 또는 피전파자가 반드시 전파 받아야 하며 필요한 것인가를 검토해야 한다. 둘째, 부분화의 원칙이다. 이는 알 사람만이 알아야 하는 원칙을 실천하기 위한 원칙으로 문서의 내용과 가치의 정도에 따라 다른 비밀과 관련되지 않게 부분적으로 있게 하는 원칙을 의미한다. 셋째, 보안과 능률의 원칙이다. 이는 보안과 능률의 균형을 유지하여야 한다는 원

---

50) 중앙경찰학교, 앞의 책, p. 261.
51) 이진권, 앞의 책, p. 427.
52) 경찰대학, 앞의 책, p. 227.

칙이다. 통상 보안과 능률은 반비례 관계에 있지만 양자의 적절한 조화를 유지하는 방법을 강구해야 한다.[53]

4. 비밀의 보호

경찰은 자기들이 보유하고 있던 보안 관련 문서, 음어자재, 정보자료 같은 것이 외부에 노출되었을 경우에는 그 유출을 막는 조치를 즉시 취해야 한다. 이로 인해 국가안보라든가 사회안전 등이 침해를 받을 수 있기 때문이다. 특히 비밀 내용의 가치와 중요성의 가치 정도에 따라 크게 I급 비밀, II급 비밀, III급 비밀로 나누어 구분하고 있다.[54]

1) I급 비밀
통상 I급 비밀은 외부에 누설되는 경우 한국과 외국과의 관계에서 외교관계가 단절되고 전쟁을 유발하며 국가방위계획이라든가 국가방위상 필수불가결한 과학기술의 개발을 위태롭게 할 가능성이 매우 크다는 특징을 지니고 있다.[55]

2) II급 비밀
II급 비밀의 경우 누설될 경우 국가안전보장에 막대한 지장을 초래할 가능성이 큰 비밀을 말한다.

3) III급 비밀
이는 누설되는 경우 국가안전보장에 손해를 끼칠 가능성이 큰 비밀을 말한다.

4) 대 외 비
대외비의 경우는 보안업무 규정 제4조에서 규정한 이외에 특별히 보호를 요하는 사항을 대외비로 하며 비밀에 준하여 취급 및 관리하고 있다.[56]

5. 인원보안

(1) 인원보안업무의 취급
일반적으로 경찰의 인원보안에 관한 사무는 각급 경찰기관의 인사업무의 취급기

---

53) 중앙경찰학교, 『경무』(충주: 중앙경찰학교, 2009), p. 262; 이진권, 앞의 책, p. 426.
54) 보안업무규정 제4조.
55) 보안업무규정시행규칙 제8조.
56) 보안업무규정시행규칙 제7조 제3항; 중앙경찰학교, 앞의 책, p. 262.

관에서 분장하고 있다. 예를 들어 의무경찰에 대한 인원보안업무는 그 인사업무를 취급하는 부서에서 담당하고 있다.57) 이들에 관한 책임기관은 경찰청 경비2과에서 주로 담당하고 있다.

(2) 인원보안의 대상

경찰과 관련된 인원보안의 대상은 경찰공무원, 국가공무원, 지방공무원, 교육공무원, 정부나 공기업의 임직원, 해외출입자(여행자, 선원, 항공종사원), 국가보안목적시설 등 중요시설 및 장비관리자, 기타 국가보안 관련 인원 등이다.58)

(3) 비밀취급인가권자

이와 관련해서는 2종류로 나누어진다.

1) I급 비밀 및 암호자재 취급 인가권자

이것을 취급할 수 있는 자는 대통령, 국무총리, 각원·부·처의 장 및 정부장관, 감사원장, 국가정보원장, 국가안전보장회의 사무국장, 경제과학심의회의 사무국장, 대통령 비서실장, 대통령 경호실장, 검찰총장, 합참의장, 각 군 참모총장, 육군의 1·2·3군 사령관, 국방부장관이 지정하는 각 군부대장 등이다.59)

2) II급 비밀과 III급 비밀 취급 인가권자

II급과 III급 비밀을 취급할 수 있는 자는 1급비밀취급 인가권자, 중앙행정관서인 청의 장, 서울특별시장, 광역시장, 도지사, 서울특별시와 광역시 및 도교육위원회 교육감 등이다.

3) 비밀취급 인가권자의 위임

비밀취급인가권자에 대해 보안업무규정 제7조 2항은 II급 비밀과 III급 비밀 취급 인가권자로 경찰청장, 경찰대학장, 경찰교육원장, 중앙경찰학교장, 경찰병원장, 각 시·도경찰청장을 지정하고 있다. 다시 시·도경찰청장은 경찰서장, 기동대장에게 II급 및 III급비밀취급인가권을 위임할 수 있는데 경정 이상의 경찰공무원을 장으로 하는 단위 경찰기관의 장에게도 위임이 가능하다.60)

---

57) 보안업무규정시행세부규칙 제8조.
58) 경찰청, 『실무전서』(서울: 경찰청, 2000), p. 1447; 경찰대학, 앞의 책, p. 228; 중앙경찰학교, 앞의 책, p. 263.
59) 중앙경찰학교, 앞의 책, p. 263.
60) 보안업무규정시행세부규칙 제9조.

6. 경찰보안심사위원회

주요 국가기관들이 그러하듯이 경찰에서도 보안심사위원회를 운영한다. 즉 경찰청, 직속기관, 각 시·도경찰청, 경찰서에 보안심사위원회를 설치해서 운영하고 있다.[61]

(1) 경 찰 청
경찰청 차장이 위원장이다. 각 국장, 관과 총무과장이 위원으로 참여한다. 간사는 총무담당이 맡는다.

(2) 경찰대학, 경찰인재개발원, 중앙경찰학교
교수부장이 위원장을 맡는다. 그리고 각 과장을 위원으로 해서 구성되며 서무계장이 간사를 맡는다.

(3) 각 시·도경찰청
이 경우에는 청장 또는 차장이 위원장을 맡고 있다. 각 부장이나 각 과장이 위원으로 참여하고 경무계장이 간사를 맡는다.

(4) 경 찰 서
경찰서장이 위원장을 맡게 되며 경무과장이 부위원장이다. 과장급은 위원들이며 간사는 경무계장이 맡는다.

(5) 보안심사위원회의 심의사항
무엇보다 보안심사위원회의 심사대상 업무는 반드시 보안심사위원회의 사전심의를 거쳐 시행해야 한다.
- 보안내규 수립 및 그 개정에 관한 사항
- 분야별 보안대책의 수립에 관한 사항
- 대외기관 제출자료의 보안성 검토에 관한 사항
- 신원특이자의 임명, 비밀취급인가 등 심사에 관한 사항
- 공무원(신원특이자) 해외여행 추천 심사에 관한 사항

---

61) 보안업무규정시행세부규칙 제4조 제2항.

- 중요시설 경계 대책
- 중요시설 공사의 시행에 따른 설계도서, 시공업체, 사후관리 등 보안 조치사항 (방위시설, 각종 보안시설공사)
- 민간업체의 대표자 또는 그 종사자에 대한 비밀취급인가
- 항공사진 촬영, 복사판의 관리
- 보안업무 중 2개 부서 이상 주관 쟁의사항 또는 쟁점사항
- 비밀의 분류, 보관, 파기 등에 관하여 직원 단독으로 결정할 수 없는 사항
- 자체 무선망 신·증설시 통신보안 대책
- FAX, DATA, TELEX(TT)등 통신보안 장비 수급 및 설치·운영에 관한 사항
- 기타 소속기관 고유업무 기능에 입각한 보안업무 수행에 필요한 사항 등이다.62)

제 7 절 경찰의 문서관리

1. 문서관리의 의의

오늘날의 행정조직에서 끊임없이 생산해 내고 있는 공문서들은 그 양적인 면에서 날로 엄청난 증가를 가져오고 있다. 이전에 공문서는 대부분 서류형식으로 관리 보관해 왔지만 오늘날에는 DB전산 자료를 통해 보관하는게 일반적이다. 아무튼 공기관에서 수많은 문서들을 어떻게 관리하고 효율적으로 관리할 것인가 하는 문제는 매우 중요한 과제로 떠올라 있다. 공공조직의 문서관리가 제대로 잘 유지되기 위해서는 제대로 설계된 프로그램을 개발하여 활용하는 일이 중요하다고 본다. 특히 이상적인 문서관리 프로그램을 잘 활용한다면 공공조직에서 중요하며 가치있는 문서들을 적절하게 보호하며 필요시에 활용할 수 있을 것이다. 제대로 된 문서관리가 얼마나 중요한지는 재언을 요하지 않는다.

(1) 문서의 개념

문서란 무엇인가. 어느 조직에서나 흔히 정보는 입에서 입으로 전달되고 있다. 그

---

62) 보안업무규정시행세부규칙 제7조.

러나 그 정보 내용의 전달이 간단하지 않은 경우 구두방식으로는 사실상 불가능하기도 한다. 특히 잘못 전달될 경우 큰 문제가 발생할 수도 있다. 경우에 따라서는 정보전달에서 기억력이 정확하지 않은 경우도 발생하고 궁극적으로는 증거조차도 남지 않게 되는 어려움에 직면할 수도 있다. 이런 의미에서 공공조직이든 사조직이든 필요한 정보들을 이른바 기록이라는 형태로 다른 조직이나 개인에게 전달함은 물론 보존도 해야 하는 경우가 일반적이다. 이처럼 필요에 따라서 정보를 기록해 놓은 서류를 문서라고 부른다.[63] 이렇게 볼 때 문서란 인간의 의사, 사물의 상태, 현상 등과 같은 정보를 일정한 물체에 기록한 것을 의미한다. 여기서 중요한 것은 문서의 그 표시상태가 일정 기간 동안은 영속성을 유지해야 한다는 점이다. 이 밖에도 문서에 포함되는 것은 페이퍼, 전자서식, 보존이 가능한 어떤 물체에 기록해 놓은 자료도 역시 해당된다.

일반적으로 문서는 다음과 같은 기능을 가지고 있다. 첫째, 의사를 구체화하는 기능이다. 흔히 문서는 특정한 사람의 추상적이며 주관적 관념을 문자라는 수단을 통해 구체화 해준다는 점이다. 둘째, 의사의 전달기능이다.[64] 무엇보다 문서는 사람의 음성이 가지고 있는 전달능력의 일정한 한계를 보완해 의사를 공간적으로 확산시켜 주는 기능을 한다는 것이다. 셋째, 문서는 의사전달의 보존기능을 가지고 있다. 인간 의사능력의 일정한 한계를 보완하여 의사의 시간적인 확산 기능을 가지는 것이 바로 문서라고 볼 수 있다. 앞에서도 설명했듯이 우리 사조직이든 공공조직에서 문서가 필요한 근본적인 이유는 사무의 내용이 복잡하여 대화로는 모두 전달하기 어려운 때, 사무처리를 마무리한 후 그 사무처리 결과의 증빙자료로서 반드시 문서가 필요한 경우, 일정기간 동안 사무처리의 결과를 보존할 경우 등이다.[65]

무엇보다 위와 같은 좋은 장점에도 불구하고 공공조직에서 너무 과도한 문서의존적인 행정업무처리는 이른바 관료제의 병폐라고 볼 수 있는 번문욕례(red tape/繁文縟禮)를 불러올 수 있다는 것이다. 결국 이러한 현상은 공공기관에서 행정사무를 지연시키고 행정비용을 증대시키며 관료들의 부패 원인을 제공하는 따위의 역기능을 초래하는게 일반적이다.[66] 이러한 이유 때문에 사실 과도한 문서의 작성에 따른 비효율 및 행정 민원인들의 고통을 줄이는 차원에서 문서를 가급적이면 최소한도로 활용하는 관리자의 자세가 상당히 요구된다. 그럼에도 불구하고 공공기관에서 문서작성을

---

63) 배철효·이상락, 『사무관리원론』(서울: 학문사, 2001), p. 14; 김상호 외, 『경찰행정학』(파주: 법문사, 2005), p. 313.

64) 박장배·이범석, 『사무관리원론』(서울: 21세기사, 1997), p. 2.

65) 김상호 외, 『경찰행정학』(파주: 법문사, 2005), p. 314; 전용찬·박영대, 『경찰경무론』(서울: 경찰공제회, 2001), p. 354.

66) 김상호 외, 『경찰행정학』(파주: 법문사, 2005), p. 314; 이종수, 『행정학사전』(서울: 대영문화사, 2000), p. 134.

반드시 마련해 놓아야 할 사항을 고의나 과실로 회피하는 행정도 절대로 있어서는
안 된다고 본다.67)

(2) 공문서와 사문서의 종류

문서의 종류에는 작성주체에 의한 분류, 유통대상에 의한 분류, 문서의 성질에 의
한 분류, 처리단계에 의한 분류로 대변된다.

1) 문서 작성 주체에 의한 분류

일반적으로 문서는 그 작성주체가 누구냐에 따라서 공문서와 사문서로 구분되어
진다. 먼저 공문서의 경우는 공공기관 또는 공무원이 각급 행정기관에서 공공의 업무
를 수행해 나가기 위해 자기에게 주어진 권한과 자격에 따라 작성하거나 접수하는
문서를 의미한다. 이와 다르게 사문서는 공문서 이외의 제반 문서인데 개인의 사적인
목적을 달성하기 위해 만들어진 문서로 이해된다.

① 공문서   행정 효율과 협업 촉진에 관한 규정[시행 2021. 1. 5./ 대통령령 제
31380호, 2021. 1. 5., 타법개정] 제3조에 따르면68) "공문서"란 행정기관에서 공무상 작
성하거나 시행하는 문서(도면·사진·디스크·테이프·필름·슬라이드·전자문서 등의
특수매체기록을 포함한다. 이하 같다)와 행정기관이 접수한 모든 문서를 말한다. 그리
고 "전자문서"란 컴퓨터 등 정보처리능력을 가진 장치에 의하여 전자적인 형태로 작
성되거나 송신·수신 또는 저장된 문서라고 정의하고 있다.69) 그러나 우리 공조직에
서 공문서가 유효하게 성립되고 인정되기 위해서는 다음의 기본 조건을 갖추어야 한
다.70)

　　- 당해기관의 의사표시가 명백하게 될 것
　　- 내용적으로 위법, 부당하거나 시행불가능한 사항이 없을 것
　　- 당해 기관 권한 내의 사항 중에서 작성될 것
　　- 법령에 규정된 절차에 따라 일정한 형식이 정리될 것 등이다.

② 사문서   흔히 우리는 사적인 목적을 위해 만들어진 문서를 사문서라고 부
른다. 여기서 우리가 주목할 것은 비록 사문서라고 하더라도 그것이 허가나 신청서처
럼 이미 행정기관에 제출되어 접수된 경우는 더 이상 사문서가 아니라 분명하게 공

---

67) 김상호 외, 『경찰행정학』(파주: 법문사, 2005), p. 314; 전용찬·박영대, 『경찰경무론』(서울: 경찰공
제회, 2001), p. 355.
68) "행정 효율과 협업 촉진에 관한 규정"은 총 70개 조문으로 규정되어 있다.
69) 행정 효율과 협업 촉진에 관한 규정 제3조 참조.
70) 김상호 외, 『경찰행정학』(파주: 법문사, 2005), p. 314; 이영일, 『현대사무관리론: 이론과 실제』(서
울: 동성출판사, 2000), p. 333.

문서로 간주되고 있다. 그래서 이미 접수된 문서는 공문서에 관한 제규정에 따라 취급되고 있다.

2) 유통대상에 의한 분류

통상적으로 문서의 경우는 유통 대상에 따라 대내문서와 대외문서로 구분되는게 일반적이다. 여기서 전자는 공공조직의 내부에서 지시나 명령 혹은 협조나 보고 또는 통지를 위해 수발되는 문서를 의미한다. 대내문서는 예를 들어 "과"나 "국" 간의 왕래문서 등이 대표적이다. 특히 대내문서는 협조문서, 통보문서, 품의문서, 업무보고서, 회의록 등이 대표적이다. 이에 반해 대외문서는 일반인, 단체, 그리고 다른 기관에 수발하는 문서를 의미한다. 위에서 살펴본 것처럼 대내문서와 대외문서를 구분하는 근본적인 이유는 발신명의, 형식 그리고 처리절차를 달리해야 할 필요성 때문이다.71)

3) 문서의 성질에 의한 분류

행정안전부 행정 효율과 협업 촉진에 관한 규정 제4조에 따를 때, 공문서(이하 "문서"라 한다)의 종류는 다음 각 호의 구분에 따른다.

- 법규문서: 헌법·법률·대통령령·총리령·부령·조례·규칙(이하 "법령"이라 한다) 등에 관한 문서
- 지시문서: 훈령·지시·예규·일일명령 등 행정기관이 그 하급기관이나 소속 공무원에 대하여 일정한 사항을 지시하는 문서
- 공고문서: 고시·공고 등 행정기관이 일정한 사항을 일반에게 알리는 문서
- 비치문서: 행정기관이 일정한 사항을 기록하여 행정기관 내부에 비치하면서 업무에 활용하는 대장, 카드 등의 문서
- 민원문서: 민원인이 행정기관에 허가, 인가, 그 밖의 처분 등 특정한 행위를 요구하는 문서와 그에 대한 처리문서
- 일반문서: 제1호부터 제5호까지의 문서에 속하지 아니하는 모든 문서 등으로 구분된다.72)

4) 처리단계에 의한 분류

문서를 어떻게 처리할 것인지는 그 문서의 처리단계에 따라서 8개의 문서로 구분되는데, 접수문서, 선결문서, 기안문서, 시행문서, 완결문서, 보관문서, 보존문서, 폐기문서 등이 바로 그것이다. 그 개념을 보면 다음과 같다.

- 접수문서: 내부기관 혹은 외부기관에서 접수되는 문서를 의미한다.

---

71) 김상호 외, 『경찰행정학』(파주: 법문사, 2005), p. 315; 이영일, 『현대사무관리론: 이론과 실제』(서울: 동성출판사, 2000), p. 335.
72) 김상호 외, 『경찰행정학』(파주: 법문사, 2005), p. 316.

- 선결문서: 공문이 시행되기 이전에 미리 결재를 얻는 문서를 의미한다.
- 기안문서: 사전에 결재권자로부터 결재를 득하기 위해 기안서식에 따라 작성한 초안을 말한다.
- 시행문서: 초안문서의 결재가 완료된 다음 규정된 서식에 의하여 작성되는 문서를 말한다.
- 완결문서: 기안 후 결재를 거친 다음 시행목적에 따라 완결된 문서를 말한다.
- 보관문서: 이미 완결된 문서로서 보관될 문서를 말한다.
- 보존문서: 자료의 가치를 가지고 보존을 필요로 하는 문서를 의미한다.
- 폐기문서: 보존기간이 이미 종료되어 문서로서 가치가 상실된 폐기처분 대상문서를 말한다.

(3) 문서의 전자적 처리

행정기관의 장(법령에 따라 행정권한을 위임받거나 위탁받은 자를 포함)은 문서의 기안·검토·협조·결재·등록·시행·분류·편철·보관·보존·이관·접수·배부·공람·검색·활용 등 처리절차를 전자문서시스템 또는 업무관리시스템 상에서 전자적으로 처리하도록 하여야 한다(행정 효율과 협업 촉진에 관한 규정 제5조).

2. 문서의 성립 및 효력 발생

문서는 결재권자가 해당 문서에 서명(전자이미지서명, 전자문자서명 및 행정전자서명을 포함한다. 이하 같다)의 방식으로 결재함으로써 성립한다. 문서는 수신자에게 도달(전자문서의 경우는 수신자가 관리하거나 지정한 전자적 시스템 등에 입력되는 것을 말한다)됨으로써 효력을 발생한다. 제2항에도 불구하고 공고문서는 그 문서에서 효력 발생 시기를 구체적으로 밝히고 있지 않으면 그 고시 또는 공고 등이 있은 날부터 5일이 경과한 때에 효력이 발생한다(행정 효율과 협업 촉진에 관한 규정 제6조).

3. 문서 작성의 일반원칙

문서는 「국어기본법」 제3조제3호에 따른 어문규범에 맞게 한글로 작성하되, 뜻을 정확하게 전달하기 위하여 필요한 경우에는 괄호 안에 한자나 그 밖의 외국어를 함께 적을 수 있으며, 특별한 사유가 없으면 가로로 쓴다. 문서의 내용은 간결하고 명확하게 표현하고 일반화되지 않은 약어와 전문용어 등의 사용을 피하여 이해하기 쉽게 작성하여야 한다. 문서에는 음성정보나 영상정보 등이 수록되거나 연계된 바코드 등을 표기할 수 있다. 문서에 쓰는 숫자는 특별한 사유가 없으면 아라비아 숫자를 쓴다. 문서에 쓰는 날짜는 숫자로 표기하되, 연·월·일의 글자는 생략하고 그 자리에 온점을 찍어 표시하며, 시·분은 24시각제에 따라 숫자로 표기하되, 시·분의 글자는 생략하고 그 사이에 쌍점을 찍어 구분한다. 다만, 특별한 사유가 있으면 다른 방법으로 표시할 수 있다. 문서 작성에 사용하는 용지는 특별한 사유가 없으면 가로 210밀리미터, 세로 297밀리미터의 직사각형 용지로 한다. 제1항부터 제6항까지에서 규정한 사항 외에 문서 작성에 필요한 사항은 행정안전부령으로 정한다.73)

4. 문서의 기안

문서의 기안은 전자문서로 하는 것을 원칙으로 한다. 다만, 업무의 성질상 전자문서로 기안하기 곤란하거나 그 밖의 특별한 사정이 있으면 그러하지 아니하다. 문서의 기안은 행정안전부령으로 정하는 기안문으로 하여야 한다. 다만, 관계 서식이 따로 있는 경우에는 그 내용을 관계 서식에 기입하는 방법으로 할 수 있다. 둘 이상의 행정기관의 장의 결재가 필요한 문서는 그 문서 처리를 주관하는 행정기관에서 기안하여야 한다. 기안문에는 행정안전부령으로 정하는 바에 따라 발의자(기안하도록 지시하거나 스스로 기안한 사람을 말한다)와 보고자를 알 수 있도록 표시하여야 한다. 다만, 다음 각 호의 문서에는 발의자와 보고자의 표시를 생략할 수 있다.

- 검토나 결정이 필요하지 아니한 문서
- 각종 증명 발급, 회의록, 그 밖의 단순 사실을 기록한 문서
- 일상적·반복적인 업무로서 경미한 사항에 관한 문서 등이다(행정 효율과 협업 촉진에 관한 규정 제8조).

5. 문서의 검토 및 협조

기안문은 결재권자의 결재를 받기 전에 보조기관 또는 보좌기관의 검토를 받아야 한다. 다만, 보조기관 또는 보좌기관이 출장 등의 사유로 검토할 수 없는 등 부득이한 경우에는 검토를 생략할 수 있으며, 이 경우 검토자의 서명란에 출장 등의 사유를 적어야 한다. 기안문의 내용이 행정기관 내의 다른 보조기관 또는 보좌기관의 업무와 관련이 있을 때에는 그 보조기관 또는 보좌기관의 협조를 받아야 한다. 보조기관 또

---

73) 행정 효율과 협업 촉진에 관한 규정 제5조<개정 2013. 3. 23., 2014. 11. 19., 2017. 7. 26.>.

는 보좌기관이 제1항에 따라 기안문을 검토하는 경우에 그 내용과 다른 의견이 있으면 기안문을 직접 수정하거나 기안문 또는 별지에 그 의견을 표시하여야 한다. 보조기관 또는 보좌기관이 제2항에 따라 협조하는 경우에 그 내용과 다른 의견이 있으면 기안문 또는 별지에 그 의견을 표시하여야 한다(행정 효율과 협업 촉진에 관한 규정 제9조).

6. 문서의 결재

문서는 해당 행정기관의 장의 결재를 받아야 한다. 다만, 보조기관 또는 보좌기관의 명의로 발신하는 문서는 그 보조기관 또는 보좌기관의 결재를 받아야 한다. 행정기관의 장은 업무의 내용에 따라 보조기관 또는 보좌기관이나 해당 업무를 담당하는 공무원으로 하여금 위임전결하게 할 수 있으며, 그 위임전결 사항은 해당 기관의 장이 훈령이나 지방자치단체의 규칙으로 정한다. 제1항이나 제2항에 따라 결재할 수 있는 사람이 휴가, 출장, 그 밖의 사유로 결재할 수 없을 때에는 그 직무를 대리하는 사람이 대결하고 내용이 중요한 문서는 사후에 보고하여야 한다(행정 효율과 협업 촉진에 관한 규정 제10조).

7. 문서의 등록

행정기관은 문서를 생산(제6조제1항에 따라 문서가 성립된 경우를 말한다. 이하 같다)하였을 때에는 지체 없이 「공공기록물 관리에 관한 법률 시행령」 제20조에 따라 생산등록번호(이하 "생산등록번호"라 한다)를 부여하고 등록하여야 한다. 제4조제1호부터 제3호까지의 규정에 따른 문서에는 생산등록번호 외에 행정안전부령으로 정하는 번호를 부여한다(행정 효율과 협업 촉진에 관한 규정 제10조).

8. 시행문의 작성

결재를 받은 문서 가운데 발신하여야 하는 문서는 행정안전부령으로 정하는 시행문으로 작성하여 발신한다. 시행문의 수신자가 여럿인 경우 그 수신자 전체를 함께 표시하여 시행문을 작성·시행할 수 있다. 다만, 수신자의 개인정보 보호 등을 위하여 필요할 때에는 수신자별로 작성·시행하여야 한다(행정 효율과 협업 촉진에 관한 규정 제12조).

9. 발신명의

문서의 발신 명의는 행정기관의 장으로 한다. 다만, 합의제기관의 권한에 속하는 문서의 발신 명의는 그 합의제기관으로 한다. 제1항에도 불구하고 행정기관 내의 보조기관 또는 보좌기관 상호간에 발신하는 문서는 해당 보조기관 또는 보좌기관의 명의로 한다. 발신할 필요가 없는 내부결재문서는 발신 명의를 표시하지 아니한다(행정 효율과 협업 촉진에 관한 규정 제13조).

10. 관인날인 또는 서명

행정 효율과 협업 촉진에 관한 규정 제13조제1항 본문 또는 단서에 따라 행정기관의 장 또는 합의제기관의 명의로 발신하는 문서의 발신 명의에는 관인(전자이미지 관인을 포함한다. 이하 이 조에서 같다)을 찍는다. 이 경우 제13조제1항 본문에 따라 행정기관의 장의 명의로 발신하는 문서의 발신 명의에는 행정기관의 장이 관인의 날인(捺印)을 갈음하여 서명(전자문자서명과 행정전자서명은 제외한다)을 할 수도 있다. 제13조제2항에 따라 행정기관 내의 보조기관 또는 보좌기관 상호 간에 발신하는 문서의 발신 명의에는 보조기관 또는 보좌기관이 서명을 한다. 관보나 신문 등에 실리는 문서에는 관인을 찍거나 서명하지 아니하며, 경미한 내용의 문서에는 행정안전부령으로 정하는 바에 따라 관인날인 또는 서명을 생략할 수 있다. 관인을 찍어야 할 문서로서 다수의 수신자에게 동시에 발신 또는 교부하거나 알리는 문서에는 관인의 날인을 갈음하여 관인의 인영을 인쇄하여 사용할 수 있다. 이 경우 실제 규격대로 인쇄하기 어려운 경우에는 관인의 실제 규격보다 축소하여 인쇄할 수 있다(행정 효율과 협업 촉진에 관한 규정 제14조).

11. 문서의 발신

문서는 직접 처리하여야 할 행정기관에 발신한다. 다만, 필요한 경우에는 행정조직상의 계통에 따라 발신한다. 하급기관이 바로 위 상급기관 외의 상급기관(바로 위 상급기관에 대한 지휘·감독권을 가지는 상급기관을 말한다)에 발신하는 문서 중에서 필요하다고 인정되는 문서는 그 바로 위 상급기관을 거쳐 발신하여야 한다. 상급기관이 바로 아래 하급기관 외의 하급기관(바로 아래 하급기관의 지휘·감독을 받는 하급기관을 말한다)에 발신하는 문서 중에서 필요하다고 인정되는 문서는 그 바로 아래 하급기관을 거쳐서 발신하여야 한다. 다음 각 호의 어느 하나에 해당하는 경우에는 해당 문서를 생산한 처리과의 장의 승인을 받아 이미 발신한 문서의 수신자를 변경하거나 추가하여 다시 발신할 수 있다.

- 결재권자나 해당 문서를 생산한 처리과의 장의 지시가 있는 경우
- 수신자의 명칭이 변경된 경우
- 착오로 인하여 수신자를 누락하였거나 잘못 지정한 경우
- 해당 업무와 관련된 기관의 요청이 있는 경우 등이다(행정 효율과 협업 촉진에 관한 규정 제15조).

12. 문서의 발신방법

문서는 정보통신망을 이용하여 발신하는 것을 원칙으로 한다. 제1항에도 불구하고 업무의 성질상 제1항에 따른 발신방법이 적절하지 아니하거나 그 밖의 특별한 사정이 있으면 우편·팩스 등의 방법으로 문서를 발신할 수 있으며, 내용이 중요한 문서는 등기우편이나 그 밖에 발신 사실을 증명할 수 있는 특수한 방법으로 발신하여야 한다. 행정기관이 아닌 자에게는 행정기관의 홈페이지나 행정기관이 공무원에게 부여한 전자우편주소를 이용하여 문서를 발신할 수 있다. 행정기관의 장은 문서를 수신·발신하는 경우에 문서의 보안 유지와 위조, 변조, 분실, 훼손 및 도난 방지를 위한 적절한 조치를 마련하여야 한다. 결재권자는 비밀사항이거나 누설되면 국가안전보장, 질서유지, 경제안정, 그 밖의 국가이익을 해칠 우려가 있는 내용의 문서를 결재할 때에는 그 문서 내용의 암호화 등 보안 유지가 가능한 발신방법을 지정하여야 한다(행정 효율과 협업 촉진에 관한 규정 제16조).

13. 결재받은 문서의 수정

결재를 받은 문서의 일부분을 삭제하거나 수정할 때에는 재작성하여 결재를 받아야 한다. 다만, 종이문서의 경우로서 삭제하거나 수정하려는 사항이 명백한 오류의 정정 등 경미한 사항인 경우에는 행정안전부령으로 정하는 바에 따라 삭제하거나 수정할 수 있다(행정 효율과 협업 촉진에 관한 규정 제16조).

14. 문서의 접수와 처리

　문서는 처리과에서 접수하여야 하며, 접수한 문서에는 접수일시와 「공공기록물 관리에 관한 법률 시행령」 제20조에 따른 접수등록번호(이하 "접수등록번호"라 한다)를 전자적으로 표시하되, 종이문서인 경우에는 행정안전부령으로 정하는 접수인을 찍고 접수일시와 접수등록번호를 적는다. 제1항에도 불구하고 문서과에서 받은 문서는 문서과에서 접수일시를 전자적으로 표시하거나 적고 지체 없이 처리과에 배부하여야 한다. 이 경우 처리과는 배부받은 문서에 접수등록번호를 표시하거나 적는다. 행정기관은 문서의 접수 및 배부 경로에 관한 정보를 「공공기록물 관리에 관한 법률 시행령」 제20조에 따른 등록정보로 관리하여야 한다. 처리과에서 문서 수신·발신 업무를 담당하는 사람은 접수한 문서를 처리담당자에게 인계하여야 하고, 처리담당자는 행정안전부령으로 정하는 문서인 경우에는 공람할 자의 범위를 정하여 그 문서를 공람하게 할 수 있다. 이 경우 전자문서를 공람하였다는 기록이 업무관리시스템 또는 전자문서시스템 상에서 자동으로 표시되도록 하여야 한다. 제4항에 따라 공람을 하는 결재권자는 문서의 처리기한과 처리방법을 지시할 수 있으며, 필요하면 조직 관계 법령 또는 제60조에 따라 업무분장된 담당자 외에 그 문서의 처리담당자를 따로 지정할 수 있다. 행정기관의 홈페이지나 행정기관이 부여한 공무원의 전자우편주소 등 정보통신망을 이용하여 행정기관이 아닌 자로부터 받은 문서는 제1항부터 제5항까지의 규정에 따라 처리한다. 이 경우 해당 문서에 대한 위조·변조 방지 조치 등으로 인하여 접수일시와 접수등록번호를 표시할 수 없으면 그 문서에 표시하지 아니할 수 있고 발신자의 주소와 성명 등이 불분명할 때에는 접수하지 아니할 수 있다(행정 효율과 협업 촉진에 관한 규정 제18조).

15. 문서의 쪽 번호 등 표시

　2장 이상으로 이루어진 문서가 제1호 각 목의 어느 하나에 해당하는 경우에는 제2호 각 목의 구분에 따라 쪽 번호 또는 발급번호를 표시하거나 간인(間印) 등을 해야 한다.

(1) 대상 문서
　- 문서의 순서 또는 연결 관계를 명백히 할 필요가 있는 문서

- 사실관계나 법률관계의 증명에 관계되는 문서
- 허가, 인가 및 등록 등에 관계되는 문서

(2) 표시 방법
- 전자문서인 경우: 행정안전부령으로 정하는 바에 따라 전자적 방법으로 쪽 번호 또는 발급번호를 표시한다.
- 종이문서인 경우: 관인 관리자가 관인을 이용하여 간인한다. 다만, 민원서류나 그 밖에 필요하다고 인정하는 종이문서에는 간인을 갈음하여 구멍뚫기(천공)방식으로 표시할 수 있다.

16. 외국어로 된 문서 등에 대한 특례

외국어로 된 문서에는 제7조, 제13조, 제14조, 제17조 및 제19조를 적용하지 아니할 수 있고, 법규문서 중에서 법률에 관한 문서는 이 영의 적용을 받지 아니하는 기관에서 다른 관행이 있는 경우에는 그 관행에 따를 수 있다.

17. 업무관리시스템의 구축운영

행정기관의 장은 업무처리의 모든 과정을 효율적으로 관리하기 위하여 업무관리시스템을 구축·운영하여야 한다. 다만, 업무의 성질상 업무관리시스템의 구축·운영이 곤란하거나 그 밖의 특별한 사유가 있는 경우에는 그러하지 아니다. 중앙행정기관, 지방자치단체 또는 지방교육행정기관의 장은 제1항 본문에 따라 업무관리시스템을 구축·운영하는 경우에 그 소속기관 등을 포함하여 구축·운영할 수 있다. 행정안전부장관은 제1항과 제2항에 따른 업무관리시스템의 구축·운영을 지원하기 위한 계획을 수립·시행할 수 있다.

18. 업무관리시스템의 구성 및 운영

업무관리시스템에는 행정기관 업무의 기능별 단위 과제의 담당자·내용·추진실적 등을 기록·관리하기 위한 카드(이하 "과제관리카드"라 한다)와 문서의 작성·검토·결재·등록·공개·공유 등 문서처리의 모든 과정을 기록·관리하는 카드(이하 "문서관리카드"라 한다) 등이 포함되어야 한다. 이 경우 문서관리카드는 다음 각 호의 사항을 포함하여야 한다(행정 효율과 협업 촉진에 관한 규정 제22조).
- 기안 내용
- 의사결정 과정에서 제기된 의견, 수정 내용과 지시 사항
- 의사결정 내용

　제1항과 제2항에서 규정한 사항 외에 업무관리시스템의 구성 및 운영 등에 필요한 세부사항은 행정안전부령으로 정한다.

19. 업무관리시스템 등과 행정정보시스템 간의 연계·운영

　행정기관의 장은 효율적인 업무수행을 위하여 업무관리시스템 또는 전자문서시스템을 기능분류시스템(행정기관의 업무를 기능별로 분류하고 관련 행정정보를 연계하여 전자적으로 관리하는 시스템을 말한다. 이하 같다) 등 행정정보시스템과 연계하여 운영하여야 한다. 다만, 업무의 성질상 연계하여 운영하는 것이 적합하지 아니하거나 그 밖의 특별한 사유가 있는 경우에는 그러하지 아니하다. 행정기관의 장은 업무관리시스템으로 관리한 업무실적 등을 효과적으로 활용하도록 노력하여야 한다(행정 효율과 협업 촉진에 관한 규정 제23조).

20. 업무관리시스템 등의 표준 고시

　행정안전부장관은 다음 각 호의 표준을 정하여야 한다. 다만, 「산업표준화법」에 따른 한국산업표준이 제정되어 있는 사항은 그 표준을 따른다.
- 업무관리시스템의 규격에 관한 표준과 업무관리시스템을 이용한 전자문서 등의 유통에 관한 표준
- 전자문서시스템의 규격에 관한 표준과 전자문서시스템을 이용한 전자문서 등의 유통에 관한 표준
- 업무관리시스템 또는 전자문서시스템과 행정정보시스템 간 연계를 위한 표준

　행정안전부장관은 제1항에 따른 규격·유통 및 연계에 관한 표준을 정하였으면 그 내용을 관보에 고시하고 인터넷에 게시하여야 한다. 그 표준을 변경하는 경우에도 또한 같다. 행정기관의 장은 특별한 사유가 없으면 제2항에 따라 고시된 표준과 「공공기록물 관리에 관한 법률」 제39조에 따른 표준에 적합한 업무관리시스템이나 전자문서시스템을 구축·운영하여야 한다(행정 효율과 협업 촉진에 관한 규정 제24조).

21. 정부전자문서유통지원센터

행정안전부장관은 전자문서의 원활한 유통을 지원하기 위하여 행정안전부에 정부전자문서유통지원센터(이하 이 조에서 "센터"라 한다)를 둔다. 센터는 다음 각 호의 업무를 수행한다.
- 전자문서의 원활한 유통을 위한 지원과 유통 및 연계에 관한 표준 등의 운영
- 전자문서의 효율적인 유통을 위한 프로그램의 개발 및 보급
- 전자문서의 유통 시 발생하는 장애를 복구하기 위한 지원

22. 유통되는 전자문서의 위조·변조·훼손 또는 유출을 방지하기 위한 보호대책 마련

- 제1항 및 제2항에서 규정한 사항 외에 센터의 운영에 필요한 세부 사항은 행정안전부령으로 정한다 등이다(행정 효율과 협업 촉진에 관한 규정 제25조).

제 3 편

경찰의 활동과 통제

18장 경찰의 윤리

1. 개념과 접근방법

경찰윤리란 무엇인가? 웹스터 영어사전은 직업윤리professional ethics를 "한 직업이 요구하는 기준에 일치시키는 것"conforming to the standards of a given profession으로 정의하고 있다.[2] 이러한 의미에서 경찰윤리란 경찰관이 따라야 할 하나의 직업윤리로 규정할 수 있는 것이다.[3] 즉 경찰윤리란 경찰의 목표 및 역할에 관련된 모든 행동에 준거해야 할 당위적인 행위규범으로서 경찰인이 행해야 할 바를 적극적으로 규정하거나 또는 행하지 말아야 할 바를 규정한 일종의 행위규범을 의미한다. 한마디로 경찰윤리는 경찰인으로서 공적 생활과 사생활에서 선과 옳음의 차원에서 당연히 지켜야 할 행위규범인 것이다.[4]

통상 경찰윤리를 연구하는 데에는 크게 두 가지의 접근법이 가능한데, 하나는 미시적 접근법으로 경찰윤리의 문제를 경찰관 개인의 관점에서 바라보는 것이다. 과거에 많이 논의되었던 이 방법은 주로 경찰관 개인의 도덕성과 윤리교육에 초점이 맞추어져 왔다. 따라서 지금까지의 경찰윤리교육은 개인의 윤리관 확립을 위한 동양철학교육에 치중하면서 개인의 정직과 청렴을 강조하여 왔다. 다른 하나는 거시적 접근법이다. 즉 경찰관을 둘러싸고 있는 사회 환경과 경찰조직을 중심으로 윤리문제를 다

---

1) 신현기, 앞의 책, pp. 319~355.
2) 전돈수, "경찰윤리," 김상호·신현기 외 7인, 『경찰학개론』(파주: 법문사, 2006), pp. 345~346.
3) David A. Hansen, *Police Ethics*(Springfield, Ⅲ.: Charles C. Thomas, 1973), p. xiii.
4) 조철옥, 『경찰윤리학』(서울: 대영문화사, 2005), p. 71.

루는 것이다. 예를 들면 경찰관들은 그들의 낮은 보수로 인해서 부정부패의 유혹에 쉽게 빠져들 수 있는 것이다. 한편 부패가 경찰만의 문제가 아니라 우리 사회 전체에 장시간 만연하고 있는 부패문화에서 기인한다고 보는 시각도 있다. 따라서 거시적 관점에서 보면 경찰윤리 문제는 경찰관 개인의 도덕성 때문이라기보다는 한 경찰관을 둘러싸고 있는 잘못된 환경과 더 관련이 있다고 볼 수 있다.5)

2. 경찰활동의 기준으로서 사회계약설

우리는 흔히 경찰활동의 사상적 기초가 사회계약설에 뿌리를 두고 있음을 발견하게 된다. 대표적인 철학자가 바로 홉스Hobbes, 로크Locke, 루소Rousseau다. 이들에 의해 주장된 근대의 사회계약설이라는 개념을 통해 경찰제도를 포함한 제도나 정부형태, 법 체계 등이 조직되는 원리를 도출해 주고 있다.6) 로크의 사회계약설을 보면 자연상태에서 인간은 자유를 가지고 있으나 안전이 결여되어 있다는 것이다. 이와 같이 자연상태의 나약함으로 인해 인간은 시민사회를 결성해 정치적 대상과 계약을 맺게 된다. 즉 정부라고 하는 정치기구를 만들어 사람들은 자기의 재산과 생명을 보호받는 계약을 맺게 된다.7) 그 대신 개인은 국가가 유지되는 데 필요한 예산확보를 위해 누구나 세금을 납부할 의무를 진다. 경찰은 이러한 사상적 토대 위에서 시민을 위해 정부기관으로서 무슨 일을 해야 하는지 그 책임이 명확해진다.

3. 경찰윤리는 왜 필요한가?

우리에게 있어서 모든 직업은 일정한 윤리를 요구하고 있다. 그러나 그중에서도 경찰관에게는 직업의 특수성으로 인하여 특별한 고도의 도덕성을 요구하고 있다. 이처럼 경찰관에게 특별히 고도의 도덕성을 요구하는 이유는 강제력과 재량권의 행사, 위기 상황에서 빠른 판단 요구, 국민의 생명과 안전책임, 그리고 많은 유혹에 노출되어 있기 때문이다.8)

---

5) 경찰대학, 『경찰윤리론』(용인: 경찰대학 교재편찬위원회 편저, 1998), p. 2.
6) 황경식, 『사회정의의 철학적 기초』(서울: 문학과 지성사, 1985), p. 182; 경찰대학, 『경찰학개론』(용인: 경찰대학), 2003, p. 42.
7) 경찰공제회, 『경찰실무종합』, 2008, p. 55.
8) 전돈수, 앞의 책, p. 346.

(1) 경찰의 강제력과 재량권행사

경찰은 국민에게 명령하고 강제할 수 있는 법적 권한이 있고 그 사용에 있어서도 큰 재량권이 주어져 있다. 심지어 상황에 따라서는 무력을 사용할 수도 있다.[9] 특히 경찰관은 법을 집행하는 데 있어서 상당한 재량권을 행사하고 있다. 흔히 시민들은 경찰관이 법을 누구에게나 예외 없이 평등하게 집행할 것이라는 "완전한 법집행"full enforcement의 믿음을 가지고 있다. 그러나 경찰관은 다음과 같은 여러 가지 이유들로 인하여 재량권을 행사하고 있다.[10]

첫째, 경찰관은 법집행시 다양한 상황을 경험하게 된다. 과속한 운전자를 단속하도록 법이 규정하고 있지만 경찰관은 경우에 따라 묵인해 주는 재량권을 행사할 수도 있다. 예를 들면 술집에서 미성년자 음주단속을 하던 경찰관이 성년에 며칠 모자라는 미성년자에 대해서 법적 제제를 가하지 않고 묵인할 수도 있다. 이 경우 사람들은 위 경찰관에게 불법을 했다고 도덕적으로 비난하기는 어려울 것이다. 또한 형법은 모든 상황을 다 상정할 수 없기 때문에 경찰관은 일정 부분 재량권을 사용할 수밖에 없다. 이런 재량권행사를 긍정적인 측면에서 본다면 경찰관은 상황에 따라서 탄력성 있게 법을 적용하고 있는 것이다.

둘째, 불법행위를 단속할 수 있는 경찰의 인력, 장비, 그리고 재원이 부족하다.[11] 예를 들면 한국사회에는 퇴폐 이발소, 안마시술소, 성매매업소 그리고 러브호텔 등 각종 불법퇴폐 업소가 아직도 많은데 만약 경찰이 이들을 모두 단속한다면 경찰서 유치장은 아마도 잡혀온 불법퇴폐업소의 업주와 종업원들로 가득 차서 경찰업무가 마비될 것이다.

셋째, 경찰관들은 각자 자라난 환경이 다르기 때문에 자연히 서로 다른 가치관을 가지게 된다. 그러므로 법을 집행할 때도 자신들의 가치관에 따라 조금씩 다르게 행동하게 된다. 예를 들어 평소 여성에게 호의적인 태도와 가치관을 가지고 있는 경찰관은 그렇지 않은 경찰관보다 교통법규를 위반한 여성 운전자를 너그럽게 봐줄 수도 있다. 이와 같이 오랜 성장과정을 통해 형성된 가치관을 교육을 통해서 한꺼번에 바꾸는 것은 어려운 일이다.[12]

위에서 논의한 것처럼 경찰관의 재량권행사는 일정부분 불가피하면서도 반면에

---

9) Bob Harrison, "*Noble Cause Corruption and the Police Ethic*", FBI Law Enforcement Bulletin, Vol. 68 No. 8(1999), p. 1.

10) Samuel Walker, *The Police in America: An Introduction*(Upper Saddle River, N. J.: Prentice-Hall, 2001), pp. 154~155; 전돈수, 앞의 책, p. 347.

11) Harry W. More, Jr. *Critical Issues in Law Enforcement*(Cincinnati, O. H.: Anderson Publishing Co., 1985), p. 39.

12) Samuel Walker, *op. cit.*, pp. 156~159.

무한정 인정할 수도 없다. 그 이유는 경찰관의 재량권 행사로 인해 만인의 평등권이 깨질 수도 있기 때문이다. 따라서 경찰관은 법이 정한 범위 안에서 재량권을 행사하되 고도의 도덕성과 윤리수준이 요구된다.

(2) 위기 상황에서 빠른 판단 요구

경찰관이 업무수행 중에 직면하는 일들은 빠른 판단과 결심을 요구하는 경우가 많다. 예를 들면 범인의 체포나 총기의 사용여부에 대한 신속한 판단을 하여야 하는 경우가 발생한다.[13] 경찰은 위기상황을 항상 접하게 되고 심사숙고할 여유가 없는 경우도 많을 것이다. 조금이라도 경찰의 대처가 늦은 경우는 큰 사고가 발생할 수도 있기 때문에 정확하고 신속한 판단이 요구된다. 경찰이 위기상황에 개입하는 것은 법과 경찰조직으로부터 명령된 것이다.

(3) 국민의 생명과 신체에 대한 안전책임

경찰관은 업무를 수행하면서 어떤 상황도 그냥 지나칠 수 없는 경우에 처하기도 한다. 예를 들면 보통 시민들은 한 겨울에 취객이 길바닥에 쓰러져 있는 경우 대부분 무시하고 지나간다. 하지만 경찰관은 동사할지도 모르는 취객을 집으로 안전하게 귀가시키거나 또는 경찰서나 지방자치단체 보호소에 인계해야 하는 높은 도덕성을 요구받고 있다.[14]

(4) 많은 유혹에의 노출

주어진 특수업무를 수행하는 경찰공무원은 업무의 특성상 일반시민이나 범법자들로부터 뇌물을 제공받기 쉬운 상황에 처할 수 있다. 경찰관은 피의자와 단둘이서 접촉하게 되고 조사가 이루어지는 특성으로 인해 뇌물의 유혹에 노출되기 쉽다. 더욱이 경찰관의 행동은 외부에 노출이 어렵고 동시에 뇌물을 받더라도 적발될 확률도 매우 낮다. 또한 경찰관은 금품의 유혹에 빠질 확률도 높기 때문에 개인의 확고한 윤리관만이 부패를 방지할 수 있다.

(5) 합리적 의사결정

경찰관들이 부딪히는 업무들은 정상적이지 않은 상황과 연계가 많이 있어서 의사결정을 합리적으로 하기 위해서는 경찰의 윤리의식이 확립돼 있어야 한다.

---

13) 경찰대학, 앞의 책, p. 9.
14) 전돈수, 앞의 책, p. 347.

4. 경찰윤리의 실천과제

경찰윤리의 실천과제는 크게 자율, 창의, 책임, 양심이라는 요소를 들 수 있다.15)

첫째, 자율이다. 경찰행정에 있어서 수사업무의 경우는 어디까지나 법정주의 원칙이 적용된다. 그러나 이것을 제외하면 대부분 경찰들은 편의주의 원칙에 따라 업무를 수행하는데 그 재량권이 넓은 편이고 자율적 판단에 따라 직무하게 된다. 따라서 언제나 경찰관은 전문지식과 직업윤리의 토대 위에서 합리적 판단능력을 충분히 배양해 나가는 일이 중요하다. 그래야만 경찰의 자율권 행사로 인해 발생될 수 있는 문제들을 사전에 예방할 수 있다.

둘째, 창의다. 분명 경찰은 업무를 수행하면서 많은 재량권을 가지고 있기 때문에 경찰목표를 달성해 나가는 과정에서 많은 자원도 낭비할 수 있다. 따라서 경찰은 직무를 수행하면서 어떻게 하면 국민의 세금을 조금이라도 절약할 수 있을 것인가 하는 창의적인 자세를 지녀야 할 것이다. 즉 최소의 투입으로 최대의 산출을 이끌어 낼수 있는 경찰직무가 되도록 항상 창의적인 자세가 요구된다. 무엇보다 경찰관들이 가지는 창의적인 사고는 자율에 바탕을 둔 것일 때 최대의 효과를 거둘 수 있는 것이다.

셋째, 책임이다. 만일 경찰관이 책임이 미약하다면 자기에게 주어지는 자율은 별로 의미가 없어질 가능성이 있다. 국가는 경찰관에게 자율에 바탕을 둔 임무를 수행해 나갈 것을 요구한다. 하지만 이것이 잘 지켜지지 않고 위법행위나 민사행위를 불러일으키는 경우에는 징계책임이 따르게 된다. 그러나 경찰관들에게 권한은 주지 않고 책임만을 강요한다면 이것 또한 올바른 이치가 아니다. 따라서 책임과 권한이 상호 균형을 이룰 수 있도록 해주는 일이 무엇보다 중요하다. 경찰관들에게 책임을 다할 것을 요구하면서 적정한 권한도 배분해 준다면 경찰윤리의 강화에 크게 도움이 될 것이다.

넷째, 양심이다. 앞에서 살펴본 바와 같이 우리 경찰의 윤리헌장은 오직 경찰이 양심에 따라 법을 집행할 것을 강조하고 있다. 경찰에게 있어서 양심이란 직업인으로서 경찰관에게 요구되는 기본적인 마음가짐이라고 볼 수 있다. 양심이란 정직, 책임의식, 사명감까지도 포함하고 있다고 이해된다. 경찰조직은 경찰공무원들이 양심에 바탕을 두고 시민을 위해 최대한의 봉사를 실천에 옮겨 나가도록 분위기를 쇄신해 주어야 한다.

---

15) 경찰대학, 앞의 책, p. 56.

5. 경찰재량권의 오용과 남용

특히 다음과 같은 경찰활동상황에서 경찰 재량권의 오용과 남용이 이뤄지기가 쉽다.[16]

1) 경찰 순찰활동
- 검문
- 보고서 및 조서 작성
- 체포
- 물리력 또는 총기의 사용
- 특정 지역에 대한 순찰 강화
- 차량 추격

2) 질서유지 활동
- 가정폭력 중재
- 각종 분쟁 개입
- 알코올 중독자 등을 사회보호기관에 이송
- 정신이상자를 관련 병원에 이송

3) 범죄수사 활동
- 담당 사건 내사의 중지
- 영장 신청
- 잠복근무
- 감청 및 검열 신청

4) 법 집행 활동
- 교통위반 단속
- 성매매 단속
- 도박 단속

위에서 보는 바와 같이 경찰의 여러 가지 활동영역에서 경찰재량권의 오용과 남용이 나타날 수 있다.[17]

---

16) Samuel Walker, *The Police in America*(New York: McGraw-Hill, 2004), pp. 192~193.
17) 이창무, "경찰윤리", 김상호·신현기 외 7인, 『경찰행정학』(파주: 법문사, 2005), p. 91에서 재인용.

경찰학자 린치Lynch는 경찰관의 부정부패를 방지하기 위해서 가장 중요한 것은 끊임없는 윤리교육을 통해 경찰관들이 업무수행과정에서 마주치는 유혹들을 뿌리칠 수 있도록 하는 것이라고 주장하였다.18) 여기서는 경찰윤리교육의 목적, 우리나라 경찰 윤리강령 및 윤리헌장, 그리고 우리나라 경찰 윤리교육의 실태와 발전방향 등으로 나누어 살펴보겠다.

1. 경찰 윤리교육의 목적

경찰 윤리교육의 가장 중요한 목적은 경찰관 개인에게 도덕적 결의를 강화시키는 것이다. 도덕적 결의의 강화란 사회적으로 요구되는 도덕기준과 경찰관의 행동을 일치시키는 것이다. 경찰관들의 윤리가 문제가 되는 것은 그들이 사회가 요구하는 도덕적 기준을 몰라서가 아니라, 그것을 행동으로 실천하지 않기 때문이다. 따라서 평소 꾸준한 교육과 훈련을 통해서 윤리적 행동이 자연스럽게 나올 수 있도록 해야 한다.19)

2. 우리나라 경찰 윤리강령 및 윤리헌장

대부분의 문명화된 국가들은 경찰 윤리강령 내지는 윤리헌장을 가지고 있다. 이런 윤리헌장은 경찰관들의 윤리교육을 위해서도 중요한 역할을 하고 있다. 여기서는 우리나라 경찰윤리헌장의 역사와 내용, 기능, 그리고 문제점 및 발전방향에 대해서 순서대로 검토하고자 한다.20)

(1) 역사와 내용

1945년 10월 21일에 창설된 대한민국 경찰은 혼란 속에서 경찰업무를 제대로 수행하기 위해 경찰정신을 확립하는게 중요한 과제였다. 1966년 7월 12일 경찰윤리규범

---

18) Gerald W. Lynch, *op. cit.*, p. 169.
19) 경찰대학, 앞의 책, p. 14.
20) 전돈수, 앞의 책, p. 370.

의 최초형태로 볼 수 있는 「경찰윤리헌장」이 선포되었다. 본 윤리헌장에는 자율적이고 적극적인 봉사자로서 갖추어야 할 기본정신과 윤리적인 행동지표를 제시했다. 즉 이 윤리헌장은 국민의 생명과 재산을 보호하고 공공의 안녕과 질서를 유지하는 경찰관으로서 지켜야 할 행동지침을 제시했다. 우리나라 경찰윤리규범의 효시라고 할 수 있는 경찰윤리헌장은 5개항으로 만들어졌다. 즉 5개항은 경찰관의 덕목을 규정하고 있는데 규범성, 연대성, 성실성, 근면성, 공정성, 청렴성, 합리성, 사명감을 담고 있다.

> • 우리는 헌법과 법률을 수호하고 명령에 복종하며 각자의 맡은바 책임과 임무를 충실히 이행한다.
> • 우리는 냉철한 이성과 투철한 사명감을 가지고 모든 위해와 불법과 불의에 과감하게 대결하여 항상 청렴 검소한 생활로써 명리를 오직 양심에 따라 행동한다.
> • 우리는 주권을 가진 국민의 수임자로서 공공의 복리를 증진하고 국민의 자유와 권리를 존중하며 성실하게 처리한다.
> • 우리는 국민의 신뢰를 명심하여 편견이나 감정에 사로 잡히지 않고 공명정대하게 업무를 처리한다.
> • 우리는 이 모든 목표와 사명을 달성하기 위해 끊임없이 인격과 지식의 연마에 노력할 것이며, 민주경찰의 발전에 헌신한다.

이어서 우리나라 경찰의 실천윤리강령으로 1980년에 제정한 새경찰신조는 4가지로 만들어졌다.[21]

> • 우리는 새시대의 사명을 완수한다.
> • 우리는 깨끗하고 친절하게 봉사한다.
> • 우리는 공정과 소신으로 일한다.
> • 우리는 스스로의 능력을 계발한다.

1980년 초 제5공화국 전두환 정부에서는 주인정신, 명예심, 도덕심, 협동정신, 사명감, 준법정신, 애국심, 반공정신, 통일의지라는 9개 덕목을 경찰의 실천규범으로 삼았다. 1990년 3월에는 경찰의 이념으로 정직, 절제, 봉사를 강조했다. 그 후 1991년 8월 1일 경찰청 출범에 맞추어 「경찰헌장」이 제정되어 오늘에 이르고 있다. 이 새로운 경찰헌장이 1966년에 제정된 「경찰윤리헌장」을 대치하는 것이었다.

현재 우리나라의 경찰헌장의 내용을 간단히 살펴보면 우선 친절한 경찰, 의로운 경찰, 공정한 경찰, 근면한 경찰, 깨끗한 경찰이다.

---

21) 중앙경찰학교, 『경무』(충주: 중앙경찰학교, 2009), p. 41.

우리는 조국 광복과 함께 태어나 나라와 겨레를 위하여 충성을 다하며 오늘의 자유민
주사회를 지켜 온 대한민국 경찰이다.

우리는 개인의 자유와 권리를 보호하며 사회의 안녕과 질서를 유지하여 모든 국민이
편안하고 행복한 삶을 누릴 수 있도록 해야 할 영예로운 책임을 지고 있다.

이에 우리는 맡은 바 임무를 충실히 수행할 것을 굳게 다짐하며 우리가 나아갈 길을
밝혀 스스로 마음에 새기고자 한다.

- 우리는 모든 사람의 인격을 존중하고 누구에게나 따뜻하게 봉사하는 친절한 경찰이다.
- 우리는 정의의 이름으로 진실을 추구하며 어떠한 불의나 불법과도 타협하지 않는 의로
  운 경찰이다.
- 우리는 국민의 신뢰를 바탕으로 오직 양심에 따라 법을 집행하는 공정한 경찰이다.
- 우리는 건전한 상식 위에 전문지식을 갈고 닦아 맡은 일을 성실하게 수행하는 근면한
  경찰이다.
- 우리는 화합과 단결 속에 항상 규율을 지키며 검소하게 생활하는 깨끗한 경찰이다.

(2) 기 능

경찰윤리강령이나 윤리헌장은 대외적 기능과 대내적 기능이 있다. 대외적 기능은
경찰윤리강령은 경찰이 시민을 위해 봉사하겠다는 의지를 천명한 것이라는 점이다.
따라서 경찰윤리강령은 경찰이 시민들로부터 신뢰를 얻기 위한 것으로 볼 수 있다.
이에 대하여 경찰윤리강령의 대내적 기능은 경찰관 개인에게 윤리적 지침과 기준을
제시하는 수단이라는 것이다. 뿐만 아니라 이것은 경찰관의 경찰조직에 대한 소속감
을 고취시키기 위한 것이다. 이보다 더 중요한 것은 경찰윤리강령이나 윤리헌장은 경
찰윤리 교육의 자료가 된다는 것이다.[22]

(3) 문제점과 발전방향

경찰은 경찰헌장을 위반했을 경우에 제재할 수 있는 적절한 수단을 강구하여야만
한다. 그렇게 하지 않으면 경찰윤리헌장의 내용이 실제로 집행될 가능성이 작다. 또
한 경찰윤리헌장의 내용이 지나치게 추상적이고 이상적이라면 그것에 대해서 경찰관
들은 냉소적인 반응을 보여 한낱 종잇조각이 될 수도 있다.[23] 이와는 반대로 헌장이
너무 장황하다면 경찰관이 그것을 모두 숙지하고 업무에 적용하는 것은 거의 불가능
하게 된다.[24] 다만 의사들을 위한 히포크라테스 선서와 같이 경찰관이 내면화시킬
수 있도록 핵심적인 내용을 포함시키면 된다.

---

22) 경찰대학, 앞의 책, pp. 107~113.
23) 앞의 책, pp. 114~116.
24) Tim R. Jones, Compton Owens & Melissa A. Smith, *op. cit.*, p. 22.

3. 우리나라 경찰윤리교육의 실태와 발전방향

먼저 우리나라의 경찰 윤리교육의 실태와 윤리교육의 발전방향을 살펴보면 다음과 같다.

(1) 우리나라 경찰 윤리교육의 실태

대략 2003년 말 기준 충주 수안보면 수회리 소재 중앙경찰학교에서 이루어지는 신임순경을 위한 윤리교육은 기본소양 교육인 정신교육의 하나로서 다루어졌는데 그 중 윤리교육으로 간주할 수 있는 과목을 보면, 「경찰정신」(17시간), 「순국역사현장교육」(7시간), 「경찰관의 공직윤리」(12시간), 「경찰윤리」(10시간), 「경찰예절 및 봉사활동」(31시간), 「국가 중요정책 및 특강」(39시간), 그리고 「인권」(8시간) 등이 포함되어 있었다.[25] 그러나 「경찰정신」, 「경찰관의 공직윤리」, 그리고 「경찰윤리」는 상당히 유사한 과목으로 보였다. 특히 「국가 중요정책 및 특강」에 39시간이나 할당한 것은 지나친 것으로 보였고 가장 큰 문제는 이런 과목들이 주로 이론교육 위주의 강의식 방법에 의존했었다는 점이다.[26]

이것이 2008년 말에는 상당히 개편되었다. 경찰정신 14시간(충의선양탑 참배, 팀빌딩, 경찰직업관, 공무원행동강령, 공직윤리, 경찰예절), 인권 16시간(범죄 피해자의 이해, 시민단체의 이해, 장애인의 이해, 경찰과 인권, 인권테마토론, 역할극), 국가중요 정책 6시간(한반도정세와 대응자세, 양성평등, 성희롱예방, 국정철학), 명강사 초빙강의 44시간(기획력 개발, 심리학, 재테크, 연극·영화, 대화법, 협상론, 인간관계, 스트레스 관리, 성과관리, 실무전문분야 등), 일반소양 및 기타 61시간(건강관리 응급처치 및 구급법, 역사<한일, 독도, 동북공정>, 선배와의 대화, 자체특강(지휘부), 어울림, 리더십, 담임교수와의 대화, 사회봉사활동), 헌법정신 4시간, 형사사례연구 8시간, 민·형사관계의 이해 4시간, 경찰작용법 8시간, 수사절차법 6시간, 형사특별법 14시간(폭처법, 성폭력 특별법, 가정폭력 특별법) 등이다.[27] 위의 변화비교에서 크게 눈에 띄는 것은 오히려 늘려야 할 것으로 보이는 경찰윤리가 실종되고 명강사초청강의가 44시간이나 신설된 점이다. 최근 경찰공무원들의 비리가 적지 않게 언론에 소개되는 것을 볼 때 중앙경찰학교나 경찰종합학교에서 경찰윤리교육을 대폭 늘려 윤리정신이 투철한 경찰을 훈육시켜 내야 할 것이다.[28]

25) 중앙경찰학교, 홈페이지 http://www.ncpa.go.kr/newpol/newpol2.htm(2003년 12월 기준).
26) 전돈수, 앞의 책, p. 372.
27) 중앙경찰학교, 홈페이지 http://www.ncpa.go.kr/newpol/newpol2.htm(2008년 11월 기준).

그러나 2009년 6월 15일부터 11월 27일까지 전·의경특채와 대체인력인 236기와 237기 1,206명의 순경교육과정을 위한 커리큘럼을 보면 상당한 변화가 있다. 중앙경찰학교 교육 24주(6개월) 동안 34과목 840시간인데 소양과목 5과목이 129시간, 법률과목 6과목이 44시간이다. 실무과목은 17과목 609시간이며 기타가 6과목 58시간으로 이루어진다. 구체적으로 보면 경찰정신 14시간, 인권 20시간, 국가중요정책 6시간, 명강사 초빙강의 28시간, 일반소양 및 기타가 61시간이다. 그리고 법률과목은 헌법정신 4시간, 형사사례연구 8시간, 민·형사관계의 이해 4시간, 경찰작용법 8시간, 수사절차법 6시간, 형사특별법 14시간이다. 그리고 실무과목으로서 전체 73%를 차지하고 있는 실무과목을 보면 17개 분야에 무려 609시간이나 된다. 구체적으로 경무 52시간, 생활안전 58시간, 수사·형사 66시간, 경비훈련 20시간, 교통 26시간, 운전 16시간, 정보·보안 20시간, 사격교육 55시간, 무도·체포술 80시간, 기초체력관리 8시간, 산악훈련 7시간, 제식훈련 8시간, 현장실습 70시간, 현장견학 7시간, 체력관리 17시간, 기동단교육 91시간, 기타 8시간이다.29)

(2) 발전방향

이제는 강의식의 이론교육보다는 실제로 효과를 기대할 수 있는 다양한 교육방법이 강구되어야 한다. 바람직한 교육방법으로는 행동 및 사례중심의 교육과 침묵의 규범과 내부 고발자에 대한 인식 전환교육에 중점을 두어야 한다.

1) 행동 및 사례중심의 교육

지금까지 우리나라의 경찰윤리교육은 지나치게 추상적이고 이론적인 교육에 치중하였다. 경찰관의 윤리문제는 그들이 도덕기준을 몰라서가 아니라 그것을 내면화시켜서 행동으로 실천하지 못하기 때문에 발생한다. 따라서 어떤 것이 옳고 그른가를 가르쳐주는 식보다는 조건반사적인 행동이 나올 수 있도록 행동화 교육을 시켜야 한다.30)

주입식교육은 교육생들의 흥미를 유발하는 데 효과적이지 못하기 때문에 다양한 교육방법이 강구되어야 한다.31) 그중에 하나가 평소에 경찰관이 직면할 수 있는 도덕적 딜레마 상황을 상정하여 서로 토의하게 하는 방법이 있다.32) 예를 들면 조난사

---

28) 신현기, "경찰관범죄의 위기대책에 관한 고찰", 인천대학교 위기관리연구센터, 「위기관리와 안전문화」, 제2권 제3호(2008. 9), pp. 1~27.
29) 중앙경찰학교, 커리큘럼 자료(2009년 7월 16일 현재).
30) 전돈수, 앞의 책, p. 373.
31) 경찰대학, 앞의 책, p. 15.
32) Neal Trautman, *op. cit.*, p. 5.

고가 나서 여러 사람들이 익사 직전에 있는 경우(임산부, 장애인, 국방장관, 여대생, 그리고 70대 노인)를 상정하여 누구부터 구조할지를 토론하는 것이다. 물론 그에 대해 정해진 답은 없지만 토의과정을 통해서 경찰관 나름대로의 가치관을 정립하게 된다. 이런 윤리교육을 담당하는 사람은 철학이나 윤리사상 전문가보다는 실제 경찰업무에 대한 경험을 가지고 있는 사람이 적합하다.33) 역할연기role play도 좋은 방법이다. 예를 들면 경찰조직 안에서 상급자와 하급자 사이에 갈등이 있는 경우에 서로 역할을 바꾸어서 역할극을 함으로써 서로의 입장을 조금이나마 이해하게 된다. 한편 명예제도honor systems와 명예위원회honor boards제도를 만들어 경찰교육생들에게 적용시키는 방법도 있다. 이것은 교육생들 스스로 자신들의 잘못된 행동을 교정하여 명예를 지키도록 유도하는 것이다.

2) 침묵의 규범과 내부 고발자에 대한 인식 전환 교육

경찰관리자는 윤리교육을 통해 「침묵의 규범code of silence」이 충성과 의리를 뜻하는 것이 아니라 부패를 조장하는 잘못된 것임을 주지시켜야 한다. 한편 내부 고발자whistleblowers가 "배신자"가 아니라 부패를 막아주는 용기 있는 사람임을 알려주어야 한다.34) 그리고 경찰관리자는 내부 고발을 장려하기 위해서 고발 경찰관에게 적절한 보상을 해주어야 한다.35)

3) 부패경찰관의 유형

일찍이 1970년대 미국의 냅프위원회는 부패경찰관의 유형을 소위 육식성meat eater 경찰관과 초식성grass eater 경찰관이 있음을 규정했다.36) 육식성 경찰관은 돈이 생기는 일을 적극적으로 찾아다니며 뇌물을 챙기는 타입을 말한다. 이들은 돈이 생기는 일을 미리 연구하고 뇌물제공자로 하여금 돈을 주도록 상황을 만들어 내는 뇌물의 귀재인 경찰관을 의미한다. 이에 반해 초식성 경찰관은 부패에 관한 한 매우 소극적인 자세를 취하는 타입이다. 이 경우의 경찰관은 업무에 전념하면서 어쩌다 뇌물을 받을 수 있는 기회가 주어지는 경우에 한해 뇌물을 챙기는 경찰관이다. 이러한 초식성 타입의 경찰관은 비록 육식성 경찰관처럼 먼저 노골적으로 뇌물제공자를 찾지는 않을지라도 최소한 뇌물을 주는 시민이 있는 경우 거절하지 않고 수령하는 경찰관을 말한다. 여기서 주목할 점은 초식성 경찰관이 언제든지 기회만 된다면 자연스럽게 육식성 경찰관으로 돌변할 수 있다는 것이다.

---

33) 표창원, 앞의 논문, 2001, p. 6.
34) 앞의 논문, 2001, p. 7.
35) 전돈수, 앞의 책, p. 374.
36) Samuel Walker, The Police in America: An Introduction(Upper Saddle River, N.J.: Prentice-Hall, 2001), p. 175.

(3) 뇌물요구 경찰관의 징계사례

부산의 윤모(39) 경찰관의 1만원 수수 요구사건의 사례는 육식성 경찰관의 사례로 볼 수 있다. 윤씨는 2005년 6월 부산 해운대 앞길에서 신호위반을 한 여성운전자 김모씨의 승용차가 단속에 걸리자 그녀에게 노골적으로 1만원을 요구했다. 경찰관 윤씨는 운전자가 1만원 지폐 한 장을 접어 신분증과 함께 건네주자 "이렇게 주면 안되고 몇 번 접어서 보이지 않게 줘야 한다"며 뇌물을 건네주는 방법까지 설명해 주었다. 그는 운전자의 차량에 동승했던 김모씨가 경찰윤씨의 명찰에 적힌 이름과 오토바이 번호를 적는 것을 보고 "신고해 봤자 나는 가볍게 처리되고 신고자는 경찰서에 불려가서 조사 받고 범칙금까지 내야 한다"는 여유를 보이기도 했던 것이다.[37]

경찰관 윤씨는 이 일로 감찰조사를 받고 징계위원회에 회부돼 해임되자 소송을 내 부산고법의 2심에서 해임처분 취소판결을 받아내기도 했다. 이 사건은 대법원 3부(주심 이홍훈 대법관)로 넘어가 해임된 전직경찰관 윤모씨가 "비위 정도에 비해 처분이 너무 무겁다"며 부산지방경찰청장을 상대로 낸 해임처분 취소소송 상고심에서 "해임처분을 취소하라"고 판결한 원심을 깨고 사건을 부산고법으로 돌려보냈다. 재판부의 판결에 따르면 "받은 돈이 비록 1만원에 불과한 소액이라 하더라도 경찰공무원의 금품 수수행위를 엄격히 징계하지 않으면 공평하게 엄정한 단속을 기대하기 어렵다"며 전직 경찰관인 윤씨에게 내린 해임은 마땅하다고 판시한 것이다. 무엇보다도 재판부는 "원고가 적극적으로 돈을 요구해 받았고 돈을 건네는 방법까지 지시했다는 점 등에서 해임처분이 타당성을 잃었다고 보기 어렵다"는 결정을 내린 것이다.[38] 재판부는 판결문에서 신호위반자에게 적극적으로 돈을 요구한 점, 타인이 볼 수 없게 접어서 건네주도록 요구하는 등 그 행태가 나쁜 점, 자신의 이름과 오토바이 번호를 입력하는 동승자에게 신고하면 범칙금 처분을 받게 된다고 말하는 등 죄질에 큰 문제를 중시했던 것이다. 종합해 볼 때 이 판결은 보다 적극적으로 금품을 요구한 경찰관에게 그 액수가 많고적고의 문제를 떠나 청렴해야 할 경찰관의 죄질이 극히 나쁘다는 관점에서 해임의 정당성에 손을 들어준 결과로 이해된다.[39]

---

37) http://cafe190.daum.net/_c21_/bbs_search(검색일 2007.10.24).

38) http://cafe190.daum.net/_c21_/bbs_search(검색일 2007.10.24).

39) 신현기, 앞의 논문, pp. 13~14; 강남 유흥업소와 공생 경관 21명 중징계(종합)
　단속정보 흘리고 불법 묵인 15명 파면, 2명 해임: 서울지방경찰청은 서울 강남지역의 안마시술소, 유흥업소 업주들로부터 금품을 받은 전 강남경찰서 역삼지구대 소속 경찰관 21명을 적발해 파면 등 중징계했다고 21일 밝혔다. 서울청은 전 역삼지구대장 이모(56)경감 등 15명을 파면하고 2명은 해임, 3명은 징계처분했으며, 현재 전남지방경찰청 소속인 경찰관 한 명의 비위사실은 전남청에 통보했다. 파면·해임은 국가공무원에게 내릴 수 있는 최고 단계의 징계다. 통상 한 지구대 소속 경찰관은 60~70명으로 특정지구대 소속 경관의 3분의 1이 무더기로 중징계를 받은 것은 매우 이례적인 일이다. 또 이들은 현재 역삼지구대를 떠났으나 14명은 중징계 직전까지 강남경찰서 소속이었던 것으로 알려졌다. 경찰에 따르면 이들은 2006년 7월부터 2007년 7월까지 관내 유흥소 업주들에게 단속정보를 제공하거나 불법영업을 묵인하는 대가로 조직적으로 돈을 받아 왔다. 조사결과 역삼지구대 이모(47)경사는 관내 유흥업소 30여 곳에서 매달 600만~700만원을 받아 일부를 지구대장 등 윗선에 상납하고 나머지는 소속팀원에게 나눠준 것으로 드러났다. 서울청 관계자는 "일회성 개인비리가 아니라 조직적으로 뇌물을 받은 것으로 확인돼 일벌백계 차원에서 중징계를 결정했다"고 밝혔다. 서울청은 유흥업소가 밀집해 비리의 소지가 많은 강남·서초·송파 등 강남 3구의 경찰서 및 일선 지구대 소속 경찰관을 대상으로 지속적인 감찰활동을 벌일 계획이다. 한편 강남경찰서는 올해 3월에도 논현지구대 소속 경관 6명이 안마시술소 업주들로부터 돈을 받은 사실이 검찰조사에서 밝혀져 6명 전원을 파면 등 중징계했다; http://media.daum. net/society/others/view. html?cateid(2009년 07월 21일/ 서울=연합뉴스, 김승욱 기자/kind3@yna.co.kr).

9 장   경찰과 인권

인권에 대한 사전적 의미를 살펴보면 인권이란 사람이라면 누구나 태어나면서부터 가지고 있는 생명·자유·평등 등에 관한 기본적인 권리라고 기술되어 있음을 볼 수 있다. 1948년 세계인권선언 전문을 보면 「사람들이 폭정과 억압에 대항하는 마지막 수단으로 호소하도록 강요받지 않으려면 인권이 법의 지배에 의하여 반드시 보호되어야 한다」라고 나와 있다.

1. 인권의 의미

오늘날 우리에게 인권이란 너무나도 흔한 단어가 되었다. 정치권과의 관계에서, 학교에서, 단체에서, 군대나 회사를 막론하고 사람들이 모인 곳이라면 그 어느 곳에서든 끊임 없이 인권이 침해되었다고 주장하곤 한다.

과연 '인권'이란 무엇일까? 인권에 대한 일반적인 견해는 인권이란 '인간이라면 누구나 누릴 수 있는 당연한 권리' 혹은 '사람이기 때문에 당연히 가지는 권리'를 말하는 것으로 모아지고 있다.

첫째, 인권은 국가의 권리, 즉 국권보다 앞선다는 것이다. 국권이란 무엇인가? '인권'이 먼저냐 '국권(國權)[1]'이 먼저냐 하는 논란은 매우 오래된 논쟁거리이면서 아직도 명백한 답을 찾을 수 없는 주제이다. 1648년 베스트팔렌 조약 이후 근대 민주국가

---

1) '국권'이란 '국가의 권리'로 풀어 쓸 수 있는데 이는 국가는 그 국내문제에 관해 절대적인 권한을 행사한다는 '주권원칙'과 다른 나라의 내정에 간섭할 수 없다는 '내정불간섭 원칙'을 그 주 내용으로 하고 있다.

는 국내문제에 관한 절대적인 권한을 행사한다(주권원칙). 그리고 어느 국가가 다른 국가의 내정에 간섭할 수 없다(불개입의 원칙)는 원칙이 확립되었는데 이것이 바로 국권의 핵심 내용이 된다.

둘째, 인권의 보편적 의미가 있다. 인간의 기본적 권리는 세계 어느 곳에서든지 동일하게 보호되어야 한다. 선진국이든 개발도상국가이든 그리고 민주국가이든 사회주의국가이든 지구상에 존재하는 그 어느 지역을 막론하고 인권은 동일하게 존중되어야 한다는 점이다.

셋째, 인권이 보편적인 개념이지만 권리들 간의 충돌이 있을 수 있다. 예를 들어 개인의 사상과 양심의 자유가 완전하게 보장되어야 한다는 주장과 국가의 공공질서와 안보가 인권에 우선되어야 한다는 정부의 주장이 대립각을 세우기도 한다. 범죄자의 인권과 범죄피해자의 인권, 경찰의 인권과 피의자의 인권 간에도 갈등과 충돌이 온다. 버스 속에서 누군가 전화를 사용하는 권리와 그 전화로 인해 소음공해에 시달리지 않아야 한다는 권리가 또한 충돌한다.[2]

이러한 인권개념은 서로 다른 인권이 충돌하는 경우 그 판단이 쉽지 않다. 또한, 18세기 사상의 자유, 표현의 자유 등 주로 시민적·정치적 권리와 고문받지 않을 권리 등 법적 권리를 인권으로 생각하던 경향에서 출발하여 정보통신이 발달한 20세기 말부터는 개인의 신상정보와 사진 등 과거에는 중요하게 다루어지지 않았던 '정보 인권'의 중요성이 강조되는 등 인권의 개념과 그 보호 범위 등은 시대와 장소에 따라 변화해 왔다. 하지만, 어떠한 시대 어느 장소에서건 변하지 않는 것은 '성별, 인종, 신체적 특징 등 어떠한 차이에도 불구하고 모든 인간에게는 동등한 존엄성과 가치, 자유와 권리가 부여'되며 어느 누구도, 어떠한 명분으로도 '함부로 인간의 존엄성과 가치, 자유와 권리를 침해하거나 훼손해서는 안 된다'는 원칙이다.[3]

대한민국 헌법은 인권의 절대성과 함께 "공공의 이익이나 다른 인권의 보호를 위해 '법이 정하는 한도 내에서' 인권의 본질이 아닌 일부에 한해 그 침해가 허용된다"는 예외성을 인정하고 있다(헌법 §37). 이는 우리사회가 합의하는 '인권과 국권 사이의 균형과 조화'가 무엇인지를 보여주고 있는 것이다. 우리나라의 인권 관련 논의의 결정체라고 할 수 있는 인권위원회법 역시 인권을 '헌법 및 법률이 보장하거나 대한민국이 가입 비준한 국제인권조약 및 국제관습법에서 인정하는 인간으로서의 존엄과 가치 및 자유와 권리'라고 규정하고 있다(인권위원회법 §2①).[4]

인간의 존엄성을 지키고 세상 누구에게나 기본적 권리를 보장해 주기 위해 UN회

---

2) 김재주, 「경찰과 인권」, 한세대학교 경찰학 박사과정 세미나보고서, 2009, pp. 1~4.
3) 표창원, "경찰과 인권", 김상호·신현기 외 7인, 『경찰학개론』(파주: 법문사, 2006), p. 310.
4) 표창원, 앞의 책, p. 312.

원국들의 공동 결의로 1948년 12월 10일 이 [세계인권선언문]을 공표하였으며 1966년에는 그 내용이 "경제적, 사회적, 문화적 권리에 관한 국제규약(속칭 A규약)" 및 "시민적, 정치적 권리에 관한 국제규약(속칭 B규약)"으로 채택되어 규범력 있는 국제인권법의 모습을 갖추게 되었다. 한국은 1990년 세계인권선언 및 두 개의 국제인권규약 모두에 가입하였다.5)

2. 국제인권 NGO

대표적인 국제인권 NGO는 다음과 같다. 즉 국경없는의사회(1971), 국제앰네스티(1961), 국제종교자유협회(1893), 세계고문철폐기구(1985), 인권법률가협회(1978), 인권의사회(1986), 집단학살연구소(1982), 휴먼라이츠워치(1978) 등이 설립되어 활발하게 인권인동을 전개해 나가고 있다.

3. 경찰과 인권

경찰은 경찰법에서 요구하는 의무인 "공공의 안녕과 질서"를 유지해야 한다. 그리고 "국민 개개인의 생명과 재산을 보호"해야 하는 과제를 가지고 있다. 경찰의 대표적인 과제는 범죄, 재해, 사고로부터 시민을 보호해 주고 순찰을 돌며 미아를 찾아 주는 업무라고 볼 때 만일 경찰이 이러한 과제들을 잘 수행한다면 국민의 인권을 제대로 수호해 주고 있다는 증거가 된다.6) 하지만 경찰은 시위대, 범죄자, 가정폭력범과 대결하고 제압하여 피해자를 보호해야 한다. 이러한 과정에서 인권침해나 인권유린이라는 억지 문제에 부딪혀 어려움에 처하기도 한다. 경찰은 이러한 인권침해 소지 갈등에서 지혜롭게 업무를 수행하는 능력을 발휘해야 한다.

4. 경찰과 유치인의 인권보장

1) 유치인 인권보장의 확대

우리나라에서는 김대중 국민의 정부 시절인 1990년대 말부터 정부의 인권중시 정책이 마련되었다. 그 후 2001년 국가인권위원회가 출범하면서 경찰에서도 본격적인 인권중시 정책을 수립·시행하고 있다. 특히 우리 경찰은 2005년부터 무죄추정의 원

---

5) 표창원, 앞의 책, p. 312.
6) 표창원, 앞의 책, p. 322.

칙에 입각해 유치인준수사항을 유치인에 대한 인권보장으로 변경해 변호인 선임권, 면회시간의 안내, 서신교환 안내, 인권침해 상담전화 안내 등 유치인의 법적 권리가 포함되는 내용으로 변경하고 피의자 유치 및 호송규칙을 인권친화적 유치장을 위한 공청회, 학계, 시민단체 의견 수렴, 경찰청 인권위원회와 국가인권위원회의 자문을 거쳐 무죄추정의 원칙에 위반되는 일부 조항을 삭제하고 수갑과 포승의 사용요건을 명시하여 남용을 방지하는 조치를 취함으로써 유치인의 인권보장이 강화되는 개정이 있었다. 유치인 인권을 위해 '피의자 신문과정 변호인 참여제'를 확대 실시하고 각종 인권보호 제도를 도입·시행하고 있다.[7] 경찰에서는 인권친화적으로 유치장 환경을 개선하기 위해 유치실 바닥을 온돌로 교체, 화장실 시설보완, 경찰관서에 구축된 인터넷망을 활용한 유치인 화상면회제를 활성화했다.

2) 유치인 무죄추정의 원칙

미결구금 중인 유치인은 수사단계에서 무죄추정의 원칙이 적용되기 때문에 경찰은 신속수사, 신속송치, 불구속 수사원칙을 강화했다.

3) 광역유치장 확대실시

경찰청은 2005년 4월 광역유치장 확대실시를 단행했는데 서울을 제외한 전국 15개 지방경찰청 소속의 유치장 79개소를 없애고 55개소의 광역유치장을 운영했다. 예를 들어 과천경찰서는 안양경찰서 유치장을, 안산 상록경찰서는 안산단원경찰서 유치장을 사용하는 방식이다. 그 결과 경찰잉여인력을 일선현장에 투입하게 되고 유치인보호관의 근무여건 개선을 위한 분야에 사용하게 되었다.

4) 인권지킴이 선발

경찰청은 피의자 인권보호, 헌신적인 피해자 보호, 유치장 관리 및 환경개선을 통한 유치인 인권보장, 장애인과 외국인 및 여성 등 사회적 약자보호 활동사항을 평가해 인권보호에 공이 큰 경찰관을 인권지킴이로 선정해 특진도 실시했다. 이는 경찰에게 인권보호에 대한 선의의 경쟁을 유발시키기 위한 것이다.[8]

5) 경찰인권강사 양성

경찰청은 1,004명의 인권강사를 양성하기 위해 국가인권위원회와 공동 프로그램을 개발해 경찰교육원에 인권강사 양성과정을 개설해 운영했다. 경찰관들이 참여식 수업을 통해 인권감수성, 갈등해결능력 향상, 피해자 보호, 경찰윤리, 양성평등 위주의 수업이 이루어졌다.[9]

---

7) 경찰청, 「경찰백서」, 2008, p. 25.
8) 경찰청, 앞의 책, p. 30.

1. 배   경

국제연합UN에서는 '세계인권선언'을 실행에 옮기기 위해 여러 선언과 원칙 그리고 지침들을 제정·선포하고 회원국들에게 경찰의 전 교육과정(신임, 기본, 보수, 전문)에 걸쳐 "UN 경찰행동강령" 등 경찰관에게 적용되는 국제적 인권지침에 대해 교육해야 함을 강조하고 있다.

다음에서 살펴 볼 경찰 10대 인권지침은 국제사면위원회Amnesty International가 세계 여러 나라의 경찰대표 및 전문가들과 협의했으며, 세계인권선언 및 UN의 경찰 인권기준과 원칙들을 토대로 하여 채택한 「법집행 공무원을 위한 10가지 기본 인권기준10 Basic Human Rights Standards for Law Enforcement Officials」을 중심으로 하여 작성되었다. 그러므로 [경찰관이 지켜야 할 10대 인권지침]은 국제적 인권수준에 부합하는, 가장 기본적이며 반드시 준수되어야 할 내용만을 간추려 정리한 것이다.10) 이미 [경찰관이 지켜야 할 10대 인권지침]의 많은 내용들은 헌법과 형사소송법, 국가공무원법, 경찰관직무집행법 및 기타 형사절차법규와 특별법 등에 의해 구현되고 규정되어 있다.

2. 경찰관이 지켜야 할 10대 인권지침

국제연합UN은 경찰의 인권의식을 높이고 동시에 인권침해를 방지하기 위해 국제사회와 손잡고 많은 노력을 경주하고 있다. 경찰관이 인권을 위해 지켜야 할 지침을 소개하면 다음과 같다.

1) 인권지침 1

경찰관은 모든 사람이 어떤 사유로도 차별 받지 않고 동등한 법의 보호를 받을 권리가 있음을 명심하여야 한다. 특히, 폭력과 협박의 위험에 처한 사람은 분명하고 적극적으로 보호해 주어야 한다. 경찰관은 특히 어린이, 노인, 여성, 피난민, 가출인

---

9) 경찰청, 앞의 책, p. 30.
10) 표창원, 앞의 책, p. 324.

및 사회적 소수 등 폭력과 협박의 피해에 노출될 우려가 큰 사람들에 대해서는 특별히 더 적극적으로 보호해 주어야 한다.

2) 인권지침 2

경찰관은 모든 범죄 피해자를 '연민과 존중'의 마음을 가지고 대해야 하며, 특별히 그들의 안전과 사생활을 보호해 주어야 한다.

3) 인권지침 3

경찰관은 오직 반드시 필요할 경우에만 무력을 사용하여야 하며, 사용하더라도 상황에 따른 필요최소한 정도만을 사용하여야 한다.

4) 인권지침 4

경찰은 불법적이지만 평화적인 집회나 시위를 통제할 때에는 가급적 물리력을 사용하지 않아야 한다. 폭력적인 집회를 해산할 때에도 오직 필요최소한의 물리력만을 사용하여야 한다.

5) 인권지침 5

경찰관은 자신이나 타인의 생명을 보호하기 위해 반드시 필요한 경우를 제외하고는 총기 등 살상용 무기를 사용해서는 안 된다.

6) 인권지침 6

경찰관은 법적인 근거 없이 어느 누구도 체포해서는 안 되며, 체포를 할 경우에는 적법절차를 반드시 준수하여야 한다.

7) 인권지침 7

경찰은 체포 즉시 체포된 사람이 가족 및 변호인과 접촉할 수 있도록 해 주어야 하며, 필요할 경우 의료서비스를 받도록 해 주어야 한다.

8) 인권지침 8

체포 또는 구금된 모든 사람은 인간적인 대우를 받아야 한다. 경찰관은 결코, 어떤 경우에라도, 고문 혹은 가혹행위를 행하거나 조장하거나 묵과해서는 안 되며 이에 대한 어떠한 지시 명령도 거부하여야 한다.

9) 인권지침 9

경찰관은 결코 '탈법적 처형'을 행하거나 사람을 '행방불명'되게 하여서는 안 되며 이를 지시하거나 은폐해서도 안 된다. 또한 이에 대한 어떠한 지시 명령도 거부하여야 한다.

10) 인권지침 10

경찰관은 위 기본인권지침에 위반되는 행위를 발견하게 되면 이를 반드시 상급자나 검찰, 혹은 인권위원회에 보고해야 하며 이에 대한 조사가 이루어질 수 있도록 자신의 권한 내에서 가능한 모든 조치를 취하여야 한다.

제10장

경찰의 통제

제1절 경찰통제의 의의

1. 행정책임

행정책임이란 행정조직이 직무를 수행할 때 주권자인 국민의 기대와 요구에 부응하여 공익, 근무규율 등 일정한 기준에 따라 행동하여야 할 의무를 말한다. 행정책임은 그것을 확보하는 수단이 강구될 때 그 실효가 있다. 행정책임은 행정통제를 통해보장되며 행정통제는 행정의 책임성을 확보하는 수단이다. 한국의 경우 종래 권위적정치문화로 인해 행정기관은 폐쇄적으로 운영되어 외부통제가 적절히 이루어지지 못했다고 볼 수 있다.

2. 경찰책임

민주국가에서 경찰은 국민의 이익을 위하여 봉사해야 할 책임이 있으며 경찰활동은 국민의 의사에 의하여 통제되어야 한다. 경찰책임이란 경찰기관 또는 경찰관이 주권자인 국민의 기대·요망에 부응하여 공익·직업윤리·법령과 경찰목표 등 일정한기준에 따라 행동하여야 할 의무를 말한다.[1]

---

1) 조철옥, 『경찰학개론』(서울: 대영문화사, 2000), pp. 349~350.

3. 경찰통제의 의의

경찰통제는 경찰책임을 보장하기 위한 사전적, 사후적 제어장치로서 경찰조직의 구성원들이 공공의 안녕과 질서유지 및 국민에 대한 봉사정신 등의 법적, 가치적 규범을 일탈하지 않도록 제재와 보상 등을 하는 활동이라고 할 수 있다. 즉, 경찰통제는 경찰의 조직과 활동을 체크하고 감시함으로써 경찰조직과 경찰활동의 적정을 도모하기 위한 제도적 장치 또는 활동을 말한다.

통제는 자기통제가 바람직하나 조직의 자기비호와 변화를 거부하는 속성상 외부통제가 필요하다. 그러나 외부기관에 의한 업무의 상시적인 지휘는 조직의 자율성을 저해하는 등의 문제점이 있으므로 바람직하지 못하다.[2]

제 2 절 경찰통제의 개념과 필요성

1. 경찰통제의 개념

경찰은 막강한 강제력과 강력한 권한을 동시에 가지고 있다. 우리나라 경찰의 수가 거의 13만여명에 이르고 있고 전국 258개의 경찰서가 정보과를 운영 중이며 엄청난 정보력을 보유하고 있다. 특히 경찰이 수행중인 업무의 거의 100%가 국민들의 전체생활과 매우 밀접한 관계를 가지고 있다. 이뿐만 아니라 정보수집활동과 업무의 범위가 전국 어디에든 광범위하게 미치고 있다. 경찰과 검찰의 경우를 비교해 보면 검찰의 경우는 정보수집 측면에서 경찰에 그 비교가 될 수 없다. 경찰법 제3조를 보면 '국가경찰은 국민의 생명·신체 및 재산의 보호와 범죄의 예방·진압 및 수사, 치안정보의 수집, 교통의 단속 기타 공공의 안녕과 질서유지를 그 임무'로 한다고 명시되어 있다. 경찰은 이와 같은 기본적 임무를 수행하기 위하여 국민의 자유와 권리에 개입하는 경우가 자연히 많을 수밖에 없는 것이다. 이러한 과정에서 경찰은 국민의 기본적 인권을 침해하기 쉬운 경우가 발생할 수 있다. 또한 경찰은 고유의 업무를 수행하면서 정치적 권력으로부터 나쁜 쪽의 유혹을 받을 가능성에도 노출되기 쉬운 것이

---

2) 홍태경·신현기, 『새경찰학개론』(서울: 우공출판사, 2013), p. 341.

사실이다. 따라서 경찰통제라 함은 경찰의 거대한 조직과 혈기왕성한 치안 및 정보활동들을 국민의 입장에서 항상 감시하여 경찰조직과 경찰활동의 정당성을 찾게 하고 동시에 투명하고 오직 국민의 안위만을 위해 노력하도록 인도하는 것을 의미한다.[3]

2. 경찰통제의 필요성

위의 개념에서 살펴본 바와 같이 경찰통제의 필요성이 중요시되고 있다. 경찰의 막강한 조직과 정보력 및 그 기능들로부터 나오는 위력 때문에 국민은 경찰을 통제해야 하는 필요성을 크게 느낄 수밖에 없는 것이다. 우리나라 공공조직 전체를 통틀어서 볼 때 경찰만큼 큰 조직이 없다. 따라서 다른 행정기관들보다 특별히 경찰조직이 통제되어야 하는 이유를 이운주는 다음과 같이 주장하고 있다.[4]

첫째, 경찰의 통제는 경찰의 민주적 운영을 위해서 필요하다는 것이다. 경찰은 민주주의를 기본이념으로 하고 있다. 민주주의를 수호하기 위한 조직으로서 경찰은 어디까지나 민주적으로 조직되어야 하고 운영되어야 한다. 우리나라 경찰법은 경찰위원회 제도를 도입하여 경찰의 민주적 통제를 행사하고 있다.[5]

둘째, 경찰의 정치적 중립을 확보하기 위해서 경찰의 통제가 필요하다. 1945년 10월 21일 우리나라 국가경찰이 창설된 이후 정치적 중립을 위해 많은 노력을 한 것도 사실이지만 이승만 정부, 박정희 정부, 전두환 정부 등 이른바 독재정부 시절에는 경찰이 정치적 중립을 완전히 유지하지 못한 것도 지적된다. 물론 민주화 정부로 알려진 그 밖에 정부들에서도 경찰이 정치적으로 영향을 받지 않고 중립을 지켰다고 확언하기는 어려울 것이다. 다만 노력을 해 온 것은 인정할 만하다고 본다.

셋째로 경찰활동에 있어서 법치주의를 도모하기 위해서 경찰의 통제가 필요하다고 본다. 경찰관은 직무를 수행하기 위해서는 항상 주어진 법률의 범위 내에서 업무를 수행해야 하는 것이다. 예를 들어 경찰법, 경찰관직무집행법, 국가공무원법 등이 그 좋은 예가 된다. 만일 경찰관이 법률의 범위를 벗어나서 권한을 행사하는 경우에는 법적으로 책임을 지게 된다.

넷째, 국민의 인권을 보호하기 위해서 경찰의 통제가 필요하다. 국민의 권한행사와 관련해서 경찰의 업무가 국민의 인권이 침해될 연관성이 많은 실정이다. 하지만

---

3) 신현기, 『경찰학개론』(서울: 21세기사, 2009), pp. 332~339까지 자료를 활용하였다.

4) 이운주, 『경찰학개론』(서울: 경찰공제회, 2002), p. 231.

5) 첫째, 당적을 이탈한 날부터 3년이 경과되지 아니한 자, 둘째, 선거에 의하여 취임하는 공직에서 퇴직한 날부터 3년이 경과되지 아니한 자, 셋째, 경찰·검찰·국가정보원직원 또는 군인의 직에서 퇴직한 날부터 3년이 경과되지 아니한 자, 넷째, 「국가공무원법」 제33조 각호의 1에 해당하는 자

경찰활동의 궁극적인 목표는 국민의 인권보호이므로 어느 정도 우려는 줄어들 수 있는 것이다.

다섯째, 경찰조직의 자체 부패방지를 위해 경찰의 통제가 필요하다. 경찰조직은 예산이나 인력 및 장비의 보호와 절약을 위해 스스로를 통제해 나가야 할 것이다.

한편 우리나라는 1998년 1월 1일부터 공공기관의정보공개에관한법률이 제정되어 시행되고 있다. 이는 경찰의 통제에도 크게 기여하고 있을 것으로 판단된다. 왜냐하면 경찰기관의 정보들도 비밀사항이 아닌 다음에야 모두 공개대상이기 때문이다. 정보공개 청구인은 구두나 정보공개청구서를 제출하여 정보공개를 청구할 수 있다. 공공기관은 청구를 받은 날로부터 10일 이내에 공개여부를 결정해야 한다. 그러나 10일 이내의 범위에서 연장할 수 있다.6)

제3절 경찰통제의 유형

경찰에 대한 통제에는 여러 가지가 있지만 흔히 민주적 통제와 사법적 통제, 사전적 통제와 사후통제, 내부적 통제와 외부적 통제로 나누어진다.

1. 민주적 통제와 사법적 통제

(1) 민주적 통제

우리나라 경찰은 민주성을 확보하기 위해서 경찰위원회제도와 국민감사청구제도를 도입했다. 경찰위원회는 경찰법 제9조 1항에 따라서 심의 및 의결권을 가지고 있다. 그러나 경찰법 제9조 2항에 따라 행정안전부 장관은 이에 대해서 재의요구권을 행사할 수 있기 때문에 실질적으로는 심의회 수준 정도에 그치고 있는 바짓저고리에 불과하다고 본다. 이는 결국 경찰에 대한 민주적 통제장치로서의 역할을 하지 못하고 있는 실정이라고 보아도 과언이 아니다.

(2) 사법적 통제

일반적으로 경찰기관이 위법한 행위를 한 경우 법원이 사법심사를 통하여 통제할 수 있다. 구체적인 통제방식으로는 행정소송법과 국가배상법이 있다. 우리 국민은 경

---

6) 조철옥, 앞의 책, p. 290.

찰관청이나 공권력으로부터 위법한 처분을 받은 경우 항고소송을 통해 구제받을 수 있다. 경찰공무원으로부터 손해를 입은 국민은 국가를 상대로 손해배상을 청구할 수 있다. 그러나 사법적 통제는 어디까지나 사후적 통제에 그치고 있다.[7]

2. 사전통제와 사후통제

(1) 사전통제

사전적 통제수단으로 입법기관인 국회가 입법권과 예산심의권 등을 통해 경찰관계법령의 제정이나 경찰예산의 편성과정에서 통제를 가할 수 있다. 사전적 통제의 법적 근거를 보자. 행정절차법은 행정에 대한 사전통제를 규정하고 있는데 동법은 행정청이 불이익 처분 등을 행할 경우에 상대방에 대하여 청문 등의 절차에 참여케 하여 자기의 이익에 관해 변명할 기회를 부여하고 있다. 또한 입법이나 행정계획 등을 수립할 경우에도 관계자의 권리나 이익을 고려하여 입법예고제(행정절차법 제41조)나 행정예고제(동법 제46조) 등을 통하여 미리 입법 등의 수립에 이해관계인의 참여 권리를 인정하고 있다. 특히 행정계획절차는 계획마다 성질 자체가 지나치게 다양하여 일률적으로 규정하기 곤란하여 개별법에 맡기고 있다.

(2) 사후통제

행정에 대한 사후통제는 사법부의 경우 사법심사에 의한 통제, 행정부 내에서는 징계책임, 상급기관의 하급기관에 대한 감독권, 행정심판을 통한 통제가 가능하다. 국회는 행정에 대한 예산의결권, 국정감사, 조사권 등을 통해 통제를 가할 수 있다.[8] 사후통제는 행정청의 행위로 국민의 권리·이익이 침해를 받은 후에 사법부가 사법심사에 의해 구제하는 방법으로 행정통제를 하는 제도이다. 또한 사법부의 사법심사에 의한 통제 외에도 행정부 내에서의 징계책임·하급기관에 대한 감사권·행정심판과 국회의 예산결산권, 국정감사·조사권 등의 행사 등도 사후통제의 방법이다.[9]

(3) 오늘날 통제방법의 변화

과거에는 주로 실체적 권리를 중심으로 국민이 자기의 권리나 이익이 침해를 받은 후에 법원 등을 통하여 구제를 청구하는 사후통제중심이었으나 오늘날은 행정청

---

7) 이운주, 앞의 책, p. 236.
8) 이운주, 앞의 책, p. 237.
9) 홍태경·신현기, 앞의 책, p. 345; 허경미, 『경찰학개론』(서울: 박영사, 2003), pp. 257~263.

에 대해서 권리나 이익이 침해받기 전에 절차적으로 참여하는 등 사전통제가 강화되고 있다.[10]

3. 내부적 통제와 외부적 통제

(1) 내부적 통제

1) 계층제적 권위에 의한 통제

경찰기관의 경우 상급경찰관청이 하급경찰관청을 통제할 수 있다. 상급경찰관들은 하급경찰관들에 대해 자연히 통제를 할 수 있다. 상층부 경찰간부는 하급경찰관들에 대해서 징계권을 행사할 수 있는 통제가 가능하고 승진과 전보, 경찰근무평가 권리를 행사해 행정통제를 해나갈 수 있다. 특히 훈령권과 직무명령권을 통해 상급자는 하급자를 통제할 수 있다.[11]

2) 감사관제도를 통한 통제

경찰청에는 자체적으로 하부 18개 시·도경찰청의 경찰관들을 통제할 장치인 청문감사관실을 설치해 운영하고 있다. 그리고 전국 18개 시·도경찰청과 258개 경찰서에는 청문감사관제도를 두어 경찰관들을 통제해 나가고 있다. 경찰청에 감사관은 경무관으로 보한다. 하부에는 감찰담당 총경 1명, 감사담당 총경 1인이 있어 경찰청 자체 및 지방경찰청에 대한 감사, 사정업무, 경찰기관의 공무원에 대한 진정, 비위사항의 조사 및 처리 등을 통해 내부통제를 가하고 있다. 경찰서에서 청문감사관은 1999년에 신설되었다. 이들은 민원인의 고충을 상담해 주고 경찰서 내부의 인권보호에 앞장서고 있다.

3) 경찰윤리 규범을 통한 통제

경찰윤리는 경찰관이 올바른 직무를 해 나가도록 길라잡이 역할을 해 줄 수 있고 이는 경찰조직을 통제하는 데 적지 않은 역할을 수행하고 있다고 본다.[12]

4) 훈령권 및 직무명령권

상급관청은 하급관청에 대하여 지시권이나 감독권 등의 훈령권을 행사함으로써 하급관청의 위법이나 재량권 행사의 오류를 시정하는 등 통제를 가할 수 있다. 그리고 상급자는 하급 경찰공무원에 대하여 직무명령을 통하여 그 행위를 통제하기도 한

---

10) 홍태경·신현기, 앞의 책, p. 345.
11) 조철옥, 앞의 책, p. 287.
12) 조철옥, 앞의 책, p. 288.

다.13)

5) 행정심판의 재결권

행정청의 처분 또는 부작위에 대해 행정심판을 하는 경우 해당 행정청의 직근상급행정청이 재결청이 되므로 하급경찰관청의 위법 또는 부당한 처분에 대하여 통제를 가할 수 있다. 경찰공무원의 징계 등 불이익 처분에 관한 심사청구는 행정안전부에 설치된 소청심사위원회에서 심사하므로 외부적 통제에 해당한다.14)

(2) 외부적 통제

1) 입법부(국회)에 의한 통제

어디까지나 국회는 입법권과 예산심의권, 국정조사권, 국정감사권을 가지고 있기 때문에 이러한 권한을 통해 경찰행정을 통제해 나갈 수 있다. 국회는 국민의 직접적인 대표기관이다. 경찰제도를 변화시킬 수 있는 기관은 국민의 직접적인 대표기관인 국회이며 경찰을 직접적으로 통제할 수 있는 핵심기관이다.

2) 사법부(법원)에 의한 통제

사법심사를 통해 위법한 경찰을 통제할 수 있고 손해배상을 통해 민사 및 형사상의 책임도 물을 수 있다.

3) 행정부에 의한 통제

① **대통령에 의한 통제**　　국가원수는 경찰청장 임명권, 경찰위원회 위원의 임명권이나 경찰정책결정을 통해 경찰기관을 직접적으로 통제해 나갈 수 있다.

② **행정안전부 장관에 의한 통제**　　행정안전부 장관은 경찰청이 자기의 하부조직이면서 외청으로 독립되어 있기에 통제가 가능하다. 행정안전부 장관은 경찰청장과 경찰위원회 위원의 임명제청권을 통해 경찰을 통제해 나가고 있다.

③ **경찰위원회를 통한 통제**　　경찰위원회가 경찰청의 주요사안에 관해서 심의 및 의결을 하고 통제를 가하고 있다. 그러나 실제에 있어서는 별로 통제의 기능을 수행하지 못하고 있다 해도 무리는 아니라고 본다. 실질적 권한이 주어져 있지 않기 때문이다.

④ **국민권익위원회에 의한 통제**　　국무총리소속하에 국민권익위원회가 설치 및 운영되고 있다. 이곳에서 간접적으로 경찰을 통제해 나가고 있다. 그러나 국민권익위원회는 경찰의 수사사항이나 인사행정상의 사항은 관할범위가 아니다.

---

13) 홍태경·신현기, 앞의 책, p. 345.
14) 홍태경·신현기, 앞의 책, p. 346.

⑤ **국가정보원·국방부·검찰에 의한 통제**　　국가정보원에 의해 경찰의 정보와 보안업무는 조정 및 통제를 받고 있다. 대간첩 작전은 국방부의 통제를 받고 수사업무는 검찰의 통제를 받고 있다. 검사는 경찰에 대해 수사지휘권, 경찰서의 구속장소의 감찰권 등을 통해 경찰을 통제하고 있다.

⑥ **감사원에 의한 통제**　　2022년 우리나라 경찰청의 예산은 12조 5000억원이 넘었다. 감사원은 이에 대한 세입 및 세출의 결산권을 가지고 있다. 감사원은 경찰공무원의 직무에 대한 감찰권을 가지고 통제가 가능하다.

⑦ **국가인권위원회를 통한 통제**　　2001년 5월 국가인권위원회가 설립되었다. 국가인권위원회는 경찰서 유치장이나 사법경찰관리가 사용하는 시설에 대해 방문조사권을 보유하고 경찰통제를 행사한다. 특히 경찰청장은 인권보호와 향상에 영향이 있는 법령을 제정 및 개정할 때 미리 인권위원회에 통보해야 하는데 이것이 경찰에 대한 통제역할을 한다.

4) 민중에 의한 경찰통제

여론, 이익집단, 언론기관, 정당 등은 지속적으로 경찰을 통제하는 역할을 수행하고 있다. 특히 민중통제란 일반국민 또는 시민에 의한 통제로서 선거권행사, 이익단체의 구성·활동, 시민단체 활동, 여론의 조성·작용 등을 통하여 행정을 주고 간접적·비공식적으로 통제하는 것을 말한다.[15]

---

15) 김상호·신현기 외 7인, 『경찰학개론』(서울: 법문사, 2004), pp. 525~531.

제11장 **비교경찰제도론**

어느 나라를 막론하고 국가들은 저마다 자국의 역사와 전통, 치안상황의 변화를 반영하여 다양한 치안시스템을 운영하고 있음을 알 수 있다.

이는 크게 기초자치경찰 중심형(프랑스, 스페인, 이탈리아), 광역자치경찰 중심형(독일, 영국, 일본), 기초·광역 자치경찰 혼합형(미국) 등으로 구분할 수 있다.

제1절 경찰제도의 종류

1. 집권형 경찰제

집권형 경찰제는 한국, 프랑스, 스웨덴, 이탈리아, 이스라엘, 핀란드, 덴마크, 대만 등에서 널리 활용되는 제도이다. 이는 중앙정부의 통제하에서 직접 관리되는 경찰조직구조를 말한다. 따라서 경찰권의 발동에 대한 모든 책임은 중앙정부가 책임을 지고 운영된다. 이 제도는 공공의 안녕 및 질서유지를 개개 국민의 보호보다 우선시하는 본질을 가지고 있다.[1]

집권형 경찰제의 특징으로는 중앙정부의 강력한 관료제의 토대 아래에 경찰이 존재하고 있다는 점이다. 이러하다보니 광역간의 공조수사가 일사분란하게 이루어지게 되어 전국적 범죄통제에 대응하기 쉬운 장점을 지니고 있다. 중앙정부에서 강력하게 통제를 하다보니 우려와는 달리 국민의 인권보호에도 그런대로 효과를 보여주기도 한다. 하지만 이 제도는 국가의 이익이 지방자치단체의 이익보다 앞서는 경향을 보여

---

1) 조철옥, 앞의 책, p. 52.

그림 11-1   종속적 경찰제도의 모형

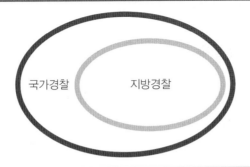

주기도 한다.

2. 분권형 경찰제

분권형 경찰제를 취하고 있는 대표적인 국가는 미국, 캐나다, 벨기에, 네덜란드, 스위스 등이다.[2]

본 제도는 지역별로 지역정부의 통제를 받아 경찰제가 운영되는 경우이다. 분권형이므로 지방정부와 지역경찰이 경찰권을 행사하는 동시에 또한 경찰활동에 대한 일체의 책임도 진다. 분권형 경찰제에서는 개개인의 권리와 자유권이 사회적 법익보다 강한 편이다.

이 제도하에서는 국제 및 광역적 차원에서 벌어지는 범죄에 대처할 능력이 허약한

그림 11-2   분권적 경찰제도 모형

---

2) 김성수, 『비교경찰론』(서울: 경찰공제회, 2000), p. 13; 조철옥, 앞의 책, p. 52.

편이다. 특히 연방정부와 지방정부 간에 경찰활동을 통제할 구조가 마련되어 있지 않기 때문에 양자간에 할거주의나 관할분쟁 등의 소지가 나타날 수 있는 단점이 있다.

3. 절충형 경찰제

절충형 경찰제는 영국, 호주, 일본, 독일, 브라질 등이 활용하고 있다. 이는 중앙정부와 지방정부가 경찰권을 공유하고 있는 경우를 의미한다. 이는 경찰권 발동에 대한 지방통제가 이루어질 수 있다. 그리고 권한 남용의 위험을 감소시킬 수 있는 제도로 평가된다.

이를 종합해 볼 때 어느 경찰제가 이상적이라고 정의하기는 곤란하다. 왜냐하면 각 국가들은 자기 나라 역사·문화의 상이함 속에서 자국에 적합한 경찰제를 형성 및 발전시켜 나왔기 때문이다.

그림 11-3   절충형/혼합형 경찰제도 모형

출처: 신현기, 『자치경찰론(개정 6판)』(부평: 진영사, 2021), p. 32.

4. 세계 각국의 경찰제도 현황

세계 각 국가는 자기 고유의 문화와 전통에 따라서 경찰제도가 정착되어 나왔다. 크게 대륙법계 국가와 영미법계국가의 경찰제도로 크게 대별되어 연구되고 있다.

표 11-1   세계 주요국가의 경찰제도 비교표

구분		한국(법안)	미국	영국	독일	프랑스	스페인	이탈리아	일본
제도개요	형태	이원 (국가,자치)	자치,연방	자치	주단위 자치	이원 (국가,자치)	이원 (국가,자치)	이원 (국가,자치)	통합 (국가,자치)
	법적 근거	지방분권 특별법 자치경찰법	수정헌법	경찰법	Bonn 기본법 (헌법)	지방자치법	헌법, 경찰조직법	헌법, 자치경찰법	경찰법

도입단위	기초(시군자치구)	단위 불문	광역(county)	주(시도개념 ×)	기초(commune)	광역·기초(주·시)	광역, 기초(주,도,시)	광역(도도부현)
선택실시	보장	보장	–	–	보장	보장	보장	–
조직 소속	시,군,자치구	분권화(주, 자치단체별)	도경찰위원회	주 내무부	시장	주지사,시장	주지사,도지사,시장	도도부현공안위원회
조직 규모	20~120명이내	10명이내~3만명이상	50명이하~250명이상	3천명~4만명	1~100명이상	시경찰1~2천명이상	로마도290명, 로마시6,800명	전체90%인력
인사제도 경찰장(인사권자)	독임제(시장,군수,구청장)	독임제(선거, 주지사, 시장, 시의회)	독임제(내무장관,지방경찰위원회)	독임제(주 내무장관)	독임제(시장)	독임제(주지사,시장)	독임제(주지사,도지사시장,시의원)	독임제(국가공안위원회)
인사제도 신분	지방공무원	지방공무원	지방공무원	주 공무원	지방공무원	지방공무원	지방공무원	지방공무원
인사제도 교육	국가경찰위탁	주 경찰학교	국가	연방, 주	국가경찰위탁(협약)	자체	자체	자체
인사제도 인사교류	인정(의무화)	없음	가능	불가능	없음	자치주 내	도시경찰 내	인정
인사제도 계급체계	7계급	각 주별 체계·명칭 상이	지방청별 조금씩 다름	통일	조직별 상이	주마다 다름	자치단체별 다름	모두 9계급 동일
사무처리 자치경찰사무	생활법규집행특별사법경찰	범죄예방~호송 등 다양	모든 경찰사무	지역치안 전담	행정경찰 중심	행정경찰 중심	행정경찰 중심	모든 경찰사무
사무처리 사무성격	공동수행	자치	자치	자치	기관위임	기관위임	기관위임	단체위임
사무처리 국가경찰관계	협약	상호협력~위임(다양)	국가 간접통제	상호대등	조정협약	국가경찰기능 보완	상호협력(협력의정서)	국가 조정통제 인정
사무처리 국가경찰지도감독	사무에 대한 지도감독감사	자치경찰요청없이 개입 불가	내무장관이 결정	비상사태 발생시	조정협약	보충적 개입	국가의 사전요청, 시장 사전동의시	경찰청, 관구경찰국 조정 통제
사무처리 자치경찰수사	특별사법경찰사무 수사권	독자적 수사권 보유	모든 수사활동	예방경찰과 수사경찰 분리	사법경찰리 보조자	사법경찰 보조기능	사법경찰위임 범위 내	수사의 주체
재정 예산	자치단체부담, 국가일부지원	자치단체부담	국고보조 1/2	각 주별 자체 부담	자치단체부담	자치단체부담	자치단체부담	자치단체부담, 일부 국가지원
자치 위원	치안행정위원회	경찰위원회경찰위원	지방경찰위원회	없음	자치경찰자문위원회	치안정책위원회	공안위원회, 지방자치경	공안위원회(국가,

경찰통제									
	회	지역치안협의회		런던경찰위원회			치안위원회 지역치안위원회	찰고문회	도도부현)
	자의운영방지	자치경찰사무 지도감독, 감사	독자적 운영 보장 (간접감독)	내무성(재정·인사 규칙·교육·정책 등) 지방경찰위원회	연방의회 주의회	내무장관 감사권, 임명도지사 총괄지휘권	지역조정위원회 지역안전위원회	시장 책임	국가(도도부현)공안위원회, 재정 보조, 도도부현 지사 지방의회
	긴급사태조치	경찰청장(지방청장) 지휘권	국내안보부 신설	내무장관 원조 명령권	연방정부 지휘권	도지사 비상조치권	협조	사전 협정	경찰청 장관 지휘

1. 영국 경찰

영국경찰은 범죄수사 이외에도 소방, 위생, 영업에 관련된 행정경찰의 업무도 함께 수행하고 있다. 우리의 관심을 끄는 것은 영국경찰관의 경우 독자적으로 경찰업무를 수행하는 소위 단독관청으로서 지위를 인정받고 있기 때문에 지방경찰청장이나 경찰서장의 고용인이 아니고 부여된 권한과 책임에 따라 법집행을 행하고 있다.

(1) 고대 경찰

영국의 경찰은 고대사회의 상호보증제도(프랭크플래지/Frankplede)에서 유래되었다. 이 제도는 12세 이상 남자는 모두가 국왕에 대해 평화유지 서약을 한 데서 유래되었다. 이 당시 영국에서는 지역치안을 유지하기 위해 마을마다 10가족을 1개의 단위로 편성된 10인 조합(티싱/Tything: 영국의 옛 행정구역, 10호 담당제)이라는 제도가 있었다. 10인 조합은 다시 모여 100가구 단위로 100인 조합(hundred: 영국의 옛 행정구역, 100호 담당제)을 형성하고 그중에 1명을 조합장으로 선출해 치안책임을 지게 되었다. 이 10인 조합제도는 12세 이상 남자들이 돌아가면서 경계를 서는 전통을 만들어 냈다. 범죄발생시 10인 조합이나 100인 조합에 알려야 했고 범죄자를 체포했다. 10인 조합 구성원들이 순찰 중 도적을 발견하면 '저놈 잡아라/도적 잡아라hue and cry'라고 외치고 범인을 체포하지 못하는 경우는 국왕에 대해 책임을 지고 처벌을 받기까지 했다. 영주는 이를 관리하기 위해 컨스터블(치안관/constable)을 임명했는데 그는 100인 조합의 무기와 장비의 관리책임을 지게 했다. 치안판사와 그의 보조자인 컨스터블은 당시에 무보수 명예직이었으며 오늘날 영국 최초의 상설 경찰이라고 불린다. 100인 조합은 다시 합쳐져서 샤이어Shire를 형성했는데 이것이 오늘날 카운티County이며 한국의 도에 해당하는 행정단위이다.3) 국왕은 각 샤이어의 치안을 위해 군인인 동시에 재판관인 샤이어 리브를 임명했고 그는 국왕을 대신해 세금징수, 치안유지, 재판권 행사 등을 담당했다. 샤이어 리브는 훗날 보안관Sheriff으로 바뀌게 되었다.

(2) 중세 경찰

상호보증제도(프랭크플래지/Frankplede)가 폐지되면서 에드워드Edward I세의 윈체스터법Stature of Winchester으로 대체되었다. 본 법은 런던의 야경과 경비제도를 규정한 것으로 조직적인 경찰제도를 정착시키는 계기가 되었다. 또한 본 법은 영국의 평화유지를 부락책임제로 운영하던 제도를 법으로 확인했으며 특히 주야간 파수제Watch and Ward를 채택했다.4) 이는 15세 이상에서 60세까지의 남자에게 무기를 비치하도록 규정한 법으로 영국의 근대경찰이 탄생하기 전까지 500여년간 활용된 영국 중세경찰조직의 기본법이었다.

(3) 근대경찰의 생성

1) 헨리 필딩과 경찰

1749년 헨리 필딩Henry Fielding은 최근 「절도행위의 증가원인에 관한 연구」라는 저서를 통해 경찰업무란 원래 시의 한 기능이고 여기에는 충분한 보수를 받는 자가 필요하며, 공공도로의 보호를 위해 이동순찰이 필요하며 범죄현장에 신속히 달려갈 순경이 별도로 필요하며 동시에 별도의 경찰법원이 설치되어야 한다고 제안했다.5) 필딩은 1749년에서 1750년 사이에 바우 가Bow street 경찰서에 도보순찰대, 기마경찰대, 바우 가 경찰대(형사대)가 정착되도록 큰 역할을 수행했다.

2) 로버트 필경과 경찰

1829년 내무부 장관이었던 로버트 필경Sir Robert Peel은 수도 내외 지역의 경찰개

---

3) 양문승·신현기, 『비교경찰제도론』(파주: 법문사, 2007), p. 6; 조철옥, 앞의 책, p. 56; 김충남, 앞의 책, p. 39.

4) 정진환, 『비교경찰제도』(서울: 백산출판사, 2006), p. 64.

5) A. C. Germann, Day & Callati, *Introduction to Law Enforcement*(Illinois: Charles Thomas Publisher, 1966), p. 74; 정진환, 앞의 책, p. 64.

선을 위한 법 혹은 수도경찰법안을 의회에 제출했다. 그는 경찰의 경우 헌신적이어야 하며 훈련되고 윤리적이며 지방정부의 봉급을 받는 요원들이어야 함을 강조하여 의회에 의해 수용되었고 새 기구의 책임자로서 여러 경찰기구를 통합하여 1829년 9월 6개 경찰구로 구성되는 1,000명의 경찰인력으로 출발하였다. 그에 의해 10여년에 걸쳐 영국경찰은 현대 경찰의 모습을 갖추었다.

다시 말해 그로부터 경찰개혁이 단행된 결과 런던에 런던경찰청을 설립하고 1835년 지방에는 시·군경찰위원회가 발족되고 상인경찰(민간경비), 수상경찰, 교구경찰, 도시경비대 등이 통합되어 계급제도, 정복착용, 군대식 훈련 등 직업경찰조직이 만들어지고 경찰이 오늘날 Police의 의미로 활용되었다.6)

로버트 필경은 많은 반대에 부딪혔지만 10년의 시간 내에 수도경찰은 자리를 잡았으며 경찰관이 보비(Bobbies: Robert의 약칭)라는 애칭도 얻어 오늘에 이루고 있다.

3) 영국경찰의 변천

정진환은 영국 경찰제도의 변천발달과정을 다음과 같이 정리하고 있다.7)

- 1890년: 경찰연금법을 제정해 경찰관에게 연금지급
- 1917년: 최초 제복 여경을 채용
- 1918년: 수도경찰에서 노동조합 결성운동 발발됨. 차후에 모든 경찰관이 회원인 경찰협회로 대체
- 1919년: 경찰보수와 근무평준화에 관한 경찰법이 통과되어 인사관리체제가 향상
- 1934년: 경찰과학연구소가 수도경찰에 신설
- 1961년: 경찰보수와 근무조건을 다시 개선하고 신인발굴을 위한 왕립경찰위원회를 구성
- 1964년: 경찰법을 제정해 내무성장관과 경찰청장직에 관한 업무규정 마련. 왕립경찰위원회의 건의에 따라 경찰기관 수를 약 300여개에서 43개소로 통합
- 1984년: 경찰 및 형사증거법을 제정해 경찰관의 권한과 의무를 상세히 규정
- 1993년: 경찰개혁을 통해 경찰청장에게 조직운영상의 자율성을 보장
- 1994년: 경찰 및 치안법원법을 제정해 경찰책임자의 고정기간 임용, 경찰위원회의 권한 규정
- 1996년: 신경찰법 제정. 즉 위의 3개법을 통합법으로 정리

---

6) 김충남, 앞의 책, p. 41.
7) 정진환, 앞의 책, p. 67.

• 2000년: 런던자치정부수립안이 런던 시민투표를 통해 확정되어 민선시장이 선출되고 국가경찰이었던 수도경찰이 자치경찰제로 전격 전환

4) 영국의 경찰조직체계

영국에서는 1960년대 초 중앙정부(내무성 장관), 지방정부(각급경찰위원회), 각급경찰청간의 3자공동관리체제로 새로운 모형을 구축해 오늘에 이르고 있다. 영국경찰의 조직은 대런던에 수도경찰 1개, 지방경찰로 잉글랜드와 웨일스에 42개, 스코틀랜드에 8개, 북아일랜드에 1개, 총 52개의 기관으로 구성되어 그림에서 보는 바와 같이 3자공동관리체제Tripartite System로 운영된다. 내무부 장관은 지방경찰에 대해 강력한 권한을 가지고 있는데 바로 예산지원권한이다. 그는 항구적이거나 혹은 일정기간 경찰경비의 2분의 1에 해당하는 보조금의 지원을 유보할 권한을 가지고 있다.

그림 11-4 영국경찰관리와 통제방식: 3자공동관리체제

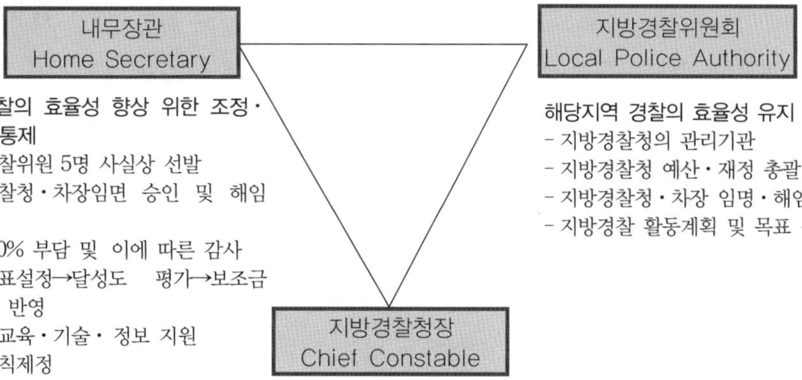

```
        내무장관                            지방경찰위원회
     Home Secretary                    Local Police Authority

전국 경찰의 효율성 향상 위한 조정·        해당지역 경찰의 효율성 유지
지원·통제                                - 지방경찰청의 관리기관
- 지방경찰위원 5명 사실상 선발            - 지방경찰청 예산·재정 총괄
- 지방경찰청·차장임면 승인 및 해임        - 지방경찰청·차장 임명·해임
  요구                                   - 지방경찰 활동계획 및 목표 설정
- 예산 50% 부담 및 이에 따른 감사
- 치안목표설정→달성도  평가→보조금
  지급에 반영
- 연구·교육·기술·정보 지원
- 제반규칙제정
                     지방경찰청장
                   Chief Constable

               관할경찰의 지휘·운영
               - 누구의 관여도 받지 않는 독자적 지휘권
               - 차장 이외의 모든 경찰관
```

출처: 신현기, 『비교경찰제도의 이해』(서울: 웅보출판사, 2006); 표창원, "영국의 경찰제도", 김형만·신현기 외 7인, 『비교경찰제도론』(서울: 법문사, 2003), p. 336에서 재인용.

2. 영국의 지방경찰

(1) 런던수도경찰청

런던수도경찰청은 1829년 탄생되어 2000년 6월까지 존속했다. 영국의 경찰제도는 자치경찰로 대변되었음에도 불구하고 런던의 주요시설과 특수치안 문제로 인해 이곳에서는 국가경찰제도를 취해 왔다. 그러나 1997년 7월 내무부에서 사상 처음으로 런

던시장과 의회의원을 직선으로 뽑는 런던자치정부수립안이 나왔다. 이 수립안은 1998년 5월 7일 런던 시민투표referendum에서 65% 이상의 찬성을 얻었다. 이어서 런던경찰위원회가 설치되고 영국 전역은 자치경찰의 시대를 열었다.[8] 그리고 북아일랜드 지역에서는 IRA와 북아일랜드 자치정부 간의 신경전이 지속되었다. 2000년 2월 IRA의 파생조직인 컨티뉴어티 IRA의 소행으로 추정되는 폭발사건이 북아일랜드의 벨파스트 교외의 한 호텔에서 발생하였다. 영국은 북아일랜드의 심각한 상황을 분석하고 2000년 2월 8일 영국하원을 통해 북아일랜드에 대한 영국정부의 직접통치를 부활하는 법안을 찬성 352, 반대 11의 압도적인 차로 통과시켜 북아일랜드 자치체제는 출범 2개월 만에 다시 원점으로 돌아갔다.[9]

(2) 지방경찰청

이미 알려진 바와 같이 영국에서는 광역단위의 '자치경찰'이 그 핵심을 이루고 있다. 영국식 경찰제도의 이념은 주민의 필요와 요청에 의해 해당지역의 치안정책이 결정되는 방식에 놓여 있다. 즉 주민이 치안정책의 수립과정에 직접적으로 참여하고 결과를 정확히 알게 됨은 물론이고 주민이 평가까지도 하게 되는 기회를 갖게 된다. 오늘날의 런던경시청과 런던시티경찰청 그리고 스코틀랜드를 제외한 41개 지방경찰청의 구조는 1964년 경찰법Police Act 1964에 의해서였다. 오늘날 영국전체의 경찰조직은 경시청과 런던시티경찰청, 잉글랜드 지역에 37개의 지방경찰청, 웨일스 지역에 4개의 경찰청, 스코틀랜드 지역에 8개의 경찰청, 그리고 북아일랜드 지역에 왕립 얼스터 경찰청을 비롯해 총 52개가 설치되어 있다. 각 지방자치경찰은 방범, 교통, 경비, 수사 등 모든 경찰업무를 독자적으로 수행하고 있다. 그리고 각 지방경찰청은 자체 수사국을 가지고 수사 업무를 수행하며 소방, 위생, 영업 등 행정경찰의 업무도 동시에 수행하고 있다.

(3) 지방경찰위원회

영국 지방경찰위원회Police Authorities는 17인으로 구성되어 있다. 의장은 위원 중에서 호선한다. 경찰위원회 위원은 4년을 임기로 하되 임기 중 70세에 달한 자는 사퇴하여야 한다. 그러나 연임할 수 있다. 내무부 장관이 정한 바에 따라 위원들에게는 수당을 지급할 수 있다. 17명 중 9명은 해당지역 의회의 의원 중에서 선임한다. 3명은 그 지역의 치안판사 선임위원회를 통해 지역치안판사 중에서 선출된다. 나머지 5

---

8) 자세한 내용은 표창원, 앞의 논문, p. 88을 참조.
9) 신현기, 앞의 책, p. 134.

명은 별도의 선발위원회를 통해 이루어지는데 내무부 장관을 경유해 12명의 경찰위원회에 제출되어 기존의 경찰위원들이 최종적으로 선발한다.10) 그러나 이 방식에는 내무부 장관의 입김이 들어갈 수밖에 없다는 비판이 존재한다. 경찰위원회는 막강한 인사권을 가지고 있는데 지방경찰청장과 차장을 임명하고 해임시킬 수 있다. 그러나 지방경찰청장의 경우는 내무부 장관의 승인을 그리고 차장의 경우는 지방경찰청장의 승인을 요한다.

(4) 영국신임순경 선발절차

영국에서 경찰채용의 일반조건은 경찰관으로 적합하다는 신원증명서 제출, 남자 18.5세에서 30세 이하 그리고 여자는 20세부터 35세 이하, 경찰관리자가 승인한 등록 의사의 신체검사를 받아 신체 및 정신상, 경찰직무수행에 적당하다고 인정되어야 한다. 지원자격은 고졸학력자로 신장이 남자는 172cm 이상, 여자는 162cm 이상이며 신체검사와 영어, 수학, 상식의 필기시험, 면접시험에 합격해야 한다. 30세 이하의 대학 졸업자도 적극 유치하여 순경으로 임용하되 2년간 성적우수자는 초급간부 양성과정에 입교해 1년 교육 후 경위까지 승진이 보장된다. 그리고 신임순경 선발절차는 다음과 같이 총 6단계로 이루어지고 있다.11)

- 1단계: 지원서를 온라인 혹은 서류를 통해 작성해 제출하며 근무희망지를 3개 표시
- 2단계: 서류 심사를 통해 기본자격 기준을 심사하며 합격자는 시험평가과정으로 초대
- 3단계: 각 지방청별 시험평가장에 출석하여 응시하며, 시험내용은 4개의 역할연기 실시, 2개의 보고서 수시 작성 실시, 최장 20분간의 구조화된 면접과 25분간의 구술논문시험(31문제), 적성검사, 수리능력(5지선다) 등을 테스트 하는 PIRT를 실시
- 4단계: 신체검사와 체력검사 실시(키, 체중, 혈압, 시력, 청력, 소변검사, 심장, 폐, 색맹, 반사작용, 근육과 관절 검사)
- 5단계: 신원조회 등을 실시

(5) 영국경찰의 개혁(2013년)

영국의 경찰체제는 위에서 살펴본 바와 같이 기존에는 3원체제였지만 2013년부터

---

10) 이경은, 앞의 논문, p. 147.
11) 경찰대학, 「경찰학연구」(용인: 경찰대학, 2007), 제7권 제1호, p. 16.

그림 11-5 영국경찰의 4원체제(Quadripartite System)

지역치안평의회 (지역치안위원장 견제)	지역치안위원장 (지역치안의 대표자)	내무부 장관 (국가적인 조직범죄 대응 조율)
- 관할구역 내 각 지자체에서 파견된 1인의 선출직 대표 및 2명의 독립위원 포함 최대 20명으로 구성 - 지역경찰의 예산지출에 대한 감사 - 지방세, 예산안, 지방경찰청장 임명에 대한 거부권 - 지역치안위원장에 대한 정보 및 출석요구권 - 조사의뢰 및 주민소환투표실시	- 지역주민의 선거에 의하여 선출 - 지방경찰청장 및 차장의 임명 및 해임권 - 예산 및 재정 총괄권 - 지역치안계획 수립 (전략적 경찰활동 요구조건 참조 필수)	- 예산 50% 부담 및 이에 따른 감사 - 전략적 경찰활동 요구조건 작성 및 배포 - 국가적인 범죄대응과 관련 지역경찰에 대한 임무 부여 및 조정(전략적 경찰활동 요구조건 및 국립범죄청을 통하여) - 국립범죄청장 임명(지방경찰청장 중에서

지방경찰청장
(지역경찰의 독자적 운용)

- 지역경찰에 대한 독립적인 지휘 및 통제권
- 차장이외의 모든 경찰관 인사권
- 일상적인 예산운용권

출처: 김학경·이성기, "영국지방자치경찰의 새로운 패러다임", 경찰대학, 「경찰학연구」, 제12권 제1호(통권 제29호), 2012, p. 164에서 재인용; 신현기, 『비교경찰제도론』(서울: 우공출판사, 2014), 영국경찰제도 부분 참조.

대개혁이 이루어졌다. 즉 지역치안평의회(지역치안위원장 견제), 지역치안위원장(지역치안의 대표자), 내무부 장관(국가적인 조직범죄 대응 조율), 지방경찰청장(지역경찰의 독자적 운용)이라는 4원체제로 새롭게 태어나서 2013년 초부터 힘차게 활동하고 있다.

3. 미국 경찰

(1) 역사 현황

미국의 역사는 영국인들에 의해 식민지 개척을 통해 건설되었다. 동부에 도착한 영국인들은 위대한 미국을 건설하기 위해 서부로 개척해 나갔으며 영국의 각종 제도들을 도입·활용하여 오늘에 이르고 있다. 사람들은 미국 전역의 자기가 속한 지방에서 자신들의 치안질서 유지를 위해 야경원, 컨스터블constable, 셔리프(보안관/Sheriff) 등의 모든 제도들이 거의 그대로 도입되어 활용되었다. 우리는 미국에서 왜 경찰이 고도로 분권화되었는지를 주목할 필요가 있다. 미국에 이주하여 미국정부를 세운 유럽 이민자들은 강력한 중앙정부에 의해 시민의 자유와 권리가 침해당할 것을 크게 우려했다. 이는 작은 정부를 지향하는 사상에 기인한다. 이 사상의 토대가 된 것은 존 로크John Locke와 토크빌A. Tocqueville의 영향을 받은 제퍼슨Jefferson의 사상에 기인한다. 즉 제퍼슨은 중앙정부는 작게 하되 '지방정부는 빈곤한 자의 보호, 도로의 관리, 경찰, 경미한 사건에 관한 사법행정, 시민군의 기본훈련 등 강력한 권한을 행사해야 한다'고 주장했는데[12] 이 사상이 거대한 미국의 지방자치제도 정착에 토대가 되었으며 미국 자치경찰제도의 발달에 적지 않은 영향을 미쳤다.

특히 미국 도시경찰의 시초로서 1636년 보스턴 시에 야경제도Night Watch System가 시작되었다. 즉 컨스터블constable이 정식으로 임명됨으로써 야경원을 감독하게 되었다. 이 당시부터 소위 타운워치Town-Watch제도가 도입됨으로써 일반시민에 의한 윤번제 양경제도로 대체되었다. 이 제도는 그 후 200여년이나 유지되는 역사를 남겼다.[13] 특히 1643년 뉴욕지역은 네덜란드 사람들이 개척하여 네덜란드의 식민지로서 네덜란드식 야경제도가 도입되었고 1652년 딱딱이 야경대가 만들어졌다. 그러나 뉴욕이 영국의 식민지가 되었고 상급컨스터블high-constable이 임명되는 변화가 나타났다. 미국 도시경찰이 두 번째로 뉴욕에서 생겨났다. 1693년에 처음으로 제복야경원 12명이 임명되고 1731년에는 경비초소가 설치되었다. 컨스터블과 셔리프도 총독에 의해 임명되었던 것이 독립 후에는 직접선거로 선출하게 되었는데 임기는 컨스터블이 1년이고 셔리프(보안관/Sheriff)는 2~4년으로 시행되었다. 그리고 1790년대까지 시간이 흐르면서 뉴욕의 야경대는 시장, 상급컨스터블(상급치안관), 컨스터블(치안관), 마샬(연방보안관/marshal), 야경원으로 구성되는 새로운 경찰계급제도가 만들어지는 발전을 가져왔다. 시장은 경찰의 최고 책임자였고, 상급컨스터블은 시장의 보좌관으로 경찰을 관장했다. 그리고 16명의 컨스터블은 질서를 유지하며 매년 주민의 선거로 선출되어 각종 수당을 받고 생활했다. 시장은 40명의 마샬을 임명했는데 그는 컨스터블과 같이 범인을 재판관에게 데려가는 임무를 수행했고 고정급료 없이 집행 수수료 수입 중 일부를 수령했다. 1801년 보스턴에 상설야경제도가 생겼지만 급료가 적어 인기가 덜했다. 미국이 영국에서 독립한 후 연방정부는 마샬을 연방보안관으로 규정하여 각주에 1명씩 임명했고 또한 각 주에 1명의 연방지방검사를 임명했다.

(2) 근대경찰의 탄생

주목할 것은 1838년 보스턴에 근대적 경찰이 본격 도입되었다. 시는 시 보안관 city-marshal 아래 9명의 경찰관을 임명하여 컨스터블과 같은 권한을 주었는데 1846년

---

12) R. D. Pursley, Introduction to Criminal Justice, Glencoe, 1980, pp. 132~134; 이운주, 앞의 책, p. 98.

13) 김충남, 앞의 책, p. 42.

에 38명, 1851년에 주간경찰 40명, 야간근무 22명이 유지되었다. 1855년 야경원을 흡수해 250여명으로 보스턴 경찰국이 설치되었다. 이 때에 최초의 제복경찰관도 탄생했다. 1844년 뉴욕에는 경찰관이 1,000여명이 넘고 1845년 경찰장이 임명되었으며 1848년 필라델피아에 24명의 주간경찰관이 임명되었다. 1854년에 주·야간이 통합되어 1명의 시보안관 아래에 놓여 운영되었다. 1905년 펜실베이니아 주 전역에 주경찰이 탄생되었으며 1929년 캘리포니아 주에는 고속도로순찰대highway patrol가 설치되는 것을 계기로 다른 주들에서도 주경찰, 주공안국, 고속도로순찰대 등이 주경찰로 탄생했다. 1908년 캘리포니아 버클리, 1909년 뉴욕, 1911년 디트로이트, 1913년 필라델피아에 경찰학교가 설치되고, 1916년 캘리포니아 버클리 캠퍼스에 최초 경찰학부가 설립되었다. 1910년 로스앤젤레스 경찰국에 여자경찰관이 선발되고 이어서 1915년까지 25개 도시로 확대되었다. 1931년 디트로이트 경찰국에 승진시험제도가 시작되고 신시내티 경찰에는 퇴직제도가 확립되는 발전을 가져왔다. 1931년 새너제이주립대학에 경찰학부가 설립되었다. 1935년 연방범죄수사국이 창설되었다. 그리고 역시 1935년 노스웨스턴 대학에 교통안전연구소, 미시건 대학에 경찰학부가 설립되고 1940년까지 각 대학에 20개의 경찰학부가 설립·운영되었다. 1967년 존슨 대통령은 경찰과 사법의 운영관리실태조사위원회를 설치해 범죄수사에서 범죄자의 처우까지 개선해 나갔다. 1980년대에는 경찰과 지역사회의 관계를 중요시 했다.

(3) 미국경찰조직

1) 연방경찰조직

미국은 50개 주로 이루어진 연방제 국가이다. 각 주의 경찰제도는 완전히 분권화된 완전 자치경찰제를 취하고 있다.14) 미국에서 경찰조직은 연방경찰,15) 주경찰State Police, 지방경찰Local Police로 구성되어 있다. 지방경찰의 경우는 다시 도시경찰city Police과 군(郡)경찰(군보안관/County Sheriff)의 2대 요소를 이루고 있다. 그 밖에 연방법집행기관Federal-law Enforcement Agencies으로 치안관, 특별지구경찰특별구의 경찰, 대학경찰, 공원경찰과 같은 특별경찰이 존재한다. 미국에서 주정부는 연방수정헌법 제10조에 따라 고유의 주경찰 권한을 가지고 있으며 주정부는 경찰권을 직접 행사하

---

14) 연방정부에는 연방경찰기관이라고 할 수 있는 연방법집행기관이 60여개에 이른다. 이는 연방법만 집행한다. 즉 주(州)법이나 자치단체법은 집행하지 못한다. 반대로 주경찰이나 자치단체경찰도 연방법을 집행하지 못하게 되어 있다.

15) 연방경찰은 연방법에 의해 부과된 과세권, 주정부간 통상규제권, 대외 통상권 등에 근거해 전국적으로 경찰업무를 수행하는 기관인데 여러 행정기관에 분립되어 있는 것이 특징이다.

그림 11-6 미국 중앙경찰의 조직도

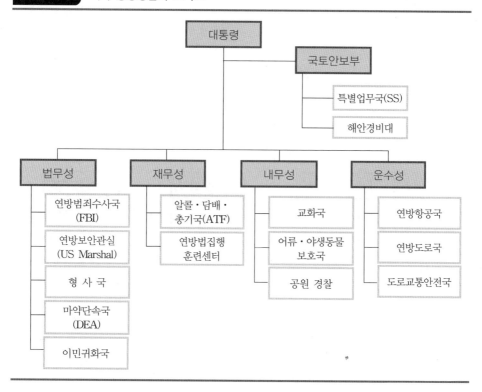

기도 하며 동시에 도시City, 타운Town, 빌리지Village, 카운티County 등에 위임되어 수행하기도 한다.

익히 알려진 것처럼 미국의 여러 부처, 즉 법무부, 재무부, 내무부, 운수부 등에는 다수의 연방경찰과 연방법집행기관이 있으며 이를 위해 다수의 연방형사법이 제정되어 있다. 예를 들어 연방범죄수사국FBI은 연방범죄와 기타 기관에서 관할하지 못하는 범죄들을 취급한다. 특별업무국SS은 대통령과 요인경호, 통화위조를 담당한다. 마약단속국DEA은 마약범죄를 담당한다. 알코올·담배·총기국Bureau of Alchol, Tobacco, Firearms이 있으며 이민국산하의 국경순찰대Border Par도 있다. 그리고 연방항공국FAA, 해안경비대U.S. Coast Guard 및 국립공원경찰National Park Service 등 수사와 순찰 전문기관도 설치되어 있다.[16]

미국 연방법집행기관에는 연방범죄수사국, 마약단속국, 연방보안실 등이 헌법에서 부여한 경호, 범죄수사, 대테러, 조직범죄 등의 업무를 처리한다. 그러나 미국 9·11

---

16) 인천대학교·해양경찰청, 「자치경찰제 도입에 따른 해양경찰 중·장기 발전방안 연구」, 2009. 07, pp. 20~21.

그림 11-7 미국 연방범죄수사국(FBI) 조직도

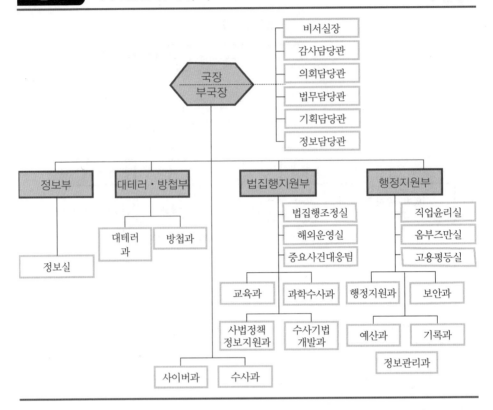

테러 사건 이후에 새로이 국토안보부DHS가 설치되어 그동안 연방경찰 기관에 산재해 있던 대테러 기능을 통합해 담당하고 있다.

2) 주경찰조직

미국 주경찰에는 주경찰국State Police, 고속도로순찰대Highway Patrol, 주 경찰청 Department of Public Safety이 있다. 미국의 펜실베이니아 주는 최초로 경찰조직을 설립 했다. 미국의 대부분의 주는 법집행기관을 두고 있다. 미국의 모든 주는 경찰의 임무와 권한이 다르다.

첫째, 주경찰국State Police은 뉴욕과 버지니아 등 대략 21개 주에서 설치되었다. 이 는 주 전역을 관할하는 범죄예방, 순찰, 교통단속, 범죄수사, 과학수사연구소, 경찰교 육 등 일반적인 경찰활동을 수행한다. 주 전체에 일선조직을 두고 있다. 일반적으로 주경찰국은 고속도로순찰대보다 하부조직이 많다.

둘째, 고속도로순찰대Highway Patrol는 캘리포니아 주, 오하이오 주 등 주로 미국

그림 11-8　미국의 경찰모습

남서부지역에 많이 분포되어 도로상의 치안유지를 담당하고 있다. 이는 서부개척에 따라 도로가 정비되고 시설이 급속히 늘어나면서 도로와 그 지역의 치안활동을 위해 고속도로순찰대라는 형태로 경찰조직이 형성되어 오늘에 이르며 자리 잡았다.

　셋째, 주 경찰청Department of Public Safety은 애리조나와 텍사스 등 9개 주에 설치되어 고속도로순찰대나 주경찰국과 비슷한 임무를 수행한다. 이들은 제복경찰관과 범죄관련 사복수사관들로 조직되어 있다.

3) 지방경찰조직(주경찰, 도시경찰, 지방경찰, 특별구경찰)

　지방자치단체가 가지고 있는 지방경찰이 사실상 대부분의 치안업무를 담당한다. 미국 경찰예산의 약 65%가 자치경찰을 위해 사용된다. 미국 경찰기관의 직원(임시직과 민간직원) 중 약 80% 가량이 자치경찰기관에서 근무하고 있다.[17] 자치경찰은 자치단체의 종류에 따라 카운티County, 시City, 읍·면Township, Town, 특별구Special District경찰로 나누어진다. 시경찰이라도 뉴욕 시경찰(경찰관 30,000명 이상)과 시골에 있는 시(10여명 경우 있음)의 경찰은 규모면에서 엄청난 차이가 난다.

　한편 도시경찰City Police이란 자치단체인 시City, 법인격이 있는 통합면Incorporated Town, 빌리지Village, Borough의 경찰을 말한다. 미국의 도시경찰은 규모나 역할 및 활동에 있어 주력을 이루고 있다. 특히 미국의 도시경찰은 자치경찰로서 각기 다른 형태의 경찰조직을 가지고 있어 전형적인 모델을 제시하기가 어렵다는 특징이 있다. 도시경찰관들은 일반 범죄예방순찰, 교통단속, 범죄수사 등 광범위한 활동을 한다.[18]

---

　17) 신현기, 앞의 책, p. 342.
　18) 인천대학교·해양경찰청, 앞의 책, p. 22. 특히 미국에서 도시경찰이라 함은 지방자치도시인 시(City), 법인격을 가진 타운(Town), 빌리지(Village) 경찰의 총칭을 말한다. 도시경찰은 광범위한 법집행을 하며 모든 사회문제에 대응하는 중요한 역할을 수행한다. 그러나 시경찰 중에는 뉴욕과 같은 대도시는 30,000명이 넘기도 하고 작은 경우는 10여명 이하의 경찰관을 보유하고 있다. 그리고 시 이외의 자치단체인 타운(Town), 빌리지(Village) 등에도 경찰이 있으나 미약한 편이다. 독자적인 경찰조직을 보유하

4) 지방경찰(군, 읍, 면 경찰)

지방경찰은 도시경찰을 제외한 County, Town, Township, 특별구Disrtict경찰을 말한다. 지방경찰에서 공통적인 것은 County의 보안관Sheriff과 검시관, Town과 Township의 치안관Constable 등이 있다.[19]

첫째, 보안관은 미국 최초의 경찰관이다. 임무로 관할지역의 치안과 법원의 집행관으로서 소장의 송달, 영장집행, 배심원과 피고인의 소집, 재판비용의 징수, 군(郡)교도소의 관리, 사형의 집행 등을 담당한다. 이는 영국의 법제도에 따라 생성된 것이다.

둘째, 검시관은 의학적인 견지에서 보안관을 보조한다. 비전문가라는 비판으로 오늘날은 많은 주에서 폐지하거나 개혁을 시도하고 있다.

표 11-2 미국 자치경찰의 종류

단위	명칭	임무	형태	선출방식	임기
County	County Sheriff	카운티의 경찰기관, 질서유지에서 법정명령수행까지 종합치안기능	1명의 보안관이 필요에 따라 수명의 보조자 임명	보안관의 주민 직선, 보조자들은 보안관 임명	임기 2~4년
	County Police	종합적 경찰기능 수행	경찰장이 지휘하는 조직체	경찰장은 군수나 지방검사가 임명	주로 City와 County 정부가 병합된 지역에 설치
	Coroner Medical Examiner	사인조사 규명, 시체처리	coroner나 examiner가 필요직원 고용	주민선출	coroner는 자격 필요 없으나 ME는 법과학자격 필요
Township	Township Police	제한된 행정경찰 기능	소수의 경찰관, 지역거주	Township 정부에서 임명	자체경찰 운영
	Constable	치안유지, 법원업무보조, 세금징수, 영장집행, 죄인호송	Constable이 보조자 수명을 임명	주민선출	동부, 남부, 서부의 20개, 주의 타 운십에서 운영
Municipality	City Police Town Police	종합적 치안업무	2~3인 경찰서에서 30,000명 이상 조직체까지 다양	주로 시장이나 읍장 임명	가장 종류가 많고 복잡하며 다양한 형태
Special District	공원경찰, 의회경찰, 대학경찰, 학교경찰 등 공공기관	구역내경비, 방범, 응급대처기본경찰 업무	수명에서 천 여명의 조직체까지	구역의 책임자 또는 관리위원회에서 임명	구역 내에서 법적 관할권과 사법권 보유

출처: 신현기, 『비교경찰제도의 이해』(서울: 웅보출판사, 2006), p. 342; 신현기, 『자치경찰론』(서울: 웅보출판사, 2007), p. 140.

지 못하고 인근 County에 경비부담을 하고 치안유지 서비스를 받는 곳도 많은게 미국지방경찰이다. 미국에는 아직도 보안관으로 유지되고 있는 지역이 많은 것으로 알려져 있다.

19) 인천대학교·해양경찰청, 앞의 책, p. 22.

셋째, 치안관은 과거에 촌락이나 부락단위에서 법집행권을 행사했다. 오늘날의 치안관은 단지 과거의 유산에 불과하다. 특이한 것은 위의 보안관, 검시관, 치안관 등 지방경찰이 대부분 주민들의 선거로 선출되고 있다는 점이다. 그러나 최근에는 이들의 비전문성으로 인해 읍, 면경찰로 대체되고 있다고 한다.[20]

미국 자치경찰의 종류는 <표 11-2>에서 보는 바와 같이 다양하다.

5) 미국의 특별구 경찰

특별구 경찰은 미국 경찰제도의 특징 중 하나이다. 특정한 시설이나 구역에서 치안서비스를 제공하기 위해 특별구 경찰Special-district Police이 만들어졌다. 통상 교통, 주택단지, 공원, 공립학교, 대학경찰 등이 좋은 예이다. 교통분야에서는 지하철 경찰, 공항경찰, 항만경찰 등이 존재한다. 중요한 것은 이곳 특별구 경찰은 그 특별구역 내에서 일반경찰과 동일한 권한과 임무를 유지하며 업무를 수행한다는 점이다.

4. 독일 경찰

(1) 독일경찰의 역사

독일은 14세기 이후 영주로부터 경찰권이 부여되어 농촌에 기마경찰, 도시에는 자치경찰이 만들어졌다.[21] 1808년 자치행정을 채택했고 1812년 이전의 기마경찰을 개편해 정식 경찰대를 만들었다. 수도인 베를린Berlin에서 1848년 처음으로 국가 정복경찰이 만들어졌다. 이러한 제도가 계속되었고 1919년 제1차대전 중에 중앙집권적 경찰을 탄생시켰지만 연합군에 의해 해체되었다. 1934년까지 독일 경찰제도는 각 주에 따라 통일된 제도가 없었다. 히틀러Hitler는 통일국가경찰제도로 재편했다. 제2차대전 후 탈나치화, 비정치화, 지방분권화, 민주화가 시도되고 소방, 영업, 위생, 건축 등의 업무가 경찰에서 분리되어 일반행정기관으로 넘어갔다. 그리고 1949년 서독의 11개 주들은 자기 고유의 경찰법을 소유하게 되었다. 이는 자치경찰이 아니고 주Land 단위의 국가경찰제도인 것이다. 1950년대에는 전국적 상황과 마약밀매 등의 문제해결을 위해 연방범죄수사청, 헌법보호청, 국경수비대 등의 연방법집행기관이 창설되었다.[22] 1972년에는 대테러부대GSG-9가 설립되었고 1976년 연방및각주의통일경찰법모범초안을 마련했다. 1990년 10월 3일 동·서독이 통일되고 총 16개 주에서 각각 경찰법의 통일을 기하는 노력이 이루어지고 있다.[23]

---

20) 인천대학교·해양경찰청, 앞의 책, p. 22.
21) 김충남, 앞의 책, p. 47.
22) 김충남, 앞의 책, p. 49. 그러나 국경수비대는 2005년 6월 30일 연방경찰로 대체되었다.

그림 11-9 독일연방공화국 지도

그림 11-10 독일 경찰조직체계도

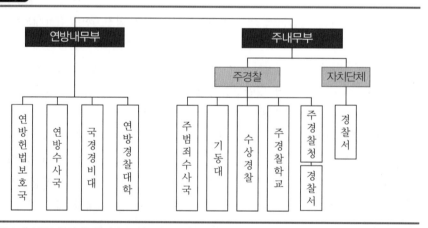

출처: 신현기, 『경찰학개론(제2판)』(파주: 법문사, 2015), p. 384.

<hr />

23) 이운주, 앞의 책, p. 107.

(2) 독일의 경찰조직

연방경찰이 주경찰Landespolizei에 전혀 우위에 서지 못하는 특징을 가지고 있다. 연방경찰은 오직 국경경비와 특수한 업무만 담당한다. 나머지는 주경찰의 고유권한에 속한다. 연방경찰은 연방정부 내무부에서 관장하고, 주경찰은 주정부 내무부에서 관장한다.

(3) 연방경찰

연방경찰은 연방헌법보호청, 연방경찰청(구 국경수비대), 연방범죄수사국 등을 통해 업무가 이루어지고 있다. 이들은 모두 연방내무부 소속이다. 연방경찰청 소속의 정복경찰관이 연방철도경찰, 연방 상원과 하원, 연방대통령의 관저, 연방헌법재판소의 가택보호 등을 맡고 있다. 연방경찰대학, 연방경찰 아카데미, 연방정보국, 군정보기관 등도 연방경찰기관에 속한다.

1) 연방범죄수사청

연방범죄수사청은 연방내무부 산하 외청이다. 이들은 국제범죄, 조직범죄, 마약, 폭발물 관련 사항, 화폐위조 사건, 무기밀매, 요인암살 기도사건, 범죄정보의 수집분석, 범죄분석업무 등을 담당한다.[24] 조직구조로는 국제협력국, 과학수사연구소, 경호국, 조직범죄수사국, 정보통신국, 중앙수사지원국, 범죄연구소, 보안수사국 등이 있다.[25]

2) 연방헌법보호청

연방헌법보호청은 집행기관을 가지고 있지는 않다. 주요업무는 연방헌법의 기본질서를 파괴하는 행위에 대한 정보를 수집하여 경찰에 이첩하면 경찰이 수사한다. 외국 첩보기관의 침투에 대한 방첩업무도 행한다. 독일 전체 16개 주의 내무부 산하에 주헌법보호청이 설치되어 협력하고 있다.

3) 연방경찰청

연방경찰청(구 국경수비대)은 1951년 3월 서독에서 국경수비법에 따라 설치되었다. 이것은 미국의 9·11테러사건이 계기가 되어 관련법령을 개정했다. 특히 1951년 국경수비대Bundesgrenzschutz/BGS라는 이름으로 출범했던 것이 2005년 6월 30일 그 명칭을 연방경찰Bundespolizei로 개칭했다. 연방경찰본부는 쾰른Köln에 자리잡고 있고 독일 전체지역을 동·서·남·북·중 관구경찰국으로 나누어 그 산하에 19개 경찰서와 128

---

24) 임준태, "독일의 경찰제도", 신현기 외 8인, 『비교경찰제도론』(파주: 법문사, 2007), p. 377.
25) 강용기 외 7인, 앞의 책, p. 372.

개의 지구경찰서가 설치되어 있다. 연방경찰청의 정규경찰관은 32,000여명이고 전체 소속공무원은 40,000여명이다.26) 주요업무는 해상경비, 여권통제, 난민법 집행, 재해경비, 철도경비, 다중범죄 진압, 국제공항 경비, 대테러업무(연방경찰특공대, Grenzschutzgruppe 9: GSG-9), 주경찰 지원, 요인경호 업무, 연방헌법보호청 지원, 연방헌법기관 경비, 국제경찰지원, 핵폐기물수송경비, 국제행사장 경비 등 다양하게 행하고 있다.27)

(4) 주 경 찰

연방내무부장관은 주경찰에 대해 재정부담이나 지휘통솔의 권한이 없다. 독일기본법에 따라 경찰의 권한은 주정부에서 독자적으로 가지고 있다. 즉 독일은 주 국가경찰을 운영 중인데 브레멘 주와 몇몇 지역에서는 국가경찰에다가 시·읍·면의 자치경찰을 가미하고 있다.

1) 일반현황

독일경찰은 각각 16개 주에서 경찰법을 가지고 독자적으로 운영하고 있다. 따라서 각 주의 경찰관청은 당연히 주내무부 장관이 된다. 주경찰본부 산하에는 하급관청에 대한 인사, 예산, 지원, 감독 등의 업무를 수행하되 집행기관 역할은 하지 않는다. 이들은 주로 주범죄수사국, 주기동경찰, 주경찰학교, 주경찰대학 등을 관리한다. 그 아래인 도 단위에 지방경찰청급이 있고 시·군·구경찰서 단위에는 행정지원, 수사, 경비, 교통, 방범순찰업무를 수행하는 부서들이 설치되어 있다. 모든 주가 공통으로 일반예방경찰, 수사경찰, 기동경찰, 수상경찰의 4가지 형태를 유지하고 있다. 약간씩 다르기 때문에 일정하지는 않지만 도 단위에는 지방경찰청급, 시·군·구 단위에는 경찰서, 읍·면·동에는 파출소 등이 설치되어 있고 경찰서와 파출소 단위의 중간 단계에 지구경찰서가 설치되어 있는 것이 특징이다.28)

2) 독일경찰의 종류

독일경찰은 크게 4가지로 나누어지는데 그 내용은 다음과 같다. 즉 일반예방경찰, 수사경찰, 기동경찰, 수상경찰이 바로 그것이다.

첫째, 일반예방경찰은 제복을 착용하고 범죄예방을 위한 순찰 등의 임무를 수행한다.

둘째, 수사경찰이다. 이는 범죄의 수사 및 형사업무의 수행 등이다.

셋째, 기동경찰이다. 시위나 행사경비를 담당한다.

---

26) 강용기, 앞의 책, p. 372.
27) 임준태, 앞의 책, p. 380.
28) 독일경찰에 대한 자세한 내용은 임준태, 앞의 책, p. 386을 참조 바람.

그림 11-11 독일경찰 차량

출처: 신현기, 『경찰학개론(제2판)』(파주: 법문사, 2015), p. 387.

넷째, 수상경찰이다. 이는 하천, 호수의 항만, 운항의 안전과 단속업무이다.[29]

(5) 수사구조

독일은 검사가 수사의 주재자로서 지위를 가진다. 이를 사법경찰관이 업무를 보조한다. 그리고 기소법정주의를 채택하고 있다. 검사는 수사의 주재자로 수사인력은 없다. 그 대신 사법경찰관을 지휘하고 있다. 사법경찰관은 모든 사건을 검사에게 보고해야 하고 경찰이 검거한 피의자에 대한 실질검사 여부를 결정하는 등 검사는 주재자로서 권한을 갖고 있지만 피의자신문조서의 증거능력에서는 사법경찰관과 법률지휘, 경찰관과 협력을 원활하게 하는 역할을 수행한다.[30]

5. 프랑스 경찰

(1) 경찰역사 현황

프랑스에서는 11세기부터 꼬뮌Commune의 시장이 영주로부터 자치권을 획득하면서 행정경찰권을 행사하게 되었는데 이것이 오늘날 프랑스 자치경찰의 시초가 되었다. 그리고 오늘날 프랑스에 존재하는 군인경찰Gendarmerie Nationale의 경우는 12세기 기마순찰대로부터 유래했다. 프랑스에서 100년전쟁과 종교전쟁의 소용돌이 과정을 거치며 질서가 문란해졌던 것을 재정비하고자 샤를르 5세는 1373년 전국 각지의 군부대에서 치안업무를 하던 마레쇼세에서 모든 범죄를 처리하도록 권한을 부여하였는데

---

29) 강용길, 앞의 책, p. 373.
30) 강용길, 앞의 책, p. 373.

오늘날의 군인경찰의 모태가 된 것이다. 프랑스에서 이들은 인구 2만명 이하 농촌지역에서 치안질서를 유지하고 있다. 마침내 1667년 루이 14세 때는 경찰과 재판을 담당하던 프레보로부터 경찰업무를 분리해 경찰국을 창설하기도 했다.[31] 프랑스 대혁명 당시에는 1,800여명의 민간방범대원이 질서를 유지했는데 이들이 혁명 후 국립민간방위대의 근간이 되었고 경찰국은 폐지되었다. 파리 시의 경우는 국립민간방위대, 지방은 군인경찰이 치안을 유지해 나갔다. 나폴레옹의 집권 이후 프랑스 경찰제도는 중앙집권화되어 수도 파리 시에는 중앙권력이 직접 통제하는 파리경찰청이 창설되어 그 총수는 경찰청장이 되었다. 군인경찰도 발전을 거듭해 지방군인경찰사령부도 생겨났다.[32]

프랑스에서는 19세기인 1881년 경찰을 감독하기 위해 내무부 내에 경찰청이 창설되는 변화가 있었고 군인경찰기동대도 설치되었다. 20세기인 1934년 4월 28일 법률을 통해 내무부 경찰청을 국립경찰청으로 변경함으로써 중앙집권화가 더욱 강화되었다. 1941년 법률에 따라 인구 1만명 이상의 도시는 모두 국가경찰화되었다. 이것은 다시 1966년 법률에 따라 내무부의 국립경찰청과 파리경찰청을 일원화시켰다. 이 당시부터는 인구 2만명 이상의 도시에서는 국가경찰을 운영하도록 해서 오늘날까지 이어지고 있다.

(2) 국가경찰

프랑스 내무부장관이 치안업무를 수행하는 데 있어서 국방부장관과 시·도지사가 함께 책임자이며 하부에 국립경찰청을 설치·운영하고 있다. 국가경찰은 내무부 소속의 국가경찰총국을 중심으로 내무부 장관의 지시를 받는다. 국가경찰은 인구 1만명 이상의 꼬뮌과 수도인 파리를 관할한다. 국가경찰은 집회와 군중시위, 소요, 공공장소의 안전을 유지하는 임무를 수행한다. 일상적인 사안은 시장이 경찰권을 행사한다.

그러나 파리 시의 경찰권은 예외로 경찰청장이 보유하고 있다.[33]

프랑스의 지방분권 이후 국가경찰은 전국적으로 도(道)의 관할지역에 배치되어 내무부 장관이 임명하는 도지사의 지휘하에 경찰활동을 수행한다.

국가일반경찰은 전국적으로 95개 도자치정부 관할지역에 배치되어 공공의 안녕질서와 사법경찰의 업무도 수행한다. 국가일반경찰은 전국에 442개의 경찰서를 유지하고 있다. 총인력은 145,000명 중 78,000명이 지역경찰서에서 업무를 수행한다. 국가도

---

31) 이운주, 앞의 책, p. 108.
32) 이운주, 앞의 책, p. 109.
33) 인천대학교·해양경찰청, 앞의 책, p. 49.

그림 11-12 프랑스 국가경찰의 체계도

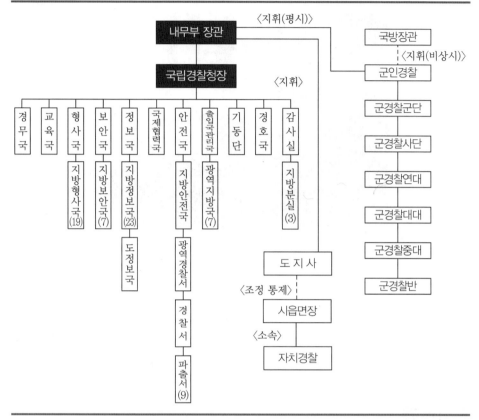

출처: 신현기, 『경찰학개론(제2판)』(파주: 법문사, 2015), p. 389; 경찰청 경찰혁신위원회, 유럽연수자료, 2004.

지사는 꼬뮌이 공동으로 관련된 분야와 국도에서 발생한 사건, 특별사법경찰분야인 사냥, 어업, 환경보호의 경찰권행사도 한다. 그러나 위생분야의 경찰권은 꼬뮌의 시장과 그 권한을 공동으로 행사한다.

1966년 7월 9일 법 제66-492호에 따라 수도경찰인 파리경찰도청의 특수성을 고려해 자치경찰과 국가경찰을 통합해 전국적으로 단일 국가경찰화Police nationale를 완결했고 그 후 국가군인경찰은 국방부장관이 지휘하던 것을 2002년도부터 평상시 국가군인경찰의 지휘는 내무부 장관으로 일원화해 국가경찰체제의 통합적 운영을 하고 있다.

그림 **11-13** 프랑스 뇌이 시의 국가경찰서

출처: 신현기, 2004년 5월 12일 촬영.

1) 국립경찰청

프랑스에서는 인구를 기준으로 2만명 이상의 도시지역에서는 국립경찰을 운영하고 있는데 내무부 장관 지휘하에 국립경찰의 경찰청장이 전국경찰을 통일적으로 지휘한다. 국가경찰은 생활안전, 수사, 교통, 질서유지 등을 담당한다.

그림 **11-14** 파리 경찰청의 정문

출처: 신현기, 2005년 5월 15일 촬영.

2) 파리 지방경찰청

그 특수성으로 인해 파리경찰청장은 센느 도지사와 마찬가지로 내무부 장관의 추천으로 대통령이 임명하고 경찰청장은 센느 도와 파리 시의 경찰권을 유지한다. 특이하게도 이 두 지역은 도지사의 경우 행정권만을 그리고 치안은 도지사와 동급인 파리경찰청장이 치안업무를 전적으로 담당한다. 파리경찰청에는 사법경찰업무담당 차장과 행정경찰업무 담당 차장이 각각 업무를 나누어 담당한다.

(3) 군인경찰

우리나라 경찰학 관련 저서나 논문에 보면 프랑스에 헌병경찰이 존재한다는 내용이 많이 등장하는데 이는 잘못된 표현이며 군인경찰이라고 정정되어야 한다고 본다.34) 군인이 나라를 지키면서 프랑스 전역에서 치안질서까지 담당하던 것이 훗날 군인경찰로 진행된 것이기 때문이다. 따라서 프랑스의 경찰제도를 논할 때 헌병경찰이 있다는 것은 올바른 표현이 아니다.

프랑스의 군인경찰도 국가경찰이다. 이들은 프랑스의 경찰기관이 없는 인구 2만

그림 11-15 프랑스 군인경찰

사진출처: 양영철, http://blog.daum.net/1innovation/6863907(2006. 7. 20); 신현기, 『비교경찰제도의 이해』(서울: 웅보출판사, 2006), p. 193~194에서 재인용.

---

34) 국가군인경찰은 루이 14세 이후 봉건영주에게 속해 있던 경찰업무를 왕에게 귀속시키고 수많은 전쟁을 치르면서 지방의 치안유지를 각 지방 주둔 군인이 치안을 담당하면서 오늘날의 군인경찰로 존속되어 나온 것이다. 그 후 프랑스 혁명을 거치고 파리 시는 일반경찰이 담당하고 지방은 국가군인경찰이 치안을 담당했다. 나폴레옹 정권 이후는 경찰행정기구와 경찰장관직을 신설해 그 산하에 경찰국장, 경찰서장을 설치했다. 1941년 8월 인구 1만명 이상의 자치정부에 유지되던 자치경찰조직이 각 도 임명도지사의 통치하에 귀속되면서 국가경찰로 통합되었다.

명 미만의 소도시와 농촌지역에서 업무를 수행하는데 약 95%의 광활한 지역을 담당하고 있는 점이 특이하다. 군인경찰은 평상시에는 내무부 장관의 지시에 따라 업무를 수행한다. 다만 비상시에만 국방부 장관의 지휘에 따르는 제도로 변경되었다. 한편 군인경찰기동대는 경찰업무지원에 동원되면 경찰청장, 도지사, 파리경찰청장 등의 지휘를 받는다.

(4) 자치체경찰

프랑스 자치체경찰은 1884년 4월 법률에 따라 인구 1만명 미만이거나 인구가 적은 지역에서 꼬뮌의 장이 공공질서 유지를 위해 설치한다고 규정했다. 그러나 1996년부터는 2만명으로 변경되었다. 즉 인구 2만명 이하의 시나 꼬뮌에서도 자치경찰을 허용했는데 약 36,000여개의 기초지역 중 약 10% 정도인 3,200여 기초단위에서 시행중인데 계속 늘어나고 있다.35) 이들은 지방자치단체장의 규칙인 지역적인 경찰업무들을 담당한다.

그림 11-16 프랑스 자치체경찰

출처: 신현기, 2005년 5월 17일 촬영.

---

35) 우리나라 제주자치경찰제는 여기에서 벤치마킹 되어 2007년 7월 1일부터 시행 중이다. 그러나 프랑스는 기초단위지만 제주도의 경우는 광역단위에서 시행 중인 것이 차이점이다.

6. 스페인 경찰

(1) 국가경찰

스페인 국가경찰의 임무는 신분증과 여권의 발급, 내·외국인의 출·입국관리, 외국인·범인인도·추방·이민자에 대한 조사, 사행행위 감독, 약물과 관련된 범죄조사, 내무부 장관의 지휘하에서 국제경찰공조, 사설경비단체의 구성원·활동상황의 통제 등이다.[36]

그림 11-17 스페인 경찰조직의 체계도

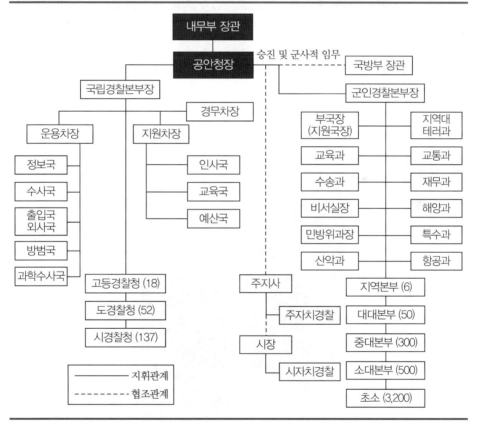

출처: 신현기, 『경찰학개론(제2판)』(파주: 법문사, 2015), p. 394; 경찰청 경찰혁신위원회, 「선진국 자치경찰 운영사례연구를 위한 현지시찰 자료집」, 2004. 5. 15~24, p. 91; 신현기, 『비교경찰제도의 이해』(서울: 웅보출판사, 2006), p. 245 재인용.

36) 신현기 외 8인, 『비교경찰제도론』(파주: 법문사, 2007), p. 484. 스페인경찰에 대한 자세한 내용은 앞의 책, pp. 477~503까지를 참조 바람.

그림 11-18 스페인 마드리드 국가경찰의 근무 장면

출처: 신현기, 2004년 5월 16일 촬영.

(2) 군인경찰

1) 권   한

스페인 군인경찰의 권한은 범죄예방 및 수사(일반국가경찰과 동일), 요인보호 및

그림 11-19   스페인의 군인경찰

사진출처: 신현기, 『경찰학개론(제2판)』(파주: 법문사, 2015), p. 396에서 재인용; 양영철, http://blog.daum.
net/1innovation/6863907(2006. 7. 20).

공공건물보호, 무기 폭약 관련 법준수, 세관업무와 밀수방지 및 수사, 교통통제와 대중교통관리, 육로와 해안가 및 항구 등 보호, 자연자원과 환경보호, 도시간 범죄자 수송 등이다.

2) 임   무

스페인 군인경찰의 임무는 무기와 폭발물에 대한 업무, 세관업무와 밀수방지 및 추적, 도시간 공공도로의 교통 및 운송통제, 육상통신망·해안·국경·항구 등 경비, 동물·어류·목재 등 환경감시, 구금자의 도시간 호송 등이다.

(3) 자치체 경찰

1986년의 스페인 경찰조직법에 따르면 국가경찰(군인경찰 포함), 주자치경찰, 기초자치경찰로 구분된다. 스페인의 기초자치경찰의 수는 약 50,000여명이다. 10명 이상의 시자치정부는 자치경찰조직을 구성해 일반적으로 400명 이상의 자치경찰을 유지하고 있다.[37] 스페인에서 자치경찰을 채용할 때 최고 30세 미만으로 제한된다.

그림 11-20 스페인 국가경찰과 자치경찰의 체계도

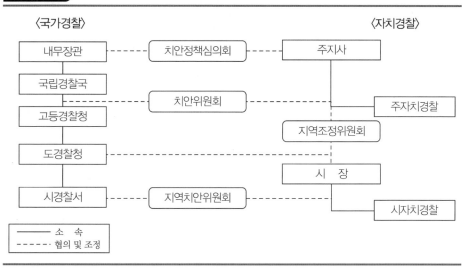

출처: 신현기, 『경찰학개론(제2판)』(파주: 법문사, 2015), p. 397; 경찰청 경찰혁신위원회, 「선진국 자치경찰 운영사례연구를 위한 현지시찰 자료집」, (2004. 5. 20), p. 96.

---

37) 신현기 외 8인, 앞의 책, p. 500.

| 그림 11-21 | 스페인 에르네즈 시의 자치경찰 차량 |

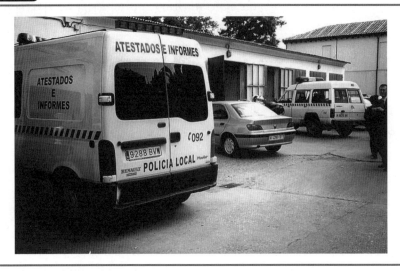

출처: 신현기, 2004년 5월 12일 촬영.

| 그림 11-22 | 마드리드 시경찰의 조직도 |

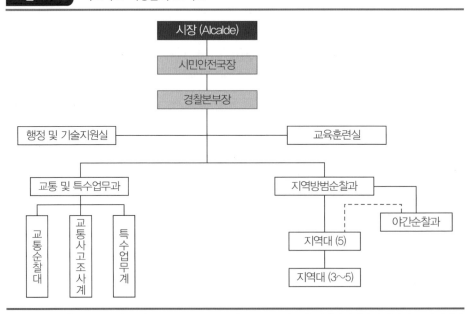

출처: 신현기, 『경찰학개론(제2판)』(파주: 법문사, 2015), p. 398; 경찰청 경찰혁신위원회, 「선진국 자치경찰
운영사례연구를 위한 현지시찰 자료집」, 2004. 5. 15-24, p. 98; 신현기 외 8인, 『비교경찰제도론』(파
주: 법문사, 2007), p. 484.

7. 이탈리아 경찰

(1) 국가경찰

이탈리아의 국가경찰은 약 109,144명의 경찰관과 5,720여명의 경찰사무 관련 행정공무원이 업무를 수행하고 있다. 다음의 그림에서 보는 것처럼 경찰본부장 밑에 비서실, 지원실, 조정실, 인사관리국, 감사실, 마피아수사국 등의 여러 가지 기구로 구성되어 있다.

그림 11-23 이탈리아 국가경찰

출처: 신현기, 2004년 5월 19일 촬영.

(2) 군인경찰

국방부장관의 소속으로 자율적인 운영을 보장받으면서 군인으로서 역할을 수행하고 있다. 그들은 사법경찰 및 행정경찰의 지위를 부여받아 기능하고 있다. 군인경찰대장 밑에 5개의 지구사령부, 19개 주사령부, 102개의 도사령부, 535개의 지역대, 4,645개의 경찰서 등으로 구성되어 있다.

(3) 재무경찰

재무부 장관 산하에 재무경찰대장이 있고 하단에 6개의 지구사령부, 20개의 주사령부로 이루어져 있다. 이탈리아의 재무경찰은 모든 영역의 경제사범 수사, 세금포탈 및 관세사범 수사, 위조지폐 사범, 마약사범 수사 및 출·입국 업무 등을 담당하고 있다.

그림 11-24 이탈리아 국가경찰 조직체계도

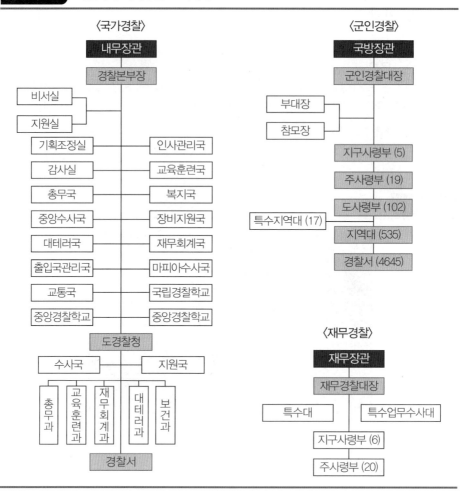

출처: 신현기, 『경찰학개론(제2판)』(파주: 법문사, 2015), p. 400; 경찰청 경찰혁신위원회, 「선진국 자치경찰
　　　운영사례연구를 위한 현지시찰 자료집」, 2004, p. 140.

(4) 자치경찰

이탈리아에는 자치경찰의 종류가 꽤 많은 편이다. 즉 주에는 주자치경찰, 도에는
도자치경찰, 시에는 시자치경찰 등이 있다. 마약 등은 국가경찰이 담당한다. 로마 시
내에서 교통사고가 발생하면 도시경찰이 조사하여 국가경찰에게 넘긴다. 그리고 어느
상점이 법에 규정된 시간을 넘기면서 영업하면 도시경찰이 바로 조사한다. 이는 도시
경찰이 국가경찰의 역할을 담당하는 좋은 사례이다. 마약이나 밀매는 도시경찰이 개
입하지 않고 바로 사법경찰이 개입한다.

그림 11-25 자치경찰 조직체계도38)39)

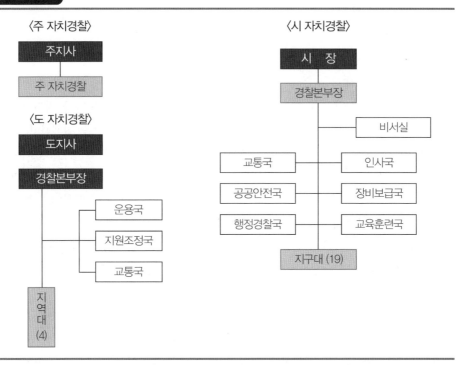

출처: 신현기, 『경찰학개론(제2판)』(파주: 법문사, 2015), p. 401; 경찰청 경찰혁신위원회, 「선진국 자치경찰 운영사례연구를 위한 현지시찰 자료집」, 2004, p. 145에서 재인용.

그림 11-26 이탈리아 티보리 시의 자치경찰차량

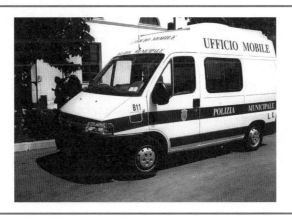

출처: 신현기, 2004년 5월 17일 촬영.

---

38) 로마 시자치경찰의 경우.(http://www.comune.roma.it/info_cittadino/schede/carte/cartapm/ pm_cs _01.htm)

39) 로마 도자치경찰의 경우.

8. 일본경찰

(1) 현대 일본경찰의 역사

일본은 2차대전에서 미국에 패망한 후 비밀경찰, 정치경찰, 헌병경찰 등이 철폐되고 경찰제도의 전반적인 개혁이 이루어졌다. 특히 영·미의 영향을 받아 범죄수사가 경찰법에 경찰의 책무로 정식 규정되었으며 수사권도 검사의 독점을 철폐하고 경찰에게 분산되는 변화가 있었다. 1947년 12월 미군정 당국은 독립적인 공안위원회제도를 도입하고 시와 인구 5,000명 이상인 시·정·촌에 자치체경찰을 도입해 1948년 3월 시행했다. 그러나 너무 세분화되고 지역의 협소와 예산상의 문제 때문에 실패하고 경찰법이 1951년 1차개정, 1952년 2차개정, 1954년 전면 개정되어 자치체경찰제는 광역단위로 옮겨졌다. 1954년 경찰법의 전면개정으로 도도부현 단위의 도도부현경찰제도와 공안위원회에 의한 경찰관리의 토대가 마련되어 오늘에 이르고 있다.[40]

(2) 일본경찰의 조직

일본의 경찰조직은 경찰청과 관구경찰국, 도도부현경찰인 도쿄도 경시청, 도도부현경찰본부로 구성된 2중 체제이다. 경찰관리기관으로 국가와 도도부현에 공안위원회가 설치되어 운영된다. 국가경찰로서 경찰청은 내각총리대신의 소할하에 국가공안위원회가 관리한다(일본경찰법 제4조, 제15조, 제17조). 소할이란 지휘명령권 없는 감독을 의미한다. 자치경찰조직은 광역자치단체 단위로 구분되어 있다. 각 광역자치단체마다 공안위원회가 설치되어 있다. 그 관리하에 자치경찰조직을 두고 있다. 전국 47개의 도도부현에 각각 도도부현공안위원회가 설치되어 47개의 자치경찰(경시청 1개, 도부현 경찰본부 46개)을 두고 있다.[41] 일본경찰은 국가경찰인 경찰청과 자치경찰인 도도부현경찰로 이원화되어 있다. 따라서 경찰이 국가경찰인 경찰공무원과 자치경찰인 지방공무원으로 이원화되어 있다. 도도부현경찰에 소속된 경찰관들도 국가공무원 신분 소유자와 지방공무원 신분인 소유자로 이원화되어 있다. 즉 도도부현 소속의 경찰 중 경시정(총경급) 이상의 경찰관이 바로 국가공무원인데 이를 지방경무관이라 한다(일본경찰법 제56조).[42] 이들의 봉급은 국고에서 주고 그 이외의 경비는 도도부현에서

---

40) 이운주, 앞의 책, p. 118.
41) 일본의 국가경찰은 국가공안위원회의 지휘·감독을 받고 있다. 이에 반해 자치경찰은 광역자치단체인 도도부현은 역시 도도부현공안위원회의 지휘·감독을 받고 있다. 도도부현은 도쿄도, 홋카이도, 오사카부, 교토부, 43개의 현을 의미하는 47개이다.
42) 2006년 말 일본경찰 중 지방경무관은 610명이었다.

부담한다. 2006년에 일본의 지방경무관은 약 610여명이었다. 경시정(총경) 이상의 경찰관은 모두 국가공무원이므로 채용 당시 지방공무원이었던 경찰관도 경시정으로 승진임용되면 국가공무원으로 전환된다. 국가공안위원회가 경시정(총경)을 도도부현공안위원회의 동의하에 임면하고 있다.43) 일본 국가경찰은 7800여명이다. 그리고 지방경찰은 약 30여만명인데 그중 대다수가 광역단위 도도부현 소속의 지방공무원이다.

(3) 국가경찰

일반적으로 행정부처 소속 국가공무원의 입직경로는 국가공무원 I종시험, 국가공무원 II종시험, 국가공무원 III종 시험 등 3가지 경로가 있다. 굳이 한국과 비교하면 5급 행정고시, 7급 공채, 9급 공채에 해당한다고 보면 된다. 이 중에 국가공무원인 경찰관의 채용에는 위의 국가공무원 I종과 국가공무원 II종에 의한 2가지 입직방식이 활용되고 있다.

첫째, 국가공무원 I종의 경우이다. 이는 국가공무원 I종 시험에 합격한 사람을 경찰청이 경부보(경위)의 계급으로 채용하는 방식인데 경찰간부후보자를 양성하는 것으로 볼 수 있다. 1년에 1회 실시되는 한국의 행정고시에 해당한다. 시험절차는 수험신청서 제출→1차시험→1차 합격자 발표→2차시험(전문/종합)→합동업무설명회→2차시험과 면접→최종합격자 발표→관청방문→내내정→내정→채용 등으로 이루어진다.

수험자격은 만 21세 이상 31세 이하인 자에게 부여된다. 특히 일본경찰에서 1년에 국가공무원 I종 시험을 통해 선발하는 인원은 대략 20명 내외이다. 1986년 이후 국가공무원 I종 시험합격자 중 경찰청을 선호하는 비율은 단연코 1위이다. 그 이유는 젊은 나이에 경찰에 입직해 고속으로 승진하며 현장지휘관이 될 수 있기 때문이다. 사실 경찰의 고위간부직을 거의 독점하고 있는 국가공무원 I종시험 출신자들은 대다수가 동경대 등의 명문대 엘리트 출신이다.

첫째, 국가공무원 II종의 경우이다. 이는 경찰청이 국가공무원 II종 시험에 합격한 사람 중 순사부장(경사)의 계급으로 채용하는 방식이다. 일본은 이것을 1986년에 도입했다. 이 경우도 비교적 빨리 승진하고 있다. 이것도 매년 1회 실시되는데 그 절차를 보면 수험신청서 제출→1차시험→1차 합격자 발표→관청방문→2차 시험→최종합격자 발표→내정→채용 등으로 이루어진다. 이것도 매년 20여명 내외를 채용하고 있다.

---

43) 이동희, "일본경찰의 입직·승진제도의 현황 및 시사점," 경찰대학, 「경찰학연구」, 제7권 제1호, 2007, p. 77; 이운주, 앞의 책, p. 119.

셋째, 일본경찰에는 추천조라는 것이 있다. 이는 도도부현 소속의 지방공무원 경찰관을 국가경찰인 경찰청의 경찰관으로 채용하는 것인데 지방경찰관 중 30세 이전에 경부보(경위)가 된 사람 중에서 국가경찰로 채용되는 것이다. 이들은 채용 1년 후 경부(경감), 6년 후 경시(경정)로 승진하며 국가공무원 II종시험에 합격해 경찰관이 된 경우처럼 인사상 우대를 해준다.

국가공무원 I종시험을 통해 경찰관이 된 사람은 2007년에 총 500여명이다. 시험과목은 행정, 법률, 경제, 인간과학, 이공, 농학 등 13개 분야로 나뉜다. 이에 반해 국가공무원 II종시험에 합격한 사람 중에 선발해 순사부장(경사)으로 채용한다.44) 연간약 20여명이 선발된다. 이 제도는 일본경찰이 1986년에 도입한 채용방식이다.

(4) 도도부현경찰

도도부현경찰에는 도쿄도 경시청과 도부현경찰본부가 설치되어 있다. 지사의 소할하에 경찰관리기관으로 도도부현에 공안위원회를 설치하여 운영하고 있다. 그리고 도부현경찰본부의 사무를 분장하기 위해 지정시에 시경찰부를 두었다. 홋카이도에는 5개 이내의 방면본부를 두고 방면본부마다 방면공안위원회를 두고 있다. 그리고 도도부현 지사는 소할입장이라서 위원회를 지휘할 권한은 없다. 하지만 이에 반해 도도부현경찰에 관한 조례안, 예산안의 의회제출권, 예산의 지출명령권, 경찰서의 설치권 등을 행사하는 권한을 가지고 있다.45)

도도부현의 경찰관채용은 일반적으로 순사(순경)의 계급으로 채용한다. 각각 도도부현경찰별로 순사채용시험을 시행한다. 채용계급은 모두 순사로 통일되어 있고 일본경찰의 절대다수를 점유하고 있는 입직경로이다. 이들을 논캐리어non-career라고 부른다. 일본의 도도부현에서는 순사로 입직한다는 공통점이 있지만 대졸자와 전문대 졸 그리고 고졸정도를 3종으로 나누어 선발하고 고학력자는 빠른 승진혜택을 주는 노력을 하고 있다.

그리고 특별수사관 채용이 있다. 이는 도도부현경찰의 순경급 채용과 달리 유능한 인재의 적극적인 유치라는 측면에서 통상 순사부장(경사)이나 경부보(경위) 등의 간부계급으로 채용하기도 한다.46)

일본 지방경찰공무원인 도도부현경찰의 경우 순사(순경)의 계급으로 채용하는 방식을 취한다. 이는 각 도도부현경찰별로 독자적으로 시행된다. 채용계급은 순사(순경)

---

44) 이동희, 앞의 논문, p. 85.
45) 이운주, 앞의 책, p. 120.
46) 이동희, 앞의 논문, p. 89.

그림 11-27 일본의 자치경찰조직도

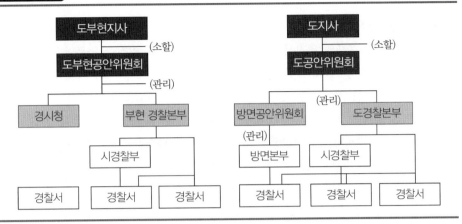

출처: 신현기, 『경찰학개론(제2판)』(파주: 법문사, 2015), p. 406; 정진환, 『비교경찰제도』(서울: 백산출판사, 2006), p. 282; 警察廳長官官房편, 警察法解說(신판)(東京: 동경법령출판, 2000), p. 560.

로 통일되어 있다. 일본경찰의 절대다수를 차지하고 있는 입직경로다. 중요한 것은 도도부현경찰의 채용은 모두 최하위인 순사(순경)로 채용한다는 것이 공통이다. 하지만 대졸자와 고졸정도의 2가지 종류로 구분해 모집하는데 별도의 시험을 통해 채용한다. 특이한 것은 일본의 수도인 도쿄도 경시청의 경우는 4년제 정규대학 졸업자(Ⅰ류)와 2년제 졸업자(Ⅱ류) 그리고 고교졸업자(Ⅲ류) 등 3가지 종류로 구분해 채용한다. 이들은 급여에 차이가 분명히 있고 승진에도 최소복무연한 등에서 차별화 하고 있다.

일본 도도부현에는 특별수사관제도가 있다. 특별수사관은 예외로 순사부장(경사)이나 경부보(경위)라는 경찰간부계급으로 채용한다. 그 종류로는 재무수사관, 국제범죄수사관, 사이버범죄수사관, 과학수사관 등 4종류가 있다. 응시연령은 27세 이상에서 40세 미만자이다.

(5) 일본경찰의 입직체계

일본경찰의 입직경로도 국가경찰은 국가공무원인 경찰관으로 충원되고 자치경찰인 도도부현경찰은 지방공무원인 경찰관으로 충원되는 이원화 구조로 운영된다.

(6) 국가경찰과 도도부현경찰 간의 인사교류

이들은 양자간에 필요에 따라서 상호 인사교류가 이루어지고 있다. 그 밖에 지방경찰공무원이 경시정(총경)으로 승진하면 즉시 국가경찰공무원으로 전환된다. 특히 국가경찰공무원인 경시정(총경) 이상의 경찰관 중 인사교류에 의해 지방경찰공무원으로 근무하는 경찰관이 있는데 이들을 지방경무관이라고 부른다.

(7) 일본경찰의 승진현황

일본에서 국가경찰은 원칙적으로 시험에 의하지 않고 일정한 근무연수에 맞추어 승진임용하는 방식을 취하고 있다. 우리나라와는 크게 대조적이다. 그러나 국가공무원 Ⅱ종으로 입직한 경찰관은 형식적인 시험을 치르는 제도를 가지고 있다. 국가공무원 Ⅰ종으로 입직한 사람은 경찰대학에서 3개월 교육 후 초임간부교육을 받고 일선 경찰서 현장에서 9개월 견습기간을 갖고 현장실습기간이 종료되는 시점에 경부(경감)로 승진한다. 최초 경부보 임용부터 3년 6개월이 경과한 시점에 경시(경정)로 승진하며, 8년 정도가 경과하면 경시정(총경)으로 승진한다. 그 후 7년 정도 지나면 경시장(경무관)으로 승진한다. 다시 9년 정도 흐르면 경시감(치안감)으로 승진한다. 이들 중에서 경시총감(치안정감)이나 경찰청장관(경찰청장)이 탄생한다.47)

그림 11-28 일본경찰의 승진소요 연수

출처: 경찰청, 앞의 책, p. 153; 신현기, 『경찰학개론(제2판)』(파주: 법문사, 2015), p. 408; 신현기, 『비교경찰제도의 이해』(서울: 웅보출판사, 2006), p. 57.

그림 11-29 일본경찰과 순찰 차량

출처: http://imagesearch.naver.com/detail/frame_top_080722.html#(검색일: 2009.09.10)

47) 이동희, 앞의 논문, p. 93.

제 4 편

분야별 경찰실무

12장 생활안전경찰(자치경찰)

제1절 생활안전경찰의 의의

1. 생활안전경찰의 개념

생활안전경찰이란 복합개념인데, 이는 범죄예방을 위한 방범활동과 지역사회의 안전을 유지하기 위한 경찰활동을 통합해 놓은 개념을 말한다. 생활안전경찰은 방범경찰의 기능을 더 크게 확대한 개념이다. 특히 이는 종합적인 방범대책을 추진하는 임무를 수행한다. 특히 지역의 안전을 유지하기 위하여 순찰차를 통한 차량순찰과 경찰관들로 하여금 도보순찰 등을 통해 지역경찰 중심의 범죄예방을 사전에 강화하는 역할을 한다. 더 나아가 우리의 미풍양속을 해치는 풍속사범과 기초질서 위반사범과 총포 및 화약류 위반 사범단속 등 경찰사범단속, 소년의 비행대책 그리고 총기 및 유해약물 대책 등 시민생활의 신변안전과 직접 관련되는 경찰활동을 수행하는 경찰을 의미한다.[1]

따라서 생활안전경찰은 주로 범죄예방을 핵심임무로 하기 때문에 행정경찰, 보안경찰, 예방경찰에 해당한다. 이전에는 생활안전경찰을 방범경찰이라고 불렀다.

2. 생활안전경찰의 중요성

생활안전경찰이 수행하는 업무는 실로 다양한데 대부분이 범죄예방을 위한 활동으로 이해하면 된다. 즉 생활안전경찰의 범죄예방업무는 직접적으로 범죄가 발생하는

---

[1] 조철옥, 앞의 책, p. 369.

것을 감소시키거나 피해를 방지하는 역할을 수행한다. 구체적인 업무로는 범죄예방, 질서유지, 행정범의 단속과 규제, 위험한 사태의 예방, 청소년 선도와 범죄의 처리, 생활안전관련 정보의 수집, 사회봉사활동 등을 행한다.2) 생활안전경찰이 핵심업무로 수행하고 있는 범죄예방활동이 왜 중요한 가치를 지니고 있는가는 다음의 사항들이 그 이유를 답해주고 있다. 즉 범죄가 발생해 나타난 피해는 사실상 회복이 불가능하다. 경찰의 범죄수사와 범죄자의 교정에 국가적 비용이 과다 발생한다. 범죄발생으로 인해 사회가 불신으로 변하며 두려움이 나타나게 된다. 특히 법의 권위가 추락하게 되고 부정적인 환경이 도출되어 경찰과 시민 간의 부정적 환경이 나타날 수 있다.

3. 생활안전경찰의 역사

제5공화국 시절인 1986년 치안본부 제3조정관 산하에 보안부를 두고 일반보안업무, 방범업무, 소년업무를 담당하게 했다. 각 경찰서에서도 보안과를 두고 보안업무를 수행하며 소년계를 설치했다. 지방경찰서에서는 보안과에서 교통업무도 수행하였다. 지방자치제가 실시됨에 따라 경찰도 1991년 8월 1일부터 보안이라는 명칭을 방범이라고 개칭했으며 치안본부 제3조정관 산하 보안부가 경찰청 방범국으로 격상되었다. 또한 각 경찰서의 보안과가 방범과로 바뀌었고 방범기획계, 방범지도계, 소년계를 설치하게 되었다. 우리나라 경찰청은 2003년 9월 1일을 기해 지역경찰제를 전격 도입하였다. 파출소와 지구대를 지역경찰이라고 부른다. 그리고 파출소제도를 개편해 경찰서 소속의 순찰지구대 체제로 개편한 것이다. 파출소 3-4개를 묶어서 1개의 지구대 체제로 개편하여 광역적 차원에서 범죄에 적극 대처하겠다는 새로운 제도의 도입이었다.3) 2003년 12월 18일 소위 경찰청과그소속기관등직제가 개정됨으로써 기존의 방범이라는 명칭이 생활안전으로 개칭되고 경찰청 방범국도 생활안전국으로 변경되었으며 산하에 생활안전과, 생활질서과, 여성청소년과를 두었다. 일선 경찰서도 생활안전계와 생활질서계로 각각 변경되었다.4)

---

2) 김충남, 앞의 책, p. 384.

3) 본 지구대 시스템은 도시지역의 경우는 효율적일 수 있지만 이와 반대로 지역이 광활한 시골지역의 경우는 지구대의 거리가 너무 멀리 위치하고 있는 관계로 범죄에 신속히 대처하는 데 큰 문제점을 노출시킨 바 있다. 결국 2010년 이후 시골지역은 다시 파출소 시스템으로 회귀시켰다.

4) 중앙경찰학교(a), 『지역경찰론』(충주: 중앙경찰학교, 2009), p. 13.

4. 생활안전경찰의 서비스 헌장

우리나라 생활안전경찰은 다음과 같이 실천하겠다고 서비스 헌장을 발표하였다.

---

01 범죄와 사고를 철저히 예방하고 법을 어긴 행위는 단호하고 엄정하게 처리하겠습니다.
02 국민이 필요하다고 하면 어디든지 바로 달려가 도와드리겠습니다.
03 모든 민원은 친절하고 신속, 공정하게 처리하겠습니다.
04 국민의 안전과 편의를 제일 먼저 생각하며 성실히 직무를 수행하겠습니다.
05 인권을 존중하고 권한을 남용하는 일이 없도록 하겠습니다.
06 잘못된 업무는 즉시 확인하여 바로잡겠습니다.

제2절 생활안전경찰의 조직과 업무

1. 경찰청 조직과 업무

생활안전경찰의 법적 근거는 경찰청직제및그소속직제 제11조와 경찰청직제및그소속직제시행규칙 제8조에서 찾을 수 있다. 경찰청장 산하에 치안감이나 경무관으로 보하는 생활안전국장이 있고 그 산하에 여성청소년안전기획관이 있는데, 그는 일반직공무원 나등급으로 선발되며 생활안전국장을 보좌한다. 그리고 총경을 과장으로 범죄예방정책과, 생활질서과, 아동청소년과, 여성안전기획과를 두고 있다.

특히 범죄예방정책과장은 다음 사항을 분장한다. 범죄예방에 관한 연구 및 계획의 수립, 범죄예방 관련 법령 및 제도의 연구 개선 및 지침 수립, 범죄예방 진단 및 범죄예방순찰에 관한 기획 운영, 환경설계를 통한 범죄예방(BCPTED) 기획 운영, 협력방범에 관한 기획 연구 및 협업, 경비업에 관한 연구 및 지도, 기타 국내 다른 과의 주관에 속하지 아니하는 사항 등이다.

생활질서과장은 다음 사항을 분장한다. 풍속 성매매(아동 청소년 대상 성매매는 제외) 사범에 관한 지도 및 단속, 총포 도검 화약류 등의 지도 및 단속, 즉결심판청구업무의 지도, 각종 안전사고의 예방에 관한 사항 등이다.

아동청소년과장은 다음의 사항을 관장한다. 청소년에 대한 범죄의 예방에 관한 업무, 청소년 비행방지에 관한 업무, 비행소년의 보호지도에 관한 업무, 아동학대의 수사 및 예방과 피해자 보호에 관한 업무, 아동학대 및 소년범죄 수사의 기획 지도와 관련 정보의 처리, 가출인 및 <실종 아동등의 보호 및 지원에 관한 법률>상 실종아동등과 관련된 정책 수립 및 관리, 실종사건 수사의 기획 지도와 관련 정보의 처리 등이다.

여성안전기획과장은 다음의 사항을 분장한다. 여성 대상 범죄의 연구 및 예방에 관한 업무, 여성대상 범죄 유관기관과의 교류 협력, 성폭력 가정폭력 및 스토킹 예방 및 피해자 보호에 관한 업무, 성매매 예방 및 피해자 보호에 관한 업무, 성폭력범죄자(신상정보 등록대상자 포함)의 재범방지에 관한 업무 등이다.

2. 전국 18개 시·도경찰청과 258개 경찰서

경찰청 산하에 전국 18개 시·도경찰청이 있다.[5] 경기북부경찰청의 경우 공공안전부(경무기획정보화장비과, 경비과, 공공안녕 정보외사과), 수사부(수사과, 형사과, 사이버수사과, 과학수사과, 안보수사과), 자치경찰부(생활안전과, 여성청소년과, 교통과)가 있다. 산하 경찰서들에는 생활안전과가 설치 중이다. 각 과장이나 지하철경찰대장은 모두 총경의 계급으로 보한다.

제 3 절 **생활안전경찰의 특성**

생활안전경찰은 교통경찰, 경비경찰, 수사경찰, 정보경찰, 보안경찰, 외사경찰 등 전반에 걸쳐서 일반적이고 가장 초기적인 조치를 취하고 있다.

1. 경찰활동의 전반성

생활안전경찰이 담당하는 업무의 범위는 교통경찰, 경비경찰, 수사경찰, 정보경찰, 보안경찰, 외사경찰이 담당하는 업무보다 상당히 광범위하며 그 대상도 매우 복잡하고 다양하다. 특히 범인검거의 상당부분을 담당하고 교통사고처리에서 초동조치도 담당한다.[6]

---

5) 경찰청과 그 소속기관 직제 시행규칙 제42조, 제50조 참조.

2. 업무대상의 유동성

항상 변화하고 유동적인 사회에서 국민들의 의식구조도 급속히 변화하고 있다. 생활안전경찰은 이처럼 변화하는 상황에 맞게 지도와 단속을 해나가야 하는 유동적 흐름 속에서 직무를 수행하고 있다. 국민들의 무질서, 청소년들의 폭력행위, 성매매의 만연 등 사회구조의 변화가 나타날 때 생활안전경찰은 그때마다 유동적으로 강화된 조치를 취해나가야 한다.

3. 경찰업무의 긴박성과 즉효성

생활안전경찰의 경우 범죄예방활동 이외에 사건의 초동조치에 대응빈도가 가장 높은 편이다. 특히 초동조치는 매우 긴박하며 즉시 효력을 발휘해야 하는 촉각을 다투게 된다. 신고를 받고 생활안전경찰이 제일 먼저 달려갈 확률이 높다. 따라서 생활안전경찰의 경우 긴박성과 즉효성을 업무의 특징으로 하고 있다.[7]

4. 타부서에 대한 지원성

생활안전경찰은 타부서의 임무 전체와 연계되어 있으며 생활안전에 전념하면 타부서의 업무도 줄여주는 큰 역할을 담당한다. 예를 들어 생활안전경찰이 범죄예방활동을 잘해 준다면 형사과와 수사과의 업무를 덜어 주는 결과가 된다. 특히 생활안전경찰은 지방자치단체를 도와 유흥음식점을 단속하기도 하고 범인체포를 함으로써 수사기능을 도와주며 교통사고의 초동조치나 치안관련 정보를 수집해 각각 교통과와 정보과를 지원해 주기도 한다.

5. 업무관련 법령의 다양성과 전문성

생활안전경찰이 관장하는 법령은 실로 다양하고 많으며 항상 숙지해야 할 사안들로 전문성을 요구하고 있다. 만일 직무 수행에서 시민의 위반사항에 대해 해당하는

---

6) 조철옥, 앞의 책, p. 370; 중앙경찰학교(a), 앞의 책, p. 18.
7) 그러나 중앙경찰학교(a), 앞의 책, p. 18에서는 생활안전경찰의 특성 중 하나로 비긴박성과 비즉효성을 주장하고 있다.

법령을 정확히 적용해야지 그렇지 않으면 시민들은 그만큼 피해를 보며 생활의 지장을 받게 될 것이다.

6. 시민과의 빈번한 접촉성

생활안전경찰은 오늘날 단독으로 임무를 수행해 나가기가 어려워졌다. 사건해결에서 상당한 사건이 신고에 의해 해결되고 있기 때문이다. 생활안전경찰은 다른 분야의 경찰들보다 시민들과 가장 근거리에서 밀접하게 접촉하고 있기 때문에 양자는 항상 협력체제를 유지해 나가야 한다. 최근 강조되고 있는 지역사회경찰 활동도 시민과 생활안전경찰 간에 가장 밀접한 접촉성을 통해 성공을 거둘 수 있는 것이다.

제4절 **지역경찰의 조직과 운영**

1. 지역경찰제의 도입취지

기존에 우리나라의 파출소 제도는 오랜 역사를 가지고 소규모 관할 영역에서 소수의 인원으로 운영되어 나왔다. 2001년 4월에는 우리나라 파출소에 3부제를 실시하게 되었는데 경찰인력은 늘어나지 않은 채 실시함으로써 교대로 인한 인력의 부족현상을 가져왔다. 한편 그 당시 파출소 제도가 지니고 있던 문제점들을 개선하고자 지역경찰제를 전격 도입하기에 이르렀다. 1991년 대단위 파출소, 1999년 광역파출소 제도와 기동순찰대, 2002년 중심파출소의 운영을 위한 제도도입에 적극 노력 했으나내·외부적인 공감대 형성을 끌어 내지 못하고 실패하였다. 2003년 10월 15일부터 파출소에 근무하던 외근경찰관이 지역경찰이라는 명칭으로 변경되었으며 기존 파출소 3~4개를 확대 및 개편하여 지구대로 바뀌게 되었다. 지역경찰조직및운영에관한규칙 제3조에 따라 지역경찰이란 지구대, 파출소, 치안센터, 초소, 분소에 근무하는 경찰관들을 의미한다.

2. 지역경찰의 활동단위

경찰청 생활안전국은 법개정 절차를 밟아 국무회의를 거쳐 대통령령을 개정함으로써 기존에 생활안전과 소속의 지구대 파출소를 112상황실로 완전히 이관시켜 놓았다. 지구대 파출소의 손과 발의 역할을 해야 하는 지구대 파출소를 생활안전과에서 국가고유업무인 112상황실로 소속을 변경시켜 놓음으로써 2021년 7월 1일 출범한 자치경찰은 손과 발을 잃어버리게 되었다. 이는 다시 되돌려 놓아야 할 경찰의 큰 과제 중 하나이다.

(1) 순찰지구대

1) 개념과 제복착용 및 장비

시·도경찰청장은 경찰청장의 승인을 얻어 지구대와 파출소를 설치할 수 있는데 이때 인구, 면적, 행정구역과 사건 사고의 상황 등을 고려해 설치할 수 있다. 순찰지구대의 유형은 기본형, 도·농복합형, 농·어촌형이 있으며 그 유형은 경찰관서장이 지역실정에 맞게 운영하도록 하고 있다. 순찰지구대는 각종 사건과 사고발생시 초동조치를 담당하는 지역사회의 중요한 업무를 담당하는데 특히 관할지역 내의 파출소, 분소, 초소를 관리하고 있다.

2) 순찰지구대의 구성과 근무

순찰지구대의 인원구성은 지구대장(경감, 경정), 순찰팀장(경감, 경위), 관리요원, 순찰요원, 민원담당관으로 구성된다. 지구대장, 관리요원, 민원담당관은 일근제를, 순찰팀장과 순찰요원은 4부제(3부제 실시지역도 있음)로 상황근무, 순찰, 신고출동, 경찰방문, 각종조사, 단속업무를 담당한다. 일부 지역에는 지구대장을 경정급으로 시범실시하고 있는데 이런 순찰지구대의 경우 순찰팀장은 경감급으로 하고 있다. 민원담당관의 경우는 경위급으로 담당하는 비율이 상당히 높아졌다.[8] 지구대장은 소속 경찰관에 대한 지도와 감독 그리고 2차 근무평정권한을 가지고 있는 책임자이다.

사무소장의 경우는 1차 근무평정권을 가지고 있으며 기초적이며 전반적인 순찰지구대의 업무를 담당한다. 제1소장은 경무, 장비, 통신 등을 담당하고 순찰지구대장의 유고시 업무대행자가 된다. 제2소장은 방범, 수사, 형사업무를 담당하고, 제3소장은 경비, 교통, 정보, 보안, 외사업무를 담당한다.[9]

---

8) 강용길 외 8인, 앞의 책, p. 96; 중앙경찰학교(a), 앞의 책, p. 35.

순찰지도관은 순찰요원의 근무상황 등을 지도하고 지구대 관리업무를 관장하고 있다. 그리고 관리요원은 순찰지구대의 행정과 경리업무를 맡고 있다.10) 순찰요원은 외근요원으로서 지구대의 실질적인 업무들을 수행하는 중요한 역할을 한다.

첫째, 순찰근무를 한다. 즉 관내에 상황파악, 범인의 검거, 교통사범의 단속, 위험 발생의 방지, 주민보호 등 순찰은 2인 1조로 한다.

둘째, 기동순찰을 한다. 기동순찰은 112순찰차량으로 함을 원칙으로 하고 때로는 방범오토바이를 이용한다.

셋째, 거점근무이다. 우범지역, 범죄취약지 등에서 범죄예방활동을 한다.

넷째, 현장출동이다. 112기동순찰 근무자는 지시받은 사건에 대해 타 업무에 우선해 신속히 현장으로 출동해야 한다.

다섯째, 출동지원이다. 순찰요원은 지원지시를 받은 경우 신속히 현장으로 다른 순찰요원을 적극 지원해야 한다.

한편 순찰지구대의 근무형태와 시간은 일근을 원칙으로 한다. 경찰서장은 관서서장의 근무시간을 조정, 시간외 휴일 근무 등을 명할 수 있을뿐 아니라 순찰팀장과 순찰팀원은 상시 교대근무를 원칙으로 한다. 근무교대 시간 및 휴게시간, 휴무횟수 등 구체적인 사항은 국가공무원복무규정 및 경찰기관상시근무 공무원의 근무시간등에

표 12-1 지구대 근무방법

교대형태	근무방법	규정상 근무시간	시행
전일제	24시간 근무	월 휴무 1회 : 144h	1945년~1995년
격일제	당-비, 2일주기	휴무없음 : 84h	
3조 2교대	주-야-비, 3일주기	51.3h	1995년 시범운영~2001년 전면확대
변형 3조 2교대	주-주-주-비-야-비-야-비-야-비, 9일주기	월 휴무 주간 1회 : 49.0h	2003. 10. 15, 지구대 체제 도입
		월 휴무 주1·야1회 : 44.2h	2005. 1. 1~주 5일제
		월 휴무 주2·야1회 : 42.0h	2007. 7. 01~상시근무규칙(교대부서 주 40시간 원칙) 발효
4조 2교대	○주-야-휴-비, 4일주기 ○교육 월 1회(4h)	41.2h(지정포함)	
3조 2교대 (교육형)	○주-주-주-야-비-야-비-야-비, 9일주기 ○교육 월1회(4h)	42.3h	
3조 1교대	○당-비-휴, 3일주기 ○교육 월1회(4h)	40.6h	

출처: 신현기, 『경찰학개론』(서울: 21세기사, 2008), p. 399; 허경미, 『경찰학』, 서울: 박영사, 2021, p 425.

9) 지역경찰조직및운영에관한규칙 제7조~16조.
10) 조철옥, 앞의 책, p. 428.

관한 규칙이 규정한 범위 내에서 시·도경찰청장이 정하도록 하고 있다.

그러나 2014년 10월 현재 새롭게 근무형태를 정해 시범운영하는 방식을 소개하면 다음과 같다. 즉 현재 시범운영되고 있는 2가지 근무형태는 다음과 같다.

---

1. 야간근무 위주의 다목적 기동순찰대(서울청은 3개소 시범운영 중)
   - 4조 2교대(야-야-비-휴), 12시간/10시간 시차근무제
2. 취약시간 집중제 시범운영(서울청은 3개소 운영 중)
   - 5조 3교대(주-야-심-비-휴) 12시간근무

한편 순찰지구대 경찰관들은 교통업무, 경비업무, 단속업무, 지역활동 등을 수행한다. 우선 교통업무의 경우 관내에서 교통사고의 처리와 교통지도 및 정리 등을 수행한다. 경비업무로는 일반경비, 재난 등 사고의 처리를 담당한다. 단속업무로는 경찰사범의 단속 등을 담당한다. 그리고 지역활동으로는 관내의 실태파악, 방범진단, 지역협력 등을 행한다.

(2) 파 출 소

파출소는 시·도경찰청장이 특별경계지역, 교통, 지리적 원격지 기타 특수한 치안이 요구되는 지역에 설치할 수 있다. 파출소는 각종 행정, 예산, 장비, 시설업무가 지구대와 별도로 집행·관리하고 있다. 파출소에는 파출소장과 부소장, 순찰요원을 배치하여 관내의 전반적인 초동조치를 행한다. 파출소장의 경우 경찰서장이 월별로 지정하고 유고시 부소장이 직무를 대행하며 지휘공백이 없도록 소속 지구대장(순찰팀장)이 감독권을 행하고 있다.11)

(3) 치안센터

이는 순찰지구대 산하에 설치되어 있고 1명 정도의 직원이 전문 민원담당관으로 배치되어 미아신고 및 각종 경찰민원을 접수·처리한다. 이 밖에 청소년 선도, 독거노인보호, 주민의 고충상담 등도 처리해 주고 있다.

(4) 분   소

비교적 치안수요가 적은 시골의 읍, 면 지구대 지역에 설치하는데 지구대 소속으로 1인의 경찰관이 가족과 함께 근무하는 형태이다. 분소 경찰관은 일근제로 근무하

---

11) 지역경찰조직및운영에관한규칙 제17조~46조.

는데 만일 순찰 등을 나가는 경우에는 부인이 사무실에서 대신 민원안내 및 신고전화를 접수하는 보조를 해준다. 가족은 경찰마크가 새겨진 조끼를 착용하고 보조근무를 한다.

(5) 초   소

파출소에서 멀리 떨어진 산간벽지와 도서지역 등에 파출소를 대신하여 설치하고 경찰관 1인과 전경 2~3명이 배치돼 지역업무를 수행하는 형태이다. 이들은 지역업무뿐만 아니라 간첩침투의 봉쇄 업무도 담당한다.[12]

(6) 112 순찰차

112순찰차는 시·도경찰청, 경찰서, 지구대 등에 배치되어 운용되는데 112센터의 지령을 받아 즉시 현장에 출동한다. 순찰차에 승무원은 2인 1조로 근무하는데 1명은 운전을 담당하고 다른 1명은 경계, 통신연락, 각종 사범을 단속하는 체제로 운용된다.

(7) 복장과 휴대장비

지역경찰은 근무 중에 근무복을 착용해야 한다. 그리고 근무중에 필요한 경찰장구인 경찰봉과 수갑을 그리고 무기와 무전기 등을 착용해야 함을 원칙으로 한다. 물론 지역경찰관서장과 순찰팀장(지역경찰 관리자)은 필요한 경우 지역경찰의 복장과 휴대장비를 조정하는 것도 가능하도록 허용된다.[13]

(8) 지역경찰의 근무 종류

지역경찰은 행정근무, 상황근무, 순찰근무, 경계근무, 대기근무, 기타근무를 행한다.

한편 생활안전경찰에 소속되어 있던 지구대·파출소는 2020년 12월 관련 대통령령을 개정하여 경찰청 치안상황관리관(치안감 또는 경무관) 소속으로 변경됨으로써 더이상 생활안전과 소속이 아니다(경찰청사무분장규칙 제22조 참조). 다시 말해 기존에 생활안전과 소속의 지역경찰이었으나 아쉽게도 국가고유업무인 112 상황실로 소속이 변경된 것이다. 이는 자치경찰시대에 걸맞게 기존의 생활안전과로 하루 속히 되돌려져야 한다고 본다.

---

12) 중앙경찰학교(a), 앞의 책, p. 37.
13) 지역경찰의 조직 및 운영에 관한 규칙 제20조~제31조 참조.

1. 지역사회경찰활동의 등장배경과 개념

(1) 등장배경

미국에서 활발하게 논의되어 등장한 지역사회경찰활동Community Policing은 우선 전통적으로 운영해 나오던 경찰활동을 비판하면서 본격적으로 발전하기 시작했다. 이해를 돕기 위해 먼저 전통적인 경찰활동을 살펴보고 이어서 지역사회경찰활동에 대해 개념을 설명하고자 한다. 지역사회경찰활동이란 우리나라 범죄예방활동의 새로운 시스템인 지역경찰제의 도입과 동시에 경찰활동의 주요한 추진방향으로 인식되고 있다. 지역사회경찰활동은 경찰과 지역사회의 협력을 바탕으로 사회안전을 도모하는 방안의 중심에 서있는 것이 우리가 주목하는 지역사회경찰활동인 것이다.14)

지역사회경찰활동이 미국에서 등장하게 되었다. 사실 1930년대 이전에 미국에서 경찰들은 정치권과 너무 유착관계를 형성하고 특정후보를 지지하는 일까지 벌어지는 등 많은 문제를 야기하였다. 이뿐만 아니라 각종의 부정부패, 가난한 소수민족에 대한 차별적 대우가 심각한 양상을 보여주었다.15) 이러한 비판에 직면한 후 1930년대 이후 미국 캘리포니아 주(州)의 경찰서장 출신인 어거스트 볼머August Vollmer와 윌슨 O. W. Wilson은 경찰의 전문화를 정착시켜 개혁을 단행하는 주장을 펼쳤다. 이어서 경찰관 모집에서 엄격한 인사기준의 적용, 정치집단에서 독립하는 노력, 부정부패 방지를 위한 군대식 상명하복의 지휘체계 적용, 모든 시민에게 평등한 법의 적용, 한 지역에 머물지 않는 순환근무제도의 도입 및 지역주민과 일정한 거리를 유지하며 부정부패를 제거해 나갔다. 큰 경찰서에는 교통, 수사, 청소년 비행, 마약, 경찰특공대 등의 전문부서도 만들어졌다. 여기에 과학기술과 정보통신의 발달로 경찰전문화가 더욱 활발해졌고 자동차의 발달로 미국의 광범위한 지역의 순찰이 가능하고 미국 긴급전화 911 체제를 통해 신고되는 범죄에 신속하게 현장출동이 가능해졌다.16) 그런데 이

---

14) 강용길 외 8인, 앞의 책, p. 59.

15) 전돈수, "지역사회경찰활동", 김상호·신현기 외 7인, 『경찰학개론』(파주: 법문사, 2006), p. 490; Kelling, George L., & Moore, Mark H., The Evolving Strategy of Policing in Modern Policing edited by William M. Oliver(Upper Saddle River, N. J.: Prentice-Hall, 2000), p. 98.

16) 전돈수, "지역사회경찰활동", 신현기, 앞의 책, p. 490; Gerald D. Robin, *Community Policing: Origins, Elements, Implementation, Assessment*(Lewiston, N.Y.: Edwin Mellen Press, 2000), p. 7.

당시에는 경찰활동에 대한 평가는 범죄발생률, 범인의 검거율, 현장출동에 걸린 시간 등이 기준이 되었는데 이 때 경찰이 시민들에게 범죄진압자로 각인되는 계기가 되었다.[17] 그럼에도 불구하고 여전히 문제는 존재했는데 예를 들어 당시 미국경찰은 90% 가까이가 자동차순찰에 의존함으로써 주민과 접촉이 적어졌다. 이에 따라 공동 범죄예방이 희미해진다는 비판과 함께 다시 도보순찰의 중요성이 강조되었다. 특히 자동차 순찰을 하다보니 주민과 접촉이 어려워 주민으로부터 치안정보를 얻는 데 어려움이 있었고 주민들이 경찰을 신뢰하지 않게 되었다. 더욱이 미국 캔자스 시Kansas City에서 순찰차를 두 배로 늘려보았으나 범죄는 줄어들지 않았다. 그리고 뉴왁 시 도보순찰실험Newark City에서는 도보순찰을 증가시켜도 범죄는 줄지 않았지만 시민들은 범죄가 자기지역에서 줄고 있다고 생각하는 결과가 나왔다.[18] 또한 미시건 주 플린트 시Flint City의 도보순찰프로그램에서도 도보순찰 결과 범죄가 증가했는데도 불구하고 오히려 시민은 안전하다고 느끼는 결과가 나왔다.[19] 이러한 결과는 자동차 순찰이 범죄해결에 도움이 안 된다는 결론에 도달하고 결국에는 범죄방지에 시민들의 역할이 중요하다는 결론을 얻게 되었다. 동시에 1960년대 미국에서는 베트남전쟁의 반대시위, 인종폭동, 케네디 암살사건, 마틴 루터 킹목사 중심의 인권운동 등으로 혼란에 빠지고 경찰의 과잉진압문제 등이 발생했다.[20] 이러한 문제의 해결을 위해 1967년 존슨 대통령이 대통령 범죄위원회를 설치하고 시민의 참여 확대, 팀경찰활동의 필요성 등 33가지의 「자유로운 사회에서 범죄의 도전에 관한 권고 사항」을 보고했다.

(2) 지역사회경찰활동의 개념

트로잰오위츠와 부케록스Trojanowicz and Bucqueroux가 정의한 지역사회경찰활동의 개념을 보면 다음과 같다.[21]

"지역사회 경찰활동은 경찰활동의 새로운 철학이다. 이것은 범죄, 범죄에 대한 두려움, 사회적·물리적 무질서, 그리고 지역의 쇠퇴 등과 관련되는 문제를 창의적으로 해결하는 방법을 모색하기 위해서 경찰과 지역주민이 함께 노력하는 것이다. 지역사회경찰활동의 철

17) 전돈수, "지역사회경찰활동", 신현기, 앞의 책, p. 491; George L. Kelling and Mark H. Moore, *op. cit.*, pp. 101~109.

18) Robert Trojanowicz, *An Evaluation of the Neighborhood Foot Patrol Program in Flint, Michigan*(East Lansing MI.: Michigan State University, 1982), p. 86.

19) 중앙경찰학교(a), 앞의 책, p. 149.

20) Robert R. Friedmann, *Community Policing: Comparative Perspectives and Prospects*(New York, N.Y.: St. Martin's Press, 1992), p. 48.

21) 전돈수, "지역사회경찰활동", 신현기, 앞의 책, p. 494; R. Trojanowicz and B. Bucqueroux, *Community Policing: A Contemporary Perspective*(Cincinnati, O.H.: Anderson, 1990), pp. 5~6.

학은 위와 같은 목적을 달성하기 위해서 경찰이 지역주민들과 새로운 관계를 정립하는 것이 중요하다는 믿음이다. 따라서 경찰은 지역주민들 스스로 해결해야 할 지역의 현안 문제의 우선순위를 결정하게 하여야 한다. 또한 경찰은 주민들이 자신들의 삶의 질을 향상시키는 데 자발적으로 참여하도록 유도하는 것이 중요하다. 이것은 경찰활동이 범죄 신고전화의 처리에만 의존하던 방식으로부터 벗어나 보다 적극적으로 여러 사회문제를 해결하는 방향으로 전환하는 것을 의미한다."

트로잰오위츠와 부케록스는 지역사회경찰활동은 경찰활동의 기본방향과 목표의 변화를 요구하는 새로운 철학이라고 보았다. 이것은 경찰활동이 단순히 범죄발생률을 줄이고 범죄사건에 사후적으로 대처하는 것으로부터 벗어나야 한다는 것을 의미하며 지역사회경찰활동의 새로운 목표는 지역주민들의 삶의 질을 향상시키는 것이고 그러기 위해서는 범죄이외의 여러 사회문제들에도 경찰이 적극적으로 개입해야 한다. 이것은 범죄를 예방하기 위해서 대단히 중요하며 이런 경찰의 노력은 지역주민들과의 긴밀한 유대관계를 통해서 결실을 맺을 수 있다는 것이다.[22]

흔히 지역사회경찰활동을 구성하는 주요한 내용은 트로잰오위츠와 부케록스 그리고 스콜닉 및 베일리(1988)가 주장한 「지역중심 경찰활동」, 골드슈타인(1979)과 에크와 스펠만(1988)이 제시한 「문제지향적 경찰활동」 그리고 윌리엄스(1985)에 의해 제시된 「이웃지향적 경찰활동」 등에서 찾고 있다.[23]

2. 전통적 경찰활동과 지역사회경찰활동

이들 양자간에 차이를 다음의 표를 통해 비교해 보면 많은 차이점을 찾을 수 있다. 한마디로 지역사회경찰활동은 경찰 혼자서가 아니라 시민과 함께 하는 협력을 통해 지역사회의 삶의 질을 향상시키는 데 있는 것이다.

표 12-2 전통적인 경찰활동과 지역사회경찰활동의 비교: 질문과 답

질 문	전통적인 경찰활동	지역사회 경찰활동
경찰은 누구인가?	법집행을 담당하는 정부기관	경찰관은 모든 시민에 대해서 항시 주의집중하기 위해서 돈을 받는 사람
경찰과 다른 공공기관과의 관계는?	업무에 있어 우선권은 자주 충돌	경찰은 시민의 삶의 질을 향상시킬 의무가 있는 정부기관 중의 하나
경찰의 역할은?	범죄 해결이 우선	사회 여러 가지 문제의 해결사

22) 전돈수, "지역사회경찰활동", 신현기, 앞의 책, p. 494.
23) 강용길 외 8인, 앞의 책, p. 61.

질 문	전통적인 경찰활동	지역사회 경찰활동
어떻게 효율적으로 경찰의 업무성과를 측정하는가?	범죄 발견과 범인검거율	범죄와 무질서의 타파
무엇이 최우선적으로 해결해야 하는 범죄인가?	피해액이 큰 재산범죄와 강력범죄	무슨 문제이건 간에 지역사회가 가장 최우선적으로 해결해야 한다고 보는 것
무엇을 경찰이 다룰 것인가?	범죄사건	시민의 문제와 우려사항
경찰의 효과성 판단 기준은?	범죄 신고에 대한 경찰관 반응시간 (response times)	시민과의 협력
경찰의 시민전화에 대한 인식은?	경찰이 필요한 일인가를 심사 후 결정	아주 중요한 기능이며 좋은 기회
무엇이 직업경찰제도인가?	중요범죄에 대한 빠르고 효과적인 대응	지역사회와의 긴밀한 유대관계 유지
어떤 정보가 가장 중요한가?	범죄에 대한 정보 (Crime Intelligence)	범죄인에 대한 정보 (Criminal Intelligence)
경찰 책임의 본질은?	경찰 조직을 고도로 중앙집중화, 법률과 규칙에 따르는 활동	지역사회의 필요에 적절히 대응
경찰 본부의 역할은?	필요한 규칙과 정책 제공	조직의 가치를 일선 경찰에 교육
대언론반의 책임은?	일선 경찰관들을 기자들로부터 해방시켜 본연의 업무에 집중하도록 도와줌	지역사회와 적절히 의사소통하는 채널로 활용

출처: 전돈수, "지역사회경찰활동", 김상호·신현기 외 7인, 『경찰학개론』(파주: 법문사, 2006), p. 507; Ronald Hunter, Pamela Mayhall, and Thomas Barker, *Police-Community Relations and the Administration of Justice* (Upper Saddle River, N.J.: Prentice-Hall, 2000), p. 64.

3. 지역사회경찰활동의 기본요소

한마디로 지역사회경찰활동을 표현한다면 경찰과 지역사회 주민이 공동으로 자기 지역의 범죄예방활동을 수행하는 것을 말한다. 지역사회경찰활동의 요소에는 여러 가지가 있다.24)

(1) 오직 범죄예방활동에 전념

지역사회경찰활동은 범죄가 발생하기 이전에 미리 일련의 범죄들이 발생하지 못하도록 하는 것이 주요 목적이다. 이 경우 경찰은 주민들로부터 적극적인 협력을 이끌어 낼 때에만 본래 목적이 달성될 수 있는 것이다.

---

24) 조철옥, 앞의 책, pp. 414~415; 중앙경찰학교(a), 앞의 책, p. 148; Jerome H. Skolnick and David H. Bayley, Community Policing: Issues and Practices around the World, Washington, D.C.: U.S. Department of Justice, 1988, pp. 67~70.

(2) 주민에 대한 책임성 중시

지역사회경찰활동은 과거와는 달리 경찰과 주민이 공동으로 범죄를 예방하는 동시에 노인, 어린이, 부녀자 등 사회적 약자를 보호하면서 주민들의 전반적인 삶을 향상시키는 임무를 수행한다. 또한 외근경찰관의 자율성과 책임성을 매우 중요시하는 입장이다.

(3) 정밀한 지역문제의 파악

지역사회경찰활동은 자동차보다는 도보순찰이나 자전거를 통해 주민과 자주 접촉하는 방법으로 지역문제에 적극적이어야 함을 요구하는 것이다. 경찰이 지역 내 모임에도 적극 참여하여 세밀하게 문제들을 파악하는 기법이다.

(4) 주민참여와 권한 분산

이전에는 치안질서의 유지를 위해 경찰이 주체가 되었으나 지역사회문제 해결을 위해서는 사회의 한 구성원에 불과한 것이다. 그동안 경찰중심으로 이루어졌던 범죄대책의 의사결정이 주민의 참여를 인정하고 주민의 의사를 적극적으로 반영하게 된 것이다. 특히 지역사회경찰활동은 지역치안정책의 결정과정에서 시민의 참여와 함께 지역경찰활동의 효율성을 위한 권한의 분산이 필수적인 기본요소가 된다. 경찰조직 내에서도 외근 경찰관에게 더 많은 재량권도 부여하는 일이 중요하다. 지역문제의 해결을 위해 외근경찰관에게 권한을 더 크게 주어야 하는 이유는 명령하달체계에 따라 지시에 의해 경찰활동이 이루어진다면 경찰이 자율적이고 책임 있는 임무수행을 하기 어렵기 때문이다.[25)

4. 지역사회경찰활동의 실천방법

지역사회경찰활동이란 기존의 정책을 간단히 수정하는 차원에서 그 결과를 기대하기에는 역부족이다. 근본적으로 지역사회경찰활동은 경찰활동에 대한 기본 인식과 철학의 변화, 경찰직업관의 재정립, 그리고 경찰조직구조의 변화를 요구한다.[26)

(1) 도보순찰

지역사회경찰활동은 도보순찰의 중요성을 강조하는데 그 이유는 도보순찰의 강화

---

25) 중앙경찰학교(a), 앞의 책, p. 148.
26) Community Policing Consortium, *op. cit.*, pp. 136~137.

를 통해 경찰과 시민 간에 접촉을 증가하여 경찰이 항상 주변에 있다는 인상을 주게 되어 범죄의 두려움을 감소시키는 효과가 있다는 것이다. 도보순찰제도의 도입을 위해서는 더 많은 경찰관이 필요하며 이들을 위해서는 긴급용 신고전화emergence calls이외에 비긴급용 신고전화no-emergence calls를 따로 설치하는 방법을 강구하는 것이 바람직하다.

(2) 팀 경찰활동

팀team 경찰활동이란 특정지역을 전담하는 작은 팀으로 경찰을 재편성하는 것을 의미하는데 팀 당 인원은 보통 5~10명 정도로 구성되며 각팀은 순찰, 수사, 그리고 기타 여러 가지 경찰 서비스를 제공한다. 팀은 사건 신고접수 단계부터 수사에 이르기까지 모든 것을 종합적으로 처리한다.[27] 팀 경찰활동과는 다르지만 미국의 일부 경찰서들은 지역사회경찰관community-service officer을 별도로 두어 한 지역을 담당하게 하는 경우도 많고[28] 또한 지역사회경찰활동을 실시하는 지역에서는 주민들과 보다 긴밀한 유대관계 형성을 위해서 경찰관이 한 지역에서 계속 고정적으로 근무하는 경우도 있다.[29]

(3) 서브 스테이션

원활한 도보순찰과 지역주민과의 협력을 위해서 미국의 일부 경찰서들은 스토어프론트store-fronts, 미니스테이션mini-station, 그리고 서브스테이션sub-station이라 부르는데 이는 우리나라의 파출소와 유사하다. 이중에서 스토어프론트는 대형상점에 상주하는 파출소를 말하고[30] 경찰관들은 이곳들을 기점으로 순찰활동을 하며 지역주민들은 여기에 찾아와서 자신들의 문제를 상담하기도 하는데 미국의 서브스테이션은 대체로 우리나라보다 담당하는 지역이 넓은 편이고 운영하는 방식도 각 경찰서별로 차이가 많다.[31]

(4) 이웃감시 프로그램

오늘날 사람들은 자신의 이웃이 누구인지도 제대로 모르고 살기 때문에 자신의 이웃집에서 절도나 강도사건이 발생하더라도 잘 모르고 지낸다. 이런 배경을 바탕으

27) 최선우, 『경찰과 커뮤니티』(서울: 대왕사, 2003), p. 188.
28) *Ibid.*, p. 203.
29) 전돈수, "지역사회경찰활동", 김상호 · 신현기 외 7인, 『경찰학개론』(파주: 법문사, 2006), p. 501.
30) George L. Kelling and Mark H. Moore, *op. cit.*, p. 112.
31) 전돈수, "지역사회경찰활동", 신현기 외 8인, 『경찰학개론』(파주: 법문사, 2006), p. 502.

로 이웃감시 프로그램Neighborhood Watch Program이 등장하였다. 이 프로그램은 지역주민들끼리 서로 비상연락망을 형성하여 범죄 등이 이웃에서 일어나는 경우 서로 관심을 가져주기 위한 것이다.32)

(5) 경찰과 지역사회와의 연대 프로그램

경찰은 지역주민들과의 친선관계를 도모하기 위해서 다양한 프로그램을 개발하는데 예를 들면 경찰관들이 지역의 청소년들과 스포츠 활동, 학교를 방문해 마약퇴치홍보Drug Abuse Resistance Education, DARE33)를 하거나 중·고등학교 전담 경찰관을 두고 청소년비행의 예방과 대응을 하도록 하는 경찰서도 있다.34)

제6절 경찰의 순찰활동

1. 순찰의 개념

순찰patrol이란 경찰관이 일정한 지역을 차량이나 도보로 순찰을 통해 관내상황을 파악, 교통과 범죄의 단속, 청소년 선도, 위험발생의 방지, 주민보호와 상담 등을 행하기 위해 지역경찰활동을 펼치는 것을 말한다. 무엇보다 경찰의 순찰활동은 가장 대표적인 외근근무에 해당한다. 경찰관들이 순찰을 통해서 범죄를 예방, 범죄정보 수집, 현행범 검거 등을 행하게 된다. 이런 의미에서 볼 때 경찰의 순찰활동은 범죄자의 범행을 억제시킬 수 있는 가장 강력한 억제수단으로 평가된다.35)

2. 순찰의 기능

순찰활동은 범죄를 저지르려는 잠정적 범인들에게 범행의 기회를 제거하는 데 있어서 상당한 예방을 위한 기능을 하는 것으로 알려져 있다. 이 밖에도 경찰관의 순찰

---

32) 최선우, 앞의 책, p. 213.

33) Gene Stephens, "Proactive Policing: The Key to Successful Crime Prevention and Control," USA Today, Vol. 129(2001), p. 33.

34) Diana Fishbein, "The Comprehensive Care Model: Providing a Framework for Community Policing'" FBI Law Enforcement Bulletin, Vol. 67(1998), p. 3.

35) Wilson O. W. and R. C. McLaren, Police Administration, 4th ed., New York: McGraw- Hill, 1977, pp. 319~320.

은 범인검거와 진압, 대민봉사 등의 기능도 다양하게 지니고 있다.

첫째, 범죄의 예방기능을 가지고 있다. 순찰은 범죄행위를 억제시키는 기능을 가지고 있다. 경찰이 순찰을 돌면 예비범죄자는 심리적인 위축으로 인해 범죄를 일으키지 않을 수도 있다. 그리고 주민들은 안심하고 삶을 영위할 수 있다.

둘째, 순찰은 법령의 집행기능을 한다. 경찰관이 순찰 중에 주민으로부터 범죄신고를 받았을 때 바로 법령을 집행할 수 있는 기능을 가지고 있다. 또한 경찰관이 스스로 순찰 중에 범죄자를 인지하고 체포했을 때도 마찬가지다.

셋째, 순찰은 주민보호와 지도계몽의 기능을 가지고 있다. 노상방뇨자, 정신이상자, 주취자, 자살기도자에 대한 보호 및 지도계몽과 미아의 보호 등에 대한 기능을 행한다.

넷째, 순찰은 지역의 정황관찰 기능을 한다. 경찰관의 관내 순찰은 각종 사고와 위험에 대한 정황을 파악하게 하는 기능을 지니고 있다.

3. 순찰의 방법

범죄예방활동으로서 경찰의 순찰방법은 크게 노선에 의한 순찰과 수단에 의한 순찰, 순찰인원 수에 의한 순찰, 순찰자의 복장에 의한 순찰 등으로 나누어진다.

(1) 노선에 의한 순찰

1) 정선순찰

정선순찰은 관내에 순찰노선을 사전에 설정해 놓고 규칙적으로 주어진 시간에 순찰을 실시하는 방법이다. 이는 순찰노선이 일정하고 지정된 장소의 순찰함에 순찰을 입증하는 기록과 서명을 담당경찰관이 기록하고 가는 방식이다. 즉 경찰관에게 의무적으로 정해진 노선에 따라 순찰을 실시하도록 하는 입장에서 볼 때 X이론적 인간관에 입각하고 있는 것이다.[36] 앞에서 살펴보았듯이 X이론적 인간관은 원래 인간이란 악하고 게으를 뿐만 아니라 책임지기 싫어하는 존재라는 데 토대를 두고 있다. 이는 순찰경찰관을 쉽게 감독하고 연락할 수 있다는 장점을 가지고 있지만 비자율적이고 형식적으로 순찰하며 인력의 낭비를 가져올 수 있다는 단점도 지니고 있다.

2) 난선순찰

이는 순찰노선을 정하지 않고 행하는 순찰활동이다. 즉 순찰경찰관이 자기 관내

---

36) 조철옥, 앞의 책, p. 438; 중앙경찰학교(a), 앞의 책, p. 84.

를 임의로 지역사정을 고려해 불규칙적으로 순찰하는 방법을 말한다. 이런 경우 순찰 경찰관에 대한 감독이 어려우며 근무태만을 불러 올 수 있다. 반면에 자율성에 입각한 범죄예방 활동의 차원에서 효과적일 수도 있다.

3) 요점순찰

사전에 정해진 노선 없이 자율적으로 순찰하는 방식으로 순찰자는 반드시 그곳을 통과하여 지정된 요점과 요점 사이를 통과할 때에는 난선순찰을 실시하는 방식을 말한다.

4) 구역순찰

이는 분업의 원리에 입각하여 지구대의 관할지역을 사고발생이나 인구분포 등을 분석해 3~5개로 나누어 경찰관들이 개인별로 지정된 작은 지역을 자율적으로 순찰하는 방식이다.

5) 자율순찰

이는 Y이론에 입각한 방식으로 인간의 신뢰와 자율성에 바탕을 두고 수행되는 제도로서 순찰경찰관이 부여받은 지역을 자기의 판단에 따라 자유로이 순찰하는 방식이다. 이런 순찰방식은 만일 경찰관이 책임의식이 부족한 경우는 순찰효과가 하락할 수 있다는 단점을 지니고 있다.

(2) 수단에 의한 순찰

1) 도보순찰

도보순찰은 가장 전형적인 방식으로 직접 도보로 순찰하는 방식이다. 순찰지역에 대해 상세한 관찰이 가능하며 주민접촉도 용이하고 별도의 장비도 별로 필요 없다. 그러나 순찰자가 쉽게 피로하고 기동성이 부족하며 가시적 방범효과가 낮다는 단점이 있다.

2) 자동차순찰

이는 112순찰차를 활용한 순찰방식이다. 가시적 방범효과가 큰 동시에 신속한 기동력으로 신속하게 범죄에 대응할 수 있고 다양한 장비의 소지가 용이하다. 그러나 단점으로는 대민접촉이 멀어지고 비용이 들며 협소한 도로에서 활동의 제약을 받는다.

3) 싸이카순찰

이는 기동성이 양호하고 좁은 골목에서도 기동성을 발휘할 수 있는 장점이 있는 반면에 안전성이 미흡하고 은밀한 순찰이 불가능하다는 단점을 지니고 있다.

4) 자전거순찰

2007년 3월 8일 대전둔산경찰서에 자전거순찰대가 창설되어 순찰차가 못가는 공원, 제방길 등에서 여러 가지 활동을 펼치고 있다. 시민과 접촉이 용이하고 호응이 좋으나 자동차순찰에 비해 기동성이 저하되고 장비적재의 한계가 발견된다.[37]

5) 인라인순찰

인라인스케이트를 활용한 순찰이다. 인파가 많은 지역에서 순찰을 도는 데 유리하다. 부산강서경찰서, 일산경찰서, 서울강동경찰서, 부천중부경찰서, 수원중부경찰서, 대구수성경찰서 등에 창설되어 운영 중이다.

6) 경찰정(艇)순찰

이는 한강순찰대인데 현재 망원, 뚝섬, 이촌, 광나루에 4개 초소를 가지고 있으며 20여명의 경찰과 9척의 경찰정(艇)을 운영 중이다. 주요 임무는 한강에서 수상사고의 예방과 구호를 위해 운영 중이다.

(3) 순찰인원 수에 의한 순찰

여기에는 단독순찰과 복수순찰방식이 있다. 이는 1인이 순찰하는 방식과 2인 이상이 복수로 순찰하는 방법이 있다.

(4) 순찰자의 복장에 의한 순찰

제복순찰과 사복순찰이 있는데 제복순찰은 경찰복장을 보고 가시방범효과를 얻을 수 있으나 잠복 등이 어렵다.

제7절 생활안전경찰의 생활질서 업무

생활안전경찰은 범죄예방활동, 행정법규위반자 단속과 규제, 청소년 선도와 범죄수사, 자율방범대의 운영, 민관치안협력활동, 민간경비의 지도와 육성 등을 수행하고 있다.

---

37) 중앙경찰학교(a), 앞의 책, p. 87.

1. 경범죄처벌법

경범죄처벌법은 1954년 4월 제정·공포되어 지속적으로 개정이 있었고 8개 조항으로 구성되어 있다. 이는 경찰의무에 위반한 경미한 형벌인 10만원 이하의 벌금, 구류, 과료에 처할 것을 규정한 경찰법에 관한 법률을 의미한다. 경범죄처벌법을 위반한 자는 긴급체포의 대상은 아니고 비록 현행범인인 경우도 주거불명시만 현행범체포가 가능하며 공소시효는 3년이다.[38]

(1) 통고처분

통고처분이란 경미한 질서위반자에게 벌금이나 과료를 일정장소에 납부하라고 통고하는 준사법적 행정처분인데 도로교통법과 경범죄처벌법에서 규정하고 있다. 이는 특히 형사소추나 즉결심판에 회부되지 않고 금전벌로 대신하는 것이다. 통고처분의 대상은 다음의 21개 항목을 말한다. 즉 오물방치, 노상방뇨, 자연훼손, 수로교통방해, 불안감조성, 음주소란, 인근소란, 물건던지기 등 위험행위, 공작물 등 관리소홀, 굴뚝 등 관리소홀, 위해동물 등 관리소홀, 무단소등, 공중통로 안전관리소홀, 공무원원조불응, 전당품 장부관리소홀, 미신요법, 야간통행 제한위반, 새치기, 무단출입, 뱀 등 진열행위, 금연장소에서의 흡연 등이다. 위의 21개항을 위반한 자를 범칙자라고 부른다. 범칙금납부는 통고처분을 받은 날로부터 10일 이내 경찰청장이 지정하는 국고은행에 납부해야 하고 1차 기간 내 미납자는 만료된 다음날로부터 20일 이내에 통고받은 범칙금액의 20/100을 납부해야 한다. 그래도 불이행한 자는 바로 즉결심판이 청구된다.

(2) 경범죄의 종류

경범죄에는 1~54호가 있는데 그 위반유형을 도표를 통해 살펴보면 다음과 같다. 경기가 나빠질수록 경범죄처벌사건이 급속히 증가하는 경향이 있다. 우리나라 경범죄처벌법에 관한 유형을 소개하면 다음과 같다.[39]

---

38) 중앙경찰학교(b), 『생활질서』(충주: 중앙경찰학교, 2009), p. 11.

39) 즉결심판급증기사 소개: "어머니 약값이라도 보탤까 했습니다. 어머니가 간암이에요. 정말 모르고 그랬습니다." 건장한 30대 남자가 법정 증언대에 서서 고개를 조아렸다. 방청석을 가득 메우고 복도까지 늘어선 사람들은 남자의 하소연에 작은 목소리로 불쌍하다며 수군거리더니 이내 잔뜩 굳은 표정으로 차례를 기다렸다. 윤모(30)씨는 14일 서울중앙지법 408호 법정에 섰다. 혐의는 경범죄처벌법 1조13항(광고물 무단 첩부) 위반이다. 광고 전단지를 아무데나 붙이다 잡혀 온 것이다. 담당 판사는 측은한 듯 윤씨를 바라보더니 이것저것 정황을 물었다. 죄가 되는지 모르고 했고, 일거리가 끊겨 아르바이트를 한 것이고, 병든 어머니를 모시려 돈이 필요했다는 답변이 기어들어가는 목소리로 이어졌다. 벌금 3만원(출처:

표 12-3 경범죄처벌법 위반유형

조문	행위	1차제재	조문	행위	1차제재
1호	빈집 등에의 잠복	즉심	28호	물건 던지기 등 위험행위	30,000원
2호	흉기의 은닉휴대	즉심	29호	공작물 등 관리소홀	50,000원
3호	삭제	·	30호	굴뚝 등 관리소홀	50,000원
4호	폭행 등 예비	즉심	31호	정신병자 감호소홀	즉심
5호	허위신고	즉심	32호	위해동물 관리소홀	50,000원
6호	시체현장변경	즉심	33호	동물 등에 의한 행패	즉심
7호	요부조자 등 신고불이행	즉심	34호	무단소등	50,000원
8호	관명사칭 등	즉심	35호	공중통로 안전관리소홀	50,000원
9호	출판물의 부당게재 등	즉심	36호	공무원 원조불응	50,000원
10호	물품강매/ 청객행위	즉심	37호	성명 등의 허위기재	즉심
11호	허위광고	즉심	38호	전당품장부 허위기재	50,000원
12호	업무방해	즉심	39호	미신요법	20,000원
13호	무단광고물 무단첨부 등	즉심	40호	야간통행제한위반	30,000원
14호	음용수 사용방해	즉심	41호	과다노출	즉심
15호	삭제	·	42호	지문채취불응	즉심
16호	담배꽁초/껌/휴지투기	30,000원	43호	자릿세 징수 등	즉심
	쓰레기/ 죽은 짐승 등 투기	50,000원	44호	삭제	·
17호	침 뱉는 행위	30,000원	45호	삭제	·
	대소변행위/ 동물용변사후 미수거 행위	50,000원	46호	비밀 춤 교습 및 장소제공	즉심
18호	의식방해	즉심	47호	암표 매매	즉심
19호	단체가입 강청	즉심	48호	새치기	50,000원
20호	자연훼손	50,000원	49호	무단출입	20,000원
21호	타인의 가축/ 기계 등 무단조작	즉심	50호	총포 등 조작장난	즉심
22호	수로유통방해	20,000원	51호	무임승차 및 무전취식	즉심
23호	구걸 부당이득	즉심	52호	뱀 등 진열행위	30,000원
24호	불안감 조성	50,000원	53호	장난전화 등	즉심
25호	음주소란 등	50,000원	54호	지하철역구내, 대중교통수단, 의료시설, 위험물시설, 승강기내의 흡연	30,000원
26호	인근소란 등	30,000원		역대합실, 버스터미널, 실내체육관 기타 장소에서의 흡연	20,000원
27호	위험한 불씨 사용	즉심			

2. 즉결심판에 관한 절차법

즉결심판이란 지방법원, 지원, 시·군법원의 판사가 20만원 이하의 벌금, 구류, 과료에 처할 경미한 사건에 대해 경찰서장의 청구로 법원의 재판절차에 따르지 않고

국민일보 쿠키뉴스 선정수 기자 jsun@kmib.co.kr(2009년 7월 15일).

심판하는 특별형사소송절차를 말한다. 이는 법원의 업무를 경감시켜 준다. 이는 순찰지구대장, 파출소장이 1시간 내에 심사하여 즉심청구여부를 결정해 보고서를 작성한 후 경찰서로 인계하는 절차를 따른다.

3. 풍속사범의 단속

(1) 풍속사범의 개념

풍속사범은 사회의 선량한 풍습이나 건전한 생활습관을 깨뜨리는 행위인데 이러한 행위를 금지, 제한, 단속하는 경찰작용을 소위 풍속경찰이라고 부른다. 대체 어떤 행위가 선량한 풍습을 깨는 것인지는 나라마다 역사와 문화적 환경에 따라 각기 다른 것으로 보아야 한다.

(2) 왜 풍속사범의 단속이 필요한가

물론 형법에도 미풍양속의 위반에 대해 처벌규정이 있지만 그것만으로는 불충분하여 특별행정법규를 제정해 행정적 권한에 의해 선량한 풍속을 미리 지도·감독하는 것이 필요하다.

1) 음란행위와 음란물

성적자극 행위를 통해 일반인에게 성적 수치심과 혐오감을 갖게 하는 일련의 행위이다.[40] 성행위 장면의 연출, 나체쇼, 전라의 모델을 관람시키는 행위, 나체투시의 옷을 입는 행위, 공원 등에서 전라로 성희를 공연하는 행위 등인데 이에 대한 경찰의 단속근거는 풍속영업의 규제에 관한 법률, 식품위생법, 청소년보호법, 공중위생관리법 등이 있다.[41]

2) 윤락행위

이는 불특정다수인에게서 금품 등을 받고 성행위를 행하는 것을 의미한다. 이는 국민보건과 인신매매의 온상이 되어 금지하는데 경찰의 단속근거로는 청소년의성보호에관한법률, 성매매알선등행위의처벌에관한법률, 성매매방지및피해자보호등에관한법률,

---

40) 2014년 8월 22일 경찰에 따르면 제주시 중앙로 7차선 도로변 일대에서 확보된 CCTV 8대의 내용을 국립과학수사연구원이 분석한 결과, ○○○ 전 제주지검장이 길거리에서 공연음란행위를 한 것으로 확인되어 큰 사회문제가 되었다. 길거리에서 이를 목격한 한 여고생의 신고로 경찰이 출동했고, 체포되었다. 그는 총 다섯 차례에 걸쳐 성기를 꺼내 흔드는 음란행위를 벌인 것이 길거리에 설치된 CCTV에 그대로 찍혀 있었던 것이다. 공연음란이란 누가 보든지 여부를 떠나서 길거리나 공공장소에서 이런 행위를 해서는 안 된다는 점을 법으로 명시하여 처벌하는 것을 의미한다.
41) 김충남, 앞의 책, p. 410.

표 12-4	성매매와 청소년성매매의 비교	
구 분	성매매	청소년성매매
법적 근거	성매매알선등행위의처벌에관한법률	청소년의성보호에관한법률
대상면	불특정	특정인도 상관없음
행위면	성교행위, 유사행위를 포함	성교행위, 유사행위를 포함
연 령	제한없음	만19세 미만의 자

출처: 신현기·남재성 외, 『새경찰학개론』(서울: 우공출판사, 2013), p. 391.

풍속영업의규제에관한법률, 식품위생법, 공중위생관리법 등이다.42)

3) 사행행위

사행심을 유발시키는 행위로 우연이라는 사실에 재물을 거는 행위를 말한다. 이는 국민을 나태하고 낭비하게 하는 악풍을 제공하는 나쁜 행위이므로 경찰이 단속을 한다. 이에 대한 처벌은 사행행위등규제및처벌특례법에 근거한다.

4) 풍속유해영업

이는 불특정다수인을 접대하는 영업인데 사회의 건전한 미풍양속을 해하는 동시에 청소년의 건전한 육성도 해하게 된다. 경찰은 풍속영업의규제에관한법률에 근거해 단속한다.

4. 총포·도검·화약류 등의 단속

총포, 도검, 화약류, 분사기, 전자충격기, 석궁 등은 제조, 거래, 소지 및 사용이 적극 규제되는데 이는 공공의 안전을 유지하고 국민의 생명과 재산을 보호하기 위해서 중요한 것이다. 이를 단속하는 법률로는 총포도검화약류등단속법, 사격및사격장단속법, 조수보호및수렵에관한법률 등이 있다.

5. 소년경찰의 활동

이는 청소년을 선도 및 보호하고 위해를 방지할 목적으로 행하는 일련의 활동이다. 이에 대한 활동은 경찰관직무집행법, 소년법, 아동복지법, 청소년보호법, 근로기준법, 직업안정법, 성매매방지법, 학교보건법, 소년경찰직무규칙 등에 근거한다.

---

42) 김충남, 앞의 책, p. 411.

표 12-5		청소년 선도의 대상(소년경찰직무규칙)
비행소년	범죄소년	형벌법령에 위반하는 행위를 한 14세 이상 19세 미만의 자로서 형사책임이 있는 자
	촉법소년	형벌법령에 저촉되는 행위를 한 10세 이상 14세 미만의 자로서 형사책임이 없는 자
	우범소년	① 집단적으로 몰려다니며 주위 사람들에게 불안감을 조성하는 성벽(性癖)이 있는 것 ② 정당한 이유 없이 가출하는 것 ③ 술을 마시고 소란을 피우거나 유해환경에 접하는 성벽이 있는 것
불량행위소년 (불량소년)		비행소년은 아니나 음주·흡연·싸움 기타 자기 또는 타인의 덕성을 해하는 행위를 하는 소년
요보호소년		비행소년은 아니나 학대·혹사·방임된 소년 또는 보호자로부터 유기 또는 이탈되었거나 그 보호자가 양육할 수 없는 경우 기타 경찰관직무집행법 제4조 또는 아동복지법에 의하여 보호를 요하는 자(미아, 기아, 가출아, 혹사소년 등)

출처: 신현기·남재성 외, 『새경찰학개론』(서울: 우공출판사, 2013), p. 393.

6. 풍속사범 관련 법률

풍속영업을 영위하는 장소에서의 선량한 풍속을 해하거나 청소년의 건전한 육성을 저해하는 행위 등을 규제하여 미풍양속의 보존과 청소년의 보호에 이바지함을 목적으로 한다. 식품위생법의 규정에 의한 식품접객업 중 유흥주점업과 단란주점영업은 풍속영업의규제에관한법률의 적용을 받는 풍속영업의 범위에 해당된다.[43)]

특히 요즘 사회적으로 많은 문제가 야기되는 청소년성보호에 관한 법률들이 큰 관심의 대상이 되고 있다. 그 대표적인 법률 중 하나인 청소년보호법을 살펴보면 다음과 같다.

표 12-6	청소년보호법의 주요 내용
청소년	19세미만의 자를 말한다.
목적	청소년에게 유해한 매체물과 약물 등이 청소년에게 유통되는 것과 청소년이 유해한 업소에 출입하는 것 등을 규제하고 청소년을 청소년폭력·학대 등 청소년유해행위를 포함한 각종 유해한 환경으로부터 보호·구제함으로써 청소년이 건전한 인격체로 성장할 수 있도록 함을 목적으로 한다.
규제대상	• 청소년유해매체물로부터의 보호 • 청소년유해약물·물건으로부터의 보호 • 청소년유해업소에의 출입·고용금지(다만, 청소년유해업소 하나인 숙박업소중 [관광진흥법]의 규정에 의한 휴양콘도미니엄업과 [농어촌정비업] 또는 [국제회의산업 육성에 관한 법률]의 적용을 받는 숙박시설에 의한 숙박업을 제외한다)
처벌	청소년에게 술이나 담배를 판매한 자 등은 2년 이하의 징역 또는 1천만원 이하의 벌금에 처한다(단, 구입한 청소년은 처벌되지 않는다).

---

43) 신현기·남재성 외, 『새경찰학개론』(서울: 우공출판사, 2013), p. 386.

그리고 이어서 청소년의성보호에관한법률의 그 대상과 내용들에 대해 세부적으로 살펴보면 다음과 같다.

표 12-7 청소년의성보호에관한법률의 주요 내용

청소년	19세미만의 남녀를 말한다.
목 적	청소년의 성을 사거나 이를 알선하는 행위, 청소년을 이용하여 음란물을 제작·배포하는 행위 및 청소년에 대한 성폭력행위 등으로부터 청소년을 보호·구제하여 이들의 인권을 보장하고 건전한 사회구성원으로 성장할 수 있도록 함을 목적으로 한다.
규제대상	• 청소년의 성을 사는 행위 • 청소년이용 음란물의 제작·배포 등 • 청소년 매매행위 • 청소년에 대한 강간, 강제추행 등
처 벌	청소년의성보호에관한법률에서는 종전 윤락행위등방지법에서 윤락행위를 한 자와 그 상대방에 대해 1년 이하의 징역 또는 300만원 이하의 벌금에 처하였던 것과는 달리 매춘청소년에 대한 형사처벌은 일체 면제하고, 소년법상 보호처분으로서 ⓐ 귀가조치 ⓑ 보호관찰 ⓒ 병원 등 위탁 ⓓ 소년원 수감 ⓔ 선도보호시설 위탁의 처분을 할 수 있도록 규정하고 있다. 그리고 청소년매매춘업주는 최고 15년 이하의 징역의 중형으로 처벌하고 청소년의 성을 사는 자, 윤락업주에 대해서 신상을 공개할 수 있도록 하였다.
청소년대상 성범죄의 신고의무자	• 청소년 보호·교육·치료 시설의 책임자 등이 청소년 대상 성범죄의 발생 사실을 알게 된 때 • 청소년을 대상으로 하는 학원 및 교습소, 청소년보호센터 및 청소년재활센터, 청소년활동시설, 청소년쉼터, 보육시설, 아동복지시설 및 모·부자복지상담소의 책임자 및 관련 종사자가 청소년 대상 성범죄 사실을 알게 된 때 • 청소년 관련 시설에 종사하는 사람도 청소년 대상 성범죄의 발생 사실을 알게 된 때에 의무적으로 수사기관에 신고하도록 함.
성매매 대상 청소년에 대한 교육과정 운영	• 대상청소년에 대한 교육과정 또는 상담과정은 40시간 내외로 하여 검사가 그 구체적인 내용을 정하도록 하고, 그 교육과정 또는 상담과정은 국가청소년위원회가 운영하되, 효율적인 운영을 위하여 필요한 경우에는 청소년 지원시설 등에 그 운영을 위탁할 수 있도록 함.
신상공개등사전 검토위원회의 설치·운영	• 청소년 대상 성범죄의 방지를 위한 계도문 내용의 자문, 신상공개대상자 및 신상정보 등록대상자 결정의 사전 심의 등을 담당하도록 하기 위하여 15인 이내의 위원으로 구성되는 검토위원회를 구성함. • 검토위원은 판사·검사·변호사·전문의 등 자격이 있는 민간 위원과 관계 기관의 공무원 등으로 구성하도록 함.
성범죄자 중 신상 정보등록 대상자의 정보등록	• 신상정보 등록대상자로 결정된 사람은 성명·생년월일·직장 및 실제 거주지의 주소와 사진에 관한 정보를 국가청소년위원회에 등록하도록 하되, 교정기관의 장 또는 관할경찰서장을 통하여 등록할 수 있도록 함. • 등록의 효력은 등록대상자가 제출한 정보를 정보등록관리대장에 등재한 날부터 발생하도록 함.
청소년 대상 성범죄자의 해임요구	• 청소년관련교육기관등에 취업 중이거나 청소년관련교육기관등을 운영 중인 취업제한 대상자에 대한 해임요구 및 폐쇄요구는 서면으로 하도록 함. • 통지를 받은 사람은 서면으로 이의신청을 할 수 있도록 함.

이 밖에도 사행행위등 규제 및 처벌법, 영화 및 비디오물의 진흥에 관한 법률, 음악산업진흥에 관한 법률, 게임산업 진흥에 관한 법률, 식품위생법, 아동복지법, 공중

위생관리법 등이 있다.

제8절 실종 아동보호와 발견

1. 경찰청의 실종아동등 신고센터 운영

(1) 실종아동

<실종아동등의 보호 및 지원에 관한 법률>에 따라 실종아동의 발생을 사전에 예방하고 실종 경우 신속히 발견 및 복귀하도록 할 목적으로 경찰청에 실종아동신고센터(국번 없이 182)를 설치하여 운영하고 있다. 본 법률에서 실종아동은 18세 미만의 아동, 장애인, 치매환자를 가리킨다.[44] 그리고 보호자란 친권자와 후견인 및 다른 법률에 따라서 아동등을 보호하거나 부양할 의무가 있는 사람을 의미한다. 특히 경찰청장은 실종아동등의 조속한 발견과 복귀를 위해 다음의 사항을 시행하야 하는데 실종아동등에 대한 신고체계의 구축 및 운영, 실종아동등의 발견을 위한 수색과 수사, 유전자검사대상물의 채취, 그 밖에 실종아동등의 발견을 위하여 필요한 사항 등이다.

(2) 신고의무

실종아동등의 보호 및 지원에 관한 법률 제6조에 따라서 다음의 사람들은 직무 중 실종아동임을 알게된 경우 즉시 경찰청 실종아동등신고센터로 신고하여야 하는데, 보호시설의 장 또는 그 종사자, 아동복지법상 아동복지전담공무원, 청소년보호법 상 청소년보호 재활센터의 장 또는 그 종사자, 사회복지사업법 상 사회복지전담공무원, 의료법상 의료기관의 장 또는 의료인, 업무 고용 등의 관계로 사실상 아동등을 보호 감독하는 사람 등이다.

실종아동등 가출인업무처리규칙 제6조에 따라서 경찰관이 시·도경찰청과 경찰서에서 신고를 접수한 경우 그 내용을 경찰청장(실종아동찾기센터)에게 보고해야 한다.

---

44) 실종아동등의 보호 및 지원에 관한 법률 제17575호, 2020. 12. 8, 일부개정이 있었고 시행은 2021. 6. 9.였다.

2. 사전신고증 발급과 지문정보 등록관리

제7조의2(실종아동등의 조기발견을 위한 사전신고증 발급 등)에 따라 경찰청장은 실종아동등의 조속한 발견과 복귀를 위하여 아동등의 보호자가 신청하는 경우 아동등의 지문 및 얼굴 등에 관한 정보(이하 "지문등정보"라 한다)를 제8조의2에 따른 정보시스템에 등록하고 아동등의 보호자에게 사전신고증을 발급할 수 있다. 경찰청장은 제1항에 따라 지문등정보를 등록한 후 해당 신청서(서면으로 신청한 경우로 한정한다)는 지체 없이 파기하여야 한다. 경찰청장은 제1항에 따라 등록된 지문등정보를 데이터베이스로 구축·운영할 수 있다. 제1항에 따른 지문등정보의 범위, 사전신고증 발급에 필요한 등록 방법 및 절차 등에 필요한 사항은 행정안전부령으로 정하고, 제2항에 따른 신청서의 파기 방법과 절차 및 제3항에 따른 데이터베이스 구축 등과 관련된 사항은 대통령령으로 정한다.

제7조의3(실종아동등의 지문등정보의 등록·관리) ① 경찰청장은 보호시설의 입소자 중 보호자가 확인되지 아니한 아동등으로부터 서면동의를 받아 아동등의 지문등정보를 등록·관리할 수 있다. 이 경우 해당 아동등이 미성년자·심신상실자 또는 심신미약자인 때에는 본인 외에 법정대리인의 동의를 받아야 한다. 다만, 심신상실·심신미약 또는 의사무능력 등의 사유로 본인의 동의를 얻을 수 없는 때에는 본인의 동의를 생략할 수 있다. 경찰청장은 제1항에 따른 지문등정보의 등록·관리를 위하여 제7조의2제3항에 따른 데이터베이스를 활용할 수 있다. 제1항에 따른 실종아동등의 지문등정보의 등록·관리 등에 필요한 사항은 대통령령으로 정한다. 제7조의4(지문등정보의 목적 외 이용제한)에 따라 누구든지 정당한 사유 없이 지문등정보를 실종아동등을 찾기 위한 목적 외로 이용하여서는 아니 된다 등이다.

제 9 절 **경찰과 민간경비업 관련 사무**

---

1. 민간경비

생활안전경찰 차원에서 볼 때 오늘날 날로 광역화, 폭력화, 지능화되어 가는 범죄를 경찰 혼자서만 감당하기에는 큰 한계가 있다. 이러한 의미에서 지역사회경찰활동이 우리 경찰학계에서도 활발히 연구되고 있는 것이다. 지역사회경찰활동의 차원에서 민간방범조직을 활성화하고 민간경비산업의 지도 및 육성으로 시민과 경찰 간의 방범협력체제를 구축하는 일은 무엇보다 중요한 일이다. 이러한 지역사회경찰활동을 위해 경비업법과 경비업체보안업무관리규칙 등이 만들어져 활용되고 있다.

(1) 민간경비업의 개념

이는 개인이나 회사, 단체 등의 이익, 생명, 재산을 돈을 주고 의뢰한 경비업체가 맡아서 수행해 주는 것이다. 이 경비업체는 수익자부담원칙에 따라 그들로부터 보수를 받는다.[45] 경찰의 주체는 국가다. 그러나 민간경비업의 주체는 반드시 법인으로 하는 영리기업이다. 오늘날 우리나라에서 지역적으로 운영되는 자율방범대와 민간경비업체를 통한 경비업무 등은 생활안전경찰 기능에서 담당한다.

(2) 우리나라 민간경비업의 발전과정

우리나라 민간경비업은 아직까지 미국이나 유럽 및 일본에 비해 미약하지만 최근 급속하게 발전하고 있는 추세다. 우리나라에 처음 민간경비업이 시작된 것은 1954년 7월에 대한상이군인회 산하 용진보안공사인데 미 8군의 군납경비를 담당한 것이었다. 그 후 1958년 설립된 범아실업공사가 1962년 5월 한국석유저장주식회사와 경비계약을 맺고 활동에 들어간 것이 우리나라 경비시설물에 대한 최초의 민간경비로 알려져 있다. 우리나라 민간경비업 발전의 효시가 되는 법적 토대는 1976년 용역경비업법이 제정되면서부터라고 본다. 본 법에 따라 1977년 11월 한국경비보장주식회사가 내무부장관 민간경비업 허가 제1호로 설립되었는데 그 후 회사명칭이 에스원S1으로 개명되었으며 오늘날 국내 최대의 민간경비회사로 자리매김했다.[46] 1999년에는 용역경비업법이 제7차 개정을 통해 경비업법으로 개칭되었으며 2001년 제8차 개정, 2002년 제9차 개정, 2005년 제10차 개정 등이 있었다.[47]

---

45) 민간경비에는 4가지 이론이 있는데 수익자 부담이론, 공동화이론과 이익집단이론, 경제환원이론, 민영화이론 등이다. 첫째, 수익자 부담이론은 개인이 자기 개인적 편익을 위한 비용을 스스로 부담하여 향유하는 것이다. 국민세금으로 경찰은 개인편익까지 해결해 주지 못한다. 둘째, 공동화이론과 이익집단이론으로서 공동화이론은 범죄에 대해 치안수요가 미처 따라가지 못해 공동화(갭)가 생기는데 이를 민간경비가 보완해 주는 것이다. 그리고 이익집단이론은 이익집단이 자기이익을 증대하기 위해 민간경비를 활용하는 것이다. 셋째, 경제환원이론은 실업자를 민간경비원으로 사용해 경제적 부를 사회에 환원하며 민간경비산업을 발전시킨다. 민영화이론은 국가의 기능을 민간에 이양하여 민간경비를 발전시킨다는 이론이다.
46) 박기태, 『경찰방범론』(용인: 경찰대학, 2000), p. 335; 조철옥, 앞의 책, p. 473.
47) 정진환, 『경비업법개론』(서울: 백산출판사, 2004), p. 398.

(3) 민간경비산업의 활동 분야

이는 나라마다 분야별로 약간씩 다르다. 그러나 대체로 시설경비, 호송경비, 신변보호경비, 개인정보조사, 손실방지, 보안지도 등의 업무를 수행하고 있다.[48]

1) 시설경비업무

경비를 필요로 하는 시설 및 장소(이하 "경비대상시설"이라 한다)에서의 도난·화재 그 밖의 혼잡 등으로 인한 위험발생을 방지하는 업무

2) 호송경비업무

운반중에 있는 현금·유가증권·귀금속·상품 그 밖의 물건에 대하여 도난·화재 등 위험발생을 방지하는 업무

3) 신변보호업무

사람의 생명이나 신체에 대한 위해의 발생을 방지하고 그 신변을 보호하는 업무

4) 기계경비업무

경비대상시설에 설치한 기기에 의하여 감지·송신된 정보를 그 경비대상시설 외의 장소에 설치한 관제시설의 기기로 수신하여 도난·화재 등 위험발생을 방지하는 업무

5) 특수경비업무

공항(항공기를 포함한다) 등 대통령령이 정하는 국가중요시설(이하 "국가중요시설"이라 한다)의 경비 및 도난·화재 그 밖의 위험발생을 방지하는 업무 등이다.

위의 민간경비업의 활동영역을 기능별로 보면 재산의 보호, 개인안전의 확보, 정보수집 등으로 나눌 수 있다.

첫째, 재산의 보호이다. 이는 개인이나 회사의 시설, 설비, 절도, 화재, 파괴, 분실, 허가 없는 접근의 방지, 교통과 주차의 규제, 사고의 방지, 시설 내 안전확보, 비상시 피난유도 등의 임무를 수행한다.

둘째, 개인안전의 확보이다. 이는 개인의 생명과 신체를 보호하는 것으로 유괴, 인질, 암살, 정신이상자로부터 가해방지, 적대자로부터 가해행위방지, 화재와 교통사고의 방지 등이다. 이것을 담당하는 임무를 흔히 보디가드 혹은 에스코트라고 부르는데 유명인사, 자산가, 그들의 가족 등을 보호한다. 미국은 이러한 인구가 2만여명에 달한다고 하며 우리나라도 날로 이 분야가 중요시되며 수요인력도 점차적으로 증가

---

48) 경비업법 제2조(일부개정 2009. 4. 1 법률 제9579호); 정진환, 앞의 책, p. 340; 조철옥, 앞의 책, p. 474; 김충남, 앞의 책, p. 424.

하고 있다.

셋째, 정보의 수집이다. 이는 회사나 개인이 인력을 채용할 때 신원조사, 행방불명자의 수색, 보험회사의 보험금 지불 전에 조사자료 수집, 배우자의 부정자료 수집, 민사사건에서 법정증거 수집, 기업의 회계감사, 문서감정, 지문채취 등 감식활동 등을 담당한다. 이러한 회사는 소위 흥신소나 사립탐정(민간조사업) 분야에서 출발하는 경우가 많다.49) 우리나라의 경우 흥신소 혹은 심부름센터 기업에서 불법행위를 일으키고 사회문제로 등장하자 최근 가칭 민간조사업(사립탐정)법이 시급하다는 주장이 제기되고 있다. 이미 16대, 17대 국회에서 사립탐정 연구자들과 공동으로 이 분야에 대해 뜨거운 논쟁을 불러왔고 18대 국회에서도 일부 의원이 의원입법으로 경비업법을 개정해 사립탐정(민간조사원제도)을 법적·제도적으로 도입하기 위한 노력이 활발하다. 본 제도는 이미 미주국가, 유럽국가, 일본, 호주, 뉴질랜드 등에서 상당히 발달했다.

(4) 경비업법의 핵심내용

1) 경비업의 허가

경비업을 영위하고자 하는 법인은 경비업무를 특정하여 그 법인의 주사무소의 소재지를 관할하는 시·도경찰청장의 허가를 받아야 한다. 경비업 허가의 유효기간은 허가받은 날부터 5년으로 한다.50)

2) 경비지도사 및 경비원의 결격사유

다음과 같이 만 18세 미만인 자, 금치산자, 한정치산자, 파산선고를 받고 복권되지 아니한 자, 금고 이상의 실형 선고를 받고 그 집행이 종료(집행이 종료된 것으로 보는 경우를 포함한다)되거나 집행이 면제된 날부터 5년이 지나지 아니한 자, 금고 이상의 형의 집행유예선고를 받고 그 유예기간중에 있는 자는 일반경비원이 될 수 없다.51)

3) 특수경비원의 직무 및 무기사용 등

시·도경찰청장은 국가중요시설에 대한 경비업무의 수행을 위하여 필요하다고 인정하는 때에는 시설주의 신청에 의하여 무기를 구입한다. 이 경우 시설주는 그 무기의 구입대금을 지불하고, 구입한 무기를 국가에 기부채납하여야 한다. 시·도경찰청장은 국가중요시설에 대한 경비업무의 수행을 위하여 필요하다고 인정하는 때에는

---

49) 김충남, 앞의 책, p. 425.
50) 경비업법 제4조.
51) 경비업법 제10조.

관할경찰관서장으로 하여금 시설주의 신청에 의하여 시설주로부터 국가에 기부채납된 무기를 대여하게 하고, 시설주는 이를 특수경비원으로 하여금 휴대하게 할 수 있다. 이 경우 특수경비원은 정당한 사유없이 무기를 소지하고 배치된 경비구역을 벗어나서는 아니 된다. 시설주가 대여받은 무기에 대하여 시설주 및 관할 경찰관서장은 무기의 관리책임을 지고, 관할 경찰관서장은 시설주 및 특수경비원의 무기관리상황을 대통령령이 정하는 바에 따라 지도·감독하여야 한다. 관할 경찰관서장은 무기의 적정한 관리를 위하여 제3항의 규정에 의하여 무기를 대여받은 시설주에 대하여 필요한 명령을 발할 수 있다.52)

---

52) 경비업법 제14조.

13장 경비경찰

1. 경비경찰의 개념

경찰은 여러가지 기능을 수행해야 하는데 그중에서 아주 중요한 기능이 바로 경비활동이다. 일반적으로 경비경찰이란 다음과 같은 업무를 수행하는 것을 핵심내용으로 한다. 즉, 공공의 안녕과 질서를 파괴하는 국가비상사태, 긴급한 주요사태 등이 발생하거나 발생할 우려가 있는 경우, 개인이나 단체의 행위로 인해 공공의 질서가 파괴될 우려가 있는 경우, 그리고 조직적인 부대활동을 통해 이를 예방, 경계, 진압하는 일련의 경찰활동을 바로 경비활동이라고 보면 된다.1) 이런 차원에서 볼 때 경비경찰의 대상은 국가질서의 파괴행위, 사회의 혼잡상태, 자연재해까지를 모두 포함하고 있다.

2. 경비경찰의 법적 근거

경비경찰의 법적 근거는 헌법, 법률, 명령규칙, 훈령 등에서 찾아 볼 수 있다.

---

1) 경찰대학, 『경찰경비론』(서울: 대한문화사, 2002), p. 4; 한종욱·정방원, 『경찰경비론』(용인: 경찰대학, 2003), p. 5; 허경미, 앞의 책, p. 338; 김충남, 앞의 책, p. 430.

표 13-1	경비경찰의 법적 근거
헌법 (제37조 2항)	헌법 제37조 2항은 국가안전보장이나 사회질서유지를 위해 필요한 경우에는 법률로써 국민의 자유와 권리를 제한할 수 있도록 규정함으로써 경비경찰활동에 따른 권리와 자유의 제한근거를 제시하고 있다.
법률	① 경찰법: 경찰법 제3조(경찰의 임무) ② 경찰관직무집행법: 경찰관직무집행법 제2조(경비·요인경호 및 대간첩작전수행) ③ 형법 등 기타 법률: 형법(제115조, 제116조), 경찰직무응원법, 화염병사용등의처벌에관한법률, 계엄법, 집회및시위에관한법률, 수난구호법, 대통령경호실법, 전직대통령예우에관한법률, 통합방위법 등. 한편 민간경비와 관련하여서는 청원경찰법, 경비업법 등이 있다.
명령·규칙	위 각종 법률의 시행령·시행규칙과 위수령 등이 있다.
훈령	대통령훈령 제28호, 검문소운영규칙(경찰청훈령), 경찰기동대운영규칙(경찰청훈령) 등이 있다.

출처: 신현기·남재성, 『새경찰학개론(제3판)』(서울: 우공출판사, 2013), p. 456.

3. 경비경찰활동의 특징

경비경찰은 사전예방적 성격, 사후진압적인 성격, 그리고 현상유지적인 성격을 동시에 가지고 있는 복합적 경찰활동을 특징으로 하고 있다.

(1) 복합기능적 활동

경비경찰은 사태가 발생하기 전에 미리 방지하는 예방적 진압에 집중하는 활동을 펼친다. 그러나 사태가 이미 발생하여 진압하지 않으면 안 되는 활동도 벌인다. 최근에는 사전에 미리 사태를 예방하는 활동에 중점을 두는 전략에 더 집중하고 있다. 사전적 예방은 그만큼 국민이 사태로 인해 받게 되는 불편함도 줄이게 되며 사태를 막기 위해 발생하는 사회적 비용도 줄이는 1석 2조의 효과를 기대할 수 있는 것이다.[2]

(2) 현상유지적 활동

경비경찰은 현재의 사회질서를 유지하고자 하는 특징을 가지고 있다. 말하자면 경비경찰의 예방적 활동은 현재 유지되고 있는 일련의 사회질서들을 훼손하는 특정의 사태를 미리미리 예방하기 위한 것이다. 여기에 반해 사후적 경비경찰의 활동은 현재의 사회질서로 다시 환원시키려는 일련의 활동이다. 현재의 질서상태를 유지하기 위한 경비경찰의 대표적인 활동들은 예를 들어 다중이 운집한 집회관리, 대테러활동, 요인의 신변보호, 산악수색, 납치유괴범이나 흉악범검거 활동 등 다양하다.

---

2) 김충남, 앞의 책, p. 3431.

(3) 즉응적 활동

타 경찰부서의 활동들은 정해져 있는 업무가 많은 편이다. 그러나 경비경찰의 경우는 즉응적 활동이 상당히 많은 편이다. 예를 들어 다중범죄, 테러, 경호상 위해나 경찰작전상황이 발생한 경우 즉시 대응해야 하며 또한 즉시 출동하여 처리하지 않으면 안 된다. 그래야만 인명과 재산을 지킬 수 있는 것이다.

(4) 조직적 대응

경비경찰은 조직적인 대응활동을 생명으로 하고 있다. 경비경찰은 예를 들어 시위를 막기 위해 동원되는 경찰부대들이 조직의 명령체계에 의해 일사불란하게 대응하여 상호 유기적인 협동작전을 전개하는 것을 말한다. 무엇보다 경비경찰은 부대편성을 이루어 경비사태에 신속하게 대처하는 것을 그 생명으로 하고 있다.

제 2 절	경비경찰의 기본원칙

경비경찰이 잘 운영되기 위해서는 체계적으로 잘 정비된 경찰조직과 조직의 구성원이 필요하며 동시에 몇가지 기본원칙을 지켜야 한다. 그 기본원칙을 살펴보면 다음과 같다.3)

1. 부대단위 활동의 원칙

개인적으로 활동할 수 없는 것이 경비경찰의 특징이다. 경비경찰은 부대단위로 운영되어야 효력을 발휘할 수 있다. 전 부대원이 최대의 효율성을 발휘해 내기 위해서는 상호신뢰와 협동단결의 토대 위에서 지휘관의 명령에 따라 일사불란 하게 움직여야 한다. 부대단위로 움직인다는 것은 명령과 복종이 제대로 유지되지 않으면 안된다. 이를 위해 보급체계도 잘 갖추어져야 한다.

---

3) 김충남, 앞의 책, pp. 432~433.

2. 지휘단일성의 원칙

경비경찰은 부대단위로 활동이 이루어지기 때문에 한 사람의 상관으로부터 계선형태로 상명하달체계에 의해 운영되어야 한다. 지휘관의 명령체계에 의해 일사분란하게 이루어지지 않는다면 부대단위가 와해되어 혼란에 빠지게 될 것이다.

3. 체계통일성의 원칙

경찰상호간, 타 기관 및 국민들과 지원협조체제가 용이하고 조직관리도 수월하기 위해서 경비경찰조직은 상급기관간, 동급기관간에 경비조직이 전국적으로 통일되어야 한다. 또한 임무의 분담이 상호간 어느 기관에서나 통일체계로 편성되어야 한다.

4. 치안협력성의 원칙

여기서 말하는 치안협력성이란 경비경찰의 업무를 효과적으로 수행 및 달성하기 위해서 상호협력해야 함을 의미한다. 국민들이 협력해서 신고를 해주는 등 제반 협력이 따라주지 않으면 경비경찰이 사태발생으로 인해 나타날 피해들을 줄이는 데 어려움이 있을 것이다.

제3절　경비경찰의 조직

1. 경 찰 청

경찰청과 그 소속기관 등 직제 제13조 및 경찰청과 그 소속기관 직제규칙 제10조에 의해 경찰청에는 경비국을 설치·운영하고 있다. 경비국의 국장은 치안감 또는 경무관으로 보하고 있다. 경찰청 국장 산하에는 경비과, 위기관리센터, 경호과, 항공과가 설치되어 총경이 이끌고 있다.[4]

---

4) 이영남·신현기, 앞의 책, p. 304; 신현기·남재성, 『경찰학개론』(서울: 21세기사, 2008), p. 434.

(1) 경 비 과

경비과장은 다음의 사항을 분장하고 있다.

① 경비에 관한 계획의 수립 및 지도

② 경찰기동대 운영의 지도 및 감독

③ 의무경찰의 모집 선발

④ 의무경찰의 교육훈련 인사관리 및 정원관리

⑤ 의무경찰의 복무 및 기율단속

⑥ 의무경찰의 사기·복지 등의 관리에 관한 사항

⑦ 기타 국내 다른 과의 주관에 속하지 아니하는 사항

(2) 위기관리센터

위기관리센터장은 다음의 사항을 분장한다.

① 대테러종합대책 연구 기획 및 지도

② 대테러 관련 법령의 연구 개정 및 지침 수립

③ 대테러기구 및 대테러 전담조직 운영 업무

④ 대테러 종합훈련 및 교육

⑤ 경찰작전과 경찰 전시훈련에 관한 계획의 수립 및 지도

⑥ 비상대비계획의 수립 및 지도

⑦ 중요시설의 방호 및 지도

⑧ 향토예비군의 무기·탄약관리의 지도

⑨ 청원경찰의 운영지도

⑩ 민방위 업무의 협조에 관한 사항

(3) 경 호 과

경호과장은 다음의 사항을 관장하고 있다.

① 경호경비계획의 수립 및 경호행사 현지지도 감독, 경호기법 개발 및 경호교육, 경호장비개발 및 관리 운용

② 요인의 보호에 관한 사항 등의 업무를 수행한다.

(4) 항 공 과

항공과장은 다음의 사무를 관장한다.

① 경찰항공기의 관리 및 운영

② 경찰항공요원에 관한 교육훈련

③ 경찰업무수행에 관련된 항공지원업무 등이다.

2. 서울경찰청

(1) 경 비 부
서울경찰청장(치안정감) 아래에 경비부장(경무관)을 두고 서울 전역의 경비업무를 총괄 지휘한다. 경비부장 산하에는 경비1과와 경비2과가 설치되어 있다. 경비1과 소속으로는 경비1계, 경비2계, 전경관리계, 경비경찰수련장이 있다. 그리고 경비2과에는 작전계, 대테러계, 경호계, 항공계가 운영되고 있다.

(2) 기 동 단
서울경찰청장 아래에 직속 기동단을 설치해 서울시내의 시위관련 업무를 수행하고 있다.

(3) 직할부대
서울경찰청 직속으로 101경비단(청와대 경비), 22경찰경호대(대통령경호실 직원과 공동 근무), 종합청사경비대, 국회경비대, 공항경비대, 경찰특공대, 202경비대(청와대 외곽경비) 등이 설치되어 운영 중이다.

3. 기타 시·도경찰청

(1) 경 비 과
각 시·도경찰청에 경비과를 두고 그 아래에 경비계, 작전전경계, 경호계를 두고 있다.

(2) 의무경찰대
의무경찰 지원자만으로 기동대 및 방순대 등을 구성하여 운영하고 있다.

(3) 기 동 대
기동대는 중대에 각각 3개 소대로 편성해 집회시위관리, 중요 시설경비, 경호경비, 재난경비, 혼잡경비 및 방범근무 등을 겸해서 행한다.

4. 경 찰 서

각각 경찰서 내에는 경비과, 경비교통과가 설치되어 있으며 그 아래에 경비작전 계와 치안상황실이 위치하고 있다. 특히 전국 모든 경찰서에는 112타격대, 자체경비, 유치장, 교통보조 등을 위한 의경들을 관리 및 운용하고 있다. 또한 1급지 경찰서에 는 방범순찰대를 두고 방범보조업무를 수행하면서 경비업무도 활용하고 있다.

5. 지구대(파출소)

지구대 직원 중에서 경비업무 담당자를 지정해 관련 업무를 주도적으로 처리하고 있다. 관할 경찰서에서 인력부족시에 동원되기도 한다.5)

제 4 절 경비경찰의 수단

경비경찰은 공공의 안녕과 질서를 유지하기 위한 목적을 가지고 있는데 이를 파 괴하는 위해자들로부터 피해를 최소화 하는 행정경찰작용이다. 일반적으로 경비경찰 의 수단으로는 경고, 제지, 체포, 작전지역내 검색, 무기의 사용 등이 대표적이다.6)

1. 경   고

경비경찰은 인명, 신체, 재산에 피해를 받게 될 가능성에 대비하고 범죄의 예방, 진압 등 공공의 안녕과 질서를 유지하기 위해 필요한 경우 행위자에 대해 주의와 경 고를 할 수 있다. 이는 위해를 방지함은 물론이고 공공질서를 유지하기 위해 필요한 행위(작위, 부작위)를 촉구하는 일종의 통지행위라고 볼 수 있다.

---

5) 중앙경찰학교, 『경비』(충주: 중앙경찰학교, 2009), p. 21.
6) 허경미, 앞의 책, 2021, p. 477; 경찰대학, 앞의 책, pp. 142~146; 김충남, 앞의 책, p. 435~436.

2. 제　　지

제지란 경비경찰이 취할 수 있는 일종의 강제처분행위이다. 어떤 범법자의 불법행위에 대해 제한이나 통제를 하는 것을 말한다. 그러나 반드시 법률에 근거를 두고 행해야 한다.

3. 체　　포

경비경찰은 집단적 범죄에 대해서는 제지와 해산 및 현행범으로 체포도 할 수 있다. 하지만 체포시에는 경찰이 미란다 원칙을 준수하는 것도 중요한 의무 중 하나이다.[7]

4. 작전지역 내 검색

경찰관직무집행법 제7조에 따라 경찰공무원은 대간첩작전지역 안에서 다수인이 출입하는 장소에 대해 법원의 영장 없이 검색이 가능하다. 다수인의 출입장소는 여관, 흥행장, 음식점, 기차역, 버스역 등이다. 물론 대간첩작전지역이라고 한정하고 있기는 하지만 국민의 권리침해라는 측면에서 문제점으로 지적되고 있다.

5. 무기의 사용

경찰관직무집행법 제10조의 4에 따라 경찰관은 정당한 임무수행을 위해 무기를 사용할 수 있다. 정당했다면 무기사용의 결과에 따라 위해가 발생해도 위법성이 조각되어 범죄가 면제된다.

6. 경비경찰수단의 원칙

경비경찰관들이 수단을 행사하는 데 있어서는 일정한 원칙이 있게 마련이다. 따라서 균형의 원칙, 위치의 원칙, 시점의 원칙, 안전의 원칙을 잘 갖추어야 한다.[8]

---

7) 미란다 원칙이란 체포 또는 구속을 할 때 체포 또는 구속의 이유와 변호인의 조력을 받을 권리가 있다는 사실을 알려주지 않고서는 체포 또는 구속을 받지 않도록 하는 원칙을 의미한다.

(1) 균형의 원칙

균형성이란 경비경찰이 경비수단으로 경찰권을 행사하는 데 있어서 경력운용을 균형있게 하는 것을 의미한다.

(2) 위치의 원칙

위치성이란 경비경찰이 경비를 하는 데 있어서 시위대보다 경찰이 더 유리한 위치를 선점하는 것을 말한다. 그래야 비상 작전시에 경찰이 효과적인 진압작전을 펼칠 수 있다.

(3) 적시(시점)의 원칙

경비경찰이 작전을 펼치는 데 있어서 가장 적절한 시간에 가장 저항력이 약한 시기를 택해 진압하여야 최대의 효과를 거둘 수 있는 것이다.

(4) 안전의 원칙

만일 시위가 발생했을 때 경비경찰이 자기 동료들은 물론이고 군중들까지도 아무 사고 없이 안전하게 작전을 마무리하고 공공질서가 다시 유지되도록 하는 것을 의미한다.

제5절　경비경찰의 업무

경비경찰의 경우 중요 업무는 혼잡경비, 재해경비, 중요시설 경비, 다중범죄진압, 경호경비, 대테러, 경찰작전, 기타 해안선 경비, 경찰기동대 운영, 민방위 업무의 협조, 향토예비군의 무기 및 탄약관리 등이다.

---

8) 허경미, 앞의 책, p. 341.

1. 혼잡경비

(1) 혼잡경비의 의의

1) 개   념

혼잡경비는 두 가지 차원에서 이해할 수 있다. 하나는 국가의 공식적인 행사로 경찰이 직접 관여해야 하는 경우를 상정할 수 있고, 다른 하나는 비조직적인 군중이 중심이 되어 행하는 경우 경찰이 2차적으로 협조 혹은 관리해 주는 방법을 상정할 수 있다.

혼잡경비란 일반적으로 음악 등의 공연, 각종 기념행사, 각종 체육행사, 제례, 각종 종교행사 등으로 인해 군중이 모이면서 갑자기 인위적 혹은 자연적으로 발생할지 모르는 혼란상태를 미리 예방과 동시에 경계하고자 하는 일련의 행위이다. 또한 어떤 위해나 사태가 발생했을 경우 신속히 진압함은 물론이고 발생한 피해가 더 확대되지 않도록 방지하는 경찰활동을 의미한다. 특히 국가가 행하는 공식행사인 경우에는 경찰이 처음부터 직접 경비를 준비하게 된다. 그러나 사조직이 허가를 받고 행사를 주최하는 다군중 집회의 경우는 우선 민간경비업체 등을 활용해서 진행한다고 하더라도 경찰이 기획단계부터 계속해서 지도해 주는 방법을 취하고 있다.

2) 혼잡경비의 원칙

첫째, 적절한 경비계획 수립의 원칙이다. 집회의 목적이 무엇이며 군중이 얼마나 모이게 되는지 그리고 혼잡장소에 배치할 인력은 얼마 정도여야 하는지 등에 관한 경비계획을 사전에 잘 짜야 한다.

둘째, 혼잡경비에 대한 수익자부담의 원칙이다. 사조직에서 수익성을 목표로 군중을 동원하여 혼잡경비가 발생하는 경우 철저한 수익자부담원칙을 적용하게 된다. 즉 주최자측이 민간경비를 동원하여 비용을 부담하여야 한다. 이 때 경찰은 경비에 만전을 기하도록 지도를 잘 해주어야 한다. 그러나 올림픽과 같은 국가적 행사의 경우는 수익자부담의 원칙을 지우기가 쉽지 않다.[9]

3) 군중정리의 원칙

군중이 많이 모이는 곳에는 항상 군중심리가 발동해 혼잡사태가 발생할 가능성이 크다. 따라서 통제해야 할 지역마다 경찰공무원을 배치하도록 하여 문제가 발생할 경우 신속하게 대피할 수 있도록 유도해 사고의 확대를 최소화 하는 조치를 취하는 것

---

[9] 김충남, 앞의 책, p. 443; 조철옥, 앞의 책, p. 630.

을 군중정리의 원칙이라고 한다.

2. 선거경비

(1) 개   념

선거경비는 선거가 열리는 유세장에서 인파가 몰리면서 발생할지도 모르는 위기 상황에 대비하기 위한 경비를 말한다. 특히 선거경비의 경우에는 혼잡, 특수, 경호, 다중범죄진압경비를 포괄하는 종합적인 경비가 요구되는 특징을 가지고 있다. 서거 유세시에 후보자나 정당대표자에게 위해를 가하는 상황이 발생할 수 있어 특별한 경비가 요구되기도 한다.

(2) 후보자신변보호

선거에서 후보자신변보호 조치는 다음과 같이 행하도록 규정되어 있다.

표 13-2 선거시 후보자의 신변보호

대통령 후보자	후보자의 요청에 따라 전담 신변경호대를 편성, 운용하여 24시간 경호임무를 수행하고, 신변경호를 원하지 않는 후보자는 시·도경찰청에서 경호경험이 있는 자로 선발된 직원을 대기시켜 관내 유세기간 중 근접배치
지방자치단체장 및 국회의원후보자	각 선거구를 관할하는 경찰서에서는 후보자가 원할 경우 전담경호요원을 배치

(3) 투표소와 개표소에 대한 경비

투표시에 용지의 인쇄나 이동에 있어서 특별한 경찰의 경비가 요망된다. 선거투

표 13-3 투표소 경비의 내용

투표구 선관위와 경비대책 사전협의	• 투표소가 취약지역에 설치되지 않도록 사전협의· 조정하고, 투표소와 경비근무장소간 비상통신망을 구성하여 유사시 신속한 연락체제를 강구한다.
투표소 외곽경비	• 투표소별로 무장 정복경찰 2명 이상을 배치하도록 되어 있다. • 경찰서별로 전 관내를 지원할 수 있는 5분대기대 및 채증조를 운용하며, 유사시를 대비하여 권역별로 예비대를 운용한다.
부재자투표소 경비	부재자 투표소 경비는 위의 ①, ②에 준하여 경비를 실시하되, 투표소와 파출소와의 거리가 인접한 경우 경비경력은 파출소에 대기토록 하며, 부재자 투표함 운송시 호송근무를 실시한다(투표함 운송차량 및 선박에 무장정복경찰 2명이 탑승, 선관위 직원과 합동으로 안전하게 호송한다. 또한 대도시 등 교통취약지역은 에스코트를 실시하여 사고를 예방한다).

출처: 신현기·남재성, 『새경찰학개론(제7판)』(서울: 우공출판사, 2022), p. 467.

표 13-4	개표소 경비의 내용
선관위와 경비대책 사전협의	• 선관위와 협조하여 개표소 내·외곽에 대한 사전 안전검측 및 안전유지를 하고 채증요원을 배치·운용한다.
3선 개념에 의한 경비	• 제1선(개표소 내부): 개표소내부의 소란행위 경우 선관위원장 요청시에만 정복경찰을 투입하여 질서를 유지할 수 있다. • 제2선(담장 내곽): 개표소 출입구에서 선관위직원과 합동으로 출입자를 통제한다. • 제3선(담장 외곽): 검문조, 순찰조를 운용하여 위해기도자의 접근을 차단한다.
우발사태에 대비	• 개표소별로 충분한 예비대를 확보하여 운용한다. • 소방·한전차 및 관계요원을 대기토록 하여 화재·정전사고에 대비한다. • 정전사고에 대비하여 자가발전시설이나 예비 조명기구를 확보·비치한다.

출처: 신현기·남재성, 『새경찰학개론(제7판)』(서울: 우공출판사, 2022), p. 467.

표함의 운송경비는 선관위직원이 담당하며 경찰은 그 주변이나 경로에 따라 순찰활동 등의 조치를 취해야 한다.[10]

3. 재난경비

재난경비란 천재지변, 폭풍우, 지진, 홍수, 해일, 산사태 등의 자연적인 재난과 폭발사고, 대형구조물, 가옥붕괴 등과 같은 인위적인 재난으로부터 국민의 재산을 보호하며 공공의 안녕을 지키기 위해 예방활동을 행하며 이미 범죄가 발생한 경우는 신속하게 진압 및 처리하는 일련의 경찰활동을 말한다. 이러한 업무와 관련된 법률은 자연재해대책법, 재난관리법, 민방위기본법, 소방법, 재해구호법, 수난구호법 등이다. 동시에 경찰관직무집행법, 경찰직무응원법도 직접적으로 관련된다.

재난이란 불시에 언제 일어날지 예측하기 어려운 것이다. 따라서 평상시에 방재계획, 대피훈련 등이 이루어져야 한다. 경찰은 생활안전경찰활동 차원에서 관내의 지형, 주민분포상황, 하천, 교량, 제방상태, 노후건물, 위험물취급소, 유류저장소 등에 관해[11] 충분히 파악하고 재해에 대비해 나가는 일이 중요하다.

이러한 대비에도 불구하고 재난이 발생한 경우 경찰은 18개 시·도경찰청과 각 경찰서별 단위로 경비본부를 설치한 후 경찰관들을 동원해 구호대책을 세워 나가야 한다. 이 때 경찰은 경찰관직무집행법에 근거한 경고, 제지, 억류, 보호 등 필요한 조치를 취할 수 있다.

---

10) 조철옥, 앞의 책, p. 632.
11) 김충남, 앞의 책, p. 441.

4. 경호경비

(1) 개   념

대통령 등의 경호에 관한 법률 제2조에 따르면 경호란 VIP와 같은 경호대상자의 생명과 재산을 보호하기 위해 신체 등에 가하여지는 위해를 방지하고 제거하는 것이다. 그리고 특정한 지역을 경계, 순찰, 방비하는 등 모든 안전 활동을 의미한다.[12]

경찰은 국가치안의 개념으로 경호임무를 사명감으로 수행해야 하는 책무를 지고 있다. 특히 국가지도자의 경우는 테러를 당할 경우 국가의 안위가 흔들릴 수 있기 때문에 특별한 경호가 요구된다. 무엇보다 경호업무는 대상자에 대해 근접경호만 의미하는 것이 아니고 정보, 교통, 경비, 생활안전, 수사 등 종합적인 기능을 필요로 하기 때문에 중요한 경찰직무 중 하나에 해당한다. 경찰의 경호업무를 중요한 것 중에 하나로 나타낸 것이 바로 경찰관직무집행법 제2조이다. 그 내용을 보면 범죄의 예방, 진압, 수사, 경비, 요인경호, 대간첩작전수행, 치안정보의 수집, 작성과 배포, 교통의 단속과 위해의 방지라고 되어 있고 요인경호가 포함되어 있다.

(2) 경찰경호 활동의 특징

첫째, 경호활동은 통상 요인을 대상으로 하는 일련의 활동이다. 둘째, 이중적 성격의 활동이다. 경호활동은 대상자의 안전을 확보하는 활동이면서 동시에 경호대상자의 위엄을 드러내는 의미도 강하다. 셋째, 종합 경찰활동이다. 원래 경호란 경호대상자의 신변안전을 위한 활동이다. 하지만 이를 위해서는 사전에 이미 치밀한 계획과 안전장치, 비상대응이 요구되는데 특히 경비, 교통, 정보, 보안, 수사 등의 분야가 밀접히 협력해야 한다.[13]

(3) 경호활동의 원칙

물론 경호의 원칙은 나라마다 상이하다. 통상적으로 영·미국가의 경호이론에 따르면 3선 경호의 원칙, 자기희생의 원칙, 자기 담당구역 책임의 원칙, 하나의 통제된 지점을 통한 출입원칙, 목표물 보존의 원칙 등이 있다.

3선경호의 원칙이란 경호대상자의 절대적 안전을 확보하기 위해 안전구역(제1선), 경비구역(제2선), 경계구역(제3선)으로 구분해 운영된다.

---

12) 중앙경찰학교, 『경비』(충주: 중앙경찰학교, 2009), p. 104.
13) 중앙경찰학교, 앞의 책, p. 108.

자기희생의 원칙이란 경호경찰관은 자기를 보호하기보다는 경호대상자를 보호하는 것을 사명으로 한다. 경호란 이처럼 자기신체를 던져서 경호대상자를 보호하는 자기희생의 원칙이 중요시되고 있다.

자기 담당구역 책임의 원칙이란 자기담당 지역을 절대 사수해야 한다는 원칙으로 그곳에서 주어진 자신의 업무만을 수행해야 하고 위급한 상황에서 여러 가지 외부의 공격에 대비해야 한다.

하나의 통제된 지점을 통한 출입원칙이란 테러나 위해자로부터 요인을 보호하기 위해서는 출입구가 하나만 필요하며 나머지는 모두 차단해야 한다는 원칙을 말한다.

목표물 보존의 원칙이란 경호대상자와 공격할지도 모르는 기도자 사이를 상호 분리시켜 경호대상자를 보호해야 한다는 원칙이다. 그리고 대중에게 노출된 도보는 될 수 있는 한 지양되어야 한다는 원칙을 의미한다.[14]

표 13-5	경호경비의 4대원칙
자기희생의 원칙	경호원은 어떠한 희생을 치르더라도 절대로 피경호자의 신변안전을 보호·유지하여야 한다는 원칙을 말한다.
자기담당구역 책임의 원칙	경호원은 자기 담당구역 내에서 일어나는 어떠한 사태에 대해서도 자신이 책임을 지고 해결해야 한다. 그리고 자기 책임구역을 함부로 이탈해서는 안 된다.
하나의 통제된 지점을 통한 접근의 원칙	피경호자와 접근할 수 있는 통로는 경호상 통제된 오직 하나의 통로여야 한다는 원칙을 말한다. 따라서 여러 개의 출입구 및 통로는 봉쇄되어야 하고, 접근자는 확인되고 접근절차를 거쳐서 접근되어야 한다.
목적물(목표물) 보존의 원칙	암살기도자 또는 위해를 가할 가능성이 있는 불순분자로부터 피경호자(목표물)가 격리되어야 한다는 원칙으로 이를 위해 행차코스·행차예정장소 등은 원칙적으로 비공개로 하여야 하며, 일반에 노출된 도보행차나 수차 행차하였던 동일한 장소는 가급적 피해야 한다.

출처: 신현기·남재성, 『새경찰학개론(제3판)』(서울: 우공출판사, 2013), p. 463.

표 13-6	경호의 대상	
국내 요인	甲호	대통령과 그 가족, 대통령 당선확정자와 그 가족, 퇴임 후 7년 이내의 전직 대통령과 그 배우자, 대통령 권한대행과 그 배우자
	乙호	퇴임 후 7년이 경과한 전직대통령, 대통령선거후보자, 국회의장, 대법원장, 헌법재판소장, 국무총리
	丙호	甲·乙호 외에 경찰청장이 필요하다고 인정한 인사
국외 요인	A, B, C, D 등급	대통령, 국왕, 행정수반
		행정수반이 아닌 총리, 부통령
	E, F 등급	부총리, 왕족, 외빈 A, B, C, D 등급의 배우자 단독 방한
		전직대통령, 전직총리, 국제기구, 국제회의중요인사
		기타 장관급 이상 외빈으로 경찰청장이 경호가 필요하다고 인정한 외빈

---

14) 중앙경찰학교, 앞의 책, p. 109.

표 13-7	경호의 구분	
행사성격에 의한 구분	완전공식행사	국가적 행사로 언론 등을 통해 완전히 공개된 행사 대통령취임식, 국군의 날 기념식, 월드컵 축구대회 등 대규모 국제행사
	공식행사	• 공개된 연례행사 • 국경일, 기념일, 기공식 및 준공식
	비공식행사	• 보안유지가 요구되는 비공개 행사 • 현장방문 행사
	완전비공식행사	• 정무, 사무상 필요에 의해 사전통보나 절차 없이 이루어지는 행사 • 비공식방문, 운동, 공연관람
근무형태에 의한 구분	노출경호	경호수단, 방법을 노출, 경호의지를 보여 위해기도 자의 위해기도를 포기케 하는 경호활동
	비노출경호	경호수단, 방법을 주변환경에 조화시키는 등 경호자의 신분을 비노출
장소에 의한 구분	육상경호	행사장, 숙소, 연도, 철도경호
	해상 및 해안경호	선박으로 이동시 실시하는 경호
	공중경호	공군기, 특별기, 민항기, 공군헬기 등으로 이동시 실시하는 경호
활동시점 및 경호방법에 의한 구분	선발경호	일정규모의 경호팀이 사전 도착, 각종 경호활동 수행
	수행경호	행사시 기동간이나 행사장에서 피경호인에 근접하여 경호활동 수행

(4) 경호의 절차

경호의 절차는 준비단계, 안전활동단계, 실시단계, 평가단계 등으로 이루어진다.

5. 중요시설방호

(1) 개   념

중요시설경비란 국가안보를 위해 중요한 시설이라든가 또는 국가보안상 중요하다고 인정된 시설물을 적의 공격으로부터 보호하기 위한 일련의 근무활동을 가리킨다. 이에 대한 경비는 평시이든 전시이든지 모두 중요한 가치를 지니고 있다.

(2) 방호대책

국가의 주요시설은 공격자로부터 기습을 받아도 기능하도록 3지대의 방호지대를 설정해야 한다. 즉 첫째, 방호지대 설정(제1지대~3지대), 둘째, 방호시설물설치(CCTV, 보안등, 방탄망 등), 셋째, 통제 등이다. 여기서 통제는 방문자 출입통제, 작업노무자의 통제, 보호구역설치 등을 의미한다.

표 13-8   방호지대

제1선 (경계지대)	• 시설 울타리 취약지점에서 시설에 접근하기 전에 저지할 수 있는 예상 접근로 상의「목」지점에 감제고지(瞰制高地) 등을 장악하는 선으로 소총유효사거리 개념인 외곽경비지대를 연결하는 선 • 경력을 배치하든지 또는 장애물을 설치하여 방호 실시
제2선 (주방어지대)	• 시설 울타리를 연결하는 선은 시설내부 및 핵심시설에 적의 침투를 방지하여 결정적으로 중요시설을 방호하는 선 • 방호시설물을 집중적으로 설치하고 고정초소근무 및 순찰근무로써 출입자를 통제하고 무단침입자를 감시
제3선 (핵심방어지대)	• 시설의 가동기능에 결정적인 영향을 미치는 지역에 대한 최후방호선으로 주요 핵심부는 지하화되거나 위장되어 구별할 수 없도록 조치가 이루어져야 하며, 항상 경비원의 감시 하에 통제가 되도록 하고 방호벽, 방탄망, 적외선, CCTV 등 방호시설물을 설치하여야 하며, 유사시에는 결정적인 보호가 될 수 있도록 경비인력을 증가 배치하여야 한다.

출처: 신현기·남재성, 『새경찰학개론(제7판)』(서울: 우공출판사, 2022), p. 461.

6. 대테러 경비

(1) 개   념

테러란 공포를 뜻하는 사회심리학적 용어이다. 테러에 대한 미국 국방부의 정의를 보면 테러란 정치, 사회, 이데올로기적 목적달성을 위해 정부나 사회에 대한 위압, 혹은 협박의 수단으로 개인이나 재산에 대해 비합법적인 힘, 또는 폭력의 사용에 대한 협박을 행하는 것이다.

(2) 뉴테러리즘

뉴테러리즘은 주체도 대상도 없이 전쟁과도 같은 무차별적인 테러리즘 양상을 의미한다. 즉 2001년 9월 11일 미국 세계무역센터에 항공기 충돌테러와 같은 경우가 바로 뉴테러리즘이라고 볼 수 있다. 이 당시 3,700여명이 희생되었다.

(3) 테러리즘의 종류

테러리즘에는 목적에 의한 분류와 형태에 의한 분류가 있다. 목적에 의한 분류에는 이데올로기적 테러리즘, 민족주의 테러리즘, 국가테러리즘이 있다. 그리고 형태에 의한 분류에는 인질, 납치, 폭파, 암살, 화생방, 사이버 등이 있다.

이데올로기적 테러리즘이란 테러의 목적이 이데올로기를 확산 및 관철시키는 것이다. 민족주의 테러리즘이란 민족공동체를 위해 특정지역의 독립이나 자율을 주장하는 것이다. 국가테러리즘이란 국가 자체가 테러의 주체가 된다. 사이버 테러리즘은 특정사이트를 마비시키기 위해 바이러스를 전송시켜 공공기관이나 개인 컴퓨터의 정보통신망을 파괴시키는 범죄행위를 말한다.

그리고 형태에 의한 분류 중 인질이란 인질과 동시에 건물을 점령하는 경우이다. 납치란 항공기, 선박, 차량 등을 점령하는 것이다. 폭파란 중요시설을 폭파시키는 것을 의미한다. 암살이란 일정한 사람을 사전에 선정해 살해하는 것을 말한다. 화생방이란 생물학이나 가스 및 방사능 등을 통해 살해하는 것이다.[15)

(4) 대테러 인질협상

1) 인질협상의 8단계

제1단계부터 제8단계까지의 인질협상은 협상의 준비 → 논쟁의 개시 → 신호 → 제안 → 타결안 → 흥정 → 정리 → 타결 등으로 이루어진다.

2) 협상타결 불능시 대화요령

협상타결이 불가능한 경우의 대화요령도 중요한데 다음과 같다. 즉 탐색접촉 → 지연작전과 정보분석 → 진지한 협상의 시작 → 심리적 압박과 상호양보의 유도 → 대화의 지속과 특공작전 준비완료 → 특공작전의 강행과 수습 등이다.[16)

7. 각국의 대테러조직

(1) 미국의 SWAT

국가규모에 걸맞게 미국의 대테러조직은 가장 크다. 경찰특수부대인 SWATSpecial Weapons Assault Team는 미국 주립경찰서 내에 조직된 특공팀이다. 뉴욕의 경우 기동타격대Emergency Service Squards, 버밍햄에서는 전술작전단Tactical Operations Units, 로스앤젤레스는 특별무기전술기동대 등으로 명칭을 달리 사용하고 있다. 물론 테러진압이라는 목표는 동일하다. SWAT은 FBI에 소속되어 지휘통제를 받는데 67명의 대원으로 1967년 조직되었고 3년 이상 특등사수경력자를 요한다. 특히 주요인물의 신변경호, 인질구조, 무장용의자의 무력화 등을 담당하며 일반적으로 공격조, 관측 및 저격조, 지원조 등 3개 조로 나뉘어 활동한다. 그 밖에 미육군 대테러특수부대인 델타포스Delta Forces, 레인져Ranger, 해군특수부대SEAL 등이 대테러활동을 한다.[17)

---

15) 중앙경찰학교, 앞의 책, pp. 148~149.
16) 중앙경찰학교, 앞의 책, p. 155.
17) 중앙경찰학교, 앞의 책, pp. 163~164; 강용길 외 7인, 앞의 책, p. 241.

(2) 영국의 SAS

영국의 SASSpecial Air Service는 특수공군부대로 1941년 독일 롬멜의 아프리카 전차군단을 격퇴할 목적으로 창설되었다. 그리고 1960년대 말부터 아일랜드공화국군 I.R.A. 테러단체의 소탕에서 큰 역할을 수행했으며 인질극, 유괴, 선박 및 항공납치, 폭파공격, 암살 등을 포함하는 대테러업무를 담당하고 있다.

(3) 독일의 GSG

독일 바이에른 주 수도인 뮌헨Muenchen올림픽에서 「검은 9월단」에 의한 이스라엘 선수 테러사건 발생 후 연방경찰청(구 연방국경수비대) 내에 GSG-9라는 특수부대를 창설했다. 이는 200명으로 구성된 특수부대로서 연방내무부장관의 명령에 따라 16개 주 경찰이나 그 예하단위 경찰이 해결하기 어려운 중대한 테러사건을 담당하고 있다. 3개반으로 편성되었는데 지휘반, 통신문서반, 전투반이 그것이다.

(4) 프랑스의 GIGN

프랑스도 비교적 늦은 1984년 경찰청Police Nationale 산하에 대테러대책조정기구를 설치했다. 그 후 1986년 파리 지방검찰청 내에 중앙테러본부가 만들어져 테러범죄에 대한 업무를 전담하고 있다. 특히 보안국은 국제테러에 대한 정보수집과 수사를 담당하는 대테러특수부대인 GIGNGroupement d'Intervention de la Gendermerie Nationale이 있다. 이 GIGN은 1973년 정예부대인 국가군사경찰대 대원 60,000명 중 15명을 선발해 출발했는데 오늘날까지 큰 업적을 가지고 있다.[18]

(5) 한국의 KNP868

1983년 86아시안게임과 88올림픽을 대비해 창설되어 현재 서울경찰청 직할부대로 인질구출작전과 대통령경호처 요청에 따른 대통령과 외국 귀빈을 경호하는 임무를 수행한다.[19]

8. 의　경

(1) 의무경찰

의무경찰은 2022년 초 마지막 인력(기수)를 선발하였는데 이들이 2023년 제대와

---

18) 중앙경찰학교, 앞의 책, p. 165.
19) 강용길 외 7인, 앞의 책, p. 242.

함께 의무경찰제도는 막을 내리게 된다. 이는 본인 지원에 의해 이루어진다. 공개경쟁선발시험에 의해 그 대상자가 선발된다. 그리고 경찰청장이 치안업무 보조를 위해 국방부장관에게 추천해 소정의 군사교육을 마치고 전환복무된 자를 의미한다. 이들은 주로 기동대 및 방범순찰대 등지에서 근무하고 있다.

(2) 국방인력의 부족

국방부에서는 국방인력의 부족으로 인해 의경을 넘겨 줄 인력이 부족한 입장이다. 따라서 경찰청에서는 1차로 조건부 기동대를 선발해 17개 중대 1700여명으로 순경기동대를 창설했고 이어서 추가로 17개 1700여명의 기동대를 발족시키게 됐다.

제6절 청원경찰

1. 청원경찰의 의의

"청원경찰"이란 다음 각 호의 어느 하나에 해당하는 기관의 장 또는 시설·사업장 등의 경영자가 경비(이하 "청원경찰경비"(請願警察經費)라 한다)를 부담할 것을 조건으로 경찰의 배치를 신청하는 경우 그 기관·시설 또는 사업장 등의 경비(警備)를 담당하게 하기 위하여 배치하는 경찰을 말한다.

- 국가기관 또는 공공단체와 그 관리하에 있는 중요 시설 또는 사업장
- 국내 주재(駐在) 외국기관
- 그 밖에 행정안전부령으로 정하는 중요 시설, 사업장 또는 장소

2. 청원경찰의 직무

청원경찰은 제4조제2항에 따라 청원경찰의 배치 결정을 받은 자(이하 "청원주"(請願主)라 한다)와 배치된 기관·시설 또는 사업장 등의 구역을 관할하는 경찰서장의 감독을 받아 그 경비구역만의 경비를 목적으로 필요한 범위에서 「경찰관 직무집행법」에 따른 경찰관의 직무를 수행한다(청원경찰법 제3조).

3. 청원경찰의 배치

청원경찰을 배치받으려는 자는 대통령령으로 정하는 바에 따라 관할 시·도경찰청장에게 청원경찰 배치를 신청하여야 한다(제4조). 시·도경찰청장은 제1항의 청원경찰 배치 신청을 받으면 지체 없이 그 배치 여부를 결정하여 신청인에게 알려야 한다. 시·도경찰청장은 청원경찰 배치가 필요하다고 인정하는 기관의 장 또는 시설·사업장의 경영자에게 청원경찰을 배치할 것을 요청할 수 있다.

4. 청원경찰의 임용 등

청원경찰은 청원주가 임용하되, 임용을 할 때에는 미리 시·도경찰청장의 승인을 받아야 한다(제5조). 「국가공무원법」 제33조 각 호의 어느 하나의 결격사유에 해당하는 사람은 청원경찰로 임용될 수 없다. 청원경찰의 임용자격·임용방법·교육 및 보수에 관하여는 대통령령으로 정한다. 청원경찰의 복무에 관하여는 「국가공무원법」 제57조, 제58조제1항, 제60조 및 「경찰공무원법」 제24조를 준용한다.

5. 청원경찰의 징계

청원주는 청원경찰이 다음 각 호의 어느 하나에 해당하는 때에는 대통령령으로 정하는 징계절차를 거쳐 징계처분을 하여야 한다(제5조의2).
- 직무상의 의무를 위반하거나 직무를 태만히 한 때
- 품위를 손상하는 행위를 한 때

청원경찰에 대한 징계의 종류는 파면, 해임, 정직, 감봉 및 견책으로 구분한다. 청원경찰의 징계에 관하여 그 밖에 필요한 사항은 대통령령으로 정한다.

6. 청원경찰경비

청원주는 다음 각 호의 청원경찰경비를 부담하여야 한다(제6조).
- 청원경찰에게 지급할 봉급과 각종 수당
- 청원경찰의 피복비
- 청원경찰의 교육비

- 제7조에 따른 보상금 및 제7조의2에 따른 퇴직금

국가기관 또는 지방자치단체에 근무하는 청원경찰의 보수는 다음 각 호의 구분에 따라 같은 재직기간에 해당하는 경찰공무원의 보수를 감안하여 대통령령으로 정한다.
- 재직기간 15년 미만: 순경
- 재직기간 15년 이상 23년 미만: 경장
- 재직기간 23년 이상 30년 미만: 경사
- 재직기간 30년 이상: 경위

청원주의 제1항제1호에 따른 봉급·수당의 최저부담기준액(국가기관 또는 지방자치단체에 근무하는 청원경찰의 봉급·수당은 제외한다)과 같은 항 제2호 및 제3호에 따른 비용의 부담기준액은 경찰청장이 정하여 고시(告示)한다.

7. 보 상 금

청원주는 청원경찰이 다음 각 호의 어느 하나에 해당하게 되면 대통령령으로 정하는 바에 따라 청원경찰 본인 또는 그 유족에게 보상금을 지급하여야 한다(제7조).
- 직무수행으로 인하여 부상을 입거나, 질병에 걸리거나 또는 사망한 경우
- 직무상의 부상·질병으로 인하여 퇴직하거나, 퇴직 후 2년 이내에 사망한 경우

8. 퇴 직 금

청원주는 청원경찰이 퇴직할 때에는 「근로자퇴직급여 보장법」에 따른 퇴직금을 지급하여야 한다. 다만, 국가기관이나 지방자치단체에 근무하는 청원경찰의 퇴직금에 관하여는 따로 대통령령으로 정한다(제7조의2).

9. 제복과 무기

청원경찰은 근무 중 제복을 착용하여야 한다(제8조). 시·도경찰청장은 청원경찰이 직무를 수행하기 위하여 필요하다고 인정하면 청원주의 신청을 받아 관할 경찰서장으로 하여금 청원경찰에게 무기를 대여하여 지니게 할 수 있다. 청원경찰의 복제(服制)와 무기 휴대에 필요한 사항은 대통령령으로 정한다.

10. 감　독

청원주는 항상 소속 청원경찰의 근무 상황을 감독하고, 근무 수행에 필요한 교육을 하여야 한다(제9조의3). 시·도경찰청장은 청원경찰의 효율적인 운영을 위하여 청원주를 지도하며 감독상 필요한 명령을 할 수 있다.

11. 쟁의행위의 금지

청원경찰은 파업, 태업 또는 그 밖에 업무의 정상적인 운영을 방해하는 일체의 쟁의행위를 하여서는 아니 된다(제9조의4).

12. 직권남용 금지 등

청원경찰이 직무를 수행할 때 직권을 남용하여 국민에게 해를 끼친 경우에는 6개월 이하의 징역이나 금고에 처한다(제10조). 청원경찰 업무에 종사하는 사람은 「형법」이나 그 밖의 법령에 따른 벌칙을 적용할 때에는 공무원으로 본다.

13. 청원경찰의 불법행위에 대한 배상책임

청원경찰(국가기관이나 지방자치단체에 근무하는 청원경찰은 제외한다)의 직무상 불법행위에 대한 배상책임에 관하여는 「민법」의 규정을 따른다(제10조의2).

14. 권한의 위임

이 법에 따른 시·도경찰청장의 권한은 그 일부를 대통령령으로 정하는 바에 따라 관할 경찰서장에게 위임할 수 있다(제10조의3).

15. 의사에 반한 면직

청원경찰은 형의 선고, 징계처분 또는 신체상·정신상의 이상으로 직무를 감당하지 못할 때를 제외하고는 그 의사(意思)에 반하여 면직(免職)되지 아니한다(제10조의

4). 청원주가 청원경찰을 면직시켰을 때에는 그 사실을 관할 경찰서장을 거쳐 시·도경찰청장에게 보고하여야 한다.

16. 배치의 폐지 등

청원주는 청원경찰이 배치된 시설이 폐쇄되거나 축소되어 청원경찰의 배치를 폐지하거나 배치인원을 감축할 필요가 있다고 인정하면 청원경찰의 배치를 폐지하거나 배치인원을 감축할 수 있다. 다만, 청원주는 다음 각 호의 어느 하나에 해당하는 경우에는 청원경찰의 배치를 폐지하거나 배치인원을 감축할 수 없다(제10조의5).
- 청원경찰을 대체할 목적으로 「경비업법」에 따른 특수경비원을 배치하는 경우
- 청원경찰이 배치된 기관·시설 또는 사업장 등이 배치인원의 변동사유 없이 다른 곳으로 이전하는 경우

제1항에 따라 청원주가 청원경찰을 폐지하거나 감축하였을 때에는 청원경찰 배치결정을 한 경찰관서의 장에게 알려야 하며, 그 사업장이 제4조제3항에 따라 시·도경찰청장이 청원경찰의 배치를 요청한 사업장일 때에는 그 폐지 또는 감축 사유를 구체적으로 밝혀야 한다. 제1항에 따라 청원경찰의 배치를 폐지하거나 배치인원을 감축하는 경우 해당 청원주는 배치폐지나 배치인원 감축으로 과원(過員)이 되는 청원경찰 인원을 그 기관·시설 또는 사업장 내의 유사 업무에 종사하게 하거나 다른 시설·사업장 등에 재배치하는 등 청원경찰의 고용이 보장될 수 있도록 노력하여야 한다.

17. 당연 퇴직

청원경찰이 다음 각 호의 어느 하나에 해당할 때에는 당연 퇴직된다(제10조의6).
- 제5조제2항에 따른 임용결격사유에 해당될 때
- 제10조의5에 따라 청원경찰의 배치가 폐지되었을 때
- 나이가 60세가 되었을 때. 다만, 그 날이 1월부터 6월 사이에 있으면 6월 30일에, 7월부터 12월 사이에 있으면 12월 31일에 각각 당연 퇴직된다.

18. 휴직 및 명예퇴직

국가기관이나 지방자치단체에 근무하는 청원경찰의 휴직 및 명예퇴직에 관하여는 「국가공무원법」 제71조부터 제73조까지 및 제74조의2를 준용한다(제10조의7).

19. 벌   칙

제9조의4를 위반하여 파업, 태업 또는 그 밖에 업무의 정상적인 운영을 방해하는 쟁의행위를 한 사람은 1년 이하의 징역 또는 1천만원 이하의 벌금에 처한다(제11조).

20. 과 태 료

다음 각 호의 어느 하나에 해당하는 자에게는 500만원 이하의 과태료를 부과한다(제12조).

- 제4조제2항에 따른 시·도경찰청장의 배치 결정을 받지 아니하고 청원경찰을 배치하거나 제5조제1항에 따른 시·도경찰청장의 승인을 받지 아니하고 청원경찰을 임용한 자
- 정당한 사유 없이 제6조제3항에 따라 경찰청장이 고시한 최저부담기준액 이상의 보수를 지급하지 아니한 자
- 제9조의3제2항에 따른 감독상 필요한 명령을 정당한 사유 없이 이행하지 아니한 자

제1항에 따른 과태료는 대통령령으로 정하는 바에 따라 시·도경찰청장이 부과·징수한다.

14장 공공안녕정보경찰

1. 정보경찰의 개념

오늘날 우리는 정보사회 속에서 살고 있다. 그래서 흔히 현대사회를 정보화 사회라고 부르고 있다. 그동안 정보의 개념은 미국의 정보학자나 중앙정보국CIA에서 사용하는 정의를 많이 이용해 온 것이 사실이다. 데이비스G. Davis와 올슨M. Olson에 따르면 정보란 "사용자에게 의미 있고 현재나 미래의 행동이나 결정을 위해 참으로 가치가 있을 것으로 판단되는 형태로 처리된 자료"라고 정의했다. 미국의 후버위원회는 "정보란 어떤 일련의 행위를 시작함에 앞서 알아야 할 모든 지식"이라고 정의했다.[1] 클라우제비츠Clausewits는 "적과 적국에 관한 우리들의 지식의 총체를 의미하며 전쟁에 있어서 아군의 계획 및 행동의 기초를 이루는 것이다"라고 했다. 그리고 위너N. Wiener는 "정보란 인간이 외계에 적응하려고 행동하고 또한 그 조절행동의 결과를 외계로부터 감지할 때에 외계와 교환하는 내용이다"라고 정의한 바 있다. 셔먼 켄트Sherman Kent는 "정보란 지식이며 조직이고 활동이다. 즉 정보의 최종산물인 지식과 이 지식을 얻거나 기타 정보수집을 하기 위한 조직체와 조직체의 정보활동 그 자체이다"라고 정의하고 미국 CIA의 경우는 "우리를 둘러싸고 있는 주변 세계에 대한 지식과 선지(先知)로서 민간 지도자나 군 지휘관에 관계없이 (정보)소비자들로 하여금 다양한 정책선택과 그 결과를 고려하게 하는 것이다"라고 정의하였다.[2]

---

1) 김충남, 앞의 책, p. 352.
2) 강용길 외 7인, 앞의 책, p. 333.

이러한 의미에서 볼 때 정보경찰이란 국가의 안전과 사회공공의 안녕질서를 유도
하기 위해 여러 가지의 범죄들을 사전에 예방하고 범인을 검거하며 국가의 중요정책
정보 및 각종 집단시위에 적극 대처하기 위해 사전에 필요한 정보를 수집, 작성, 배
포하는 제반 경찰작용을 의미한다.3)

2. 자료, 첩보 및 정보의 차이

우리는 일반적으로 자료, 첩보, 정보라는 단어를 많이 사용하고 있다. 자료Data란
특정한 목적에 따라서 평가되지 않은 여러 가지 사실이나 기호라고 보면 된다. 이에
반해 첩보Information란 목적성을 가지고 의도적으로 수집한 일련의 자료라고 보면 된
다. 사실상 첩보는 분석과정을 거치지 않은 관계로 불확실한 것이며 흔히 생정보 혹
은 1차정보라고 부른다. 그리고 정보Intelligence란 일정한 절차에 따라 처리된 유용한
정보를 의미한다.

표 14-1　자료, 첩보, 정보에 대한 비교

구분	광의의 정보		
	자료(Data)	첩보(Information)	정보(Intelligence)
의미	단순사실, 신호, 소재	목적의식이나 문제의식의 개입	일정한 절차에 따라 처리된 유용한 정보
용어	자료, 데이터	1차정보, 첩보, 생정보	2차정보, 정보, 가공정보, 지식
활동	입력(input)	수집	평가, 분석, 가공
주체	전직원	전직원	정보전문부서
활동특성	임의적	의식적	의식적
정확도	무의미	불확실성	확실성
유용성	낮음	보통	높음
신뢰성	낮음	보통	높음
시간	자동적	신속성	자연성

출처: 이진권, "정보경찰론", 김상호·신현기 외 7인, 『경찰학개론』(파주: 법문사, 2006), p. 710.

3. 공공안녕정보경찰의 중요성

왜 정보경찰의 존재가 중요한가. 정보경찰은 분명 개인의 이익과 안전보다는 국
가의 안전과 공공질서의 유지를 우선한다는 명분아래 소위 초법규적으로 달성되거나
정치적으로 이용되는 경우가 적지 않다.4) 이러한 이유 때문에 개인의 기본권을 때로

---

3) 신현기 외 8인, 앞의 책, pp. 709~711; 조철옥, 앞의 책, p. 572; 김충남, 앞의 책, p. 572.

는 침해하거나 제한할 가능성이 많다. 그래서 정보경찰에 대해 국민들은 친근함보다는 피하고 싶은 경찰로 인식하고 있는 경향이 강한 편이다. 이러한 문제의 굴레에서 정보경찰이 자유롭고 신뢰받기 위해서는 어디까지나 헌법과 법률이 허용하는 범위 내에서 관련 업무들을 수행해 나가야 한다.

4. 공공안녕정보의 특성

일반적으로 정보는 정확성, 완전성, 적시성을 가지고 있다. 정보란 아래의 3대 구비조건을 가질 때 그 가치가 커질 수 있는 것이다.

표 14-2	정보의 가치성(3대 구비조건)
정확성	정확하지 않은 정보는 오류를 야기하여 정보가 없었던 것보다 더 나쁜 결과를 초래하므로, 정보의 가치는 정확성이 그 생명이다. 정확성은 보고자는 물론 사용자에게도 중요하다.
완전성	절대적인 완전성은 갖출 수 없지만 시간이 허용하는 한도 내에서 가능한 한 주제와 관련된 사항을 모두 망라하여 완전하게 작성되어야 한다.
적시성	적시성은 정보의 절대적인 생명으로 사용자의 사용시기를 기준으로 한다. 정보는 사용자가 가장 필요로 하는 시기에 알맞게 제공되어야 한다. 너무 늦게 제공되면 정보가 무의미한 것이 되고, 너무 빨리 제공되면 안전유지에 해가 되거나 정보내용 보존에 비경제를 초래하게 되고, 또한 정세변동으로 정보의 가치가 변질될 수도 있다.

| 제 2 절 | 공공안녕정보경찰의 업무와 법적 한계 |

1. 공공안녕정보경찰의 업무분장

정보경찰은 사전 예방경찰작용을 한다. 정보국 소속 경찰은 수사권을 행사하지 않고 있다.

2. 공공안녕정보경찰 조직

우리나라 경찰의 정보기능을 강화하기 위해 1981년 치안본부에 제4부를 설치하고 1·2·3과, 대공과의 4개과를 운영했다. 1986년에는 치안본부에 제5조정관을 신설해

---

4) 김충남, 앞의 책, p. 571.

제4조정관은 정보1부, 정보2부, 외사관리관을 관장하도록 했으며 제5조정관은 대공업무를 담당하게 했다. 1991년 경찰청이 발족되어 정보국장하에 정보심의관(경무관)을 두고 그 아래에 정보 1·2·3·4과를 두었다가 2021년 국가수사본부가 창설되면서 조직개편에 따라 공공안녕정보과로 개명되었다.

(1) 경 찰 청

우리나라 정보경찰의 주요 활동은 경찰청의 공공안녕정보국(치안감 또는 경무관), 그리고 산하에 공공안녕정보심의관(경무관)을 둔다. 본국에는 정보관리과, 정보분석과, 정보상황과, 정보협력과를 두고 있다. 과장은 총경으로 보한다. 국장은 다음 사항을 분장한다.

- 공공안녕에 대한 위험의 예방과 대응을 위한 정보업무 기획·지도 및 조정
- 국민안전과 국가안보를 저해하는 위험 요인에 관한 정보활동
- 국가중요시설 및 주요 인사의 안전·보호에 관한 정보활동
- 집회·시위 등 공공갈등과 다중운집에 따른 질서 및 안전 유지에 관한 정보활동
- 국민의 생명·신체의 안전이나 재산의 보호 등 생활의 평온과 관련된 정책에 관한 정보활동
- 국가기관·지방자치단체·공공기관의 장이 요청한 신원조사 및 사실확인에 관한 정보활동
- 그 밖에 범죄·재난·공공갈등 등 공공안녕에 대한 위험의 예방과 대응을 위한 정보활동으로서 제2호부터 제6호까지에 준하는 정보활동 등이다.

① 정보관리과는 다음의 사항을 분장한다.
- 정보업무에 관한 지획 조정 및 지원
- 국가기관, 지방자치단체, 공공기관의 장이 요청한 신원조사 및 기록관리
- 정보활동의 지도 및 이와 관련되는 법령, 제도의 연구 개선
- 그 밖에 국내 다른 과의 주관에 속하지 아니하는 사항 등이다.

② 정보분석과는 다음의 사항을 분장한다.
- 국민의 생명 신체의 안전이나 재산의 보호 등 국민생활의 평온과 관련된 정책에 관한 정보활동
- 국가기관의 장 등이 요청한 사실확인에 관한 정보활동
- 안전사고, 민생침해사범 등 국민안전을 저해하는 위험 요인에 관한 정보활동 등이다.

③ 정보상황과는 다음 사항을 분장한다.

- 집회, 시위 등 공공갈등과 다중운집에 따른 다중운집에 따른 질서, 안전, 유지에 관한 정보활동
- 재해, 재난으로 인한 위험의 예방과 대응을 위한 정보활동
- 국가 주요 시설, 주요 인사의 안전 및 보호에 관한 정보활동 등이다.

④ 정보협력과는 다음의 사항을 분장한다.
- 국민안전, 국가안보, 주요 인사, 시설의 안전 관련 첩보의 수집 및 협력 업무
- 국민생활의 평온과 관련된 정책 및 국가기관 등에서 요구하는 사실확인에 관한 첩보의 수집 및 협력 업무
- 집회 시위 등 공공갈등과 기타 공공안녕에 대한 위험의 예방과 대응을 위한 첩보의 수집 및 협력 업무 등이다.

일반정보활동, 신원조사, 채증활동, 집회 및 시위에 관한 업무의 처리 등으로 집약된다. 이를 나누어 살펴보자.

1) 일반정보활동

이는 보안정보, 외사정보, 수사정보를 제외한 일련의 정보업무를 의미한다.

2) 신원조사

이는 국가보안을 위하여 국가에 대한 충성심, 성실성, 신뢰성을 조사하기 위한 것으로 거주지 경찰서에서 신원특이사항을 조사하는 일련의 행위이다. 국가안전에 관련되는 업무에 종사할 자에 대해서 공공의 안녕을 확보할 목적으로 실시하는 대인정보활동이다. 신원조사의 대상자는 공무원임용예정자, 비밀취급 인가 예정자, 해외여행을 하고자 하는 자, 국가주요시설·장비·자재 등의 관리자와 각급기관장이 국가보안상 필요하다고 인정하는 자, 공공단체의 임원으로 정부의 승인을 요하는 자 등이다.

한편 신원조사의 법적 근거는 국가정보원법 제3조(직무), 보안업무규정 제31조(신원조사), 보안업무규정 시행규칙 제3장(신원조사), 정보 및 보안업무기획·조정규정 제5조(조정업무의 범위) 등이다.[5]

3) 채증활동

이는 채증을 담당하는 경찰관이 집회, 시위 및 치안위해사태의 위법성을 녹화, 촬영, 녹음 방법으로 채증하여 위법자에 대해 사법처리를 행하기 위해 증거자료를 확보하는 일련의 활동을 말한다.

---

5) 강용길 외 7인, 앞의 책, p. 387.

4) 집회 및 시위에 관한 업무

이는 경찰기관의 정보과에서 집회신고의 수리, 보완통고, 제한조치, 금지통고 등의 업무를 처리하는 행위를 말한다.

(2) 시·도경찰청과 경찰서

우리나라 18개 시·도경찰청에는 시·도경찰청장 산하에 정보경찰이 활동하고 있다. 서울경찰청의 경우 공공안녕정보외사부 소속으로 정보분석과, 정보상황과, 외사과를 두고 있다.6) 기타 시·도경찰청의 경우 공공안전부 소속으로 공공안녕정보과, 정보외사과를 둔다. 부장은 경무관이며 과장은 총경으로 보한다. 경찰서에는 공공안녕정보외사과를 두거나 공공안녕정보과를 두고 있다. 과장은 경정 혹은 경감이 각각 과장을 맡아 업무를 수행하고 있다.7)

3. 정보경찰의 특징

넓은 의미에서 일반경찰에 비해 정보경찰이 갖는 특징은 약간 다르다.8) 첫째, 일반경찰은 법적 근거하에 일시적으로 경찰권을 발동하여 국민의 신체와 재산을 지키는 업무를 수행하는 경우도 생길 수 있다. 그러나 정보경찰은 경찰권을 발동하여 이러한 업무를 수행하는 것이 아니라 사전에 정보를 수집하여 국가질서가 위해를 받는 것을 예방 및 방지하는 목적이 크기 때문에 그 업무의 수행목적에서 어느 정도 차별성을 갖는다. 둘째, 정보경찰은 공공의 안녕질서를 위협하는 위해요소를 사전에 예방하는 사전적 활동이라는 점에서 일반경찰과 차별화된다. 셋째, 교통경찰은 교통질서단속, 수사경찰은 탐문수사, 생활안전경찰은 공개순찰, 경비경찰은 진압작전 등을 공개적으로 행한다. 그러나 정보경찰은 비공개적으로 활동을 진행한다.

4. 정보활동의 필요성

경찰은 경찰법, 경찰관직무집행법 및 각종의 법률에 따라 공공의 안녕과 질서유지를 위해 여러 범죄를 예방하고 범인을 검거하는 동시에 수많은 집단시위에 적극 대처하기 위해 하나의 예방수단으로서 정보활동을 통해 각종 범죄와 위험을 사전에

---

6) 경찰청과 그 소속기관 직제, 제9조.
7) 경찰청과 그 소속기관 직제 시행규칙, 제74조.
8) 김충남, 앞의 책, pp. 517~518

방지하여야 한다. 특히 진압과정에서도 정보활동을 통해 위기상황의 진압 및 검거를 위해 적절한 조치를 취하는 기능을 발휘하므로 그 중요성이 매우 큰 편이다. 그래서 경찰의 정보활동은 매우 중요하다.

5. 정보의 가치

정보가 수집되어 의사결정이 내려지고 정보로서의 완전한 가치를 지니기 위해서는 다음과 같은 중요한 요건을 갖추어야 한다. 이에는 적실성, 정확성, 적시성, 완전성, 객관성, 필요성, 특수처리과정, 정보제공의 빈도 등을 들 수 있다.[9]

첫째, 적실성이다. 이는 정보를 사용하고자 하는 사람의 사용목적과 직·간접적으로 관련된 것이어야 한다는 것을 뜻한다. 정보는 의사결정하에서 문제의 상황을 정확히 파악 및 진단하고 적절한 대안을 분석하는 데 있어 도움이 될수록 적실성이 커지며 가치도 높아진다. 예를 들어 실업문제를 해결하는 데 필요한 것은 실업의 원인과 경제상황이지 외국 사교클럽의 회원 수에 관한 정보는 의미가 없다는 원리를 말한다.

둘째, 정확성이다. 정보는 말 그대로 정확한 것이어야 한다. 정확한 정보를 얻기 위해서는 정보활동을 위한 사전준비가 철저해야 한다. 객관적인 정확한 정보라야 올바른 방향으로의 의사결정을 내릴 수 있다.

셋째, 적시성이다. 바로 사용자가 필요한 때에 사용할 수 있도록 제공되어야 한다. 정보가 너무 일찍 제공되면 보안에 문제가 생기게 되며 반대로 너무 늦으면 시기를 잃어 쓸모 없게 된다. 예를 들어 전쟁이 나기 전에 적의 침략을 알아야지 뒤늦게 알면 의미가 상실된다.

넷째, 완전성이다. 일부분적인 정보는 그것이 중요하고 정확해도 사용자가 의사결정에 활용할 가치가 없다.

다섯째, 필요성이다. 정보가 제아무리 적시성, 완전성, 정확성을 구비하고 있다고 하더라도 그 사용자와 아무 관련이 없다면 정보로서 가치가 없는 것이다. 정보란 그것이 꼭 필요한 사람에게 의미가 있는 것이다.

여섯째, 객관성이다. 정보란 국가의 이익과 안보유지 차원에서 객관적 입장을 유지해야 한다.

일곱째, 정보는 특수처리과정이 필요하다. 첩보들을 신속히 수집하여 평가, 분석, 종합, 해석해야만 사용가치가 있다.

여덟째, 정보제공의 빈도이다. 정보 빈도가 높을수록 사용자에게 도움이 될 가능

---

9) 허경미, 앞의 책, p. 453; 강용길 외 7인, 앞의 책, p. 337.

성이 크고 가치도 높아진다.

1. 정보순환의 개념

정보의 유통은 정보의 요구→수집→작성→배포라는 과정을 거치게 된다. 일반적으로 경찰기관의 정보요구권자로부터 정보요구가 있게 된다. 그에 따라서 정보경찰은 이것을 충족시키기 위해 첩보를 수집한다. 경찰의 정보분석관들은 첩보를 수집해 평가, 분석, 종합, 해석하여 정보사용자에게 전달한다.

그림 14-1 정보의 순환과정

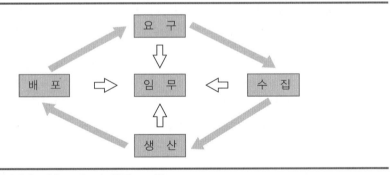

출처: 신현기, 『경찰학개론』(파주: 법문사, 2015), p. 493.

2. 정보의 요구

첩보수집활동을 실시하는 단계이다. 정보활동의 기초단계로서 첩보기본요소 결정, 첩보수집계획서의 작성, 명령하달, 조정, 감독 등의 소순환 과정을 거쳐서 이루어지고 있다.

3. 첩보의 수집

정보의 순환과정 중에서 가장 어려운 단계에 해당하며 이는 수집기관으로부터 요구받아 첩보를 수집하고 요구한 자에게 정보를 제공하는 단계를 말한다. 특히 첩보수집이란 첩보수집기관이 출처를 확보하여 첩보를 입수·획득하고 이를 정보작성기관에 전달하는 과정을 말한다. 첩보는 정보를 작성하는 데 있어 기초자료가 된다.[10] 정보순환과정 중에서 가장 중요하고 어려운 단계로 첩보수집계획 → 첩보출처의 개척 → 첩보의 입수·획득 → 첩보의 전달·보고의 과정으로 이루어진다.

4. 정보의 생산

첩보를 기록, 평가, 조사, 분석, 결론도출 과정 등을 통해 정보로 전환·처리하는 단계이다. 즉 수집된 정보가 정보생산기관에 전달된 후 정보사용자의 요구에 맞도록 첩보의 기록, 보관, 평가, 분석, 종합, 해석 과정을 거쳐 정보보고서를 작성하는 과정을 의미한다.

5. 정보(첩보)의 배포

정보를 요구한 사람에게 생산된 정보가 구두, 서면, 도식 등의 방법을 통해 가장 적시에 배포되는 단계를 의미한다. 제아무리 중요한 정보를 생산해냈다고 하더라도 그 정보가 꼭 필요한 사람에게 전달되어야만 가치가 있는 것이다.

정보를 배포하는 데 있어서 다음의 원칙을 지켜야 한다. 첫째, 적시성이다. 배포의 시기를 빠르지도 늦지도 않게 잘 지켜야 한다. 둘째, 적당성이다. 정보는 필요로

표 14-3	정보배포의 7대원칙 내용
필요성의 원칙	알아야 할 사람에게만 정보를 전달하고, 알 필요가 없는 사람에게는 알려서는 안 된다.
적시성의 원칙	너무 빠르거나, 늦지 않게 사용자가 필요로 하는 시기에 전달하여야 한다.
적당성의 원칙	사용자의 능력과 상황에 맞게 필요한 만큼만 배포하여야 한다.
완전성의 원칙	보고의 형식적 요건 및 내용을 완전하게 갖추어야 하며, 관련 있는 사실을 체계 있게 작성하여야 한다.
보안성의 원칙	비밀보호를 위한 여러 가지 보안대책을 강구해야 한다.
계속성의 원칙	관련된 주제에 대하여 계속적이어야 한다. 정기적으로 발간되는 주간정보 등은 사용자의 현재 업무에 대하여 최근의 것이 되도록 관련성을 가진 새로운 정보가 작성되었을 때는 계속 배포해 줄 필요가 있다.
기타원칙	간결성의 원칙, 경제성의 원칙 등이 있다.

---

10) 경찰청, 『경찰실무전서』(서울: 경찰청, 2000), p. 1096.

하는 사람에게 적당한 양이 전달되어야 한다. 셋째, 보안성유지이다. 그 정보가 필요하지 않은 사람에게 전달되지 않도록 유의해야 한다. 넷째, 계속성이다. 정보는 관련 주제에 대해 조직적이고 계속적으로 전달되어야 한다.

정보의 배포 수단은 여러 가지가 있으나 대표적인 것으로 비공식적 방법, 브리핑, 메모, 일일정보보고서, 정기간행물, 특별보고서, 지정된 연구과제보고서, 서적, 연구참고용 보고서, 도표 및 사진, 필름, 전화(전신) 등의 방법을 활용하여 배포할 수 있다.

필요성의 원칙, 적시성의 원칙, 적당성의 원칙을 정보배포의 3원칙이라고 한다.

6. 우리나라 정보기관

우리나라 정보기관은 여러 곳이 있다. 우선 대통령 밑에 국가안전보장회의가 있다. 그리고 직속으로 국가정보원이 설치·운영되고 있다. 통일부 산하에 정보분석국이 있고 행정안전부 외청으로 경찰청이 있다. 외교부 밑에는 외교정책실이 있고 국방부 소속으로는 합참이 있고 정보본부, 그 산하에 정보사령부와 국군안보지원사령부가 있다. 법무부 산하에는 대검찰청이 있다. 국가정보원은 원래 박정희 정부에서 1961년 6월 10일 중앙정보부로 출발했다. 1980년 초에 전두환 정부에서 중앙정보부는 국가안전기획부로 명칭이 변경되었다. 1998년 김대중 국민의 정부에서 다시 국가정보원으로 명칭을 변경해서 오늘에 이르고 있다. 국가정보원의 조직, 예산, 인원은 국가정보원법 제6조에 따라 Ⅱ급과 Ⅲ급 비밀로 규정하고 있다. 원장 밑에는 해외담당 1차장, 국내담당 2차장, 그리고 대북 3차장제로 운영되고 있다.11)

제 4 절 **집회 · 시위의 관련 업무**

1. 집회·시위 자유의 의의

(1) 개   념

집회의 자유는 공동의 목적을 가진 다수인이 자발적으로 일시적인 모임을 가질 수 있는 자유를 의미한다. 다수가 한 자리에 모여 공동 관심사를 논의하고 상호 접촉

---

11) 강용길 외 7인, 앞의 책, p. 370.

하여 정보와 의사를 교환하는 일은 인간의 기본권에 해당한다. 시위의 자유는 집회의 자유라는 개념에 해당한다는 것이 다수설이다.

한편 헌법 제37조에는 국민의 모든 자유와 권리는 국가안전보장, 질서유지나 공공복리를 위해 제한할 수 있다고 규정하고 있는데 이러한 규정에 의해 제정된 법률이 바로 집회 및 시위에 관한 법률이다.

(2) 개정의 역사

이 법률은 1962년 12월 31일 제1245호로 제정되었다. 1차 개정은 1973년 3월 12일 유신헌법하에서 이루어졌고, 2차 개정은 1973년 12월 30일 여야합의하에 개정되었다. 제3차 개정은 1980년 12월 18일 국가보위입법회의에서 이루어졌고, 제4차 개정은 1988년 8월 5일 헌법재판소법 제정으로 이루어졌다. 제5차는 1989년 3월 29일 여소야대 국회에서 개정했고, 제6차는 1991년 5월 31일 경찰법 제정에 따라 관련조항이 개정되었고, 제7차는 1991년 11월 30일 헌법재판소법의 개정에 따라 개정되었다. 제8차 개정은 1997년 12월 13일 정부조직법 개정에 따라 이루어졌고 제9차는 1999년 5월 24일 집시법 운용과정에서 문제제기된 것을 해소하기 위해 개정했다. 제10차는 2004년 1월 29일 개정되었고 제11차는 2006년 12월 31일 법률 제7849호로 제주특별자치도 설치 및 국제자유도시조성을 위한 특별법의 개정에 따라 이루어졌다. 여기서 경찰관서라 함은 국가경찰관서를 말한다는 규정의 변경을 위해 이루어진 것이다. 제12차는 2007년 5월 11일 한글화에 따른 법명의 변경을 위해 개정이 있었다. 제13차 개정은 2007년 12월 21일 군사기지 및 군사시설 보호법 제정 때문에 개정되어 2008년 9월 22일부터 시행에 들어갔다. 한편 2009년 9월 24일 헌법재판소는 집시법 제10조에 대해 헌법불합치결정을 내렸는데 야간집회를 금지한 것은 위헌이라는 것이다. 따라서 경찰은 야간집회에 대해 더 이상 금지시킬 근거가 없어졌고 국회는 이에 대해 법률을 개정해야 하는 과제에 직면하기도 했다.

2. 집시법의 제정목적과 용어의 정의

(1) 제정목적

집시법은 적법한 집회 및 시위를 최대한 보장하고 위법한 시위로부터 국민을 보호하여 집회 및 시위의 권리보장과 공공의 안녕질서가 적절히 조화되게 함을 목적으로 하고 있다.[12]

---

12) 중앙경찰학교, 『정보·보안』(충주: 중앙경찰학교, 2009), p. 100.

(2) 용어의 정의

본 법에서 사용하는 용어의 정의는 다음과 같다.

집회라 함은 다수인이 일정한 장소에 모여 일시적으로 공동목적을 토의하는 것 등을 말한다.

① 옥외집회　　　옥외집회라 함은 천장이 없거나 사방이 봉쇄되지 않은 장소에서의 집회를 말한다.

② 시 위　　　시위란 다수인이 공동목적을 가지고 도로, 광장, 공원 등 공중이 자유로이 통행할 수 있는 장소를 행진하거나 위력 또는 기세를 보여 불특정 다수인의 의견에 영향을 주거나 제압을 가하는 행위이다.

③ 주최자　　　주최자란 자신의 명의와 책임 아래 집회 또는 시위를 개최하는 사람이나 단체를 말한다. 주최자는 주관자를 별도로 두어 집회 또는 시위의 진행을 맡아 관리하도록 위임할 수 있다.

④ 질서유지인　　　질서유지인이란 주최자가 자신을 보좌하여 집회 또는 시위의 질서를 유지하게 할 목적으로 임명한 자를 말한다.

⑤ 질서유지선　　　질서유지선이란 적법한 집회 및 시위를 보호하고 질서유지 또는 교통소통을 위하여 집회 또는 시위장소나 행진구역에 일정한 구획을 정하여 관할 경찰서장이나 시·도경찰청장이 설정한 방책이나 경계표지를 말한다.

(3) 집회 및 시위에 대한 방해 금지

누구든지 평화적인 집회나 시위에 대해 방해하거나 지시해서는 안 된다. 집회 및 시위의 주최자는 방해하는 자가 있을 경우 경찰관서에 알려 보호를 요청할 수 있다.

(4) 집회 및 시위의 신고

1) 관할지 신고 사항

법에 따라 집회개최 720시간 전부터 48시간 전에 관할 경찰서장에게 신고해야 한다. 행사개최지가 경찰서 2곳 이상이 겹칠 때는 관할 시·도경찰청장에게 신고해야 한다. 그리고 행사개최지가 2곳 이상의 시·도경찰청 관할인 경우는 주최지 시·도경찰청장에게 신고해야 한다.[13)]

---

13) 집회 및 시위에 관한 법률 제6조-제7조.

그림 14-2 옥외집회(시위.행진) 신고서 서식

■ 집회 및 시위에 관한 법률 시행규칙 [별지 제1호서식] <개정 2020. 12. 31.>

옥외집회(시위.행진) 신고서

(앞 쪽)

접수번호		접수일자			처리기간	즉시

신고인	성 명(또는 직책)		생년월일	
	주 소			
			(전화번호 :)	

집회 (시위.행진) 개요	집회(시위.행진) 명칭	
	개최일시	년 월 일 시 분 ~ 년 월 일 시 분
	개최장소	
	개최목적	

관련자 정보	주최자	성명 또는 단체명		생년월일	
				직업	
		주소			
				(전화번호 :)	
	주관자	성명 또는 단체명		생년월일	
				직업	
		주소			
				(전화번호 :)	
	주최단체의 대표자	성명		생년월일	
				직업	
		주소			
				(전화번호 :)	
	연락 책임자	성명		생년월일	
				직업	
		주소			
				(전화번호 :)	
	질서유지인			명	

참가 예정 단체. 인원	참가예정단체	
	참가예정인원	

210mm×297mm[백상지 80g/㎡(재활용품)]

시위 방법 및 진로	시위 방법(시위 대형, 구호제창 여부, 그 밖에 시위방법과 관련되는 사항 등)
	시위 진로(출발지, 경유지, 중간 행사지, 도착지, 차도·보도·교차로의 통행방법 등)

참고 사항	준비물(차량, 확성기, 입간판, 주장을 표시한 시설물의 이용여부와 그 수 등)

「집회 및 시위에 관한 법률」 제6조제1항 및 같은 법 시행규칙 제2조제1항에 따라 위와 같이 신고합니다.

년   월   일

신고인   (서명 또는 인)

경찰서장(시·도경찰청장)   귀하

첨부서류	1. 「집회 및 시위에 관한 법률 시행규칙」 별지 제2호 서식의 신고서(주최자,주관자, 참가예정단체가 둘 이상이거나 질서유지인을 두는 경우만 해당합니다) 2. 시위·행진의 진행방향 등을 표시한 약도(시위와 행진을 하는 경우만 해당합니다) 3. 재결서 사본 또는 판결문 사본(「집회 및 시위에 관한 법률 시행령」 제10조에 따라 이의신청에 대한 재결 등이나 행정소송을 거쳐 새로 신고하는 경우만 해당합니다)	수수료 없음

처리절차

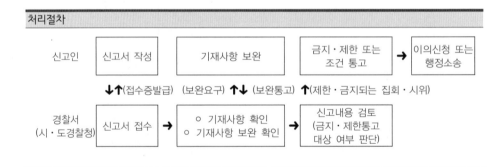

2) 신고서 보완

신고서 접수 후 기재사항이 미비한 경우 관할 경찰서장은 접수증을 교부한 때로부터 12시간 이내에 주최자에게 24시간을 기한으로 기재사항을 보완할 것을 통고해야 한다. 이 경우 보완통고는 서면으로 하되 주최자나 연락책임자에게 송달해야 하고, 주최자 등이 기재사항을 보완하지 않는 경우에는 금지통고가 가능하다.

(5) 금지 또는 제한통고

다음의 경우는 집회를 금지할 수 있다. 첫째, 신고된 옥외집회 또는 시위가 집시법 제5조 및 제11조의 규정에 위반되는 경우, 둘째, 집회 또는 시위의 시간과 장소가 경합되는 2이상의 신고가 있어 서로 방해가 되는 경우, 셋째, 시위장소가 타인의 거주지역으로서 해당인이 장소의 보호를 요청하는 경우에는 신고접수한 때로부터 48시간 이내에 집회 또는 시위의 금지를 집회나 시위의 금지를 주최측에 통보할 수 있다. 이는 이유를 명시해 서면으로 주최자에게 송달해야 한다.

(6) 이의신청

금지통고를 받은 주최자는 10일 이내에 당해 경찰관서의 직근 상급경찰관서의 장에게 이의신청을 해야 한다. 그리고 이의신청을 받은 경찰관서의 장은 접수시로부터 24시간 이내에 재결해야 한다. 24시간 이내에 재결서를 발송하지 아니한 때에 금지통고는 소급하여 효력을 상실한다.14) 금지통고가 위법 또는 부당한 것으로 재결되거나 효력을 잃게 된 경우는 이의신청인은 최초로 신고한 대로 집회 또는 시위 개최가 가능하다.15)

(7) 시위시 확성기의 사용제한

시위시에 주최자는 확성기, 징, 북, 꽹과리 등을 활용해 심각한 소음을 발생시켜 피해자가 발생하는 경우 특히 학교지역이나 주거지역일 경우 사용제한을 받게 된다.16) 그 확성기 등의 소음기준치는 다음과 같다.17)

표 14-4 확성기의 소음기준치 적용

구 분		주간(07:00~일몰 전)	야간(일몰 후~일출 전)	심야 (00:00~07:00)
등가소음도 (Leq)	주거지역·학교·종합병원	65dB 이하	60dB 이하	55 이하
	공공도서관	65dB 이하	65dB 이하	
	기타 지역	75dB 이하	65dB 이하	

---

14) 집회 및 시위에 관한 법률 제9조.
15) 강용길 외 8인, 앞의 책, p. 392; 허경미, 앞의 책, p. 462; 신현기 외 8인, 앞의 책, p. 733.
16) 집회 및 시위에 관한 법률 제14조.
17) 집회 및 시위에 관한 법률 시행령 제14조.

3. 집시시위 자문위원회

각급 경찰관서장은 자문에 응하기 위해 집회 시위자문위원회를 둘 수 있다. 집회 및 시위의 자유와 공공의 안녕 질서가 조화를 이루도록 하기 위하여 각급 경찰관서에 다음 각 호의 사항에 관하여 각급 경찰관서장의 자문 등에 응하는 집회·시위자문위원회(이하 이 조에서 "위원회"라 한다)를 둘 수 있다(집회 및 시위에 관한 법률 제21조).

- 제8조에 따른 집회 또는 시위의 금지 또는 제한 통고
- 제9조제2항에 따른 이의 신청에 관한 재결
- 집회 또는 시위에 대한 사례 검토
- 집회 또는 시위 업무의 처리와 관련하여 필요한 사항

위원회에는 위원장 1명을 두되, 위원장을 포함한 5명 이상 7명 이하의 위원으로 구성된다. 위원장과 위원은 각급 경찰관서장이 전문성과 공정성 등을 고려하여 다음 각 호의 사람 중에서 위촉한다. 즉 변호사, 교수, 시민단체에서 추천하는 사람, 관할 지역의 주민대표 등이다. 위원회의 구성·운영 등에 필요한 사항은 대통령령으로 정한다.

위원회 위원은 제6조(위원의 결격사유)에 따라서 다음 각 호의 어느 하나에 해당하지 않아야 한다.

- 「공직선거법」에 따라 실시하는 선거에 후보자(예비후보자 포함)로 등록한 사람, 「공직선거법」에 따른 선거사무관계자 및 선거에 의하여 취임한 공무원, 「정당법」에 따른 정당의 당원
- 「청소년 보호법」 제2조제5호가목에 따른 청소년 출입·고용 금지업소 등 경찰 단속대상 업소의 운영자 및 종사자
- 경찰의 인가·허가 등과 관련하여 취소, 영업정지, 과징금 또는 과태료의 부과 등으로 이익 또는 불이익을 직접적으로 받는 개인 또는 법인·단체에 속한 사람(사건이 개시되어 계류중인 경우에 한함)
- 그 밖에 수사, 감사(監査), 단속 등의 대상인 개인 또는 법인·단체에 속한 사람(사건이 개시되어 계류중인 경우에 한함) 등이다.

1. 개　념

　정부나 지방자치단체가 보유한 문서나 정보를 국민 누구나가 법적으로 허용된 범위 안에서 청구하는 행위를 말한다. 정보공개는 정보공개법 제4조 제3항에 따라 국가안전보장에 관련되는 영역이 아닌 한 공개해야 함을 법으로 보장하고 있다. 정보공개는 국민주권주의, 인간의 존엄과 가치, 행복추구권 등을 위해 공개되어야 하는 것이다. 우리나라는 1996년 '공공기관의정보공개에관한법률(정보공개법)'을 제정하여 시행해 오고 있다. 국민의 알 권리를 보장하고자 함이 목적이다.

2. 비공개 대상의 정보

　공공기관의정보공개에관한법률(정보공개법)에 따라서 다음의 사항은 공공기관에서 국민에게 공개하지 않을 수 있다.

　첫째, 기타 법률이나 법률에 의한 명령에 의하여 비밀로 유지되거나 비공개사항으로 규정된 정보

　둘째, 공개될 경우 국가안전보장, 국방, 통일, 외교관계 등 국가의 중대한 이익을 해할 우려가 인정되는 정보

　셋째, 공개될 경우 국민의 생명, 신체 및 재산의 보호 기타 공공의 안전과 이익을 현저히 해할 우려가 있다고 인정되는 정보

　넷째, 진행중인 재판에 관련된 정보와 범죄의 예방, 수사, 공소의 제기 및 유지, 형의 집행, 교정, 보안처분에 관한 사항으로서 공개될 경우 그 직무수행을 현저히 곤란하게 하거나 형사피고인의 공정한 재판을 받을 권리를 침해한다고 할 만한 상당한 이유가 있는 정보

　다섯째, 감사, 감독, 검사, 시험, 규제, 입찰계약, 기술개발, 인사관리, 의사결정과정 또는 내부검토 과정에 있는 사항 등으로서 공개될 경우 업무의 공정한 수행이나 연구, 개발에 현저한 지장을 초래한다고 인정할 만한 상당한 이유가 있는 정보 등이다.

제15장 교통경찰(자치경찰)

제1절 교통경찰의 일반

1. 교통경찰의 개념

교통경찰 역시 교통사고를 예방해야 하는 사전예방적 활동을 해야 함과 동시에 교통사고가 발생한 이후 처리까지 해야 하는 사후진압적 활동이 요구되고 있다. 날로 심각해지는 교통상황을 분석하고 개인뿐 아니라 국가적으로 엄청난 사회적 비용을 발생시킬 수 있는 교통사고를 미리 예방하며 발생한 제반 교통사고들을 신속하고 정확하게 처리하기 위한 일련의 활동을 수행하는 사람을 교통경찰이라고 한다. 자동차가 나날이 증가하고 있다. 따라서 교통사고를 최대한 방지하기 위해 교통의 지도단속을 실시하여 교통의 안전과 원활한 소통을 위해 교통질서를 유지하는 것을 교통경찰의 핵심임무로 한다.

2. 교통경찰의 중요성

자동차의 숫자가 날로 증가하고 있고 교통사고 또한 심각한 수준에 이르고 있다. 따라서 교통경찰의 과제도 날로 늘어나고 있는 추세다. 교통 체증도 갈수록 악화되고 있어 교통경찰에게 거는 국민들의 기대가 커지게 되었고 동시에 그 책임도 막중해졌다.

3. 교통경찰의 조직

(1) 경 찰 청

교통경찰에 관한 조직은 경찰청 및 그 소속기관등직제 제8조의 2, 그리고 경찰청 및 그 소속기관등직제 시행규칙 제6조의 2에 근거를 두고 있다. 경찰청에 교통국장을 두는데 치안감 또는 경무관으로 보하고 있다. 교통국장 아래 교통기획과, 교통안전과 및 교통운영과를 두고 있다. 그 담당관들은 총경으로 보하고 있다.

교통국장(치안감)은 차장(치안정감)을 보좌한다(제8조의 2). 교통기획과는 다음 사항을 중심으로 교통관리관을 보좌한다.

① 도로교통에 관련되는 종합기획 및 심사분석
② 도로교통에 관련되는 법령의 정비 및 행정제도의 연구
③ 교통경찰공무원에 대한 교육 및 지도
④ 도로교통시설의 관리
⑤ 자동차운전면허의 기획·관리
⑥ 운전면허시험관리의 지도·감독
⑦ 그 밖에 다른 담당관의 주관에 속하지 아니하는 사항
⑧ 교통안전교육 및 특별교통안전교육에 관한 계획수립 및 지도
⑨ 그 밖에 국내 다른 과의 주관에 속하지 아니하는 사항

그리고 교통안전과는 다음의 사항에 관해 교통국장을 보좌한다.

① 도로교통사고의 예방을 위한 홍보, 지도 및 단속
② 대규모 집회시위 등 교통관리
③ 교통단속 관련 법령 제·개정 및 지침 시스템 관리 개선
④ 교통법규 위반 범칙금, 즉결심판, 과태료 관리
⑤ 교통단속 장비 규격 관리
⑥ 교통협력단체 관련 법률, 정관 등 개정 관리 및 안정용품 피복 지급
⑦ 교통사고 통계 분석·관리 관련업무 수행을 위한 지도·감독 및 국회 등 관계 기관 협조
⑧ 고속도로순찰대의 운영 및 지도
⑨ 고속도로 교통안전대책 수립 및 추진

교통운영과장은 다음의 직무를 수행한다.

① 속도 등 교통규제 관련 법령 제·개정 및 지침 시스템 관리 개선
② 보호구역 관련 법령 제·개정 및 지침 시스템 관리 개선
③ 교통안전시설 운영 및 감독
④ 광역 교통정보 사업 관련 업무
⑤ 교통정보의 수집·분석 및 제공
⑥ 무인 교통단속용 장비 설치·관리·감독
⑦ 자율주행차 등 교통신기술 관련 기획 및 연구개발 등이다.

(2) 시·도경찰청

전국 18개 시·도경찰청 중에 가장 큰 곳은 서울경찰청(이하 서울경찰청)이다. 서울경찰청의 경우 경무관으로 보한 교통지도부가 있다. 그 아래에 교통안전과와 교통관리과를 설치·운영하고 있다. 과장들은 총경으로 보하고 있다. 서울경찰청을 제외한 나머지 시·도경찰청들은 교통과를 별도로 두는 경우도 있고 경비교통과를 두고 있는 경우도 있다.

(3) 경 찰 서

전국 시·도경찰청 산하에 각각 경찰서는 교통과를 두는 곳도 있고 경비교통과를 두는 곳도 있다. 경찰서가 1급지인지, 2급지, 아니면 3급지인지에 따라 각각 다르다.

4. 교통경찰의 임무

교통경찰은 수많은 임무를 지니고 있는데 구체적으로 몇 가지만 살펴보면 다음과 같다. 교통사고방지를 위한 경찰의 종합적 대책 수립, 교통안전교육활동, 교통통계 등의 작성 및 분류, 교통단속, 교통사고의 처리와 교통사고 및 수사, 교통법규와 교통안전시설의 정비관리, 교통정리, 운전면허시험과 관리, 기타행정처분 등이다.[1]

5. 교통경찰의 특징

1) 모든 사람이 교통경찰의 대상이다

남녀노소 누구나를 막론하고 모든 계층의 사람들이 교통경찰의 대상이 된다. 무엇보다 보행자이든 자동차 운전자이든 모두가 교통경찰의 대상이 된다.[2]

---

1) 중앙경찰학교, 『교통』(충주: 중앙경찰학교, 2009), p. 2009.

2) 사람들의 사회생활에 중대한 영향을 끼치고 있다

교통경찰의 활동은 사람들의 사회생활이나 경제활동에 많은 영향력을 주고 있다. 교통규제 활동 등이 이에 해당한다. 혹시 잘못된 또는 국민의 여론 수용 없이 교통정책 등이 세워진다면 국민들의 사회활동에 큰 지장이 초래될 수도 있다.

3) 경찰활동 평가의 창구가 된다

국민들은 단속을 당하거나 접촉하게 된 교통경찰관에게서 받은 인상을 통해 흔히 경찰전체를 평가하게 되는 경우가 많다. 이러한 이유 때문에 교통경찰은 국민을 교통과 관련해 접촉하게 될 때 전체 경찰을 대표한다고 생각하고 좋은 인상을 주는 노력을 게을리 하지 말아야 한다.

4) 기술적 분야의 전문지식이 필요하다

특히 자동차에 관한 충분한 지식이 없이는 교통단속이나 교통사고를 처리하는 데 신뢰를 얻기 힘들다. 따라서 교통규제에 관한 규정이나 규칙, 자동차의 구조와 기능, 신호기에 관한 시스템과 교통시설 등에 관한 해박한 지식을 가지고 있어야 한다.

5) 전국적인 관련성이 크다

오늘날에는 전국 어디를 가도 시원하게 도로가 건설되어 있다. 국민들의 경제활동 영역이 넓어지고 교통 제반여건이 광역화되었다. 여기에다가 자동차의 성능 향상으로 이동이 원활해지면서 교통경찰의 활동도 역시 광역화 및 하나의 생활권으로 발전했다. 이제 하나의 도와 시가 자기의 역량만으로는 증가한 교통상황을 극복하기 어렵게 되었다. 따라서 이러한 전국적인 관련성을 극대화하기 위해 자치단체간에 유기적인 협력이 중요하게 되었다.[3]

6. 교통관련 법률

교통경찰활동의 법적 근거

① 경찰법 (제3조): 교통의 단속과 위해의 방지
② 경찰관직무집행법 (제2조): 교통의 단속과 위해의 방지
③ 도로교통법 (제1조): 도로에서 일어나는 교통상의 모든 위험과 장해를 방지·제거하여 안전하고 원활한 교통을 확보함을 목적으로 한다.

---

2) 김충남, 앞의 책, p. 453.
3) 중앙경찰학교, 앞의 책, p. 6.

교통관련 법률에는 도로교통법, 교통안전법, 도로법, 자동차관리법, 교통사고처리특례법, 특정범죄가중처벌등에관한법률, 자전거이용활성화에관한법률 등이 있다.

첫째, 도로교통법은 교통사고가 난 경우 즉시 적용되며, 이는 운전자의 업무상 과실, 재물손괴죄 등을 규정하고 있다. 둘째, 교통사고처리특례법은 가해자인 운전자가 종합보험에 가입해 있고 10개의 예외 사항에 해당하지 않는 한 피해자의 의사에 반하여 가해자를 처벌할 수 없도록 반의사불벌죄를 규정하고 있다. 셋째, 특정범죄가중처벌등에관한법률은 교통사고를 일으키고 즉시 구호조치를 취하지 아니하고 뺑소니를 한 경우에 대한 가중처벌을 규정하고 있다.

7. 교통경찰의 임무

우리사회가 산업사회로 급속히 발전하면서 매일 수백 대의 새로운 자동차가 등록되고 거리로 나오고 있다. 전국에는 지속적으로 새로운 도로들이 개통되면서 이른바 도로그물망을 형성하고 있다. 이에 따라 교통경찰의 임무는 날로 증가하고 있다. 교통경찰은 경찰법과 경찰관직무집행법이 정하는 직무에 관한 사물관할의 범위 내에서 각종 교통사고의 발생을 방지하고 교통의 지도단속 등을 통하여 교통의 안전과 원활을 도모함으로써 교통질서를 유지함을 그 기본임무로 하고 있다.[4]

표 15-1	교통경찰의 임무
일반적 임무	• 교통사고 방지를 위한 경찰의 종합적 대책 수립 • 교통안전교육활동 • 교통통계 등의 작성·분류·검토·분석 • 교통지도단속 • 교통사고의 처리 및 교통사고사건의 수사 • 교통법규 및 교통안전시설의 정비·관리 • 교통정리(제차 및 보행자의 통행정리, 교차로 교통정리, 비상시의 교통우회지시 등) • 자동차 운전면허시험 및 관리 • 기타 행정처분 등
외근교통요원 (수신호·순찰차· 싸이카요원 등) 의 임무	• 교통소통 촉진과 교통안전확보, 교통장애물 제거 • 교통법규 위반자 지도·단속 • 교차로의 방향별 교통량의 적정배분 및 교통정리 • 수배차량 및 차량 이용범죄자 등 검거 • 어린이·노약자 등 보행자 관찰·보호 • 교통표지 등 교통안전시설물 관찰·보호 • 관할구역 내의 교통정보수집·처리·보고·통보 • 기타 하명사항 및 중요경비임무 수행 등

---

4) 신현기·남재성, 『새경찰학개론』(서울: 우공출판사, 2022), pp. 488~489.

한편 교통의 4E는 다음과 같이 정리될 수 있다.

표 15-2 교통의 4E 원칙

▶ 의의: 4E의 원칙이란 교통의 안전과 원활을 기하기 위하여 교통경찰이 행정관리의 기본으로 삼아야
   할 원칙이며 교통경찰활동의 직무방향을 제시하여 주는 것이라 할 수 있다.
▶ 내용
 ① 교통안전교육(Education): 교통사고를 미연에 방지하기 위하여 일반 공중에 대하여 실시하는 교육
    훈련, 홍보, 계몽 등의 활동
 ② 교통안전공학(Engineering): 도로환경정비, 교통안전시설, 차량 등과 같은 물질적 요소에 의하여 교
    통의 안전과 원활화에 기여하도록 추진하는 것
 ③ 교통단속(Enforcement): 교통규제, 면허제도, 교통지도·단속 등 도로교통의 질서를 유지하기 위한
    것
 ④ 교통환경(Environment): 교통에 관계된 여러 가지 환경적 요인 등을 개선하는 것(기존의 3E 원칙
    에 추가된 원칙)

출처: 신현기·남재성, 『새경찰학개론』(서울: 우공출판사, 2022), pp. 488~489.

제 2 절   교통업무

1. 교통용어의 정리[5]

(1) 도   로

도로란 도로법에 의한 도로, 유료도로법에 의한 유료도로, 불특정 다수의 사람이
나 차마의 통행을 위해 공개된 장소인데 안전하고 원활한 교통을 확보할 필요가 있
는 장소를 의미한다. 도로법 제11조에 따르면 도로는 고속도로, 일반국도, 특별시도,
광역시도, 지방도, 시도, 군도, 구도 등으로 분류된다. 특히 자동차 전용도로는 자동차
만이 다닐 수 있도록 설치된 도로를 말한다. 자동차 전용도로는 올림픽도로, 도시고
속화도로, 강변북로, 동부간선도로 등이 있는데 이 도로에서 보행자, 자전거, 손수레,
오토바이 등은 통행이 금지된다. 고속도로는 자동차의 고속교통에만 사용하기 위해
지정된 도로로서 오토바이의 통행은 금지된다.

(2) 차   마

차마란 차와 우마를 말한다. 차는 자동차, 건설기계, 원동기장치자전거, 자전거,
사람, 혹은 가축의 힘이나 동력에 의해 도로에서 운전되는 것을 의미한다. 따라서 기

---

5) 신현기, 『경찰학개론』(서울: 21세기사, 2008), p. 476.

차, 전동차(전철), 항공기, 선박, 케이블카, 유아자전거, 휠체어는 차가 아니다. 우마란 교통과 운수에 사용되는 가축을 의미하는데 소, 말, 낙타, 코끼리 등이다.

(3) 자 동 차

자동차란 원동기를 이용하여 운전되는 것으로 승용자동차, 승합자동차, 화물자동차, 특수자동차, 이륜자동차, 건설기계 등을 의미한다.

(4) 긴급자동차

긴급자동차란 소방자동차, 구급자동차, 그 밖에 대통령령이 정하는 자동차를 의미한다.

(5) 차   도

차도란 연석선, 안전표지나 공작물로 경계를 표시하여 모든 차의 교통에 사용하도록 한 도로의 부분을 의미한다.

(6) 교 차 로

교차로란 +자로, T자로 또는 그 밖의 둘 이상의 도로가 교차하는 부분을 말한다.

(7) 어린이통학버스

어린이(13세 이하)를 실어 나르기 위해 신고된 차량이며 노란색으로 칠하고 다녀야 한다.

(8) 주   차

주차란 차를 정지상태에 두는 것을 말한다. 운전자가 그 차를 즉시 운전할 수 없는 상태를 말한다.

(9) 정   차

정차란 운전자가 5분을 초과하지 않고 차를 정지시키는 것으로 즉시 출발할 수 있는 상태이다.

한편 긴급자동차에 관한 내용을 정리하면 다음과 같다.

표 15-3	우리나라 긴급자동차에 관한 범위와 내용	
의의	소방자동차·구급자동차 그 밖의 대통령령이 정하는 자동차로서 그 본래의 긴급한 용도로 사용되고 있는 중인 자동차	
지정 및 취소권자	시·도경찰청장	
긴급자동차에 대한 특례	긴급자동차에 대하여는 ㉠ 자동차의 속도, ㉡ 앞지르기 금지시기·금지장소 ㉢ 끼어들기의 금지 등에 관한 규정을 적용하지 아니한다.	
긴급자동차의 우선통행	① 긴급자동차는 긴급하고 부득이한 경우에는 도로의 중앙이나 좌측 부분을 통행할 수 있다. ② 긴급자동차는 도로교통법에 의한 명령에 따라 정지하여야 하는 경우에도 불구하고 긴급하고 부득이한 경우에는 정지하지 아니할 수 있다. ③ 긴급자동차의 운전자는 교통안전에 특히 주의하면서 통행하여야 한다. ④ 모든 차의 운전자는 교차로나 그 부근에서 긴급자동차가 접근하는 경우에는 교차로를 피하여 도로의 우측 가장자리에 일시정지하여야 한다. 다만, 일방통행으로 된 도로에서 우측 가장자리로 피하여 정지하는 것이 긴급자동차의 통행에 지장을 주는 경우에는 좌측 가장자리로 피하여 정지할 수 있다. ⑤ 모든 차의 운전자는 긴급자동차가 접근한 경우에는 도로의 우측 가장자리로 피하여 진로를 양보하여야 한다. 다만, 일방통행으로 된 도로에서 우측 가장자리로 피하는 것이 긴급자동차의 통행에 지장을 주는 경우에는 좌측 가장자리로 피하여 양보할 수 있다.	
긴급자동차의 범위	도로교통법	소방자동차·구급자동차
	도로교통법 시행령 (대통령령): 법정긴급 자동차	1. 경찰용 자동차 중 범죄수사·교통단속 그 밖에 긴급한 경찰업무수행에 사용되는 자동차 2. 국군 및 주한국제연합군용 자동차 중 군내부의 질서유지나 부대의 질서 있는 이동을 유도하는 데 사용되는 자동차 3. 수사기관의 자동차 중 범죄수사를 위하여 사용되는 자동차 4. 다음 각 목의 어느 하나에 해당하는 시설 또는 기관의 자동차 중 도주자의 체포 또는 피수용자·피관찰자의 호송·경비를 위하여 사용되는 자동차 　가. 교도소·소년교도소·구치소 또는 보호감호소 　나. 소년원 또는 소년분류심사원 　다. 보호관찰소 5. 국내외 요인에 대한 경호업무수행에 공무로서 사용되는 자동차
	사용하는 사람의 신청에 의한 시·도경찰청장의 지정	1. 전기사업·가스사업 그 밖의 공익사업기관에서 위험방지를 위한 응급작업에 사용되는 자동차 2. 민방위업무를 수행하는 기관에서 긴급예방 또는 복구를 위한 출동에 사용되는 자동차 3. 도로관리를 위하여 사용되는 자동차 중 도로상의 위험을 방지하기 위한 응급작업 및 운행이 제한되는 자동차를 단속하기 위하여 사용되는 자동차 4. 전신·전화의 수리공사 등 응급작업에 사용되는 자동차와 우편물의 운송에 사용되는 자동차 중 긴급배달 우편물의 운송에 사용되는 자동차 및 전파감시업무에 사용되는 자동차
	긴급자동차에 준하는 자동차	1. 경찰용의 긴급자동차에 의하여 유도되고 있는 자동차 2. 국군 및 주한국제연합군용의 긴급자동차에 의하여 유도되고 있는 국군 및 주한국제연합군의 자동차 3. 생명이 위급한 환자나 부상자 또는 수혈을 위한 혈액을 운반 중인 자동차

출처: 신현기·남재성, 『새경찰학개론』(서울: 우공출판사, 2022), p. 491.

2. 교통의 규제

일반적으로 교통 관련 업무를 수행하기 위해서 교통경찰은 법에 따라 교통규제를 실시한다. 교통규제란 도로에서의 위험을 방지하고 교통의 안전과 원활을 도모하기 위하여 신호기나 안전표지를 설치하는 등 도로에서 통행규칙을 설정하는 일련의 활동을 의미한다. 특히 경찰공무원은 일반도로의 파손이나 화재의 발생, 고속도로 또는 자동차전용도로의 파손이나 교통사고의 발생 그 밖의 사정으로 도로에서의 위험방지를 위하여 긴급한 필요가 있는 경우에는 필요한 한도 내에서 차마의 통행을 일시 금지하거나 제한할 수 있으며, 보행자나 차마의 교통혼잡 완화를 위한 조치를 취할 수 있다. 경찰공무원은 신호기가 표시하는 신호에 관계없이 그와 다른 의미를 표시하는 수신호를 할 수 있다. 그리고 경찰공무원은 주의의무를 위반한 운전자에 대하여 위험방지를 위한 운전금지 등의 조치를 취할 수 있다.

표 15-4	우리나라 교통규제권자와 그 내용
경찰청장	• 경찰청장과 협의-고속도로의 경우에는 그 관리자가 신호기 및 안전표지를 설치하고자 할 때 • 경찰청장-고속도로의 관리자에게 신호기 및 안전표지의 관리에 관하여 필요한 사항을 지시할 수 있다. • 도로의 점용허가와 관련하여 도로관리청이 국토교통부장관인 경우에는 경찰청장과 협의하여야 한다.
시장 등	• 특별시장·광역시장(광역시 군수를 제외) 또는 시장·군수가 신호기 및 안전표지를 설치 • 시·도지사의 권한은 시·도경찰청장에게 위임하고, 시장 또는 군수의 권한은 경찰서장에게 위탁하도록 되어 있으므로 실제로 시·도지사 등의 교통규제 권한은 모두 경찰에 위임
시·도 경찰청장	• 보행자나 차마의 통행 금지 또는 제한 • 차선의 설치 • 자동차 등의 속도제한 • 횡단 등의 금지 • 교차로 통행방법의 지정 • 서행 및 일시정지구간의 지정 • 정차 및 주차금지구역의 지정, 경음기의 사용제한 • 승차 또는 적재의 재한, 자동차의 도장 및 표지의 제한
경찰서장	• 도로에서의 위험방지 등을 위하여 필요한 경우에는 차마의 통행을 우선 금지하거나 제한한 후 도로관리자와 협의하여 대상과 구간 및 기간 등을 정하여 도로의 통행을 금지하거나 제한할 수 있다. • 안전기준을 초과한 승차 또는 적재의 허가권을 통해 규제가 가능 • 도로의 점용허가와 관련하여 그 도로관리청이 국토교통부장관인 경우에는 경찰청장, 도로관리청이 특별시장·광역시장·도지사 또는 시장이나 군수인 경우에는 관할경찰서장의 의견을 들어야 한다.

경찰공무원	• 일반도로의 파손이나 화재의 발생, 고속도로 또는 자동차전용도로의 파손이나 교통사고의 발생, 그 밖의 사정으로 도로에서의 위험방지를 위하여 긴급한 필요가 있는 경우에는 필요한 한도 내에서 차마의 통행을 일시금지하거나 제한할 수 있으며, 교통혼잡완화를 위한 조치를 취할 수 있다. • 경찰공무원은 주의의무를 위반한 운전자에 대하여 위험방지를 위한 운전금지 등의 조치를 취할 수 있다. • 교통혼잡완화를 위한 조치, 따라서 경찰관의 교통정리시 신호기가 설치되어 있어도 수신호가 있다면 수신호에 따라야 한다.

출처: 신현기·남재성,『새경찰학개론』(서울: 우공출판사, 2022), p. 490.

한편 교통법에 따라서 교통시설 설치권자는 시·도자치단체장과 시·도경찰청장 등에게 부여되어 있다.

표 15-5 교통시설 관련 설치권자

횡단보도 설치권자	시·도경찰청장은 행정안전부령이 정하는 기준에 의하여 횡단보도를 설치할 수 있다.
보행자 전용도로의 설치권자	① 시·도경찰청장 또는 경찰서장은 필요한 때에 도로에 보행자전용도로를 설치할 수 있다. ② 차마는 보행자전용도로를 통하여서는 아니 된다. 다만, 시·도경찰청장 또는 경찰서장은 특히 필요하다고 인정하는 때에 보행자전용도로에 통행을 허용할 수 있다.
전용차로 설치권자	시장 등은 시·도경찰청장 또는 경찰서장과 협의하여 도로에 전용차로를 설치할 수 있다.
고속도로의 전용차로의 설치	경찰청장은 고속도로에 전용차로를 설치할 수 있다.
차로의 설치 등	시·도경찰청장은 행정안전부령이 정하는 차로를 설치할 수 있다. 이 경우 시간대에 따라 양방향의 통행량이 현저하게 다른 도로에는 교통량이 많은 쪽으로 차로의 수가 확대될 수 있도록 신호기에 의하여 차로의 진행방향을 지시하는 가변차로를 설치할 수 있다.

출처: 신현기·남재성,『새경찰학개론』(서울: 우공출판사, 2022), p. 476.

한편 어린이 보호구역과 노인 및 장애인 보호구역에 관해 살펴보면 다음과 같다.

표 15-6 어린이 보호구역과 노인 및 장애인 보호구역

어린이 보호구역	시장 등은 교통사고의 위험으로부터 어린이를 보호하기 위하여 필요하다고 인정하는 경우에는 아래 시설의 주변도로 가운데 일정 구간을 어린이 보호구역으로 지정하여 자동차등의 통행속도를 시속 30킬로미터 이내로 제한할 수 있다. 1. 「유아교육법」 제2조에 따른 유치원, 「초·중등교육법」 제38조 및 제55조에 따른 초등학교 또는 특수학교 2. 「영유아보육법」 제10조에 따른 어린이집 가운데 행정안전부령으로 정하는 어린이집 3. 「학원의 설립·운영 및 과외교습에 관한 법률」 제2조에 따른 학원 가운데 행정안전부령으로 정하는 학원

노인 및 장애인 보호구역	시장 등은 아래와 같이 교통사고의 위험으로부터 노인 또는 장애인을 보호하기 위하여 필요하다고 인정하는 경우 시설의 주변도로 가운데 일정 구간을 노인 보호구역으로, 시설의 주변도로 가운데 일정 구간을 장애인 보호구역으로 각각 지정하여 차마의 통행을 제한하거나 금지하는 등 필요한 조치를 할 수 있다. 1. 「노인복지법」 제31조에 따른 노인복지시설 중 행정안전부령으로 정하는 시설 2. 「자연공원법」 제2조 제1호에 따른 자연공원 또는 「도시공원 및 녹지 등에 관한 법률」 제2조 제3호에 따른 도시공원 3. 「체육시설의 설치·이용에 관한 법률」 제6조에 따른 생활체육시설과 그 밖에 노인이 자주 왕래하는 곳으로서 조례로 정하는 시설 4. 「장애인복지법」 제58조에 따른 장애인복지시설 중 행정안전부령으로 정하는 시설

출처: 신현기·남재성, 『새경찰학개론』(서울: 우공출판사, 2022), p. 494.

3. 교통지도 단속

(1) 일반현황

교통경찰은 교통법규에 따라 도로상에서 위반 및 범법행위를 행하는 운전자들에 대해 단속을 펼치게 된다.

교통경찰이 교통지도 단속 중에 행하여야 할 기본자세는 다음의 3가지이다.

첫째, 합법성인데, 각종 법령을 정확하게 이해하고 적용해야 한다.

둘째, 합리성인데, 경찰활동의 수단과 방법이 객관적인 위반행위의 발견이어야 하고, 또한 합리적이고 신속한 조치여야 한다.

셋째, 타당성인데, 각종 업무에 인권침해나 과잉단속이 없도록 사회상규에 비추어 타당해야 한다.

이 밖에 교통경찰이 지켜야 할 중요한 유의사항도 있다.

표 15-7	교통경찰의 유의 사항
위반행위선별의 적정성	위반행위를 적발함에 있어서 무계획적으로 모든 위반을 같은 정도로 단속대상으로 하는 것은 바람직하지 못하고, 그 장소·시간에 있어서 교통사고 발생상황이나 교통정체 등의 원인을 분석하여 탄력적으로 위반행위를 적발하여야 한다.
적절한 언어와 태도	교통법규 위반자는 행정범으로서 흔히 죄의식이 희박한 경우가 많으므로 현장에서 교통경찰관의 잘못 구사된 언어는 흔히 시비의 원인이 되기도 한다. 그러므로 항상 적절한 언어와 공평·엄정한 태도로 단속에 임하여야 한다.
단속의 신속성	위반행위의 처리는 정확하고 신속하게 이루어져야 한다. 즉, 교통경찰관이 처벌할 것인가, 현장주의로 그칠 것인가를 신속히 판단하여 위반행위 적발에서 발차지시까지 최소 시간으로 처리되도록 하여야 한다.

출처: 신현기·남재성, 『새경찰학개론』(서울: 우공출판사, 2022), p. 496.

(2) 교통경찰의 교통지도 단속시 주요 요령[6]

① 교통법규 위반자를 지도·단속하는 때에는 다음 각호를 준수하여야 한다.

  ㉠ 명백한 위반사실 확인 후 안전장소로 유도

  ㉡ 경례 후 소속과 계급, 성명을 말하면서 인사

  ㉢ 위반내용과 적용법규 설명 후 정중히 면허증 제시 요구

  ㉣ 통고처분 후 이의신청 절차 안내

  ㉤ 경례와 함께 간단한 인사말

② 교통법규 위반자를 단속하는 때에는 그 운전자가 소지한 면허증과 본인과의 일치여부, 소지한 운전면허의 취소 또는 효력이 정지되었는지 등의 여부를 명확히 확인·대조하는 등 필요한 조치를 하는 데 최선의 노력을 하여야 한다.

③ 교통법규 위반차량을 유도정차한 때에는 운전석 바로 옆 또는 그 차량의 좌측 1보 위에서 단속을 하여야 한다.

④ 교통법규 위반행위가 애매하여 상호시비가 예상되는 경우에는 단속을 지양하고 당사자가 수긍할 수 있는 명백한 때에만 단속하여야 한다.

⑤ 교통법규 위반 단속은 경쟁적 실적위주의 단속을 금지하고 교통소통 및 사고예방을 위한 질적 단속을 원칙으로 한다.

⑥ 교통법규위반 단속자에게 건수를 할당하여서는 아니 된다.

⑦ 음주운전자 단속요령

• 음주운전 혐의가 없는 차량은 신속히 통과시켜 국민불편을 최소화하여야 한다.

• 음주운전 용의차량은 정지시켜 창문을 열게 하고 경례 후 소속과 이름을 밝혀야 한다.

• 음주감지기에 의해 음주사실이 감지된 경우 도로변으로 이동시켜 주취여부를 측정하여야 한다.

• 음주측정 거부시는 10분 간격으로 3회 이상 불응에 따른 처벌내용을 고지하여야 한다. 음주자가 측정을 거부하여 「측정거부」로 주취운전자 적발보고를 작성한 이후에는 해당운전자가 음주측정을 요구하더라도 측정하여서는 안 된다.

• 측정지수에 이의를 제기하면 채혈감정할 수 있음을 고지하여야 한다.

• 측정결과 단속대상이 되면(혈중알콜농도 0.05% 이상) 주취운전자 적발보고서를 작성하며, 미란다 원칙을 고지하는 등 적정 절차에 따라 처리하여야 한다.

한편 교통단속의 방법은 다음과 같이 양적이고 질적인 영역을 중시하면서 행해야 한다.

---

6) 신현기·남재성, 『새경찰학개론』(서울: 우공출판사, 2022), p. 496.

> ▶ 양적 단속: 단속의 건수를 많이 하여 법규 위반 및 교통사고를 감소케 하고자 하는 단속방법을 말한다.
> ▶ 질적 단속(선별적 단속): 교통법규 위반행위 중 사고요인과 관련성이 높은 행위를 선별하여 단속하거나 교통사고의 주요원인 및 교통체증 원인을 분석하여 날짜별, 시간별, 장소별, 요일별, 계절별 등으로 구체적으로 분석하여 그 위반행위를 중점 단속하는 것을 말한다. ⑩ 음주, 과속, 중앙선 침범 단속

4. 교통법규위반자에 대한 범칙금 통고처분

1) 의 의

범칙금 통고처분제도란 경미한 교통법규 위반자에 대하여 경찰관이 직접 위반장소에서 위반자에게 범칙금을 납부할 것을 통고하여 범칙금을 납부할 것을 명하고 운전을 계속하게 하는 제도를 말한다. 이는 경미한 위반자에 대하여 일일이 즉심에 회부하는 복잡성을 피하고 범칙금 통고서를 발부하여 업무를 신속·간편하게 처리하여 법규위반운전자가 즉결심판을 받은 것과 동일한 효과를 부여하여 사무처리의 능률과 운전자의 부담을 경감시켜 주려는 제도이다.

2) 통고처분권자

경찰서장은 범칙자로 인정되는 사람에 대하여 그 이유를 명시한 범칙금납부통고서로 범칙금을 납부할 것을 통고할 수 있다. 다만 다음의 경우에는 범칙자이지만 통고처분을 할 수 없고 즉결심판 대상이 된다.

　　㉠ 성명 또는 주소가 확실하지 아니한 사람
　　㉡ 달아날 염려가 있는 사람

표 15-8　범칙행위와 범칙자

㉠ 범칙행위
범칙행위라 함은 도로교통법 제156조 또는 제157조의 죄에 해당하는 교통법규를 위반하는 행위 즉 20만원 이하의 벌금이나 구류·과료의 형에 해당하는 행위를 말한다.
㉡ 범칙자
범칙자"란 범칙행위를 한 사람으로서 다음 각 호의 어느 하나에 해당하지 아니하는 사람을 말한다.
1. 범칙행위 당시 도로교통법 제92조제1항에 따른 운전면허증 등 또는 이를 갈음하는 증명서를 제시하지 못하거나 경찰공무원의 운전자 신원 및 운전면허 확인을 위한 질문에 응하지 아니한 운전자
2. 범칙행위로 교통사고를 일으킨 사람. 다만, 「교통사고처리 특례법」 제3조 제2항 및 제4조에 따라 업무상과실치상죄·중과실치상죄 또는 이 법 제151조의 죄에 대한 벌을 받지 아니하게 된 사람은 제외한다.

ⓒ 범칙금납부통고서 받기를 거부한 사람

3) 범 칙 금

① 의 의   범칙금이라 함은 범칙자가 통고처분의 규정에 의한 통고처분에 의하여 국고(國庫) 또는 제주특별자치도의 금고에 내야 할 금전을 말하며, 범칙금의 액수는 범칙행위의 종류 및 차종(車種) 등에 따라 대통령령으로 정한다.

② 납부기간

- 통고처분의 규정에 의하여 범칙금납부통고서를 받은 사람은 경찰청장이 지정하는 국고은행, 지점, 대리점, 우체국 또는 제주특별자치도지사가 지정하는 금융회사 등이나 그 지점에 범칙금을 내야 한다.
- 다만, 천재지변 그 밖의 부득이한 사유로 말미암아 그 기간 내에 범칙금을 납부할 수 없는 때에는 그 부득이한 사유가 없어지게 된 날로부터 5일 이내에 납부하여야 한다.
- 납부기간 내에 범칙금을 납부하지 않는 사람은 납부기간이 경과한 날로부터 20일 이내에 통고받은 범칙금에 100분의 20을 더한 금액을 납부하여야 한다.
- 통고 당일은 산정치 않으며 그 익일부터 기산한다. 납부최종일이 공휴일인 때는 그 다음날로 하고 공휴일이 다음날 2일 거듭되는 날도 또한 같다.

4) 통고처분의 효과

- 범칙자에 대하여 통고처분을 이행할 것을 강제할 수 없으며 통고처분의 이행 여부는 순전히 범칙자의 의사에 달려있다. 그러나 범칙자가 통고처분의 내용대로 범칙금을 납부하게 되면 당해 범칙행위에 대하여 다시 처벌받지 아니한다.
- 범칙자가 이에 복종하지 않는 경우 통고처분은 효력을 상실하고 보통의 형사절차로 이행하게 된다.

5) 통고처분 불이행자 등의 처리

① 즉결심판에의 회부   경찰서장은 통고처분 대상자가 납부기일 만료일부터 30일 이내에 범칙금을 납부하지 않으면 즉결심판에 회부하여야 한다. 다만, 즉결심판이 청구된 피고인이 즉결심판의 선고 전까지 통고받은 범칙금액에 100분의 50을 더한 금액을 내고 납부를 증명하는 서류를 제출하면 경찰서장은 피고인에 대한 즉결심판 청구를 취소하여야 한다. 즉결심판의 결과에 불복이 있는 사람은 7일 이내에 정식재판을 청구할 수 있다.

② 운전면허정지처분   경찰서장은 통고처분 불이행자에 대하여 범칙금 납부기간 만료일부터 10일 이내에 즉결심판 출석일 등을 알리는 즉결심판출석통지서를 우

표 15-9 　 과태료부과 처분 내용

㉠ 과태료부과처분

사진·비디오 기타 영상매체에 위반사실이 입증되나 운전자가 밝혀지지 않은 경우에는 위반차량의 소유주 또는 위반차량 운전자의 고용주 등에게 과태료를 부과한다.

㉡ 예외: 다음 각호의 1에 해당하는 경우에는 과태료 처분을 하지 아니한다.

• 위규차량이 도난당한 경우
• 운전자가 당해 위반행위로 통고처분을 받았거나 도로교통법에 의하여 처벌을 받은 경우
• 의견진술결과 위반행위를 한 운전자가 밝혀진 경우
• 위규차량이 여객자동차운수사업법에 의한 자동차 대여사업자가 대여한 자동차로서 자동차만을 임대한 것이 명백한 경우
• 범죄의 예방, 진압 기타 긴급한 사건, 사고의 조사를 위한 경우
• 응급환자의 수송 또는 치료를 위한 경우
• 화재·수해·재해 등의 구난작업을 위한 경우
• 장애인복지법의 규정에 의한 장애인의 승·하차를 돕는 경우
• 기타 부득이한 사유라고 인정할 만한 상당한 이유가 있을 경우

편 발송하여 즉결심판(불출석 심판청구 포함)을 최고하고, 출석최고에도 불구하고 불출석하는 경우에는 즉결심판출석최고장의 즉결심판 출석일시에 즉결심판을 청구하고 운전면허정지처분 40일을 하여야 한다.

5. 운전면허제도

1) 의　　의

원래 운전면허는 금지된 운전행위를 면허시험을 통해 합격한 자에게 적법하게 운전할 수 있도록 허가하는 것을 말한다. 시·도경찰청장이 운전면허시험을 주관하여 합격자에게 면허증을 교부하여 운전하게 하고 있다.

2) 운전면허 발급권자

자동차 등을 운전하고자 하는 사람은 시·도경찰청장으로부터 운전면허를 받아야 한다.

3) 운전면허의 결격사유

① 18세 미만(원동기장치자전거의 경우에는 16세 미만)인 사람

② 교통상의 위험과 장해를 일으킬 수 있는 정신질환자 또는 간질환자(癎疾患者)로서 대통령령으로 정하는 사람

③ 듣지 못하는 사람(제1종 운전면허 중 대형면허·특수면허만 해당한다), 앞을 보지 못하는 사람이나 그 밖에 대통령령으로 정하는 신체장애인

④ 양쪽 팔의 팔꿈치관절 이상을 잃은 사람이나 양쪽 팔을 전혀 쓸 수 없는 사람. 다만, 본인의 신체장애 정도에 적합하게 제작된 자동차를 이용하여 정상적인 운전을 할 수 있는 경우에는 그러하지 아니하다.

⑤ 교통상의 위험과 장해를 일으킬 수 있는 마약·대마·향정신성의약품 또는 알코올 중독자로서 대통령령으로 정하는 사람

⑥ 제1종 대형면허 또는 제1종 특수면허를 받으려는 경우로서 19세 미만이거나 자동차(이륜자동차는 제외한다)의 운전경험이 1년 미만인 사람

4) 운전면허의 종류

국내 운전면허에는 제1종 운전면허, 제2종 운전면허, 연습운전면허 등이 있다.

표 15-10 운전 가능한 차량

	승용 및 승합자동차	화물자동차	긴급자동차	위험물 운반 화물자동차
2종 보통면허	10인 이하	4톤 이하	X(무면허)	X(무면허)
1종 보통면허	15인 이하	12톤 미만	12인 이하(승용, 승합에 한함)	3톤 이하, 3000리터 이하
1종 대형면허	모든 자동차(트레일러, 레커, 이륜자동차 제외)			

한편 다음의 면허를 취득하면 운전할 수 있는 차량은 다음과 같다.

표 15-11 면허증별로 운전이 가능한 차량

운전면허		운전할 수 있는 차량
종별	구분	
제1종	대형면허	○ 승용자동차 ○ 승합자동차 ○ 화물자동차 ○ 긴급자동차 ○ 건설기계 - 덤프트럭, 아스팔트살포기, 노상안정기 - 콘크리트믹서트럭, 콘크리트펌프, 천공기(트럭 적재식) - 콘크리트믹서트레일러, 아스팔트콘크리트재생기 - 도로보수트럭, 3톤 미만의 지게차 ○ 특수자동차(트레일러 및 레커는 제외한다) ○ 원동기장치자전거
	보통면허	○ 승용자동차 ○ 승차정원 15인 이하의 승합자동차 ○ 승차정원 12인 이하의 긴급자동차(승용 및 승합자동차에 한정한다) ○ 적재중량 12톤 미만의 화물자동차 ○ 건설기계(도로를 운행하는 3톤 미만의 지게차에 한정한다) ○ 총중량 10톤 미만의 특수자동차(트레일러 및 레커는 제외한다) ○ 원동기장치자전거

	소형면허	○ 3륜화물자동차 ○ 3륜승용자동차 ○ 원동기장치자전거
	특수면허	○ 트레일러 ○ 레커 ○ 제2종보통면허로 운전할 수 있는 차량
제2종	보통면허	○ 승용자동차 ○ 승차정원 10인 이하의 승합자동차 ○ 적재중량 4톤 이하의 화물자동차 ○ 총중량 3.5톤 이하의 특수자동차(트레일러 및 레커는 제외한다) ○ 원동기장치자전거
	소형면허	○ 이륜자동차(측차부를 포함한다) ○ 원동기장치자전거
	원동기장치 자전거면허	○ 원동기장치자전거
연습 면허	제1종 보통	○ 승용자동차 ○ 승차정원 15인 이하의 승합자동차 ○ 적재중량 12톤 미만의 화물자동차
	제2종 보통	○ 승용자동차 ○ 승차정원 10인 이하의 승합자동차 ○ 적재중량 4톤 이하의 화물자동차

5) 운전면허의 반납 의무

이러한 경우가 발생한 때에는 7일 이내에 주소지 관할 시·도경찰청장에게 운전 면허증을 반납하여야 한다.

① 운전면허 취소처분을 받은 경우

② 운전면허효력 정지처분을 받은 경우

③ 운전면허증을 잃어버리고 다시 발급받은 후 그 잃어버린 운전면허증을 찾은 경우

④ 연습운전면허증을 받은 사람이 제1종 보통면허증 또는 제2종 보통면허증을 받은 경우

⑤ 운전면허증 갱신을 받은 경우 등이다.

6) 연습운전 면허

연습운전면허는 그 면허를 받은 날부터 1년간 효력을 가진다. 다만, 그 이전이라도 연습운전면허를 받은 사람이 제1종 보통면허 또는 제2종 보통면허를 받은 경우에는 연습운전면허의 효력이 상실된다.

7) 국제운전면허증[7]

일반적으로 국가간에 교통협약 등을 통해 상호 국제운전면허증을 교부하여 1년간 방문국 내에서 활용할 수 있도록 하고 있다.

---

7) 신현기·남재성, 『새경찰학개론』(서울: 우공출판사, 2013), p. 502.

① 국제운전면허증의 교부 등
- 운전면허를 받은 사람이 국외에서 운전하기 위하여 국제협약에 의한 국제운전면허증을 교부받고자 하는 때에는 시·도경찰청장에게 신청하여야 한다.
- 국제운전면허증의 유효기간은 교부받은 날로부터 1년으로 한다.
- 국제운전면허증은 이를 교부받은 사람의 국내운전면허의 효력이 없어지거나 취소된 때에는 그 효력도 없어진다.
- 국제운전면허증은 이를 교부받은 사람의 국내운전면허의 효력이 정지된 때에는 그 정지기간 중 효력이 정지된다.
- 국내운전면허를 받은 사람 중에서 원동기장치자전거 및 연습운전면허를 받은 사람은 국제운전면허증을 교부받을 수 없다.

② 국제운전면허증에 의한 자동차 등의 운전
- 국제운전면허증을 외국에서 발급받은 사람은 입국한 날로부터 1년의 기한에 한하여 국내에서 그 국제운전면허증으로 자동차 등을 운전할 수 있다. 이 경우에 운전할 수 있는 차종은 그 국제운전면허증에 기재된 것에 한한다.
- 국제운전면허를 외국에서 발급 받은 사람은 여객자동차운수사업법 또는 화물자동차운수사업법에 의한 사업용자동차를 운전할 수 없다. 다만, 여객자동차운수사업법에 의한 대여사업용 자동차를 임차하여 운전하는 경우에는 그러하지 아니하다.

6. 운전면허의 취소 및 정지

(1) 의   의
교통법규 위반자에 대해 운전면허의 취소와 효력정지처분을 내리는 행정처분을 운전면허 행정처분이라고 한다.

1) 운전면허의 취소와 정지사유

표 15-12 운전면허 취소처분 개별기준(도로교통법 시행규칙 별표 28)

번호	위반사항	내용
1	교통사고를 일으키고 구호조치를 하지아니한 때	○ 교통사고로 사람을 죽게 하거나 다치게 하고, 구호조치를 하지 아니한 때
2	술에 취한 상태에서 운전한 때	○ 술에 취한 상태의 기준(혈중알콜농도 0.05퍼센트 이상)을 넘어서 운전을 하다가 교통사고로 사람을 죽게 하거나 다치게 한 때

		○ 술에 만취한 상태(혈중알콜농도 0.1퍼센트 이상)에서 운전한 때 ○ 2회 이상 술에 취한 상태의 기준을 넘어 운전하거나 술에 취한 상태의 측정에 불응한 사람이 다시 술에 취한 상태(혈중알콜농도 0.05퍼센트 이상)에서 운전한 때
3	술에 취한 상태의 측정에 불응한 때	○ 술에 취한 상태에서 운전하거나 술에 취한 상태에서 운전하였다고 인정할 만한 상당한 이유가 있음에도 불구하고 경찰공무원의 측정 요구에 불응한 때
4	다른 사람에게 운전면허증 대여 (도난, 분실 제외)	○ 면허증 소지자가 다른 사람에게 면허증을 대여하여 운전하게 한 때 ○ 면허 취득자가 다른 사람의 면허증을 대여 받거나 그 밖에 부정한 방법으로 입수한 면허증으로 운전한 때
5	결격사유에 해당	○ 교통상의 위험과 장해를 일으킬 수 있는 정신질환자 또는 간질병자로서 영 제42조제1항에 해당하는 사람 ○ 앞을 보지 못하는 사람, 듣지 못하는 사람(제1종 면허에 한한다) ○ 양 팔의 팔꿈치 관절 이상을 잃은 사람, 또는 양팔을 전혀 쓸 수 없는 사람. 다만, 본인의 신체장애 정도에 적합하게 제작된 자동차를 이용하여 정상적으로 운전할 수 있는 경우에는 그러하지 아니하다. ○ 다리, 머리, 척추 그 밖의 신체장애로 인하여 앉아 있을 수 없는 사람 ○ 교통상의 위험과 장해를 일으킬 수 있는 마약, 대마, 향정신성 의약품 또는 알콜 중독자로서 영 제42조제3항에 해당하는 사람
6	약물을 사용한 상태에서 자동차 등을 운전한 때	○ 약물(마약·대마·향정신성 의약품 및 「유해화학물질 관리법 시행령」 제26조에 따른 환각물질)의 투약·흡연·섭취·주사 등으로 정상적인 운전을 하지 못할 염려가 있는 상태에서 자동차 등을 운전한 때
6의2	공동위험행위	○ 법 제46조제1항을 위반하여 공동위험행위로 구속된 때
7	정기적성검사 불합격 또는 정기적성검사 기간 1년경과	○ 정기적성검사에 불합격하거나 적성검사기간 만료일 다음날부터 적성검사를 받지 아니하고 1년을 초과한 때
8	수시적성검사 불합격 또는 수시적성검사 기간 경과	○ 수시적성검사에 불합격하거나 수시적성검사 기간을 초과한 때
9	삭제 <2011.12.9>	
10	운전면허 행정처분 기간중 운전행위	○ 운전면허 행정처분 기간중에 운전한 때
11	허위 또는 부정한 수단으로 운전면허를 받은 경우	○ 허위·부정한 수단으로 운전면허를 받은 때 ○ 법 제82조에 따른 결격사유에 해당하여 운전면허를 받을 자격이 없는 사람이 운전면허를 받은 때 ○ 운전면허 효력의 정지기간중에 면허증 또는 운전면허증에 갈음하는 증명서를 교부받은 사실이 드러난 때
12	등록 또는 임시운행 허가를 받지 아니한 자동차를 운전한 때	○ 「자동차관리법」에 따라 등록되지 아니하거나 임시운행 허가를 받지 아니한 자동차(이륜자동차를 제외한다)를 운전한 때
13	자동차 등을 이용하여 범죄행위를 한 때	○ 국가보안법을 위반한 범죄에 이용된 때 ○ 형법을 위반한 다음 범죄에 이용된 때 • 살인, 사체유기, 방화 • 강도, 강간, 강제추행 • 약취·유인·감금 • 상습절도(절취한 물건을 운반한 경우에 한한다) • 교통방해(단체에 소속되거나 다수인에 포함되어 교통을 방해한 경우

		에 한한다)	
14	다른 사람의 자동차 등을 훔치거나 빼앗은 때	○ 운전면허를 가진 사람이 자동차 등을 훔치거나 빼앗아 이를 운전한 때	
15	다른 사람을 위하여 운전면허시험에 응시한 때	○ 운전면허를 가진 사람이 다른 사람을 부정하게 합격시키기 위하여 운전면허 시험에 응시한 때	
16	운전자가 단속 경찰공무원 등에 대한 폭행	○ 단속하는 경찰공무원 등 및 시·군·구 공무원을 폭행하여 형사입건된 때	
17	연습면허 취소사유가 있었던 경우	○ 제1종 보통 및 제2종 보통면허를 받기 이전에 연습면허의 취소사유가 있었던 때(연습면허에 대한 취소절차 진행중 제1종 보통 및 제2종 보통면허를 받은 경우를 포함한다)	

표 15-13 운전면허 정지처분 개별기준(도로교통법 시행규칙 별표 28)

위반사항	벌점
1. 삭제 <2011.12.9>	
2. 술에 취한 상태의 기준을 넘어서 운전한 때 (혈중알콜농도 0.05퍼센트 이상 0.1퍼센트 미만)	100
3. 속도위반(60km/h 초과)	60
4. 정차·주차위반에 대한 조치불응(단체에 소속되거나 다수인에 포함되어 경찰공무원의 3회 이상의 이동명령에 따르지 아니하고 교통을 방해한 경우에 한한다) 4의2. 공동위험행위로 형사입건된 때 5. 안전운전의무위반(단체에 소속되거나 다수인에 포함되어 경찰공무원의 3회 이상의 안전운전지시에 따르지 아니하고 타인에게 위험과 장해를 주는 속도나 방법으로 운전한 경우에 한한다) 6. 승객의 차내 소란행위 방치운전 7. 출석기간 또는 범칙금 납부기간 만료일부터 60일이 경과될 때까지 즉결심판을 받지 아니한 때	40
8. 통행구분 위반(중앙선 침범에 한함) 9. 속도위반(40km/h 초과 60km/h 이하) 10. 철길건널목 통과방법위반 11. 고속도로·자동차전용도로 갓길통행 12. 고속도로 버스전용차로·다인승전용차로 통행위반 13. 운전면허증 등의 제시의무위반 또는 운전자 신원확인을 위한 경찰공무원의 질문에 불응	30
14. 신호·지시위반 15. 속도위반(20km/h 초과 40km/h 이하) 15의2. 속도위반(어린이보호구역 안에서 오전 8시부터 오후 8시까지 사이에 제한속도를 20km/h 이내에서 초과한 경우에 한정한다) 16. 앞지르기 금지시기·장소위반 17. 운전 중 휴대용 전화 사용 18. 운행기록계 미설치 자동차 운전금지 등의 위반 19. 어린이통학버스운전자의 의무위반	15
20. 통행구분 위반(보도침범, 보도 횡단방법 위반) 21. 지정차로 통행위반(진로변경 금지장소에서의 진로변경 포함) 22. 일반도로 전용차로 통행위반	10

23. 안전거리 미확보(진로변경 방법위반 포함)
24. 앞지르기 방법위반
25. 보행자 보호 불이행(정지선위반 포함)
26. 승객 또는 승하차자 추락방지조치위반
27. 안전운전 의무 위반
28. 노상 시비·다툼 등으로 차마의 통행 방해행위
29. 어린이 통학버스 특별보호 위반
30. 돌·유리병·쇳조각이나 그 밖에 도로에 있는 사람이나 차마를 손상시킬 우려가 있는 물건을 던지거나 발사하는 행위
31. 도로를 통행하고 있는 차마에서 밖으로 물건을 던지는 행위

2) 벌점, 누산점수 초과로 인한 면허취소

운전자가 교통사고를 일으켜 벌점이나 연간 누산점수가 다음의 점수에 달한 때에는 그 운전면허가 취소된다.

표 15-14 벌점과 면허취소

기간	벌점 또는 누산점수
1년간	121점 이상
2년간	201점 이상
3년간	271점 이상

3) 벌점, 처분 초과로 인한 면허정지

일반적으로 운전면허정지처분은 1회의 위반 및 사고로 인한 벌점 혹은 처분벌점이 40점 이상이 된 때부터 결정해 집행한다. 원칙적으로 1점을 1일로 산정해 집행하고 있다.[8]

4) 교통사고 야기시 벌점 기준

교통사고를 야기해 받게 되는 벌점은 다음의 표에서와 같다.

표 15-15 사고 결과에 따른 벌점기준

구 분		벌점	내 용
인적피해 교통사고	사망 1명마다	90점	사고발생시로부터 72시간 내에 사망한 때
	중상 1명마다	15점	3주 이상의 치료를 요하는 의사의 진단이 있는 사고
	경상 1명마다	5점	3주 미만 5일 이상의 치료를 요하는 의사의 진단이 있는 사고
	부상신고 1명마다	2점	5일 미만의 치료를 요하는 의사의 진단이 있는 사고

---

8) 중앙경찰학교, 앞의 책, p. 79.

한편 교통사고를 유발한 자가 그 사상자에 대해 즉시 구호조치를 취해야 하는데 이러한 의무를 이행하지 않고 떠나는 경우 등은 벌점을 받도록 규정하고 있는데 그 기준은 다음의 내용과 같다.

표 15-16 교통사고 즉시 사상자를 구호하는 조치 등 불이행에 따른 벌점기준

불이행사항	적용법조 (도로교통법)	벌점	내 용
교통사고 야기시 조치 불이행	제54조 제1항	15	1. 물적 피해가 발생한 교통사고를 일으킨 후 도주한 때 2. 교통사고를 일으킨 즉시(그때, 그 자리에서 곧) 사상자를 구호하는 등의 조치를 하지 않았거나 그 후 자진신고를 한 때
		30	고속도로, 특별시, 광역시 및 시의 관할 구역과 군(광역시의 군을 제외)의 관할구역 중 경찰관서가 위치하는 리 또는 동 지역에서 3시간(그 밖의 지역에서는 12시간) 이내에 자진신고를 한 때
		60	위의 벌점 30점에 해당하는 시간 후 48시간 이내에 자진신고를 한 때

▸ 교통사고 발생원인이 불가항력이거나 피해자의 명백한 과실인 때에는 행정처분을 하지 아니한다.
▸ 차 대 사람 교통사고의 경우 쌍방과실인 때에는 그 벌점을 1/2로 감경한다.
▸ 차 대 차 교통사고의 경우에는 그 사고원인 중 중한 위반행위를 한 운전자만 적용한다.
▸ 교통사고로 인한 벌점산정에 있어서 처분받을 운전자 본인의 피해에 대하여는 벌점을 산정하지 아니한다.

5) 벌점의 종합관리

벌점의 종합관리는 누산점수의 관리, 무위반·무사고기간 경과로 인한 벌점 소멸, 도주차량 신고에 따른 벌점 공제, 개별기준 적용에 있어서의 벌점 합산(법규위반으로 교통사고를 야기한 경우)으로 이루어진다.

① **누산점수의 관리**   법규위반 또는 교통사고로 인한 벌점은 행정처분기준을 적용하고자 하는 당해 위반 또는 사고가 있었던 날을 기준으로 하여 과거 3년간의 모든 벌점을 누산하여 관리한다.

② **무위반·무사고기간 경과로 인한 벌점 소멸**   처분벌점이 40점 미만인 경우에, 최종의 위반일 또는 사고일로부터 위반 및 사고 없이 1년이 경과한 때에는 그 처분벌점은 소멸한다.

③ **도주차량 신고에 따른 벌점 공제**   교통사고(인적 피해사고)를 야기하고 도주한 차량을 검거하거나 신고하여 검거하게 한 운전자(교통사고의 피해자가 아닌 경우에 한한다)에 대하여는 40점의 특혜점수를 부여하여 기간에 관계없이 그 운전자가 정지 또는 취소처분을 받게 될 경우, 검거 또는 신고별로 각 1회에 한하여 누산점수에서

이를 공제한다.

　④ 개별기준 적용에 있어서의 벌점 합산(법규위반으로 교통사고를 야기한 경우)　　법규위반으로 교통사고를 야기한 경우에는 정지처분 개별기준 중 다음의 각 벌점을 모두 합산한다.

　　가. 이 법이나 이 법에 의한 명령을 위반한 때(교통사고의 원인이 된 법규위반이 둘 이상인 경우에는 그중 가장 중한 것 하나만 적용한다.)

　　나. 교통사고를 일으킨 때: 사고결과에 따른 벌점

　　다. 교통사고를 일으킨 때: 조치 등 불이행에 따른 벌점

(2) 운전면허의 정지 및 취소처분

1) 음주운전의 정지대상자(혈중알코올농도 0.05~0.099%)

법규위반이며 경찰서에서 의견진술, 사전통지서, 정지결정통지서교부를 거쳐 최종적으로 정지집행이 내려진다.

2) 취소대상자(혈중알코올농도 0.10% 이상)

법규위반자는 경찰서에서 의견진술, 사전통지서교부 후 경찰서에서 취소상신이 이루어지고 시·도경찰청에서 취소결정이 이루어지며 시·도경찰청에서 취소결정통지서가 교부된 후 시·도경찰청에서 취소집행이 내려진다.

(3) 운전면허행정처분에 따른 운전면허시험의 응시제한 기간

행정처분을 받은 운전자는 다음과 같은 기한 내에서 운전면허 취득을 위한 시험기간을 제한받게 된다.

표 15-17 행정처분 후 응시제한 기간

5년 제한	• 음주운전, 무면허, 약물복용, 과로운전 중 사상사고 야기 후 구호조치 없이 도주한 때
4년 제한	• 5년 제한 이외의 사유로 사상사고 야기 후 도주
3년 제한	• 음주운전으로 3회 이상 교통사고 야기 • 자동차이용 범죄행위자가 무면허 운전 또는 자동차 강·절취한 자가 무면허 운전

7. 교통사고의 조사와 처리

(1) 개　　념

교통사고는 도로 위에서 차량이 충돌, 추돌, 접촉, 전도, 전복, 추락하여 사람이

사망 혹은 다친 경우 그리고 물건이 손괴하여 피해가 발생한 경우를 말한다. 교통사고조사란 이러한 상황이 발생한 후 그 원인과 상태 그리고 결과에 대해 살핀 후 행정상, 형사상, 책임을 정확히 규명하는 것을 말한다.[9]

(2) 교통사고의 특징

교통사고는 아주 복잡한 도로 위에서 순식간에 발생하는 것이며 그 사고현장이 변하기 때문에 보존이 매우 어렵다. 또한 그 사고를 목격한 목격자 확보, 유류품 수집 등 인적·물적 자료의 수집이 어렵다. 따라서 사고조사는 신속하게, 과학적으로 수행되는 것이 중요하다는 특징을 지니고 있다. 그리고 쌍방간에 불인정 등으로 인해 조사가 어려우므로 과학적 수사활동이 요망된다.[10]

(3) 사고발생시에 운전자의 조치

도로교통법 제54조에 따라 교통사고로 사람이 사상하거나 물건이 손괴된 경우 운전자나 승무원은 즉시 정차하고 사상자를 구호하여 병원으로 이송해야 한다. 현장에 경찰관이 있는 경우는 경찰공무원에게 그리고 없는 경우는 가장 가까운 국가경찰관서(지구대, 파출소 등)에 사고가 발생한 곳, 사상자의 수와 부상, 손괴한 물건 등을 곧바로 신고하여야 한다.

(4) 경찰관의 조치

신고를 받은 경찰관은 부상자 구호조치를 위해 신고한 운전자 등에 대해 현장에서 대기하도록 명할 수 있다. 그러나 긴급자동차, 부상자를 실은 차량, 우편물자동차 등의 운전자는 긴급한 경우 운전을 계속하게 할 수 있다. 특히 교통경찰은 교통사고 현장에서 도로교통법 시행령 제32조에 명시되어 있는 교통사고 발생일시와 장소, 교통사고 관련자와 차량 및 보험가입여부, 교통사고 발생원인, 교통사고 피해상황, 교통사고 현장상황, 운전자의 과실여부와 부상자의 구호조치 여부, 교통사고의 원인과 증거수집 등을 조치해야 한다.[11]

각종 증거자료를 수집해야 할 것은 사고 당사자의 진술, 목격자와 참고인 진술, 도로교통상황 및 안전시설, 사고차량 파손상태, 사고현장 노면흔적, 사고현장 유류품, 사고차량 최종위치 등이다.

---

9) 신현기, 『경찰학개론』(서울: 21세기사, 2008), p. 482.
10) 김충남, 앞의 책, p. 476.
11) 허경미, 앞의 책, p. 348.

(5) 교통사고발생보고서의 작성

보고서에는 일시, 장소, 종별, 원인, 사고차량, 피해상황, 개요, 조치 등을 취한다.

(6) 교통사고처리기준(교통사고처리지침 제21조)[12]

1) 치사사고

교통사고처리특례법 제3조 1항을 적용하여 형사입건 처리한다.

2) 치상사고

① 피해자의 불벌의사가 있을 때, 즉 합의가 되었을 때에는 교통사고처리특례법 제3조 2항을 적용하여 '공소권 없음'으로 처리하되, 그 원인행위만 도로교통법 해당법조를 적용 통상처리한다.

표 15-18   교통사고처리특례법상 중요법규위반 11개 항목

1. 「도로교통법」제5조에 따른 신호기가 표시하는 신호 또는 교통정리를 하는 경찰공무원등의 신호를 위반하거나 통행금지 또는 일시정지를 내용으로 하는 안전표지가 표시하는 지시를 위반하여 운전한 경우
2. 「도로교통법」제13조제3항을 위반하여 중앙선을 침범하거나 같은 법 제62조를 위반하여 횡단, 유턴 또는 후진한 경우
3. 「도로교통법」제17조제1항 또는 제2항에 따른 제한속도를 시속 20킬로미터 초과하여 운전한 경우
4. 「도로교통법」제21조제1항, 제22조, 제23조에 따른 앞지르기의 방법·금지시기·금지장소 또는 끼어들기의 금지를 위반하거나 같은 법 제60조제2항에 따른 고속도로에서의 앞지르기 방법을 위반하여 운전한 경우
5. 「도로교통법」제24조에 따른 철길건널목 통과방법을 위반하여 운전한 경우
6. 「도로교통법」제27조제1항에 따른 횡단보도에서의 보행자 보호의무를 위반하여 운전한 경우
7. 「도로교통법」제43조, 「건설기계관리법」제26조 또는 「도로교통법」제96조를 위반하여 운전면허 또는 건설기계조종사면허를 받지 아니하거나 국제운전면허증을 소지하지 아니하고 운전한 경우. 이 경우 운전면허 또는 건설기계조종사면허의 효력이 정지 중이거나 운전의 금지 중인 때에는 운전면허 또는 건설기계조종사면허를 받지 아니하거나 국제운전면허증을 소지하지 아니한 것으로 본다.
8. 「도로교통법」제44조제1항을 위반하여 술에 취한 상태에서 운전을 하거나 같은 법 제45조를 위반하여 약물의 영향으로 정상적으로 운전하지 못할 우려가 있는 상태에서 운전한 경우
9. 「도로교통법」제13조제1항을 위반하여 보도(步道)가 설치된 도로의 보도를 침범하거나 같은 법 제13조제2항에 따른 보도 횡단방법을 위반하여 운전한 경우
10. 「도로교통법」제39조제2항에 따른 승객의 추락 방지의무를 위반하여 운전한 경우
11. 「도로교통법」제12조제3항에 따른 어린이 보호구역에서 같은 조 제1항에 따른 조치를 준수하고 어린이의 안전에 유의하면서 운전하여야 할 의무를 위반하여 어린이의 신체를 상해(傷害)에 이르게 한 경우
12. 피해자를 구호조치하지 않고 도주한 경우
13. 피해자를 사고 장소로부터 옮겨 유기하고 도주한 경우
14. 음주측정 요구에 따르지 아니한 경우

---

12) 신현기·남재성, 『새경찰학개론』(서울: 우공출판사, 2022), p. 512.

② 피해자의 불벌의사가 없을 때, 즉 합의 불성립시에는 교통사고처리특례법 제3조 1항을 적용하여 형사입건 처리한다(공소권 있음).

③ 사고의 원인행위가 교통사고처리특례법 제3조 2항 단서의 도주 또는 10개 항목에 해당하면 피해자의 의사와 관계없이 즉 합의 여부를 불구하고 동법 제3조 1항에 의하여 형사입건 처리한다(공소권 있음). 특히 보험이나 공제에 가입되어 있더라도 반드시 기소한다.

3) 물적 피해 사고

① 피해액수에 제한 없이 합의되거나 종합보험 또는 공제에 가입된 경우는 교통사고처리대장에 등재하는 것으로 처리절차를 종결하고 형사입건하지 않는다.

② 피해자의 불벌의사가 없을 때, 즉 합의 불성립시에는 형사입건 처리한다. 다만 피해액이 20만원 미만일 경우에는 즉심 회부 처리한다.

③ 피해자의 불벌의사가 있을 때, 공소권 없음으로 처리하되 그 원인행위만 도로교통법 해당법조를 적용하여 통상처리한다.

4) 보험 또는 공제에 가입한 경우

① 가해자(차량)가 교통사고(치상, 물피)로 인한 피해를 전액 보상할 수 있는 보험 또는 공제에 가입한 때에는 교통사고처리특례법 제4조 1항에 의하여 '공소권 없음'으로 처리하되, 그 원인행위만 도로교통법 해당법조를 적용 통상처리한다.

② 다만, 치상사고의 원인행위가 교통사고처리특례법 제3조 2항 단서의 내용에 해당될 때에는 보험 등에 가입되었더라도 형사입건 처리하여야 한다.

5) 교통사고 야기 후 도주하였다가 검거된 경우

① 인명피해사고일 때에는 특정범죄가중처벌등에관한법률 제5조의3을 적용, 형사입건 처리한다. 인피사고 야기 후 도주한 경우에는 면허가 취소되며, 자수하면 면허정지처분을 받는다.

② 단순 물적 피해사고인 때에는 형사입건 처리한다. 물적 피해사고 야기 후 도주한 때 벌점은 15점이고 자수하더라도 감경제도는 없다.

6) 교통사고 야기 후 사상자 구호 등 사후조치는 하였으나 신고를 하지 않았을 때의 교통사고는 위의 기준에 따라 처리하되, 도로에서의 위험방지와 원활한 소통을 위하여 필요한 조치를 하지 아니한 때에는 적용, 형사입건한다.

표 15-19 교통사고처리특례법상 중요법규위반 11개 항목관련 판례와 이론

1. 신호 및 지시위반
(1) 운전자의 책임이 없는 신호기가 고장난 경우 일어난 사고나 현실적으로 통행의 금지 또는 일시정지를 하는 장소이지만 교통안전표지판이 설치되어 있지 않은 장소에서 일어난 사고는 신호 또는 지시위반으로 볼 수 없다.
(2) 비보호 좌회전 신호에 따라 좌회전하다가 직진하던 상대차량 또는 보행자와 충돌한 경우 신호위반으로 의율한다(판례).

2. 중앙선침범사고
(1) 졸음운전, 제한시속 초과운전 중 앞차와의 충돌을 피하기 위하여 급차선 변경 혹은 정지시 미끄러진 경우 등은 중대한 선행과실이 있다고 보아 중앙선 침범으로 본다(판례).
(2) 물웅덩이를 피하기 위해 급차선 변경하다 중앙선을 침범한 경우는 중앙선침범사고에 해당한다(판례).
(3) 노폭 6m 도로에의 빗길을 1톤 화물차량이 운행 중 20m 앞 횡단보도 앞에 횡단하려고 서있는 사람을 보고 급제동, 이 때 좌측으로 미끄러져 중앙선을 침범 도로변에 서있던 사람을 충돌하였다면 운전자가 진행차선에 나타난 장애물을 피하기 위하여 다른 적절한 조치를 취할 겨를이 없었다고는 할 수 없으며 또 빗길이라 하더라도 과한 상태에서 급히 핸들을 꺾지 않는 한 단순한 급제동에 의해서는 운전자의 의사에 반하여 차량이 진로를 이탈, 중앙선 반대편의 도로변을 덮칠 정도로 미끄러질 수 없는 것이어서 그 중앙선침범이 운전자가 지배할 수 없는 외부적 여건으로 말미암아 어쩔 수 없었던 것이라고는 볼 수 없다. 따라서 중앙선침범이다(판례).
(4) 중앙선 침범행위가 교통사고의 직접적인 원인이 된 이상 사고장소가 반드시 중앙선을 넘은 곳이라거나 마주 오던 차량이어야 하는 것은 아니다(판례).

3. 횡단보도에서의 보행자보호의무 위반
(1) 횡단보도 바닥 페인트가 반쪽만 지워지고 한쪽은 식별할 수 있을 만큼 표시되어 있다면 횡단보도사고로 보아야 할 것이다(판례).
(2) 운전자가 횡단보도에서 사고를 냈다 해도 피해자가 도로를 횡단할 의사 없이 횡단보도 상에 엎드려 있는 상태였다면 보행자로 볼 수 없다(판례).
(3) 횡단보도를 지나 15m 지점에 피해자 우산이 떨어지고 피해자는 35m 지점에 전도되었다면 우산이 떨어진 지점 부근이 사고지점으로 보아 횡단보도 사고라고 볼 수 없다(판례).

7) 교통사고처리의 절차

종합보험에 가입하거나 합의한 경우 원칙적으로 불기소(공소권 없음)로 한다. 치상사고는 교특법 제3조 제1항 5년 이하의 금고 또는 2,000만원 이하의 벌금에 처한다. 또한 물피의 경우는 도로교통법 제151조에 따라 2년 이하의 금고 또는 500만원 이하의 벌금에 처한다. 하지만 무조건 기소하는 경우는 사망사고, 도주, 10개 항목(물피 제외), 교특법 제3조 2항 단서 등에 해당하는 경우이다. 인적피해사고로서 치사사고와 치상사고가 있다. 치사사고는 교통사고처리특례법 제3조 제1항에 따라 형사입건하게 되고 벌칙으로 5년 이하의 금고 또는 2,000만원 이하의 벌금에 처한다. 치상사고의 경우는 사고원인이 신호위반 등 특례단서 10개항인 경우에는 피해자의 의사와 무관하게 교통사고처리특례법 제3조 1항을 적용해 형사입건한다.

한편 특례단서 10개항은 인피사고에서만 적용되며 물피사고만 있는 경우는 일반 물피사고와 같게 처리되고 있다. 예를 들어서 신호위반으로 사고가 발생했으나 물피

| 표 15-20 | 교통사고처리특례법 예외 단서 10개항 유형별 사고내용 |

	적용법조	행위내용	별점
1. 신호 및 지시위반(5조)	교통사고처리특례법 제3조제1항, 동법제2항단서1호 형법 268조	신호기위반, 경찰공무원 등의 수신호, 통행의 금지나 일시정지를 표시하는 안전표지 위반	15점
2. 중앙선 침범·횡단·유턴·후진위반(13조3항, 62조(고의·의도적 행위))	교통사고처리특례법 제3조제1항, 동법제3조제2항 단서2호, 형법 제268조	중앙선을 침범하거나 고속도로, 자동차 전용도로에서 횡단, 유턴, 후진위반	30점/ 통행구분위반(중앙선 침범 한함)
3. 제한속도 매시 20km 초과(17조3항)	교통사고처리특례법 제3조제1항, 동법제3조제2항 단서3호, 형법 제268조	각 도로구역마다 규정된 최고제한 속도를 매시 20km 초과	15점/ 40km/h초과=30점
4. 앞지르기 방법 또는 금지위반(21조1항, 22조, 23조, 60조2항<경합시 중침적용>)	교통사고처리특례법 제3조제1항, 동법제3조제2항 단서4호, 형법 제268조	도로교통법이 규정한 앞지르기 방법, 시기, 장소에 위반하거나 끼어들기 금지에 위반	앞지르기금지 위반(21조) / 15점, 앞지르기방법위반(22조, 23조)/ 10점, 60조(고속도로전용통행방법위반)/ 30점
5. 건널목 통과방법위반(24조)	교통사고처리특례법 제3조제1항, 동법제3조제2항 단서5호, 형법 제268조	도로교통법이 규정한 철길건널목 통과방법 위반	30점
6. 횡단보도에서의보행자보호의무위반(27조1항)	교통사고처리특례법 제3조제1항, 동법제3조제2항 단서6호, 형법 제268조	횡단보도에서 보행자 보호를 위반 제반주의 의무 위반	보행자보호의무위반(27조)(정지선위반포함)/ 10점
7. 무면허 운전(43조1항)	교통사고처리특례법 제3조제1항, 동법제3조제2항 단서7호, 형법 제268조	면허 없이 운전	자동차 면허 결격기간 2년/ 원동기장치자전거/ 6개월
8. 주취·약물복용운전(44조1항, 45조)	교통사고처리특례법 제3조제1항, 동법제3조제2항 단서8호, 형법 제268조 (거부는 0.05%이상구증시 특례단서 적용)	일정 정도 이상의 주취상태나 약물의 영향 아래 운전	혈중알콜농도 0.05%인피사고와 거부는 취소
9. 보도침범 및 보도통행방법위반(13조1항, 2항)	교통사고처리특례법 제3조제1항, 동법제3조제2항 단서9호, 형법 제268조	보도를 침범하거나 부득이 보도를 통행하여야 할 경우 이에 요구되는 도로교통법상의 준수의무 위반	통행구분위반(보도침범, 보도횡단방법위반)/ 10점
10. 승객추락방지의무위반(39조2항)	교통사고처리특례법 제3조제1항, 동법제3조제2항 단서10호, 형법 제268조	차의 승객이 추락하지 않도록 도로교통법이 요구하는 주의의무 위반	승객 또는 승·하차자 추락방지 조치위반/ 10점

출처: 중앙경찰학교, 앞의 책, p. 371.

사고인 경우 종합보험에 가입했다면 내사종결로 처리된다. 사고원인 행위인 신호위반에 대해서도 통고처분하지 않는다.13)

---

13) 중앙경찰학교, 앞의 책, p. 370.

8) 도주차량(뺑소니 사고)

뺑소니사고란 교통사고를 발생시킨 자가 사고로 인해 발생한 사상자에게 구호조치를 하지 아니하고 사고현장을 무단 이탈하거나 피해자를 유기하고 도주하는 비인간적인 범죄행위를 말한다. 경찰청에서는 2005년 6월부터 뺑소니 사범을 집중적으로 검거하는 시스템을 갖추게 되었다. 특히 전국자동차 정비업소 30,277개소, 부품제조업체 101개소, 부품 판매소 3,413개소의 자료를 D/B화하여 수배시스템을 구축했다. 이러한 시스템은 증거인멸이 원칙적으로 불가능해져 교통사고 현장에서 도주하려는 심리를 억제케 해 뺑소니범 발생이 감소할 것으로 보인다.

① 교통사고 후 도주로 인정되는 경우
- 인사사고 후 범죄 은폐하고자 도주한 경우
- 인사사고 후 환자를 방치한 채 현장 이탈한 경우
- 인사사고 후 사고야기자 신원 밝히지 않고 가버린 경우
- 인사사고 후 사고야기자 성명, 연락처 허위로 알려주고 가버린 경우
- 인사사고 후 현장을 이탈했다가 되돌아 온 경우
- 의사능력 없는 피해어린이의 괜찮다는 말만 듣고 조치 없이 가버린 경우
- 피해자에게 자동차등록원부만을 교부하고 임의로 현장 이탈한 경우
- 사고내고 피해자를 차에 태우고 장시간 지체한 후 입원시킨 경우
- 피해자를 병원까지만 후송하고 신원 밝히지 않은 채 가버린 경우
- 피해차량에 중상자 있음에도 자차탑승 경미 피해자만 후송하고 가버린 경우
- 현장출동 경찰관에게 동승자가 사고낸 양 허위진술하고 가버린 경우
- 현장출동 경찰관에게 목격자인 양 허위진술하고 가버린 경우
- 비접촉 원인 제공하여 충돌사고 나는 것을 보고 가버린 경우
- 차량과 충돌하고 피해자가 발생했어도 조치 없이 말다툼만 하다가 가버린 경우
- 사고차량만 현장에 두고 조치 없이 가버린 경우
- 환자구호조치에 적극 가담치 않고 경찰관이 조치하는데 방관하다가 가버린 경우 등이다.

② 교통사고 후 도주로 인정되지 않는 경우
- 피해자의 상해사실이 없거나 진단서가 발부되었어도 경미해 치료사실 없는 경우
- 피해자가 괜찮다고 하여 현장을 이탈한 경우
- 경미 접촉으로 피해사항 없이 현장을 이탈한 경우
- 경미 접촉으로 사고사실을 인식하지 못하고 가버린 경우

- 사고운전자가 부상을 입고 후송되어 현장을 이탈한 경우
- 사고 후 피해가 경미해 상대방과 이야기하다 명함을 주고 사후처리 하기로 하고 현장을 이탈한 경우
- 사고 후 현장에서 잘잘못 따지다(합의하고자) 부상사실 이야기를 하지 않았고, 신고나 음주 추궁하여 현장을 이탈한 경우
- 사고 후 인적피해 없고 대물이 경미해 합의하려다 결렬되어 가버렸는데 익일 진단서를 제출한 경우
- 사고 후 출동 경찰관이 현장 조치하여 면허증을 넘겨주고 현장을 이탈한 경우
- 사고 후 급한 용무로 동승자들에게 사고처리를 부탁하고 현장을 이탈한 경우
- 사고 후 수리업소·지구대를 찾아갔다가 교통혼잡으로 잃어버린 경우
- 사고 장소가 혼잡하여 일부 진행한 후 차를 세우고 되돌아온 경우
- 피해자의 폭언·폭행이 두려워 현장을 이탈한 경우
- 피해자가 만취되어 집에 데려다 주고 보호자와 사후 처리하기로 한 경우
- 기타 사유로 현장을 이탈하였어도 도주 인정하기 어려운 경우 등이다.

제16장 수사경찰

제1절 수사경찰의 의의

1. 수사경찰의 개념

수사경찰이란 범죄사건이 발생한 후 수사를 통해 진실을 밝혀내고 범인을 검거해 범죄사실을 조사하며 증거의 발견, 수집, 보전 등 수사기관으로서 활동하는 경찰을 말한다. 수사경찰은 사후진압적 활동이며 이는 사법경찰작용에 해당한다.[1]

2020년 2월 4일을 기해 우리나라 형사소송법이 개정되었다. 경찰도 수사의 주체가 되었다. 본 개정 형사소송법은 2021년 1월 1일 시행에 들어갔다.

형사소송법 제195조(검사와 사법경찰관의 관계 등)에는 검사와 사법경찰관은 수사, 공소제기 및 공소유지에 관하여 서로 협력하여야 한다. 제1항에 따른 수사를 위하여 준수하여야 하는 일반적 수사준칙에 관한 사항은 대통령령으로 정한다라고 규정하고 있다. ① 경무관, 총경, 경정, 경감, 경위는 사법경찰관으로서 범죄의 혐의가 있다고 사료하는 때에는 범인, 범죄사실과 증거를 수사한다(제197조 사법경찰관리). 경사, 경장, 순경은 사법경찰리로서 수사의 보조를 하여야 한다(제197조). 검사는 다음 각 호의 어느 하나에 해당하는 경우에 사법경찰관에게 보완수사를 요구할 수 있다(제197조의2, 보완수사요구).

- 송치사건의 공소제기 여부 결정 또는 공소의 유지에 관하여 필요한 경우
- 사법경찰관이 신청한 영장의 청구 여부 결정에 관하여 필요한 경우

사법경찰관은 제1항의 요구가 있는 때에는 정당한 이유가 없는 한 지체 없이 이

---

1) 허경미, 앞의 책, p. 368.

를 이행하고, 그 결과를 검사에게 통보하여야 한다. 검찰총장 또는 각급 검찰청 검사장은 사법경찰관이 정당한 이유 없이 제1항의 요구에 따르지 아니하는 때에는 권한 있는 사람에게 해당 사법경찰관의 직무배제 또는 징계를 요구할 수 있고, 그 징계 절차는 「공무원 징계령」 또는 「경찰공무원 징계령」에 따른다.

제197조의3(시정조치요구 등) ① 검사는 사법경찰관리의 수사과정에서 법령위반, 인권침해 또는 현저한 수사권 남용이 의심되는 사실의 신고가 있거나 그러한 사실을 인식하게 된 경우에는 사법경찰관에게 사건기록 등본의 송부를 요구할 수 있다. 제1항의 송부 요구를 받은 사법경찰관은 지체 없이 검사에게 사건기록 등본을 송부하여야 한다. 제2항의 송부를 받은 검사는 필요하다고 인정되는 경우에는 사법경찰관에게 시정조치를 요구할 수 있다. 사법경찰관은 제3항의 시정조치 요구가 있는 때에는 정당한 이유가 없으면 지체 없이 이를 이행하고, 그 결과를 검사에게 통보하여야 한다. 제4항의 통보를 받은 검사는 제3항에 따른 시정조치 요구가 정당한 이유 없이 이행되지 않았다고 인정되는 경우에는 사법경찰관에게 사건을 송치할 것을 요구할 수 있다. 제5항의 송치 요구를 받은 사법경찰관은 검사에게 사건을 송치하여야 한다. 검찰총장 또는 각급 검찰청 검사장은 사법경찰관리의 수사과정에서 법령위반, 인권침해 또는 현저한 수사권 남용이 있었던 때에는 권한 있는 사람에게 해당 사법경찰관리의 징계를 요구할 수 있고, 그 징계 절차는 「공무원 징계령」 또는 「경찰공무원 징계령」에 따른다. 사법경찰관은 피의자를 신문하기 전에 수사과정에서 법령위반, 인권침해 또는 현저한 수사권 남용이 있는 경우 검사에게 구제를 신청할 수 있음을 피의자에게 알려주어야 한다.

형사소송법 제221조의5(사법경찰관이 신청한 영장의 청구 여부에 대한 심의)에서는 검사가 사법경찰관이 신청한 영장을 정당한 이유 없이 판사에게 청구하지 아니한 경우 사법경찰관은 그 검사 소속의 지방검찰청 소재지를 관할하는 고등검찰청에 영장 청구 여부에 대한 심의를 신청할 수 있다. 제1항에 관한 사항을 심의하기 위하여 각 고등검찰청에 영장심의위원회(이하 이 조에서 "심의위원회"라 한다)를 둔다. 심의위원회는 위원장 1명을 포함한 10명 이내의 외부 위원으로 구성하고, 위원은 각 고등검찰청 검사장이 위촉한다. 사법경찰관은 심의위원회에 출석하여 의견을 개진할 수 있다. 심의위원회의 구성 및 운영 등 그 밖에 필요한 사항은 법무부령으로 정한다라고 규정하고 있다.

제245조의5(사법경찰관의 사건송치 등)에는 사법경찰관은 고소·고발 사건을 포함하여 범죄를 수사한 때에는 다음 각 호의 구분에 따른다. 범죄의 혐의가 있다고 인정되는 경우에는 지체 없이 검사에게 사건을 송치하고, 관계 서류와 증거물을 검사에게

송부하여야 한다. 그리고 그 밖의 경우에는 그 이유를 명시한 서면과 함께 관계 서류와 증거물을 지체 없이 검사에게 송부하여야 한다. 이 경우 검사는 송부받은 날부터 90일 이내에 사법경찰관에게 반환하여야 한다라고 규정하고 있다.

제245조의6(고소인 등에 대한 송부통지)에는 사법경찰관은 제245조의5제2호의 경우에는 그 송부한 날부터 7일 이내에 서면으로 고소인·고발인·피해자 또는 그 법정대리인(피해자가 사망한 경우에는 그 배우자·직계친족·형제자매를 포함한다)에게 사건을 검사에게 송치하지 아니하는 취지와 그 이유를 통지하여야 한다. 제245조의7(고소인 등의 이의신청)에는 제245조의6의 통지를 받은 사람은 해당 사법경찰관의 소속 관서의 장에게 이의를 신청할 수 있다. 사법경찰관은 제1항의 신청이 있는 때에는 지체없이 검사에게 사건을 송치하고 관계 서류와 증거물을 송부하여야 하며, 처리결과와 그 이유를 제1항의 신청인에게 통지하여야 한다. 그리고 제245조의8(재수사요청 등)에는 검사는 제245조의5제2호의 경우에 사법경찰관이 사건을 송치하지 아니한 것이 위법 또는 부당한 때에는 그 이유를 문서로 명시하여 사법경찰관에게 재수사를 요청할 수 있다. 사법경찰관은 제1항의 요청이 있는 때에는 사건을 재수사하여야 한다라고 명시하고 있다.

(1) 수사의 목적

수사의 목적은 첫째, 피의사건의 진상을 파악하는 것이다. 둘째, 기소여부를 결정하는 것이다. 셋째, 공소의 제기와 유지에 있다. 넷째, 유죄판결을 받게 하는 데 있다. 다섯째, 형사소송법의 목적실현에 있다.

(2) 범죄수사의 단계

일반적으로 범죄가 발생하면 내사, 입건, 실행, 송치, 송치 후 수사로 이루어진다.2)

1) 수사의 前단계(내사)

내사는 수사 이전의 단계로서 신문 등 출판물의 기사, 익명의 신고, 소문 등에 범죄혐의 유무를 조사할 가치가 있는 내용이 있을 때 그 진상을 밝혀 입건할 것인지 아닌지 즉, 수사를 개시할 것인지 조사하는 단계를 말한다.

실무상 조사결과 범죄혐의가 있고 입건의 필요가 있을 때에는 범죄인지보고서를 작성하여 인지한 후(사법경찰관리집무규칙 제20조 제1항) 정식적인 수사를 진행하며,

---

2) 신현기·남재성, 『새경찰학개론』(서울: 우공출판사, 2013), p. 420.

범죄혐의가 없거나 입건할 필요가 없을 때에는 내사를 종결한다(동조 제2항).

2) 수사의 개시(입건)

입건이란 수사기관이 스스로 사건을 인지한 후 수사를 개시하는 것을 말한다. 입건은 내사를 통한 범죄의 인지, 고소, 고발의 접수, 자수, 자복, 변사체검시, 검사의 수사지휘에 의해 시작된다. 특히 입건은 수사기관에 비치된 사건접수부에 기재하고 사건번호를 부여받은 단계를 의미한다. 수사기관 스스로 사건을 인지하여 수사를 개시함을 입건이라 한다. 입건의 원인에는 내사를 통한 범죄의 인지, 고소·고발의 접수, 자수, 자복, 변사체 검시, 검사의 수사지휘, 다른 사법경찰업무 취급관서로부터의 이송사건수리 등이 있다.

실무상으로 입건이란 수사기관에 비치된 사건접수부에 사건을 기재하고 사건번호를 부여하는 단계를 말하며, 입건 이후에는 혐의자가 피의자의 신분이 된다. 사건을 인지하여 수사를 착수한 때에는 범죄인지보고서를 작성하여 사건번호를 부여받아야 한다(사법경찰관리집무규칙 제21조 제1항).

3) 수사의 실행

사법경찰관은 형사소송법, 사법경찰관리집무규칙, 범죄수사규칙 등 관계법령을 준수하면서 그 범위 내에서 수사를 실행하여야 한다.

수사의 실행 전에 현장에서 수집된 여러 가지 자료를 검토하여 수사를 어떠한 방향으로 전개할 것인가를 결정하여야 한다. 이를 수사방침의 수립이라고 하며, 만약 수사방침이 제대로 수립되지 않는다면 범인검거는 어렵게 되고 설사 검거된다 하더라도 많은 시간과 노력을 낭비하게 된다.

4) 사건송치

사법경찰관은 사건에 대하여 진상이 파악되고 적용할 법령, 처리의견을 제시할 수 있을 정도가 되면 사건을 검찰에 송치한다. 이로써 경찰의 수사행위는 일단 종결되는 것으로 본다.

5) 송치 후의 수사

사건송치 후 피의자의 여죄가 발견되거나 검사의 공소제기 또는 유지를 위한 보강수사 지시가 있을 경우 이에 상응하는 추가적인 수사활동이 전개된다.

2. 수사경찰의 중요성

경찰은 공공의 안녕과 질서를 유지하고 위해를 예방하며 진압한다. 그리고 형사소송법상 사법경찰관리에게 부여되는 수사권의 행사를 통해 국가의 형벌권의 실현에 기여하는 중요성을 지니고 있다. 우리나라에서는 경찰이 형사소송법 제196조에 따라 수사권을 독자적으로 수행할 수 없고 오직 수사의 주재자인 검사의 지휘를 받아 수사권을 행사하고 있다.

3. 수사의 성격

수사의 성격은 형사절차의 일환이며 심증형성을 지향하는 활동(하강과정)이고 획득한 판단을 증명하는 활동이다.

(1) 형사절차의 일환

원래 범죄수사란 공소의 제기를 위한 준비활동에 해당한다. 그리고 국가가 행하는 형벌권 행사를 지원하는 일종의 형사절차를 말한다. 그리고 공소제기뿐만 아니라 공소수행에 필요한 자료수집도 범죄수사의 목적이 되는 것이므로 필히 기소 전뿐만 아니라 기소 후에도 행해지는 것이다.[3]

(2) 심증형성을 지향하는 활동(하강과정)

범죄수사란 사실을 정확하게 파악하여 그 결과를 형사절차에 내놓는 중요한 작업이다. 따라서 수사관은 자기가 사실의 진실성에 대해 확신 있는 판단을 가지지 않으면 아니 된다. 즉 수사관이 가지고 있는 판단이 재판에서 법관의 심증을 획득할 수 있는 것이어야 하기 때문이다.[4]

(3) 획득한 판단을 증명

수사관이 심증을 굳혔을 때는 증거를 통해 그 심증을 증명해야 한다. 이에 따라 검사는 자신의 심증을 굳혀 소송제기를 행할 수 있는 것이다. 이것이 재판에서 판사의 심증에 영향을 주게 되고 유죄판결을 얻어내게 된다. 피의자로부터 자백이 있더라

---

3) 중앙경찰학교, 『수사』(중앙경찰학교, 2009), p. 10.
4) 강용길, 앞의 책, p. 151.

도 수사관은 충분한 증거를 확보하지 않으면 안 된다.[5]

제 2 절 | 범죄수사의 기본원칙

1. 범죄수사의 3대원칙

일반적으로 3S의 원칙이라고도 불리는 3대원칙은 신속착수의 원칙, 현장보존의
원칙, 공공협력의 원칙을 말한다.[6]

(1) 신속착수의 원칙Speedy Initiation

범죄가 발생한 후 그 흔적은 시간의 경과에 따라 급속하게 변질이나 멸실되는 단
계를 거치게 된다. 이러한 이유로 인해 수사는 신속하게 이루어져야 한다. 범죄현장
에 경찰관이 신속하게 도착하였다면 현장에서 범인을 검거할 수도 있고 현장에 있는
증거의 보존을 통해 인적·물적증거를 확보해 차후에 범인을 검거하는 데 큰 도움이
될 것이다.

(2) 현장보존의 원칙Scene Preservation

흔히 범죄현장을 증거의 보고(寶庫)라고 부른다. 현장에는 결정적 증거가 되는 지
문, 혈흔, 머리카락, 체모, 체액, 사체 등이 놓여 있다. 특히 자연적 요인(지문이나 혈
흔 등은 햇볕, 광선, 바람, 눈, 빗물에 의해)이나 인위적 요인(가족이나 외부인이 훼손)에
의해 변질될 수 있다. 이 때문에 경찰관은 증거물 보존에 주의해야 한다.

(3) 공공협력의 원칙Support by the Public

범죄의 현장을 증거의 보고라고 한다면, 민중이 살고 있는 사회는 바로 증거의
바다인 것이다. 범죄의 흔적은 목격자 등을 통해 입에서 입으로 전달되는 경우가 많
다. 이를 참고로 경찰은 탐문수사를 실시해 수사의 단서를 민중으로부터 얻게 된다.
경찰은 사건에 대해 민중으로부터 신고나 협조를 얻어야 범죄수사를 성공으로 이끌
수 있는 것이다. 따라서 경찰은 평소에 시민들로부터 늘 협조를 얻을 수 있는 노력을

---

5) 신현기 외 8인, 앞의 책, p. 622.
6) 신현기·남재성, 『새경찰학개론』(서울: 우공출판사, 2013), p. 423.

해 나가는 일이 중요하다.7)

2. 수사의 기본원칙

(1) 임의수사의 원칙

수사기관으로부터 수사가 개시될 때는 수사관이 상대방으로부터 동의를 얻어서 진행하는 임의수사를 원칙으로 한다. 특히 상대방의 승낙을 얻을 때 절대로 승낙을 강요하거나 강요를 의심 받을 염려가 있는 태도나 방법을 활용하는 것은 금물이다. 강제수사는 형사소송법에서 규정한 아주 특별한 경우에만 허용되는 것이다. 상대방의 의사에 반하여 직접강제하는 방법(체포, 수색)뿐만 아니라 상대방에게 의무를 부과하는 방법(소환, 제출명령)도 강제수사에 해당한다.8) 비록 임의수사라 할지라도 필요 최소한도에 그쳐야 한다.9)

(2) 강제수사법정주의

형사소송법에 특별한 규정이 있는 경우에 한해서만 수사기관의 강제처분이 허용되는데 이것을 강제수사법정주의라고 부른다.

(3) 영장주의

경찰은 필요한 경우 담당 검사를 통해 영장판사로부터 영장을 발부 받아 강제처분을 행할 수 있다. 그러나 시급한 경우 영장 없이 현행범인체포, 긴급체포, 영장집행 현장에서의 압수나 수색 등을 행할 수 있는 예외가 인정된다. 하지만 이 경우에도 경찰은 사후에 영장을 청구해 필요조건을 갖추어야 한다.

(4) 수사비례의 원칙

이는 경찰이 수사 후에 얻게 되는 결과(이익)와 피고인이 얻게 되는 법익침해 사이에 균형을 잃는 큰 차이가 있어서는 바람직하지 않다는 원칙을 말한다. 가령 아주 작은 경미한 사건을 경찰이 입건하여 처리하려고 하는 것은 소위 범죄인지권의 남용

---

7) 신현기 외 8인, 앞의 책, p. 629. 시민들로부터 협력을 얻는 방법은 수사기관의 방침이나 활동을 시민에게 주지시켜 이해를 얻는다. 수사기관에 대한 시민들의 의식구조를 조사해서 개선을 위해 노력한다. 시민들의 권익보호를 통해 신뢰를 얻는 풍토를 조성한다. 수사관 자신의 솔선적인 법규준수 및 건전한 생활태도를 유지한다. 시민들의 조사나 면접시 공손한 언행을 통해 시민에게 좋은 인상을 주는 것 등이다(중앙경찰학교, 앞의 책, p. 12).
8) 신현기 외 8인, 앞의 책, p. 624; 범죄수사규칙, 제6조 참조.
9) 신현기, 『경찰학개론』(파주: 21세기사, 2008), pp. 496~498.

이라는 문제를 발생시킬 가능성이 있는바 이것은 수사비례의 원칙에 맞지 않는 것이다.

(5) 수사비공개의 원칙

통상 경찰이 범죄에 대해 수사하는 경우 그 개시와 실행을 비공개로 하고 있다. 이것을 우리는 수사비공개의 원칙 혹은 수사밀행의 원칙이라고 부른다. 하지만 이와는 대조적으로 재판이 열릴 때는 그 공판절차가 공개주의를 채택해 진행되고 있다. 이는 피해자, 피의자, 참고인 등의 인권을 보호하기 위한 것이다. 그리고 만일 범인이 검거되기 전에 영장청구사실이나 수사진행 사실이 알려지면 피의자가 잠수하여 검거가 어려워질 수 있기 때문이다. 또 하나 중요한 것은 우리나라 형법에는 소위 피의사실공표죄가 규정되어 있기 때문에 경찰이 범죄수사에 관해 알게 된 사실을 공판청구 이전에 공표하면 처벌받을 수 있다.10)

(6) 자기부죄강요금지의 원칙

우리나라 헌법은 자기부죄거부의 권한을 보장하고 있다. 동시에 형사소송법도 피의자의 진술거부권을 보장하고 있다. 이 원칙은 수사의 기본원칙으로 공식 인정되어 있는 것이며 피의자에 대한 고문도 절대금지라는 원칙이 여기에 뿌리를 두고 있는 것이다.

(7) 제출인 환부(還付)의 원칙

수사기관은 수사상 필요에 의해 압수했던 압수물을 피압수자(제출인)에게 환부(돌려 줌)함을 원칙으로 하고 있다. 그러나 그 압수물이 남으로부터 훔쳐냈던 장물일 수도 있는데 이런 경우는 원래 잃어버린 피해자를 보호하기 위해 법적으로 정해진 절차조건에 따라 피해자 환부를 허용하고 있다.11)

3. 수사실행의 5원칙

일반적으로 수사실행에는 다음과 같이 5개의 원칙이 있다. 즉 수사자료 완전수집의 원칙, 수사자료 감식과 검토의 원칙, 적절한 추리의 원칙, 검증적 수사의 원칙, 사실판단증명의 원칙이 바로 그것이다.12)

---

10) 조철옥, 앞의 책, p. 482.
11) 조철옥, 앞의 책, p. 483.

(1) 수사자료 완전수집의 원칙

이는 수사에 있어서 수사관은 발생한 사건에 대해 수사를 진행하면서 그와 관련된 모든 자료들을 완전하게 수집해야 한다는 원칙을 말한다. 범인은 누구인가 등 그 사건과 관련해 자료가 누락되거나 멸실되는 일이 없도록 자료를 모두 수집하는 일이 중요하다. 이와 같은 수사자료를 수집하는 것을 기초수사라고 한다. 무엇보다 범죄사건에 있어 기초수사를 철저히 함으로써 사건을 신속하고 명확하게 해결할 수 있는 것이다.

(2) 수사자료 감식과 검토의 원칙

범죄수사에 있어서 기초수사를 통해 수집된 자료를 면밀히 감식하고 검토하는 일은 매우 중요하다. 비록 범죄현장에 칼과 같은 흉기가 놓여 있었다고 해서 증거물로 가치가 있는 것은 절대 아니라는 것이다. 바로 그 흉기가 범행에 사용되었는지 혹은 그 흉기를 사용한 범인이 누구인지를 정확하게 밝혀내야만 그것이 범죄에 있어서 증거자료가 되는 것이다. 특히 수사관의 상식이나 경험적인 판단에만 따라서는 안 되고 과학적 감식을 통해 정확히 검증된 것이어야 할 것이다.

(3) 적절한 추리의 원칙

경찰관은 수사자료를 수집하고 검토한 다음에 이것을 기초로 그 관련 사건에 대해 가상의 추리를 해 볼 수 있을 것이다. 이와 같이 가상의 추리를 통해 수사를 펼치게 되는데 만일 그 추리를 통해 행해진 수사가 그대로 사실로 나타났을 때는 그대로 사실로 입증되는 것이다.

(4) 검증적 수사의 원칙

검증적 수사의 원칙이란 경찰관들이 범죄를 수사하는 데 있어서 여러 가지 추측을 한다. 그런데 어떤 추측이 가장 정당한 것인가를 가려내는 일은 매우 중요하다. 이러한 여러 가지 추측들을 다방면의 차원에서 검토해보아야 한다는 것을 말한다.

(5) 사실판단증명의 원칙

수사관이 정당하고 과학적인 수사활동을 통해 획득한 확신 있는 심증(판단)을 담당 검사에게 송치하게 된다. 이것이 정식 공판정에서 재판심리를 받게 된다. 이 경우에 재판정에 제시된 그 심증이 수사관뿐만 아니라 다른 사람에 의해서도 진실이라는

---

12) 강용길 외, 앞의 책, p. 158.

것이 객관적으로 검증되어야만 한다는 것이 바로 사실판단증명의 원칙이다.

제3절 우리나라 수사기관

1. 수사기관의 의의

흔히 법률상 범죄수사의 권한이 합법적으로 인정되어 있는 국가기관을 수사기관이라고 한다. 오늘날 우리에게 전국적 수사망을 갖는 수사조직이 필요한 것은 범죄수사를 진행하기 위해서는 신속한 기동성과 신속성이 요구되기 때문이다.

2. 수사기관의 종류

우리나라 수사기관의 종류에는 수사의 주재자인 검사와 사법경찰관리가 있다. 그러나 사법경찰관리에는 2가지로 나누어지는데 하나는 일반사법경찰관리이고 다른 하나는 특별사법경찰관리이다.

(1) 검 사

검사는 형사소송법에서 범죄의 혐의가 있는 때에는 범인의 범죄사실과 증거를 수사해야 한다고 명시되어 있다. 특히 검사는 소추기관일 뿐만 아니라 동시에 수사기관으로서의 지위도 유지하고 있다. 중요한 것은 수사기관으로서 검사는 범죄수사에 있어서 수사의 주재자이며 바로 수사의 주체가 된다. 형사소송법 제196조에 따라 사법경찰관은 검사의 지휘를 받아 수사를 행하며 사법경찰리는 사법경찰관의 지휘를 받아 수사를 보조하고 있다. 법률상 검사는 수사, 공소, 재판, 형집행의 4단계로 이루어지는 형사절차의 모두에서 주도적이며 독점적인 역할을 수행하고 있다.

한편 검찰청은 법무부의 외청이며 각급 법원에 대응해 설치되어 있는데 대검찰청, 5개의 고등검찰청, 18개 지방검찰청, 38개의 지청으로 구성된다. 범죄수사와 밀접한 조직부서는 검찰총장 하의 중앙수사부와 범죄정보기획관, 과학수사기획관이 있으며 각 지방검찰청과 지청에 특별수사부, 형사부, 마약 및 조직범죄수사부 등이 설치되어 있다.[13]

(2) 사법경찰관리

사법경찰관리에는 일반사법경찰관리와 특별사법경찰관리가 있다. 이들은 수사의 주재자인 검사를 보조하여 수사의 직무를 행하는 경찰관리를 말한다.

1) 일반사법경찰관리

일반사법경찰관리는 법적으로 사항적이나 지역적으로 제한을 받지 않고 수사의 직무를 행할 수 있다. 사법경찰관에는 수사관, 경무관, 총경, 경정, 경감, 경위가 있다. 이에 반해 사법경찰리에는 경사, 경장, 순경이 해당된다.[14] 그러나 경찰공무원법 부칙 제6조에 의거해 경찰청과 해양경찰청에 근무하는 경무관의 경우는 형사소송법 196조의 적용을 받지 않는다. 특별히 사법경찰관은 검사의 지휘를 받아 수사를 행할 수 있다. 그러나 사법경찰리는 검사나 사법경찰관의 지휘를 받아 수사를 보조하고 있을 뿐이다. 분명 사법경찰관은 현행법상 각종의 수사상 처분 권한이 법적으로 인정되어 있기 때문에 수사의 주체로 볼 수 있다. 하지만 사법경찰리는 수사의 주체가 아니며 수사의 보조기관에 불과한 실정이다.[15] 또한 검찰청법 제47조에 따르면 검찰주사, 마약수사주사, 검찰주사보, 마약수사주사보, 검찰서기, 마약수사서기, 검찰서기보, 마약수사서기보로서 검찰총장 및 각급검찰청검사장의 지명을 받은 자는 소속검찰청이나 지청에서 수리한 사건에 관하여 검찰주사, 마약수사주사보는 형소법 제196조 제1항의 규정에 의한 사법경찰관의 직무를 행할 수 있다. 그리고 검찰서기, 마약수사서기, 검찰서기보, 마약수사서기보는 동법 제196조 제2항의 규정에 의한 사법경찰관리의 직무를 행한다.

2) 특별사법경찰관리

형사소송법 제245조의10(특별사법경찰관리)에 따르면 특별사법경찰관리의 직무를 행할 자는 삼림, 해사, 세무, 전매, 군수사기관 등을 말한다. 특별사법경찰관리에는 법률상 당연히 사법경찰관리의 권한이 있는 교도소장, 소년교도소장, 구치소장, 보호감호소장, 치료감호소장, 출입국관리공무원, 근로감독관, 선장과 해원, 국가정보원 직원, 제주도 자치경찰공무원이 있다. 이 외에도 교도소, 소년교도소, 구치소, 보호감호소, 치료감호소 등의 직원, 산림보호, 문화재 보호, 의약품 단속, 관세범 단속, 어업감독, 환경단속, 공중위생 단속, 저작권 침해 단속, 도로시설 관리, 하천감시, 개발제한구역 단속, 검사장의 지명에 의해 사법경찰관리로서의 권한이 인정되는 자가 있는데 직무

---

13) 박노섭・이동희, 『수사론』(서울: 경찰공제회, 2009), p. 92.
14) 검찰의 경우도 대략 4,600여명(경찰수사인력의 1/3) 이상의 수사인력을 보유하고 스스로 수사를 행하고 있다.
15) 강용길 외, 앞의 책, p. 162.

분야별로 보면 약 40개 분야가 존재한다.

(3) 수사기관 상호간의 관계

1) 검사와 사법경찰관리와의 관계

형소법 제195조(검사와 사법경찰관의 관계 등)에 따라서 검사와 사법경찰관은 수사, 공소제기 및 공소유지에 관하여 서로 협력하여야 한다라고 규정하고 있다. 그리고 형사소송법 제196조에 따르면 검사는 범죄의 혐의가 있다고 사료되는 때에는 범인, 범죄사실과 증거를 수사한다라고 규정되어 있다. 또한 제1항에 따른 수사를 위하여 준수하여야 하는 일반적 수사준칙에 관한 사항은 대통령령으로 정한다라고 규정하고 있다.[16] 형소법 제197조의2(보완수사요구)에 따라 검사는 다음 각 호의 어느 하나에 해당하는 경우에 사법경찰관에게 보완수사를 요구할 수 있다. 1. 송치사건의 공소제기 여부 결정 또는 공소의 유지에 관하여 필요한 경우, 2. 사법경찰관이 신청한 영장의 청구 여부 결정에 관하여 필요한 경우 등이다.

사법경찰관은 제1항의 요구가 있는 때에는 정당한 이유가 없는 한 지체 없이 이를 이행하고, 그 결과를 검사에게 통보하여야 한다. 검찰총장 또는 각급 검찰청 검사장은 사법경찰관이 정당한 이유 없이 제1항의 요구에 따르지 아니하는 때에는 권한 있는 사람에게 해당 사법경찰관의 직무배제 또는 징계를 요구할 수 있고, 그 징계 절차는 「공무원 징계령」 또는 「경찰공무원 징계령」에 따른다.

검사는 공익의 대표자로서 다음 각 호의 직무와 권한이 있다(제4조 검사의 직무). 범죄수사, 공소의 제기 및 그 유지에 필요한 사항. 다만, 검사가 수사를 개시할 수 있는 범죄의 범위는 다음 각 목과 같다.

가. 부패범죄, 경제범죄, 공직자범죄, 선거범죄, 방위사업범죄, 대형참사 등 대통령령으로 정하는 중요 범죄

나. 경찰공무원이 범한 범죄

다. 가목·나목의 범죄 및 사법경찰관이 송치한 범죄와 관련하여 인지한 각 해당 범죄와 직접 관련성이 있는 범죄

　　- 범죄수사에 관한 특별사법경찰관리 지휘·감독

　　- 법원에 대한 법령의 정당한 적용 청구

　　- 재판 집행 지휘·감독

　　- 국가를 당사자 또는 참가인으로 하는 소송과 행정소송 수행 또는 그 수행에

---

16) 형사소송법 제195조.

그림 16-1 검사와 경찰의 상호관계

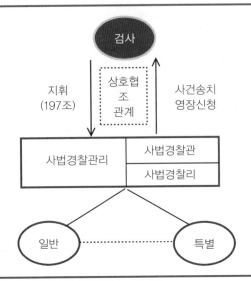

출처: 박노섭・이동희,『수사론』(서울: 경찰공제회, 2009), p. 93에서 재인용; 신현기,『경찰학개론』(파주: 법문사, 2015).

관한 지휘・감독

 - 다른 법령에 따라 그 권한에 속하는 사항 등이다.

검사는 그 직무를 수행할 때 국민 전체에 대한 봉사자로서 헌법과 법률에 따라 국민의 인권을 보호하고 적법절차를 준수하며, 정치적 중립을 지켜야 하고 주어진 권한을 남용하여서는 아니 된다(검찰청법 제4조).

무엇보다 위의 범죄수사의 경우만 검사가 직접수사를 진행할 수 있으며 그 밖의 범죄수사는 모두 경찰수사본부 산하 경찰수사기관에서 수사를 담당하도록 개정 형사소송법이 규정하고 있다.

2) 사법경찰관리 상호간의 관계

일반사법경찰관리는 모든 범죄에 대해 수사가 가능하다. 그러나 특별사법경찰관리는 수사대상이 환경, 보건, 건축, 산림 등에 한정되어 있다. 하물며 일반사법경찰관리는 특별사법경찰관리의 직무범위에 속하는 범죄에 대해서도 수사가 가능하다.

1. 경 찰 청(국가수사본부)

경찰청과 그 소속기관 등 직제 제16조에 따라서 경찰청에 국가수사본부를 둔다.

그림 16-2　국가수사본부 조직

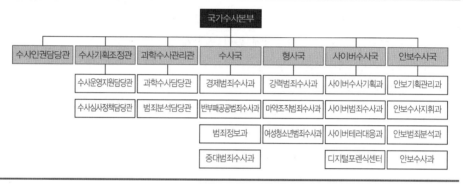

출처: 경찰청 조직도 참조(2022).

2. 수사인권담당관

국가수사본부장 밑에 수사인권담당관 1명을 둔다(경찰청과 그 소속기관 직제 시행 규칙 제15조). 수사인권담당관은 4급 또는 총경으로 보한다. 수사인권담당관은 다음 사항에 관하여 국가수사본부장을 보좌한다.

　- 수사절차상 인권보호와 관련된 제도·정책의 수립, 점검 및 지도

　- 수사인권 관련 유관기관과의 교류·협력에 관한 사항

　- 수사과정에서의 수갑 등 장구사용 및 강제수사에 관한 사항

　- 유치장 운영 및 관리·감독에 관한 사항

　- 수사경찰의 인권침해 사항에 대한 상담·조사 및 처리

수사인권담당관은 4급 또는 총경으로 보한다. 수사인권담당관은 다음 사항에 관하여 국가수사본부장을 보좌한다.

　- 수사절차상 인권보호와 관련된 제도·정책의 수립, 점검 및 지도

- 수사인권 관련 유관기관과의 교류·협력에 관한 사항
- 수사과정에서의 수갑 등 장구사용 및 강제수사에 관한 사항
- 유치장 운영 및 관리·감독에 관한 사항
- 수사경찰의 인권침해 사항에 대한 상담·조사 및 처리

3. 수사기획조정관

국가수사본부장을 보좌하는 수사기획조정관은 치안감으로 보한다(경찰청과 그 소속기관 직제 제17조). 수사기획조정관 밑에 수사운영지원담당관 및 수사심사정책담당관 각 1명을 둔다(제13조 수사기획조정관). 각 담당관은 총경으로 보한다. 수사운영지원담당관은 다음 사항에 관하여 수사기획조정관을 보좌한다.
- 수사경찰행정 및 주요 수사정책에 관한 종합계획의 수립 및 시행
- 수사경찰 기구·인력 진단 및 관리
- 수사경찰 배치에 관한 사항
- 수사경찰 예산의 편성 및 배정
- 수사경찰 장비에 관한 사항
- 수사경찰 성과관리에 관한 사항
- 수사공보 및 홍보에 관한 업무의 총괄·지원
- 수사경과 등 자격관리제도의 계획 수립 및 운영
- 수사경찰 교육훈련 및 역량 평가·관리
- 경찰수사연수원의 운영에 관한 감독
- 형사사법정보시스템(KICS) 운영 및 관리에 관한 사항
- 범죄통계 관리, 범죄 동향 및 데이터 분석에 관한 사항
- 그 밖에 국가수사본부 내 다른 국 또는 담당관의 주관에 속하지 않는 사항
수사심사정책담당관은 다음 사항에 관하여 수사기획조정관을 보좌한다.
- 수사심의 관련 제도·정책의 수립 및 운영·관리
- 외부위원이 참여하는 수사심의제도 운영에 관한 사항
- 수사에 관한 민원처리 업무 총괄·조정
- 경찰청 수사부서 대상 접수 이의사건의 조사·처리
- 수사 관련 진정 및 비위사항의 조사·처리
- 수사절차상 제도·정책(수사절차상 인권보호와 관련된 제도·정책은 제외한다)의 연구 및 운영에 관한 사항

- 수사 관련 법령·규칙의 연구 및 관리
- 수사심의제도 관련 유관기관과의 교류·협력에 관한 사항
- 수사기법 연구 개발 및 개선에 관한 사무 총괄

4. 과학수사관리관

과학수사관리관 밑에 과학수사담당관 및 범죄분석담당관 각 1명을 둔다(경찰청과 그 소속기관 직제 시행규칙 제14조 과학수사관리관). 각 담당관은 총경으로 보한다. 과학수사담당관은 다음 사항에 관하여 과학수사관리관을 보좌한다.
- 과학수사 기획 및 지도
- 과학수사 관련 국내외 기관과의 교류 및 협력
- 과학수사 장비 및 기법 연구·개발
- 그 밖에 과학수사관리관 내 다른 담당관의 주관에 속하지 않는 사항
범죄분석담당관은 다음 사항에 관하여 과학수사관리관을 보좌한다.
- 범죄분석에 관한 기획 및 지원
- 범죄기록 및 수사자료의 관리
- 범죄감식 및 증거분석
- 주민등록지문 등 지문자료의 수집·관리 등이다.

5. 수 사 국

경찰청과 그 소속기관 직제 제9조와 경찰청과 그 소속기관 직제 시행규칙 제16조에 따라서 국가수사본부에 수사국을 두고 국장은 치안감으로 보한다.
경제범죄수사과장은 다음 사항을 분장한다.
1. 다음 각 목의 사건에 관한 수사 지휘·감독
   가. 사기·횡령·배임 등 경제범죄 사건
   나. 문서·통화·유가증권·인장 등에 관한 범죄 사건
   다. 전기통신금융사기(사이버수사국 소관 범죄는 제외한다) 범죄 사건
   라. 불법사금융, 보험사기 등 금융범죄 및 주가조작 등 기업범죄 사건
   마. 물가 및 공정거래, 지식재산권, 과학기술, 조세 관련 범죄 등 그 밖의 경제범죄 사건
2. 제1호에 규정된 사건에 관한 범죄현상 및 정보의 분석·연구·관리 및 정책·

수사지침의 수립

3. 제1호에 규정된 사건에 관한 통계·기록물 관리 및 민원 접수·처리

4. 제1호에 규정된 사건에 관한 관계기관 공조 및 협조

5. 제1호에 규정된 사건에 관한 수사기법 개발, 지원 및 교육

6. 범죄수익 추적 및 보전 관련 수사 지휘·감독, 현장지원, 국제공조 및 유관기관 대응

7. 수사국 내 부서 간 업무 조정

8. 그 밖에 수사국 내 다른 과의 주관에 속하지 않는 사항

반부패·공공범죄수사과장은 다음 사항을 분장한다.

1. 다음 각 목의 사건에 관한 수사 지휘·감독

　가. 증·수뢰죄, 직권남용·직무유기 등 부정부패범죄 및 공무원 직무에 관한 범죄 사건

　나. 「공직선거법」, 「정치자금법」 위반 등 선거범죄 및 정치 관계법률 위반 범죄 사건

　다. 「집회 및 시위에 관한 법률」 위반 범죄 사건

　라. 건설·환경·의료·보건위생·문화재 및 그 밖의 공공범죄 사건

2. 제1호에 규정된 사건에 관한 범죄현상 및 정보의 분석·연구·관리, 정책·수사지침 수립

3. 제1호에 규정된 사건에 관한 통계·기록물 관리, 민원 접수·처리

4. 제1호에 규정된 사건에 관한 관계기관 공조 및 협조

5. 제1호에 규정된 사건에 관한 수사기법 개발, 지원 및 교육

6. 국민권익위원회 이첩 사건 등 부정부패 신고민원 처리

중대범죄수사과장은 다음 사항을 분장한다.

1. 국가수사본부장이 지휘하는 범죄 중 중대한 범죄의 첩보 수집 및 수사

2. 정부기관 등의 수사의뢰, 고발사건 중 중대한 범죄의 수사

3. 그 밖에 사회적 관심이 집중되거나 공공의 이익 또는 사회질서에 중대한 영향을 미칠 우려가 있는 범죄의 첩보 수집 및 수사

범죄정보과장은 중요 범죄정보의 수집·분석 및 범죄정보 업무에 관한 기획·조정·지도·통제에 관한 사항을 분장한다.

6. 형사국

경찰청과 그 소속기관 직제 시행규칙 제17조(형사국)에 따라 형사국에 강력범죄수사과·마약조직범죄수사과 및 여성청소년범죄수사과를 둔다. 각 과장은 총경으로 보한다. 강력범죄수사과장은 다음 사항을 분장한다.

1. 다음 각 목의 사건에 관한 수사지휘·감독
   가. 살인·강도·절도 등 강력범죄 사건
   나. 폭력 사건
   다. 약취·유인·인신매매 사건
   라. 도박 사건
   마. 도주 사건
   바. 의료사고·화재사고·안전사고·폭발물사고 사건
   사. 교통사고 및 교통 관련 범죄 사건
2. 제1호에 규정된 사건에 관한 범죄현상 및 정보의 분석·연구·관리, 정책·수사지침 수립
3. 제1호에 규정된 사건에 관한 통계·기록물 관리, 민원 접수·처리
4. 제1호에 규정된 사건에 관한 관계기관 공조 및 협조
5. 제1호에 규정된 사건에 관한 수사기법 개발, 지원 및 교육
6. 그 밖에 국 내 다른 과의 주관에 속하지 않는 사항

마약조직범죄수사과장은 다음 사항을 분장한다.

1. 마약류범죄 및 조직범죄 사건에 대한 수사 지휘·감독
2. 제1호에 규정된 사건과 외국인범죄에 대한 범죄현상 및 정보의 분석·연구·관리, 정책·수사지침 수립
3. 제1호에 규정된 사건과 외국인범죄에 대한 국내외 유관기관과의 교류 및 협력
4. 제1호에 규정된 사건과 외국인범죄에 대한 통계·기록물 관리, 민원 접수·처리
5. 제1호에 규정된 사건과 외국인범죄에 대한 수사기법 개발

여성청소년범죄수사과장은 다음 사항을 분장한다. <개정 2022. 2. 22.>

1. 다음 각 목의 사건에 관한 수사지휘·감독
   가. 성폭력, 아동·청소년 대상 성매매 사건
   나. 가정폭력, 학교폭력, 소년범죄, 아동학대, 실종 사건
   다. 스토킹·데이트폭력 사건

2. 제1호에 규정된 사건에 관한 범죄현상 및 정보의 분석·연구·관리, 정책·수사지침 수립

3. 제1호에 규정된 사건에 관한 통계·기록물 관리, 민원 접수·처리

4. 제1호에 규정된 사건에 관한 관계기관 공조 및 협조

5. 제1호에 규정된 사건에 관한 수사기법 개발, 지원 및 교육

7. 사이버수사국

경찰청과 그 소속기관 직제 제21조(사이버수사국)에 따라 사이버수사국에 국장 1명을 둔다. 국장은 치안감 또는 경무관으로 보한다. 국장은 다음 사항을 분장한다.

1. 사이버공간에서의 범죄(이하 "사이버범죄"라 한다) 정보의 수집·분석

2. 사이버범죄 신고·상담

3. 사이버범죄 수사에 관한 사항

4. 사이버범죄 예방에 관한 사항

5. 사이버수사에 관한 기법 연구

6. 사이버수사 관련 국제공조에 관한 사항

7. 디지털포렌식에 관한 사항

경찰청과 그 소속기관 직제 시행규칙 제18조(사이버수사국) 사이버수사국에 사이버수사기획과·사이버범죄수사과·사이버테러대응과 및 디지털포렌식센터를 둔다<개정 2022. 2. 22.>. 각 과장 및 디지털포렌식센터장은 총경으로 보한다. 사이버수사기획과장은 다음 사항을 분장한다.

1. 사이버 안전 확보를 위한 기획 및 관련 법령 제정·개정

2. 사이버공간에서의 범죄(이하 "사이버범죄"라 한다) 관련 정보 수집·분석 및 배포에 관한 사항

3. 사이버범죄 예방 및 사이버위협 대응에 관한 연구·기획·집행·지도 및 조정

4. 사이버범죄 통계 관리 및 분석

5. 사이버범죄 관련 국제 공조 및 협력

6. 그 밖에 국 내 다른 과의 주관에 속하지 않는 사항

사이버범죄수사과장은 다음 사항을 분장한다. <개정 2022. 2. 22.>

1. 사이버범죄 수사에 관한 기획

2. 사이버범죄 수사에 관한 지휘·감독

3. 사이버범죄 대응 수사전략 연구 및 계획 수립

4. 삭제 <2022. 2. 22.>

5. 삭제 <2022. 2. 22.>

6. 사이버범죄 신고·상담·제보

7. 사이버범죄 피해자 보호대책 수립 및 관계기관과의 협력 지원

사이버테러대응과장은 다음 사항을 분장한다. <신설 2022. 2. 22.>

1. 사이버테러 수사에 관한 기획

2. 사이버테러에 관한 수사

3. 사이버테러 수사에 관한 지휘·감독

4. 사이버안보 관련 정책의 수립·기획

5. 사이버테러 대응 전략 연구에 관한 사항

6. 사이버테러 위협 정보의 수집 및 분석

7. 사이버테러 관련 대내외 관계기관과의 협력·지원에 관한 사항

디지털포렌식센터장은 다음 사항을 분장한다. <개정 2022. 2. 22.>

1. 디지털포렌식에 관한 기획·지도·조정

2. 디지털포렌식 관련 법령 및 제도의 연구·개선

3. 디지털포렌식 수행 및 지원

4. 디지털포렌식 기법 연구 및 개발

5. 디지털증거분석실 운영

6. 디지털증거분석관 교육·관리 및 지도

8. 전국 시·도경찰청과 경찰서의 디지털포렌식 관련 협력

전국 18개 시·도경찰청과 258개 경찰서의 수사부서는 다음과 같다. 경찰청과 그 소속기관 직제 시행규칙 제40조(수사부)에 따르면 수사부에 수사과, 형사과, 사이버수사과, 과학수사과, 반부패·공공범죄수사대, 금융범죄수사대, 강력범죄수사대 및 마약범죄수사대를 둔다. 각 과장 및 대장은 총경으로 보한다. 다만, 과학수사과장은 서기관·연구관 또는 총경으로 보한다. 수사과장은 다음 사항을 분장한다.

1. 범죄수사의 지휘·감독

2. 수사에 관한 민원 처리 업무 총괄·조정

3. 유치장 관리의 지도 및 감독

4. 지능범죄 수사 지휘·감독

5. 밀수·탈세 및 그 밖의 경제사범의 조사

6. 선거와 국민투표에 관련된 범죄에 관한 사항

7. 범죄첩보의 수집 및 분석에 관한 사항

8. 그 밖에 부 내 다른 과 또는 수사대의 주관에 속하지 않는 사항

형사과장은 다음 사항을 분장한다.

1. 다음 각 목의 사건(경찰서에서 수사하는 사건만 해당한다)에 대한 수사 지휘·감독

　　가. 강력범죄·폭력범죄 사건

　　나. 마약류범죄 사건

　　다. 조직범죄 사건

2. 제1호에 규정된 사건과 외국인범죄에 대한 범죄수법의 조사·연구 및 공조

사이버수사과장은 다음 사항을 분장한다.

1. 사이버범죄의 수사

2. 경찰서 사이버범죄 수사 지휘·감독

3. 사이버범죄의 예방에 관한 업무

4. 디지털포렌식에 관한 업무

과학수사과장은 다음 사항을 분장한다.

1. 현장감식 및 증거물의 수집·분석·감정

2. 범죄분석 및 범죄자료 관리

3. 변사자 조사 등 검시조사관 운영

4. 과학수사 장비 및 기법 운영

반부패·공공범죄수사대장은 공무원범죄·선거범죄 등 주요 부패·공공 범죄 사건으로서 다음 각 호의 어느 하나에 해당하는 사건에 대한 정보수집 및 수사 사무를 분장한다.

1. 국가수사본부장 또는 서울경찰청장이 지정하는 중요범죄 사건

2. 국가수사본부 또는 서울경찰청에서 추진하는 중요 기획수사 사건

3. 둘 이상의 경찰서에 걸쳐 발생했거나 사건의 경중, 중요도 등을 고려하여 서울경찰청에서 직접 수사할 필요가 있는 사건

금융범죄수사대장은 전기통신금융사기·불법사금융 등 주요 경제·금융범죄 사건으로서 다음 각 호의 어느 하나에 해당하는 사건에 대한 정보수집 및 수사 사무를 분장한다.

1. 국가수사본부장 또는 서울경찰청장이 지정하는 중요범죄 사건

2. 국가수사본부 또는 서울경찰청에서 추진하는 중요 기획수사 사건

3. 둘 이상의 경찰서에 걸쳐 발생했거나 사건의 경중, 중요도 등을 고려하여 서울 경찰청에서 직접 수사할 필요가 있는 사건

강력범죄수사대장은 강력범죄, 폭력범죄, 조직범죄 등에 관한 사건으로서 다음 각 호의 어느 하나에 해당하는 사건에 대한 정보수집 및 수사 사무를 분장한다.

1. 국가수사본부장 또는 서울경찰청장이 지정하는 중요범죄 사건
2. 국가수사본부 또는 서울경찰청에서 추진하는 중요 기획수사 사건
3. 둘 이상의 경찰서에 걸쳐 발생했거나 사건의 경중, 중요도 등을 고려하여 서울 경찰청에서 직접 수사할 필요가 있는 사건

마약범죄수사대장은 마약류범죄, 외국인 또는 외국인과 관련된 범죄 사건으로서 다음 각 호의 어느 하나에 해당하는 사건에 대한 정보수집 및 수사 사무를 분장한다.

1. 국가수사본부장 또는 서울경찰청장이 지정하는 중요범죄 사건
2. 국가수사본부 또는 서울경찰청에서 추진하는 중요 기획수사 사건
3. 둘 이상의 경찰서에 걸쳐 발생했거나 사건의 경중, 중요도 등을 고려하여 서울 경찰청에서 직접 수사할 필요가 있는 사건 등이다.

제 5 절　수사경찰의 인사운영

1. 수사경찰의 정의와 적용부서

"수사경찰"이라 함은 수사경과 경찰로 선발되어 근무하는 경찰공무원을 말한다. "수사경과자"라 함은 수사경과를 부여받은 경정이하 경찰공무원을 말한다.[17] "인증"이라 함은 수사경과자 중 일정한 자격요건을 갖추고 별도의 교육을 이수한 후 소정의 평가를 통과한 자에게 그 자격을 인정하는 것을 말한다. 그리고 이 규칙이 적용되는 수사경찰의 근무부서는 다음 각 호와 같다.[18]

① 경찰청 수사국장의 업무지휘를 받고 있는 경찰관서의 수사부서(유치장과 호송출장소 제외)

② 경찰청 사이버안전국의 업무지휘를 받고 있는 경찰관서의 사이버범죄 수사부서

③ 경찰청 과학수사관리관의 업무지휘를 받고 있는 경찰관서의 여성청소년사범

---

17) 수사경찰 인사운영규칙 경찰청훈령 제3조(제952호, 2019. 09. 26).
18) http://www.police.go.kr/INVPOL/index.jsp(검색일: 2009. 08. 30).

및 지하철 범죄 및 생활질서사범 수사부서

④ 경찰청 생활안전국장의 업무지휘를 받고 있는 경찰관서의 여성청소년사범 및 지하철범죄 및 생활질서사범 수사부서

⑤ 경찰청 외사국장의 업무지휘를 받고 있는 경찰관서의 외사사범 수사부서

⑥ 경찰청 교통국장의 업무지휘를 받고 있는 경찰관서의 교통사고 사범 수사부서

⑦ 경찰교육기관의 수사직무 관련 학과

⑧ 국립과학수사연구원 등 직재상 정원에 경찰공무원이 포함되어 있는 수사관련 정부기관

⑨ 수사경찰 파견근무 부서

⑩ 기타 경찰청장이 특별한 필요에 따라 지정하는 부서 등이다.

2. 선발 및 수사경과 부여

다음의 원칙에 따라 수사경과자의 배치와 전보 등을 준수하여야 한다.

① 위에서 소개한 제1호부터 7호까지의 부서에는 수사경과자만을 배치한다. 다만 해당부서 근무경력, 교육훈련, 적성, 전문성을 고려해야 한다. 만일 수사경과자가 부족시에는 일반경과에서도 배치가 가능하다. 그리고 제1호부터 제6호까지의 부서에 필수현장보직자를 배치할 수 있다. 특히 경위공채시험시험에서 세무, 회계, 사이버 분야로 채용된 경위는 필수현장보직 기간 만료 후 3년간 제1호부터 제2호까지의 부서에 배치할 수 있다.

② 전문수사관의 인증된 경찰은 해당 인증분야에 우선적으로 보임해야 한다.이들 수사경찰 중 승진하여 전보 대상자가 된 경우 관련업무의 연속성을 유지하기 위해 부득이한 경우에 한해 전보를 유보할 수 있다.

③ 이미 수사경과에 한해 신규채용된 경찰관은 5년 간 채용 목적부서에 배치하여야 함은 물론이다. 하지만 수사경과자가 경과해제 시기 이전에 수사부서 이외의 부서로 전보할 필요가 생긴 경우 부서장은 시·도경찰청장의 승인을 받아야 한다.

④ 신규 채용자 중 수사경찰의 선발에 있어 지원자격은 해당 선발분야의 특성에 맞게 경찰청장이 별도로 정할 수 있다.

그리고 수사경찰 인사운영규칙 제9조에 따라 수사부서의 과장은 최근 10년간 다음의 하나에 해당되는 사람을 수사 지휘역량의 심사를 통해 보임이 가능한데 총 수사경력 6년 이상 또는 해당 죄종별 수사경력 3년 이상인 사람, 총 수사경력 3년 이상의 변호사 자격증 소지자 등이다. 또한 수사부서의 팀장은 최근 10년간을 기준으로

수사 지휘역량의 심사를 거쳐 보임한다. 이는 총 수사경력 5년 이상 또는 해당 죄종별 수사경력 2년 이상인 사람, 총 수사경력 2년 이상의 변호사 자격증 소지자 등이다.

3. 선발위원회와 수사경찰의 임용

(1) 선발심사위원회

수사경찰 인사운영규칙 제16조에 따라 수사경과자 선발 및 수사경과 부여·해제 등에 관한 사항을 심사하기 위해 경찰청 및 시·도경찰청에 수사경과심사위원회(이하 "위원회"라고 한다)를 둔다. 위원회는 위원장 1명을 포함한 5명 이상 9명 이내의 위원으로 「양성평등기본법」에 따라 성별을 고려하여 구성한다. 위원장은 시·도경찰청 수사담당 부장(경찰청의 경우에는 수사기획조정관, 수사담당 부장이 없는 시·도경찰청의 경우에는 수사과장)으로 하고, 위원은 수사부서 소속 경찰공무원 중에서 위 위원회가 설치된 경찰기관의 장이 지정하는 사람으로 한다. 위원회의 회의는 연 2회 정기적으로 개최하되, 위원장이 필요하다고 인정하는 경우에는 수시로 소집할 수 있다. 위원회의 회의는 재적위원 과반수의 출석과 출석위원 과반수의 찬성으로 의결한다. 그 밖에 위원회의 운영에 관한 세부사항은 경찰청장이 정한다.

그리고 수사경찰 인사운영규칙 제10조(선발의 원칙)에 따라 수사업무 수행을 위한 업무역량, 전문성 등을 고려하여 경정 이하의 경찰공무원을 대상으로 수사경과자를 선발한다. 수사경과자의 선발인원은 수사경찰의 전문성 확보와 인사운영의 효율성 등을 고려하여 수사부서 총 정원의 1.5배의 범위 내에서 경찰청장이 정한다. 수사경찰의 선발방식은 수사경찰 인사운영규칙 제12조(선발의 방식)에 따라 수사경과자는 다음 각 호의 어느 하나의 방식을 통해 선발한다.

수사경과자 선발시험(이하 "선발시험"이라 한다) 합격, 수사경과자 선발교육(이하 "선발교육"이라 한다) 이수, 경찰관서장의 추천 등이다. 그리고 제12조의2(선발시험)에 따라 선발시험은 매년 1회 실시하며, 시험 실시 15일 전까지 일시·장소 등 필요한 사항을 공고하여야 한다. 선발시험 과목은 범죄수사에 관한 법령 및 이론, 수사실무를 포함한 2개 이상으로 하며, 선택형으로 실시하는 것을 원칙으로 하되, 기입형을 포함할 수 있다. 선발시험 합격자는 매과목 4할 이상 득점한 사람 중에서 선발 예정 인원을 고려하여 고득점자순으로 결정한다. 선발시험에서 부정행위를 한 사람은 당해 시험을 정지 또는 무효로 하며, 향후 5년 간 선발시험에 응시할 수 없다. 그 밖에 선발시험 운영에 관한 세부사항은 경찰청장이 정한다.

제12조의3(선발교육)에 따라 선발교육은 범죄수사에 관한 법령 및 이론, 수사실무

를 포함하여 수사업무에 필요한 사항을 내용으로 한다. 선발교육은 2주이상의 기간동안 경찰수사연수원에서 실시한다. 그 밖에 선발교육 운영에 관한 세부사항은 경찰청장이 정한다.

(2) 수사경찰의 임용

① 시·도경찰청장은 수사경찰로 선발된 자에 대하여 선발순위에 따라 명부를 작성·관리하여야 한다. ② 시·도경찰청장은 제1항의 명부에 등재된 순서에 따라 수사경찰양성을 위한 교육과정에 입교하도록 하고, 해당 교육을 수료한 자에 대하여 시·도경찰청장과 경찰서장은 즉시 수사경찰로 임용하여야 한다. ③ 제2항에 있어 시·도경찰청장은 교육성적 미달, 징계처분 등 선발된 자의 책임으로 인해 부득이 하게 1년 이내에 수사경찰로 임용되지 못한 자에 대하여는 수사경찰 선발을 취소할 수 있다.

(3) 수사경과의 부여와 교육 및 보직관리

① 경정이하 수사경찰로 특별채용된 자는 임용과 동시에 경찰청장이, 재직경찰관으로서 수사경찰로 임용된 후 1년간 시보기간을 마친 자는 시·도경찰청장이 수사경과를 부여한다. ② 시·도경찰청장은 시보기간 중인 수사경찰에게 수사경과를 부여하는 것이 부적합하다고 판단되는 경우 수사경과를 부여하지 아니할 수 있다. ③ 시보기간중인 수사경찰에게 수사경과를 부여하지 않기로 한 경우에는 수사부서가 아닌 다른 부서로 발령할 수 있다.

교육의 경우 ① 모든 수사경찰은 직무수행에 필요한 교육을 이수하여야 한다. ② 수사경찰의 교육은 교육과정과 근무부서를 연계하여 선발하고, 해당 수사교육을 마친 경우에는 교육내용과 관련 있는 부서에 배치함을 원칙으로 한다. ③ 경찰청장은 경찰청 수사국에 수사경찰교육위원회를 설치하고, 연도별 수사교육계획을 수립하여 이를 시행하여야 한다.

전문수사관 인증의 경우 ① 경찰청장은 수사경과자로 3년이상 전문수사 분야에서 근무한 자에 대하여는 분야별 전문수사관(이하 "전문수사관"이라 한다)으로 인증할 수 있다. ② 전문수사관으로 인증된 자에 대하여는 예산이 허용되는 범위 내에서 자격수당을 지급하고, 인사상 가점을 부여할 수 있다. ③ 제2항에 있어 2개 이상의 전문수사관 인증을 받은 경우에는 그중 해당자가 선택한 1개만을 인정한다. ④ 전문수사관으로 인증할 분야와 교육, 평가 등 세부절차에 대하여는 경찰청장이 정한다.

보직관리의 경우 ① 수사경과자는 제3조에서 정하는 부서에 배치하여야 하며, 수사부서가 아닌 부서에 전보하여서는 아니 된다. ② 수사경찰 중 승진자에 대한 전보는 관련업무의 연속성을 유지하기 위해 부득이한 경우에 한하여 제한적으로 실시한다. ③ 경정계급의 수사경과자 중 총경승진후보자, 경찰서장 및 총경보직 직무대리 발령을 받은 자와 정년퇴직 3년 이내의 자로서 일반부서 결원 등 관서운영상 부득이한 사유로 일반부서로 전보할 필요가 있는 경우에는 제1항 및 제2항의 적용을 받지 아니한다.

한편 수사경과의 부여는 다음의 규정에 의해 이루어진다. 수사경찰 인사운영규칙 제13조(수사경과의 부여)에 따라 경찰청장은 다음 각 호에 해당되는 사람에 대하여 수사경과를 부여한다.

1. 제12조에 따라 선발된 사람
2. 수사전문성 확보를 위해 경력경쟁채용시험으로 신규채용된 사람
3. 변호사·공인회계사 및 이에 준하는 자격을 취득한 사람이 그 자격을 취득한 날로부터 3년 이내 수사경과 부여를 요청하는 경우

제1항에 해당하는 사람이 「경찰공무원 임용령 시행규칙」 제28조제2항에 따라 전과가 제한되는 경우 그 제한이 해소되는 때에 수사경과로 전과된다.

수사경과 부여일을 기준으로 다음 각 호에 해당하는 사람은 수사경과자 부여 대상에서 제외한다.
- 제15조제1항제1호의 사유가 있는 날부터 5년이 경과되지 않은 사람
- 제15조제2항제1호의 사유가 있는 날부터 3년이 경과하지 않은 사람
- 그 밖에 수사업무 능력이 부족한 경우 등 경찰청장이 정하는 사유에 해당하는 사람

수사경찰 인사운영규칙 제15조제1항제2호, 제2항제2호부터 제4호까지의 사유로 수사경과가 해제된 사람은 수사경과가 해제된 날부터 3년이 경과하지 않은 경우 수사경과 부여 대상에서 제외한다.

(4) 수사경과의 해제

다음 각 호의 어느 하나에 해당하는 경우에는 수사경과를 해제하여야 한다(수사경찰 인사운영규칙 제15조 해제사유 등).
- 직무와 관련한 청렴의무위반·인권침해 또는 부정청탁에 따른 직무수행으로 징계처분을 받은 경우
- 5년간 연속으로 제3조제1항 외의 부서에서 근무하는 경우
- 제14조에 따른 유효기간 내에 갱신이 되지 않은 경우

다음 각 호의 어느 하나에 해당하는 경우에는 수사경과를 해제할 수 있다.

- 제1항제1호 외의 사유로 징계처분을 받은 경우
- 인권침해, 편파수사를 이유로 다수의 진정을 받는 등 공정한 수사업무 수행을 기대하기 곤란한 경우
- 수사업무 능력·의욕이 현저하게 부족한 경우
- 수사경과 해제를 희망하는 경우

제2항에 따른 경과 해제 요청을 할 때에는 별지 제2호 서식에 따른다. 제2항 제3호의 '수사업무 능력·의욕이 현저하게 부족한 경우'에는 다음 각 호의 어느 하나에 해당하는 사유를 포함한다.

- 2년간 연속으로 정당한 사유없이 제3조제1항 외의 부서에서 근무하는 경우(「국가공무원법」 제32조의4 및 「경찰공무원임용령」 제30조에 따른 파견기간 및 같은 법 71조에 따른 휴직의 기간은 위 기간에 산입하지 아니한다)
- 제6조제1항 본문에 따라 수사부서 근무자로 선발되었음에도 정당한 사유없이 수사부서 전입을 기피하는 경우
- 제6조제2항에 따른 인사내신서를 제출하지 않거나 부실기재하여 제출한 경우 등이다.

(5) 전문수사관제

1) 전문수사관

전문수사관운영규칙에 따라 전문수사관제가 시행 중이다. 전문수사관운영규칙 제3조(전문수사관 인증 분야)에 따라 전문수사관은 다음 각 호의 분야별로 구분하여 인증한다. 즉 죄종 분야, 기법 분야, 증거분석 분야 등이다. 제1항 분류기준에 따른 분야별 인증요건 등 세부사항에 대해서는 경찰청장이 따로 정한다. 경찰청장은 신종범죄에 대한 대응력 확보 등을 위해 필요한 경우 인증 분야를 추가 또는 변경할 수 있다.

2) 전문수사관 인증 등급

전문수사관은 다음 각 호와 같이 2개 등급으로 구분하여 인증한다(전문수사관운영규칙 제4조).

- 전문수사관: 독자적으로 제3조에 따른 해당분야의 수사업무를 수행할 수 있는 사람
- 전문수사관 마스터: 해당분야의 전문가로서 관련 분야 종사자를 대상으로 수사업무와 관련된 자문 및 교육을 할 수 있는 사람

3) 전문수사관의 인증기관 및 인증 절차

전문수사관(전문수사관 마스터를 포함한다. 이하 같다)은 경찰청장이 인증한다(제5조). 전문수사관 인증 절차는 다음 각 호의 순서에 따라 진행한다.

- 제3조제1항에 따른 분야별 인증 대상자 선정
- 제11조에 따른 인증심사위원회 심사
- 제13조에 따른 경찰청장의 전문수사관 인증 등이다.

제2항제1호에 따른 대상자 선정은 다음 각 호의 심사 또는 시험에 의한다.

- 죄종 분야: 자격요건에 대한 서류심사
- 기법·증거분석 분야: 자격요건에 대한 서류심사 및 평가시험

경찰청장은 제3항제2호의 전문수사관 인증 대상자 선정권한을 경찰수사연수원장에게 위임할 수 있다.

4) 전문수사관의 자격 요건

전문수사관으로 인증 받으려는 사람은 수사경과자로서 다음 각 호에 따른 요건을 모두 충족하여야 한다(제6조).

- 근무경력: 각 인증 분야가 속한 부서에서 전문수사관은 5년 이상, 전문수사관 마스터는 10년 이상 근무
- 근무실적: 경찰청장이 별도로 정한 세부 분야별 근무실적 요건

제3조제1항제2호와 제3호에 해당하는 분야의 경우에는 최근 5년 이내 경찰수사연수원에서 주관하는 해당분야의 전문교육과정을 수료해야 한다. 다만, 관련 학위 또는 전문자격증을 소지하거나 외부 위탁교육을 수료한 경우에는 경찰수사연수원장의 심사를 거쳐 전문교육과정을 수료한 것으로 인정할 수 있다. 전문수사관 마스터의 경우에는 별표에 따른 교육 등 마일리지 요건을 추가로 충족해야 한다.

5) 평가시험

경찰청장은 기법·증거분석 분야의 전문수사관 인증을 신청한 사람을 대상으로 평가시험을 실시한다(제7조). 평가시험의 출제범위는 각 인증 분야별 경찰수사연수원 전문교육과정의 해당연도 교재 내용으로 한다. 평가시험의 합격자 결정은 총점의 80퍼센트 이상 득점한 사람으로 한다. 평가시험의 출제방법, 시험장 관리, 그 밖에 시험 시행에 관하여 필요한 세부사항은 경찰청장이 정한다.

6) 평가시험의 면제

경찰청장은 다음 각 호의 어느 하나에 해당하는 경우 제7조의 평가시험을 면제할 수 있다(제8조).

- 경찰수사연수원 전문교육 평가점수가 총점의 80퍼센트 이상인 경우
- 관련학위 취득 학점이 총점의 80퍼센트 이상인 경우
- 전문자격증을 취득 또는 보유한 경우

7) 인증 심사 시기 및 공고

전문수사관 인증을 위한 심사는 다음 각 호의 시기에 실시한다(제9조).
- 죄종 분야: 매년 3월, 9월
- 기법·증거분석 분야: 매년 9월

경찰청장은 전문수사관 선정일로부터 30일 전까지 인증 신청 기간, 절차, 제출서류, 소명자료 기준, 평가시험의 일시 및 출제범위 등을 공고하여야 한다 등이다.

8) 인증 신청

전문수사관으로 인증받고자 하는 사람은 제9조에 따라 공고된 기간 내에 필요한 서류를 갖추어 전문수사관 인증 심사를 신청할 수 있다(제10조). 전문수사관 자격을 이미 소지한 사람도 다른 분야의 전문수사관 자격인증 심사를 신청할 수 있다. 다만, 1회 심사신청 시에는 1개 분야에 대한 자격인증 심사 신청만 허용된다. 전문수사관 인증을 신청하려는 사람은 제출하려는 소명자료에 대하여 소속관서 감사부서의 확인을 받아야 한다. 제3조 제1항 제1호의 경우 중요범인검거에 기여한 유공자 중 수사국장의 추천을 받은 사람은 제1항에 따른 신청이 있는 것으로 볼 수 있다.

9) 인증심사위원회

경찰청장은 전문수사관 인증 심사 업무를 수행하기 위하여 경찰청에 전문수사관 인증심사위원회(이하 "심사위원회"라 한다)를 둔다(제11조). 심사위원회의는 위원장 1명을 포함한 8명에서 11명 이내의 위원으로 성별을 고려하여 구성하며, 위원장은 경무관 또는 총경급 중에서 경찰청장이 지명한다. 위원은 수사국·생활안전국·사이버안전국·과학수사관리관·외사국·교통국·경찰수사연수원 소속 경찰공무원 중 경찰청장이 지명한다. 심사위원회는 제6조의 자격요건, 근무태도 등을 종합 심사하여 대상자가 전문수사관으로서의 자질과 소양을 갖추었는지 여부를 심사한다. 심사위원회의 심의는 위원장을 제외한 위원들의 과반수 찬성으로 하며 가·부 동수인 경우 위원장이 결정한다.

10) 전문수사관 인증 심사

경찰청장은 전문수사관 인증 신청 마감 후 60일 이내에 심사위원회를 개최하여 제5조제3항에 따라 선정된 대상자의 인증 여부를 심사하여야 한다(제12조).

11) 전문수사관 인증

경찰청장은 특별한 사정이 없는 한 심사위원회의 심사에 따른 인증 대상자를 전문수사관으로 인증하여야 한다(제13조). 경찰청장은 전문수사관으로 인증할 때에는 별지 서식의 인증서를 발급하여야 한다.

[별지 서식]

제 2010 - 000 호

전문수사관(전문수사관 마스터) 인증서

Specialized Detective (Master)
Certificate of Authentication

성   명(Name) :

생년월일(Date of Birth) :

인증번호(Certificate No) :

인증분야(Field) :

위 사람은 전문수사관(전문수사관 마스터)으로서의 자격을 갖추었음을 인증합니다.

This is to certify that the above-named person has passed all requirements to be a Specialized Detective (Master)

년   월   일

경 찰 청 장
Commissioner General of Korean National Police Agency

210㎜×297㎜ (일반용지 60g/㎡ (재활용품))

1. 사건의 단위

「형사소송법」 제11조의 관련사건 또는 다음 각 호에 해당하는 범죄사건은 1건으로 처리한다. 다만, 분리수사를 하는 경우에는 그러하지 아니하다(경찰청 범죄수사규칙 제14조).

- 판사가 청구기각 결정을 한 즉결심판 청구 사건
- 피고인으로부터 정식재판 청구가 있는 즉결심판 청구 사건 등이다.

2. 특별사법경찰관리의 사건수사

경찰관은 특별사법경찰관리의 직무범위에 속하는 범죄를 먼저 알게 되어 직접 수사하고자 할 때에는 경찰관이 소속된 경찰관서의 장(이하 "소속 경찰관서장"이라 한다)의 지휘를 받아 수사하여야 한다. 이 경우 해당 특별사법경찰관리와 긴밀히 협조하여야 한다(경찰청 범죄수사규칙 제3조).

3. 이송하는 경우

경찰관은 특별사법경찰관리에게 사건을 이송하고자 할 때에는 필요한 조치를 한 후 관련 수사자료와 함께 신속하게 이송하여야 한다(경찰청 범죄수사규칙 제3조).

4. 사건을 이송받았을 경우

경찰관은 특별사법경찰관리의 직무범위에 해당하는 범죄를 이송받아 수사할 수 있으며, 수사를 종결한 때에는 그 결과를 특별사법경찰관리에게 통보하여야 한다(경찰청 범죄수사규칙 제5조). 제1항의 경우에 있어서 필요한 때에는 해당 특별사법경찰관리에게 증거물의 인도 그 밖의 수사를 위한 협력을 요구하여야 한다.

5. 수사가 경합하는 경우

경찰관은 특별사법경찰관리가 행하는 수사와 경합할 때에는 경찰관이 소속된 경찰관서 수사부서의 장(이하 "소속 수사부서장"이라 한다)의 지휘를 받아 해당 특별사법경찰관리와 그 수사에 관하여 필요한 사항을 협의하여야 한다(경찰청 범죄수사규칙 제6조).

6. 제   척

경찰관은 다음 각 호의 어느 하나에 해당하는 경우 수사직무(조사 등 직접적인 수사 및 수사지휘를 포함한다)의 집행에서 제척된다(경찰청 범죄수사규칙 제8조).
- 경찰관 본인이 피해자인 때
- 경찰관 본인이 피의자 또는 피해자의 친족이거나 친족이었던 사람인 때
- 경찰관 본인이 피의자 또는 피해자의 법정대리인이거나 후견감독인인 때

7. 기피 원인과 신청권자

피의자, 피해자와 그 변호인은 다음 각 호의 어느 하나에 해당하는 때에는 경찰관에 대해 기피를 신청할 수 있다. 다만, 변호인은 피의자, 피해자의 명시한 의사에 반하지 아니하는 때에 한하여 기피를 신청할 수 있다(경찰청 범죄수사규칙 제9조).
- 경찰관이 제8조 각 호의 어느 하나에 해당되는 때
- 경찰관이 불공정한 수사를 하였거나 그러한 염려가 있다고 볼만한 객관적·구체적 사정이 있는 때

기피 신청은 경찰관서에 접수된 고소·고발·진정·탄원·신고 사건에 한하여 신청할 수 있다.
- 경찰관 본인이 피해자인 때
- 경찰관 본인이 피의자 또는 피해자의 친족이거나 친족이었던 사람인 때
- 경찰관 본인이 피의자 또는 피해자의 법정대리인이거나 후견감독인인 때

8. 기피 원인과 신청권자

피의자, 피해자와 그 변호인은 다음 각 호의 어느 하나에 해당하는 때에는 경찰관에 대해 기피를 신청할 수 있다. 다만, 변호인은 피의자, 피해자의 명시한 의사에 반하지 아니하는 때에 한하여 기피를 신청할 수 있다(경찰청 범죄수사규칙 제9조).
- 경찰관이 제8조 각 호의 어느 하나에 해당되는 때
- 경찰관이 불공정한 수사를 하였거나 그러한 염려가 있다고 볼만한 객관적·구체적 사정이 있는 때

기피 신청은 경찰관서에 접수된 고소·고발·진정·탄원·신고 사건에 한하여 신청할 수 있다.

9. 수사 진행상황의 통지

경찰관은 「경찰수사규칙」 제11조제1항의 통지대상자가 사망 또는 의사능력이 없거나 미성년자인 경우에는 법정대리인·배우자·직계친족·형제자매 또는 가족(이하 "법정대리인등"이라 한다)에게 통지하여야 하며, 통지대상자가 미성년자인 경우에는 본인에게도 통지하여야 한다(경찰청 범죄수사규칙 제13조). 제1항에도 불구하고 미성년자인 피해자의 가해자 또는 피의자가 법정대리인등인 경우에는 법정대리인등에게 통지하지 않는다. 다만, 필요한 경우 미성년자의 동의를 얻어 그와 신뢰관계 있는 사람에게 통지할 수 있다.

10. 경찰관서 내 이의제기

① 경찰관은 구체적 수사와 관련된 소속 수사부서장의 지휘·감독의 적법성 또는 정당성에 이견이 있는 경우에는 해당 상관에게 별지 제6호서식의 수사지휘에 대한 이의제기서를 작성하여 이의를 제기할 수 있다(경찰청 범죄수사규칙 제30조). 제1항의 이의제기를 받은 상관은 신속하게 이의제기에 대해 검토한 후 그 사유를 적시하여 별지 제4호서식의 수사지휘서에 따라 재지휘를 하여야 한다. 경찰서 소속 경찰관은 제2항의 재지휘에 대해 이견이 있는 경우에는 경찰서장에게 별지 제6호서식의 수사지휘에 대한 이의제기서를 작성하여 다시 이의를 제기할 수 있고, 경찰서장은 이의제기에 대해 신속하게 판단한 후 그 사유를 적시하여 별지 제4호서식의 수사지휘서에

따라 지휘하여야 한다. 제3항에 따른 경찰서장의 지휘에 따르는 것이 위법하다고 판단하는 해당 경찰관은 시·도경찰청장에게 별지 제6호서식의 수사지휘에 대한 이의제기서를 작성하여 다시 이의를 제기할 수 있다. 제4항의 이의제기를 받은 시·도경찰청장은 신속하게 시·도경찰청 경찰수사 심의위원회의 의견을 들어 판단한 후 그 사유를 적시하여 별지 제5호서식의 수사지휘서(관서간)에 따라 지휘하여야 한다. 시·도경찰청 소속 경찰관은 제2항의 재지휘에 대해 이견이 있는 경우에는 시·도경찰청장에게 별지 제6호서식의 수사지휘에 대한 이의제기서를 작성하여 다시 이의를 제기할 수 있고, 시·도경찰청장은 이의제기에 대해 신속하게 판단한 후 그 사유를 적시하여 별지 제4호서식의 수사지휘서에 따라 지휘하여야 한다. 제6항에 따른 시·도경찰청장의 지휘에 따르는 것이 위법하다고 판단하는 해당 경찰관은 국가수사본부장에게 별지 제6호서식의 수사지휘에 대한 이의제기서를 작성하여 다시 이의를 제기할 수 있다. 제7항의 이의제기를 받은 국가수사본부장은 신속하게 국가수사본부 경찰수사 심의위원회의 의견을 들어 판단한 후 그 사유를 적시하여 별지 제5호서식의 수사지휘서(관서간)에 따라 지휘하여야 한다. 국가수사본부 소속 경찰관은 제2항의 재수사지휘에 대해 이견이 있는 경우에는 소속 국장에게 별지 제6호서식의 수사지휘에 대한 이의제기서를 작성하여 다시 이의를 제기할 수 있고, 소속 국장은 이의제기에 대해 신속하게 판단한 후 그 사유를 적시하여 별지 제4호서식의 수사지휘서에 따라 수사지휘하여야 한다. 제9항에 따른 소속 국장의 지휘에 따르는 것이 위법하다고 판단하는 해당 경찰관은 국가수사본부장에게 별지 제6호서식의 수사지휘에 대한 이의제기서를 작성하여 다시 이의를 제기할 수 있다. 제10항의 이의제기를 받은 국가수사본부장은 신속하게 국가수사본부 경찰수사 심의위원회의 의견을 들어 판단한 후 그 사유를 적시하여 별지 제5호서식의 수사지휘서(관서간)에 따라 지휘하여야 한다. 시·도경찰청 경찰수사 심의위원회와 국가수사본부 경찰수사 심의위원회의 설치 및 운영에 관한 사항은 별도로 정한다.

11. 검사의 시정조치요구 절차

검사는 법 제197조의2제1항에 따라 보완수사를 요구할 때에는 그 이유와 내용 등을 구체적으로 적은 서면과 관계 서류 및 증거물을 사법경찰관에게 함께 송부해야 한다(검사와 사법경찰관의 상호협력과 일반적 수사준칙에 관한 규정 제60조). 다만, 보완수사 대상의 성질, 사안의 긴급성 등을 고려하여 관계 서류와 증거물을 송부할 필요가 없거나 송부하는 것이 적절하지 않다고 판단하는 경우에는 해당 관계 서류와 증거물을 송부하지 않을 수 있다. 보완수사를 요구받은 사법경찰관은 제1항 단서에 따라 송부받지 못한 관계 서류와 증거물이 보완수사를 위해 필요하다고 판단하면 해당 서류와 증거물을 대출하거나 그 전부 또는 일부를 등사할 수 있다. 사법경찰관은 법 제197조의2 제2항에 따라 보완수사를 이행한 경우에는 그 이행 결과를 검사에게 서면으로 통보해야 하며, 제1항 본문에 따라 관계 서류와 증거물을 송부받은 경우에는 그 서류와 증거물을 함께 반환해야 한다. 다만, 관계 서류와 증거물을 반환할 필요가 없는 경우에는 보완수사의 이행 결과만을 검사에게 통보할 수 있다. 사법경찰관은 법 제197조의2 제1항 제1호에 따라 보완수사를 이행한 결과 법 제245조의5 제1호에 해당하지 않는다고 판단한 경우에는 제51조 제1항 제3호에 따라 사건을 불송치하거나 같은 항 제4호에 따라 수사중지할 수 있다.

제 7 절 **수사의 진행과 절차**

일단 범죄가 발생하면 수사경찰관이 스스로 인지하거나 시민으로부터 신고를 받고 수사가 시작되는게 일반적이다. 통상 수사는 단서입수→초동수사→현장관찰→수사방침 수립→범인검거와 증거수집→조사→송치의 과정을 거치게 된다.

1. 내사 과정

일반적으로 신문, 방송 등 출판물의 기사, 시민들의 소문, 익명의 신고, 진정, 탄원서, 다른 사건수사 중 범죄 용의점 발견, 거동수상자 등을 통해 범죄혐의를 발견하고 조사할 가치가 있다고 생각될 때 입건하지 않고 경찰이 조사하는 단계를 의미한다. 내사에서 확실하게 인지된 경우에는 정식으로 수사가 진행되고 혐의가 발견되지 않는 경우는 경찰서장의 결재를 받아서 내사가 종결된다.

2. 수사의 개시

수사의 단서란 경찰관이 수사를 시작할 수 있는 자료를 말하는데 수사관은 항상 범죄의 첩보를 입수해서 수사의 단서를 찾게 되고 그 밖에 수사단서는 고소, 고발, 자수, 변사자 검시를 통해서 얻게 된다.

(1) 수사관이 직접 인지한 경우

1) 범죄첩보

이미 범죄가 발생한 것 혹은 범죄로 이행될 사실 등은 범죄첩보가 된다. 수사경찰은 언제나 각종의 범죄첩보 수집을 위해 노력해 나가야 한다.

2) 불심검문

수사경찰은 범죄를 범하였거나 범할 가능성이 있다고 의심가는 사람에 대해 불심검문을 실시하여 수사단서를 얻을 수 있다. 경찰의 불심검문의 근거는 경찰관직무집행법 제3조와 형사소송법 제199조 임의수사 조항에서 찾을 수 있다.

3) 변사사건의 처리

사망자의 사인이 타살인지 자살인지 그 원인이 불분명한 경우 실시한다. 그 변사가 범죄로 인한 것이 밝혀지면 수사의 단서가 된다.

4) 현행범인의 발견

현행범인은 가장 확실한 수사의 단서가 된다.

(2) 자수와 피해자 신고로 알게 된 경우

이 경우에는 고소, 고발, 자수, 피해신고 등이 있다.

1) 고   소

수사기관에 대해 직접 피해자나 그 대리인이 범죄사실을 신고하여 범인의 소추를 구하는 의사표시를 고소라고 하는데 이는 바로 수사의 단서가 된다. 그런데 친고죄에 있어 고소는 소송조건이 되는데 이른바 친고죄라 함은 형사소송법상 고소가 있어야 범죄가 되며 고소자체가 소송조건이 된다. 형사소송법 제230조에 따라 친고죄의 고소는 알게 된 날로부터 6개월이 경과하면 고소하지 못한다. 그러나 예외로 성폭력범죄 중 친고죄에 대하여는 성폭력범죄의처벌및피해자보호등에관한법률(이하 성폭력특별법) 제19조에 따라 범인을 알게 된 날로부터 1년이 경과하면 고소하지 못한다.[19] 고소의 경우 자기, 배우자의 직계존속은 고소하지 못하지만 성폭력특별법에는 이에 관한 예외규정을 두고 있다. 그리고 형소법 제229조에 따라 간통죄의 경우에는 혼인이 해소되거나 이혼소송을 제기한 후에만 고소할 수 있다. 사법경찰관은 고소가 비록 부적합한 경우에도 수사를 종결할 수 없으며 검사에게 송치해야 하고 검사는 고소가 수리된 날로부터 3개월 이내에 수사를 완료하여 공소제기 여부를 결정해야 한다. 다만 고

---

19) 강용길 외, 앞의 책, p. 167.

소는 1심 판결 선고 전까지 취소할 수 있다.[20]

2) 고　발

고발이란 고소권자나 범인 이외의 제3자가 수사기관에 대해 범죄사실을 신고하여 범인의 소추를 구하는 의사표시를 말한다. 고발은 일반적 수사개시의 단서에 불과하다. 그러나 예외적으로 관세법, 조세범처벌법 위반사건의 경우는 소송조건이 되기도 한다. 그리고 누구든지 범죄가 있다고 사료되는 경우 고발이 가능하다. 그러나 자기 또는 배우자의 직계존속은 고발하지 못한다. 특히 대리인에 의한 고발은 인정되지 않으며 고발기간에는 제한이 없다.[21]

3) 자　수

자수란 범인이 수사기관에 스스로 자기의 범죄사실을 신고하여 소추를 구하는 의사표시를 말한다. 지명수배 후 체포되기 전에라도 자발적으로 신고한 이상 이는 자수에 해당된다. 범죄 사실을 신고하는 시기에는 제한이 없다. 타인을 시켜서도 자수할 수 있다. 그러나 자수의사만 전달하는 것은 자수로 인정되지 않고 있다.

4) 피해신고

흔히 강도, 살인, 날치기, 천재지변, 도로의 붕괴, 인명구조 등 경찰의 도움이 필요한 경우 신고가 있을 수 있다. 피해신고는 신고자가 서면으로 제출하는 것이 원칙이나 대부분은 112전화를 통해 이루어지고 있다.

3. 임의수사와 강제수사

(1) 임의수사

수사기관은 수사에 필요한 경우 조사를 할 수 있다. 임의수사에는 피의자 신문, 참고인 조사, 감정, 통역 및 번역의 위촉, 임의제출물의 압수, 실황조사, 공무소등에의 조회, 촉탁조사(공조조사) 등이 있다.

수사기관은 필요시 피의자를 출석시켜 진술을 들을 수 있다. 수사기관은 미리 피의자가 진술거부할 수 있음을 알려야 하고 피의자는 언제든지 퇴거할 수 있다. 그리고 수사기관은 필요할 때 피의자 아닌자를 출석시켜 진술을 들을 수 있다. 이를 참고인 조사라 한다. 수사기관은 필요시 감정 및 통역 등을 위촉할 수 있다. 또한 수사상 필요한 경우는 공무소나 공사단체에 조회하여 필요한 사항의 보고를 요구할 수 있는

---

20) 김상호·신현기 외 7인, 앞의 책, p. 632.
21) 김상호·신현기 외 7인, 앞의 책, p. 633.

데 이를 공무소등에의 조회라 한다. 타 수사기관에 일정한 사실의 수사를 의뢰하는 것을 촉탁수사 혹은 공조수사라고 한다.

(2) 강제수사

현행 강제수사의 방법에는 체포영장에 의한 체포, 긴급체포, 현행범인의 체포, 피의자의 구속, 압수와 수색, 검증, 통신제한 조치, 증거보전, 증인 신문의 청구, 수사상의 감정유치, 기타 감정에 의한 필요한 처분 등이 있다.

1) 체포영장에 의한 체포

피의자가 죄를 범했다는 상당한 이유가 있으며 정당한 이유없이 출석에 불응하는 경우 검사가 요청해 판사가 발부한 영장을 가지고 체포할 수 있다.

2) 긴급체포

수사기관이 현행범 이외의 피의자에 대해 사전영장을 발부받기 위한 시간이 없어 긴급한 경우에 영장 없이 구속을 일시적으로 인정하는 제도이다. 이는 피의자가 사형, 무기, 장기 3년 이상의 징역이나 금고에 해당하는 죄를 지은 경우, 그리고 도주의 우려가 있고 증거인멸의 염려가 있는 경우에 취한다. 이 경우 사법경찰관은 체포 후 즉시 검사의 승인을 얻어야 한다.

3) 현행범인의 체포

수사관이 현행범을 체포하거나 인도받은 경우 즉시 수사를 개시해야 한다. 만일 구금해야 하는 경우는 구속영장을 발부 받아야 한다. 발부 받지 못하면 즉시 석방해야 한다.

4) 피의자의 구속

일정한 주거가 없으며 증거를 인멸할 염려가 있고 도망갈 가능성이 있을 때는 구속영장을 발부 받아 피의자를 구속할 수 있다. 그러나 50만원 이하의 벌금이나 구류에 해당되는 경우는 주거가 없을 때에만 구속할 수 있다.

5) 압수와 수색

압수는 몰수할 것으로 생각되는 물건의 점유를 취득하는 강제처분을 말한다.

6) 검 증

이는 장소나 물건의 존재 형태를 오관의 작용으로 직접 실험, 경험 또는 인식하는 강제처분으로서 강제력이 따른다.

4. 수사의 종결

수사경찰이 범죄현황을 조사하고 법령을 적용한 후 검사에게 처리의견을 건의할 수 있는 정도가 되면 수사를 종결하게 된다. 일반적으로 범인이 검거되고 사법경찰이 구속할 수 있는 기간인 10일 내에 신병과 서류를 검찰청으로 보낸다. 검사는 다시 10일간(10일 연장 가능)의 구속기간 내에 보완수사를 진행한다. 검찰에 사건이 송치될 때 경찰은 사건송치서, 압수물 총목록, 기록목록, 의견서, 피의자 환경조사서 등을 첨부해 넘겨주어야 한다.

표 16-1   수사의 종결 결과

종결형식	공소제기		객관적 혐의가 충분하고 소송조건을 구비
	불기소처분	혐의 없음	피의사실이 인정되지 아니하거나 증거가 없는 경우, 범죄를 구성하지 아니하는 경우
		죄가 안됨	위법성조각사유, 책임조각사유, 친족, 동가 가족의 범인은닉, 증거인멸
		공소권 없음	소송조건 결여, 형면제 사유, 일반사면, 피의자 사망 등
		각하	고소, 고발사건에 대해 혐의 없음, 죄가 안됨, 공소권 없음 해당함이 명백
		기소유예	범죄의 혐의가 인정되고 소송조건이 구비되었으나 정황 등을 참작하여 공소를 제기하지 아니하는 경우
		기소중지	피의자 소재 불명
		참고인 중지	고소인, 고발인, 중요 참고인의 소재 불명
		공소보류	국가보안법 위반의 경우 양형을 참작
		타관송치	타 검찰청, 법원 소년부에의 송치
불복	검찰의 불기소처분에 대하여 검찰항고, 재정신청, 헌법소원 등이 가능		

출처: 강용길 외 8인, 앞의 책, p. 177.

그림 16-3 수사 체계도

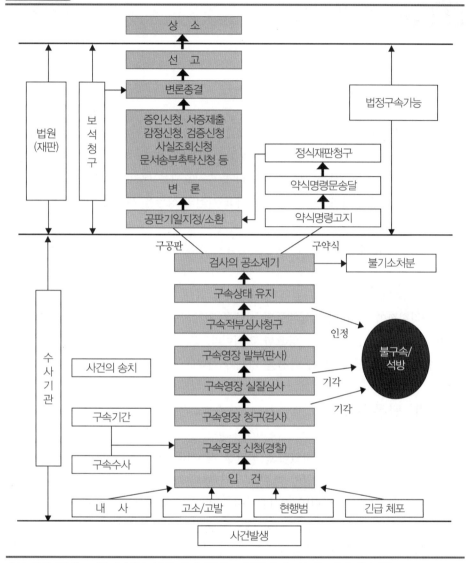

출처: 중앙경찰학교, 『수사경찰론』(충주: 중앙경찰학교, 2009)의 자료를 참조하여 재구성함.

1. 초동수사

범죄가 발생한 후 최초로 출동한 경찰관이 증거를 확보하기 위해 최초로 행하여지는 범죄현장을 중심으로 펼치는 수사활동을 말한다. 원래 초동수사의 목적은 사건을 인지한 즉시 초동수사를 개시해 신속하게 수사요원을 배치해 범인을 검거하며 물적 증거와 참고인을 미리 확보함은 물론이고 사건의 상황을 세세히 기록하는 것이다.

2. 현장관찰

현장관찰이란 수사기관이 범행과 관련되어 있는 여러 가지 범죄수사자료를 찾기 위해 범죄현장에 널려 있는 물체들의 상태를 자세히 관찰해야 하는 것을 말한다. 특히 현장관찰은 수사에 있어서 중요한 열쇠이다. 그리고 범죄현장은 두 번 다시 재현되지 않으므로 꼭 성공하도록 만전을 기해야 한다.

3. 탐문수사

탐문수사란 범죄가 발생하였다고 판단될 때 범죄사실과 그 범인에 관한 내용을 알고 있는 자 또는 범인 이외의 제3자로부터 범죄에 대해 견문이나 직접 체험한 사실을 듣기 위해 펼치는 일련의 수사활동이다.[22) 수사관은 성실한 태도, 인내와 정성, 상대방에 대한 존경, 냉정하고 온화한 태도로 올바르게 전달하고 탐문조사를 통해 획득한 정보나 수사자료를 범죄증거자료로 사용하기 위해서 참고인진술조서를 남겨두는 것이 중요하다.[23)

4. 감별수사

감별수사란 범인과 피해자 또는 범인과 범행지 및 그 주변의 지역간에 존재하는

---

22) 김형만, "수사경찰론", 김상호·신현기 외 7인, 『경찰학개론』(파주: 법문사, 2006), p. 641.
23) 김충남, 앞의 책, p. 500.

여러 사정이나 관계 따위에 근거를 두고 수사하는 방법을 말한다. 그중에서 범인과 피해자, 그 가족, 피해가옥과의 관계를 연고감이라 한다. 그리고 범인과 범행지 및 그 주변지역과의 관계를 지리감이라고 부른다.24)

5. 수법수사

(1) 의 의

수법수사란 범행 당시 인적 특징, 범행시간과 장소, 범죄행위에 표현된 수단, 방법, 습성 등 무형의 범죄수법을 단서로 해서 범인을 추정 또는 검거하거나 여죄를 추궁하는 일련의 경찰활동을 말한다. 예를 들어 강도의 경우도 노상강도냐, 침입강도냐 혹은 차량이용강도, 강도강간 등 그 습성이 각기 다르다. 결국 수법수사란 범인의 일정한 수단과 방법, 습벽으로 범인을 찾아내는 수사기법을 말한다.

(2) 수법수사의 중요성

최근의 범죄는 그 수법이 교묘하여 현장에 유형자료를 남기지 않는 경우가 증가하고 있으므로, 일종의 무형자료인 범죄수법에 의하여 수사를 진행하는 것이 중요한 수사방법이 되고 있다.

범행의 수법을 기록·조직하여 노련한 수사관의 퇴직 등에 대비하는 의미도 있는 바 수법수사는 종합적 수사에 이용된다.25)

(3) 범죄수법의 특성

범죄수법의 특성을 학문적으로 연구하여 이론화한 것은 19세기 말엽 오스트리아의 형사학자 겸 예심판사인 '한스 그로스'이다. 그는 범죄수법의 특성으로 반복성(관행성)과 필존성을 들고 있다.26)

1) 범죄수법의 반복성(관행성)

상습범의 범죄행위를 구체적으로 예시하면 범죄수법은

① 일정한 정형으로 고정되는 경향이 있고

② 그때그때 용이하게 변경되지 않고 계속 반복적으로 행하며

③ 개인적 습벽, 특징을 가지고 있다.

---

24) 강용길 외 8인, 앞의 책, p. 183.
25) 중앙경찰학교, 앞의 책, 2006, p. 115.
26) 경찰대학, 앞의 책, p. 277.

2) 범죄수법의 필존성

범죄현장에 수사의 자료가 될 만한 물품을 남기지 않고 목적을 달성한다는 것은 범인의 이상이라 할 것이다.

이러한 완전범죄에 관하여 강도살인사건의 경우를 상정하고 문제를 검토해 본다면 완전범죄의 요건으로 다섯 가지를 들 수 있을 것이다. ① 흉기는 현장의 것을 사용한다. ② 알리바이를 완전히 조작한다. ③ 피해자를 완전히 살해한다. ④ 특징있는 물건에는 손을 대지 않는다. ⑤ 지문, 족적 기타 증거물로 될 것을 일체 현장에 남기지 않는다.

(4) 범죄수법제도가 적용되는 범죄

수법범죄는 범죄 중 특히 반복성이 강한 것에 한정되는바 강도, 절도, 사기, 위조·변조사범(통화, 유가증권, 우표, 인지, 인장, 문서), 약취유인, 공갈 기타 경찰청장 및 시·도경찰청장이 지정하는 범죄이다.27)

(5) 피해통보표

피해통보표는 수법범죄로 피해가 발생했을 경우에 작성하고 피해의 확인, 여죄수사, 장물수사 및 범인검거 등의 자료로 이용한다. 피해사건의 수법내용 및 피해자의 주소와 성명, 피해품의 종류와 수량, 금액 등을 기록하기 때문에 범인의 추적수사가 가능하다.

피해통보표는 즉시 범인검거시는 작성할 필요가 없다. 즉, 범죄가 발생하고 수사에 착수하자마자 범인이 판명되어 검거된 경우를 말하고, 범인이 특정되었으나 지명수배를 하거나 빠른 시간 내에 검거 가능성이 있을 경우에는 작성해야 한다.

피해통보표에 수록되어 전산입력된 피해품은 범죄수사규칙 제31조의 장물수배로 본다. 피해통보표는 피의자 검거시, 피의자 사망시, 작성 후 10년 경과시 폐기된다.28)

(6) 범죄수법 영상전산시스템

1) 개 념

범죄수법 영상전산시스템이란 동일수법 전과자의 수법내용, 범행사실, 인상착의, 신체특징, 지문, 필적 등을 데이터베이스에 입력하여 그 자료를 각 경찰서 검색단말기를 통해 신속하고 효율적으로 문자와 이미지를 전송하는 것이다. 이는 사건 발생시

---

27) 중앙경찰학교, 앞의 책, 2006, p. 116.
28) 조철옥, 앞의 책, pp. 499~500.

전국의 동일수법범 중 특정 용의자를 검색하여 목격자 또는 사건 담당자가 영상자료를 보면서 용의자를 색출하기 위한 시스템이다.29)

2) 자료활용

① 강력사건 등 수법범죄 발생시 목격자 및 피해자를 상대로 하여 동일수법자 사진을 열람시켜 용의자 색출30)

② CCTV, 몽타주 등과 동일인상착의 사진대조

③ 범죄이용 수표의 배서 및 협박문 등을 이용하여 동일수법자 필적을 대조하여 범인 색출

④ 성명, 이명에 따른 성명조회 활용

⑤ 작성관서, 작성일자에 의한 수법자료로 활용

⑥ 동일수법 내용에 따라 용의자를 검색하여 수사자료로 활용

⑦ 본적, 주소, 출생지에 따른 검색 가능

⑧ 공범관계 조회 활용

⑨ 연고선, 배회처, 친인척관계 검색 활용

6. 장물수사

(1) 의   의

장물수사란 범죄의 피해품을 확정하고 이동경로에 따라 장물수배, 장물품표의 발행, 임검조사, 출입조사, 불심검문 등을 행하여 범인을 찾아내고자 하는 수사기법을 말한다.

(2) 장물수사의 중요성

1) 합리적 수사와 추진

장물은 범인검거에 단서가 될 뿐만 아니라 범죄와 범인의 결부된 관계를 증명하는 증거로 사용할 수 있는 결정적 가치를 가지고 있다. 따라서 장물수사는 증거가 되는 장물을 확보하고, 이에 따라서 범인을 특정한다는 이른바 합리수사의 기본적 태양으로서 강력히 추진할 필요가 있는 것이다.

---

29) 이상원 · 김상균, 앞의 책, p. 203.
30) 이상원 · 김상균, 앞의 책, p. 204.

2) 피해회복의 추진

수사활동은 범인을 검거하는 이외에도 피해자를 보호한다는 임무가 포함되어 있는 것인바 피해신고를 받고 신속한 초동수사를 하여 범인을 검거해도 피해품을 회복하지 못한다면 피해자에게 만족감을 주지 못할 것이다. 따라서 장물수사에 의한 피해품의 발견, 회복은 범인발견·검거의 단서가 되는 동시에 피해자의 만족감을 충족시켜줌으로써 경찰의 범죄수사에 대한 신뢰를 높이는 데 있어서도 중요한 것이다.

(3) 장물품표(장물수배서)

1) 의   의

경찰서장이 수사상 필요하다고 인정시 장물을 신속히 발견하기 위해 전당포주 등에게 해당 장물을 소유 또는 소지하고 있거나 받았을 경우에 즉시 경찰관서에 신고하도록 의뢰하는 피해품의 통지서를 말한다.31)

2) 종   류

① **특별중요장물품표(수배서)**   수사본부를 설치하여 수사하고 있는 사건에 관해 발부하는 경우의 장물품표로서 홍색용지를 사용한다.

② **중요장물품표**   수사본부를 설치하고 있는 사건 이외의 중요한 사건에 관하여 발부하는 장물품표로서 청색용지를 사용하며, 중요장물품표는 대개 다음과 같은 피해품에 대해 작성 발부한다. ㉮ 중요문화재 기타 이에 준하는 피해품 ㉯ 외교사절 등에 관련된 사건의 피해품 기타 사회적 영향이 큰 사건의 피해품 ㉰ 살인, 강도 등의 중요사건에 관한 피해품 ㉱ 다액절도 또는 특이한 수법이나 상습범이라고 인정되는 침입절도사건의 피해품

③ **보통장물품표**   별로 중요하지 않은 기타 사건에 관하여 발부하는 장물품표로서 백색용지를 사용한다. 또한 보통장물품표 중 다음 해당사항으로서 간이한 그림 또는 문자만으로 특장을 표시할 수 있는 시계, 보석류, 사진기류, 의류, 사무기류 등에 대해서는 이를 종합한 종합장물품표를 발부한다.

(4) 장물소지(취득)자에 대한 조사

1) 고의 여부의 조사

장물을 발견한 경우에는 절도 본범의 수사만으로 종료하지 말고 그 소지자 또는 소유자가 장물이라는 사정을 알고 구입하였는지의 여부를 수사하여 장물죄의 피의자

---

31) 조철옥, 앞의 책, pp. 503~504.

로 검거해야 한다.32)

2) 고의의 입증방법

장물죄의 피의자가 장물이라는 점을 알았다는 것을 다음의 정황 증거자료에 의하여 증명하도록 해야 한다.

- 물품의 종류가 보통 보기 어려운 것이라는 점
- 가격이 일반 시중가격보다는 싸다는 점

3) 장물처분자에 대한 조사

장물을 발견한 경우에 그 처분자가 반드시 범인이라고 단정할 수 없다. 타인으로부터 처분의뢰를 받았거나 또는 습득, 횡령하는 경우도 있을 수 있을 것이므로 처분자에 대하여도 충분한 수사를 할 필요가 있다.

7. 함정수사

수사기관이 타인에게 범죄를 교사나 방조하고 실행을 기다려 행위자를 검거하는 수사방법을 말한다. 함정수사는 적법한 수사로 허용하기 어려운 방법이다. 즉 함정수사는 학설이나 판례가 일치하여 위법한 수사로 보고 있다.33)

8. 과학수사

사회가 고도로 변화하면서 산업재해나 컴퓨터관련범죄 등 고도의 과학적 지식을 필요로 하는 범죄가 증가하고 있다. 그리고 오늘날 범죄는 국내뿐 아니라 국외에서도 다양화된 모습을 볼 수 있다.

9. 유류품 수사

(1) 의   의

유류품 수사란 범죄현장, 현장에 남겨 있는 범인의 흉기나 유류품 등을 추적하여 범인을 색출해 내는 방법이다.34)

---

32) 이상원·김상균, 앞의 책, p. 216.
33) 김형만, "수사경찰론", 김상호·신현기 외 7인, 『경찰학개론』(파주: 법문사, 2006), p. 644.
34) 강용길 외 8인, 앞의 책, p. 184.

(2) 유류품 수사의 종류

1) 유 류 품

범인이 소지하고 있었던 흉기, 의류, 휴지 등 범죄현장 및 그 부근에 유류한 물건을 말한다.

2) 흔 적

범인이 현장 및 그 부근에 남겨놓은 물흔, 차량흔, 도구흔 등이며, 물품과 같이 수사할 수 있는 흔적을 말한다. 따라서 지문, 장문, 족문, 탈분 및 정액 등의 신체적인 소산물은 포함하지 않는다.

(3) 유류품의 특징과 가치

1) 범인의 직접 추정

범죄현장에서 수거한 의류 등 유류품에 범인의 성명이 기입되어 있을 경우 직접 범인을 추정할 수 있다. 또한 범인의 가족 및 친구 등의 성명이 기입되어 있는 수첩과 같은 유류품을 발견했을 경우에는 그 출처를 확인하여 범인을 추정할 수 있다. 또한 유류품에서 지문을 발견하였을 경우 또는 혈액이나 모발, 정액에서 DNA를 추출했을 경우에도 범인의 직접적인 추정이 가능하다.[35]

2) 범인의 속성 추정

범죄현장이나 그 부근에 버린 담배꽁초나 휴지에서 혈액형을 확인 가능하고, 흉기의 사용방법과 종류에 따라 범인의 흉기사용 버릇과 직업적 특징을 발견할 수 있다. 또한 옷이나 족적, 족흔에 의해 성별, 연령, 신장, 체격 등을 추정할 수 있으며, 의류에 부착된 유류품은 범인의 직업을 추정할 수 있다.

3) 범행상황 등의 추정자료

범죄현장에 유류된 족적에서 침입구나 도주구 및 범인의 물색행동을 추정할 수 있고, 범죄현장이나 부근에 버린 흉기가 범인의 것인지, 피해자의 것인지에 따라 계획적이고 원한에 의한 범행인지 우발적인 범죄인지를 추정할 수 있다. 서로 다른 많은 종류의 족적이 발견된 경우 공범자의 수를 추정할 수 있으며, 차량흔에서 범죄에 사용된 차량의 종류 및 타이어 종류를 파악가능하다.

---

35) 조철옥, 앞의 책, pp. 496~497.

10. 알리바이 수사

(1) 의   의

알리바이(alibi)란 범죄의 혐의자가 범죄가 일어난 시간에 그 장소에 있지 않았었다는 사실을 증명하는 소위 현장부재증명을 의미한다. 따라서 범죄혐의자가 주장하는 알리바이의 존재 여부를 확인하는 일련의 수사활동을 바로 알리바이 수사라고 한다.36)

(2) 알리바이 수사의 중요성

수사관이 많은 노력을 하여 어떤 자를 범인으로 추정하였을 경우 하나하나 수집된 증거를 바탕으로 진범이 틀림없다고 인정되었더라도 그 혐의자가 범행당시 범행장소에 있지 않았다는 현장부재증명이 성립된다면 그 정황증거는 근본적으로 인정받을 수 없게 된다. 그러므로 특히 정황증거밖에 없는 수사에 있어서는 반증의 존재가 매우 중요하고 그 반증 중에서도 알리바이가 가장 절대적인 힘을 가지고 있으며 정황증거는 물론 경우에 따라서는 직접증거까지 허물어뜨릴 위력을 가지고 있는 것이다.37)

(3) 알리바이의 종류

1) 절대적 알리바이

범죄가 행하여진 그 시각에는 혐의자가 현실적으로 범죄현장 이외의 다른 장소에 있었다는 사실이 명확하게 증명되는 경우이다.38)

2) 상대적 알리바이

혐의자가 범죄발생 이전에 마지막으로 범죄현장 이외의 어떤 다른 장소에 나타난 시간을 통해 역산해도 그 시간까지는 도저히 범죄현장에 도달하지 못할 것이라는 사실이 인정되는 경우이다.

3) 위장알리바이

사전에 계획적으로 자기의 존재를 확실히 연출한 후에 그 사이에 극히 단시간 내

---

36) 김충남, 앞의 책, p. 504; 강용길 외 8인, 앞의 책, p. 185.
37) 경찰대학, 앞의 책, p. 314.
38) 이상원·김상균, 앞의 책, p. 217.

에 범죄를 감행하는 경우를 말한다.

4) 청탁알리바이

범죄실행 후 자기의 범행사실을 은폐하기 위해 가족, 동료, 친지에게 시간과 장소를 약속 또는 청탁해 놓은 경우가 여기에 해당한다.

(4) 알리바이 수사의 문제점

1) 기억의 문제

알리바이 수사는 무엇보다도 기억의 확실, 불확실이 문제가 되는 것이다. 또한 기억이 틀리지 않는다 하더라도 사실의 이면이 있다는 것에 착안하지 못하는 경우도 있다.39)

2) 기회의 문제

알리바이는 그 사람이 범행시 현장에 존재할 가능성이 적으면 적을수록 그 자가 범행을 했다고 하는 개연성은 적어지며 현장실재의 가능성이 전무하다는 것이 확실시되면 그 자는 그 행위를 하지 않았다는 것이 증명된다.

3) 시간과 장소의 문제

범행현장과 용의자의 소재장소가 원거리에 있어서 그 사이의 소요시간이 많을 때에는 알리바이는 유력하여지는 것이다. 그러나 현장과 용의자의 소재가 접근되어 있어서 시간적으로 단기간 내에 왕복이 가능할 때에는 알리바이는 약해져서 용의점을 가지게 하기에 족하다. 그러므로 알리바이 수사는 시간과 장소의 관계가 문제로 된다.

11. 통신수사

통신수사란 수사상 목적의 달성을 위해 정보통신의 구성요소인 사용자, 장비 및 통신내용에 대한 각종 정보를 수집하고 활용하는 것을 뜻한다.

12. 공조수사

(1) 의   의

공조수사란 경찰관서가 수배, 통보, 조회, 촉탁 및 합동수사를 함으로써 범인, 여

---

39) 경찰대학, 앞의 책, p. 315.

죄, 장물, 범죄경력 등을 확인하고 범인을 검거하기 위해 종합적이며 입체적인 일련의 조직수사활동을 펼치는 것이다.

(2) 공조수사의 필요성

경찰업무는 성격상 전체 경찰관이 동원되어 업무를 수행해야 하는 경우가 자주 발생한다. 공조수사는 신의성실의 원칙에 기초하여 나의 업무라는 아집에서 벗어나 우리의 업무라는 공통된 의식 속에서 타관서의 의뢰업무를 자신의 업무와 같이 집행하는 태도가 필요하다. 이러한 공조수사의 기본정신을 무시하고 개인의 공적을 우선시하여 중요범인의 체포에 실패하는 경우가 발생하여 국민적인 비난을 사는 경우가 발생하기도 한다.

공조수사는 업무효율과 업무비용이라는 양 측면에서 볼 때 경찰 수사업무에 있어서 필수적인 수사활동 중의 하나이다.[40]

(3) 공조수사의 종류

1) 평상공조와 비상공조

① **평상공조**　　평상공조는 평소 예견가능한 일반적인 공조로서 수배, 통보, 조회, 촉탁 등이 여기에 해당한다.[41]

② **비상공조**　　비상공조는 중요 특이사건 발생 등 특수한 경우의 공조로서 수사비상배치, 수사본부 설치 운영, 특별사법경찰관리 등과의 합동수사 등이 그 예이다. 정·사복, 내·외근 등 부서와 관할을 불문하고 전원이 동원되는 것이 상례이다.

2) 횡적 공조와 종적 공조

① **횡적 공조**　　대내적으로는 시·도경찰청, 경찰서, 파출소 상호간은 물론 관서 내의 각 부서 상호간 내지 횡적 동료 상호간의 수사공조로서 정보의 교환, 수사자료의 수집활용, 수배통보, 촉탁 또는 합동수사 등이 그것이다.

대외적으로는 특별사법경찰관리와의 수사협조 및 경찰유관기관, 단체, 개인과의 수사협조, 나아가서 국제형사기구와의 형사공조 등이 있다.[42]

② **종적 공조**　　종적 공조는 상·하급관서는 물론 관서 내의 상·하급자 상호간의 상명하복 관계를 의미하는 바, 하나의 경찰목적 달성을 위한 의사전달체계라는 개념으로 파악할 때 지배와 질서가 아니라 하나의 공조수사 개념으로 승화시켜 나가

---

40) 경찰대학, 앞의 책, p. 393.
41) 이상원·김상균, 앞의 책, p. 327.
42) 이상원·김상균, 앞의 책, p. 328.

야 할 것이다.

3) 자료공조와 활동공조

① **자료공조**　　경찰이 필요로 하는 모든 수사정보를 자료화함으로써 그 시점의 모든 경찰이 이를 자기 수사에 활용할 수 있도록 하는 외에 그 자료가 영구히 남아 후에 경찰이 이를 계속 승계하여 가며 활용하도록 하는 공조제도로서 자료의 수집과 조회제도가 그것이다.

② **활동공조**　　활동공조란 현재 제기되는 당면문제에 대한 공조수사 활동으로서 수사비상배치, 불심검문, 미행, 잠복, 현장긴급출동 등이 그것이다.

제 9 절　수사의 행정

1. 유치장관리

원칙적으로 유치장은 경찰서에만 설치되어 있다. 전국의 경찰서가 2014년 9월 현재 250개이므로 역시 유치장도 250개인 셈이다. 그러나 최근 유치장 관리의 효율성을 위해 일명 통합유치장제도를 수행하고 있다. 예를 들어 안양동안경찰서 유치장에는 안양만안경찰서, 군포경찰서, 의왕경찰서, 과천경찰서 소속의 유치인도 함께 관리해 주고 있다. 이는 한곳으로 통합관리하여 경찰인력의 절약도 있겠지만 먼 곳에서 유치인 조사를 위해 데려오고 데려가는 불편함도 적지 않다는 단점도 동시에 지니고 있다.

(1) 유치의 의의

우리가 보통 유치라 함은 피의자, 피고인, 구류인, 의뢰입감자 등의 도주, 증거인멸, 자해행위, 통모행위, 도주원조 등을 미리 방지하고 동시에 유치인의 건강을 보호하기 위해 신체의 자유를 구속하는 것을 말한다.

(2) 유치장 보호근무의 중요성

유치장 보호근무는 유치인의 인권을 보장하는 한편 유치인의 도주, 죄증인멸, 자해행위, 통모행위 등을 미연에 방지하고 동시에 유치인의 건강 및 유치장 내의 질서유지를 해야 할 중대한 업무인 동시에 책임이 있다. 또한 유치인의 사고는 수사에 중

표 16-2	유치인 관리	
수용시 조치	입출감 지휘서	▶ 유치인보호주무자가 발부하는 피의자입(출)감지휘서에 의하여 입(출)감 하며, 동시에 3인 이상의 입(출)감에는 간부가 입회 순차적으로 입(출)감
	준수사항 지시	▶ 유치인보호관은 새로 입감한 유치인에게 유치장에서의 준수사항을 지시하고 접견, 연락절차 등 설명
분리 수용	공범자 등 분리	▶ 형사범과 구류인, 20세 이상인 자와 20세 미만인 자, 신체장애인, 사건관계의 공범자 등은 유치실이 허용하는 한 분리 유치
	여자의 유치	▶ 남자와 여자는 분리 수용 ▶ 여자 유치인이 유아(생후 18개월 이내)대동신청서를 제출하여 경찰서장이 허가하면 신청서를 피의자입(출)감지휘서에 첨부하여 대동 유치→유치장에서 출생한 유아에 대해서도 위와 같이 처리
흉기 등 검사		▶ 피의자를 유치할 때에는 신체에 흉기, 독극물 등의 은닉소지 여부를 철저히 검사. 다만, 여성유치인은 여성유치인보호관(없는 경우 여성경찰관 또는 여의사)이 검사
		▶ 정밀신체검사대상: 살인 등 죄질이 중한 사범, 반입금지 물품 휴대의심자, 타 유치인 위해 및 자해우려자
가족에의 구속통지 구속통지 신상통지		▶ 피의자를 체포, 구속한 때에는 지체없이 서면으로 그 가족이나 그가 지정한 자에게 통지 → 형소법 제87조 경찰서장이 통지
		▶ 유치인으로부터 신청이 있을 때에는 그 가족 또는 대리인에게 수사상 지장이 없는 범위 내에서 유치인의 신상에 관한 통지 가능

출처: 이상원·김상균,『범죄수사론』(파주: 양서원, 2005), p. 306; 신현기·남재성,『새경찰학개론』(서울: 우공출판사, 2013), p. 439.

대한 지장을 초래하며 경찰에 대한 국민의 신뢰를 손상시키므로 유치인의 언동을 철저히 감시하여 돌발사고를 미연에 방지해야 함은 물론 수사상의 자료를 발견·수집하는 적극적인 임무도 아울러 수행해야 하는 중요한 근무이다.[43]

(3) 유치장 관리책임의 구분

1) 경찰서장

경찰서장은 피의자의 유치 및 유치장의 관리에 관하여 전반적인 지휘·감독을 하여야 하며 그 책임을 져야 한다.[44]

2) 유치주무자

경찰서 수사과장은 경찰서장을 보좌하여 보호근무에 당하는 유치인보호관(이하 유치인보호관이라 한다)을 지휘·감독하고 피의자 유치 및 유치장의 관리에 책임을 진다.

---

43) 이상원·김상균, 앞의 책, pp. 305~306; 신현기·남재성,『새경찰학개론』(서울: 우공출판사, 2013), p. 439.
44) 경찰대학, 앞의 책, p. 370.

3) 경찰서의 수사지원팀장과 수사서무반장

유치인보호 주무자를 보좌하여 피의자의 유치 및 유치장의 관리에 적정을 기하여
야 한다.

4) 야간 또는 공휴일

야간 또는 공휴일에는 상황실장 또는 경찰서장이 지정하는 자가 유치인보호 주무
자의 직무를 대리하며 그 책임을 진다.

2. 수배제도

(1) 의　　의

현재 수배제도는 사건수배, 지명수배, 통보·장물수배 등이 있다. 사건수배란 발
생한 사건에 대해 다른 경찰관서에 대해 수사상 필요한 조치를 의뢰하는 수배를 말
한다. 사건수배와 긴급사건수배라는 2종이 있다. 장물수배는 기타 경찰관서에 장물의
발견을 요구하는 대내수배로 피해통보표 제도가 있고 고물상, 전당포업자 등에 장물
의 발견, 마약중독자 등의 발견·신고를 요청하는 대외수배로 장물품제도가 있다.

(2) 현행 수배제도의 개요

수배제도는 대별하여 3종 즉, (긴급)사건수배, 지명수배·통보, 장물수배의 제도가
있다.45)

(긴급)사건수배는 발생한 사건에 관하여 다른 경찰관서에 대하여 수사상 필요한
조치를 의뢰하는 수배로서 이에는 긴급사건수배와 사건수배의 2종이 있다.

지명수배·통보는 지정한 피의자의 사건처리를 의뢰하는 수배로서 지명수배, 지
명통보의 2종이 있다. 장물수배는 다른 경찰관서에 대하여 장물의 발견을 요구하는
수배이다. 그리고 장물발견을 위한 수단으로써 고물상·전당포업자에 대하여 장물의
발견신고를 요청하기 위해 배부하는 장물품표의 제도가 있다.

3. 조회제도

(1) 의　　의

조회란 범죄수사의 목적을 달성하기 위해 미확인된 범죄의 의심이 있는 사실을

---

45) 이상원·김상균, 앞의 책, pp. 329~330.

발견한 후 평소에 수집과 분석하여 놓은 자료와 대조 및 확인함으로써 범죄사실을 확인하는 제도를 말한다. 그 종류에는 범죄경력조회, 지명수배여부조회, 장물조회, 신원조회, 출·입국조회 등이 있다.

(2) 조회의 종류 및 방법

조회는 조회대상에 따라 범죄(수사)경력조회, 지명수배(통보)조회, 장물조회, 여죄조회, 신원조회, 수법조회, 지문조회, 운전자기록조회, 차량조회(차적조회) 등으로 구분할 수 있고, 조회방법은 서면조회와 수사전산망을 통한 컴퓨터조회가 주로 이용되고 있다.46)

4. 호   송

(1) 의   의

호송은 즉결인, 형사피고인, 피의자, 구류인 등을 검찰청, 법원, 교도소나 경찰서로 연행을 위해 이동하면서 간수하는 것을 의미한다.

(2) 호송의 종류와 요령

표 16-3 호송의 종류와 요령

호송방법	직송	▸ 피호송자를 목적지에 직접 호송
	체송	▸ 중병의 피의자를 치료 후 호송
호송내용	이감호송	▸ 피호송자를 다른 장소로 이동 혹은 특정관서로 인계하는 것
	왕복호송	▸ 피호송자를 특정장소로 호송 후 용무를 마친 다음 다시 발송관서 또는 호송관서로 호송
	집단호송	▸ 한 번에 다수의 피의자를 호송
	비상호송	▸ 비상사태시 다른 곳에 수용하기 위한 호송
호송수단		▸ 도보, 차량, 항공기, 선박 등

출처: 이상원·김상균, 『범죄수사론』(파주: 양서원, 2005), p. 320; 신현기·남재성, 『새경찰학개론』(서울: 우공출판사, 2013), p. 425.

(3) 사고발생시의 조치

호송관은 호송중 피호송자가 도주, 자살 기타의 사고가 발생하였을 때에는 다음의 조치를 신속히 취하여야 한다.47)

---

46) 경찰대학, 앞의 책, p. 410.

1) 피호송자가 도주하였을 때

① 즉시 사고발생지 관할경찰서에 신고하고 도주피의자의 수배 및 수사에 필요한 사항을 알려 주어야 하며 소속장에게 전화 기타 신속한 방법으로 보고하여 그 지휘를 받아야 한다.

② 호송관서의 장은 접보 즉시 상급 감독관서 및 관할 검찰청에 즉보하는 동시에 인수관서에 통지하고 도주피의자의 수사에 착수하여야 한다.

③ 도주한 자에 관한 호송관계서류 및 금품은 호송관서에서 보관하여야 한다.

2) 피호송자가 사망하였을 때

① 즉시 사망지 관할경찰관서에 신고하고 사체와 서류 및 영치금품은 신고관서에 인도하여야 한다. 다만, 부득이한 경우에는 다른 도착지의 관할경찰서에 인도할 수 있다.

② 인도를 받은 경찰관서는 즉시 호송관서와 인수관서에 사망일시, 원인 등을 통지하고 서류와 금품은 호송관서에 송부한다.

③ 호송관서의 장은 접보 즉시 상급 감독관서 및 관할검찰청에 보고하는 동시에 사망자의 유족 또는 연고자에게 이를 통지하여야 한다.

④ 인도를 받은 사체는 사후 24시간 이내에 사체를 인수할 자가 없을 때에는 구, 시, 읍, 면의 장에게 가매장을 하도록 의뢰하여야 한다.

3) 피호송자가 발병하였을 때

① 경증으로 호송에 큰 지장이 없고 당일로 호송을 마칠 수 있는 때에는 호송관이 적절한 응급조치를 취하고 호송을 계속하여야 한다.

② 중증으로서 호송을 계속하기가 곤란하다고 인정될 때에는 피호송자 및 서류와 금품을 발병지에서 가까운 경찰관서에 인도하여야 한다.

---

47) 경찰대학, 앞의 책, pp. 390~391; 신현기·남재성, 『새경찰학개론』(서울: 우공출판사, 2022), p. 437.

제17장 안보수사경찰

제1절 안보수사경찰의 의의

기존 경찰청의 보안경찰국이 안보수사경찰국으로 전격 변경되었다. 일반적으로 보안하면 국가안전보장에 관련되는 비밀이나 인원·문서·자재·시설 및 지역을 간첩 등 불순분자나 비인가자로부터 보호하기 위하여 취하는 일련의 적극적이며 소극적 사전예방활동을 모두 의미하는 것이다. 보안유지가 제대로 그리고 완벽하게 이루어져야만 국가체제 및 합법적 조직들이 제대로 유지될 수 있는 것이다.

1. 안보수사경찰의 개념과 중요성

(1) 안보수사경찰의 개념

안보경찰이란 국가의 기본을 구성하는 국민, 영토, 주권, 체제, 질서, 재산 등의 국가적 법익을 안전하게 보장하기 위해 그 위협이 되는 국가나 내·외부세력 및 단체의 파괴활동에 적극 대처하기 위해 사전에 정보를 수집하고 수사활동을 수행하는 것이다. 보안경찰은 국가보안법, 내란죄, 외환죄, 반란죄, 이적죄 등 국가적 법익을 파괴하려는 세력으로부터 보호하는 기능을 한다.[1] 보안경찰의 경우는 주로 광의의 개념인 국가안전을 위협하는 간첩, 태업, 전복을 경계, 탐지하고 제거하는 적극적 방첩업무만을 의미하고 비밀문서 및 자재들에 대한 보안업무는 경무경찰이 담당하고 있다.[2] 보안경찰은 국가안전보장에 관한 위해로서 공공의 안녕과 질서를 해치는 일련

---

1) 신현기 외 8인, 앞의 책, p. 759.
2) 김충남, 앞의 책, p. 544.

의 사항에 대해 개입한다. 이 경우 각종 법규에 의한 강제력을 행사하게 된다. 하지만 국가안전보장은 그 업무수행에서 경찰기관뿐만 아니라 일반행정부처, 군대, 정보기관 등의 상호 밀접한 협력을 통해서 수행되고 있다.3)

우리나라의 국가안전보장을 위한 업무는 국가정보원, 통일부, 외무부, 법무부, 국방부, 정보통신부, 해양수산부, 과학기술부, 경찰청 등이 분장하고 있는데 그중에서도 대통령 직속의 국가정보원이 가장 핵심적인 역할을 수행하고 있다.

무엇보다 국가의 안전보장과 관련해 경찰업무는 보안경찰뿐 아니라 외사경찰과 정보경찰이 공동으로 담당하고 있다. 이러한 업무들 중에 보안경찰이 담당하는 영역은 간첩 등 중요방첩공작수사, 좌익사범수사, 반국가적 불온유인물 수집과 분석, 보안관찰, 남북교류관련 업무 등이 있다. 보안경찰은 국가의 안전보장과 관련해 고도의 보안을 요하는 경우가 많아 비공개로 활동함을 특징으로 하고 있다.

(2) 안보수사경찰의 중요성

국가안전보장에는 내부적 위협과 외부적 위협에 부딪친다. 내부적 위협은 안보수사경찰이 그 중요한 과제를 담당하고 있다. 이에 반해 외부적 위협에 대한 방어는 정치, 외교, 국방 등의 분야에서 담당해 주고 있다. 우리나라는 어느 나라보다 보안경찰의 중요성이 강조되고 있는데 그 이유는 전 세계에서 아직까지 분단국가로서 남북이 첨예하게 상호 대립하고 있기 때문이다. 이러한 상황 속에서 북한의 공산주의 세력이 대남적화 통일을 달성하기 위한 망상을 유지하고 있으며 무장간첩의 남파, 파괴공작, 요인암살, 시위의 선동 등 위협이 지속되고 있다.

2. 안보수사경찰의 대상

(1) 안보를 요하는 대상

첫째, 사람인 경우는 국가의 안전이나 이익에 관련되는 중요인물로서(지위고하를 불문) 보호가 요구되는 자를 말한다. 내한중인 외국인도 포함된다.

둘째, 문서나 자재인 경우는 내용의 중요성과 가치의 정도에 따라 각 등급으로 분류된 문서 및 자재를 말한다.

셋째, 시설인 경우는 국가 중요시설로서 특별히 보호가 요청되는 시설을 말한다(公用, 私用 불문).

넷째, 지역인 경우는 국가안전보장상 특별히 보호를 요하는 지역을 말한다. 국경,

---

3) 이운주, 앞의 책, p. 363.

영공, 해상선, 군요충지역, 수원(水源)지역 등이 포함된다.

(2) 경계를 요하는 대상

첫째, 인원인 경우는 보호를 요하는 보안대상에 대하여 위해를 가할 우려가 있는 자 및 북한의 공작원과 국내의 각종 불순분자를 의미한다.

둘째, 행위인 경우는 비밀수집, 파괴, 선전, 허위정보살포, 조직, 암살, 부패온상의 조성, 내란 및 폭동조성행위 등 국가의 안전에 위해를 가할 우려가 있는 행위를 의미한다.

셋째, 단체인 경우는 반국가단체 또는 각종 사회단체를 의미한다.

넷째, 각종 사회운동인 경우는 법질서를 문란하게 하거나 불순분자가 침투될 위험이 예상되는 시위, 쟁의행위 등을 의미한다. 기타 각종 도청장치와 폭발물을 사용하여 보안대상에 위해를 가하는 행위 등도 보안의 대상이 된다.

3. 좌익이론

그동안 주요 경계의 대상이 되어 왔던 좌익이론은 다음의 4가지가 대표적이었다. 즉 종속이론, 뉴레프트이론(신좌파운동), 유로코뮤니즘, 네오마르크시즘이 바로 그것이다.

표 17-1　주요 좌익이론과 내용

종속이론	종속이론은 자본주의 선진국과 저개발국의 경제적 관계를 지배와 종속의 관계로 규정하여 저개발국은 영원히 저개발에서 탈피할 수 없다고 주장하면서 정치·경제·사회·문화·사상 등의 모순을 비판하는 것을 핵심으로 하고 있다.
뉴레프트이론 (신좌파운동)	뉴레프트운동은 1960년대에 기존 체제와 질서를 부정하면서도 마르크스주의 노선에 입각한 기존 좌익조직의 행동규율에 반기를 들고 행동하는 새로운 좌익행동파의 집단을 지칭한다.
유로 코뮤니즘	유로코뮤니즘은 서구 공산주의를 가리키는 말로 네오마르크시즘의 한 분파로 지칭되기도 하는데, 1970년대 자본주의 국가의 발전과 공산주의 국가에서의 모순점 등장으로 기성 공산주의에 대한 근본적인 회의와 재검토가 필요하게 되자 프롤레타리아독재 폐지, 자유와 민주주의 가치 중시를 표방하고 의회활동을 통한 사회제도, 법률 등의 개선으로 공산주의에 도달할 수 있다고 보는 서구 공산주의 운동사조이다.
네오마르크시즘	네오마르크시즘은 마르크스주의와 산업자본주의를 인본주의적 입장에서 동시에 비판하고 마르크스주의에 대한 재해석을 내용으로 하여 휴머니즘 강조, 전 세계의 공산화, 사회혁명을 제시하고 있다.

출처: 신현기·남재성, 『새경찰학개론』(서울: 우공출판사, 2013), p. 555.

그림 17-1 북한의 대남 공자 기구표

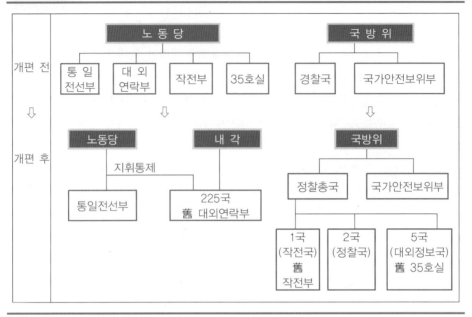

출처: 신현기·남재성 외, 『새경찰학개론』(서울: 우공출판사, 2022), p. 556.

4. 북한의 대남공작 기구

북한과 첨예한 대립을 유지하고 있는 남한의 입장에서 볼 때 북한은 통일 전까지는 항상 경계의 대상인 동시에 또한 화해협력의 대상이 된다. 따라서 북한의 대남기구를 정확히 이해하는 일은 매우 중요하다.

제 2 절 안보수사경찰의 조직

국가수사본부 출범과 동시에 보안경찰을 안보수사경찰로 개명했다. 이는 간첩을 비롯해 방첩공작수사, 좌익사범수사, 반국가적 불온유인물 수집과 분석, 보안관찰, 안북교류협력 관련 업무를 행한다. 이는 사전적 예방과 사후적 진압활동을 동시에 수행한다. 전자는 정보수집, 보안관찰 사무 등이다. 후자는 대간첩수사, 좌익사범 수사 등이다. 안보수사경찰은 기존의 국정원이 가지고 있던 대공수사권을 모두 이관 받게 되었다. 국가경찰과 자치경찰의 조직 및 운영에 관한 법률이 제정되면서 국가수사본부가 창설되고 그 산하에 기존의 보안국이 안보수사경찰국으로 개명된 것이다.

1. 경 찰 청

우리나라 경찰청 국가수사본부 산하에 기존의 보안국에서 안보수사국을 두고 있다. 안보수사국장은 치안감 또는 경무관으로 보하고 있다. 안보수사국에는 안보기획관리과, 안보수사지휘과, 안보범죄분석과, 안보수사과를 두고 있다. 이들 과장은 각각 총경으로 보하고 있다. 경찰청에 이와 같이 안보수사국을 설치하는 근거는 경찰청과 그 소속기관 직제 제22조 및 경찰청과 그 소속기관 직제 시행규칙 제19조에서 찾을 수 있다.4)

경찰청 안보기획관리과에서 담당하는 업무의 내용은 다음과 같다.

① 안보수사경찰업무에 대한 인사, 조직, 기획, 예산, 감사, 교육에 관한 사항

② 외국안보수사기관과의 교류 및 홍보

③ 보안관찰 및 경호안전대책 업무에 관한 사항

④ 북한 이탈주민의 신변보호

⑤ 남북교류와 관련되는 안보수사경찰업무

⑥ 안보상황 관리 및 합동정보조사에 관한 사항

⑦ 기타 국내(局內) 다른 과의 주관에 속하지 아니하는 사항

안보수사지휘과는 다음 사항을 분장한다.

① 간첩, 테러, 경제안보, 첨단안보 등 국가안보와 국익에 반하는 범죄에 대한 수사의 지휘·감독

② 안보범죄 관련 전자적 증거 분석 수행 및 지원

안보범죄분석과는 다음의 사항을 분장한다.

① 간첩, 테러, 경제안보, 첨단안보 등 국가안보와 국익에 반하는 범죄첩보에 대한 분석 지원

② 보안 관련 정보 분석 지원

③ 안보범죄 첩보와 관련한 대내외 협의 등이다.

안보수사과장은 다음의 사항을 분장한다.

간첩, 테러, 경제안보, 첨단안보 등 국가안보와 국익에 반하는 범죄의 첩보 수집 및 수사에 관한 사항을 분장한다.

---

4) 허경미, 앞의 책, p. 586; 신현기 외 3인, 『새경찰학개론』(서울: 우공출판사, 2022), p. 530.

2. 시·도경찰청과 경찰서

서울경찰청의 경우는 안보수사부장이 있어 경무관으로 보하고 있다. 보안부장 밑에는 안보수사지원과와 안보수사과가 있고 총경으로 보한다.

전국의 모든 경찰서에도 안보수사과가 설치되어 과장은 경정이나 경감이 임명되어 업무를 수행하고 있다. 1급지 같은 경찰서에는 공공안녕정보외사과 혹은 안보과 및 정보안보외사과 등으로 운영하는 경우도 있다.

제 3 절　　안보수사경찰의 인사관리

1. 보안경과경찰

안보경과경찰은 안보경과경찰 배치부서에서 근무하는 경정 이하 경찰을 의미한다. 이들의 배치부서는 다음과 같다.
- 경찰청 안보수사국장의 업무지휘를 받고 있는 경찰관서의 보안부서
- 경찰교육기관의 보안업무 관련 학과
- 직제상 정원에 경찰공무원이 포함되어 있는 정부기관
- 외국경찰과 보안업무 관련 교환 근무하는 외국의 관서
- 안보수사경찰 파견근무 부서
- 기타 경찰청장이 특별한 필요에 의하여 지정하는 부서 등이다.

2. 보안경과 선발 해제심사위원회

(1) 설　　치

보안경과자를 선발하고 해제하기 위해서 경찰청장과 시·도경찰청장 소속하에 보안보경과 선발과 해제위원회를 설치한다(안보경찰 인사운영규칙 제5조).

(2) 경찰청 심사위원회

각급 경찰관서의 장은 보안경과자의 안보부서 배치를 위한 안보부서 근무자 선발 심사위원회(이하 "선발심사위원회"라 한다)를 개최하여 안보부서에 배치할 사람을 선발한다(제5조). 선발심사위원회는 위원장 1명을 포함하여 5인 이상 7인 이하의 위원으로 구성한다. 선발심사위원회의 위원장은 위원회가 설치된 안보부서 부서장이 되고, 위원은 심사대상자보다 상위 계급 또는 업무감독자로 한다. 그 밖에 선발심사위원회의 운영과 관련된 사항은 「경찰공무원임용령」 제2장 경찰공무원인사위원회의 운영 규정을 준용한다.

(3) 선발의 원칙

보안경과자는 재직 경찰공무원 중에서 선발하고 있다. 안보업무 수행을 위한 업무역량, 전문성 등을 고려하여 경정 이하의 경찰공무원을 대상으로 보안경과자를 선발한다(안보경찰 인사운영규칙 제7조). 안보경과자의 선발인원은 안보경찰의 전문성 향상과 인사운영의 효율성 등을 고려하여 안보부서 총 정원의 1.5배의 범위 내에서 경찰청장이 정한다.

(4) 선발의 방식 등

보안경과자는 보안경과자 선발시험(이하 "선발시험"이라 한다)과 서류심사를 통해 선발한다. 보안경과자 선발은 다음 각 호의 순서에 따라 실시한다.

제1차시험: 안보업무 수행에 필요한 법규 및 이론, 실무지식 등을 출제한 선발시험
제2차시험: 서류심사

선발시험은 연 1회 실시하며, 시험을 실시하고자 할 때에는 그 일시·장소, 그 밖에 시험의 실시에 필요한 사항을 시험일 15일 전까지 공고하여야 한다. 시험에서 부정행위를 한 경찰공무원은 해당 시험을 정지 또는 무효로 하며, 5년 간 이 규칙에 따른 시험에 응시할 수 없다. 경찰청장은 보안경과자 선발과 관련하여 연 1회 이상 선발 계급·인원·기준 등을 포함하는 구체적인 선발 계획을 수립·시행하되, 선발기준은 안보업무의 분야별 특성을 고려하여 정할 수 있다(안보경찰 인사운영규칙 제8조).

(5) 보안경과 선발·해제심사위원회

보안경과자의 선발 및 해제 심사를 위해 경찰청장 및 시·도경찰청장 소속하에 보안경과 선발 및 해제심사위원회(이하 "심사위원회"라 한다)를 설치한다(안보경찰 인사운영규칙 제9조). 경찰청 심사위원회는 다음 각 호와 같이 구성한다.

- 경찰청 및 부속기관에 재직하는 경정급·경감급은 안보수사국장을 위원장으로, 안보수사국 소속 과장급 또는 계장급 3인 이상을 위원으로 구성
- 경찰청 및 부속기관에 재직하는 경위 이하는 안보기획관리과장을 위원장으로, 안보수사국 소속 계장급 3인 이상을 위원으로 구성

시·도경찰청 심사위원회는 안보수사과장(서울특별시경찰청은 안보수사지원과장을 말한다)을 위원장으로, 안보수사과(서울특별시경찰청은 안보수사지원과·안보수사과를 말한다) 소속 계장급 3명 이상을 위원으로 구성한다. 경찰청 심사위원회의 간사는 안보수사국 인사담당자로 하고, 시·도경찰청 심사위원회의 간사는 안보수사과(서울특별시경찰청은 안보수사지원과를 말한다)의 인사담당자로 한다. 그 밖에 심사위원회의 운영과 관련된 사항은 「경찰공무원임용령」 제2장 경찰공무원 인사위원회의 운영 규정을 준용한다. 보안경과 신청자는 별지 제1호서식의 보안경과 신청서를 해당 심사위원장에게 제출하여야 한다. 심사위원장은 심사완료 1개월 이내에 임용권자에게 보안경과자로 선발된 자에 대한 보안경과 부여를 제청하여야 한다.

제4절 보안경찰의 핵심업무

1. 의   의

국가의 존립이 유지되기 위해서는 국가안전보장이 필수조건이다. 정보및보안업무기획조정규정 제3조에 따라 대통령 직속 국가정보원장이 국가정보 및 보안업무에 관한 정책을 수립하고 기획업무를 총괄하며 정보 및 보안업무의 통합기능의 수행을 위해 정부산하 정보수사기관의 업무와 행정기관의 정보 및 보안업무를 필요한 범위 내에서 조정하게 하고 있다. 따라서 경찰은 국내보안정보(외사정보 포함)의 수집 및 작성에 관한 사항, 정보사범의 내사, 수사 및 시찰에 관한 사항, 신원조사업무에 관한 사항, 통신정보 및 통신보안업무에 관한 사항에 대해 국가정보원장의 조정을 받고 있다.5)

---

5) 김충남, 앞의 책, p. 545; 신현기, 『경찰학개론』(파주: 21세기사, 2010), p. 531.

2. 방첩활동

(1) 방첩의 의의

방첩antiespionage이란 적국으로부터 행하여지는 간첩활동, 첩보활동, 태업활동, 전복활동을 무력화시키며 납치, 암살, 테러행위로부터 인명을 보호하기 위해 행해지는 일련의 활동들을 말한다. 국가의 안전을 위협하는 위해요소를 방지하기 위하여 방첩활동을 확실하게 수행하는 일은 보안경찰의 업무 중 가장 중요한 과제이다.

(2) 국가안전의 위해요소

1) 간 첩

간첩이란 상대 적국의 기밀을 탐지, 태업, 전복 등을 지원 및 동조하는 자를 의미한다. 고정간첩은 일정지역에 거주하면서 간첩행위를 한다. 배회간첩은 주거 없이 떠돌아 다니며 간첩행위를 한다. 공행간첩은 공무수행 등 합법적으로 입국한 후 간첩행위를 하는 자를 말한다. 무장간첩은 요인암살, 파괴, 전복공작 등을 한다. 증원간첩은 이미 확보된 간첩망을 보강하기 위해 파견되거나 서민 등을 납치해 월북하려는 임무를 지닌 자이다. 보급간첩은 침투하거나 침투한 간첩에게 장비나 자재를 보급하는 임무를 띤 자이다.

표 17-2	간첩망의 형태
삼각형	• 지하당조직에서 주로 사용하는 간첩망형태로 지하당 구축을 하명 받은 간첩이 3명 이내의 행동공작원을 포섭하여 직접 지휘하고 포섭된 공작원간의 횡적 연락을 차단시키는 활동조직이다. • 공작원간의 횡적 연락이 안 되므로 비교적 보안유지가 잘 되고 일망타진의 가능성이 적다. 그러나 공작원의 검거시 주공작원의 정체가 쉽게 규명되고 활동범위가 좁다.
써클형	합법적 신분을 이용하여 침투, 합법적으로 공·사무활동을 하면서 대상국의 정치·사회문제를 이용, 적국의 이념이나 사상에 동조토록 유도하여 공작목표를 달성하기 위한 조직형태이다. 간첩활동이 자유롭고 대중적 조직 및 동원이 가능하지만 간첩의 정체가 폭로되었을 때 외교적 문제를 야기한다.
단일형	단일 특수목적을 수행하기 위하여 동조자를 포섭하지 않고 단독으로 활동하는 점조직으로 대남간첩이 가장 많이 사용한다. 간첩상호간에 종적, 횡적 연락의 차단으로 보안유지 및 신속한 활동이 가능하다. 그러나 활동범위가 좁고 공작성과가 비교적 낮다는 단점이 있다.
피라미드형	간첩 밑에 주공작원 2~3명을 두고 주공작원은 그 밑에 각각 2~3명의 행동공작원을 두는 조직형태이다.
레포형	레포란 연락원을 말하는 공산당의 용어이다. 피라미드형 조직에 있어서 간첩과 주공작원간, 행동공작원 상호간에 연락원을 두고 종횡으로 연결하는 방식이다. 오늘날은 사용하지 않는다.

출처: 신현기·남재성, 『새경찰학개론』(서울: 우공출판사 2013), p. 560.

2) 태 업

태업이란 수송기관, 통신, 산업시설을 파괴나 손상시켜 사회적 혼란을 야기하는 일련의 행위들을 말한다.

① **물리적 태업**　　물리적 태업의 대상은 수송기관, 통신시설, 산업시설 등을 들 수 있다.

표 17-3	물리적 태업의 종류
방화태업	성냥·유류 등 인화물질로 목표물에 화재를 발생케 하는 태업방법이다. • 가장 파괴력이 강하다. • 어떠한 목표에 대해서도 위력을 발휘한다. • 우연한 사고로 가장하기 용이하다. • 인화물질의 습득이 용이하다.
폭파태업	TNT·다이너마이트 등 폭발물을 사용하여 목표물을 파괴하는 방법이다. • 파괴가 즉각적이고 전체적이어야 할 때 사용한다. • 목표물을 파괴하는 목적을 달성하기 위하여 강한 절단력·분쇄력을 필요로 할 때 주로 사용한다.
기계태업	철물·설탕물을 기계 내에 투입하여 사용이 불가능하게 하거나, 전철기로 열차를 탈선·전복케 하는 등 기계류의 조작에 의한 태업이다. • 범행이 용이하며 적발이 곤란하다. • 목표물에 접근하여 있는 자가 실행한다. • 특별한 도구나 수단이 필요 없다. • 장기공작원이 실행한다.

② **심리적 태업**　　심리적 태업에는 선전태업, 경제태업, 정치태업 등이 있다.

표 17-4	심리적 태업의 종류
선전태업	허위사실 또는 유언비어 등을 유포시키든지, 혹은 반국가적 선전을 함으로써 국민의 사기를 저하시키고 여론을 혼란하게 하여 전투수행능력에 영향을 미치게 하는 행위이다.
경제태업	증권·은행권 등을 위조·남발하여 신용을 떨어뜨린다든가, 혹은 노동쟁의 행위를 야기함으로써 전쟁수행 능력에 영향을 미치게 하는 행위이다.
정치태업	부당한 시책을 하든가, 정상적 개선과 개량을 방해한다든가, 또는 부당하게 정치적 물의를 야기함으로써 전쟁수행 능력에 영향을 미치게 하는 행위이다.

3) 전 복

헌법에 따라 탄생한 국가기관을 뒤집어 변혁시키어 기능을 상실하게 하는 일련의 실력행사를 말한다. 북한은 남한에 대해 전위당 조직, 통일전선 구축, 선전과 선동, 파업과 폭동, 게릴라 전술, 테러 전술 등의 방식을 통해 전복을 시도할 가능성이 있는 만큼 항상 경계해야 한다.

(3) 방첩활동의 기본원칙

1) 완전협조의 원칙

방첩이라고 하는 것은 보안경찰이나 기타의 방첩기관 모두가 아무리 훈련이 잘 되고 주의와 대책을 세운다 하더라도 100% 임무를 수행하기가 어려운 것이다. 방첩이 제대로 이루어지기 위해서는 보안경찰과 방첩기관 이외에도 전체 국민들로부터 적극적인 협조의 노력이 있어야만 성과를 거둘 수 있는 것이다. 최근 우리나라에서 중요시되는 테마가 지역사회경찰활동인데 범죄를 예방하기 위해서는 경찰과 주민이 상호 협조를 하지 않으면 안 된다는 원리이다. 방첩도 이와 같은 논리에서 이해가 가능할 것이다.

2) 치밀성의 원칙

원래 간첩이란 치밀한 계획하에 길러지며 은밀한 온갖 방법을 통해 침투되어 공작활동을 펼치게 된다. 이에 대항해 방첩활동은 간첩보다 더 치밀한 계획을 수립하고 보안대책을 강구해 나가지 않으면 안 된다.

3) 계속접촉의 원칙

방첩기관은 간첩용의자를 발견하게 된 때에 곧바로 체포하는 것보다는 그 간첩의 주변환경 내지 관련자들이 완전히 파악될 때까지 기다리며 접촉하는 것이 매우 중요하다. 그 접촉의 방법으로는 탐지, 판명, 주시, 이용, 타진 등의 단계를 거치게 된다.[6]

3. 방첩활동의 유형

(1) 첩보수집

1) 개 념

첩보수집이란 방첩활동의 기본자료를 확보하기 위해 적대국가나 단체의 정세변화, 국가안전보장에 위해가 되는 각종 행위와 언동에 관한 첩보를 수집, 분석, 평가하여 정보를 작성하고 배포하는 일련의 행위를 말한다.

2) 첩보수집 요령

첩보의 수집은 신문, 잡지, 성명서, 선언문, 메시지, VTR, 벽보, 벽화, 대자보, 전단지 등을 세밀히 검토하여 비밀리에 탐문하고 탐색하는 방법을 통해 입수해 나가고

---

6) 이운주, 앞의 책, p. 372; 김충남, 앞의 책, p. 547; 신현기·남재성 외, 『새경찰학개론』(서울: 우공출판사, 2022), p. 562.

있다.

(2) 감   시

감시란 반국가단체나 적국 등 위해요인 활동에 관한 정보를 획득할 목적으로 시청각을 활용해 은밀하게 관찰해 나가는 일련의 기술적 활동을 말한다. 즉 공작대상의 인물, 물자, 지역 등에 대한 정보를 얻을 목적으로 시각이나 청각을 사용해 관찰하는 기술을 의미하다.

(3) 비밀공작

1) 개   념

비밀공작이란 정보기관이 적대국가나 반국가단체의 국가위해 활동을 예방하거나 검거할 목적을 가지고 계획적으로 비밀활동을 수행하는 것을 말한다. 비밀공작을 수행하기 위해서는 변장술, 비밀통신, 사전정찰, 감시 등의 활동이 필요하다. 특히 비노출을 위한 가장이나 위장은 비밀공작의 성패를 결정해 주는 중요한 요인이 된다.

2) 공작의 요령

방첩공작은 수집된 정보를 기반으로 정확한 분석평가 및 합리적인 계획을 수립하고 모든 객관적인 물증자료를 수집해 대상자의 성분이나 조직관계, 활동사실, 목적 그리고 배후 등 수사의 정확한 단서를 명백히 규명해야 하는 것이다. 특히 공작활동이 상대방에게 노출된 경우 그 공작 주관자는 자연스럽게 공작활동을 부정할 수 있도록 사전에 치밀한 계획이 수립되어 있어야 한다.

(4) 비밀공작활동에서 가장, 연락 및 관찰묘사

1) 가   장

가장은 비밀공작이 결코 외부에 드러나지 않도록 꾸며지는 모든 활동들을 의미한다. 가장은 비밀공작의 성패를 결정짓는 보안성을 확보하는 가장 효과적인 방법이다.[7]

2) 연   락

연락이란 비밀공작 과정에서 공작에 참여하는 인원이나 기관간에 외부에 노출되지 않도록 첩보, 문서, 관념, 물자 따위를 전달하기 위한 수단이나 방법을 말한다.

---

7) 김상호·신현기 외 7인, 앞의 책, p. 762.

3) 관찰묘사

일반적으로 관찰이란 일정한 목적하에 사물의 현상이나 사건의 전말을 감지하는 일련의 과정을 의미한다. 이에 반해 묘사란 관찰한 경험을 재생하여 표현하고 기술하는 것을 의미한다. 즉 관찰은 첩보수집의 단계이고 묘사는 보고의 단계라고 이해하면 된다.[8]

4) 사전정찰

말 그대로 사전정찰은 이미 계획된 공작활동을 위해 공작목표나 대상지역에 대해 사전활동을 통해 예비지식을 수집하는 일련의 조사활동을 말한다. 사전정찰 후에는 보고서를 통해 필요한 자료를 만들어 내야 한다.

4. 안보수사경찰의 활동

(1) 안보수사의 의의

정보사범이란 형법의 내란죄와 외환의 죄, 군형법의 반란죄와 이적죄, 군형법의 군사기밀죄와 암호부정사용죄 및 군사기밀보호법이나 국가보안법에 규정된 범죄를 범한 자와 그 혐의를 받고 있는 자를 의미한다.[9] 정보사범은 국가의 존립을 위한 기본질서를 해하는 자를 말한다. 이와 같은 정보사범을 인지하고 색출 및 검거하여 신문하는 활동들을 보안수사라고 한다. 정보사범의 특징은 내란죄, 외환죄, 간첩죄를 비롯해 국가적 법익을 침해하는 범죄들로 이루어진다는 점이다.

(2) 정보사범의 특성

정보사범은 다음과 같은 특징을 가지고 있다.[10]

1) 확 신 범

확신범은 현정부나 체제에 대해 다른 생각을 갖고 오직 신념에 의한 행동으로 반인륜적인 범죄도 마다하지 않으며 체포 후에도 반성하지 않으며 수사관에게도 적대적인 현상을 보이면서 비협조적이다.

2) 보 안 성

정보사범은 수사기관에 대해 항상 감시와 체포를 인식하고 있는 경우가 많다. 수

---

8) 박종문, 『경찰보안』(용인: 경찰대학, 2003), p. 21.
9) 신현기, 앞의 책, p. 766.
10) 신현기, 앞의 책, p. 767.

사기관에 발각되었다는 의심이 가면 즉시 활동을 중지하거나 다른 활동으로 전환하는 모습을 보여준다.

3) 비노출적 범행

정보사범은 범행의 결과가 신념, 포섭, 정찰 등으로 잘 드러나지 않아 수사기관에서 사전에 알아내기가 어렵다.

4) 조직적 범죄

정보사범은 흔히 이적단체의 명령을 받고 포섭된 자들로 대부분이 지하당, 지하조직과 같이 상부조직의 명령이나 지령에 따라 조직적으로 활동 및 행동을 하고 있다.

제 5 절　안보수사경찰 관련법

1. 국가보안법

(1) 의　　의

국가보안법이란 공법, 형법, 형사소송법에 대한 특별법이다. 국가보안법의 법익은 국가의 안전보장과 국민의 생존 및 자유의 확보를 대상으로 하고 있다. 국가보안법에 특별한 규정이 없는 경우는 형법과 형사소송법이 적용된다. 특히 국가보안법과 형사법이 충돌하는 경우에는 국가보안법이 우선하고 있다.

(2) 국가보안법의 목적과 법적 성격

국가보안법은 우리나라의 민주화 과정에서 적지 않은 논란의 대상이 되었다. 이는 남북한의 첨예한 대립 속에서 역대 정부들의 민주화 결과와 무관하게 존속하고 있다. 이에 다수의 법적 성격을 내포하고 있음을 볼 수 있다.

표 17-5　국가보안법의 법적 성격과 내용

목적		국가보안법은 국가의 안전을 위태롭게 하는 반국가활동을 규제함으로써 국가의 안전과 국민의 생존 및 자유의 확보를 목적으로 한다(제1조).
법적성격	공법(公法)	국가보안법은 국가가 그 구성원인 국민에 대한 특정한 행위의 금지를 요구하는 내용으로 국가와 국민간의 법률관계를 규율하는 법으로서 공법(公法)에 속한다.

형사사법법 (刑事司法法)	국가보안법은 반국가적 행위에 대한 재판의 준거가 되는 법률이며, 국가형벌권의 실현을 목적으로 하는 형사사법법(刑事司法法)이다.	
형사특별법	국가보안법은 '反국가활동'이라는 특정한 행위에 대하여 특별한 처벌규정과 절차를 두고 있는(실체적 규정과 절차적 규정이 혼재), 일반형법과 형사소송법에 대한 형사특별법이다. 따라서 국가보안법에 특별한 규정이 없는 경우에는 형법과 형사소송법이 그대로 적용되나, 상충되는 경우에는 특별법 우선의 원칙에 따라 국가보안법의 규정이 우선 적용된다.	
남북교류협력에관한법률과의 관계	남북한간의 왕래·교역·협력사업과 통신역무의 제공 등 남북교류와 협력을 목적으로 하는 행위에 관하여는 정당하다고 인정되는 범위 안에서 다른 법률에 우선해서 남북교류협력에관한법률이 적용되므로(남북교류협력에관한법률 제3조) 남북교류협력에관한법률은 국가보안법에 우선적용되는 특별법이다.	

출처: 신현기·남재성, 『새경찰학개론』(서울: 우공출판사 2022), p. 566.

(3) 국가보안법의 특성

일반적으로 고의범만 처벌하고 과실범에 대한 처벌규정은 없다. 반국가단체 구성, 목적수행, 자진지원, 잠입, 탈출, 이적단체구성, 무기류 등의 편의제공 등의 범죄에 대해 예비, 음모, 미수를 처벌함으로써 예비, 음모, 확장이라는 특징을 가지고 있다.[11]

2. 국가보안법 관련 범죄유형

(1) 반국가단체 구성죄(국가보안법 제3조)

정부나 국가를 변란으로 이끌 목적으로 이적단체를 구성하는 것을 말한다. 임의로 정부를 조직한 후 기존의 합법정부를 전복하여 새로운 정부를 조직하려는 목적을 두고 있는 경우이다.

(2) 목적수행죄(국가보안법 제4조)

흔히 반국가단체의 구성원이나 지령을 받은 자가 그 목적을 달성하기 위해 간첩행위를 하는 경우에 성립되는 범죄이다. 적국을 위해 간첩행위를 하거나 군사상 기밀을 누설한 사람도 목적수행죄에 포함된다.

(3) 자진지원죄(국가보안법 제5조 1항)

반국가단체나 그 지령을 받은 자를 지원할 목적으로 자진해 목적수행죄에 규정된 일련의 행위를 한 경우에 자진지원죄가 성립되어 처벌받게 된다.

---

11) 조철옥, 앞의 책, p. 768; 신현기, 『경찰학개론』(파주: 21세기사, 2013), p. 538.

(4) 금품수수죄(국가보안법 제5조 2항)

반국가단체의 구성원이나 지령을 받은 자로부터 금품을 수수하는 행위를 하여 국가의 존립을 위태롭게 한 사람에게 적용되는 죄이다.

(5) 잠입탈출죄(국가보안법 제6조)

반국가단체의 지배하에 잠입을 하거나 잠입을 위해 탈출을 하는 행위를 한 경우 성립하는 죄이다.

(6) 회합 및 통신죄(국가보안법 제8조)

국가를 위태롭게 한다는 점을 알면서도 반국가단체의 구성원 등과 회합 및 통신 연락을 하는 행위를 의미한다.

(7) 각종 이적행위

반국가단체의 활동을 찬양, 고무, 선전 등의 행위를 하는 자의 행위를 말한다. 즉 이적단체 구성 및 가입죄는 이적찬양, 고무, 선전행위를 목적으로 하는 단체를 구성하거나 이에 가입하는 행위를 의미한다.

(8) 편의제공죄(국가보안법 제9조)

국가보안법상의 죄를 범하거나 범하려는 자임을 알면서 총포, 탄약, 화약 등의 무기를 제공하는 행위를 범한 경우에 성립된다.

(9) 불고지죄(국가보안법 제10조)

반국가단체구성죄, 목적수행죄, 자진지원죄를 범한 자라는 사실을 알면서 수사기관에 알리지 않은 행위를 말한다. 이는 5년 이하의 징역이나 200만원 이하의 벌금형을 두고 있다. 국가보안법 중 유일하게 벌금형을 두고 있는 죄이다.12)

---

12) 조철옥, 앞의 책, p. 768.

1. 보안관찰의 의의

보안관찰이란 행위자의 장래 위험성을 예방하고 행위자의 치료·교육·재사회화를 위한 개선과 사회방위를 주목적으로 하여 과하여지는 형벌 이외의 형사제재를 의미한다.

2. 보안관찰의 법적 근거

1) 보안관찰법

보안관찰법은 특정범죄를 범한 자에 대하여 재범의 위험성을 예방하고 건전한 사회복귀를 촉진하기 위하여 보안관찰처분을 함으로써 국가의 안전과 사회의 안녕을 유지함을 목적으로 한다(제1조).

2) 기타 보안관찰법과 관련된 규정

여기에는 다음과 같이 몇가지의 영이나 규정들이 있다.

- 보안관찰법시행령(대통령령)
- 보안관찰법시행규칙(법무부령)
- 보안관찰처분대상자처리업무조정규정(국가정보원 규정)
- 보안관찰처분대상자처리업무조정규정시행규칙(경찰청예규) 등이다.

3. 보안관찰해당범죄(보안관찰법 제2조)

보안관찰법 제2조에는 보안관찰해당범죄에 관해 명시하고 있다.

표 17-6	보안관찰해당범죄 등			
형법	• 내란목적살인죄	• 외환유치죄	• 여적죄	• 모병이적죄
	• 시설제공이적죄	• 시설파괴이적죄	• 물건제공이적죄	• 간첩죄
	※ 내란죄, 일반이적죄, 전시군수계약불이행죄 제외			
군형법	• 반란죄	• 반란목적의 군용물탈취죄		• 군대 및 군용시설제공
	• 군용시설등파괴죄	• 간첩죄		• 일반이적죄
	• 적을 이롭게 할 목적의 반란불보고죄(단순반란불보고죄 제외)			
국가보안법	• 목적수행죄	• 자진지원죄	• 금품수수죄	
	• 잠입・탈출죄	• 총포・탄약・무기 등 편의제공죄		

출처: 신현기・남재성, 『새경찰학개론』(서울: 우공출판사 2013), p. 566.

4. 보안관찰처분 대상자와 신고

보안관찰법 제3조와 보안관찰처분대상자의 신고에 관한 내용은 다음과 같이 규정하고 있다.

표 17-7	보안관찰처분 대상자와 신고내용
보안관찰처분 대상자 (동법 제3조)	보안관찰해당범죄 또는 이와 경합된 범죄로 금고 이상의 형의 선고를 받고 그 형기 합계가 3년 이상인 자로서 형의 전부 또는 일부의 집행을 받은 사실이 있는 자를 말한다.
보안관찰처분대상 자의 신고(동법 제6조)	• 교도소내 신고: 출소 2개월 전까지 교도소 등의 장을 통해 거주예정지 경찰서장에게 신고해야 한다(경찰서장은 대상자가 거주예정지에 거주하지 아니할 것이 명백하면 지체 없이 교도소장에게 통보해야 한다). • 출소 후 신고: 대상자는 출소 후 7일 이내에 그 거주예정지 관할경찰서장에게 출소사실을 신고하여야 한다. • 처분대상자는 교도소 등에서 출소한 후 신고사항에 변동이 있을 때에는 변동이 있는 날부터 7일 이내에 그 변동된 사항을 관할경찰서장에게 신고하여야 한다.

5. 보안관찰처분 및 그 기간(보안관찰법 제4조, 5조)

① 보안관찰처분대상자 중 보안관찰해당범죄를 다시 범할 위험성이 있다고 인정할 충분한 이유가 있어 재범의 방지를 위한 관찰이 필요한 자에 대하여는 보안관찰처분을 한다. 보안관찰처분을 받은 자는 소정의 사항을 주거지 관할 경찰서장에게 신고하고, 재범방지에 필요한 범위 안에서 그 지시에 따라 보안관찰을 받아야 한다.

② 보안관찰처분의 기간은 2년으로 한다. 법무부장관은 검사의 청구가 있는 때에는 보안관찰처분심의위원회의 의결을 거쳐 그 기간을 횟수 제한 없이 갱신할 수 있다.

6. 보안관찰처분의 절차

보안관찰을 행하는 데 있어서는 다음과 같은 법적 근거에 기인해서 행하고 있다.

표 17-8 보안관찰 처분의 절차와 내용

① 보안관찰처분의 청구(동법 제7조,8조,9조)	㉠ 보안관찰처분의 청구는 검사가 법무부장관에게 행한다. ㉡ 검사가 일정사항을 기재한 보안관찰처분청구서를 법무부장관에게 제출함으로써 행하고, 검사는 청구 후 지체없이 처분청구서등본을 피청구자에게 송달하여야 한다. ㉢ 검사와 사법경찰관리는 보안관찰처분청구를 위하여 필요한 때에는 처분대상 자, 청구의 원인이 되는 사실과 보안관찰처분을 필요로 하는 자료를 조사할 수 있다.
② 심사 (동법 제10조)	㉠ 법무부장관은 처분청구서와 자료에 의하여 청구된 사안을 심사한다. ㉡ 법무부장관은 심사를 위하여 필요한 때에는 법무부소속공무원으로 하여금 조사 하게 할 수 있다.

③ 보안관찰처분의 면제(동법 제11조)	㉠ 법무부장관은 보안관찰처분대상자 중 다음의 요건을 갖춘 자에 대하여는 보안 관찰처분을 하지 아니하는 결정(면제결정)을 할 수 있다.
	  1. 준법정신이 확립되어 있을 것
	  2. 일정한 주거와 생업이 있을 것
	  3. 대통령령이 정하는 2인 이상의 신원보증이 있을 것
	㉡ 법무부장관은 요건을 갖춘 보안관찰처분대상자의 신청이 있을 때에는 부득이한 사유가 있는 경우를 제외하고는 3월내에 면제여부를 결정하여야 한다.
	㉢ 검사는 요건을 갖춘 보안관찰처분대상자의 정상을 참작하여 위험성이 없다고 인정되는 때에는 법무부장관에게 면제결정을 청구할 수 있다.
	㉣ 면제결정을 받은 자는 그 때부터 보안관찰법에 의한 보안관찰처분대상자 또는 피보안관찰자로서의 의무를 면한다.
	㉤ 면제결정을 받은 자가 그 면제결정요건에 해당하지 아니하게 된 때에는 검사의 청구에 의하여 법무부장관은 면제결정을 취소할 수 있다.

④ 결정 (동법 제14조)	㉠ 보안관찰처분에 관한 사안을 심의·의결하기 위하여 법무부에 보안관찰 처분심 의위원회의를 둔다. ㉡ 보안관찰처분에 관한 결정은 보안관찰처분심의위원회의 의결을 거쳐 법무부장 관이 행한다. ㉢ 법무부장관은 위원회의 의결과 다른 결정을 할 수 없다. 다만, 보안관찰처분 대상자에 대하여 위원회의 의결보다 유리한 결정을 하는 때에는 그러하지 아니하다.
⑤ 결정의 취소 등 (동법 제16조)	검사는 법무부장관에게 보안관찰처분의 취소 또는 기간의 갱신을 청구할 수 있으 며, 청구를 받은 법무부장관은 위원회의 의결을 거쳐 이를 심사·결정하여야 한다.
⑥ 보안관찰처분의 집행(동법 제17조)	㉠ 보안관찰처분의 집행은 검사가 결정서등본을 첨부한 서면으로 지휘한다. ㉡ 검사는 피보안관찰자가 도주하거나 1월 이상 소재가 불명한 때에는 보안관찰처 분의 집행중지 결정을 할 수 있다. 그 사유가 소멸된 때에는 지체 없이 그 결 정을 취소하여야 한다.

출처: 신현기·남재성 외, 『새경찰학개론』(서울: 우공출판사 2022), p. 571.

한편 보안관찰제도를 원활하게 운영하기 위해 보안관찰처분심의위원회를 설치 및 운영하고 있다.

표 17-9   보안관찰처분심의위원회

1. 구성
   - 위원장 1인과 6인의 위원으로 구성한다.
   - 위원장은 법무부차관이 되고, 위원은 학식과 덕망이 있는 자로 하되 그 과반수는 변호사의 자격이 있는 자이어야 한다.
   - 위원은 법무부장관의 제청으로 대통령이 임명 또는 위촉한다.
   - 위원의 임기는 2년으로 한다.
2. 심의·의결사안
   - 보안관찰처분 또는 그 기각의 결정
   - 면제 또는 그 취소결정
   - 보안관찰처분의 취소 또는 기간의 갱신결정
3. 의결
   위원회의 회의는 위원장을 포함한 재적위원 과반수의 출석으로 개의하고 출석위원 과반수의 찬성으로 의결한다.

제 7 절   남북교류협력

남북교류협력은 노태우 대통령의 1988년 「7. 7 특별선언」으로부터 시작되었는데, 이는 개방과 화해정책에 의한 교류협력의 개막선언이었다. 우선 정경분리(政經分離) 원칙에 입각하여 추진했다. 1998년 「남북경협활성화조치」 이후 민간주도의 경제협력을 추진했으며 정부는 과당경쟁 및 불공정거래방지 등 교류협력질서확립에 주력했다.

1. 남북교류협력에 관한 법률

본 법률의 목적은 군사분계선 이남지역(남한)과 그 이북지역(북한) 간의 상호교류

표 17-10   남북교류협력의 용어 정의

출입장소	북한으로 가거나 북한으로부터 들어올 수 있는 남한의 항구·비행장 기타 장소로서 대통령령이 정하는 곳
교역	남한과 북한간의 물품의 반출·반입
반출·반입	매매·교환·임대차·사용대차·증여 등을 원인으로 하는 남한과 북한간의 물품의 이동(단순히 제3국을 경유하는 물품의 이동을 포함)
협력사업	남한과 북한의 주민(법인·단체를 포함)이 공동으로 행하는 문화·체육·학술·경제 등에 관한 제반활동

와 협력을 촉진하기 위하여 필요한 사항을 규정함을 목적으로 한다. 본 법률을 이해하기 위해서는 우선 용어를 이해함이 중요하다.

타법과의 관계를 보면 남한과 북한의 왕래·교역·협력사업 및 통신역무의 제공 등 남북교류와 협력을 목적으로 하는 행위에 관하여는 정당하다고 인정되는 범위 안에서 다른 법률에 우선하여 이 법을 적용한다.

2. 남북교류협력추진협의회

남북교류협력에 관한 정책을 협의·조정하고 심의·의결하기 위하여 통일부에 설치한다. 그리고 위원장은 통일부장관이 되며, 위원은 위원장을 포함하여 차관 및 차관급 공무원 중에서 국무총리가 지명하는 15인 이내의 자로 구성한다.

3. 남북한의 왕래(남북교류협력에 관한 법률 제9조, 제10조)[13]

① 남한과 북한의 주민이 남한과 북한을 왕래하고자 할 때에는 대통령령이 정하는 바에 의하여 통일부장관이 발급한 증명서를 소지하여야 한다.

② 위의 규정에 의한 증명서는 북한방문증명서와 남한방문증명서로 나누고, 이를 각각 1회에 한하여 북한 또는 남한을 방문할 수 있는 증명서와 통일부장관이 정하는 유효기간의 만료일까지 횟수의 제한 없이 북한 또는 남한을 방문할 수 있는 증명서(수시방문증명서)로 나눈다.

③ 수시방문증명서를 발급받은 자가 북한 또는 남한을 최초 방문한 이후 방문증명서의 유효기간 내에 북한 또는 남한을 다시 방문하고자 하는 때에는 대통령령이 정하는 바에 따라 통일부장관에게 방문신고를 하여야 한다.

④ 통일부장관은 위의 규정에 의한 방문증명서를 발급받은 자가 남북교류·협력을 저해할 우려가 있거나 국가안전보장·공공질서 또는 공공복리를 저해할 우려가 있을 때에는 그 발급결정을 취소할 수 있다.

⑥ 재외국민이 외국에서 북한을 왕래하는 때에는 통일부장관 또는 재외공관의 장에게 신고하여야 한다. 다만, 외국을 경유하지 않고 남한과 북한을 직접 왕래하는 때에는 발급된 방문증명서를 소지하여야 한다.

⑦ 증명서의 발급절차 및 재외국민의 범위와 신고절차에 관하여 필요한 사항은 대통령령으로 정한다.

---

13) 신현기·남재성 외, 『새경찰학개론』(서울: 우공출판사 2013), p. 574.

제18장	**외사경찰**

제 1 절　외사경찰의 의의

1. 외사경찰의 개념과 중요성

(1) 외사경찰의 개념

외사경찰이란 국가의 안전과 사회공공의 안녕 및 질서유지를 목적으로 외국인, 해외교포, 외국인과 관련된 국내인 등 외사대상에 대해 이들의 동향을 관찰하고 이들과 관련된 일련의 범죄를 예방 및 단속하는 것을 임무로 하는 경찰활동을 의미한다.

한편 외사경찰의 대상이 되는 내용은 다음과 같다.

첫째, 주한 외국인이나 외국기관 및 단체가 한국 내에서 저지른 범죄

둘째, 국내인이 혹은 해외교포가 외국에서 저지른 범죄

셋째, 내국인이 외국인 혹은 외국기관이나 단체 등과 연계해 저지른 범죄

넷째, 외국인이 한국에서 한국인을 대상으로 저지른 범죄

다섯째, 내국인이 국내에서 외국, 외국인을 대상으로 저지른 범죄 등인데 이들은 모두 외사경찰의 대상이 된다.

(2) 외사경찰의 중요성

이제 세계는 하나의 울타리 시대에 접어들었다. 시공을 초월한 국제화 시대를 맞이하여 국경의 의미가 퇴색되어가고 있으며 누구나 어디든지 그리고 지구상의 어느 나라든지 자유롭게 여행할 수 있는 시대가 활짝 열리게 되었다. 따라서 어느 나라든지 국제공항을 입·출국하는 인구가 날로 증가하고 있는 실정이다. 해외여행의 자율

화 및 보편화는 관광객의 수를 한층 증대시켜 놓았다. 더불어서 외국인 바이어나 산업연수원생이 대거 증가하고 있다. 국내체류를 원하는 외국인 노동자가 날로 증가하고 있으므로 외사경찰의 중요성이 커지고 있다.

(3) 외사경찰의 법적 근거

1) 경찰법 제3조

외사경찰에게 있어서 범죄의 예방·진압 및 수사, 치안정보의 수집, 기타 공공의 안녕과 질서유지 등에 관한 규정은 외사경찰활동의 포괄적 근거가 된다.

2) 경찰관직무집행법 제2조(직무의 범위)

경찰관직무집행법 제2조에서 명시한 직무의 범위에 외사경찰의 활동을 위한 법적 근거가 된다.

3) 경찰청과그소속기관등직제(제8조 2항): 외사국장의 업무사항

① 재외국민·외국인 및 이에 관련되는 신원조사
② 외국경찰기관의 협력 및 교류
③ 국제형사경찰기구에 관련되는 업무
④ 외사정보의 수집·분석 및 관리
⑤ 외국인 또는 외국인과 관련된 간첩의 검거공작 및 범죄의 수사·지도
⑥ 외사방첩업무의 지도·조정
⑦ 국제공항 및 국제해항의 보안활동에 관한 계획 및 지도

4) 외사요원관리규칙(경찰청훈령): 외사요원의 업무

① 외사정보업무
② 외사방첩업무
③ 외사수사공작업무
④ 대테러업무
⑤ 해외주재업무

5) 기   타

출입국관리법, 범죄인인도법, 국제형사사법공조법, 외환관리법, 여권법, 한미행정협정SOFA 등이 있다.

(4) 외사경찰의 대상

외사경찰의 대상은 외국인과 관련된 모든 사항을 그 주요 대상으로 하고 있다. 즉 기관뿐 아니라 인물까지도 공히 그 대상으로 다루고 있는 것이다.

표 18-1　외사경찰의 기관, 인물, 대상범죄 등의 내용

기관	외국공관, 주한 외국기관, 외국언론기관, 외국인 종교·구호단체, 외국인 기업체 및 외국과 관련 있는 국내단체·기업체
인물	외국공관원 및 준외교관, 주한외국군 구성원, 재한 외국인, 해외교포 및 취업자, 외국인 근로자, 외국인과 관련 있는 내국인
대상범죄	① 주한 외국인 또는 외국기관·단체가 대한민국 내에서 저지른 범죄 ② 내국인 또는 해외교포가 외국에서 저지른 범죄 ③ 내국인이 외국인 또는 외국기관·단체 등과 연계하여 저지른 범죄 ④ 외국인이 외국에서 대한민국 또는 대한민국 국민을 대상으로 저지른 범죄 ⑤ 내국인이 국내에서 외국·외국인을 대상으로 저지른 범죄 또한 간첩·불순분자 등의 제3국을 통한 우회침투를 방지·색출하고 무장·과격분자 또는 국제범죄단체 등에 의한 테러와 납치 등 국제성 범죄에 대처하는 것도 외사경찰의 활동영역에 속한다.

출처: 신현기·남재성, 『새경찰학개론』(서울: 우공출판사, 2022), p. 583.

2. 외사경찰의 조직과 인력관리

(1) 경 찰 청

외사국장은 치안감 또는 경무관으로 보한다. 외사국장은 다음 사항에 관하여 차장을 보좌하며, 외사국장 밑에 외사기획정보과, 인터폴국제공조과, 국제협력과를 두고 과장은 총경으로 3인을 둔다.[1]

외사기획정보과장은 다음의 업무를 수행한다.

① 외사경찰업무에 관한 기획 및 지도

② 외사정보 및 외사안보정책에 관한 기획·지도 및 조정

③ 외사정보 및 외사안보정보 수집, 종합분석 및 관리

④ 외사대테러, 방첩업무의 지도, 조정 및 국내외 유관기관과의 협력

⑤ 국제공항 및 국제항만 보안활동에 관한 계획 및 지도

⑥ 그 밖에 국내 다른 과의 주관에 속하지 아니하는 사항

인터폴국제공조과장은 다음의 사항을 관장한다.

① 인터폴(국제형사경찰기구) 및 법집행기관과 국제공조에 관한 기획·지도 및 조정

② 해외 거점 범죄 및 불법수익 분석 및 대응 업무

---

1) 경찰청과 그 소속기관 직제 제15조의2 참조.

③ 코리안데스크 관련 업무

④ 해외 파견 경찰관의 선발 교육 및 관리 업무

⑤ 재외국민 및 외국인과 관련된 신원조사

외사수사과장은 다음의 업무를 수행한다.

① 외국경찰 등과의 교류 협력 및 치안외교 총괄

② 외국경찰 등과의 국제 치안협력사업 및 치안장비 수출지원

(2) 시·도경찰청과 경찰서

우리나라 18개 시·도경찰청의 경우 기존의 부서를 재정비하였다. 예를 들어 서울경찰청의 경우는 공공안녕정보외사부장을 두고 경무관으로 보한다. 과장은 총경으로 보한다. 기타 시·도경찰청에는 공공안녕정보외사과를 두고 있다. 각 과장은 총경으로 보하고 있다. 그리고 각 경찰서는 경정을 책임자로 하며 경찰서에 따라 명칭을 개명하여 공공안녕정보외사과 또는 안보과 혹은 정보안보외사과를 두고 있다.

(3) 외사경찰의 인력관리

이제 우리나라에 외국인 체류자는 이제 200만명 시대를 열었다. 이에 따라 외국인 범죄자도 급속도로 증가하고 있다. 따라서 우리 외사경찰인력도 지속적으로 증가시켜야 하는 과제를 안고 있다.

(4) 외사경찰의 선발과 교육훈련

우리나라 외사경찰요원의 경우 일반경찰처럼 일선 지구대와 경찰서 근무를 거쳐 외사경찰로 옮기기도 한다. 그리고 공개채용과 특별채용도 진행하고 있다. 공개채용은 필기시험, 체력시험, 면접시험으로 이루어지고, 특별채용은 필기시험이 면제된다. 외국어 능력보유자에 대한 경장특별채용도 있다.

3. 외사경찰의 임무

(1) 외사요원의 임무

외사요원의 경우는 다음의 업무를 취급하는 사람들을 의미한다. 즉 외사정보 업무, 외사방첩공작 업무, 외사범죄분석 업무, 국제협력 업무, 해외주재관 업무 등이다.

(2) 외사경찰의 활동범위

외사경찰의 활동범위는 매우 광범위한데 주로 외사와 관련된 정보, 보안, 범죄분석 등을 비롯 자국의 이익을 위해 국제협력활동을 펼치고 있다. 외사경찰활동은 국내뿐 아니라 국제적으로 국제형사 사법공조 업무, 외국국제경찰과 상호교류, 국제회의 참석, 국제정보기관과 정보교환 등도 공조하는 특징을 가지고 있다.[2]

(3) 외사경찰의 전문성

외사경찰에게는 일반경찰과는 달리 업무상 특수성을 지니고 있는데 외국어 능력, 국제안보와 정치, 문화 및 경제, 국제범죄조직의 동향, 컴퓨터 능력 등 전문성을 지니고 있어야 함을 요구한다.

4. 외사경찰의 대상

(1) 인물별 대상

첫째, 외국공관원 및 준외교관이다. 이는 주한외국대사·공사·영사와 국제기관의 직원 등을 말한다.

둘째, 주한외국군 구성원이다. 이는 주한외국군인 군속과 그 가족, 초청계약자와 그 가족, 고용원 등이다.

셋째, 주한외국인이다. 거류자, 체류자, 항공기와 선박의 승무원 중 상륙허가를 받은 자 등을 말한다.

넷째, 해외교포 및 취업자이다. 이는 해외에 영주하는 교포, 해외 장기체류자, 취업자 등이다.

다섯째, 외국과 관련 있는 내국인이다. 외국공관과 외국기관과의 내국인 종업원, 외국인 접객업소의 종업원, 관광안내원 등이다.

(2) 기관별 대상

첫째, 외국공관이다. 이는 대사관, 영사관, 국제기관 등을 말한다.

둘째, 주한 외국군 기관이다. 이는 주한 UN군, 주한 미8군, 정전위원회 등을 말한다.

셋째, 외국인 사회단체이다. 각종 민간단체, 봉사단체, 문화학술단체 등을 말한다.

넷째, 외국인 종교 및 구호단체이다. 이는 각종 종교, 구호단체, 고아입양단체 등이다.

---

2) 신현기, 『경찰학개론』(파주: 21세기사, 2008), p. 545; 박기선, 앞의 논문, p. 142.

다섯째, 외국기업체이다. 금융기관, 항공사, 선박회사, 상사 등을 말한다.

여섯째, 외국언론기관 등이다. 이는 외국의 언론과 관련된 기관 등을 말한다.

일곱째, 외국인과 관련된 국내단체 및 기업체 등이다. 주로 이러한 인물이나 공관 및 단체가 우리나라 외사경찰의 대상이 되고 있다.[3]

5. 외사경찰 관련 법률

(1) 법 률

외사경찰과 관련되어 업무가 진행되는 경우 그 법적 근거는 다음과 같다. 즉 출·입국관리법, 범죄인인도법, 국제형사사법공조법, 여권법, 밀항단속법, 외국환거래법, 외국인토지법, 외국인투자촉진법, 대외무역법 등이다.

(2) 조 약

외사경찰 업무에 있어서 조약과 관련되는 내용은 한미행정협정SOFA, 범죄인인도조약, 형사사법공조조약, 외교 및 영사관계에 관한 비엔나 협약 등이다.

제 2 절 **외교사절의 특권과 면제**

1. 의 의

외교사절이란 파견국을 대표하여 외교교섭을 하고, 자국민을 보호하며, 주재국의 정세를 살피어 본국에 보고하는 등 정치적 임무를 수행하기 위하여 외국에 파견되는 외무공무원을 말한다. 외교사절은 접수국과의 우호관계를 증진하고 경제·문화·과학 등 협력관계를 증진시키는 기능을 한다.

2. 외교사절의 종류와 계급

상임사절은 접수국에 상주하며 외교관계를 처리하는 외교사절로 대사, 공사, 대리

---

3) 중앙경찰학교, 『외사』(충주: 중앙경찰학교, 2009), p. 12.

공사의 계급이 있다. 이에 반해 임시사절은 특정한 외교교섭이나 국제회의 참석 또는 조약체결을 위해 일시적으로 파견하는 사무사절과 외국의 축전 또는 의식에 국가대표로 파견되는 예의사절이 있다. 한편 외교사절에 관한 국제법상의 규율을 보면 외교사절에 관한 국제법상의 규율은 국제관습법으로 존재해왔으나 1961년 '외교관계에 관한 비엔나협약'이 체결됨으로써 명문화되었다.

참고로 영사란 정치적 교섭을 주임무로 하는 외교사절과 달리 영사는 국가 경제적 목적수행과 자국민의 보호를 위하여 국가간에 파견된 공식기관으로, 국가를 대표하여 외교교섭을 할 권한이 없고, 파견에 아그레망이나 신임장이 필요 없으며, 비정치적 목적을 수행한다. 영사에게도 외교사절의 특권보다는 약하나 역시 특권이 인정된다.

3. 외교사절의 파견과 접수

(1) 외교사절의 파견

1) 아그레망의 요청

특정의 인물을 외교사절로 임명하기 전에 접수국에 대해 사전동의를 구하는 것을 말한다. 접수국은 아그레망을 요청받은 특정인이 자국의 이익을 위해 만족할 만한 인물이 아니라고 판단되면 이를 거부할 수 있으며(아그레망의 거부), 이 때 파견국에 대하여 그 이유를 통지할 의무는 없다.

2) 신임장 수여와 파견

접수국이 아그레망의 요청에 동의(아그레망의 부여)하면 파견국은 그 인물을 외교사절로 임명하고 신임장을 주어 파견한다. 신임장은 외교사절로서의 자격을 증명하는 공문서이다.

(2) 외교사절의 접수

외교사절이 접수국에 신임장 정본을 제출하여 정식 접수되었을 때부터 외교사절의 자격이 인정되고 직무를 개시할 수 있다(※ 외교특권은 입국시부터 인정된다).

4. 외교사절의 특권과 면제

외교사절은 종류와 계급을 불문하고 일정한 특권적 지위를 향유한다. 이러한 외

표 18-2	외교사절에 대한 불가침권과 내용
신체의 불가침	• 외교사절의 신체는 불가침이며 신체의 불가침에는 생명·신체의 안전뿐만 아니라 신체의 자유까지도 포함된다. • 외교관은 어떠한 형태의 체포 또는 구금도 당하지 아니한다. 다만, 정당방위나 긴급피난은 외교관에 대해서도 할 수 있다. • 우리 형법은 대한민국에 체재하는 외국사절에 대한 폭행이나 협박 등의 죄에 대하여 일반 범죄보다 가중하여 처벌하는 규정을 두고 있다(형법 제107조, 108조).
관사의 불가침	• 외교사절의 공관 및 관사는 불가침이다. 외교관의 개인주택도 불가침이다. 소유 또는 임차 를 불문하며 관사는 본건물뿐만 아니라 부속건물, 정원, 차고 등을 포함한다. 관사에 대한 불가침에 준하여 외교사절의 승용차, 보트, 비행기 등 교통수단도 불가침의 특권을 갖는다. • 접수국의 관리는 외교사절의 요구나 동의 없이는 출입할 수 없다. 다만, 화재나 전염병발생 등 긴급을 요하는 경우에는 동의 없이도 출입할 수 있다. • 공관의 범죄인 비호권은 인정되지 않는다.
문서의 불가침	• 외교공관 및 외교사절의 문서(공문서 및 사문서)는 언제, 어디서나 불가침이며 수색·검 열·압수되거나 그 제시가 요구되지 아니한다. 심지어 외교단절의 경우에도 접수국은 문서 의 불가침권을 존중하고 보호해야 한다. • 다만, 문서가 간첩행위의 서증인 경우 또는 사절과 동일한 국적의 간첩이 주재국에서 절취 또는 복사한 문서로서 그것을 접수국이 입수한 경우에는 불가침권을 상실한다.

교사절의 특권을 외교특권이라 하는데, 외교관의 특권은 1961년 4월 18일 '외교관계에 관한 비엔나 협약'과 1963. 4. 24 '영사관계에 관한 비엔나협약'에서 인정하였는데, 특히 외교관계에 관한 비엔나협약 제29조에는 외교관에 대한 신체의 불가침을 명백히 규정하고 있다. 외교특권은 헌법 제6조에 따라 일반적으로 승인된 법규로서 국내법과 동일한 효력을 갖는다.

5. 치외법권(면제권)

외교관은 치외법권을 통한 특권을 유지하고 있다. 살인을 저지른 경우를 제외하면 대부분의 경우에 면책특권을 유지하는 경우가 많은 실정이다. 그러나 그 법적 보장을 무한대로 유지하는 것은 아니다.

표 18-3	치외법권과 관련된 내용
형사재판권의 면제	외교사절은 접수국의 형사재판관할권으로부터 면제된다. 외교관은 어떠한 경우에도 체포·구금·소추 또는 처벌되지 않는데, 이는 공무수행 중에 행하여진 행위에 대해서 뿐만 아니라 개인자격으로 행한 행위에 대해서도 그러하다. 다만 중대한 위법행위를 한 때에는 '기피인물' 또는 '비우호적인 인물'로 선언하여 소환을 요구하거나 추방 등의 조치를 취할 수 있으며 긴급한 필요가 있는 경우에는 일시적으로 신체의 자유를 구속할 수 있다.
민사재판권의 면제	외교사절은 원칙적으로 접수국의 민사재판으로부터 면제된다. 외교사절에 대한 민사소송을 접수국의 재판소에 제기할 수 없고, 접수국의 재판소는 이를 수리할 수 없다. 그

	러나 그 면제의 범위는 형사재판권에 비하여 매우 제한적이다. 자진출소와 응소의 경우 또는 개인의 부동산영업·손해배상 등에 관한 소송은 재판할 수 있다.
증언의무로 부터의 면제	외교사절은 접수국 내에서 형사· 민사 또는 행정재판과 관련하여 재판정에 출석하여 증언할 의무가 없다. 재판정뿐만 아니라 공관에서도 증언할 의무가 없다. 그러나 자발적인 증언은 할 수 있으며, 당사자로서의 증언은 면제되지 않는다.
과세권의 면제	외교사절은 원칙적으로 접수국의 과세권으로부터 면제되므로 인적, 물적 또는 국세, 지방세를 불문하고 조세로부터 면제된다. 다만, 간접세, 사절의 사유 부동산에 관한 조세·사용료 등에 관해서는 면제되지 않는다.
역무의 면제	외교사절은 접수국의 모든 개인적 역무, 공적 역무, 징발, 군사상의 기부, 숙사제공 등과 관련된 군사적 의무로부터 면제된다.
경찰권의 면제	외교사절은 접수국의 경찰권으로부터 면제된다는 것이 통설이다. 경찰의 명령이나 규칙은 외교사절을 구속하지 않는다. 다만, 외교사절이 접수국의 경찰규칙에 위반하는 경우에는 접수국은 파견국에 대하여 소환을 요구하거나 외교사절에 대하여 퇴거를 요구할 수 있다.

출처: 신현기·남재성 외, 『새경찰학개론』(서울: 우공출판사, 2022), p. 589.

6. 특권향유의 범위

외교사절은 다음과 같은 범위 내에서 그 특권을 향유하고 있다. 예를 들어 외교사절이 음주운전을 하고 가는 경우 교통경찰이 추적할 경우 자기 공관으로 신속히 들어가서 처벌받지 않는 경우도 있다.

표 18-4 외사절의 특권과 내용

물적범위	• 공적 행위(접수국의 재판관할권 자체로부터의 면제) • 사적 행위(재판관할권 행사로부터의 면제)
인적범위	㉠ 외교사절 및 그 가족 ㉡ 외교직원 ㉢ 사무·기술직원: 접수국의 국민이 아니거나 접수국에 영주하는 사람이 아닌 한 원칙적으로 외교관과 동일한 특권과 면제가 부여된다. ㉣ 역무직원: 접수국의 국민이 아니거나 접수국에 영주하지 않는 경우에는 공적 행위에 대해서만 면제가 부여된다. ㉤ 개인적 사용인: 접수국의 국민이 아니거나 접수국에 영주하지 않는 경우에 한하여 급료에 대한 조세만이 면제되며, 그 밖의 분야에서의 외교특권의 면제는 접수국의 재량에 의한다.
시간적범위	외교특권이 부여되는 시점은 접수국의 영역 내로 들어간 때(입국시) 그리고 이미 접수국의 영역 내에 있는 상태에서 임명된 때에는 그 임명이 접수국에 통고된 때이다.

출처: 신현기·남재성 외, 『새경찰학개론』(서울: 우공출판사, 2022), p. 589.

7. 외교특권의 포기

외교관의 특권과 면제는 외교업무의 수행을 위하여 필요한 외교관의 활동의 자유를 보장하려는 것이므로 이러한 필요성이 없는 때에는 포기할 수 있다. 그러나 외교관의 특권과 면제는 외교관 개인의 권리가 아니고 파견국이 갖는 국제법상의 권리이므로 포기의 주체는 파견국이다.

제 3 절 **한미행정협정(SOFA)**

1. 의   의

일명 소파협정이라고도 불리는 주한미군의 지위협정은 대한민국과 아메리카합중국간의 상호방위조약 제4조에 의한 시설과 구역 및 대한민국에서의 합중국군대의 지위에 관한 협정을 말한다. 본 내용은 특별히 한국에 주둔하고 있는 미군의 출·입국, 관세, 시설 및 구역의 이용, 불법행위에 대한 민사청구권, 형사절차 기타 조세, 외환, 우편, 통신 등의 제반문제를 규정하고 있다. 특히 이것은 접수국과 파견국 간 공동의 이해관계를 위하여 외국에 주둔하면서 무력을 보유하고, 일정한 지휘체계를 가진 외국군대를 일반적인 외국인과 동등하게 취급할 수 없기 때문에 특별한 법적 지위를 인정하는 것으로 이해할 수 있다. 여기서 특히 양국가간의 재판권에 있어서 충돌하는 경우가 많이 발생하고 있다.[4]

2. 주한미군의 수사관계

(1) SOFA의 적용대상자

미군의 신분을 가지고 현역으로 복무를 수행하고 있는 사람, 민간인으로 미군에 고용되어 근무하고 있는 군무원, 오직 미군과의 계약이행을 위한 초청계약자 그리고 그 가족들이 대상자가 된다.

---

4) 중앙경찰학교, 앞의 책, p. 780.

표 18-5	SOFA의 적용대상자와 내용
미합중국 군대의 구성원	대한민국의 영역 안에 주둔하고 있는 미합중국의 육·해·공군에 속하는 현역군인(주한미대사관에 근무하는 무관과 주한 미 군사고문단원은 제외).
군무원	① 미합중국의 국적을 가진 민간인으로서 대한민국에 주둔하고 있는 미국군대에 고용되어 근무하거나 또는 동반하는 자(대한민국에 통상적으로 거주하는 자와 초청계약자는 제외). ② 대한민국 및 미국의 이중국적자와 제3국의 국민이라도 미국정부에 고용되어 한국에 파견된 자는 본 협정에 의한 군무원으로 간주
가족	미합중국 군대의 구성원 또는 군무원의 가족 중 ① 배우자 및 21세 미만의 자녀 ② 부모 및 21세 이상의 자녀 기타 친척으로 생계비의 반액 이상을 미합중국 군대의 구성원 또는 군무원에 의존하는 자 *기타 친척: 미군(군무원)에게 의존하고 있는 가족구성원 혹은 피보호자로서 한·미정부 혹은 법원이 이러한 관계를 법적으로 확인하고 미군당국이 한국당국에 기타 친척으로 통보한 경우(2001. 2. 개정으로 추가)
초청 계약자	미합중국법에 의하여 설립된 법인이나 미합중국 내에 통상적으로 거주하는 자의 고용원 및 그 가족으로서 주한미군 등의 군대를 위하여 특정된 조건 하에 미합중국 정부의 지정에 의한 수의계약을 맺고 대한민국에서 근무하는 자

출처: 신현기·남재성 외, 『새경찰학개론』(서울: 우공출판사, 2022), p. 590.

이 밖에 소파협정을 통해 미군은 출입국과 통관 부문에서 다음과 같은 혜택을 누릴 수 있다.

표 18-6	통관과 혜택
시설 및 구역의 사용	• 미군은 대한민국 내의 시설과 구역을 임대료 없이 사용함 • 미군은 시설 및 구역의 반환시 원상회복의무 및 보상의무를 지지 않음
출입국	미군 구성원은 여권 및 사증에 관한 대한민국 법령(예: 여권법, 출입국관리법)의 적용으로부터 면제됨
통관 및 관세	① 관세의 면제 • 미군의 군용물품 및 미군·군무원 및 그들 가족용으로 수입하는 모든 자재, 군수용품과 비품 및 미군 전용의 상기 물자들이 미군에 의하여 대한민국 내로 반입될 경우 • 대한민국에서 처음 근무하기 위하여 처음 도착하는 미군·군무원과 그들 가족이 동거하기 위하여 처음 도착할 때의 가구·가정용품 및 개인용품 • 미군·군무원이 그들 자신 및 가족들의 사용으로 수입하는 차량과 부속품 • 그들이 미국에서 사적 용도로 통상 구입할 수 있는 합리적인 양의 가정 및 개인 용품으로서 미군사우편국을 통하여 대한민국에 우송되는 것 ② 세관검사의 면제 • 대한민국에 도착하거나 대한민국을 떠나는 미군(군무원과 그 가족 및 미군 가족은 제외) • 공문 및 사신(私信) • 미군에 탁송된 군사화물

출처: 신현기·남재성, 『새경찰학개론』(서울: 우공출판사, 2022), p. 591.

(2) 형사재판권

일반적으로 SOFA협정에 따라 모든 미군범죄에 대해 한국이 재판권을 행사할 수 있도록 규정하고 있다. 다만 다음의 경우는 예외로 한다. 즉 미국법령으로만 처벌이 가능한 범죄, 미국의 재산·안전에 관한 범죄, 미군 구성원의 신체나 재산에 관한 범죄, 공무원의 범죄 등 미군이 전속적인 재판권을 행사하는 경우 등은 한국의 재판권이 미치지 아니한다.5)

(3) 한국에서 미군범죄의 수사

한국의 수사기관은 사전에 미국 당국과 협의를 한 경우에는 주한미군부대에 들어가서 수사권을 행사할 수 있다. 한국 수사기관은 법원의 구속영장을 발부 받아 미국 군대의 구성원이나 군무원 그리고 그 해당 가족을 구속하는 길이 열려 있다. 그러나 이런 경우에 즉시 미군당국에 통고해야 한다. 그리고 해당 미군은 당연히 변호인의 조력을 받을 권리가 보장되며 미군대표와 접견할 수 있다.6)

1) 피의자에 대한 예비수사

① 대한민국 당국이 협정대상 피의자를 체포하였을 때는 경찰관서로 연행 후 미군 당국에 통보하며, 미국정부 대표의 입회를 요청하여 먼저 신문조서를 작성하고 미군 측에 신병을 인도한다. 미군 당국(미 군사경찰대)은 신병인수시 구금인도요청서 및 구금인수증을 제시하여야 한다.

② 대한민국 당국은 미국정부대표의 입회 하에 미군·군무원 또는 가족을 신문할 수 있으며, 체포 후 신병을 미군 당국에 인도하기 전에 사건에 대해 예비수사를 할 수 있다.

2) 피의자의 소환

대한민국의 수사담당관서가 48시간 전에(군사경찰단 내규) 피의자 출석요구서를 관할 미 군사경찰대로 발송하면 동 군사경찰대에서는 피의자소속 부대장에 통보하고, 부대장은 피의자의 직급보다 상급자로 하여금 피의자를 인솔하여 미군 법무감실을 경유하여 미국정부대표자 인솔 하에 출석하게 한다.

3) 신문조서의 작성

① 일반피의자 신문조서작성과 같은 요령으로 한글로 작성하고, 피의자는 서명치 않고 미국정부 대표자가 신문에 입회하여 조서말미에 서명한다.

---

5) 김상호·신현기, 앞의 책, p. 780.
6) 신현기, 앞의 책, p. 781.

② 미국정부대표자 입회를 흠결하고 작성된 신문조서는 그 효력을 상실한다.

4) 피의자의 구속

① 구속대상범죄

- 대한민국의 안전에 관한 범죄·살인(상해치사, 폭행치사 등)
- 강도·강간
- 마약류의 밀수출·입
- 중대한 관세법 위반
- 위 범죄의 미수·공범
- 죄질이 위 범죄에 상응하다고 인정되는 범죄 등

② 구속절차

- 현행범은 체포 즉시 검사에게 보고 후 구속영장을 신청하고, 최단거리의 미합 중국군대의 군사경찰대장(또는 군사경찰사령관)에게 통고한다.
- 현행범이 아닌 경우에는 구속영장을 발부받아 피의자 소속부대의 군사경찰대장 에게 제시하고 신병을 인도받는다.

5) 압수 및 수색

대한민국 법관이 발부한 압수수색영장으로 미군시설 구역 내 및 군인 등의 가택을 수색하거나 증거물을 압수할 때에는 그 지역관할 미군군사경찰대장(또는 군사경찰사령관)에게 그 사실을 통지하고 협조를 얻어야 한다.

6) 사건송치

담당검사의 수사지휘 아래 발생일로부터 15일 이내로 수사를 종결하고 송치하여야 한다.

7) 공소제기

구속사건은 구속만기 3일 전에, 불구속사건은 공소제기 전에 일건기록에 의하여 범죄사실 및 증거 등을 관할검사가 대검에 보고하여 승인을 받고 공소를 제기한다.[7]

(4) 한미행정협정(SOFA)의 문제점[8]

1) 협정대상자의 범위

한미행정협정의 대상에서 가족을 배우자 및 21세 미만의 자녀 또는 기타 친척으

---

7) 신현기·남재성, 『새경찰학개론』(서울: 우공출판사, 2022), p. 594.
8) 신현기·남재성, 『새경찰학개론』(서울: 우공출판사, 2022), pp. 596~597.

로서 그 생계비의 반액 이상을 미국군대의 구성원 또는 군무원에 의존하는 자로 규정하고 있고, 다른 나라에 없는 초청계약자를 포함하고 있어 그 범위가 지나치게 넓다는 점이다.

2) 공무의 개념

미군의 공무집행 중의 작위 또는 부작위에 의한 범죄의 경우 1차적 재판권은 미국 군당국이 갖게 되어 있는데 이때 공무여부의 판단을 미군당국이 발행한 공무증명서가 1차적 재판권을 결정하기 위한 충분한 증거가 되고, 다만 한국 측에서의 토의, 질문, 거부에 대하여는 정당한 고려를 하도록 규정하고 있어 사실상 공무여부에 대한 판단권을 미군이 행사하고 있다.

3) 재판권의 포기

한국정부가 1차적 재판권을 가지고 있는 경우에도 특히 중요하다고 인정되는 경우 외에는 미군당국의 요청에 의하여 1차적 재판권을 포기하도록 되어 있다.

4) 구금 및 신병인도

한국정부가 미군피의자를 검거하는 경우에도 미군당국의 신병인도요구에 즉시 신병을 미군에게 인도하여야 하고 신병이 인도된 후에는 모든 재판과정이 종결된 후 또는 한국정부가 구금요청(이 경우에도 단지 「호의적으로 고려하여야 한다」라고만 규정되어 있다)을 할 때까지 미군당국이 구금하도록 규정하고 있어 일반피의자와 형평성에 어긋나고 초동수사에 어려움이 있어 진상을 밝히는 데도 어려움을 가중시키고 있다.

5) 피의자·피고인의 권리

12개 중요 범죄피의자에 대한 신병을 인도받는 시기를 기소시점으로 한 것은 진일보한 내용이나 기소 후 심문불가 등 내국인과 비교할 때 미군에게 차별적 우대를 하는 것은 공권력의 신뢰문제를 야기한다. 그리고 미군피의자들은 재판이 시작되어도 육체적·정신적으로 자신의 변호에 부당한 때에는 심판의 출석을 요청받지 않을 권리, 미군의 위신과 합당한 조건이 아닌 경우에는 죄수복을 입지 않을 수도, 수갑을 차지 아니할 수 있는 권리가 있다고 규정되어 있어 사실상 재판을 거부할 권리를 미군에게 부여하는 결과를 초래하고 있다.[9]

---

9) 신현기·남재성 외, 『새경찰학개론』(서울: 우공출판사, 2022), p. 597.

1. 인터폴의 개념

오늘날의 세계는 울타리가 사라지고 한 영역권 안에서 상호 공존하고 있다. 이에 따라 국제간의 관계 속에서 국경을 초월한 많은 범죄가 발생하고 있다. 인터폴Interpol 은 이와 같은 국제범죄를 진압하고 예방하기 위해 인터폴 헌장과 각기 회원국들 간 의 국제범죄에 관한 정보를 교환하고 범죄자 체포와 인도에 대해 상호 협력하는 정 부간 국제기구인 국제형사경찰기구International Criminal Police Organization를 가리킨다. 여기서 주의할 점은 인터폴이 자체내에 수사관을 두고 초국가적으로 범죄수사권을 행사하는 것이 결코 아니라는 사실이다.

해외주재관 운영에 관한 규칙 제2조(주재관의 자격요건)에 따라 주재관은 다음 각 호의 자격을 갖추어야 한다.

1. 경감 이상의 경찰공무원인 자
2. 영어 또는 주재국 공용어 우수자
3. 투철한 국가관과 사명감, 외교적 자질이 있는 자 등이다.

주재관 근무기간 등에 따라 경찰 주재관의 근무기간은 계속하여 3년을 원칙으로 하되, 경찰청장은 외교부장관이 요청하는 경우 1년의 범위 내에서 근무기간 연장 허 용여부에 대한 의견을 제시할 수 있다.[10] 경찰청장은 경찰청 업무수행상 특히 필요 하다고 인정되는 경우에는 근무기간 만료 이전이라도 외교부장관의 동의를 얻어 경 찰청으로 복귀 시킬 수 있다. 주재관 근무를 마치고 귀임예정인 주재관과 새로 부임 한 주재관은 일정기간 합동근무를 하여야하며, 주재관 업무에 관하여 필요한 사항에 대하여 반드시 인계·인수하여야 한다.

2021년 기준으로 우리나라 경찰 주재관은 32개 국가의 49개 공관에 58명(직무파견 2명 포함)이 파견되어 있다. 그리고 해외주재관 운영에 관한 규칙 제5조에 경찰 주재 관의 임무는 다음과 같이 명시하고 있다. 즉 ① 재외국민 권익보호를 위한 활동, ② 마약, 테러 등 국제성 범죄관련 자료수집, ③ 국제성 범죄자 검거를 위한 수사공조활 동, ④ 주재국 경찰기관과의 협력업무, ⑤ 기타 경찰업무와 관련하여 지시받은 사항

---

10) 해외주재관 운영에 관한 규칙 제6조.

등이다.

2. 인터폴의 탄생과 발전과정

인터폴 설립의 역사는 1914년 모나코 왕자 알버트 1세로부터 시작된다. 그는 14개 국가에서 참석한 여러 법학자, 경찰관들을 초청해 소위 국제형사경찰회의 International Criminal Police Congress를 개최했는데 국제범죄에 적극 대처하기 위해서는 국가간 경찰협력이 필요함을 합의했고 특히 과학수사기법의 공유 및 범죄정보의 교환을 위한 국제범죄 기록보관소의 설립, 범죄인 인도절차의 표준화, 긴급체포 절차 등에 관해 논의하고 발전 방향을 모색했다. 이것이 계기가 되어 오늘날 인터폴로 발전했다. 1차대전으로 중단되었던 인터폴은 오스트리아 비엔나에서 1923년에 제2차회의를 개최하고 국제형사경찰위원회International Criminal Police Commission/ICPC의 창설이 합의되었다. 2차대전으로 중단되었던 본 회의는 1946년 벨기에 브뤼셀에서 15회 회의가 열렸고 본부를 프랑스 파리로 이전했다. 여기서 인터폴이라는 명칭이 공식 활용되게 되었다. 그 후1989년 11월 인터폴 본부가 프랑스 파리에서 리용으로 이전되었다. 그리고 2002년 카메룬 야운데에서 제71차 회의가 있었고 인터폴 회원국은 181개 국으로 증가해 UN과 같이 큰 국제조직이 되었다. 인터폴의 인터넷 홈페이지는 www.interpol.int이다.[11]

그림 18-1 프랑스 리옹의 인터폴(Interpol) 본부

출처: http://de.wikipedia.org/wiki/Interpol(2009.08.06. 검색)

---

11) 중앙경찰학교, 앞의 책, p. 76.

3. 인터폴 조직

인터폴의 본부는 프랑스 리옹Lyon에 소재하고 있다. 영국, 미국, 프랑스 등 176개 국이 가입하고 있으며 한국은 1964년에 가입(북한 미가입 상태)했으며 공용어로 영어, 불어, 프랑스어, 아랍어가 사용된다. 사무총국은 인터폴의 상설기관으로서 국제범죄예 방과 진압을 위해 각 회원국 및 국제기관과 긴밀한 협조관계를 유지하면서 각종 국 제범죄에 관한 정보를 교환하는 국제센터로서의 중추적 역할을 담당한다. 국가 중앙 사무국은 각국 중앙경찰 산하의 상설기구로 인터폴의 모든 회원국에 설치되어 1개국 에 1국의 중앙사무국이 운영되고 있다. 우리나라는 대한민국 중앙사무국을 경찰청의 외사국 소속 국제협력과에 두고 있다.

4. 인터폴 협력의 종류

인터폴 활동에서 협력의 종류에 대한 내용은 다음과 같다.12)

표 18-7 인터폴의 협력 현황

범죄예방을 위한 협력	• 국제성 범죄관련 우범자 등 발생시 사전통보 • 새로운 범죄사건 발생시 각국에 참고 통보 • 범죄정보회람서 • 기술협조(교육과 교육보조자료 등)
범죄수사를 위한 협력	• 조사통보 • 도망범인의 체포 또는 신병확보
구체적 협조요청의 내용	• 진술조서, 증서, 검증조서, 감정서 등 일체의 증거 및 이를 위한 증인신문, 압수, 수색, 검증 • 범인 인도를 위한 수사 및 긴급(일시) 구속 • 타국 수사관의 자국 입국 및 활동 허용 • 범죄예방을 위한 정보교환 및 협력 • 범인수배 • 특정인 또는 일반적 자료와 수사상 필요한 자료 제공 • 범죄경력 및 수법제공

5. 인터폴의 법적 지위와 한국의 가입 및 기능

인터폴은 기구 자체가 직접 체포, 압수, 수색 등 범죄수사권을 행사하는 것이 아

---

12) 신현기・남재성, 『새경찰학개론』(서울: 우공출판사, 2022), p. 604.

니다. 이러한 권한은 인터폴 본부나 타 국가중앙사무국으로부터 공조수사 의뢰를 받은 회원국이나 자국 법령이 인정하는 범위 내에서 행사가 가능한 것이다. 한국은 1964년 9월 30일 인터폴 회원국으로 가입되었고 1999년 11월에 제68차 인터폴 서울 총회가 열려 136개 국가가 참가했다. 국제형사경찰기구(인터폴) 대한민국 국가중앙사무국 운영규칙에 따라 국제형사경찰기구 대한민국 국가중앙사무국이다. 여기 사무국장은 물론 경찰청 외사국장이 맡고 있다. 사무국장은 인터폴과 관련해 경찰청장의 지휘를 받는다. 국가중앙사무국장은 국제형사경찰기구(인터폴) 대한민국 국가중앙사무국 운영규칙 제6조에 따라 ① 인터폴 보안담당자, ② 인터폴 정보관리담당자, ③ 인터폴 연락담당자를 두고 있다.

한편 우리나라 경찰은 프랑스 인터폴 사무총국에 경감 1명, 태국 아시아지역 사무소에 경정 1명, 싱가폴 인터폴 제2청사에 경정 1명, 경감 1명의 연락관을 파견하고 있다.13)

인터폴은 국제형사경찰기구(인터폴) 대한민국 국가중앙사무국 운영규칙 제8조에 따라 다음의 기능을 수행하고 있다.

국가중앙사무국장은 이 규칙 제1조의 목적을 달성하기 위하여 다음 각 호의 기능을 수행한다(규칙 제8조).

① 국제범죄에 대응하기 위한 정보 및 자료교환
② 국제범죄와 관련된 동일증명 및 전과조회
③ 국제범죄에 대한 사실 확인 및 조사
④ 국외도피사범 검거 관련 업무
⑤ 국제범죄 대응을 위한 국제회의 참석 및 개최 등 업무
⑥ 인터폴 총회 의결 사안의 집행
⑦ 인터폴 및 각 회원국 국가중앙사무국과의 경찰업무 관련 상호 업무협력
⑧ 국가중앙사무국 구성원 및 관련자 교육
⑨ 인터폴 협력관의 선발 및 운영
⑩ 인터폴 전산망 운영
⑪ 대한민국 국적의 인터폴 집행위원회 구성원 등에 대한 지원
⑫ 그 밖에 국가중앙사무국 운영에 관한 사항 등이다.

그 밖에 인터폴의 업무영역은 외국인 피의자 수사, 국외 도피사범 송환, 내국인의 국외범죄수사 등이다.

---

13) 허경미, 『경찰학』(서울: 박영사, 2021), p. 521.

6. 인터폴의 국제수배

국제수배서는 국제도피범, 실종자, 우범자, 장물 등에 관한 상세정보를 회국들에게 배포하여 회원국간에 신속하게 체포하는 데 협조하고 있다.14)

인터폴 수배서에는 다음과 같이 6가지 종류가 활용되고 있다.

(1) 적색수배서(Red Notice)

이는 수배서 오른쪽 상단 모서리에 적색의 4각 마크가 표시되어 있다. 구속이나 체포영장이 발부된 자 중에서 살인, 강도, 강간 등 강력범죄 관련 사범, 폭력조직 중간보스 이상 조직폭력 사범, 50억 이상의 다액 경제사범 등을 의미한다.

(2) 청색수배서(Blue Notice)

이는 수배서 오른쪽 위에 청색 4각 마크가 표시되어 있어 청색수배서라고 부른다. 수배자의 신원, 전과확인, 일반 형법 위반자로서 범죄인인도 청구의 가능성이 있는 범죄자의 소재확인 요청을 위해 발행되고 있다.15)

(3) 녹색수배서(Green Notice)

이 수배서의 경우는 다국가에서 상습적으로 범행하였거나 범행할 가능성이 있는 범죄자의 동향파악을 위해 발행된다.

(4) 황색수배서(Yellow Notice)

가출인의 소재파악과 심신상실자의 신원 확인을 목적으로 발행되는 수배서이다. 오른쪽 모서리에 황색의 4각 마크가 표시되어 있다.

(5) 흑색수배서(Black Notice)

사망자의 신원을 확인할 수 없는 경우, 사망자가 가명을 사용하여 신원 확인이 안 되는 경우 그 확인을 위해 사체의 사진과 지문, 치아상태, 문신, 용모의 특징, 의복, 소지품의 상표 관련 내용이 수록되어 있다.

---

14) 신현기, 앞의 책, p. 787.
15) 중앙경찰학교, 앞의 책, p. 95.

(6) 주황색(오렌지)수배서(Security Alert)

2004년부터 폭발물, 테러범 등에 대하여 경보하기 위하여 발생되는 인터폴 국제수배서이다.

(7) 보라색 수배서(Purple Notice)

이는 범죄수법수배를 의미한다. 세계 여러 국가에서 범죄인들이 사용한 범죄수법을 사무총국에서 집중관리한다. 그리고 회원국에 배포하여 수사기관들이 범죄예방에 활용하도록 돕는다. 보라색 용지를 사용하여 수배한다.

(8) 유엔안전보장이사회 수배서

유엔안전보장이사회의 제재대상이 되는 단체나 개인에 대한 공개수배서를 하늘색으로 사용하고 있다.

제5절　범죄인 인도조약

1. 범죄인인도의 의의

누군가가 범죄를 저지르고 타국으로 도주한 경우 이에 관한 수사관할권을 가진 국가가 관련국에 청구하게 되고 그 해당 국가는 범인을 검거한 후 청구한 국가에 인도해 주는 소위 국제형사제도를 의미한다. 범죄인인도Extradition란 자국에 있는 외국인을 강제로 타국으로 퇴거시키는 강제추방Deportation과 분명히 차이가 있다.16) 무엇보다 범죄인인도는 국가간에 범죄인을 상호 인도함으로써 사법적 정의를 실현하는 것이 주목적이다.17) 우리나라의 경우는 범죄인인도법을 1988년 8월 5일 법률 제04015호로 제정해 2007년 12월 21일 법률 제8730호로 2차 개정을 단행한 바 있다. 우리나라의 경우는 범죄인인도법 제3조에 따라 범죄인의 인도심사 및 그 청구와 관련 있는 사건은 서울고등법원과 서울고등검찰청의 전속관할로 진행하고 있다.

---

16) 중앙경찰학교, 앞의 책, p. 99.
17) 허경미, 앞의 책, p. 491.

2. 범죄인인도에 관한 용어정의

인도조약이라 함은 한국과 외국 간에 체결된 범죄인의 인도에 관한 조약 및 협정 등의 합의를 의미한다. 청구국이란 범죄인의 인도를 청구한 국가를 의미한다. 인도범 죄라 함은 범죄인의 인도청구에 있어 그 대상이 되는 범죄를 의미한다. 범죄인이라 함은 인도범죄에 관하여 청구국에서 수사 혹은 재판을 받고 있는 자 혹은 유죄의 재 판을 받은 자를 의미한다. 긴급인도구속이라 함은 관련 청구국에서 범죄인인도가 있 을 것을 예상해 범죄인을 체포나 구금하는 것을 말한다.

3. 범죄인인도의 원칙

범죄인을 인도하는 데 있어서 자국민의 경우는 해당국가가 보호해 주어야 하는 입장에 있기 때문에 그 절차들이 순탄한 것만은 아니다. 하지만 다음과 같은 7가지 원칙이 존재하는데 그 내용은 다음과 같다.

표 18-8　범죄인인도 7가지 원칙

임의적 인도의 원칙	청구국의 인도청구에 의하여 소추, 재판 또는 형의 집행을 위하여 청구국에 인도 할 수 있다(범죄인인도법 제5조).
자국민 불인도의 원칙	인도의 대상이 되는 범죄인은 원칙적으로 외국인에 한하며, 범죄인이 자국민일 때에는 인도하지 않는 것이 보통이다. 우리나라는 임의적 인도거절사유로 규정하 고 있다(범죄인인도법 제9조 1호).
상호주의의 원칙	우리나라와 범죄인인도조약이 체결되어 있지 않은 국가에서 범죄인인도를 청구 할 경우, 우리나라의 범죄인인도청구에 응한다는 보증이 있을 때 상응한 조치를 취한다.
정치범불 인도의 원칙	인도의 대상이 되는 범죄는 일반 범죄에 한하며, 정치·군사범죄는 인도하지 않 는 것이 원칙이다.
쌍방가벌성의 원칙	범죄가 청구국과 피청구국의 쌍방법률에 의하여 모두 범죄가 성립되는 경우에만 범죄인을 인도한다.
유효성의 원칙	범인인도가 범인을 실제로 처벌하기 위하여 필요하다는 데 기초하고 있으므로 인도가 실제로 유용해야 한다는 원칙이다. 시효에 걸렸다든지 사면을 내린 경우 에는 인도할 필요가 없다.
특정성의 원칙	청구국은 범죄인인도청구를 한 대상범죄만 처벌하고, 그 외의 범죄는 처벌할 수 없다.

출처: 신현기·남재성 외, 『새경찰학개론』(서울: 우공출판사, 2022), p. 601.

4. 범죄인인도의 사유

우리나라와 청구국의 법률에 따라 인도범죄가 사형, 무기, 장기 1년 이상의 징역 또는 금고에 해당하는 경우 범죄인 청구의 대상이 되고 있다.[18]

5. 범죄인인도에서 청구대상

범죄인인도에서 청구대상은 두 가지 경우가 있는데, 외국이 우리나라에 범죄인 인도를 청구한 경우와 우리나라가 외국에 인도청구를 하는 경우가 그것이다.

표 18-9 외국이 우리나라에 범죄인인도를 청구한 경우

인도청구서의 수수	• 조약체결국가: 외교경로를 통하여 청구(법무부로 긴급인도구속청구도 가능) • 조약미체결국가: 상호보증서를 첨부하여 청구
외교부장관의 조치	• 범죄인인도조약의 존재여부, 상호보증유무, 인도대상범죄 여부 등을 확인하고 관계 서류를 첨부하여 법무부장관에게 송부
법무부장관의 조치	• 서울고등검찰청 검사장에게 서류를 송부하고 소속검사에게 서울고등법원에 범죄인 인도허가 여부에 관한 심사를 청구하도록 명령(서울고등검찰청과 서울고등법원의 전속관할) • 인도조약 또는 범죄인인도법의 규정에 의하여 범죄인을 인도할 수 없거나 인도하지 아니하는 것이 상당하다고 인정되는 때에는 인도심사명령 없이 외교부장관에게 통지
검사의 인도심사청구	• 검사는 지체 없이 서울고등법원에 인도심사를 청구 • 단, 범죄자의 소재를 알 수 없을 경우 인도심사청구중지결정을 한 후, 검찰청장을 경유하여 법무부장관에게 보고
범죄인의 인도구속	• 서울고등법원 판사가 발부한 영장에 의하여 구속
인도심사	• 청구에 관계된 범죄가 인도거절사유에 해당되는지 여부를 심사(임의적 거절사유에 해당될 경우 상당성 여부를 법무부장관이 판단함) • 인도조약에 의한 청구일 경우, 인도범죄가 조약의 인도청구 대상범죄인지 여부를 심사한다. 단, 인도조약에 의한 청구가 아닐 경우 인도제한 사유에 해당되지 않는지 여부만 심사한다(상당성, 상호주의 보증여부는 법무부장관과 외교부장관이 판단한다. • 심사의 결정(법원의 심사결정에 대한 불복 불인정)
인도	• 서울고등검찰청 검사는 법원의 심사결정문과 관계서류를 즉시 법무부장관에게 보고한다. • 법무부장관은 인도여부에 관해 최종 결정한다. • 서울고등검찰청 검사는 법무부장관으로부터 인도장을 받은 때에는 즉시 교도소장에게 인도지휘하거나 불인도 통보시 범죄인을 즉시 석방하도록 지휘한다. • 교도소장은 인수허가증을 가진 청구국 호송공무원에게 범죄인을 인도한다. • 청구국의 공무원은 지체없이 범죄인을 청구국으로 호송한다.

---

18) 범죄인인도법 제6조; 신현기 · 남재성 외, 『새경찰학개론』(서울: 우공출판사, 2022), p. 601.

인도심사청구의 취소	• 외교부장관이 청구국으로부터 범죄인인도청구를 철회한다는 통지를 받아 법무부 장관에게 그 사실을 통지한 때, 법무부장관이 인도심사청구명령을 한 후, 인도조약이 인도법규정에 반하거나 인도하지 않는 것이 상당하다고 인정되는 때에는 동 명령을 취소할 수 있다.[19]

출처: 신현기·남재성 외, 『새경찰학개론』(서울: 우공출판사, 2022), p. 601.

우리나라가 외국국가에 대해 범죄인을 청구하는 경우의 송환절차는 다음과 같은 절차를 통해 이루어지고 있다. 하지만 범죄인인도는 아무리 협약이 잘 이루어졌다 하더라도 강제규정이 약하기 때문에 쉽지 않은 경우의 수들이 많다.

표 18-10 우리나라가 외국에 인도청구를 하는 경우

인도청구	수사를 담당 또는 재판에 관여하는 검사는 범죄인의 인도가능성을 검토하여 법무부장관에게 인도를 신청한다. 범죄인 인도를 청구할 것인지 여부는 법무부장관이 결정한다.
인도청구자료의 작성	외교부는 검사가 작성한 인도청구자료에 인도청구서를 첨부하여 외교문서로 작성, 지방검찰청 검사장에게 송부한다.
송부절차	지방검찰청 검사장이 검찰총장을 경유하여 법무부에 인도청구자료를 송부한다(대검은 법무부장관에게 송부). 인도청구서는 법무부→외교부→피청구국의 경로로 전달한다. 단, 조약이나 피청구국의 국내법에 다른 규정이 있으면 법무부에서 직접 전달이 가능하다.
송환	외국 기관이 인도할 준비가 되면 한국대사관을 통하여 통보한다. 법무부는 검사에게 통보하여 해당 호송관을 임명하여 송환한다.

범죄인 인도청구의 대체수단으로는 다음과 같이 인터폴 수배를 통한 강제송환, 추방요구, 제3국에서의 인도, 여권의 무효처리, 외국에서의 사법처리 등의 절차가 있다.

표 18-11 범죄인인도 청구의 대체수단

인터폴 수배를 통한 강제송환	인터폴 대한민국 중앙사무국(경찰청 외사관리관 소속 외사3담당관)에서 가입국에 수배자료를 송부하고 소재확인이 되면 해당국에 강제송환을 요청하여 인도받는 방법으로, 절차가 간편하며 신속하며 효율적이다.
추방요구	청구국은 피청구국의 국민 또는 법률상 거주자가 아닌 경우 피청구국에 대하여 강제추방요구를 할 수 있으나 배제사유가 있다.
제3국에서의 인도	범죄인의 인도가 불가능한 나라일 경우에는 범죄인의 인도가 가능한 제3국에 대하여 인도를 요청할 수 있다.
여권의 무효처리	범죄인이 우리나라의 여권을 무효처리할 수 있는 나라에 입국할 때에는 당해국가에서 입국금지 또는 불법체류자로 추방하게 하여 범죄인을 인도받는 효과를 거둘 수 있다.
외국에서의 사법처리	당해국가에서 자국민이라는 이유로 인도를 거절할 경우에는 범죄인이 우리나라에서 범한 죄에 대하여 사법처리를 요구한다.

출처: 신현기·남재성 외, 『새경찰학개론』(서울: 우공출판사, 2022), p. 603.

---

19) 경찰공제회, 『경찰실무종합(상하)』(서울: 경찰공제회, 2006), pp. 858~859.

6. 범죄인인도 절차

경찰 등 수사기관의 요구에 의해 검사가 범죄인인도청구서를 작성하여 대검찰청을 경유해 법무부장관이 청구여부를 결정한다. 그리고 법무부 장관이 외교부장관에게 요청하면 외교부장관은 피청구국 주재 한국대사관을 통해 피청구국 외교부장관에게 범죄인인도를 요청하게 된다.

7. 범죄인인도금지 사항(제7조)

이는 절대적 인도금지범죄이다. 어느 나라든지 무조건적으로 범죄인을 인도해서는 안 된다. 특히 다음에 해당하는 경우는 범죄인인도법 제7조에 따라 범죄인을 관련국에 인도해서는 아니 된다.

첫째, 대한민국 또는 청구국의 법률에 의하여 인도범죄에 관한 공소시효 또는 형의 시효가 완성된 경우이다.

둘째, 인도범죄에 관하여 대한민국 법원에서 재판계속 중이거나 재판이 확정된 경우이다.

셋째, 범죄인이 인도범죄를 행하였다고 의심할 만한 상당한 이유가 없는 경우이다.

넷째, 범죄인이 인종, 종교, 국적, 성별, 정치적 신념 또는 특정 사회단체에 속함 등을 이유로 처벌되거나 그 밖의 불이익한 처분을 받을 염려가 있다고 인정되는 경우이다(범죄인인도법 제7조).

8. 임의적 인도거절사유(제9조)

이는 임의적으로 인도를 거절할 수 있는 사안이다. 다음 각 호의 어느 하나에 해당하는 경우에는 자국민의 보호를 위해서 범죄인을 인도하지 않을 수 있는 경우이다.

① 범죄인이 대한민국 국민인 경우

② 인도범죄의 전부 또는 일부가 대한민국 영역에서 범한 것인 경우

③ 범죄인의 인도범죄 외의 범죄에 관하여 대한민국 법원에 재판이 계속 중인 경우 또는 범죄인이 형을 선고받고 그 집행이 끝나지 아니하거나 면제되지 아니한 경우

④ 범죄인이 인도범죄에 관하여 제3국(청구국이 아닌 외국을 말한다. 이하 같다)에서 재판을 받고 처벌되었거나 처벌받지 아니하기로 확정된 경우

⑤ 인도범죄의 성격과 범죄인이 처한 환경 등에 비추어 범죄인을 인도하는 것이 비인도적(非人道的)이라고 인정되는 경우

참고문헌

1. 국내문헌

강용길 외 7인, 『경찰학개론』, 서울: 경찰공제회, 2009.
강태룡·정규서, 『기획론』, 서울: 대왕사, 1999.
경찰공제회, 『경찰실무종합』, 2008.
――――, 『경찰학개론』, 2008.
경찰대학, 『경찰경무론』, 용인: 경찰대학, 2002.
――――, 『경찰경비론』, 서울: 대한문화사, 2002.
――――, 『경찰외사론』, 서울: 대한문화사, 2002.
――――, 『경찰학개론』, 서울: 경찰공제회, 2003.
경찰청, 『경찰50년사』, 서울: 경찰청, 1995.
――――, 『실무전서』, 서울: 경찰청, 2000.
――――, "경찰예산 편: 경찰예산," 『경찰백서』, 2008.
――――, 『2021 경찰백서』, 서울: 경찰청, 2021.
김남진, 『경찰행정법』, 서울: 경세원, 2002.
김도창, 『일반행정법』, 서울: 청운사, 1998.
김동희, 『행정법 Ⅱ』, 서울: 박영사, 2005.
김상호·신현기 외, 『경찰행정학』, 파주: 법문사, 2005.
김상호·신현기 외 7인, 『경찰학개론』, 파주: 법문사, 2006.
김성수, 『비교경찰론』, 서울: 경찰공제회, 2000.
김신복, 『발전기획론』, 서울: 박영사, 1999.
김창윤 외 24인, 『경찰학』, 서울: 박영사, 2021.
김충남, 『경찰학개론』, 서울: 박영사, 2002.
――――, 『경찰학개론』, 서울: 박영사, 2008.
김형중, 『한국중세경찰사』, 서울: 수서원, 1998.
――――, 『경찰학개론』, 서울: 청록출판사, 2011.
대한경제일보사, 『한국경찰의 발자취』, 서울: 대한경제일보사, 1989.
박기남, 『경찰사론』, 서울: 경찰공제회, 2000.
박기태, 『경찰방범론』, 용인: 경찰대학, 2000.
박노섭·이동희, 『수사론』, 서울: 경찰공제회, 2009.
박문옥, 『현대재무행정』, 서울: 신천사, 1986.
박연호, 『행정학신론』, 서울: 박영사, 1994.

박영대, 『경찰경무론』, 용인: 경찰대학, 2003.

박영희, 『재무행정론』, 서울: 다산출판사, 1983.

박장배·이범석, 『사무관리원론』, 서울: 21세기사, 1997.

배철효·이상락, 『사무관리원론』, 서울: 학문사, 2001.

손봉선, 『경찰학개론』, 서울: 형설출판사, 2001.

손봉선·송재복, 『경찰조직관리론』, 서울: 대왕사, 2002.

송명순, 『경찰경무론』, 서울: 수사연구사, 2004.

신현기, 『비교경찰제도의 이해』, 서울: 웅보출판사, 2006.

———, 『경찰조직론』, 파주: 법문사, 2007.

———, 『경찰학개론』, 파주: 21세기사, 2010.

———, 『비교경찰제도론』, 파주: 법문사, 2012.

———, 『비교경찰제도론』, 서울: 우공출판사, 2014.

———, 『경찰학개론』, 파주: 법문사, 2015.

———, 『경찰인사관리론(6판)』, 파주: 법문사, 2018.

———, 『경찰조직관리론(6판)』, 파주: 법문사, 2018.

———, 『행정학개론』, 부평: 진영사, 2019.

———, 『새경찰학개론』, 서울: 우공출판사, 2021.

신현기·남재성 외, 『새경찰학개론』, 서울: 우공출판사, 2022.

신현기·이영남, 『경찰인사관리론』, 서울: 법문사, 2003.

심정근, 『현대재무행정론』, 서울: 진명문화사, 1979.

이기백, 『한국사신론』, 서울: 일조각, 1986.

이무영, 『경찰학개론』, 용인: 경찰대학, 1998.

이상안, 『신경찰행정학』, 서울: 대한문화사, 1995.

이영남·신현기, 『경찰조직관리론』, 서울: 법문사, 2003.

이운주, 『경찰학개론』, 용인: 경찰대학, 2003.

———, 『경찰학개론』, 서울: 경찰공제회, 2003.

이윤근, 『비교경찰제도론』, 서울: 법문사, 2001.

이윤근·황두철, 『경비지도사』, 서울: 엑스퍼트, 2001.

이종수·윤영진, 『새행정학』, 서울: 대영문화사, 2014.

이종익·강창구, 『재무행정론』, 서울: 박영사, 2000.

이종화, 『외사경찰론』, 용인: 경찰대학, 2003.

이진권, "경찰보안관리", 김상호·신현기 외 7인, 『경찰학개론』, 파주: 법문사, 2006.

이창무, "경찰윤리", 신현기 외 8인, 『경찰행정학』, 파주: 법문사, 2005.

이황우, 『경찰행정학』, 서울: 법문사, 2002.

이황우·조병인·최응렬, 『경찰학개론』, 서울: 한국형사정책연구원, 2007.

임재강,『경찰기획론』, 파주: 21세기사, 2009.

임준태,『경찰학개론』, 서울: 도서출판 사랑, 2002.

임창호,『경찰학의 이해』, 서울: 대왕사, 2004.

장정훈,『경찰학개론』, 서울: 도서출판 웅비, 2013.

전돈수, "지역사회경찰활동", 김상호・신현기 외 7인,『경찰학개론』, 파주: 법문사,
  2006.

전용찬・박영대,『경찰경무론』, 서울: 경찰공제회, 2001.

──────,『경찰경무론』, 용인: 경찰대학, 2002.

정진환,『경비업법개론』, 서울: 백산출판사, 2004.

──────,『비교경찰제도』, 서울: 백산출판사, 2006.

조철옥,『경찰윤리학』, 서울: 대영문화사, 2005.

──────,『경찰학개론』, 서울: 대영문화사, 2007.

중앙경찰학교,『경무』, 충주: 중앙경찰학교, 2009.

──────,『경비』, 충주: 중앙경찰학교, 2009.

──────,『교통』, 충주: 중앙경찰학교, 2009.

──────,『사이버수사』, 충주: 중앙경찰학교, 2009.

──────,『수사』, 충주: 중앙경찰학교, 2009.

──────,『외사』, 충주: 중앙경찰학교, 2009.

──────,『정보・보안』, 충주: 중앙경찰학교, 2009.

──────(a),『지역경찰론』, 충주: 중앙경찰학교, 2009.

──────(b),『생활질서』, 충주: 중앙경찰학교, 2009.

최미옥・신현기,『현대행정의 이해』, 서울: 대영문화사, 2009.

표창원, "경찰과 인권", 김상호・신현기 외 7인,『경찰학개론』, 파주: 법문사,
  2006.

──────, "사이버경찰론", 김상호・신현기 외 7인,『경찰학개론』, 파주: 법문사,
  2006.

──────, "한국경찰의 과제와 발전전망", 김상호・신현기 외 7인,『경찰학개론』,
  파주: 법문사, 2006.

한종욱・정방원,『경찰경비론』, 용인: 경찰대학, 2003.

허경미,『경찰학개론』, 서울: 박영사, 2008.

──────,『경찰학(제9판)』, 서울: 박영사, 2021.

황경식,『사회정의의 철학적 기초』, 서울: 문학과 지성사, 1985.

2. 국내논문

경찰대학, 「경찰학연구」, 용인: 경찰대학, 2007, 제7권, 제1호.
──────, 「믿음 & 안전, 대한민국 경찰의 희망 만들기」, 2007.
김용근, "순직·공상경찰공무원구제제도의 개선방안에 관한 연구", 한국공안행정
　　　학회, 「한국공안행정학회보」, 제24호, 2006.
김재주, 「경찰과 인권」, 한세대학교 경찰학 박사과정 세미나보고서, 2009.
김택·신현기, "국가경찰공무원의 부패원인과 방지에 관한 연구", 한국유럽행정
　　　학회, 「한국유럽행정학회보」, 제1권 제1호, 2004년 겨울.
노호래, "한국의 지역사회경찰활동에 관한 연구", 동국대학교 박사학위논문, 1999.
박기선, "외사경찰조직의 특성과 환경에 관한 이론적 고찰", 한국자치경찰학회,
　　　「자치경찰연구」, 제2권 제1호(2009년 여름).
서 철, "한국경찰조직 발전방안에 관한 연구," 동국대학교 행정대학원 석사학위
　　　논문, 1986.
성춘광, "외사경찰의 역량강화 방안에 관한 연구", 동국대학교 석사학위논문,
　　　2002.
손동권·신의기·표창원, "인권길라잡이-경찰편", 국가인권위원회, 2003. 1.
신현기, "경찰관범죄의 위기대책에 관한 고찰", 인천대학교 위기관리연구센터,
　　　「위기관리와 안전문화」, 제2권 제3호, 2008.
──────, "경찰관범죄의 위기대책에 관한 고찰", 인천대학교 위기관리연구센터,
　　　「위기관리와 안전문화」, 제2권 제3호(2008. 9).
신현기·이상열, "순직·공상경찰관의 보상제도에 관한 연구", 한국경찰발전연구
　　　학회, 「한국경찰연구」, 제7권 제4호, 2008년 겨울.
이관희, "경찰수사권의 독자성 확보방안", 「수사연구」, 1992.
이동희, "일본경찰의 입직·승진제도의 현황 및 시사점", 경찰대학, 「경찰학연구」,
　　　제7권, 제1호, 2007.
이상현·한상암·조호대, "향후 치안수요 변화에 따른 적정 경찰인력규모에 관한
　　　연구," 치안연구소, 연구보고서 2002-05, 2002.
이상환, "새정치국민회의 경찰정책," 조창현(편), 『지방자치시대의 경찰의 위상과
　　　역할』, 한양대 지방자치연구소, 연구논문집 96/01.
이시우 외, "경찰문화 창달방안에 관한 연구", 「치안논총」, 용인: 치안연구소,
　　　1999.
인천대학교·해양경찰청, 「자치경찰제 도입에 따른 해양경찰 중·장기 발전방안
　　　연구」, 2009. 7.
임준태, "한국순찰경찰의 직무전문성 향상방안 연구", 한국경찰발전연구회, 세미
　　　나 발표논문, 2003. 3. 8.

장석헌, "경찰의 수사권 독립방안", 한국공안행정학회, 1998 추계학술대회발표논문.

정정호, "한국경찰제도의 개선방안", 부산대학교 행정대학원, 행정학석사학위논문, 1998.

정진환, "한국경찰조직개편에 관한 연구", 인천대학교 논문집, 제13집, 1988.

정헌영, "행정윤리의 성립가능성 및 확립방안", 한국행정학회, 「한국행정학회보」, 제24권 제2호, 1990.

최회승, "경찰조직체계의 법적 고찰," 경희대학교 대학원 석사학위 논문, 1999.

3. 국외문헌

Bob Harrison, "*Noble Cause Corruption and the Police Ethic*," FBI Law Enforcement Bulletin, Vol. 68 No. 8(1999), p. 1.

Burkhead, Jesse, Government Budgeting, N.Y.: John Wiley & Sons, 1955.

Chandler, Ralph C. and Jack C. Plano, The Public Administration Dictionary, N.Y.: John Wiley & Sons, 1982.

David A. Hansen, *Police Ethics*(Springfield, Ill.: Charles C. Thomas, 1973), p. xiii.

Dror, Yehezkel, Ventures in policy Science: Concepts and Applications, N. Y.: American Elsevier Publishing Company, 1971.

Friedmann, Robert R., Community Policing: Comparative Perspectives and Prospects(New York, N.Y.: St. Martin's Press, 1992), p. 48.

Galloway, George B. and Associates, Planning for America(N.Y.: Henry Holt and Co., 1941).

Haberfeld, M. R., Critical Issues in Police Training, N. Y.: Pearson Education Inc., 2002, pp. 18~19.

Harry W. More, Jr. *Critical Issues in Law Enforcement*(Cincinnati, O. H.: Anderson Publishing Co., 1985), p. 39.

Howard S. Cohen & Michael Feldberg, Power and Restraint: The Moral Dimension of Police Work, Praeger, 1991, p. 43.

Kelling, George L., & Moore, Mark H., The Evolving Strategy of Policing in Modern Policing edited by William M. Oliver(Upper Saddle River, N.J.: Prentice-Hall, 2000).

Maslow, A.H., Motivation and Personality, 2nd ed., New York: Harper & Row

1970, pp. 35~40.

McGregor, D., The Human Side of Enterprise, (1960) in Milstein and J.A. Belasco, (ed.), Educatioal Administration and the Behavior Sciences: A System Perspectives, Boston: Allyn and Bacon, 1972, pp. 277~290.

McKeen, R. N. and M. Ansher, "Limitation, Risks, and Problems," in D. Novic, ed., Program Budgeting: Program Analysis and Federal Budget, Cambridge, Mass.: Harvard University Press, 1965.

Mosher, F. C., Program Budgeting: Theory and Practice with Particular Reference to U.S. Dept. of the Army, Chicago: Public Administration Service, 1954.

Newman, William H., Administrative Action: The Techniques of Organization and Management(N.J.: Prentice-Hall, 1963).

Nigro, F. A & Nigro, L. G. Modern Public Administration(6th ed.), N. Y. : Harper & Row, 1984.

O. Glenn Stahl, Public Personnel Administration(7th ed.), N. Y.: Harper & Row, 1976, pp. 41~42.

Ott, David J. and Attiat F. Ott, Federal Budget Policy, revised ed., Washington, D.C.: Brookings Institution, 1969.

Pursley, R. D., Introduction to Criminal Justice, Glencoe, 1980.

Pyhr, Oeter A., "The Zero-base Approach to Government Budgeting," Public Administration Revies, Vol. 37, No. 1, January/Feburary 1977.

Robin, Gerald D., Community Policing: Origins, Elements, Implementation, Assessment(Lewiston, N.Y.: Edwin Mellen Press, 2000), p. 7.

Rondinelli, Dennis A., "National Investment Planning and Equity policy in Developing Countries," policy Science, Vol. 10(1978).

Samuel Walker, *The Police in America: An Introduction*(Upper Saddle River, N. J.: Prentice-Hall, 2001), pp. 154~155.

————, *The Police in America*(New York: McGraw-Hill, 2004), pp. 192~193.

Seckler-Hudson, Catheryn, "Performance Budgeting in Government," Hyde & Sharfritz, ed., Government Budgeting, Ork Park, Ill.: Moore Publishing, 1978.

Skolnick, Jerome H. and David H. Bayley, Community Policing: Issues and Practices around the World, Washington, D.C.: U.S. Department of Justice, 1988, pp. 67~70.

Smith, Harold D., Management of Government, N.Y.: McGraw-Hill, 1945.

Victor A. Thompson, Modern Organization, Alfred A. Knopf, 1961, p. 58.

Waterston, Albert, *Development Planning: Lessons of Experience*, Baltimore: The Johns Hopkins Press, 1969.

White, L. D., Introduction to the Study of Administration, 4th ed., N.Y.: Macmillan, 1995.

Wilson O. W. and R. C. McLaren, Police Administration, 4th ed., New York: McGraw-Hill, 1977.

警察廳長官官房 編, 警察法解說(新版), (東京: 東京法令出版, 2000), p. 559.

4. 인터넷 사이트

http://www.police.go.kr/INVPOL/index.jsp(검색일: 2009.6.30).

http://www.ctrc.go.kr(검색일: 2014.9.1).

http://cyberbureau.police.go.kr/bureau/sub4.jsp(검색일: 2014.9.1).

5. 법   령

국가경찰과 자치경찰의 조직 및 운영에 관한 법률

국제형사경찰기구(인터폴) 대한민국국가중앙사무국운영규칙

검찰청법

도로교통법

범죄인인도법

안보경찰 인사운영규칙

정보공개법

지역경찰의 조직 및 운영에 관한 규칙

집회및시위에관한법률

집회·시위 자문위원회 운영규칙

행정 효율과 협업 촉진에 관한 규정[시행 2021. 1. 5.] [대통령령 제31380호, 2021. 1. 5., 타법개정]/ 행정안전부(정보공개정책과-공문서, 서식, 관인 등)

찾아보기

저자의 주요 저서 및 논문

저 서

- 『독일통일백서(공역)』, 서울: 한겨레신문사, 1999.
- 『Korea zur Wiedervereinigung』, 독일 Herbert Utz 출판사, 1999.
- 『Korea zur Wiedervereinigung(제2판)』, 독일 Herbert Utz 출판사, 2018.
- 『남북한 통일정책비교(공저)』, 서울: 숭실대학교출판부, 2000.
- 『남북한 통일정책과 교류협력(공저)』, 서울: 백산자료원, 2001.
- 『베를린 시대의 독일공화국(공저)』, 서울: 엠 애드, 2001.
- 『독일연방정부론(공저)』, 서울: 백산자료원, 2001.
- 『현대행정의 이해(공저)』, 서울: 대영문화사, 2002.
- 『독일행정론(공저)』, 서울: 백산자료원, 2002.
- 『북한정부론(공저)』, 서울: 백산자료원, 2002.
- 『지방행정론(공저)』, 일산: 한국학술정보(주), 2002.
- 『유럽연합정부론(공저)』, 서울: 엠 애드, 2002.
- 『한국행정의 윤리와 부패(공저)』, 일산: 한국학술정보(주), 2003.
- 『독일지방행정론(공저)』, 서울: 엠 애드, 2003.
- 『정책학개론(공저)』, 서울: 웅보출판사, 2003.
- 『경찰학개론(공저)』, 서울: 법문사, 2004.
- 『자치경찰론(초판)』, 서울: 법문사, 2004.
- 『경찰행정학(공저)』, 서울: 법문사, 2005.
- 『비교경찰제도의 이해』, 서울: 웅보출판사, 2006.
- 『경찰조직론』, 파주: 법문사, 2007.
- 『새행정학개론』, 파주: 21세기사, 2008.
- 『현대행정의 이해(제3판, 공저)』, 서울: 대영문화사, 2015.
- 『경찰학개론』, 파주: 21세기사, 2010.
- 『자치경찰론(4판)』, 부평: 진영사, 2010.
- 『경찰학사전』, 파주: 법문사, 2012.
- 『새경찰학개론(제3판)』, 서울: 우공출판사, 2013.
- 『경찰인사관리론(제4판)』, 파주: 법문사, 2014.
- 『경찰조직관리론(제4판)』, 파주: 법문사, 2014.
- 『비교경찰제도론(제2판)』, 서울: 우공출판사, 2014.
- 『새경찰학개론(제4판)』, 서울: 우공출판사, 2015.
- 『비교경찰제도론(제4판)』, 파주: 법문사, 2015.
- 『경찰학개론(제2판)』, 파주: 법문사, 2015.
- 『경찰인사관리론(제5판)』, 파주: 법문사, 2016.

- 『경찰조직관리론(제5판)』, 파주: 법문사, 2016.
- 『특별사법경찰론』, 파주: 법문사, 2017.
- 『경찰인사관리론(제6판)』, 파주: 법문사, 2018.
- 『경찰조직관리론(제6판)』, 파주: 법문사, 2018.
- 『비교경찰제도론(제5판)』, 파주: 법문사, 2018.
- 『행정학개론』, 부평: 진영사, 2019.
- 『선거범죄수사론』, 서울: 우공출판사, 2019.
- 『자금추적수사론』, 서울: 우공출판사, 2020.
- 『성폭력사건수사론』, 서울: 우공출판사, 2020.
- 『경찰수사지휘론』, 서울: 우공출판사, 2020.
- 『비교경찰제도론(제6판)』, 파주: 법문사, 2021.
- 『자치경찰론(제6판)』, 부평: 진영사, 2021.
- 『성폭력관련법률 및 판례』, 서울: 우공출판사, 2021.
- 『자치경찰-제주자치경찰제도의 체계적 접근-』, 파주: 법문사, 2021.
- 『새경찰학개론(제7판)』, 서울: 우공출판사, 2022.
- 『경찰학(제3판)』, 파주: 법문사, 2022.

논 문

- 독일 공공행정과 사기업에서 인력수급계획의 방법에 관한 연구(한독사회과학논총, 1999).
- 정책집행의 전개과정에 관한 연구(한·독사회과학논총, 1999).
- 유엔헌장에 나타난 목적, 기본토대 및 특성의 변화과정 연구(한독사회과학논총, 2000).
- 국제연합 사무국과 사무총장의 기능에 대한 역사적 고찰(한독사회과학논총, 2000).
- Die Sicherheitspolitik der USA in der asiatisch-pazipischen Region(한양대, 2000).
- 지방자치경찰제도 도입의 당위성 분석(한독사회과학논총, 2001).
- 우리나라 자치경찰제 도입에 관한 연구(한세대 교수논총, 2001).
- 사회적 시장경제질서와 독일통일(한국정책학회보, 2001).
- 한국 민간경비와 경찰의 협력방안에 관한 연구(한독사회과학논총, 2001).
- 북한경찰(인민보안성)에 관한 연구(한독사회과학논총, 2002).
- 프랑스 경찰제도의 구조와 특징에 관한 역사적 고찰(한세대 교수논총, 2002).
- 절충형 자치경찰제 도입에 관한 연구(한독사회과학논총, 2003).
- 순찰지구대 운용상의 문제점에 관한 고찰(한독사회과학논총, 2003).
- 한국 기초방범교육의 발전방안에 관한 연구(경찰공제회, 2003).
- 독일 주정부의 경찰제도에 관한 연구(한세대 교수논총, 2003).
- 경찰계급단계의 개선방안에 관한 연구(한독사회과학논총, 2004).
- 이탈리아 경찰제도의 구조와 특징에 관한 연구(한국경찰연구, 2004).
- 유럽연합에서 경찰공조의 현황과 과제(한국경찰연구, 2004).
- 스페인 경찰제도의 구조와 특징에 관한 연구(한세대 교수논총, 2004).
- 경찰공무원 성과상여금제도의 개선방안에 관한 연구(한독사회과학논총, 2004).
- 프랑스 자치경찰의 특징에 관한 연구(한국경찰연구, 2004).

- 국가경찰공무원의 부패원인과 방지에 관한 연구(한국유럽행정학회보, 2004).
- 우리나라 여성경찰제도에 관한 역사적 고찰(한국경찰연구, 2005).
- 지역경찰제의 조기정착화 방안에 관한 연구(한국유럽행정학회보, 2005).
- 스위스 경찰제도의 구조와 특징에 관한 연구(한세대 교수논총, 2005).
- 우리나라 수사경과제의 개선방안에 대한 연구(한독사회과학논총, 2005).
- 학교경찰(School Police) 제도에 관한 연구(한국경찰연구, 2005).
- 미국의 경찰조직체계와 특징에 관한 연구", 한국유럽행정학회, 『한국유럽행정학회보』, 제3권 제1호, 2006.
- 우리나라 경찰근속승진제도의 개선방안에 관한 연구, 한국경찰발전연구학회, 『한국경찰연구』, 제5권 제1호, 2006.
- 우리나라 성폭력범죄의 실태분석에 관한 연구, 한·독사회과학회, 『한독사회과학논총』, 제16권 제1호, 2006.
- 제주특별자치도 자치경찰공무원의 선발절차에 관한 연구, 한국유럽행정학회, 『한국유럽행정학회보』, 제3권 제2호, 2006.
- 조직폭력범죄의 실태분석과 수사상 개선방안에 관한 연구, 한독사회과학회, 『한·독사회과학논총』, 제16권 제2호, 2006.
- 행정부공무원 노동조합 경찰청지부에 관한 연구, 한국경찰발전연구학회, 『한국경찰연구』, 제5권 제2호, 2006.
- 자치경찰과 국가경찰간의 업무협약에 관한 연구, 한세대학교, 『교수논총』, Vol. 22, 2006.
- 벨기에 자치경찰의 구조와 특징에 관한 연구, 한국유럽행정학회, 『한국유럽행정학회보』, 제4권 제1호, 2007.
- 공상경찰관 손해전보체계의 개선방안에 관한 연구, 한국경찰발전연구학회, 『한국경찰연구』, 제6권 제1호, 2007.
- 제주자치경찰제의 실태분석과 개선방안에 관한 연구, 한국경찰발전연구학회, 『한국경찰연구』, 제6권 제2호, 2007.
- 제주자치경찰의 인력확보 대책에 관한 고찰, 한국경찰발전연구학회, 『한국경찰연구』, 제7권 제1호, 2008.
- 도농복합형 기초자치단체의 자치경찰 운영모형에 관한 연구, 한국경찰발전연구학회, 『한국경찰연구』, 제7권 제2호, 2008.
- 경찰청렴도 제고를 위한 정책제언, 한·독사회과학회, 『한독사회과학논총』, 제18권 제2호, 2008.
- 순직·공상경찰관의 보상제도에 관한 연구, 한국경찰발전연구학회, 『한국경찰연구』, 제7권 제4호, 2008.
- 참여정부의 자치경찰법안에 관한 역사적 고찰, 한국자치경찰학회, 『자치경찰연구』, 제1권 제1호, 2008.
- 제주자치경찰의 기구개편과 성과에 관한 고찰, 한국자치경찰학회, 『자치경찰연구』, 제1권 제2호, 2008.
- 경찰관범죄의 위기대책에 관한 연구, 인천대학교 위기관리연구센터, 『위기관리와 안전문화』, 제2권 제3호, 2008.

- 선진국 대도시 지방정부의 지방행정체제 특성에 관한 연구, 한독사회과학회, 『한·독사회과학논총』, 제19권 제1호, 2009.
- 광역경제권 구상과 정부간 관계모델에 관한 연구 -독일광역권 운영기구를 중심으로-, 한·독사회과학회, 『한·독사회과학논총』, 제19권 제3호, 2009.
- 국제반부패논의와 유럽연합과 독일의 대응, 한·독사회과학회, 『한독사회과학논총』, 제19권 제4호, 2009.
- 여자경찰관의 위상과 역할제고에 관한 연구, 한국치안행정학회, 『한국치안행정논집』, 제6권 제1호, 2009.
- 제주자치경찰의 입직·승진제도 현황과 활성화 방안에 관한 고찰, 한국치안행정학회, 『한국치안행정논집』, 제6권 제2호, 2009.
- 멕시코 자치경찰제도에 관한 연구, 한국자치경찰학회, 『자치경찰연구』, 제2권 제1호, 2009.
- UN경찰의 조직과 임무에 관한 연구, 한국자치경찰학회, 『자치경찰연구』, 제2권 제2호, 2009.
- 한국과 독일의 경찰간부후보생 교육훈련제도에 관한 비교 연구, 한국경찰연구학회, 『한국경찰연구』, 제9권 제2호, 2010.
- 프랑스 리용(Lyon)시 자치경찰에 관한 연구, 한국자치경찰학회, 『자치경찰연구』, 제3권 제1호, 2010.
- 자치경찰제 모형의 다양성과 제주자치경찰제의 특성에 관한 연구, 한국자치경찰학회, 『자치경찰연구』, 제3권 제2호, 2010.
- 영국경찰제도의 구조와 특징에 관한 연구, 한국유럽행정학회, 『한국유럽행정학회보』, 제7권 제1호, 2010.
- 경찰시험제도의 개편에 대한 고찰 -일반 순경과 경찰간부후보 채용을 중심으로-, 한국치안행정학회, 『한국치안행정논집』, 제8권 제2호, 2011.
- 제주자치경찰공무원의 승진현황과 개선방안에 관한 연구, 한국치안행정학회, 『한국치안행정논집』, 제8권 제4호, 2011.
- 자치경찰제의 전국확대실시 가능성에 대한 연구, 한국자치경찰학회, 『자치경찰연구』, 제4권 제1호, 2011.
- 호주경찰제도의 구조와 특징에 관한 연구, 한국자치경찰학회, 『자치경찰연구』, 제4권 제2호, 2011.
- 오스트리아 경찰제도에 대한 역사적 고찰, 한국자치경찰학회, 『자치경찰연구』, 제4권 제3호, 2011.
- 지방행정체제개편추진위원회를 통해서 본 자치경찰제의 과제와 모델 고찰, 한국자치경찰학회, 『자치경찰연구』, 제5권 제1호, 2012.
- 특별사법경찰제의 발전과정과 성과에 대한 고찰, 한국자치경찰학회, 『자치경찰연구』, 제5권 제2호, 2012.
- 프랑스 군인경찰제도에 관한 연구, 한국자치경찰학회, 『자치경찰연구』, 제5권 제3호, 2012.
- 철도특별사법경찰제의 실태분석과 개선방안에 관한 연구, 한국민간경비학회, 『한국민간경비학회보』, 제19호, 2012.

- 제주자치경찰단 특별사법경찰제의 실태분석과 개선방안에 관한 연구, 한국경찰연구학회, 『한국경찰연구』, 제11권 제3호(2012 가을).
- 독일경찰대학원의 교육과 연구기능 -독일연방공화국의 경찰행정에 관한 교육, 재교육, 연구의 중심지-, 한국경찰연구학회, 『한국치안행정논집』, 제9권 제1호(2012. 5).
- 서울특별시 특별사법경찰제의 실태분석과 개선방안에 관한 연구, 한국민간경비학회, 『한국민간경비학회보』, 제11권 제3호, 2012.
- 북한이탈주민의 사회일탈 예방을 위한 보안경찰의 역량강화 방안, 한국치안행정학회, 『한국치안행정논집』, 제9권 제4호(2013 2월).
- 특별사법경찰 교육훈련제도의 개선방안에 관한 연구, 한국경찰연구학회, 『한국경찰연구』, 제12권 제1호(2013 봄).
- 서울시 지하철보안관제도의 개선방안에 관한 연구, 한국민간경비학회, 『한국민간경비학회보』, 제12권 제2호, 2013.
- 독일자치경찰제도에 관한 연구, 한국자치경찰학회, 『자치경찰연구』, 제6권 제1호(통권 13호/ 2013 봄), 2013.
- 관광경찰제 도입논쟁에 관한 실태분석, 한국자치경찰학회, 『자치경찰연구』, 제6권 제2호, 2013.
- 캐나다 자치경찰제도에 관한 연구, 한국자치경찰학회, 『자치경찰연구』, 제6권 제3호, 2013.
- 노무현·이명박·박근혜 정부의 자치경찰제에 관한 실태분석, 한국자치경찰학회, 『자치경찰연구』, 제6권 제4호(통권 제16호), 2013.
- 경찰공무원 보건안전 및 복지기본법 시행에 대한 실태분석, 한국경찰복지연구학회, 『경찰복지연구』, 제1권 제1호(창간호), 2013.
- 순직·공상경찰관 후원제도의 실태분석과 개선방안, 한국민간경비학회, 『한국민간경비학회보』, 제13권 제1호(2014년 2월).
- 제주자치경찰제에 대한 역사적 고찰, 한국자치경찰학회, 『자치경찰연구』, 제7권 제1호(통권 제17호), 2014.
- 우리나라 관광경찰제의 현황과 미래지향적 제언, 치안정책연구소, 『치안정책연구』, 제28권 제1호(2014년 6월).
- 경찰공무원 보건안전 및 복지증진 제1차 기본계획안의 현황 분석, 한국경찰복지연구학회, 『경찰복지연구』, 제2권 제2호, 2014.
- 독일 주경찰단위의 범죄예방 프로그램에 관한 연구 -바이어른주 안전감시제도와 바덴-뷔르템베르크주 자원경찰관제도를 중심으로-, 한국민간경비학회, 『한국민간경비학회보』, 제14권 제1호, 2015(2월 28일).
- 제주자치경찰제의 변화와 박근혜정부 자치경찰제의 전망, 한국자치경찰학회, 『자치경찰연구』, 제8권 제1호(통권 21호), 2015(3월 31일).
- 제주자치경찰제의 실태분석과 박근혜정부의 자치경찰제 도입 방향-, 한국경찰연구학회, 『한국경찰연구』, 제14권 제2호, 2015(6월 30일).
- 경찰인사구조의 개선을 위한 바람직한 방향, 한국자치경찰학회, 『자치경찰연구』, 제8권 제3호(통권 23호), 2015(9월 30일).
- 경찰교육원의 교육과 재교육기능에 대한 연구, 한국치안행정학회, 『한국치안행정논

집』, 제12권 제3호, 2015(11월 30일).
- 공익희생자를 위한 선양사업의 현황과 미래지향적 제언 -국가경찰, 국민안전처 소속 중앙소방본부와 해양경비안전본부 해양경찰을 중심으로-, 한국경찰연구학회, 『한국경찰연구』, 제14권 제4호, 2015 (12월 30일).
- 미국과 일본의 순직·공상경찰공무원 보상제도에 관한 연구-, 한국민간경비학회, 『한국민간경비학회보』, 제14권 제5호, 2015(12월 30일).
- 자치경찰제 시행을 대비한 서울시 특별사법경찰단의 운영실태와 발전방안에 관한 연구, 한국자치경찰학회, 『자치경찰연구』, 제9권 제1호(통권 25호), 2016(6월 30일).
- 독일 바이에른주와 바덴-뷔르템베르크주 경찰개혁의 현황과 실태분석, 한국경찰연구학회, 『한국경찰연구』, 제15권 제2호, 2016(6월 30일).
- 식품의약품안전처 특별사법경찰운영에 관한 실태분석, 한국민간경비학회, 『한국민간경비학회보』, 제15권 제3호, 2016(6월 30일).
- 북한이탈주민에 대한 신변보호 관리실태의 문제점과 효율적 개선방안에 관한 연구, 한국치안행정학회, 『한국치안행정논집』, 제13권 제2호, 2016(8월 30일)〈장승수/신현기 공저〉.
- 박근혜 정부의 자치경찰제 도입에 대한 실태분석, 한국자치경찰학회, 『자치경찰연구』, 제9권 제2호(통권 26호), 2016(9월 30일)〈신현기/이진경/김재주 공저〉.
- 2016년 경찰맞춤형복지제도의 시행계획, 한국경찰복지연구학회, 『경찰복지연구』, 제4권 제2호, 2016(신현기/양재열 공저).
- 제주특별자치도 자치경찰 활동의 목표설정과 평가 분석, 한국자치경찰학회, 『자치경찰연구』, 제9권 제3호, 2016(신현기/김재주 공저).
- 프랑크푸르트시 도시경찰제와 서울시 자치경찰제 도입에 관한 실태분석, 한국치안행정학회, 『한국치안행정논집』, 제13권 제4호, 2017(2월 30일).
- 국가경찰의 2017년 맞춤형복지제도 시행 계획에 관한 고찰, 한국경찰복지연구학회, 『경찰복지연구』, 제5권 제1호.
- 일본 광역단위 자치경찰제도에 관한 연구, 한국자치경찰학회, 『자치경찰연구』, 제10권 제1호, 2017(6월 30일).
- 제주자치경찰단 관광경찰제의 현황과 미래지향적 제언, 한국치안행정학회, 『한국치안행정논집』, 제13권 제4호, 2017(11월 23일).
- 순직·공상경찰공무원의 복지향상을 위한 공무원 재해보상법, 한국경찰복지연구학회, 『경찰복지연구』, 제6권 제1호, 2018(신현기/김정일).
- 특허, 디자인 및 영업비밀 특사경 운영방안, 특허청 연구용역보고서, 2018.
- 금융감독원 특별사법경찰(특사경)제도 운용 방안, 금융감독원, 「금융감독연구」, 제6권 제1호(2019. 4).
- 오스트리아와 독일 바이에른주 경찰개혁이 한국경찰개혁에 주는 시사점 분석, 한국치안행정학회, 『한국치안행정논집』, 제16권 제2호, 2019(8월 12일).
- 서울시 민생사법경찰조직 운영상의 문제점과 개선방안, 한국경찰학회, 『한국경찰학회보』, 제21권 제5호, 2019(10월 31일).
- 문재인 정부의 자치경찰제 도입 방향과 시범실시, 한국자치경찰학회, 「자치경찰연구」, 제12권 제2호, 2019(12월 30일).

- 자치경찰제를 대비한 경기도특별사법경찰단의 조직과 성과에 대한 고찰, 「자치경찰연구」, 제13권 제1호, 2020(6월 30일).
- 독일 바이에른 주경찰과 안전감시원 간의 치안협력에 관한 실태 분석, 한국경찰연구학회, 「한국경찰연구」, 제19권 제3호(2020 가을).
- 경찰공무원 보건안전 및 복지증진 기본계획에 관한 고찰, 한국경찰복지연구학회, 『경찰복지연구』, 제8권 제2호, 2020.
- 경찰공무원 보건안전 및 복지증진 기본계획에 관한 실태 분석, 한국경찰복지연구학회, 『경찰복지연구』, 제9권 제1호, 2021.
- 초대 시도자치경찰위원회의 문제점과 향후 발전 방향, 한국자치경찰학회, 「자치경찰연구」, 제14권 제2호, 2021(12월 31일).
- 문재인 정부의 자치경찰제 도입에서 나타난 문제점과 향후 발전 방향, 한국자치경찰연구학회, 「한국자치경찰논총」, 제1권 제1호(창간호), 2022(3월 31일).

[저자약력]

가평 설악 중·고등학교
국민대학교 법정대학 행정학과 및 동 행정대학원(행정학 석사)
독일 바이에른주립 뮌헨(München)대학교 철학박사(Dr. phil. / 정책학 전공 / 사회학 및 일
  본학 부전공)

(전) 한세대학교 경찰행정학과장, 경찰복지학부장, 인문사회학부장, 학생처장(2006), 교무처
  장(2007), 기획처장(2008~2009), 학생처장(2010), 일반대학원장 겸 경찰법무대학원장
  (2011), 중앙도서관장(2012~2013), 일반대학원장 겸 경찰법무대학원장(2014), 미래지식
  교육원장 겸 평생교육원장(2015.2~2018.12), 기획처장(2018.7~2020. 3), 기획처장
  (2021.1~2), 경찰청 경찰혁신위원회 위원, 경기지방경찰청 경학교류자문위원회 위원,
  치안정책연구소 연구위원, 경찰청 특별승진위원, 행정안전부 행정고시출제위원, 경찰
  간부후보생 시험출제위원, 제주자치경찰채용시험 출제위원, 신임순경채용시험 면접위
  원(서울, 경기), 한국경찰연구학회장(2004~2008), 한국치안행정학회장(2015~2016),
  한국유럽경찰학회장, 한국자치경찰학회장(2019~2021), 한국특별사법경찰학회 회장,
  한국경찰복지연구학회장(2013~2019), 한국경찰학회 부회장(2020~2021), 한국민간경
  비학회 부회장, 한국테러학회 부회장, 대통령 소속 지방자치발전위원회 자치경찰
  TFT 위원, 경찰청 치안정책고객평가단 평가위원, 경찰청 성과평가위원, 군포시 및
  의왕시 정보공개심의위원회 위원, 노무현정부 자치경찰제실무추진단 위원(2003~
  2007), 이명박정부지방행정체제개편추진위원회 자치경찰소위원회 위원(2008~2012),
  박근혜정부 대통령 소속 지방자치발전위원회 자치경찰소위원회 TFT 위원(2013~
  2016), 경찰청 경찰공무원보건안전 및 복지증진정책심의위원회 자문위원(2015~2020),
  경기남부경찰청 인권위원회 위원 및 위원장(2017~2021), 제34대 전국대학교기획처장
  협의회 회장(2019) 역임.

(현) 한세대학교 경찰행정학과 정교수 겸 특별사법경찰연구소장, 경기도북부자치경찰위원
  회 위원장(정무직 2급), 경찰청 외사자문협의회 회원, 한국자치경찰연구학회장

경 찰 학 [제3판]

2010년 1월 15일 초 판 발행
2015년 2월 10일 제2판 발행
2022년 6월 15일 제3판 1쇄 발행

저 자 신 현 기
발행인 배 효 선

발행처   도서
출판   **法 文 社**

주 소 413-120 경기도 파주시 회동길 37-29
등 록 1957년 12월 12일/제2-76호(윤)
전 화 (031)955-6500~6 FAX (031)955-6525
E-mail (영업) bms@bobmunsa.co.kr
(편집) edit66@bobmunsa.co.kr
홈페이지 http://www.bobmunsa.co.kr
조 판 (주) 성 지 이 디 피

정가 30,000원   ISBN 978-89-18-91312-4